범망경보살계본사기梵網經菩薩戒本私記와 보살계본지범요기菩薩戒本持犯要記

—대승의 구도자가 지키는 행위 규범—

화쟁연구소
원효전서 번역총서 05

범망경보살계본사기梵網經菩薩戒本私記와 보살계본지범요기菩薩戒本持犯要記

-

초판 인쇄 2023년 2월 17일
초판 발행 2023년 2월 27일

-

주저자 박태원
발행인 이방원
책임편집 조성규 책임디자인 박혜옥
마케팅 최성수 · 김 준 경영지원 이병은 · 이석원

-

발행처 세창출판사
신고번호 제1990-000013호
주소 03736 서울시 서대문구 경기대로 58 경기빌딩 602호
전화 02-723-8660 팩스 02-720-4579
이메일 edit@sechangpub.co.kr 홈페이지 www.sechangpub.co.kr
블로그 blog.naver.com/scpc1992 페이스북 fb.me/Sechangofficial 인스타그램 @sechang_official

-

ISBN 979-11-6684-176-7 94150
978-89-8411-815-7 (세트)

_ 이 저서는 2015년 정부(교육부)의 재원으로 한국연구재단의 지원을 받아 수행된 연구임.
(NRF-2015S1A5B4A01036232)

화쟁연구소

원효전서 번역총서 05

범망경보살계본사기梵網經菩薩戒本私記와 보살계본지범요기菩薩戒本持犯要記

화쟁연구소 번역

주저자 박태원

세창출판사

원효전서를 번역하면서

박태원
(영산대 화쟁연구소 소장, 울산대학교 명예교수)

대학생 때 『기신론소』를 읽으면서 처음 원효(617-686)와 만났다. 대학원 시절에는 원효전서 전체를 원전으로 일람一覽하였다. 박사학위 논문에도 원효를 담았다. 그러고 보니 원효와의 인연이 거의 35년이다.

인간과 세상의 향상진화에 기여할 수 있는 '보편 성찰에 관한 탐구'를 '보편학'이라 불러 본다면, 원효는 한국학 · 한국철학을 보편인문학으로 승격시키는 데 결정적 가교가 될 수 있는 인물이다. 이런 인물을 탐구한 성취에 기대어 새로운 한국철학 · 인문학을 수립해 보는 것이 언제부턴가 품게 된 학문적 의지이다. 그리고 이 의지를 구현하기 위해 지성공동체의 협업을 펼쳐 보고 싶은 의욕이 나날이 뜨거워진다.

원효 관련 글을 쓸수록 숙제 하나가 뚜렷해졌다. 원효 저서들을 다시 정밀하게 음미하는 동시에 전체를 번역해 보아야겠다는 생각이 간절하였지만 차일피일 미루고 있었다. 더 이상 미루지 못하게 자신을 압박하는 어떤 계기가 필요했다. 2015년에 한국연구재단 토대연구사업으로 '원효전서 번역'을 수행키로 함으로써 그 계기가 마련되었다. 전체는 아닐지라도 이미 원효 저술의 상당 부분이 번역되어 있고, 『기신론소 · 별기』 같은 저술은 다수의 번역이 나와 있다. 저술 일부는 영역英

譯도 되어 있다. 그래서 〈이런 상황에서 굳이 원효전서를 다시 번역할 필요가 있는가?〉라는 질문을 자주 접하였다. 나의 대답은 〈반드시 다시 번역해야 한다〉는 것이었다. 학인의 길을 걷는 내내, 기존 번역들의 번역양식과 내용에 대해 비판의식을 갖고 새로운 대안적 번역양식에 대해 지속적으로 궁리해 왔기 때문이었다. 원효전서 번역을 통해 원효학 수립의 든든한 초석을 놓고 싶은 의욕도 소신의 근거였다.

어떤 인물과 그의 사상에 대한 탐구가 '학學(Science)'의 자격을 갖추려면 다층적이고 다원적인 탐구와 독법이 결합되어 하나의 학적 체계를 구성할 수 있어야 한다. 그리고 한반도 지성사에서 '학學'의 대상이 될 수 있는 인물들 가운데서도 원효는 단연 돋보인다. 그런데 '원효학'이라 부를 만한 내용은 아직 그 토대나 내용이 많이 취약하다. 무엇보다 원효 저술 전체가 제대로 번역되지 않고 있다는 점이 결정적 원인이다.

새로운 번역양식의 시도

가. 현토형 번역과 해석학적 번역

한문으로 저술한 원효의 글을 읽으면서 번역과 관련하여 품게 된 생각 두 가지가 있다. 하나는, 원문에 대한 자신의 이해를 분명하게 확인하려면 무엇보다도 번역을 해보는 것이 최고라는 생각이다. 다른 하나는, 현재 통용되고 있는 '한문고전 번역양식'에 대한 방법론적 회의이다.

한문 저술을 원문대로 읽을 때는 원문 특유의 감각을 생생하게 직접 대면할 수 있다는 점이 가장 큰 장점이다. 그러나 원효 저술처럼 고도의 철학적 내용을 담은 글을 읽을 때는 심각한 난제에 봉착한다. 한문이 지니는 어문학적 특징은 철학적 사유의 표현과 전달에 심각한 문제를 발생시키기 때문이다. 한자어는 같은 용어라도 개념의 범주가 넓고 중층적 의미를 담아낸다. 또 한문 문장은 단어와 단어, 구절과 구절, 문장과 문장의 관계를 확인시키는 접속어가 풍부하지도 않고 정밀하지도 않다. 그래서 작자의 의중을 문장에 정밀하게 담아내는 일에, 또한 독자가 필자의 의중에 명확하게 접근하는 일에, 많은 장애를 겪게 한다. 무릇 철학적 사유를 글에 담고 또 읽어 내려면, 가급적 개념을 명확히 제한할 수 있는 언어, 문장의 의미를 정확하게 표현할 수 있는 규칙을 정밀하게 구사할 수 있는 언어가 요구된다. 그런 점에서 고전한문은 철학적 사유의 그릇으로 사용하기에는 매우 불편하다.

문장을 구성하는 요소들 상호 간의 관계나 문장 안에서의 역할을 결정해 주는 격변화 법칙이 문장에 정밀하게 적용되는 문어文語, 단어의 개념범주가 분명한 언어는 번역작업을 용이하게 해 준다. 독일어처럼 격변화 법칙이 정밀하고 일관성 있게 반영되는 언어는 철학적 사유를 표현하거나 읽고 이해하는 데 매우 편리하다. 빨리어나 산스크리트어도 격변화 법칙이 분명하고 개념의 범주가 분명하기 때문에 문장 번역이나 이해에서 편차가 줄어든다. 이에 비해 고전한문에는 단어의 격변화 법칙이 없다. 한자어 하나가 어미변화 없이 다양한 품사로 구사된다. 그나마 문장 구성요소들의 관계를 파악하는 데 도움이 되는 허사虛辭들도 소략하다. 정밀하지도 않고 풍부하지도 않다. 그래서 단어들 사이의 관계나 단어의 문장 내에서의 역할을 결정하는 일에서 감당해야 할 독자讀者나 번역자의 몫이 너무 크다. 게다가 단어의 개념범주는 넓고도 다층적이다. 사정이 이렇다 보니 한문 해독력이나 문장 구사력을 확보하기 위해서는 다양한 문형들을 거듭 익히는 것이 전통 학습법이 되었다. '백번 읽다 보면 뜻이 저절로 드러난다(讀書百遍義自見)'는 말도 고전한문의 특성과 무관하지 않다.

원효 시대의 한국어, 특히 구어의 내용이 어떤 것이었는지 정확하게 확인하기는 어렵지만, 현재를 기준 삼아 볼 때 한국어는 관계사나 수사법의 정밀성과 풍부함이 어디에 내놓아도 손색이 없는 수준이다. 한자어를 포섭하면서 구사되는 현재의 한국어는, 기록과 수사修辭는 물론

철학적 사유의 그릇으로 정말 탁월하다. 그래서 나는 한국어의 주체로 살아가는 것을 크나큰 행복으로 여긴다. 원효 시절의 한국어가 지금처럼 정밀하고 풍요로웠는지는 알 수 없으나, 한문이 한국어의 구어적 정밀성과 풍요로움을 담아내기에는 턱없이 부족했을 것이다. 원효는 자신의 정교하고 다층적인 사유를 한자와 한문에 담아내는 데 매우 불편했을 것이다. 그러나 어쩔 수 없이 한문을 문어文語로 사용해야만 하는 시절이었다.

원효의 입장에서 볼 때, 다양한 의미일지라도 어쩔 수 없이 동일한 한자어를 쓸 수밖에 없는 경우가 허다했을 것이다. '불변의 본질', '본연', '특성', '면모' 등의 상이한 의미를 '성性'이라는 한 용어에 담아야 했고, '불변 · 독자의 실체 없음'과 '헛됨'도 모두 '공空'에 담아야 했으며, '실체 관념', '특징', '양상', '능력', '모습', '차이'라는 다양한 의미도 '상相'이라는 한 용어에 담아야 했다. 또 '가르침', '진리', '방법', '객관세계', '도리', '대상', '바탕', '존재', '온갖 것', '현상' 등의 의미도 모두 '법法'이라는 말에 담아야 했다. 이런 사례가 부지기수이다. 문장이 전하는 뜻을 결정짓는 핵심 개념의 거의 전부가 이런 사정에 노출되어 있다. 게다가 단어와 단어, 구절과 구절, 문장과 문장의 관계를 이어 주는 접속어가 정교하지 않은 탓에, 순접과 역접뿐 아니라 미세하고 중요한 관계의 차이들을 한문 문장으로는 명확히 구현할 수가 없었다. 그의 사유가 보여 주는 극미세한 분석적 정밀성과 다층 · 다면적 입체성으로 볼 때, 그의 사유와 한문의 관계에는 심각한 불화가 있었을 것이지만, 불화를 해소할 다른 방법도 없었다.

원효 저술뿐 아니라 한문으로 저술된 고전들, 특히 철학적 내용을 담은 고전들에 대한 번역은, 이런 난제들을 얼마나 잘 해결했는가에 따라 번역물의 수준이 결정된다. 그런데 한문고전에 대한 기존의 한글번역본은 과연 이런 난제들을 얼마나 해결하고 있을까? 아니, 번역자나 학인들은 이러한 문제를 해결과제로 인식하고는 있는 것일까? 필자의 생각으로는 회의적이다. 문제의식 자체가 결여되어 있는 것으로 보인다. 그래서 해결의지도 약하고, 해결하려는 시도도 만나기 어렵다.

기존의 원효저서 한글번역본들은 일종의 '현토懸吐형 번역'이다. 원전의 한문용어를 대부분 그대로 채택하면서 최소한의 관계사를 부가하여 한글문장으로 전환시키고 있다. 현토가 전통한문에 결핍되어 있는 관계사들을 최소한의 방식으로 보완하여 의미파악의 보조수단으로 삼는 형태였다면, 근대 이후의 한글번역은 현토의 역할을 한글로 계승한 형태라 할 수 있다. 그런 점에서 선행 번역들은 '현토형 번역' 혹은 '전통형 번역'이라 부를 수 있다.

현토형 번역은, 원전의 어문적 구성요소들을 가급적 원형 그대로 번역문에 반영한다는 점에서, 의미의 변형이나 훼손을 최소화할 수 있는 번역양식으로 간주되곤 한다. 그래서 원효저술 번역의 경우, 예컨대 성性 · 상相 · 체體 · 법法 및 이런 개념들과 결합한 복합어를 모두 원전의 표현 그대로 사용하는 것이 의미 훼손을 막을 수 있다고 주장하면서, 원전 용어들을 그대로 번역어로 채택한다. 그러나 한자는 다의적이고 한문은 다양한 해석이 가능하기에, 원전 용어와 문장의 의미에 대한 번역자의 이해에 따라, 의미단락 구분과 관계사 선정 등 번역문 구성을 위한 선택이 결정된다. 같은 용어라도 맥락에 따라서는 상반되거나 다른 의미로 사용되는 경우가 허다하기 때문에, 번역자는 자신의 관점에 따라 그 의미를 결정하여 번역어에 반영해야 한다. 특히 철학적 문헌의 경우에는 반드시 그렇게 해야 한다. 번역자의 관점에 따라 의미를 선택하고 내용을 명확하게 하는 방식으로 번역해 보면, 원문에 대한 번역자의 이해가 타인뿐 아니라 자신에게도 분명해진다.

'모든 번역은 해석이다'라는 말은 한문으로 된 철학적 문헌, 특히 원효 저술의 경우에도 고스란히 유효하다. 고전은 번역을 통해 '독자와의 대화 자리'로 초대된다. 그리기에 번역은 '대화를 이어 주는 통역'의 역할을 해야 한다. 그러나 한문고전 번역의 현실 풍경은 많이 다르다.

〈풍부한 원어의 의미를 번역으로 제한하면 안 된다〉〈의미를 제한하는 번역으로 심오한 뜻을 훼손시키지 않아야 한다〉는 등의 논리를 앞세워, 가급적 원전의 표현을 그대로 사용하려는 태도가 일반화되어 있다. 단순개념이든 복합개념이든 원문용어 그대로 가져와 한글문장을 만들고 있다. 그런 번역에서는 문장을 구성하는 '용어들의 맥락적 의미'와 '문장의 의미'를 읽어 내는 역자의 관점 및 이해가 드러나기 어렵다. 번역자나 독자 모두 문장의 의미에 접근하기 어렵다. 특히 독자는, '읽을 수는 있으나 뜻을 알기 어려운 현토형 한글문장' 앞에서 고개를 젓는다. 아무리 심오한 뜻을 품은 용어나 문장이라 해도 뜻을 제한적으로 선택하여 번역해야 한다. 뜻을 제한할 수 없는 용어나 문구는 글의 구성요소가 될 수 없다. 글이란 것은 원래 의미의 제한이다. 그 의미를 선택하여 전달하는 것이 번역이다.

문장의 의미 파악을 현토懸吐적 번역으로 처리하는 현토형 번역양식을 채택하는 것은, 번역자에게는 매우 유리하고 독자에게는 극히 불리하다. 원전 용어의 현토형 배열에는 역자의 이해 내용과 수준을 숨길 공간이 넉넉하여, 역자에게는 편할지 몰라도 독자에게는 불편하고, 학문적 기여도는 취약해진다. 현토형 번역물들 사이의 비교평가는 그저 한문해석의 어문학적 타당성이나 현토의 차이를 기준 삼아 행할 수 있을 뿐인데, 그런 평가는 너무 엉성하다. 번역자만 유리한 일방적 언어게임이 관행이라는 방패를 앞세워 답습되고 있다.

한문고전의 현토형 번역물을 영어번역과 비교해 보면 현토형 번역의 문제점이 분명히 드러난다. 영어번역은 아무리 단순한 개념을 담은 용어라도 원전 표현을 그대로 사용할 수가 없다. 영어에는 한자어가 없기 때문이다. 그래서 해당 용어에 대해 번역자가 선택한 의미를 일일이 영어로 기술해야 한다. 한문을 영어로 옮기려면 모든 용어와 문장에 대한 번역자의 이해를 고스란히 번역문에 반영해야 한다. 따라서 영역본을 읽으면 뜻이 분명하고 이해하기가 쉽다. 원문에 대한 의미 파악이 얼마나 정확한지, 얼마나 좋은 번역인지는, 여러 번역본을 비교하고 평가하는 담론과정에서 결정하면 된다. 달리 말해, 영역은 번역자의 이해가 분명히 드러나므로 차이의 확인과 평가가 용이하다. 그리하여 다른 이해를 반영한 다른 번역이나 더 좋은 번역이 등장하기 쉽다. 영역을 비롯한 외국어 번역본에서는 동일 고전에 대한 새로운 번역이 계속 이어지고, 또 그런 현상을 당연하게 여기는 이유가 여기에 있다. 동일 문헌에 대한 다양한 번역을 통해 번역의 자기 진화가 가능하다. 현토형 한글번역과 영역은 모든 점에서 극명하게 대비된다. 이 차이가 무엇을 의미하는지 주목해야 한다.

전통/현토형 번역의 유용성은 제한된 소수자들만의 협소한 공간에 유폐된다. 전문가를 자처하는 소수자들 사이에서만 유통되고 재생산되는 번역은 폐쇄적 공간에 머물기 마련이다. 학문적 기여가 제한되고, 현재어와의 소통성 부재로 인해 다양한 언어지형들과 상호작용하기가 어려우며, 의미 가독성이 떨어져 연구자들과 대중 지성들의 갈증을 채워 줄 수가 없기 때문이다. 그럼에도 불구하고 한국에서의 동아시아 한문고전 번역, 특히 철학/사상 관련 고전들의 번역에서는 아직도 이러한 폐쇄적 방식이 일반형으로 유통되고 있다.

고전한문으로 기술된 철학적 문헌은 번역자의 관점과 이해한 내용에 따라 번역물 수준의 편차가 특히 심하다. 원효저서의 번역에는 이런 문제가 고스란히 노출된다. 원효는 거의 모든 유형의 불교교학을 통섭通攝적으로 다루고 있기에, 그의 언어를 번역하기 위해서는 다채로운 역량을 준비해야 한다. 어문학적 한문해독력은 물론, 모든 불교교학과 원효사상에 대한 심도 있는 탐구, 연관되는 철학적 성찰에 대한 견실한 소양을 확보해야 한다. 아울러 불교언어의 특수성이 요구하는 근원적 역량도 유념해야 한다. 불교언어는 경험에 의한 검증가능성을 원칙으로 삼는 진리관 위에 수립된 것이기에, 사변적 방식만으로 접근하는 것에는 한계가 있다. 언어에 반영된 그 언어주체의 경험지평에 접근하려는 실존적 노력마저 요구된다. 이 근원적 역량의 향상은 결코 단기간에 가능한 것도 아니고 쉬운 것도 아니지만, 용어와 문장의 의미 파악에서 결정적 역할을 하는 경우가 많기 때문에 간과할 수가 없다. 번역자는 이런 다채로운 역량에 의거하여 최종적으로 자신의 해석학적 관점을 선택한 후, 그 관점에 따라 포착한 문장의 의미를 명확한 형태로 현재어에 담아내야 한다.

원효저서에 대한 기존의 한글번역들은 현토형 번역양식이 안고 있는 문제점들을 그대로 노출하고 있다. 이런 문제점들을 극복할 수 있는 대안은 '해석학적 번역양식'이다. 원전 내용에 대한 번역자의 이해를 명확히 드러내면서 그 이해를 현재어에 담아내는 것을 '해석학적 번역'이라 불러 보자. 해석학적 번역은 통상의 의역이 아니라 '해석학적 직역'이다. 해석학적 번역은, 번역자의 이해를 명확히 드러냄으로써 '의미 가독성'을 높이고 '번역내용에 대한 평가'를 용이하게 하여 더 좋은 번역들이 이어지게 한다. 또한 번역이 현재어와 접속되어 다양한 지식 지형의 현재언어들과 상호작용할 수 있는 '소통성'을 높여 준다.

예를 들어 보자. 원효가 즐겨 구사하는 '一心'이라는 기호는 마음의 역동적 국면을 지시한다. 그런데 '一心'을 '일심'이나 '한마음'으로 번역하면, 원효가 이 기호를 통해 알리려는 역동적 사태가 정태적 존재로 둔갑한다. '一心'을 가변적 현상 이면에 있는 '불변의 본체나 궁극실재'를 지시하는 명사적 의미로 읽으면, 원효의 일심철학은 '모든 현상을 지어내고 자신은 불변의 자리를 지키는 궁극실재에 관한 철학'이 된다. 원효의 의도를 엉뚱하게 굴절시키는 이해이다. 원효철학에 대한 이런 관점이 논리의 옷을 걸치고 이론의 집을 짓는 경우가 허다한데, 현토형 번역의 부작용과 무관하지 않다. '一心'을 해석학적으로 번역하려면, '一心'이라는 기호가 채택되는 철학적 의미맥락을 성찰하고 선택한 의미를 반영하는 번역어를 채택해야 한다. 그래서 필자는 '一心'을 '하나처럼 통하는/통하게 하는 마음'이라 번역한다. 『금강삼매경론』의 '경의 핵심 내용을 밝힘'(辨經宗)이라는 대목에 나오는 문장 일부를 해석학적 번역양식에 따라 번역하면 다음과 같다.

원문: "開說十門爲其宗者, 謂從一門, 增至十門. 一門云何? 一心中, 一念動, 順一實, 修一行, 入一乘, 住一道, 用一覺, 覺一味."

해석학적 번역: "〈'펼치는 방식'(開)으로 말하면 '열 가지 [진리 전개] 방식'(十門)이 근본(宗)이 된다〉라는 것은, '일一로써 펼치는 방식'(一門)으로부터 [숫자를 하나씩] 더하여 '십十으로써 펼치는 방식'(十門)에까지 이르는 것을 말한다. 〈'일一'로써 펼치는 방식〉(一門)이란 무엇인가? '하나처럼 통하는 마음'(一心) 가운데 '하나처럼 통하는 생각'(一念)이 움직여, '하나처럼 통하는 진실'(一實)을 따라 '하나처럼 통하는 수행'(一行)을 닦고, '하나처럼 통하게 하는 가르침'(一乘)으로 들어가 '하나처럼 통하는 길'(一道)에 머무르며, '하나처럼 통하게 하는 깨달음'(一覺)으로써 '한 맛[처럼 서로 통함]'(一味)을 깨닫는 것이다."

해석학적 번역을 구현하기 위해서는, '모든 한자어의 의미 풀어쓰기'와 더불어, 문장 의미에 대한 번역자의 이해를 번역문에 명확하게 반영하는 작업이 이루어져야 한다. 이러한 작업을 위해서는 파악한 뜻을 부연하여 설명하고 단어와 문장들의 관계를 정밀하게 연결시켜 주는 보조문의 삽입이 필수적이다. 원문에는 없어도 의미 전달에 필요한 내용을 원문과 차별 가능한 형태로 적절하게 추가해야 한다. 이를 위해 이 '원효전서 번역' 작업에서는 글자 크기를 달리하는 '[ ]' 기호를 사용하여 그 안에 보조 문구를 기입하는 방식을 적극 활용했다.

기존의 현토형 내지 전통형 번역을 통틀어 '1세대 번역양식'이라 부른다면, 이제는 기존 번역양식의 문제점을 보완한 '2세대 번역양식'이

요청된다. 그리고 이 2세대 번역양식은 '해석학적 번역'이어야 한다. 이번에 시도한 원효전서 번역은 이러한 해석학적 번역양식을 원효저술을 대상으로 구현해 본 것이다. 해석학적 번역본은 원효저서의 외국어 번역을 위한 저본으로 사용하기에도 용이하다. 현행 현토형 번역은 외국어 번역의 저본으로 채택하기가 어렵다. 현재 부분적으로 영역되어 있는 것들은 영어권 학자 스스로 원전의 의미를 파악하여 영어로 옮긴 것이다. 원효저서 전체에 대한 신뢰할 만한 영어번역본의 확보는 원효학 수립의 세계적 협업을 위해 시급한 과제인데, 이번의 번역이 그 가교가 될 수 있기를 기대하고 있다. 아울러 한문 불전佛典뿐 아니라 동아시아 한문고전의 한글번역에 있어서도, 양식 전환의 계기가 되는 한 전범典範을 마련해 보려는 전망까지 품고 있다.

나. 협업적 공동번역시스템에 의한 번역

번역자의 역량이 아무리 출중해도 단독번역 작업은 여러 한계를 수반한다. 아무리 꼼꼼히 챙겨도 놓치는 것이 있다. 관련자료 탐색, 의미 파악, 번역문 구성 등 번역의 모든 면에서 혼자서는 해결하기 어려운 문제점들이 발생하기 마련이다. 이런 문제를 해결하려면 다양한 역량을 지닌 사람들이 팀을 이루어 협업하는 방식이 이상적이다.

통상적으로 대형 공동번역은 번역물을 연구자들에게 배분한 후 각 연구자들이 번역한 것을 종합하는 형식이다. 번역어 통일이나 내용의 정합성을 위한 조정과정을 거치기는 해도, 기본적으로는 단독번역들의 종합이 된다. 그러다 보니 문헌마다 담당 번역자의 이해가 단독적으로 반영될 뿐, 의미 파악의 타당성을 공동으로 면밀하게 검토할 수 있는 기회가 결여된다. 무엇보다도 다수의 연구자들이 꾸준히 머리를 맞대고 함께 작업할 수 있는 환경을 확보하기가 어렵기 때문이다. 이번 원효전서 번역은 한국연구재단의 재정지원으로 인해 이런 문제점을 극복할 수 있는 협업적 공동번역 시스템을 구성하여 가동할 수가 있었다.

한역漢譯대장경을 산출했던 번역시스템은 탁월했다. 국가적 지원 아래 구성한 번역시스템은 가히 이상적이었던 것으로 보인다. 산스크리트어에 대한 어문학적 해석력, 한문 번역문의 구성력, 불교언어의 뜻을 읽어 내는 의미파악력 등, 번역에 필요한 최고 수준의 전문가들이 모여 각자의 역량을 결합시킬 수 있는 시스템이었다. 그런 시스템을 현재에 그대로 재현하기는 어려울 것으로 보인다. 그러나 이번 원효전서 번역에서는 그런 시스템의 장점을 조금이라도 닮아 보려고 했다. 그래서 불교학 각 분야 전문연구자들의 역량을 결합할 수 있는 팀을 최소한의 규모로라도 구성하고, 모든 번역문을 독회 세미나를 거쳐 결정했다. 매주 1회 개최되는 '원효전서 독회 세미나'에서 연구자들의 역량을 상승적으로 결합시키면서 모든 번역문을 확정했다. 이 팀 번역시스템은 언제나 다음과 같은 3단계의 작업으로 진행하였다.

1단계: 참여연구자들은 각자 맡은 번역내용과 관련된 교학이론 및 기존의 연구를 소화하는 동시에, 문장 내용, 인용문 원전 내용, 전문 교학용어 등 관련 사항들을 꼼꼼히 분석하고 자료들을 종합한다. 또한 기존의 번역이 있는 경우에는 그 번역들과 대비시키면서 해석학적 번역양식에 맞추어 새로운 번역문을 준비하여 책임연구자에게 전달한다.

2단계; 책임연구자는 참여연구자들이 작성한 번역문 및 관련 자료의 모든 내용을 원문과 대조하여 수정/보완한 새로운 번역문을 작성한다.

3단계: 참여연구자들이 준비한 관련 자료 및 번역과 책임연구자의 번역을 종합하여, 매주 1회 연구자들이 모두 모인 '원효전서 독회 세미나'에서 함께 검토하면서 최종 번역문을 확정한다. 한 용어, 한 구절의 의미나 번역을 둘러싼 다양한 문제와 이견이 제기되고 토론되는 과정에서, 참여자들은 원효사상과 불교철학에 대한 이해 및 번역 역량을 향상시켜 간다.

이 모든 과정에서 번역의 일관성과 정합성을 위해 원문의 의미 파악과 번역문의 최종결정은 책임연구자가 맡았다. 따라서 의미 파악의 오류나 번역문의 문제점이 있다면 전적으로 책임연구자의 허물이다. 책임연구자가 꾸준히 원효연구를 진행했기에 그런 역할을 하긴 했지만, 잘못 이해하거나 놓쳐 버린 뜻을 일깨워 주는 참여연구자들의 혜안과 역량이 있었기에 역할 수행이 가능했다. 이러한 협업적 공동번역은 참여연구자들 각자의 공부 향상에도 크게 기여했지만, 무엇보다 나 자신에게 매우 유익했다. 한 단어 한 구절씩 해석학적 양식으로 꼼꼼히 번역하다 보니, 원문으로 읽을 때는 놓치거나 대충 넘어갔던 내용과 의미들을 새롭게 만날 수 있었다. 그동안 원효와 너무 건성으로 만났다는 것을 확인해야 하는 것은 부끄러움이었지만, 새로운 원효를 만난다는 것은 설레는 기쁨이었다. 거듭 새 모습으로 서 있는 원효를 만나고, 그를 통해 불교철학에 대한 새로운 독법을 전망해 보는 희열 때문에, 나와 참여연구자들 모두 장기간의 혹독한 과정을 기꺼운 마음으로 감내할 수 있었다. 원효와 대화하면서, 비단 불교학이나 종교학뿐만 아니라, 인문학과 철학 자체의 새로운 전망까지 품을 수 있었던 것은 행복을 넘어선 행운이었다.

원효사상의 포괄적 성격 때문에, 원효저서를 번역하려면 원효가 탐구했던 모든 유형의 교학과 불교철학을 소화해야 한다. 따라서 번역과정에서 연구자들은 자연스럽게 넓고 깊고 유기적인 불교 이해와 견실한 학문 역량을 다져 가게 된다. 이러한 성취는 고된 작업과정을 감내해 낸 참여연구자들에게 주어지는 최고의 보상이다.

이번에는 『범망경보살계본사기梵網經菩薩戒本私記』와 『보살계본지범요기菩薩戒本持犯要記』를 한 권으로 묶어 내놓는다. 『중변분별론소』를 비롯한 이후의 출간은 영산대 화쟁연구소가 주관한다. 그간 원효전서의 번역과 출간을 주관하였던 울산대 원효학토대연구소가 2021년 9월부터 영산대학교 화쟁연구소로 새롭게 출발하였기 때문이다. 원효학토대연구소를 운영하던 필자의 정년퇴임을 계기로, 원효학 연구를 화쟁인문학의 수립에 초점을 맞추어 집중해 보기 위한 선택이다. 원효전서 번역에서 확보한 인문학의 새로운 전망을 구현해 보고자 하는 의욕이 동기가 되었다. 새 출발을 축하하듯 경사도 있었다. 한국연구재단 토대연구사업(2015-2020)으로 수행한 본 '원효전집 번역'이 '교육부 주관 학술연구지원사업 우수성과'로 선정되었다. 멈추지 말고 더 나아가 보라는 학문공동체의 격려이기에 다시 마음을 다잡는다.

2023년 2월 1일

박 태 원

범망경보살계본사기 일러두기

❶ 본서는 『한국불교전서韓國佛教全書』 제1권(pp.586a~604a)에 실린 『범망경보살계본사기梵網經菩薩戒本私記』를 저본底本으로 삼고, 『만자속장경卍字續藏經』(X38, 274b~287b)에 수록된 『범망경보살계본사기梵網經菩薩戒本私記』를 갑본甲本으로 삼아 번역한 것이다. 본서에서는 여기에 더해 『대정신수대장경大正新修大藏經』 제24권에 실린 『범망경梵網經』 2권 가운데 원효가 해석한 내용(T24, 1003c~1005a)을 대조하였다.

❷ 『범망경梵網經』의 본문과 이에 대한 원효의 해설을 구분하기 쉽도록 『범망경』의 본문은 글상자 안에 넣었다.

❸ 『범망경보살계본사기梵網經菩薩戒本私記』에 대한 원효의 과문科文은 내용별로 나누어 각주에 소개하였다. 아울러 목차에 전체 과문표를 종합해 두었다.

❹ 모든 원문 교감은 해당 원문의 각주에서 교감의 내용 및 그 근거와 이유를 밝히는 것을 기본방식으로 하였다. 문맥에 따른 교감의 경우에는 해당 번역문의 각주에서 그 근거와 이유를 밝히기도 했다. 또한 교감할 필요는 있어도 원효의 의도를 고려하거나 당시 문헌의 판본을 보존하는 의미가 있다고 판단되는 경우라면, 문맥에 저촉되지 않는 사례에 한하여 교감하지 않은 경우도 있다.

❺ 본문의 출처표기에 나오는 '[H1, 586a1~4; X38, 274b6~10]' 등에서

'H1'은 『한국불교전서』 제1권, 'X38'은 『만자속장경卍字續藏經』 제38권에 수록된 『범망경보살계본사기』의 해당 내용을 가리킨다.

❻ 학인들의 연구를 돕기 위해 각 문단마다 해당 원문의 출처를 밝혀두었다.

❼ 원전 개념어의 뜻을 풀어 번역하는 경우, 번역문은 작은 따옴표(' ')로 표시했고 해당하는 한문 개념어는 괄호 안에 제시했다. 또한 번역문에서 '[ ]'로 표시된 보조문의 내용은 단어와 문장 및 문맥에 대한 번역자의 이해를 나타낸 것이다.

❽ 원전의 개념어나 문맥의 해석을 위해 역주가 필요한 경우에는 관련된 경론經論의 문구를 제시함으로써 해석의 근거를 밝히는 것을 역주 작성의 원칙으로 삼았다. 참고한 사전과 연구서들에 관해서도 출처를 밝혔다.

❾ 『한국불교전서韓國佛敎全書』는 H, 『대정신수대장경大正新修大藏經』은 T, 『만자속장경卍字續藏經』은 X로 약칭했다.

❿ 원효가 인용하고 있는 경론들의 산스크리트본이 현존하는 경우, 해당하는 산스크리트 문구들을 찾아 번역하여 역주에 반영시킴으로써 한역漢譯 내용과 대조해 볼 수 있게 하였다. 원효가 인용하고 있는 경론들의 내용과 현존하는 산스크리트본의 해당 내용을 대조할 때 사용한 참고문헌과 약호는 아래와 같다.

〈약호〉

BoBh. Bodhisattvabhūmi, ed., by U. Wogihara, Tokyo, 1930-1936(repr.

Tokyo, 1971).

PvsP. Pañcaviṃśatisāhasrikā Prajñāpāramitā I-1, ed. by Takayasu Kimura, Tokyo: Sankibo Busshorin 2007.

VKN. Vimalakīrtinirdeśa: A Sanskrit Edition Based upon the Manuscript Newly Found at the Potala Palace, ed. by the Study Group on Buddhist Sanskrit Literature, Tokyo 2006 (The Institute for Comprehensive Studies of Buddhism, Taisho University).

보살계본지범요기 일러두기

❶ 본서는 『한국불교전서韓國佛敎全書』 제1권(pp.581a~585c)에 실린 『보살계본지범요기菩薩戒本持犯要記』를 번역한 것이다. 이 책에 수록된 원문은 『대정신수대장경』 제45권에 수록된 『보살계본지범요기』를 저본底本으로 하였고, 『만자속장경卍字續藏經』(香港佛書出版公司) 61권에 수록(pp.365a~371b)된 『보살계본지범요기菩薩戒本持犯要記』를 갑본甲本으로 삼았다.

❷ 『보살계본지범요기』에 대한 원효의 과문科文은 내용별로 나누어 각주에 소개하였다.

❸ 모든 원문 교감은 해당 원문의 각주에서 교감의 내용 및 그 근거와 이유를 밝히는 것을 기본방식으로 하였다. 문맥에 따른 교감의 경우에는 해당 번역문의 각주에서 그 근거와 이유를 밝히기도 했다. 또한 교감할 필요는 있어도 원효의 의도를 고려하거나 당시 문헌의 판본을 보존하는 의미가 있다고 판단되는 경우라면, 문맥에 저촉되지 않는 사례에 한하여 교감하지 않은 경우도 있다.

❹ 본문의 출처표기에 나오는 '[H1, 581a5~14; X61, 365a1~8]' 등에서 'H1'은 『한국불교전서』 제1권, 'X61'은 『속장경』 제61권에 수록된 『보살계본지범요기』를 가리킨다.

❺ 학인들의 연구를 돕기 위해 각 문단마다 해당 원문의 출처를 밝혀두었다.

⑥ 원전 개념어의 뜻을 풀어 번역하는 경우, 번역문은 작은 따옴표(' ')로 표시했고 해당하는 한문 개념어는 괄호 안에 제시했다. 또한 번역문에서 '[ ]'로 표시된 보조문의 내용은 단어와 문장 및 문맥에 대한 번역자의 이해를 나타낸 것이다.

⑦ 원전의 개념어나 문맥의 해석을 위해 역주가 필요한 경우에는 관련된 경론經論의 문구를 제시함으로써 해석의 근거를 밝히는 것을 역주 작성의 원칙으로 삼았다. 참고한 사전과 연구서들에 관해서도 출처를 밝혔다.

⑧ 『한국불교전서韓國佛敎全書』는 H, 『대정신수대장경大正新修大藏經』은 T, 『만자속장경卍字續藏經』은 X로 약칭했다.

⑨ 원효가 인용하고 있는 경론들의 산스크리트본이 현존하는 경우, 해당하는 산스크리트 문구들을 찾아 번역하여 역주에 반영시킴으로써 한역漢譯 내용과 대조해 볼 수 있게 하였다. 원효가 인용하고 있는 경론들의 내용과 현존하는 산스크리트본의 해당 내용을 대조할 때 사용한 참고문헌과 약호는 아래와 같다.

〈약호〉

BoBh. Bodhisattvabhūmi, ed., by U. Wogihara, Tokyo, 1930-1936(repr. Tokyo, 1971).

KP. The Kāśyapaparivarta, Romanized Text and Facsimiles, ed. by M.I. Vorobyova-Desyatovskaya (in collaboration with S. Karashima and N. Kudo), Tokyo, 2002, (Bibliotheca Philologica et Philosophica Buddhica, V).

PrP. MadhMadhyamakavṛttiḥ: Mūlamadhyamakakārikās (Mādhyamikasū tras) de Nāgārjuna avec la Prasannapadā Commentaire de Candrakīrti,

Bibliotheca Buddhica 4, ed. by Louis de La Vallée Poussin, St. Pétersbourg, 1903-1913 (repr. Osnabrück: Bibio Verlag, 1970).

PvsP.I-1 Pañcaviṃśatisāhasrikā Prajñāpāramitā I-1, ed. by Takayasu Kimura, Tokyo: Sankibo Busshorin 2007.

PvsP.V Pañcaviṃśatisāhasrikā Prajñāpāramitā V, ed. by Takayasu Kimura, Tokyo: Sankibo Busshorin 1992.

차례

『범망경보살계본사기梵網經菩薩戒本私記』 권상卷上

-『범망경』 보살 계율의 조목에 관한 연구 초록 상권-

『보살계본지범요기菩薩戒本持犯要記』

『범망경보살계본사기梵網經菩薩戒本私記』와 『보살계본지범요기菩薩戒本持犯要記』

『범망경보살계본사기梵網經菩薩戒本私記』는 〈『범망경梵網經』이라는 한문 경전의 일부분인 '『범망경』의 보살계본'에 대한 연구 초록〉이라는 뜻이다. 한문불경으로서 전해진 『범망경』과 초기불교의 주요 경전인 『Brahmajāla Sutta』를 동일 문헌으로 보는 경우가 많으나 이 두 가지 문헌은 완전히 다른 경전이다. 『Brahmajāla Sutta』는 팔리 니카야 중 Dīgha Nikāya의 맨 처음에 수록되어 있는 경전으로, 62가지 외도의 사상을 비판하고 정견正見을 수립하는 것을 주 내용으로 한다. 흔히 서구권에서는 이 'Brahma's Net Sutra'라는 영문 이름 때문에 두 경전이 왕왕 혼동되기도 한다.

한문경전 『범망경梵網經』에는 구마라집이 번역자로 나와 있고 마치 산스크리트어본에서 번역한 것처럼 설명하고 있지만(원효나 그 외 동아시아의 주석가들은 모두 이 경을 인도 경전이라고 설명하고 있다), 현재 학계에서는 5세기 후반 중국에서 찬술된 위경으로 보기도 한다. 예컨대 〈모치즈키 신코(望月信亨), 『浄土教の起源及發達』, 共立社, 1930; 오노 호도(大野法道), 『佛教經典成立史論』, 法藏館, 1946; 시라토 와카(白土わか), 『大乘戒經の研究』, 山喜房書林, 1954〉 등이다. 『범망경』은 그 형성과정이 상당히 복잡하여서 몇 가지 단계를 거쳐서 현재의 형태로 되었을 것으로 추정되고 있다. 그 이유로는 우선 상권과 하권의 내용 간에 차이가 존재한다. 상권은 보살의 계위 등에 대한 내용이고, 하권에는 소위 『범망경』 보살계라고 통칭되는 10중계와 48경계가 들어 있다. 이 상하권 중에서 『범망경』 보살계를 설하는 『범망경』 보살계본이 5세기 후반부터는 단독 저술로 유통된 것으로 보인다. 또한 하권 시작 부분에, 이 경전의 원래 제목은 '梵網經盧舍那佛說菩薩心地(cittabhūmi)戒品'이라는 산스크리트 문헌이었고, 그것의 제10권(第十卷)이라고 설명하고 있다. 원효는 이 제목에 대해 자세한 해설을 붙이고 있다. 『범망경보살계본사기』는 본래 상·하 양 권의 분량이었다고 하나, 현재는 상권만 남아 있고 하권은 일실되었다. 그래서 본 문헌은 10중대계에 대해 설명하는 상권으로 끝나며, 하권의 48경계에 대한 내용은 알 수 없다.

『범망경』에 대한 주석서는 매우 많다. 그중 중요한 것을 꼽으면 다음과 같다. 현전하는 최고본은 지의智顗(538~597)가 쓴 『보살계의소菩薩戒義疏』이다. 이 외 신라 승려들의 저술로는 원효(617~686)의 『범망경보살계본사기梵網經菩薩戒本私記』, 신라 의적(7~8세기)의 『보살계본소菩薩戒本疏』, 신라 승장勝莊(8세기 초)의 『범망경술기梵網經述記』, 신라 태현太賢(8세기 중후반)의 『범망경고적기梵網經古迹記』가 있다. 한편 현전하지는 않지만 원효에 앞서 신라 원승圓勝이 『범망경기梵網經記』를 찬술했다는 기록도 있다.(최원식, 『신라 보살계사상사 연구』, 동국대학교 박사학위 논문, 1992, pp.14~16) 또한 중국 저술로는, 당唐 법장法藏(643~712)의 『범망경보살계본소梵網經菩薩戒本疏』, 당唐 지주智周(668~723)의 『범망경소梵網經疏』 등이 있다. 본 『범망경보살계본사기梵網經菩薩戒本私記』는 보살계菩薩戒의 '계율의 특징'(戒相)을 집중적으로 다루었기 때문에 제목에 '보살계본菩薩戒本'이라는 명칭을 부가한 것이다.(한명숙 옮김, 『범망경보살계본사기梵網經菩薩戒本私記』 상권, 동국대학교 출판부, pp.5~9 참고)

『범망경보살계본사기梵網經菩薩戒本私記』는 『범망경』 하권의 '보살계본'에 대한 주석의 형식이지만, 사기私記라고 한 점에서 일종의 연구 초록이다. 문체나 내용으로 볼 때 원효의 초기 저술로 보인다. 보살 수행자가 지켜야 할 계율 조목은 대승불교 출가 사문으로서 가장 먼저 익혀야 할 것이기 때문에, 원효는 출가 이후 이른 시기부터 『범망경』의 '보살계본'을 연구하였고, 사기私記 형식의 연구 초록을 작성한 것으로 보인다. 초기의 저술이다 보니 다른 저술들에 비해 한문 문체나 내용의 짜임새 수준이 떨어지는 편이다. 이런 점 때문에 이 문헌이 원효의 저술이 아닐 것이라는 주장도 제기되어 있으나, 내용 전반을 볼 때 원효의 저술로 보인다.

원효는 자신의 탐구 내용을 저술로 정리하는 태도가 유달리 돋보이는데, 이 점은 그가 사미 시절 반고사에 머물면서 영취산 낭지 스님에게서 배울 때 학습 내용을 『초장관문初章觀文』과 『안신사심론安身事心論』이라는 두 권의 저술로 정리한 것으로도 알 수 있다. 원효는 계율에 대한 초기 학습을 『범망경보살계본사기』로 정리하였고, 훗날 더욱 원숙해진 탐구 내용을 『보살계본지범요기』에 담고 있다고 볼 수 있다. 중생을 지칭하는 용어로서 『범망경보살계본사기』에 등장하는 유정有情은 당나라 현장의 신역 용어이므로 『범강경보살계본사기』의 저술 연대는 적어도 현장의 신역 이후일 것이다. 한명숙은 『범망경보살계본사기』의 저술 시기를 현장의 『성유식론』 번역 이전으로 추정한다. 즉 『유가사지론』은 648년에 번역되었고 『성유식론』은 11년 후인 659년(顯慶 4년)에 번역되었으므로, 그 사이에 『범망경보살계본사기』가 저술된 것으로 추정한다.(『범망경보살계본사기』 상권, 동국대학교출판부, 2016) 이러한 추정에 따른다면, 원효의 생몰년이 617~686년이므로, 『범망경보살계본사기』는 30대 초·중반의 저술로 보인다.

『범망경보살계본사기』의 원효 찬술 문제

『범망경보살계본사기』가 원효의 저술인지를 둘러싸고 논쟁이 있다. 『범망경보살계본사기』의 위찬설을 최초로 제기한 논문은 일본의 기무라 센쇼(木村宣彰)의 「菩薩戒本持犯要記について」(『印度佛教學研究』 28

권 2호, 1980)이다. 기무라 센쇼(木村宣彰)는 총 8가지의 근거로 위찬을 주장하였다. 〈① 원효의 저술인 「보살계본지범요기菩薩戒本持犯要記」와 그 취지가 다른 것이 있고, ② 원효의 여타 저술에는 『사기私記』라는 명칭을 붙인 것이 없으며, ③ 원효는 자신의 저술 간의 상호 인용이 많은데 원효의 다른 저술에 『사기私記』라는 명칭이 없고, ④ 『신편제종교장총록新編諸宗教藏總錄』, 『동역전등목록東域傳燈目錄』, 『연문류취경적록蓮門類聚經籍錄』 등에 『사기私記』의 명칭이 없으며, ⑤ 찬술자를 '효공曉公'이라 할 뿐 원효라고 명기하기 않았고, ⑥ 원효는 『금광명경金光明經』의 이명異名을 『금고경金鼓經』이라고 칭하는데 『사기私記』에서는 『금광명경金光明經』이라고 하며, ⑦ 『사기私記』에서는 인용할 때 '일운一云'이라고 하는데 원효의 다른 저술에는 그러한 사례가 없고, ⑧ 『사기私記』에는 삼론학三論學의 용어나 사유체계가 많이 보이는데 이는 원효의 다른 저술과 비교할 때 이례적이다〉라는 것이다.

하지만 요시즈 요시히데(吉津宜英)는 「法藏の『梵網經疏』 成立と展開」, 『華嚴一乘思想の硏究』(大同出版社, 1991, pp.563~680)라는 논문에서 위의 기무라 센쇼(木村宣彰)의 위찬설 근거 8가지 중 5가지에 반론을 제기한다. 〈(1) 기무라 ③에 대한 반론: 원효의 진찬으로 인정되는 『법화종요』도 원효의 다른 저술에 이름이 나오지 않는다. (2) 기무라 ④에 대한 반론: 『나랑록奈郎錄』에 『사기私記』가 있다. (3) 기무라 ⑤에 대한 반론: 일본 나라 시대에 원효를 제외하고 '효공曉公'이라는 이름의 찬술자가 없다. (4) 기무라 ⑥에 대한 반론: 『법화경종요』에도 『금광명경』이라는 명칭이 있다. (5) 기무라 ⑧에 대한 반론: 원효와 삼론학의 깊은 친연성은 학계의 정설이다〉라는 것이다. 또한 김상현은 그의 저서 『원효연구』(민족사, 2000, pp.181~183)에서 일본의 신엔眞圓이 저술한 『보살계본지범요기조람집菩薩戒本持犯要記助覽集』(1282)을 검토하면서 『사기私記』가 『범망경소』(원효의 저술)의 이칭임을 알 수 있다고 주장하면서 『사기』는 원효의 진찬이라고 강조하였다.

한편 남동신과 한명숙은 원효의 초기 저술일 가능성을 제기한다. 남동신은 기무라 ③에 대한 반론으로 원효의 진찬인 『보살계본지범요기』에도 그의 여타 저술이 나오지 않는 다는 점, 기무라 ⑦에 대한 반론으로 원효의 『본업경소』에 '一云'이라고 한 용례가 있다는 점을 지적한다. 다만 남동신은 『사기』에서는 진여문과 생멸문을 '불공여래장不空如來藏'과 '공여래장空如來藏'에 대응시키는데 이는 원효의 『대승기신론별기』의 내용과 맞지 않는다고 주장한다. 그러므로 남동신은 『사기』를 원효의 초기 저작으로 보면서도 위찬일 가능성을 열어 두고 있다.(남동신, 「원효의 계율사상」, 『한국사상사학』 17집, 2001)

그러나 원효가 여기에서 진여심眞如心과 생멸심生滅心을 진여문과 생멸문에 배대한 후 각각 '불공여래장不空如來藏'과 '공여래장空如來藏'에 대응시키는 것으로 보는 남동신의 이해는 부정확해 보인다. 해당 구절을 살펴보면, 원효는 '두 가지의 마음'(二種心)인 진여심眞如心과 생멸심生滅心을 각각 '불공여래장不空如來藏'과 '공空 및 여래장如來藏'에 대응시키고 있다. 『대승기신론』의 심진여문과 심생멸문은 대립병렬적 구조가 아니며, 원효 역시 이 점을 정확히 포착하고 있다. 『대승기신론』과 원효의 관점에 따르자면, 진여심과 생멸심은 모두 심생멸문에서 말하는 것이고, 심진여문은 심생멸문에서 성취해야 할 진여심의 진여지평을 확인시키는 지위에 있는 것으로 보는 것이 적절하다. 원효가 『범망경보살계본사기』에서 진여심과 생멸심을 각각 '불공여래장不空如來藏'과 '공空 및 여래장如來藏'에 대응시켜 설명하는 것은 다른 저술에서의 여래장 해설과 전혀 충돌하지 않는다. 원효는 그의 저술에서 '공空'이라는 말을 '불변 · 독자인 실체가 없음'이라는 교학적 의미와 '공허함, 내용 없음, 허망함'이라는 의미의 두 가지로 사용하고 있는데, 여기서는 후자의 의미를 여래장 개념과 결합시켜 사용하고 있는 것이다. 여래장에 대한 원효의 다양한 설명은 그 의미들을 해당 맥락에 따라 살펴볼 때 충돌이나 모순으로 보기 어렵다. 오히려 원효 여래장사상의 다층적 풍요성을 드러내는 것이라 하겠다. 원효의 후기저술인 『금강삼매경론』(H1, 617a2~5)에서는 '능은의能隱義'일 경우는 공여래장空如來藏으로, '소은의所隱義'일 경우에는 불공여래장不空如來藏으로 설명하기도 한다.("生滅慮知相者, 即是空如來藏. 但此文中顯能隱義, 而不名此爲如來藏. 言隱理不顯是如來藏者, 是不空如來藏. 約所隱義, 名如來藏.")

한편 한명숙은, 〈① 『사기』에서 인용한 『화엄경』 본문은 모두 60권본 『화엄경』과 일치하며, 또한 ② 『유가사지론』의 구역인 『보살지지경』을 자주 인용하고, ③ 삼취정계에 대한 명칭을 구역인 『보살지지경』에 나오는 명칭, 곧 율의계 · 섭선법계 · 섭중생계라는 명칭을 사용한다〉는 점을 들어 『사기』의 저자는 구역 시대에 속한 인물이며, 따라서 원효가 저자라면 초기에 저술했을 가능성을 강조한다.(한명숙, pp.10~16)

최원식은 사상적 불일치를 강조하며 『사기』가 위찬일 가능성을 제기한다. 자찬훼타계에 대하여 『보살계본지범요기』에서는 '소승과 함께 하지 않는 중계'(不共之重), 『사기』에서는 '대승과 소승이 함께 배운다'(大小共學)라고 하고 있어서 서로 일치하지 않는다는 것이다.(「원효의 보살계 인식 경향과 그 특성」, 『신라 보살계사상사 연구』, 민족사, 1999, p.79) 이에 대해 한명숙은 '大小共學'이라는 것은 대승과 소승이 함께 중계로 파악한다는 뜻은 아니므로 『보살계본지범요기』와 어긋나지 않는다고 지적한다.(한명숙, p.13)

최유진은 『사기』와 『요기』 사상적 불일치의 구체적 사례를 거론한다. 〈① 『요기』에서 자찬훼타계를 해설하면서 경중輕重, 심천深淺, 구경究竟의 삼문三門으로 나누어서 행하고 있다. 그런데 어디에서도 이익을 얻는 돈의 액수를 갖고 말하고 있지 않다. 그런데 『사기』에서는 5전이라는 액수가 중요한 기준이 되고 있다. ②『요기』의 四句와 『사기』의 四句가 대응하지 않는다. 또 『사기』에서는 『요기』에서와 같은 조직적이고 치밀한 설명이 보이지 않는다. ③ '[길을 비추어 주는] 빛과도 같은 계율'(戒光)에 대하여 『요기』와 『사기』에서는 차이가 난다. 둘의 취지가 상당히 다르다.〉(「『범망경보살계본사기』의 저자 문제」, 『동아시아불교문화』 26집, 동아시아불교문화학회, 2016, pp.216~218).

그러나 『범망경보살계본사기』는 출가 이후 이른 시기의 보살계 학습 내용을 정리한 것이고 『보살계본지범요기』는 계율에 대한 원효의 더욱 원숙한 이해를 기술한 것이라고 보면, 양자의 차이는 자연스럽다. 원효뿐만 아니라 모든 학인의 저술은 찬술 시기의 차이에 따른 내용의 변화가 불가피하다. 이해가 달라지거나 심화됨에 따른 변화이다. 따라서 『사기』와 『요기』를 평면적으로 비교하는 것은 부적절하다.

『범망경보살계본사기』가 원효의 저술이 아닐 수 있다는 주장의 근거들은 모두 반론이 가능하다. 반론 가능한 위찬설의 근거들보다는 『범망경보살계본사기』와 다른 원효 저술들과의 정합성을 주목하는 것이 중요하다. 내용과 저술 방식 등을 전반적으로 검토할 때, 『범망경보살계본사기』를 원효의 초기저술로 보는 데에 무리가 없어 보인다. 『범망경보살계본사기』에 나타나는 원문 인용방식은 원효 특유의 방식이라는 점도 주목된다. 경론의 원문을 그대로 인용하는 것이 아니라 축소·삭제·편집 등 해설을 위한 과감한 변형을 시도하는 것은 원효 저술에 나타나는 인용방식의 특징이다. 이런 인용방식은 『범망경보살계본사기』에서도 목격된다. 예컨대 〈"一者, 若從他得戒, 名爲受, 若自心得戒, 名持." 解云. 若他者, 先不受人, 始受, 故爲受. 若自心得戒, 過去中先持戒人, 方得以自心得戒, 故名持也. "二者, 先得名爲受, 後持名爲持. 三者, 修持戒行名之爲受, 若憶持文句, 名爲持也."〉(H1, 589c15~23)라는 문장은 『섭대승론석攝大乘論釋』 권11의 다음 문장에 의거하여 내용을 재구성한 것이다. 〈"從他得名受, 自清淨意得名持. 又初得名受, 受後乃至成佛名持. 又修行戒法名受, 憶念文句名持."(T31, 234a27~29)〉 원효는 인용구문을 자신의 이해나 문장 핵심의 명확한 전달을 위해 재구성하는 방식을 즐겨 채택한다. 그의 자신감과 역량의 표현이다. 이 사례 역시 『범망경보살계본사기』가 원효의 저술이라는 논거의 하나로 볼 수 있다.

인공人空을 십해十解보살 이상에서 성취한다는 것이나 십지十地의 특별한 위상에 대한 설명도 원효의 다른 저술에서 개진되는 견해와 동일하다. "모든 중생에게 되돌려 주어라"(轉授諸衆生)는 것은 [다음과 같은 뜻이다.] 만약 '믿음을 세우는 열 가지 경지'(十信)에 있는 사람이라면, 되돌려 다른 사람에게 줄 수 없다. 이 단계의 사람은 오직 10겁劫 동안 계율을 배울 뿐이다. '[진리에 대한 이해가 확고해지는] 열 가지 이해의 경지'(十解) 이상의 사람이라야 비로소 '자아에 불변·독자의 본질/실체가 없음'(人空)[에 대한 이해]를 [성취한] 지위를 얻기 때문에 그 이하의 수준에 있는 사람을 위해 계율을 줄 수 있다. 그런데 '[10가지] 본격적인 수행경지'([十]地) 이전의 경지에서 '자아에 불변·독자의 본질/실체가 없다'(人空)[는 이해]를 통해 '번뇌가 흘러들어옴이 없는 경지'(無流)를 얻은 사람들은 모두 서로 비슷하지만, 오직 '나름의 역량에 따라'(隨分) [암송한 계율을 남에게] 되돌려 줄 수 있을 뿐이다. 만약 '[암송한 계율을 남에게] 완전하게 되돌려 주는 경지의 사람(究竟轉授位者)이라면 '[10가지] 본격적인 수행경지'([十]地) 이상에서야 비로소 [암송한 계율을 남에게] 되돌려 줄 수 있으니, '번뇌가 흘러들어옴이 없는 참된 경지'(眞無流位)를 얻었기 때문이다."("轉授諸衆生"者. 若十信人者, 不得轉令授他人. 此位人者, 唯十劫中學戒耳. 十解以上人, 方得人空位故, 爲下地令授戒也. 然而地前人空無流者, 皆相似, 唯隨分得轉授耳. 若究竟轉授位者, 地上方得轉授, 得眞無流位故. H1, 590a12~ 18)

원효는 인공人空을 십해十解보살 이상에서 성취한다고 주장한다. 『대승기신론소』에서는, 견애번뇌見愛煩惱를 증장시키는 의식意識인 집상응염執相應染을 이승二乘 아라한이나 대승 십해十解보살 이상에서 여의는데 이를 인공人空을 성취한 것으로 밝히고 있다. 경증經證으로 인용한 『인왕경仁王經』은 십신十信에서 십회향十廻向의 복인성태伏忍聖胎 30인人으로 설하였으나, 원효는 이승二乘 아라한이나 대승 십해十解보살이 인공人空을 성취한다고 분명히 밝히고 있다. "第一執相應染者, 即是意識, 見愛煩惱所增長義, 麁分別執而相應故. 若二乘人至羅漢位, 見修煩惱究竟離故. 若論菩薩, 十解以上能遠離故. 此言信相應地者, 在十解位, 信根成就, 無有退失, 名信相應. 如『仁王經』言. '伏忍聖胎三十人, 十信十止十堅心.' 當知此中, 十向名堅, 十行名止, 十信解名信. 入此位時, 已得人空, 見修煩惱, 不得現行, 故名爲離."(H1, 716c13~717a42)

『범망경보살계본사기』에 자주 등장하는 달기보살達機菩薩이라는 용어도 원효의 다른 저술들에서 일관되게 목격되는 특유의 사상적 지향과 상응하는 개념이다. 달기보살이라는 명칭은 다른 경론에는 보이지 않고 오직 『범망경보살계본사기』에만 나온다. '달륜기보살達輪機菩薩'이라는 명칭으로 등장하기도 하는데, 『범망경』의 열 가지 바라이죄에 해당되는 죄를 범하여도 "죄가 되지 않고 오직 복이 된다"(無罪唯福)라고 한다. 예컨대 이렇게 말한다. "이 가운데 또한 '네 가지 구절'(四句)을 지어 '[보살의 계율을] 지킴과 범함'(持犯)을 가려낸다. 첫 번째는, 비록 5전錢을 훔쳤으나 '좋은 행위이지 나쁜 행위가 아닌 경우'(福非罪)이다. 〈'[중생의] 상황에 밝아'(達機) '[그 상황에 맞는 수단과 방법을] 적절히 쓰는'(輪機) 능력을 지닌 보살〉(達輪機菩薩)이므로, [중생의 상황을 보고 그의] 물건을 훔쳐서 [그를] '구제할 수 있는 상황'(可度機)이라고 [판단하였기] 때문에 '물건을 훔치는 것'(盜物)이 그것이다."(於中, 亦作四句, 簡持犯. 一者, 雖盜五錢而福非罪. 謂達輪機菩薩故, 以盜物可度機故, 盜物也. H1, 598a22)

이러한 달기보살의 원형은 유가계 계통의 계율사상에서 발견된다. 『유가사지론』 권41(T30, 517b6~17)에 따르면, 보살이 청정한 계율의戒律儀에 머물고 있으면서 훌륭한 방편으로 다른 사람의 이익을 위해 성죄性罪에 해당하는 것을 조금 저질러도 보살계에는 위범違犯함이 없고 오히려 많은 공덕이 생긴다고 한다. 예를 들어 악인이 재물을 탐하여 다른 사람을 죽이거나 수행자를 죽여서 지옥에 떨어지는 죄를 짓게 될 경우라면, 보살이 그를 죽여서 죄를 짓지 않게 만들어 지옥의 고통을 면하게 한다는 것이다. 이때 보살은 계율을 범한 부끄러움은 있지만 보살계를 위범違犯한 것이 아니라 오히려 많은 공덕이 생긴다고 설한다. 이에 대하여 요시즈 요시히데(吉津宜英)는 "달기보살이라는 독자적 보살관을 통해서 목적이 숭고하면 계를 범해도 복업을 얻는다고 한 것은 대처의 보살인 원효에 어울리는 해석이다."(「法藏以前の『梵網經』諸註釋書について」, 『駒澤大學佛教學部研究紀要』 제47호, 1989)라고 하였고, 한명숙은 "보다 큰 목적을 위해 계를 범하는 것을 복업을 짓는 것이라고 하는 것은 원효의 독자적 해석이라기보다는 원리주의적인 범망계梵網戒에 상대하여 방편을 적극적으로 허용하는 유가계瑜伽戒, 곧 『보살지지경』과 그 이역본인 『유가사지론』의 보살계에 주로 나타나는 사유 체계이다. 후대 유가계의 사상적 영향하에 놓인 동아시아 『범망경』 연구자들은 실제로 모두 이러한 해석 방식을 보이고 있기 때문이다. 다만 그러한 해석의 선구적 지위에 원효가 놓여 있음은 부인할 수 없는 사실이다." (한명숙, 앞의 책, pp.30~31)라고 한다. 원효가 제시한 달기보살은 당시 유가瑜伽 계통의 계율사상을 계승발전 시킨 독창적 개념으로 볼 수 있다. 그의 삶 역시 달기보살의 모습을 연상케 한다. 예컨대 원효는 문무왕 2년(662, 원효 나이 46세 때)에 당나라 소정방이 김유신에게 보낸 군사 암호 문서의 뜻을 해독해 주어 수많은 신라군의 생명을 구하였다고 전한다.(『삼국유사』권1, 태종춘추공조)

원효의 계율 사상은 계율에 대한 본질적 규범주의를 비판하는 동시에, 계율에 대한 비非본질적 실용주의 시선을 보여 주고 있다. 『보살계본지범요기菩薩戒本持犯要記』는 이러한 시선을 정밀한 분석적 사유와 심층적 철학적 성찰에 의거하여 펼치는 걸작이다. 계율에 대한 원효의 원숙한 이해를 보여 주는 이 길지 않은 저술은, 원효 자신의 삶 및 계율을 둘러싼 당시 교단과 구도자들의 정황과도 맞물려 있는 것으로 보인다. 계율이라는 규범적 행위규칙과 철학적 성찰이 어떻게 결합할 수 있는지를 웅변하는 것이 『보살계본지범요기』이다.

범망경보살계본사기 梵網經菩薩戒本私記

『범망경보살계본사기梵網經菩薩戒本私記』 권상卷上[1] [2]

—『범망경』 보살 계율의 조목에 관한 연구 초록 상권—

효공曉公[3] 지음[4]

---

1 『범망경보살계본사기梵網經菩薩戒本私記』는 『범망경梵網經』이라는 한문 경전의 일부분인 '『범망경』의 보살계본'에 대한 연구 초록이라는 뜻이다. 한문불경으로서 전해진 『범망경』과 초기불교의 주요 경전인 Brahmajāla Sutta를 동일 문헌으로 보는 경우가 많으나 이 두 가지 문헌은 완전히 다른 경전이다. Brahmajāla Sutta는 팔리 니카야 중 Dīgha Nikāya의 맨 처음에 수록되어 있는 경전으로, 62가지 외도의 사상을 비판하고 정견正見을 수립하는 것을 주 내용으로 한다. 흔히 서구권에서는 이 Brahma's Net Sutra라는 영문 이름 때문에 두 경전이 왕왕 혼동되기도 한다. 한문경전 『범망경梵網經』에는 구마라집이 번역자로 나와 있고 마치 산스크리트어본에서 번역한 것처럼 설명하고 있지만(원효나 그 외 동아시아의 주석가들은 모두 이 경을 인도 경전이라고 설명하고 있다), 현재 학계에서는 5세기 후반 중국에서 찬술된 위경으로 보기도 한다. 예컨대 〈모치즈키 신코(望月信亨), 『浄土教の起源及發達』, 共立社, 1930; 오노 호도(大野法道), 『佛教經典成立史論』, 法藏館, 1946; 시라토 와카(白土わか), 『大乘戒經の研究』, 山喜房書林, 1954〉 등이다. 『범망경』은 그 형성과정이 상당히 복잡하여서 몇 가지 단계를 거쳐서 현재의 형태로 되었을 것으로 추정되고 있다. 그 이유로는 우선 상권과 하권의 내용 간에 차이가 존재한다. 상권은 보살의 계위 등에 대한 내용이고, 하권에는 소위 『범망경』 보살계라고 통칭되는 10중계와 48경계가 들어 있다. 이 상하권 중에서 『범망경』 보살계를 설하는 『범망경』 보살계본이 5세기 후반부터는 단독 저술로 유통된 것으로 보인다. 또한 하권 시작 부분에, 이 경전의 원래 제목은 '梵網經盧舍那佛說菩薩心地(cittabhūmi)戒品'이라는 산스크리트 문헌이었고, 그것의 제10권第十卷이라고 설명하고 있다. 원효는 이 제목에 대해 자세한 해설을 붙이고 있다. 『범망경보살계본사기』는 본래 상·하 양 권의 분량이었다고 하나, 현재는 상권만 남아 있고 하권은 일실되었다. 그래서 본 문헌은 10중대계에 대해 설명하는 상권으로 끝나며, 하권의 48경계에 대한 내용은 알 수 없다. 『범망경보살계본사기』의 저술 시기와 진찬 문제 등에 관한 설명은 해제에 있다.

2 본고에서는 『한국불교전서』(H1, 586a1~604a21)에 수록된 『범망경보살계본사기梵網經菩薩戒本私記』를 저본底本으로 삼고, 『卍新纂大日本續藏經』(X38, 274b1~287b19)에 수록된 『범망경보살계본사기』를 갑본甲本으로 삼는다.

3 원효의 저술로 추정할 수 있는 표기이다. 하지만 '효공曉公'이라는 표기는 원효저

將釋此經, 略作兩門分別. 一者釋題名字, 二者入文解釋.

[H1, 586a4~5; X38, 274b9~10]

앞으로 이 경을 해석하면서 크게 '두 부분'(兩門)으로 구분하겠다. 첫 번째는 '제목의 명칭을 해석하는 것'(釋題名字)이고, 두 번째는 '본문에 들어가 해석하는 것'(入文解釋)이다.

Ⅰ. 제목의 명칭에 대한 해석(釋題名字)

初釋題名者. 所言菩薩戒本者, 法喩所置目, 故非正此經目也. 若論是經正目者, 應言梵網經菩薩心地品. 所言梵網者, 約喩爲名, 謂如來說是法時, 觀梵天以寶網覆於幢, 而目此發言說, 故此經名爲梵網. 有經單以法爲名, 謂涅槃經等. 或有經單以人名爲經目, 謂勝鬘經等. 或有經合法喩而爲經目, 謂妙法蓮華經等. 今此經者, 單以喩爲目.

[H1, 586a7~15; X38, 274b11~17]

술 가운데 유일한 것이며, 본인에 대한 호칭으로 '공公'을 쓴 것으로 보이진 않는다. 후대 전사자傳寫者가 원효를 '효공曉公'으로 표기했을 가능성이 있다.(『범망경보살계본사기梵網經菩薩戒本私記』 마지막 간기에 자세하게 나옴.) 이와 관련하여 최유진은 그의 논문 「『범망경보살계본사기』의 저자 문제」(『동아시아불교문화』 26집, 동아시아불교문화학회, 2016, pp.211~213)에서 다음과 같이 주장한다. "원효를 '효공曉公'이라고 표기한 예가 많이 있지만(『宗鏡錄』, 『宋高僧傳』, 『新編諸宗教藏總録』 등) 원효가 아닌 다른 '효공曉公'이 있을 수 있다. 원효를 新羅曉公 또는 靑丘曉公으로 부르는 것은 그 때문이라고 할 수 있을 것이다. 효공이 원효가 아닐 수도 있음은 정창원문서의 필사 기록을 통해서도 알 수 있다." 즉 최유진은 '효공曉公'을 '원효元曉'라고 단정 짓지 않고 다른 인물일 가능성을 열어 두고 있다.

4 진찬과 위찬에 관한 논의는 해제를 참조.

첫 번째는 제목의 명칭을 해석한 것이다. 보살계본菩薩戒本[5]이라고 말한 것은 [경전에 설해진] 가르침(法)에 빗대어 만들어진 제목이며, 따라서 이 경전의 온전한 제목은 아니다. 만약 이 경전의 온전한 제목을 거론한다면 『범망경보살심지품梵網經菩薩心地品』[6]이라고 불러야 한다. '범천의 그물'(梵網)이라고 한 것은 비유에 의거하여 이름을 지은 것이니 [다음과 같은 연유에서이다.] '진리와 같게 오신 분'(如來)이 이 가르침(法)을 설할 때에 범천梵天[7]이 보배로 만든 그물로 당간(幢竿)을 뒤덮은 것을 보았는데, 이것을 보고 말씀을 시작하였기에 이 경전의 명칭이 '범천의 그물'(梵網)이 된 것이다.[8] 어떤 경전은 단지 '가르침[의 주제]'(法)를 이름으로 삼기도 하는데 『열반경涅槃經』[9] 등이 그것이다. [또] 어떤 경전

---

5 보살계본菩薩戒本: 보살계본은 대승계大乘戒인 보살계의 조문이다. 계본戒本은 산스크리트의 'prātimokṣa'의 한역이며, 바라제목차波羅提木叉라고 음역한다. 별해탈계別解脫戒라고도 한역한다. 율장律藏의 규정에 의하여 비구·비구니가 출가하여 구족계具足戒를 받고 지켜 가야 하는 계율의 조문이 적혀 있다.

6 범망경보살심지품梵網經菩薩心地品: 『범망경보살심지품』에 대한 전칭全稱은 『梵網經盧舍那佛說菩薩心地戒品』第十이다.

7 범천梵天: 범천은 범어梵語로는 Brahmā이다. 음역은 婆羅賀摩·梵摩이며, 의역은 淸淨·離欲이다. 인도사상에서 모든 것의 근원을 '범梵'이라고 하며, 이를 신격화한 것이 바라문교이다. 범천은 인도의 창조신으로서 파괴신인 쉬바Śiva, 유지신인 비쉬뉴Viṣṇu와 더불어 바라문교의 삼대신三大神으로 불린다. 불교 내에서는 제석천과 함께 불교의 호법신이다. 석가세존께서 도리천에 올라 어머니를 위해 설법하고, 현세에 내려올 때에 범왕이 부처님의 우측에서 시봉하였다. 『불광대사전』, p.5828.

8 『범망경』 하권에 있는 다음 문장을 말한다. "時佛觀諸大梵天王網羅幢, 因爲說無量世界."(T24, 1003c14~15)

9 열반경涅槃經: 『열반경』이라는 경의 제목이 열반涅槃이라는 법에 의거하여 이름을 지은 것을 의미한다. 이 『열반경』은 불신佛身의 상주常住, 열반의 상락아정常樂我淨, 그리고 '일체의 중생은 모두 불성을 가지고 있다'(一切衆生悉有佛性)는 사상에 기초를 두고 있다. 『열반경』은 한역본으로는 법현法顯과 불타발타라佛馱跋陀羅(359~429) 공역의 『대반니원경大般泥洹經』 6권 18품, 북량北凉 담무참曇無讖(385~433) 번역의 『대반열반경』 40권 18품, 그 후 위의 2가지 번역본을 종합하여

은 단지 사람의 이름을 경의 제목으로 삼으니 『승만경勝鬘經』[10] 등이 그것이다. [또] 어떤 경전은 '도리와 비유'(法喩)를 합하여 경의 제목으로 삼으니 『묘법연화경妙法蓮華經』[11] 등이 그것이다. 지금 이 [『범망경梵網經』이라는] 경전은 단지 비유로 제목을 삼았다.

1. 그물의 비유에 대한 세 가지 뜻

> 但以網譬於佛所說法, 略有三義. 一者, 如來能說無量世界海法門, 謂蓮華上世界. 此世界者, 從下平等風輪, 乃至於勝藏風輪, 有無量世界, 亦有橫十方無量世界, 『華嚴經』中乃至廣說. 如是諸世界, 彼世界非此世界, 此世界亦非彼世界. 如是世界若別非無義者, 卽當於網目, 此目非彼目, 彼目非此目. 亦世界若別, 雖無量, 而若以法性淨土攝者, 世界而無非法性淨土. 此義卽當於目雖非無差別, 而以網攝目者, 目而無非網義. 是故以網譬於佛所說法.
>
> [H1, 586a15~b3; X38, 274b17~c2]

36권 25품의 『남본열반경南本涅槃經』이 있다.

10 승만경勝鬘經: 『승만경』이라는 경의 제목이 주인공인 승만 부인의 이름에 의거하여 이름을 지은 것을 의미한다. 이 경의 원제는 『승만사자후일승대방편방광경(勝鬘師子吼一乘大方便方廣經)』으로 1권 15장으로 구성되었다. 보통 줄여서 『승만경』이라고 부르는데 구나발타라求那跋陀羅(394~468)가 한역하였다.

11 묘법연화경妙法蓮華經: 『묘법연화경』이라는 경의 제목이 이 경에서 설한 묘법妙法이라는 법과 연화蓮華라는 비유를 합하여 이름을 지었다는 것을 의미한다. 한역본으로는 3가지가 있는데 축법호竺法護(231~308?)가 번역한 『정법화경正法華經』 10권 27품, 구마라집鳩摩羅什(344~413)이 번역한 『묘법연화경妙法蓮華經』 7권 28품, 사나굴다闍那堀多(523~600)와 달마급다達磨笈多(?~619)가 공역한 『첨품법화경添品法華經』 7권 27품이 있으며, 산스크리트 원본이 네팔·티베트 등에서 발견되어 편집정리된 것이 3가지 있다.

단지 그물로써 부처님이 설하신 가르침을 비유한 것에는 대략 세 가지 뜻이 있다. 첫 번째는, 여래가 헤아릴 수 없이 많은 세계에 있는 바다들과도 같은 [수많은] '진리로 들어가는 문'(法門)을 설할 수 있다는 것이니, '커다란 연꽃[의 수많은 꽃잎들] 위에 있는 [수많은] 세계'(蓮華上世界)[12] [와도 같은 가르침들]이 그것이다. 이 세계에는, 수직으로는 밑의 평등풍륜平等風輪으로부터 승장풍륜勝藏風輪[13]까지 헤아릴 수 없이 많은 세계가

---

12 연화상세계蓮華上世界: 연화상세계는 연화장세계蓮華藏世界와 같은데, 이는 『화엄경』과 『범망경』에 나타난 세계이다. 즉 이 세계는 연꽃에서 생겨난 세계이며 혹은 연꽃 중에 헤아릴 수 없는 공덕을 갖추고 있음을 가리키거나 광대장엄廣大莊嚴한 세계 또는 연화국蓮華國을 의미하기도 한다. 한편 『화엄경』과 『범망경』의 내용상 차이도 있다. 『범망경』에서 설하는 연화상세계에는 천 개의 잎이 있는 큰 연화 속에 세계를 갖추고 있음을 가리킨다. 천 개의 잎이 달린 연화가 형성 때마다 한 잎이 한 세계가 되고, 각 세계마다 백억 개의 수미산이 있으며, 백억 개의 사천하四天下 및 백억 개의 남염부제南閻浮提가 있다. 노사나불盧舍那佛이 이 세계의 본원本源이 되고, 연화대 위에 가부좌를 하고 앉아 계신다. 아울러 자신의 몸으로 천 명의 석가모니로 변화하며, 각각 한 잎 위에 앉아 계신다. 그리고 천 명의 석가가 다시 한 명씩 백억의 보살 석가로 변화하여 각각 남염부제의 보리수 아래에서 보살의 심지법문心地法門을 설하신다. 『불광대사전』, p.7724.

13 풍륜風輪: 풍륜은 범어梵語로는 vāyu-maṇḍala이다. 이 풍륜이 세계가 성립될 때 가장 아래에 위치하는 것이다. 이 중에서도 다시 가장 아래인 평등풍륜平等風輪이 있고 가장 위에 승장풍륜勝藏風輪이 있다. 이에 대한 구체적인 설명은 60권 『화엄경』 3권(T9, 412a25~b9) 중에 자세하다. "佛子當知! 有須彌山微塵等風輪: 持此蓮華藏莊嚴世界海, 最下風輪名曰平等. 次上風輪名種種寶莊嚴, 持清淨光寶地. 次上風輪名功德勢, 持密寶地. 次上風輪名曰寶焰, 持日不壞寶地. 次上風輪名普莊嚴, 持具足寶光明画像地. 次上風輪名離垢清淨平等, 持寶華焰地. 次上風輪名曰方行, 持一切眞珠地. 次上風輪名曰一切年, 持一切時一日半月一月一年. 次上風輪名普持勢, 持一切須彌山地. 次上風輪名莊嚴光明, 能持一切有. 如是次上, 有須彌山微塵等風輪, 最上風輪名勝藏. 持一切香水海, 彼香水海中有大蓮華等, 彼持一切寶光明地." 즉 풍륜은 대지의 4륜 중 하나이며 세계의 가장 밑바닥 부분이다. 세계가 성립할 때 반드시 먼저 허공 위에 위치하는 것은 공륜空輪이고 이 공륜에 의지하여 생겨나는 것이 풍륜風輪·수륜水輪·금륜金輪이다. 이를 합하여 4륜이라고 일컫는다. 사륜 위에 아홉 개의 산과 여덟 개의 바다가 있다. 풍륜의 넓이는 수가 없으며 두께는 16억 유선나踰繕那이다. 그 바탕은 긴밀하고 단단하여 금강륜金剛輪으로 세차게 치면 금강

있고, 또한 수평으로는 열 방향으로 헤아릴 수 없이 많은 세계가 있으니, 『화엄경』에서 자세히 설명하고 있다. 이와 같은 모든 세계에서, 저 세계는 이 세계가 아니고 이 세계 또한 저 세계가 아니다. 이와 같이 세계를 구별하여 '[차이가] 없는 것이 아닌 측면'(非無義)은 [그물에 비유해 본다면] 곧 [그물을 이어 주는] 그물코(目)[14]에 해당하니, 이 그물코(目)는 저 그물코(目)가 아니고 저 그물코(目)는 이 그물코(目)가 아니다. 또한 만약 세계를 구별하여 비록 헤아릴 수 없을 만큼 많을지라도, '본연의 온전한 세계'(法性淨土)[15]로서 포섭하는 것이라면 세계는 '본연의 온전한 세계'(法性淨土) 아닌 것이 없다. 이러한 측면(義)은 곧 그물코(目)에는 비록 차별이 없는 것은 아니지만 그물로써 그물코(目)를 포섭하는 것에 해당하니, '그물코이면서도 그물 아닌 것이 없는 측면'(目而無非網義)이다. 그러므로 그물로써 부처님이 설하신 가르침을 비유한 것이다.

二者, 論俗諦法者, 此法非彼法, 彼法非此法, 區而故成萬差別. 此義卽當於此目非彼目, 彼目非是目義. 亦以眞空一味爲眞諦, 俗諦差別

륜이 부서져 가루가 되지만 풍륜은 아무런 부서짐이 없다. 이를 바퀴라고 부르는 것은 그 모양이 둥근 모양이고, 그 바탕이 긴밀하기 때문이다. 『불광대사전』, p.5035.

14 『능엄경언해』에서는 그물눈으로 번역하고 있다. 〈능엄경언해(1461)〉

15 법성정토法性淨土: 법성정토는 법성토法性土와 같다. 법성토는 법신이 머무는 진여법성의 땅이다. 또한 부처님의 몸이 의지하는 땅이다. 법신토法身土 · 법성정토法性淨土 · 법토法土라고 한다.(『불광대사전』, p.4247) 이러한 법성정토는 색과 모양을 떠난 자수용신이 머무는 곳이다. 이에 대하여 원효는 『무량수경종요』에서 다른 이의 설과 『본업경』 및 『기신론』을 인용하여 다음 같이 주장하였다. "或自(有)說者, 自受用身, 遠離色形, 法性淨土, 爲所住處, 是故都無色相可得. 如本業經說, 佛子果體圓滿, 無德不備, 理無不周, 居中道第一義諦 淸淨國土, 無極無名無相, 非一切法可得, 非有體, 非無體, 乃至廣說. 起信論云, 諸佛如來, 唯是法身智相之身, 第一義諦, 無有世諦境界, 離於施作, 但隨衆生見聞皆得益, 故說爲用." 『無量壽經宗要』.(H1, 555a19~b3)

雖非無, 而以眞攝俗法者, 一法而無非一如. 此義卽當於網以攝目, 目而無非網義. 是故以網喩爲經目也. 三者, 佛所說法門, 雖有多門, 而不出止觀二門, 謂能融法故. 而體於一如法界, 故名爲止, 雖證於法無非一如, 而能照假有法非無道理, 故名爲觀.

[H1, 586b3~13; X38, 274c2~9]

두 번째는, '세속적 관점에서의 도리'(俗諦法)를 논하는 것이니 [다음과 같은 뜻이다.] 이 도리(法)는 저 도리(法)가 아니고 저 도리(法)는 이 도리(法)가 아니니, [이처럼] 구분하기 때문에 온갖 차별이 이루어진다. 이러한 측면(義)은 곧 〈이 그물코(目)는 저 그물코(目)가 아니고 저 그물코(目)는 이 그물코(目)가 아닌 측면(義)〉에 해당한다. 또한 '불변 · 독자의 실체가 없는 참된 지평에서의 하나로 통하는 맛'(眞空一味)[으로 통함]으로써 '궁극적 진리'(眞諦)를 삼으면, 〈'세속적 관점'(俗諦)에서의 차별이 비록 없지는 않으면서도 '진리로써 세속을 포섭하는 도리'(以眞攝俗法)〉에서는 '어떤 것'(一法)이라도 '하나[처럼 통하여] 같아짐'(一如)이 아닌 것이 없다. 이러한 측면(義)은 곧 〈그물로써 그물코(目)를 포섭하여 그물코(目)가 그물 아님이 없는 측면(義)〉에 해당한다. 그러므로 '그물의 비유'(網喩)를 경전의 제목으로 삼은 것이다.

세 번째는, 부처가 설한 '진리로 들어가는 문'(法門)에는 비록 많은 문이 있으나 '그침 수행'(止)과 '이해 수행'(觀) 두 가지 문에서 벗어나지 않는다는 것이니, [이문二門으로써] '[모든] 가르침'(法)을 [하나로] 녹여 낼 수 있기 때문이다. '하나[처럼 통하여] 같아지는 현상세계'(一如法界)를 체득하기에 '그침 수행'(止)이라고 부르고, 비록 '모든 현상'(法)에서 '하나[처럼 통하여] 같아짐'(一如) 아님이 없음을 증득했으나 '실체 없이 있는 현상'(假有法)에 도리가 없는 것은 아니라는 것을 비추어 밝힐 수 있으므로 '이해 수행'(觀)이라고 부른다.

何故說衆多法門者? 有人由別觀故, 得入道, 或有人由通觀故, 得入於道. 若就道[16]觀者, 雖不出止觀二門, 而且爲名, 令入欲別觀人, 故說多. 雖有多門, 而亦入理無二. 喻如一城有四門, 入門雖非一, 而亦入城無二, 是義亦爾. 若約別門, 雖此門非彼門, 彼門亦非此門, 而若以通門攝別門者, 而無非止觀二門, 攝無非止觀也. 雖有目差別, 而以網攝目, 目無不網義. 如來所說如是三義者, 當於此網目義故, 以喻爲名故.

[H1, 586b13~24; X38, 274c9~17]

어찌하여 수많은 '진리로 들어가는 문'(法門)을 설한 것인가? 어떤 사람은 [각 수행법을] '다르게 보는 관점'(別觀)[17]에 의거하기 때문에 [깨달음의] 길(道)에 들어갈 수 있고, 혹 어떤 사람은 [각 수행법을] '통하는 것으로 보는 관점'(通觀)에 의거하기 때문에 [깨달음의] 길(道)에 들어갈 수 있다. 만약 '통하는 것으로 보는 관점'(通觀)에 의거한다면 비록 '그침 수행'(止)과 '이해 수행'(觀) [이] 두 가지 방식(門)에서 벗어나지 않지만 또한 [이 이문二門에 여러 가지로] 이름을 붙이니, [각 수행법을] '다르게 보려는 사람'(欲別觀人)을 [깨달음의 길에] 들어가게 하려고 많은 [수행법을] 설하는 것이다. 비록 [깨달음의 길에 들어가는] '많은 방식'(多門)이 있지만, 또한 진리(理)에 들어감에는 다름이 없다. 비유하건대 한 성城에 4개의 문門이 있는 것과도 같아서, 들어가는 문은 비록 한 가지가 아니지만 또한 성에

16 문맥상 '道'는 '通'이어야 적절하다. '通'으로 교감한다.

17 별관別觀과 통관通觀에 대해 천태는 『마하지관』에서 다음과 같이 설명한다. "此乃通途非別意也. 論初通觀因緣, 次染染品等別破愛取支, 六情品別破苦支, 乃至後兩品別出聲聞觀因緣, 通別等意皆觀因緣."(T46, 126b16~18) 즉 『마하지관』에서는 『중론』의 관법을 설명하면서 12支因緣 전체를 관하는 것은 통관通觀이며, 각각의 지支를 나누어 관하는 것을 별관別觀이라고 설명하였다. 원효의 관점은 12인연에 국한된 것이 아니라 수행론 전체를 대상으로 하고 있다.

들어감에는 다름이 없으니 이 뜻도 그러하다.

만약 '다르다는 측면'(別門)에 의한다면 비록 이 [수행] 방식(門)은 저 [수행] 방식(門)이 아니고 저 [수행] 방식(門)도 이 [수행] 방식(門)이 아니지만, 만일 '통하는 측면'(通門)으로 '다르다는 측면'(別門)을 포섭한다면 '그침 수행'(止)과 '이해 수행'(觀) [이] '두 가지 [수행] 방식'(二門)이 아님이 없고 포섭한 것이 '그침 수행'(止)과 '이해 수행'(觀) 아님이 없다. 비록 그물코(目)의 차이는 있지만 그물로써 그물코(目)를 포섭하니, [따라서] 그물코(目)는 그물이 아닐 수 없다는 뜻(義)[을 지닌]다.

'진리와 같게 오신 분'(如來)이 설한 것의 이와 같은 세 가지 뜻(義)은 이러한 그물(網)과 그물코(目)의 [관계가 지니는] 뜻(義)에 해당되기 때문에 [그물에] 비유하여 이름을 삼은 것이다.

梵網者, 此部別名, 經也[18]通名. 經通名, 如常所說. 菩薩心地品者, 菩薩者, 具論梵音者, 應言菩提薩埵摩訶薩埵. 菩提者, 名道心, 薩埵者名爲衆生, 摩訶薩埵者, 名大道心有情, 菩提薩埵者, 約自利行也. 摩訶薩埵者, 約利他, 利他行者, 勝於自利故, 名大道心衆生. 此無上菩提心卽果, 衆生者卽是因, 合因果而爲一名, 故言大道心衆生也.

[H1, 586b24~c9; X38, 274c17~24]

'범천의 그물'(梵網)은 이 문헌(部)의 '[다른 것과] 구분되는 명칭'(別名)이고, 경經은 [모든 경전에] '공통된 명칭'(通名)이다. 경經이라는 '공통된 명칭'(通名)[의 뜻]은 통상적으로 언급되는 것과 같다.

[『범망경보살심지품梵網經菩薩心地品』이라는 명칭 가운데] '보살심지품菩薩心地品'이라는 말에서의 '보살菩薩'은, 범음梵音을 모두 갖추어 말하면 '보

18 저본에는 '也'로 되어 있으나 문맥상 '者'가 적절하므로 '者'로 교감하여 번역한다.

리살타마하살타菩提薩埵摩訶薩埵[19]'라고 말해야 한다. 보리菩提는 '깨달으려는 마음'(道心)을 말하는 것이고, 살타薩埵는 중생衆生을 말하는 것이며, 마하살타摩訶薩埵는 '크나큰 깨달음을 구하는 마음을 지닌 중생'(大道心有情)[20]을 말하는 것이고, 보리살타菩提薩埵[라는 말]은 '자기를 이롭게 하는 행위'(自利行)에 의거한 것이다. 마하살타摩訶薩埵[라는 말]은 '남을 이롭게 함'(利他)에 의거한 것인데, '남을 이롭게 하는 행위'(利他行)는 '자기를 이롭게 함'(自利)보다 뛰어나기 때문에 '크나큰 깨달음을 구하는 마음을 지닌 중생'(大道心衆生)이라 한다. 이 '가장 높은 깨달음을 구하려는 마음'(無上菩提心)은 결과이고 중생은 원인이니, 원인과 결과를 합하여 하나의 이름으로 삼았기 때문에 '크나큰 깨달음을 구하는 마음을 지닌 중생'(大道心衆生)이라 하였다.

心地者, 能生義, 所住義, 是地義. 地義, 略有三說. 一云, 地前四十心及地上十心, 合五十心者, 修行菩薩所住地, 故爲心地. 所住此五十地, 能住是菩提心. 一云, 以三聚戒爲所住地, 以菩提心爲能住. 一云, 以法界爲所住地, 以行人爲能住. 一切衆生, 雖流轉五道, 而無出一法

---

19 보리살타마하살타菩提薩埵摩訶薩埵: 'bodhisattva-mahāsattva'의 발음을 한자로 옮긴 것이다.

20 유정有情: 유정은 의식이 있는 존재로 중생衆生과 같은 의미이다. 범어梵語는 'sattva'이고 팔리어巴利語는 'satta'이다. 음역으로는 살다바薩多婆, 살타薩埵 등이 있고, 구역舊譯은 중생衆生이다. 살아 있는 것을 의미한다. 유정과 중생의 두 용어의 관계에 설명은 하나가 아니다. 혹 유정은 인간 · 천상 · 아귀 · 축생 · 아수라 등의 정식情識이 있는 생물만을 지칭한다. 이에 의하면 草木金石과 山河大地 등은 非情이므로, 無情이다. 그러나 중생은 유정과 비정 두 가지를 포괄한다. 그러나 다른 한 설명에서는 유정은 중생의 다른 이름일 뿐이므로 두 가지는 본체는 같지만 이름이 다른 것이라고 한다. 모두 유정의 생물과 비정의 초목 등을 포괄한다고 본다. 『불광대사전』, p.3062. 원문의 유정은 당나라 현장의 신역 용어이므로 『梵網經菩薩戒本私記』의 저술 연대는 적어도 현장의 신역 이후일 것이다.

界以外, 皆爲法界爲所住地. 能住者, 衆生心也. 品者, 如常所說.

[H1, 586c9~18; X38, 274c24~275a6]

[『범망경보살심지품梵網經菩薩心地品』이라는 명칭 가운데] '마음 경지'(心地)[라는 말]에서, '생겨나게 한다는 뜻'(能生義)과 '자리 잡는 곳이라는 뜻'(所住義)이 경지(地)의 뜻(義)이다. 경지(地)의 뜻(義)에 [관해서는] 대략 세 가지 설명(說)이 있다. 어떤 사람은 [이렇게] 말한다. 〈'[열 가지] 본격적인 수행경지 이전'(地前)의 '40가지 수행경지'(四十心)[21]와 '[초지初地] 이상'(地上)의 '[열 가지] 본격적인 수행경지'(十心)[22]를 합한 '50가지 수행경지'(五十心)는 수행修行하는 보살菩薩이 '자리 잡는 경지'(所住地)이니, 따라서 '마음 경지'(心地)가 된다. '자리 잡는 곳'(所住)은 이 '50가지 경지'(五十地)이고, '자리 잡는 주체'(能住)는 '깨달음을 구하는 마음'(菩提心)이다.〉

---

21 사십심四十心: '40가지 수행경지'(四十心)는 일반적으로 '[열 가지] 본격적인 수행경지 이전'(地前)의 '40가지 수행경지'(四十心)를 말한다. 구체적인 것은 다음과 같다.
① 십신十信: 믿음을 얻는 열 가지 단계.
② 십주十住: 그 지위가 안착하는 열 가지 단계.
③ 십행十行: 이타적 수행의 열 가지 단계.
④ 십회향十迴向: 수행으로 성취한 모든 것을 중생들에게 돌리는 행위의 열 가지 단계.

22 십심十心: 십심은 초지初地부터 십지十地까지의 경지에 속하는 열 가지 경지를 가리킨다. 십심은 십지와 같은 경지인데, 이러한 십지는 크게 5종류가 있다. ①『대품반야경』 등에서 설하는 '乾慧等의 十地', ②『화엄경』 등에서 설하는 '歡喜等의 十地', ③『大乘同性經』 등에서 설하는 '聲聞의 十地', ④『大乘同性經』 등에서 설하는 '辟支佛의 十地', ⑤『華嚴經探玄記』 등에서 설하는 '佛의 十地'. 한편 위 본문에서 의미하는 십지는 ②『화엄경』 등에서 설하는 '歡喜等의 十地'이다. 명칭이나 의미가 관련 경론마다 조금씩 다르지만 일반적인 것은 다음과 같다. ① 歡喜地(pramuditā-bhūmi), ② 離垢地(vimalā-bhūmi), ③ 發光地(prabhākarī-bhūmi), ④ 焰慧地(arciṣmatī-bhūmi), ⑤ 難勝地(sudurjayā-bhūmi), ⑥ 現前地(abhimukhī-bhūmi), ⑦ 遠行地(dūraṃgamā-bhūmi), ⑧ 不動地(acalā-bhūmi), ⑨ 善慧地(sādhumatī-bhūmi), ⑩ 法雲地(dharmameghā-bhūmi). 『불광대사전』, p.590.

[또] 어떤 사람은 [이렇게] 말한다. 〈'[대승의] 세 부류의 계율들(三聚戒)[23]을 '자리 잡는 경지'(所住地)로 삼고, '깨달음을 구하는 마음'(菩提心)을 '자리 잡는 주체'(能住)로 삼는다.〉; [또] 어떤 사람은 [이렇게] 말한다. 〈진리세계(法界)를 '자리 잡는 경지'(所住地)로 삼고, 수행修行하는 사람을 '자리 잡는 주체'(能住)로 삼는다. 모든 중생이 비록 '다섯 가지 미혹의 세계'(五道)[24]에 표류(流轉)하지만 '하나로 통하는 진리세계'(一法界) 밖으로 벗어나지 않으니, 모두 진리세계(法界)를 '자리 잡는 경지'(所住地)로 삼는다. '자리 잡는 주체'(能住)는 '중생의 마음'(衆生心)[25]이다.〉

[『범망경보살심지품梵網經菩薩心地品』이라는 명칭 가운데] 단원(品)[이라는 말의 뜻]은 통상적으로 언급되는 것과 같다.

今此卷者, 梵網經大部中一品. 上卷者, 明菩薩心地法門, 此下卷中明菩薩戒相. 論彼大部者, 百十二卷, 六十一品也. 此品者, 第十菩薩

---

23 삼취계三聚戒: 삼취정계三聚淨戒라고도 한다. 이는 대승의 보살 수행자가 지켜야 할 세 가지 부류의 계율을 총칭하는 말이다. 특정한 계율의 내용을 규정하는 것이 아니라, 대승이 지향하는 가치를 드러내는 계율의 정신을 가리키는 개념으로 볼 수 있다. ① 섭률의계攝律儀戒: 기존의 계율의 체계와 내용을 망라하는 계율. ② 섭선법계攝善法戒: 유익한 가르침을 모조리 포괄하는 계율. ③ 섭중생계攝衆生戒: 중생들에게 이로운 것을 모조리 포괄하는 계율. 『불광대사전』의 설명에 따르면, 『범망경梵網經』의 보살계본菩薩戒本을 비롯해서 『해심밀경』, 『유가사지론』 등에서 중시하는 계율의 체계라고 한다.

24 오도五道: 오도는 ① 地獄道, ② 餓鬼道, ③ 畜生道, ④ 人道, ⑤ 天道를 가리킨다. 육도六道를 의미하기도 하는데, 五道에 ⑥ 阿修羅道를 추가한 것이다. 오도일 경우 '阿修羅道'는 天道나 鬼道에 속한다. 『불광대사전』, p.1534.

25 천태 지의는 『보살계의소』 상권에서 「心地品」을 해석하면서 심지에 대하여 다음과 같이 주장하였다. "보살율의는 3업三業을 두루 막는다. 심의식이 본체는 같지만 이름이 다를 뿐이다. 의업意業이 주主가 되고 신업身業과 구업口業은 다음에 놓인다. 수승한 것에 의거하여 논하기에 심지라고 말하였다.(品言心地者, 菩薩律儀徧防三業, 心意識體一異名, 三業之中, 意業爲主, 身口居次, 據勝爲論, 故言心地也.)"(T40, 563a20~23)

心地品也. 員敎師言, "若具論此經題目者, 應言梵網經盧舍那佛所說心地法門釋迦牟尼佛所說十無盡藏戒品也. 且略故, 不須具置也." 釋題名竟.

[H1, 586c18~587a2; X38, 275a6~11]

지금 이 책은 『범망경』 전체(大部) 가운데 한 단원(品)이다. [이 단원(品)의] 상권上卷은 '보살의 마음경지에 관한 가르침'(菩薩心地法門)을 밝혔고, 이 하권下卷에서는 '보살이 지니는 계율의 특징'(菩薩戒相)을 밝혔다. 저 [『범망경』] 전제(大部)를 말한다면 112권卷 61단원(品)이다.[26] 이 품은 [61단원(品) 가운데] 열 번째인 「보살심지품菩薩心地品」이다. 원교사員敎師[27]는 "만약 이 경의 제목을 모두 갖추어서 말한다면, 「범망경노사나불소설심지법문석가모니불소설십무진장계품梵網經盧舍那佛所說心地法門釋迦牟尼佛所說十無盡藏戒品」이라고 불러야 한다. 여기서는 간략히 했기 때문에 다 갖추어 쓸 필요가 없었던 것이다"라고 말하였다.

[이 단원(品)의] 제목 명칭을 해석하는 것을 마친다.

---

26 구마라집이 한역한 『범망경』의 첫 서문에는 "112권 61품(此經本有, 一百十二卷六十一品)"이라고 하였으나(T24, 997a6~7), 그 아래의 승조의 서문에는 "120권 61품(唯梵網經, 一百二十卷六十一品)"이라고 하여 둘 사이에 차이가 있다.(T24, 997a29~b1) 또한 법장法藏의 『梵網經菩薩戒本疏』에는 "서역에서 300권 61품이 있다"면서 '什公相傳'을 인용하여 주장하기도 하였다.(什公相傳云. 西域有十萬頌六十一品, 具翻應成三百卷, 未至此土故不具也.)"(T40, 605a17~18) 하지만 현재 원본이 전해지지 않아 정확한 권수는 알 수 없다.

27 원교사員敎師: 원교사가 누구인지 알 수 없다. 이에 대하여 남동신은 "『梵綱經菩薩戒本私記』에는 원교사를 비롯하여 法源律師 · 潤法師 · 隆鏡師 등을 實名으로 인용한다. 이들 승려들은 아직 확인되고 있지 않은데, 다만 敎師 · 律師 · 法師로 불린 것으로 보아, 이들은 저자의 선배이거나 스승을 가리킨다고 볼 수 있다"라고 추상하였다. 남동신, 「원효의 계율사상」, 『한국사상사학』 17집, 한국사상사학회, 2001, p.262.

Ⅱ. 본문에 들어가 해석하는 것(入文解釋)

第二入文解釋者.

今此經者, 多[28]部之內, 正說分中一品, 故無別序正流通三分. 然准義科文, 非無三分. 從"我今盧舍那"已下, 乃至"第一淸淨者", 文成發起, 從"佛告諸佛子"已下, 至"現在諸菩薩今誦", 度合正說, 從"佛子諦聽"已下, 至於卷軸, 辭當懃持.

[H1, 587a3~9; X38, 275a12~16]

두 번째는 '본문에 들어가 해석하는 것'(入文解釋)이다. 지금 이 경經은 전체(大部) 안에서 '[경의 내용을] 본격적으로 설한 부분'(正說分)의 한 단원(品)이니, 따라서 따로 '서론 부분'(序分)·'[경의 내용을] 본격적으로 설한 부분'(正說分)·'[세상에] 널리 퍼뜨리게 하는 부분'(流通分)의 세 가지 [형식적] 구분이 없다. 그러나 뜻에 의거하여 '글을 [단락으로] 나누면'(科文) 세 가지 구분이 없는 것도 아니다. "나는 지금 노사나盧舍那[부처]이니(我今盧舍那)"[29]에서 "최고의 온전한 존재(第一淸淨者)[라 부른다]"[30]까지는 [그] 글이 '경이 발생한 연유를 밝히는 서문'(發起)[31]을 이루고, "부

28 저본에는 '多'로 되어 있으나 문맥상 '大'가 적절하므로 '大'로 교감하여 번역한다.

29 『범망경』 2권, "<u>我今盧舍那</u>, 方坐蓮花臺, 周匝千花上, 復現千釋迦."(T24, 1003c29~1004a1)

30 『범망경』 2권, "但解法師語, 盡受得戒, 皆名<u>第一淸淨者</u>."(T24, 1004b9~10)

31 발기發起: 발기는 해당 경전을 서술하게 된 이유를 밝히는 서문이다. 佛經의 서문에는 2가지가 있는데, 증신서證信序와 발기서發起序가 그것이다. 그중 발기서는 다만 개별 경전이 발생하게 된 이유를 기록한 서문으로 발기서 또는 별서라고 일컫는다. 그러나 일반적으로 통하는 서문은 증신서 또는 통서라고 한다. 즉 모든 경전의 시작부분에서 통상적으로 "如是我聞, 一時佛在等"이 나와서 聞·信·時·主·處·衆의 六事를 증명하는데, 이를 증신서라고 일컫는다. 그러나 『法華經』 중

처님께서 모든 부처의 제자에게 말씀하셨다(佛告諸佛子)"[32]에서 "현재의 모든 보살이 지금 외우고 있는 것이다(現在諸菩薩今誦)"[33]까지는 [그] 내용이 '[경의 내용을] 본격적으로 설한 부분'(正說分)과 합치하며, "'부처의 제자'(佛子)들이여, 가르침을 잘 들어라!(佛子諦聽)"[34]에서 '책의 끝부분'(卷軸)[35]까지는 [그] 말이 힘써 지닐 것을 당부하는 [유통분流通分]에 해당한다.

1. 서론 부분(序分)

1) 서론 부분(序分)에 대한 '단락 구분'(科文)

初序分中, 亦有三段. 我今盧舍那以下三行三句頌者, 盧舍那佛序, 是時千百億以下七行三句頌者, 他方釋迦序, 爾時釋迦牟尼佛以下長行者, 此方釋迦序. 初盧 舍那佛序中 亦有二[36]段. 一者以二句, 顯化主, 周遍[37]以下二行二句頌, 列聽法之衆, 俱來至我所以下三句, 出所

"爾時世尊爲四衆圍繞" 등의 경문 이하에서 入定·雨華·動地·放光 등의 길상을 서술하는데 이것은 『法華一經』의 發起를 나타내므로 발기서發起序라고 일컫는다. 『불광대사전』, p.6496.

32 『범망경』 2권, "佛告諸佛子言, 有十重波羅提木叉. 若受菩薩戒不誦此戒者, 非菩薩, 非佛種子."(T24, 1004b11~12)

33 『범망경』 2권, "諸佛子! 是四十八輕戒, 汝等受持. 過去諸菩薩已誦, 未來諸菩薩當誦, 現在諸菩薩今誦."(T24, 1009b25~26)

34 『범망경』 2권, "諸佛子諦聽! 此十重四十八輕戒, 三世諸佛已誦, 當誦, 今誦. 我今亦如是誦."(T24, 1009b27~28)

35 권축卷軸: 권축은 책이나 그림 끝에 달아 놓은 나무봉으로, 책의 맨 마지막 부분을 의미한다. 『범망경』 2권, "迴以施衆生, 共向一切智, 願聞是法者, 疾得成佛道."(T24, 1010a20~21) 여기까지가 현전하는 한역 「梵網經盧舍那佛說菩薩心地戒品」의 마지막 부분이다.

36 저본에는 '二'로 되어 있으나 문맥상 '三'이 적절하므로 '三'으로 교감하여 번역한다.

說法. 初中亦有二, 上句正表人, 下句明住處.

[H1, 587a9~17; X38, 275a16~22]

처음에 '서론 부분' 가운데 또한 세 단락이 있다. "나는 지금 노사나[부처]이니"(我今盧舍那)[38] 이하의 세 행과 세 구절의 게송[39]은 노사나불盧舍那佛[이 설하는] '서론 부분'(序分)이고, "이때 천백억 [부처님]" 이하의 일곱 행과 세 구절의 게송[40]은 '다른 세계에 계시는 석가모니[부처]'(他方釋迦)[가 설하는] '서론 부분'(序分)이며, "그때 석가모니불께서" 이하의 '산문으로 쓴 부분'(長行)은 '이곳에 계시는 석가모니[부처]'(此方釋迦)[가 설하는] '서론 부분'이다. 처음인 노사나불[이 설하는] '서론 부분' 가운데에도 세 단락이 있다. 첫 번째는 [처음] 두 구절[41]로 '교화의 주체'(化主)를 나타냈고, [두 번째는] "둘러싼(周匝)"이하의 두 행과 두 구절의 게송[42]으로 '가르

---

37 『범망경』 원문에 따라 '遍'을 '匝'으로 고친다.

38 노사나盧舍那: 노사나불의 범어는 'Rocana-buddha'이다. 곧 보신불報身佛(Saṃbhogakāya-buddha)이다. 진리를 증득함을 나타내며 불과佛果를 체득하여 부처의 지혜를 갖춘 부처의 몸을 의미한다. 노사나盧舍那는 지혜가 광대하고 광명이 널리 비추는 법신이다. 비로자나毘盧遮那(Vairocana, 大日如來)를 간략히 부르는 명칭이다. 『불광대사전』, p.7867.

39 『범망경』 원문의 다음 부분이다. "我今盧舍那, 方坐蓮花臺, 周匝千花上, 復現千釋迦. 一花百億國, 一國一釋迦, 各坐菩提樹, 一時成佛道. 如是千百億, 盧舍那本身, 千百億釋迦, 各接微塵衆. 俱來至我所, 聽我誦佛戒, 甘露門則開."(T24, 1003c29~ 1004a7)

40 『범망경』 원문의 다음 부분이다. "是時千百億, 還至本道場, 各坐菩提樹, 誦我本師戒. 十重四十八, 戒如明日月, 亦如瓔珞珠, 微塵菩薩衆, 由是成正覺. 是盧舍那誦, 我亦如是誦, 汝新學菩薩, 頂戴受持戒, 受持是戒已, 轉授諸衆生, 諦聽我正誦, 佛法中戒藏, 波羅提木叉, 大衆心諦信. 汝是當成佛, 我是已成佛, 常作如是信, 戒品已具足. 一切有心者, 皆應攝佛戒, 衆生受佛戒, 卽入諸佛位. 位同大覺已, 眞是諸佛子, 大衆皆恭敬, 至心聽我誦."(T24, 1004a7~22)

41 『범망경』 원문의 다음 부분이다. "我今盧舍那, 方坐蓮花臺."(T24, 1003c29)

42 『범망경』 원문의 다음 부분이다. "周匝千花上, 復現千釋迦. 一花百億國, 一國一釋迦, 各坐菩提樹, 一時成佛道. 如是千百億, 盧舍那本身, 千百億釋迦, 各接微塵衆."

침을 듣는 대중'(聽法之衆)을 열거했으며, [세 번째는] "모두 와서 나의 처소에 이르러(俱來至我所)"이하의 세 구절[43]로 설하는 가르침을 나타냈다. 처음[의 두 구절]에도 또한 두 가지 [구분이] 있으니, 앞의 구절은 바로 사람을 나타냈고 뒤의 구절은 '머무르는 곳'(住處)을 밝혔다.

2) 노사나불盧舍那佛[이 설하는] '서론 부분'(序分)

(1) 교화의 주체(化主)

① 바로 사람을 나타냄(正表人)

『범망경梵網經』[T24, 1003c29] 我今盧舍那, 나는 지금 노사나盧舍那[부처]이니,

初言"我今"者, 此盧舍那佛我. 已得假實二我, 故名我. 二乘離外道神我故, 雖得假我, 而著無我, 不得眞實我. 如來能離外道神我及二乘無我執故, 具得二我. 亦能離人法二我故, 得無非我八自在我, 非論有慢我, 故爲我也. 盧舍那者, 翻名圓淨, 謂黑法而無不盡故, 能白法而無不得, 是故名圓淨. 毗盧遮那者, 翻廣圓淨也. 橫者, 十方法界中無所不通, 從[44]三世際中無所不遍, 故言廣圓淨.

[H1, 587a18~b4; X38, 275a23~b6]

(T24, 1004a1~5)

43 『범망경』 원문의 다음 부분이다. "俱來至我所, 聽我誦佛戒, 甘露門則開."(T24, 1004a6~7)

44 저본의 '從'은 문맥상 '縱者'가 적절하므로 '縱者'로 교감하여 번역한다.

처음에 "나는 지금(我今)"이라고 말한 것은 노나사불盧舍那佛[이 말하는] 나(我)이다. 이미 '거짓된 것과 참된 것 [이] 두 가지 자아'(假實二我)[의 구분]을 터득했기 때문에 [자신을] '나(我)'라고 부른다. '[성문聲聞과 연각緣覺] 두 부류의 수행자'(二乘)는 '[불교와는] 다른 가르침'(外道)[에서 주장하는] '[변하지 않는] 정신적 자아'(神我)[라는 생각]에서 벗어나기 때문에 비록 '[불변하는 실체가 아닌] 임시적 자아'(假我)[라는 이해]를 얻었지만 '[불변·독자의] 자아가 없다'(無我)[라는 생각]에 집착하여 '참된 자기'(眞實我)를 터득하지 못한다. 여래如來께서는 '[불교와는] 다른 가르침'(外道)[에서 주장하는] '[변하지 않는] 정신적 자아'(神我)[라는 생각]과 '[성문聲聞과 연각緣覺] 두 부류의 수행자'(二乘)가 지닌 '[불변·독자의] 자아가 없다'(無我)[라는 생각]에 대한 집착에서 벗어날 수 있기 때문에 '[가아假我와 진실아眞實我라는] 두 가지 자아'(二我)를 모두 터득한다. [여래는] 또한 '['불변·독자의 개인적 자아'(人我)와 '불변·독자의 대상적 자아'(法我), 이] 두 가지 자아'(人法二我)에서 벗어날 수 있기 때문에 자아(我)가 '여덟 가지 자유자재[의 능력을 갖춘] 자아'(八自在我)[45] [46]가 아님이 없음을 터득하니, '비교하는 마음이 있는 자아'(有慢[47]

45 팔자재아八自在我: 팔자재아는 『열반경』 21권에서 '크나큰 열반'(大涅槃)을 여덟 가지의 자재함을 갖춘 대아大我로서 설명한 것이다. 요약 정리하면 다음과 같다. ① 한 몸으로 티끌처럼 많은 몸을 자유자재로 나타내는 대아大我, ② 하나의 티끌의 몸으로 삼천대천세계三千大千世界를 자유자재로 가득 채우는 대아大我, ③ 여래의 몸이 참으로 경중輕重이 없어서 삼천대천세계를 가득 채운 몸으로 가볍게 모든 부처 세계를 막힘없이 자유자재로 다니는 대아大我, ④ 여래는 일심一心에 안주하여 움직이지 않아 여래의 몸은 항상 한 땅에 머물지만 다른 땅에서도 중생들이 항상 보게 할 수 있는 능력이 자유자재한 대아大我, ⑤ 근根이 자유자재하여 한 근으로 대상을 모두 지각하지만, 또 육근六根으로 대상을 지각하지 않는 대아大我, ⑥ 여래는 자재하기 때문에 모든 법을 얻지만 얻었다는 생각을 하지 않으며, 그로 인하여 일체 법을 얻은 대아大我, ⑦ 무량겁이 지나도 그 뜻이 다하지 않는 게송을 설할 때에도 망념이 전혀 일어나지 않아 한 게송을 설하는 주체도, 듣는 사람도, 게송이라는 면모도 일어나지 않는 대아大我, ⑧ 여래는 모든 곳에 두루 충만한 허공 같지만, 허공과는 달리 중생에게 보이게 할 수 있는 능력이 자유

我)를 말하는 것이 아니기 때문에 [노사나불이 자신을] '나(我)'라고 하였다. '노사나盧舍那'는 '온전한 청정함'(圓淨)이라 번역하니,[48] 어떤 '그릇된 것'(黑法)도 다하지 않음이 없기 때문에 그 어떤 '바른 것'(白法)도 얻지

자재한 대아大我. "云何復名爲大涅槃? 有大我故, 名大涅槃. 涅槃無我, 大自在故, 名爲大我. 云何名爲大自在耶? 有八自在則名爲我. 何等爲八? 一者, 能示一身以爲多身, 身數大小猶如微塵, 充滿十方無量世界. 如來之身實非微塵, 以自在故現微塵身, 如是自在則爲大我. 二者, 示一塵身滿於三千大千世界. 如來之身實不滿於三千大千世界. 何以故? 以無礙故, 直以自在故, 滿三千大千世界. 如是自在名爲大我. 三者, 能以滿此三千大千世界之身輕擧飛空, 過於二十恒河沙等諸佛世界而無障礙. 如來之身實無輕重, 以自在故, 能爲輕重. 如是自在名爲大我. 四者, 以自在故而得自在. 云何自在? 如來一心安住不動, 所可示化無量形類各令有心, 如來有時或造一事, 而令衆生各各成辦, 如來之身常住一土, 而令他土一切悉見. 如是自在名爲大我. 五者, 根自在故. 云何名爲根自在耶? 如來一根亦能見色, 聞聲・嗅香・別味・覺觸・知法, 如來六根亦不見色・聞聲・嗅香・別味・覺觸・知法. 以自在故, 令根自在. 如是自在名爲大我. 六者, 以自在故, 得一切法, 如來之心亦無得想. 何以故? 無所得故. 若是有者, 可名爲得, 實無所有, 云何名得? 若使如來計有得想, 是則諸佛不得涅槃, 以無得故, 名得涅槃. 以自在故, 得一切法, 得諸法故, 名爲大我. 七者, 說自在故, 如來演說一偈之義, 經無量劫義亦不盡, 所謂若戒・若定・若施・若慧. 如來爾時都不生念, 我說彼聽, 亦復不生一偈之想. 世間之人四句爲偈, 隨世俗故, 說名爲偈. 一切法性亦無有說,以自在故, 如來演說. 以演說故, 名爲大我. 八者, 如來遍滿一切諸處, 猶如虛空. 虛空之性不可得見, 如來亦爾, 實不可見. 以自在故, 令一切見. 如是自在名爲大我, 如是大我名大涅槃.(T12, 746b28~747a6)

46 '我'에 대하여 천태 지의天台 智顗(538~597)의 『보살계의소菩薩戒義疏』 卷上에서도 '我'를 '八自在我'로 풀이한다.(T40, 569c28~29)

47 만慢: 범어로는 'māna'이며, 심소心所 중의 하나이다. 구사종俱舍宗에서는 46심소 중 8가지 부정지법八不定地法 중 하나이다. 유식종唯識宗에서는 51심소 중 육근의 본번뇌 중 하나이다. 이는 곧 자기와 타인을 '높고・낮음', '뛰어남・뛰어나지 못함', '좋음・나쁨' 등을 비교하여 타인을 경멸하며 자신을 높이는 마음이다. 대표적으로 팔만이 있다. ① 慢, ② 大慢, ③ 慢慢, ④ 我慢, ⑤ 增上慢, ⑥ 不如慢, ⑦ 邪慢, ⑧ 傲慢.

48 사나舍那에 대해서 천태 지의天台 智顗(538~597)의 『보살계의소菩薩戒義疏』 卷上에서는 다음 같이 풀이한다. "사나는 무명의 티끌과 먼지가 다하여 지혜의 공덕이 원만히 갖추어져 마치 맑은 보름달과 같으니 이름으로 그 이로운 능력을 드러내 있다."(舍那者, 無明塵垢永盡, 智慧功德圓備, 如淨滿月, 以名表德也.)(T40, 569c29~570a1)

못함이 없으니 그러므로 '온전한 청정함'(圓淨)이라 한다. "비로자나毗盧遮那"라는 것은 '두루 온전한 청정함'(廣圓淨)이라 번역한다. 공간적(橫)으로는 '모든 세계'(十方法界)에서 통하지 않는 곳이 없고, 시간적(縱)으로는 '과거 · 현재 · 미래'(三世)에서 두루 하지 않는 때가 없으니, 그러므로 '두루 온전한 청정함'(廣圓淨)이라고 말한다.

若發名者, 釋迦名,[49] 化身中發, 盧舍那者, 應身[50]發, 毗盧遮那者, 法身中起. 若以起名號體, 一一名通號三身. 所以得知其然, 華嚴經云, "此四天下, 佛號不同. 或稱悉達, 或稱釋迦牟尼, 或稱盧舍那, 其數一萬." 故知通表, 所以得知. 以盧舍那名, 通號三身者, 此中經[51]一佛門中, 旣言"我今盧舍那", 故知通名也.

[H1, 587b4~12; X38, 275b6~12]

이름을 붙이는 것에 대해 말하자면, 석가釋迦[라는 이름]은 '[갖가지 모습으로] 나타나는 부처 몸'(化身)[52]에 붙여지는 것이고, 노사나盧舍那[라는 이

---

49 저본의 '名'은 문맥상 '者'가 적절하므로 '者'로 교감하여 번역한다.

50 '中'이 있어야 적절하므로 '應身中發'로 교감한다.

51 '中經'은 '經中'이어야 자연스럽다. '經中'으로 교감한다.

52 화신化身: 화신(nirmāṇa-kāya)은 부처가 10지 이전의 범부주생을 이롭게 하기 위하여 각종 형상으로 변화하는 몸이다. 크게 4가지 종류로 구분된다. 첫 번째는 二身 중 하나이다. 二身은 法身 혹은 眞身과 더불어 병칭되는 화신이다. 즉 32상을 갖춘 부처의 몸이다.(『法身經』『大智度論』卷30) 두 번째는 삼신三身 중 하나이다. 즉 三身인 法身 · 報身 · 應身 중 應身과 동일하다. 부처가 오취五趣 중생을 교화하기 위하여 용이나 귀신 등의 부처가 아닌 형상의 몸으로 변화하여 나타난다.(『金光明經』「三身分別品」등) 세 번째는 應身 · 眞身 · 化身 중 하나이다. 응신이 나누어 변화한 부처로 응신에 관계된다. 변화하여 드러난 것이 본래 없는 것이어서 홀연히 있는 부처의 형상이다.(『大乘義章』卷19) 네 번째는 自性身 · 受用身 · 化身 중의 하나이다. 전체 이름은 變化身이다. 부처가 10地 이전 보살이나 이승 및 범부의 교화를 위하여 팔상성도八相成道하는 몸을 나타내는 것이다. 정토 · 예토

름]은 '[중생에] 응하여 나타나는 몸'(應身)[53]에 붙여지는 것이며, 비로자나毗盧遮那[라는 이름]은 '진리 몸'(法身)[54]에 붙여져 생겨나는 것이다.[55] 만약 명호名號를 생겨나게 하는 바탕(體)에 의거한다면, 각각의 명칭은 '[법신法身 · 응신應身 · 화신化身] 세 가지 부처 몸'(三身)을 통틀어 부르는 것이다. 그러하다는 것을 알 수 있는 이유는 『화엄경』에서 [다음과 같이] 말하는 것이다. "이 '지구 위 모든 세상'(四天下)[56]에서 부처님의 명호는 동일

에 머물며 10地 이전 보살 등을 위하여 무량한 몸을 따라 변화하여 나타난다. 저들이 惡趣에서 벗어나고 三界를 여의게 하기 위해 初地에 들어가는데, 이를 變化身이라고 한다.(『佛地經論』 卷7) 『불광대사전』, p.1720.

53 응신應身: 응신(nirmāṇa-kāya)은 응불應佛 · 응신불應身佛 · 응화신應化身 · 응화법신應化法身이라고도 한다. 곧 부처가 중생을 교화하기 위하여 중생의 근기에 응하여 변화하여 몸을 나타낸다. 크게 3가지로 구분할 수 있다. 첫 번째는 二身인 眞身 · 應身 중 應身이다. 『大乘義章』 卷19에서는 부처의 몸을 眞身과 應身 2종류로 나누는데, 응신은 변화에 따라 나타나는 몸이다.(『菩薩瓔珞本業經』 卷下) 두 번째는 三身인 法身 · 報身 · 應身 중 하나이다. 이때는 變化身과 같다. 세 번째는 四身인 法身 · 報身 · 化身 · 應身 중 하나이다. 곧 지전의 보살을 위하여 부처의 몸을 나타낸다. 이때 부처의 몸은 定의 힘에 관계되는데 五趣의 중생을 포섭하지 않는다.(『金光明經』 卷1) 『불광대사전』, p.8057.

54 법신法身: 법신(dharma-kāya)은 부처가 설한 정법正法이나 부처가 체득한 무루법無漏法, 또는 부처의 자성진여여래장自性眞如如來藏이다. 또는 법불法佛 · 이불理佛 · 법신불法身佛 · 자성신自性身 · 법성신法性身 등으로도 부른다. 소승에서는 부처의 가르침 등을 이르기도 하지만 대승에서는 이를 제외하고 부처의 자성진여정법계自性眞如淨法界를 법신으로 일컫는다. 법신은 곧 無漏無爲 · 無生無滅이다.

55 이상에서 보면 원효는 三身을 釋迦(=化身) · 盧舍那(=應身) · 毗盧遮那(=法身)에 각각 짝지웠다. 그리고 일반적으로 三身에 등장하는 報身에 대해 설명하지 않았다. 하지만 천태 지의는 『보살계의소』 하권에서 원효와 다르게 설명한다. "'비로毘盧'는 두루 비추는 정법을 몸으로 삼고, '사나舍那'는 수행을 원만히 이룸으로써 얻는 보과報果를 몸으로 삼으며, '석가釋迦'는 자취에 응應하고 감感에 나아감을 몸으로 삼는다.(毘盧遍耀正法爲身, 舍那行滿報果爲身, 釋迦應迹赴感爲身也." T40, 569c25~27) 즉 천태는 위의 三身을 法身(=毘盧), 報身(=舍那), 應身(釋迦)=으로 보았으며, 佛身이 4종임을 주장하기도 한다. 즉 應身을 化身과 비슷한 의미에서 구분하였다. "佛身四種, … 若更四身者, 應身受純陀供, 化身受大衆供."(T40, 569c24~ 28)

하지 않다. 혹은 실달悉達이라 하고, 혹은 석가모니釋迦牟尼라고 하며, 혹은 노사나盧舍那라고 하니, 그 수가 1만 개나 된다."[57] 그러므로 [여러 명칭들이] 통틀어 [부처를] 표시함을 알 수 있으니, 따라서 [각각의 명칭이 삼신三身을 통틀어 부르는 것임을] 알 수 있다. 노사나盧舍那라는 이름으로 '[법신法身 · 응신應身 · 화신化身] 세 가지 부처 몸'(三身)을 통틀어 부르는 것은, 이 경전[에서 설하는] '동일한 부처인 측면'(一佛門)에서 이미 "나는 이제 노사나[부처]이니"라고 말하였으므로 [노사나盧舍那라는 이름이] '통틀어서 칭하는 명호'(通名)라는 것을 알 수 있다.

何故, 此盧舍那佛, 具三身者? 及百億等釋迦往見, 故知法身佛. 亦應身千釋迦所接地上菩薩衆皆得見, 故知應身佛. 出百億化身釋迦所接地前衆往見, 故知化身佛. 如是雖具有三身義, 而通名"我今盧舍那"者, 此一佛門中佛故. 具有三身義, 謂一衆生相續中, 應所修因, 具三身門[58]故, 名爲一佛. 故千釋迦者約應身, 百億釋迦者約化身也. 所以得知, 毗盧舍那名, 通號於三身者, 『楞伽經』, 結集法藏菩薩, 當時化主釋迦佛, 故命[59]言, "我歸命一切智海毗盧遮那佛."[60] 故知通表也.

[H1, 587b12~24; X38, 275b12~21]

---

56 사천하四天下: 사천하는 사주四洲(catvāro dvīpāḥ)와 같은 말이다. 수미산의 사방에 있는 네 개의 대륙을 가리킨다. 즉 동승신주東勝身洲(Pūrva-videha) · 남섬부주南贍部洲(Jambu-dvīpa) · 서우화주西牛貨洲(Apara-godānīya) · 북구로주北俱盧洲(Uttara-kuru)가 그것이다. 지구 위의 모든 세상을 가리키는 용어이다.

57 『화엄경』 권4 "此四天下佛號不同, 或稱悉達, 或稱滿月, 或稱師子吼, 或稱釋迦牟尼, 或稱神仙, 或稱盧舍那, 或稱瞿曇 … 如是等稱佛名號, 其數一萬."(T9, 419a11~19)

58 저본에는 '門'으로 되어 있으나, 문맥상 '義'가 적절하므로 '義'로 교감하여 번역한다.

59 저본에는 '命'으로 되어 있으나, 문맥상 '歸命'이 적절하므로 '歸命'으로 교감하여 번역한다.

60 『입능가경入楞伽經』 卷1 원문에는 '我'가 없고, '一切智'가 '大智'로 되어 있다. "歸命大智海毘盧遮那佛."(T16, 514c7) 원문에 따라 번역한다.

어찌하여 이 노사나불盧舍那佛은 '[법신法身 · 응신應身 · 화신化身의] 세 가지 부처 몸'(三身)을 [모두] 갖추는가? [노사나불이 앉은 연화대 주위의 천 송이 꽃들 가운데 한 송이 꽃에 있는 백억 나라의] 백억 '석가모니[부처]'(釋迦)들[61]이 [노사나불에게] 가서 뵈었으니, 그러므로 [노사나불이] '진리 몸으로서의 부처'(法身佛)[인 비로자나불毗盧遮那佛]임을 알 수 있다. 또한 '[중생에] 응하여 나타나는 몸'(應身)인 천 명의 '석가모니[부처]'(釋迦)께서 이끌어 교화하는 '[열 가지] 본격적인 수행경지[의 초지初地] 이상의 보살무리'(地上菩薩衆)가 모두 [가서 노사나불을] 뵈었으니, 그러므로 [노사나불이] '[중생에] 응하여 나타나는 몸으로서의 부처'(應身佛)임을 알 수 있다. [그리고] 백억의 '[갖가지 모습으로] 나타나는 부처 몸'(化身)인 '석가모니[부처]'(釋迦)께서 이끌어 교화하는 '[열 가지] 본격적인 수행경지 이전의 무리'(地前衆)들이 가서 [노사나불을] 뵈었으니, 그러므로 [노사나불이] '[갖가지 모습으로] 나타나는 몸으로서의 부처'(化身佛)임을 알 수 있다. 이와 같이 비록 '[법신法身 · 응

---

61 해당 경문의 내용은 다음과 같다. "나는 지금 노사나이니, 연꽃으로 둘러싸인 좌대에 반듯이 앉았노라. 둘레에 있는 천 송이 꽃 위에는 다시 천 명의 석가모니가 나타나 있도다. 한 송이 꽃에 백억 개의 나라가 있고, 한 나라마다 한 석가모니가 각각 보리수에 앉아 동시에 성불하노라. 이와 같은 천 석가와 백억 석가는 노사나불이 본신本身이도다. 천백억 석가모니가 각각 무수히 많은 대중을 이끌고 함께 나의 처소에 이르러 내가 외는 불계佛戒를 들으니 감로의 문이 바로 열리었도다."(我今盧舍那, 方坐蓮花臺, 周匝千花上, 復現千釋迦. 一花百億國, 一國一釋迦, 各坐菩提樹, 一時成佛道. 如是千百億, 盧舍那本身. 千百億釋迦, 各接微塵衆, 俱來至我所, 聽我誦佛戒, 甘露門卽開.)(T24, 1003c29~1004a7) 따라서 원효가 말하는 '백억 석가'는 노사나불이 앉은 연화대 주위의 천 송이 꽃들 가운데 한 송이 꽃에 있는 백억 나라의 백억의 석가를 지칭하는 것으로 보인다. 전체인 천 송이 꽃을 다 합하면 경문처럼 '천백억 석가'가 된다. 한명숙은 이에 대해 다음과 같이 설명하고 있다. 〈뒤의 게송에서 "노사나불이 연화대에 앉고, 그를 둘러싼 천 장의 꽃잎에 천 명의 석가불을 나타내 다시 천 장의 꽃잎에 각각 백억 개의 세계가 있는데, 각 세계마다 한 명의 석가불을 나타내어 천백억 명의 석가불이 된다. 백억 명의 석가와 천백억 명의 석가는 동일한 것을 달리 표현한 것이다.〉 한명숙, 『범망경보살계본사기』 상권, 동국대학교출판부, 2016, p.61.

신應身 · 화신化身의] 세 가지 부처 몸의 면모'(三身義)를 모두 갖추고 있지만 "나는 이제 노사나[부처]이니"라고 통틀어서 부른 것은, 이것이 '동일한 부처인 측면'(一佛門)에서의 부처(佛)이기 때문이다. [노사나불이] '[법신法身 · 응신應身 · 화신化身의] 세 가지 부처 몸의 면모'(三身義)를 모두 갖추는 것은 한 중생이 '[근본무지에 매여] 이어져 가는'(相續) 가운데 닦아야 할 원인(因)에 응하는 것이고, '[법신法身 · 응신應身 · 화신化身의] 세 가지 부처 몸의 면모'(三身義)를 모두 갖추기 때문에 '하나의 부처'(一佛)라고 부른다. 그러므로 천 명의 '석가모니[부처]'(釋迦)는 '[중생에] 응하여 나타나는 몸'(應身)에 의한 것이고, 백억 명의 '석가모니[부처]'(釋迦)'는 '[갖가지 모습으로] 나타나는 부처 몸'(化身)에 의한 것이다.[62]

비로자나毗盧舍那라는 명호가 '[법신法身 · 응신應身 · 화신化身의] 세 가지 부처 몸'(三身)을 통틀어서 일컫는다는 것을 알 수 있는 까닭은, 『능가경楞伽經』[63]에서 '진리의 가르침들'(法藏)[64]을 모으는 보살菩薩[65]이 당시

---

62 삼신三身이 접하는 대중과의 관계를 표로 나타내면 다음과 같다.

삼신三身	법신法身	응신應身	화신化身
접하는 대상	천 명의 석가, 천백억 명의 석가	10지 이상의 보살 地上菩薩衆	10지 이전의 무리 地前衆

63 능가경楞伽經: 『능가경』은 대승불교 후기인 기원후 400년경 인도에서 성립된 경전인데, 유식사상과 여래장 사상에 큰 영향을 끼쳤다. 또한 달마가 2조 혜가에게 전한 경전으로도 알려져 초기 선종에도 중요한 경전으로 여겨진다. 이 경전은 세 가지 한역본이 있다. 첫 번째는 유송劉宋 시대에 구나발타라求那跋陀羅가 한역한 4권 『능가아발타라보경楞伽阿跋陀羅寶經』(443년)이고, 두 번째는 보리유지菩提留支가 한역한 10권 『입능가경入楞伽經』(513년)이고, 세 번째는 실차난타(實叉難陀)가 한역한 7권 『대승입릉가경大乘入楞伽經』(704년)이다.

64 법장法藏: 법장의 뜻은 여러 가지가 있지만, 여기서는 부처님이 설하신 교법을 가리킨다. 교법에 함장된 뜻이 매우 많으므로 법장法藏이라고 칭한 것이다. 혹은 부처님이 설하신 경전 등이 포함하는 법문을 가리키기도 한다. 『불광대사전』, p.4337.

65 『입능가경入楞伽經』에서 청법보살은 대혜보살大慧菩薩이다. 3종의 한역본 모두 대혜보살大慧菩薩이다.

의 '교화 주체'(化主)인 석가모니부처(釋迦佛)에게 귀의하면서 말하기를 "바다와 같은 크나큰 지혜(大智海)를 갖춘 비로자나불毗盧遮那佛께 '목숨 바쳐 귀의'(歸命)합니다"[66]라고 했기 때문이다. 그러므로 ['비로자나불'이라는 명칭은 법신法身·응신應身·화신化身의 '세 가지 부처 몸'(三身)을] '통틀어 표시한 것'(通表)임을 알 수 있다.

② 교화의 주체를 나타냄(顯化主)

『범망경梵網經』[T24, 1003c29]

方坐蓮花臺
'연꽃으로 둘러싸인 좌대'(蓮花臺)에 반듯이 앉았노라.

"方坐蓮花臺"者, 觀蓮華臺上世界. 『華嚴經』云, "佛子當知. 有須彌山微塵等風輪, 持此蓮花藏莊嚴世界海. 最下風輪, 名曰平等, 彼持一切寶明.[67] 以[68]上風輪, 名種種寶莊嚴, 持淸淨光寶池.[69] 乃至最上風輪, 名勝藏, 持一切香水海. 彼香水海中, 有一[70]大蓮華, 名香幢光莊嚴, 持此蓮華藏莊嚴世界海. 邊,[71] 有金剛山, 周迊[72]圍繞." 又下, "彼大地處, 不可說[73]佛刹微塵[74]香水海, 衆寶莊嚴, 一切香摩尼寶玉[75]以爲其岸, 寶

66 『입능가경入楞伽經』 권1, "歸命大智海毘盧遮那佛."(T16, 514c7) 귀명게歸命偈가 있는 한역본은 『입능가경入楞伽經』뿐이다. 〈산스크리트본의 해당 내용: 산스크리트본에 해당 구절은 없음.〉

67 60권본 『화엄경華嚴經』 원문에 따라 '寶明'을 '寶光明地'로 교감하여 번역한다.

68 60권본 『화엄경華嚴經』 원문에 따라 '以'를 '次'로 교감하여 번역한다.

69 60권본 『화엄경華嚴經』 원문에 따라 '池'를 '地'로 교감하여 번역한다.

70 60권본 『화엄경華嚴經』 원문에 따라 '一'을 삭제하고 번역한다.

71 60권본 『화엄경華嚴經』 원문에 따라 '邊' 앞에 '此世界海'를 추가하여 번역한다.

72 60권본 『화엄경華嚴經』 원문에 따라 '迊'을 '匝'으로 교감하여 번역한다.

73 60권본 『화엄경華嚴經』 원문에 따라 '不可說'을 '有不可說'로 교감하여 번역한다.

玉[76]羅網，彌覆其上，衆寶色水盈滿其中，一切衆[77]皆悉開敷，細末栴檀以香其水，常[78]如來妙音不絕.”，“一一香水海，有四天[79]微塵[80]香水河圍繞，種種寶花，彌覆其上.” 下云，“[81]此蓮華藏世界，[82] 一一境界有世界海塵[83]數，淸淨莊嚴. 佛[84]子，此香水海上，有不可說佛刹微塵[85]世界.[86]”言“花”者，約千釋迦等所住諸世界. “臺”者，現盧舍那佛所住世界，謂爲欲現仲義，故言“臺”. 然葉葉中衆世界，皆以蓮花上世界攝者，皆無非蓮華上世界也. “方坐”者“方”，此正義.

[H1, 587b24~c21; X38, 275b21~c12]

“‘연꽃으로 둘러싸인 좌대’에 반듯이 앉았노라”(方坐蓮花臺)라는 것은 ‘연꽃으로 둘러싸인 좌대’(蓮花臺) 위의 세계를 관찰하는 것이다. 『화엄경』에서는 [다음과 같이 말한다.] “‘부처의 제자’(佛子)는 [다음과 같이] 알아야 한다. 수미산須彌山을 구성하는 티끌처럼 수많은 풍륜風輪[87]이 ‘커다란

74 60권본 『화엄경華嚴經』 원문에 따라 ‘塵’을 ‘塵等’로 교감하여 번역한다.
75 60권본 『화엄경華嚴經』 원문에 따라 ‘寶玉’을 ‘寶王’으로 교감하여 번역한다.
76 60권본 『화엄경華嚴經』 원문에 따라 ‘寶玉’을 ‘寶王’으로 교감하여 번역한다.
77 60권본 『화엄경華嚴經』 원문에 따라 ‘衆’을 ‘衆華’로 교감하여 번역한다.
78 60권본 『화엄경華嚴經』 원문에 따라 ‘常’을 ‘常出’로 교감하여 번역한다.
79 60권본 『화엄경華嚴經』 원문에 따라 ‘天’을 ‘天下’로 교감하여 번역한다.
80 60권본 『화엄경華嚴經』 원문에 따라 ‘塵’을 ‘塵數’로 교감하여 번역한다.
81 60권본 『화엄경華嚴經』 원문에 따라 ‘此’ 앞에 ‘佛子, 當知’를 추가하여 번역한다.
82 60권본 『화엄경華嚴經』 원문에 따라 ‘界’ 뒤에 ‘海中’을 추가하여 번역한다.
83 60권본 『화엄경華嚴經』 원문에 따라 ‘塵’을 ‘微塵’으로 교감하여 번역한다.
84 60권본 『화엄경華嚴經』 원문에 따라 ‘佛’을 ‘諸佛’로 교감하여 번역한다.
85 60권본 『화엄경華嚴經』 원문에 따라 ‘塵’을 ‘塵數’로 교감하여 번역한다.
86 60권본 『화엄경華嚴經』 원문에 따라 ‘界’ 뒤에 ‘性住’를 추가하여 번역한다.
87 풍륜風輪: 풍륜은 대지의 4륜 중 하나이며 세계의 가장 밑바닥 부분이다. 세계가 성립할 때 반드시 먼저 허공 위에 위치하는 것은 공륜空輪이고 이 공륜에 의지하여 생겨나는 것이 풍륜風輪·수륜水輪·금륜金輪이다. 이를 합하여 4륜이라고 일컫는다. 사륜 위에 아홉 개의 산과 여덟 개의 바다가 있다. 풍륜의 넓이는 수가 없

연꽃 속[에 갖추어진 꽃들처럼] 아름답게 꾸며진 바다처럼 큰 세계'(蓮花藏莊嚴世界海)를 떠받치고 있다. 가장 아래에 있는 풍륜風輪은 '평등平等'이라고 부르는데, 그것은 '모든 보배가 밝게 빛나는 땅'(一切寶光明地)을 떠받치고 있다. 그 위의 풍륜風輪은 '온갖 보배로 아름답게 꾸며진 것'(種種寶莊嚴)이라 부르는데, '청정하게 빛나는 보배의 땅'(清淨光寶地)을 떠받치고 있다.[88] 가장 위에 있는 풍륜風輪은; '수승한 것의 모임'(勝藏)이라 부르는데, '모든 향기로운 물로 채워진 바다'(一切香水海)를 떠받치고 있다. 그 '향기로운 물로 채워진 바다'(香水海) 가운데에 큰 연꽃이 있어 '향기로운 깃으로 환하고 아름답게 장식된 것'(香幢光莊嚴)이라 부르는데, 이 '커다란 연꽃 속[의 아름다운 꽃들처럼] 아름답게 꾸며진 바다와도 같이 큰 세계'(蓮花藏莊嚴世界海)를 떠받치고 있다. 이 '바다와도 같은 크나큰 세계'(世界海)의 가장자리에는 '금강석으로 이루어진 산'(金剛山)이 있어 두루 둘러싸고 있다."[89] 또 그 아래 [글]에서는 "그 '넓은 땅'(大地處)에는 '말로 설명할 수 없는'(不可說) '부처님 계시는 세상'(佛刹)에 있는 티끌처럼 [많은] '향기로운 물로 채워진 바다'(香水海)가 있어 온갖 보배로 아름답게 장식되었고, '모든 으뜸가는 향기로운 보배 구슬'(一切香摩尼寶王)로써 그 언덕으로 삼았으며, '으뜸가는 보배로 짠 그물'(寶王羅網)은 그 위를 두루 덮었고, 온갖 보배 색깔을 한 물이 그 속을 가득 채웠

으며 두께는 16억 유선나踰繕那이다. 그 바탕은 긴밀하고 단단하여 금강륜金剛輪으로 세차게 치면 금강륜이 부서져 가루가 되지만 풍륜은 아무런 부서짐이 없다. 이를 바퀴라고 부르는 것은 그 모양이 둥근 모양이고, 그 바탕이 긴밀하기 때문이다. 『불광대사전』, p.5035.

88 60권본 『화엄경華嚴經』 권3의 원문은 다음과 같다. "佛子! 當知有須彌山微塵等風輪, 持此蓮華藏莊嚴世界海, 最下風輪名曰平等, 彼持一切寶光明地, 次上風輪名種種寶莊嚴, 持清淨光寶地."(T9, 412a25~28)

89 60권본 『화엄경華嚴經』 권3의 원문은 다음과 같다. "最上風輪名勝藏, 持一切香水海, 彼香水海中有大蓮華, 名香幢光明莊嚴, 持此蓮華藏莊嚴世界海, 此世界海邊有金剛山周匝圍遶."(T9, 412b7~10)

으며, 모든 온갖 꽃이 다 활짝 피었고, 미세한 전단栴檀 가루로 그 물을 향기롭게 하였으며, 항상 '여래의 미묘한 음성'(如來妙音)이 흘러나오면서 끊어지지 않았다"[90][라고 하였고], [또] "낱낱의 '향기로운 물로 채워진 바다'(香水海)에는 '지구 위 모든 세상'(四天下)의 티끌[처럼 많은] 수의 '향기로운 물이 흐르는 강'(香水河)이 있어 둘러싸고 있고, 갖가지 보배로운 꽃들이 그 위를 두루 덮었다"[91][라고 하였다.] [또] 아래 [글]에서는 "'부처의 제자'(佛子)는 [다음과 같이] 알아야 한다. 이 '커다란 연꽃 속[의 아름다운 꽃들처럼] 아름답게 꾸며진 바다와도 같이 큰 세계'(蓮花藏莊嚴世界海) 가운데 있는 낱낱의 대상세계(境界)에는 '바다와도 같이 큰 세계'(世界海)가 미세한 티끌 수만큼 [많이] 있는데 '청정하고 아름답게 장식되어 있다'(淸淨莊嚴). 모든 부처의 제자들이여, 이 '향기로운 물로 채워진 바다'(香水海) 위에는 '말로 설명할 수 없는'(不可說) '부처님 계시는 세상'(佛刹)에 있는 티끌처럼 [많은] 세계가 자리 잡고 있다"[92]라고 말한다.

["연화대蓮花臺"라는 말에서] "꽃(花)"이라 말하는 것은 천 명의 석가모니[부처]'(釋迦)가 머무는 모든 세계에 의거한 것이다. "좌대(臺)"라는 것은 노사나불盧舍那佛이 머무는 세계를 나타낸 것이니, '가운데'라는 뜻을 나타내고자 했기 때문에 "좌대(臺)"라고 말한 것이다. 그런데 낱낱의 [연꽃]잎 가운데 있는 모든 세계는 다 '연꽃 위의 세계'(蓮華上世界)에 포섭되는 것이니, 모두가 '연꽃 위의 세계'(蓮華上世界)가 아님이 없다. "반듯

---

90 60권본 『화엄경華嚴經』 권3의 원문은 다음과 같다. "彼大地處有不可說佛刹微塵等香水海, 衆寶莊嚴, 一切香摩尼寶王以爲其岸, 寶王羅網彌覆其上, 衆寶色水盈滿其中, 一切衆華皆悉開敷, 細末栴檀以香其水, 常出如來妙音不絕."(T9, 413b15~19)

91 60권본 『화엄경華嚴經』 권3의 원문은 다음과 같다. "一一香水海, 有四天下微塵數香水河圍遶, 種種寶華彌覆其上."(T9, 413c17~18)

92 60권본 『화엄경華嚴經』 권4의 원문은 다음과 같다. "佛子! 當知此蓮華藏世界海中, 一一境界有世界海微塵數淸淨莊嚴. 諸佛子! 此香水海上有不可說佛刹微塵數世界性住."(T9, 414a27~29)

이 앉았노라"(方坐)에서의 "방方"은 '반듯하다'(正)는 뜻이다.

(2) 가르침을 듣는 대중을 열거함(列聽法之衆)

『범망경梵網經』[T24, 1004a1~3]

周匝千花上, 復現千釋迦. 一花百億國, 一國一釋迦, 各坐菩提樹, 一時成佛道.

둘레에 있는 천 송이 꽃 위에는 다시 천 명의 석가모니가 나타나 있도다. 한 송이 꽃에 백억 개의 나라가 있고, 한 나라마다 한 석가모니가 각각 보리수에 앉아 동시에 성불하노라.

第二列聽法之衆中, 有三雙. 一從"周迊"[93]以下至"一時成佛道", 人與法相對爲雙. 二者從"如是"至"本身", 本與末相對爲雙. 第三從"千百"至"塵衆"者, 師與從相對爲雙.

[H1, 587c22~588a3; X38, 275c13~16]

두 번째로 '가르침을 듣는 대중'(聽法之衆)을 열거함에는 세 쌍이 있다. 첫 번째인 "둘레에"(周迊)부터 "동시에 성불한다"(一時成佛道)까지[94]는 '[깨닫는] 사람과 [깨달은] 진리'(人與法)를 서로 연관시켜 쌍으로 하였고, 두 번째인 "이와 같은"(如是)부터 "본신이다"(本身)까지[95]는 '근본과 지말'(本與末)을 서로 연관시켜 쌍으로 하였으며, 세 번째인 "천백千百"부터 "무수히 많은 대중"(塵衆)까지[96]는 '스승(師)'과 '따르는 제자'(從)를 서로 연관시켜 쌍으로 하였다.

---

93 『범망경梵網經』 원문에 따라 '迊'을 '匝'으로 교감하여 번역한다.

94 『범망경梵網經』 "周匝千花上, 復現千釋迦. 一花百億國, 一國一釋迦, 各坐菩提樹, 一時成佛道."(T24, 1004a1~3)

95 『범망경梵網經』 "如是千百億, 盧舍那本身."(T24, 1004a4)

96 『범망경梵網經』 "千百億釋迦, 各接微塵衆."(T24, 1004a5)

① '[깨닫는] 사람과 [깨달은] 진리'(人與法)로 이루어진 짝

初中有二, 上一行明能覺人, 下二句明所覺法. 初中亦有二, 上二句表應身, 下二句表化身. 上句明住處, 下句正明應身.

[H1, 588a3~6; X38, 275c16~18]

처음[의 쌍]에는 두 가지가 있으니, 앞의 한 행은 '깨닫는 사람'(能覺人)을 밝혔고,[97] 뒤의 두 구절은 '깨달은 진리'(所覺法)를 밝혔다.[98] 처음[의 한 행]에도 두 가지가 있으니, 앞의 두 구절은 '[중생에] 응하여 나타나는 몸'(應身)을 나타냈고,[99] 뒤의 두 구절은 '[갖가지 모습으로] 나타나는 부처몸'(化身)을 나타냈다.[100] [또한] 앞의 구절[101]은 '[부처님이] 머무는 곳'(住處)을 밝혔고, 뒤의 구절[102]은 바로 '[중생에] 응하여 나타나는 몸'(應身)을 밝혔다.

가. 깨닫는 사람을 밝힘(明能覺人)

初言"周迊[103]千花上"者, 明應身所住千淨土. 所言應身者, 此卽分[104]門中應身, 『金光明經』云, "有應身而[105]非化身", 有卽是義. 第二明化

---

97 『범망경梵網經』 원문의 "周匝千花上, 復現千釋迦. 一花百億國, 一國一釋迦."(T24, 1004a1~2)에 해당한다.

98 『범망경梵網經』 원문의 "各坐菩提樹, 一時成佛道."(T24, 1004a3)에 해당한다.

99 『범망경梵網經』 원문의 "周匝千花上, 復現千釋迦."(T24, 1004a1)에 해당한다.

100 『범망경梵網經』 원문의 "一花百億國, 一國一釋迦."(T24, 1004a2)에 해당한다.

101 "周匝千花上"을 지시하는 것으로 보인다.

102 "復現千釋迦"를 지시하는 것으로 보인다.

103 『범망경梵網經』 원문에 따라 '迊'을 '匝'으로 교감하여 번역한다.

104 저본에는 '分'이라고 되어 있지만, 『속장경』에 따라 '分身'으로 교감하여 번역한다.

105 『합부금광명경』에 따라 '而'를 삭제하고 번역한다.

身中, 卽有二. 上句明住處, 下句正明化身. 所言"一花百億國"者, 明化身閻浮等百億國也. "一國一釋迦"者, 是卽分身門中釋迦. 『金光明經』言, "有一向化身而非應身"者, 卽是其義. 上所明盧舍那佛, 雖具三身, 而三佛門中, 對於一向應身及一向化身, 故具[106]名爲眞身也.

[H1, 588a6~16; X38, 275c18~276a1]

처음에 "둘레에 있는 천 송이 꽃 위에는(周匝千花上)"이라고 말한 것은 '[중생에] 응하여 나타나는 몸'(應身)이 머무는 천 개의 '온전한 세계'(淨土)를 밝힌 것이다. "'[중생에] 응하여 나타나는 몸'(應身)"이라고 말한 것은 바로 '[부처의] 몸을 [삼신三身으로] 구분하는 측면'(分身門)에서의 '[중생에] 응하여 나타나는 몸'(應身)이니, 『금광명경金光明經』에서 말하는 "'[중생에] 응하여 나타나는 몸'(應身)이지만 '[갖가지 모습으로] 나타나는 부처 몸'(化身)이 아닌 것이 있다"[107]라는 것에는 바로 이러한 뜻이 있다.

---

106 한명숙은 '具'를 '別'로 보고 있으나 원문대로 '具'로 보는 것이 적절하다고 보아 '具'로 번역한다.

107 『합부금광명경合部金光明經』 권1의 원문은 다음 같다. "분별하면 네 가지 몸이 있다. '화신이지만 응신이 아닌 몸이 있고'(有化身非應身), '응신이지만 화신이 아닌 것이 있으며'(有應身非化身), '화신이면서 응신인 몸이 있고'(有化身亦應身), '화신도 아니고 응신도 아닌 몸이 있다'(有非化身亦非應身). 어떤 것이 '화신이지만 응신이 아닌 몸'(化身非應身)인가? 여래께서 이미 열반에 들었지만 [중생 구제를 위해] 자재自在하기를 발원하였기 때문이니, 이와 같은 몸은 곧 화신이다. 어떤 것이 '응신이지만 화신이 아닌 몸'(應身非化身)인가? 십지十地 이전의 [보살에게 응하는] 몸이다. 어떤 것이 '화신이고 또한 응신인 몸'(化身亦應身)인가? 유여열반有餘涅槃에 머무는 여래의 몸이다. 어떤 것이 '화신이 아니고 또한 응신도 아닌 몸'(非化身非應身)인가? 여래의 법신이다."(善男子! 分別有四種身. 有化身非應身, 有應身非化身, 有化身亦應身, 有非化身亦非應身. 何者化身非應身? 如來已般涅槃, 以願自在故, 如是之身卽是化身. 何者應身非化身? 是地前身. 何者化身亦應身? 住有餘涅槃如來之身. 何者非化身非應身? 是如來法身.)(T16, 363c17~23) 〈산스크리트본의 해당 내용: 현존 산스크리트본에는 해당 구절 없음.〉
이에 대해 길장吉藏은 『법화의소法華義疏』 권10에서 다음과 같이 풀이한다. "『금두 번째[인 뒤의 두 구절]에서[108] '[갖가지 모습으로] 나타나는 부처 몸'(化身)을 밝힌 것 가운데 곧 두 가지가 있다. 앞의 구절[109]은 '[부처님이] 머무는 곳'(住處)을 밝혔고, 뒤의 구절[110]은 바로 '[갖가지 모습으로] 나타나는 부처 몸'(化身)을 밝혔다. "한 송이 꽃에 백억 개의 나라가 있다(一花百億國)"라고 한 것은, '[갖가지 모습으로] 나타나는 부처 몸'(化身)[이 나타나는 곳]이 '인간이 살아가는 세상'(閻浮提) 등 백억 국토라는 것을 밝힌 것이다. "한 나라마다 한 석가모니(一國一釋迦)"라는 것은 '[부처의] 몸을 [삼신三身으로] 구분하는 측면'(分身門)에서의 '석가모니[부처]'(釋迦)이다. 『금광명경金光明經』에서 말하는 "오로지 '[갖가지 모습으로] 나타나는 부처 몸'(化

광명경』에서 4구로 분별하였다. 첫 번째는 '화신이지만 응신이 아닌 것'(化而非應)이니, 부처님께서 열반에 드신 후에 중생을 위해 용·귀신 등의 몸을 나타내기 때문에 화신化身이라 하고, 불신佛身을 보이지 않기 때문에 응신應身이 아니라고 한다. 두 번째는 '응신이지만 화신이 아닌 것'(應而非化)이니, 『금광명경』에서는 〈지전의 보살을 위한 몸이다〉라고 말한다. 풀이하는 자가 말한다. 〈지전地前보살이 보는 부처의 몸이니 삼매에서 행하는 법문을 따라 나타나기에 응신이라 하고, 육취六趣에 포함되는 것이 아니므로 화신이 아니라고 한다.〉 세 번째는 '화신이고 또한 응신인 몸'(亦應亦化)이니, 『금광명경』에서는 〈유여열반에 머무는 몸(有餘涅槃身)이다〉라고 말한다. 풀이하는 자가 말한다. 〈성문聲聞이 보는 부처님의 몸이니, 저들이 여래의 상호의 모습을 보고 수행하여 부처를 이루기 때문에 응신이라고 부르고, 부처님이 인간계에 태어나 인간들과 함께 하는 것을 보기 때문에 화신이라고 부른다.〉 네 번째는 '화신이 아니고 또한 응신도 아닌 것'(非應非化)이니, 법신法身을 말한다. 사구四句 중에서 앞의 세 가지는 모두 응신應身이며 뒤의 하나는 진신眞身이니, 또한 응신應身을 열어 진신眞身에 합한 것이다."(『金光明』辨於四句. 一, 化而非應, 謂佛入涅槃已, 爲物示龍鬼等身, 故名之爲化, 不示佛身, 故名非應. 二者, 應而非化. 經云, "謂爲地前身". 釋者云, "地前菩薩所見佛身, 乃從三昧法門中現, 名之爲應, 非六趣攝, 所以非化." 三者, 亦應亦化. 經云, "住有餘涅槃身", 釋者云. "聲聞所見佛身, 彼見如來相好形, 修之成佛, 故名爲應, 見佛在人中受生同人類, 故名爲化." 四, 非應非化, 謂法身. 四句之中前三並應, 後一爲眞, 亦是開應合眞也.)(T34, 603b27~c7)

108 『범망경梵網經』 원문의 "一花百億國, 一國一釋迦."(T24, 1004a2)에 해당한다.

109 "一花百億國"에 해당한다.

110 "一國一釋迦"에 해당한다.

身)이고 '[중생에] 응하여 나타나는 몸'(應身)이 아니다"[111]라는 것이 바로 그 뜻이다. 앞에서 밝힌 노사나불盧舍那佛은 비록 '[법신法身 · 응신應身 · 화신化身] 세 가지 부처 몸'(三身)을 모두 갖추었지만, '세 가지 부처로 구분하는 측면'(三佛門)에서는 오로지 '[중생에] 응하여 나타나는 몸'(應身)에 대하여 [말하고] '[갖가지 모습으로] 나타나는 부처 몸'(化身)에 대하여 [말하는 것이니], 따라서 [삼불문三佛門에서의 응신應身 · 화신化身도] 모두 '참된 몸'(眞身)이라고 부른다.

나. 깨달은 진리를 밝힘(明所覺法)

二明所覺法中, 卽有二. 上句明住處, 下句正表所覺法. 所言"菩提樹"者, 菩提及[112]覺, 是悉多太子坐此樹下, 成無上覺, 故目所覺, 道樹爲樹名, 故言菩提樹. "一時成佛道"者, 如此方釋迦成道, 他方釋迦亦一時中皆成道, 故言"一時成佛道".

[H1, 588a16~22; X38, 276a1~6]

[첫 번째 쌍에 있는 두 가지 가운데] 두 번째인 '깨달은 진리'(所覺法)를 밝히는 것[113]에는 두 가지가 있다. 앞의 구절은 '[부처님이] 머무는 곳'(住處)을 밝혔고, 뒤의 구절은 바로 '깨달은 진리'(所覺法)를 나타냈다. "보리수菩提樹"라고 말한 것은 [다음과 같은 까닭이다.] '보리菩提'는 깨달음(覺)[이라는 의미]이니, 실다悉多[114]태자가 이 나무 아래에 앉아서 '가장 높은 깨달음'(無上覺)을 이루었기 때문에 '깨달은 것'(所覺)을 지목하여 '깨달음

---

111 앞서 확인한 『합부금광명경合部金光明經』 권1의 원문에서 말하는 "有化身非應身".

112 '及'은 '乃'의 오기로 보인다. '乃'로 교감한다.

113 『범망경梵網經』 원문에서 "各坐菩提樹, 一時成佛道"(T24, 1004a3)에 해당한다.

114 실다悉多: '실다'는 석가모니 부처님의 세속 이름이며, 실달다悉達多라고도 한다. 산스크리트어 'Siddhārtha'의 음사이다.

의 나무'(道樹)[라는 명칭으로] 나무의 이름으로 삼았으며 그러므로 '보리수菩提樹'라고 부른다. "동시에 성불한다(一時成佛道)"라는 것은, '이 세상에 계시는 석가모니[부처]'(此方釋迦)가 '진리를 성취한'(成道) 것처럼 '다른 세계에 계시는 석가모니[부처]'(他方釋迦)도 동시에 모두 '진리를 성취'(成道)하였기 때문에 "동시에 성불한다"(一時成佛道)라고 말하였다.

② '근본과 지말'(本末)을 서로 연관시킨 쌍

『범망경梵網經』[T24, 1004a04]

如是千百億, 盧舍那本身.
이와 같은 천 석가와 백억 석가는 노사나불이 '본연의 몸'(本身)이도다.

第二對中, 上句明末, 下句明本. 文釋可解.
[H1, 588a23~24; X38, 276a7]

두 번째인 '근본과 지말'(本末)을 서로 연관 지은 쌍에서 앞의 구절은 지말支末[인 천백억 석가]를 밝혔고 뒤의 구절은 근본根本[인 노사나불]을 밝혔다. 문장의 [뜻] 풀이는 [쉽게] 이해할 수 있을 것이다.

③ 스승(師)과 '따르는 제자'(從)를 서로 연관시킨 쌍

『범망경梵網經』[T24, 1004a05]

千百億釋迦, 各接微塵衆,
천 석가와 백억 석가가
각각 무수히 많은 대중을 이끌고

第三師與從相對中，上句標師，下句顯從. "衆[115]微塵衆"者，所接衆無數，故爲"微塵衆"也.

[H1, 588b1~3; X38, 276a8~9]

세 번째인 '스승(師)'과 '따르는 제자'(從)를 서로 연관시킨 쌍에서 앞의 구절은 스승(師)을 나타냈고 뒤의 구절은 '따르는 제자'(從)를 나타냈다. "무수히 많은 대중"(微塵衆)이라는 것은, 이끄는 대중이 무수히 많기 때문에 "무수히 많은 대중"(微塵衆)이라고 하였다.

(3) 가르침을 설하는 것을 나타냄(出所說法)

『범망경梵網經』 [T24, 1004a6~7]

俱來至我所，聽我誦佛戒，甘露門則[116]開.

함께 나의 처소에 이르러
내가 외는 '부처가 되는 계율'(佛戒)을 들으니,
감로문甘露門이 바로 열리었도다.

第三出所說法中，有二段. 上一[117]句明衆來至佛所，下二句正明所說法.

[H1, 588b4~5; X38, 276a10~11]

세 번째로 '가르침을 설하는 것을 나타냄'(出所說法)에는 두 단락이 있다. 앞의 한 구절은 대중(衆)이 부처님 처소에 이른 것을 밝혔고, 뒤의

115 저본에는 '衆'이 있으나, 문맥상 '衆'을 삭제하고 번역한다.
116 『대정장』에 수록된 『梵網經』 교감주에는 '則'이 '卽'(明本)으로 되어 있다.
117 『한불전』과 『대정장』의 교감주에는 '一'이 '二'인 것으로 의심하였으나, 본문의 맥락상 '一'이 맞다.

두 구절은 '가르침을 설하는 것'(所說法)을 곧바로 밝혔다.

① 무수히 많은 대중(微塵衆)이 부처님의 처소에 이름

初中言"俱來至我所"者, 俱來至者, 千及百億釋迦所接衆, 皆來至本主所, 故言俱來至也. "我所"者, 約盧舍那佛我也.

[H1, 588b5~8; X38, 276a11~13]

처음 [구절] 가운데 "함께 나의 처소에 이르러(俱來至我所)"라고 말한 것에서 '함께 이른다'(俱來至)는 것은, [천 송이 꽃 위에 있는] 천 명의 '석가모니[부처]'(釋迦)와 [한 송이 꽃에 있는 백억 나라의] 백억 명의 '석가모니[부처]'(釋迦)가 이끄는 대중이 '[부처의] 근본 주체'(本主)[인 노사나불]의 처소에 모두 이르렀기 때문에 '함께 이른다'(俱來至)고 말하였다. "나의 처소"(我所)[에서 말하는 '나']는 노사나불盧舍那佛에 의거하여 [말하는] '나'이다.

② 설하는 가르침(所說法)을 밝힘

所言"甘露門卽[118]開", 甘露者, 翻名不死藥也. 於中, 有二說. 一云, 以所詮三聚戒法爲甘露, 以能詮敎門,[119] 謂由持三聚戒故, 能得於無上菩提不死藥故, 卽以所詮三聚戒法爲甘露. 一云. 以無上菩提爲甘露, 以三聚戒爲門.

[H1, 588b8~14; X38, 276a13~17]

118 『대정장』에 수록된 『梵網經』 교감주에는 '則'이 '卽'(明本)으로 되어 있다. 그러나 『한불전』과 『대정장』에 수록된 『梵網經菩薩戒本私記卷上』에는 해당원문에 '卽'으로 되어 있다.

119 저본에는 '門'으로 되어 있으나, 문맥상 '爲門'으로 교감하여 번역한다. 저본의 교감주에도 '爲門'으로 밝히고 있다.

"감로문甘露門이 바로 열리었도다(甘露門卽開)"라고 한 것에서 '감로甘露'[120]는 번역하여 '[먹으면] 죽지 않는 약'(不死藥)이라 부른다. 이 [감로문甘露門]에 관해 두 가지 설명이 있다. 어떤 사람은 [이렇게] 말한다. 〈설해진 '[대승의] 세 부류의 계율에 관한 도리'(三聚戒法)를 감로甘露로 삼고, '[삼취계법을] 설하는 가르침'(能詮教)을 문門으로 삼는 것이니, '[대승의] 세 부류의 계율들'(三聚戒)[121]을 간직함으로 말미암아 '최고의 깨달음이라는 죽지 않는 약'(無上菩提不死藥)을 얻을 수 있기 때문에 '설해진 [대승의] 세 부류의 계율에 관한 도리'(所詮三聚戒法)를 감로甘露로 삼는 것이다. [또] 어떤 한 사람은 [이렇게] 말한다. 〈'최고의 깨달음'(無上菩提)을 감로甘露로 삼고 '[대승의] 세 부류의 계율들'(三聚戒)을 문門으로 삼는다.〉

門義有多種. 一者[122]出入義, 此門義, 謂律儀戒[123]及攝正[124]法戒者,

---

120 감로甘露: 불사不死, 불사액不死液, 천주天酒라고도 한다. 불사不死의 신약神藥, 천상天上의 영주靈酒를 말한다. 인도 베다 경전에서는, 소마주蘇摩酒는 제신諸神들이 늘 마시는 술로서 마시면 불로불사不老不死하고 그 단맛이 꿀과 같기 때문에 감로甘露라 칭한다고 한다. 또한 감로甘露는 불법佛法의 법미法味와 묘미妙味가 중생의 신심身心을 길러 주는 것에 비유된다. 『佛光大辭典』, p.2052 참조.

121 삼취계三聚戒: 삼취계는 삼취정계三聚淨戒(tri-vidhāni śīlāni)의 준말이다. 이는 대승보살의 계법을 가리킨다. 삼취에서 취聚는 종류의 뜻이다. 첫째는 섭률의계攝律儀戒(saṃvara-śīla)이니, 모든 악을 끊어 없애는 지악문止惡門이다. 7중七衆이 모두 받는 계이며 재가在家와 출가出家에 따라 5계, 8계, 10계, 구족계 등으로 계의 조목이 나뉜다. 둘째는 섭선법계攝善法戒(kuśala-dharma-saṃgrāhaka-śīla)이니, 모든 선법을 닦고 익히는 수선문修善門이다. 셋째는 섭중생계攝衆生戒(sattvārtha-kriyā-śīla)이니, 자비심으로 모든 중생을 받아들여 이롭게 하는 이생문利生門이다. 『菩薩地持經』 卷4에서 11가지 종류를 거론하였다. 『불광대사전』, p.889.

122 저본에는 '者'로 되어 있으나, '云'으로 교감하여 번역한다.

123 저본에는 '律儀戒'로 되어 있으나, '律儀戒' 앞에 '攝'을 추가하여 '攝律儀戒'로 교감하여 번역한다.

124 저본에는 '正'으로 되어 있으나, '善'으로 교감하여 번역한다.

自利戒,[125] 故以入爲義, 若攝衆戒[126]者, 是利他行, 故以出爲義. 一云, 以閇開二義爲門義, 謂若有惡賊, 爲欲人[127]來, 奪內財物時者, 能令閇退, 而不得入故, 以閉爲義. 戒亦如是. 由能門[128]止持作持二戒門故, 止犯作犯, 惡賊入來, 爲欲奪戒財時, 能令閇退故, 不能入奪故. 猶現[129]義, 故言門. 一云, 以開示爲門義者, 若同意善知識入來時, 中能開門而合, 亦內財令發, 悕望意故, 卽以開示爲門義. 戒亦如是. 自能由持三聚戒, 能內所有佛性如來藏本覺, 乃至十地佛果勝寶財, 中得見故. 亦由開三聚戒門故, 他衆生亦能令示佛性本覺, 乃至佛果等內寶財故, 以開示爲門義也. 序中有三段中, 盧舍那佛序, 竟在於前.

[H1, 588b14~c7; X38, 276a17~b6]

'문門'의 뜻에는 여러 가지가 있다. 어떤 사람은 [이렇게] 말한다. 〈'나옴과 들어감'(出入)의 뜻이 이 '문門'의 뜻이니, '규범을 끌어안는 계율'(攝律儀戒)과 '이로운 것들을 끌어안는 계율'(攝善法戒)은 '자기를 이롭게 하는 행위'(自利行)이기 때문에 '들어감'(入)을 뜻으로 삼고, '중생을 끌어안는 계율'(攝衆生戒)이라면 '타인을 이롭게 하는 행위'(利他行)이기 때문에 '나옴'(出)을 뜻으로 삼는 것이다.〉

[또] 어떤 사람은 [이렇게] 말한다. 〈'닫기와 열기'(閇開)의 두 가지 뜻을

125 저본에는 '戒'로 되어 있으나, '行'으로 교감하여 번역한다.

126 저본에는 '攝衆戒'로 되어 있으나, '戒' 앞에 '生'을 추가하여 '攝衆生戒'로 교감하여 번역한다.

127 저본에는 '人'으로 되어 있으나, '入'으로 교감하여 번역한다.

128 저본에는 '門'으로 되어 있으나, '開'로 교감하여 번역한다.

129 저본대로 '現'일 경우에는 이어 나오는 '義' 앞에 '此'가 있어야 의미가 자연스럽다. 원래 있던 '此'가 필사과정에서 삭제된 것인지 아니면 저술할 때 빠트린 것인지 알 수 없으나, 여기서는 '此'를 추가하여 '[이러한] 뜻을 나타내는 것과 같기 때문에'라고 번역한다. 그런데 '現'이 원래 '閑'일 가능성도 있다. 그럴 경우 '닫음(閑)의 뜻과 같기 때문에'라고 번역할 수 있다.

'문門'의 뜻으로 삼으니 [다음과 같은 것이다.] 만약 어떤 나쁜 도적이 들어와 집안의 재물을 약탈하려고 하는 때라면 문을 닫음으로써 물리쳐서 들어오지 못하게 할 수 있기 때문에 '닫음'(閉)을 [문門의] 뜻으로 삼는다. 계율戒律도 이와 같다. '[해로운 행위를] 그쳐서 ['계율의 본연'(戒體)을] 간직함'(止持)과 '[이로운 행위를] 지어서 ['계율의 본연'(戒體)을] 간직함'(作持)[130]이라는 두 가지 '계율의 문'(戒門)을 열 수 있기 때문에, '[이로운 행위를] 그쳐서 ['계율의 본연'(戒體)을] 위배함'(止犯)과 '[해로운 행위를] 지어서 ['계율의 본연'(戒體)을] 위배함'(作犯)[131]이라는 나쁜 도적이 들어와 '계율이라는 재물'(戒財)을 약탈하려고 할 때 닫음(閉)으로써 [나쁜 도적을] 물리칠 수 있는 것이고 들어와서 약탈할 수 없게 하는 것이다. [이러한] 뜻을 나타내는 것과 같기 때문에 '문門'이라고 말한다.〉

[또] 어떤 사람은 [이렇게] 말한다. 〈'열어 보임'(開示)을 '문門'의 뜻으로 삼는다는 것은 [다음과 같은 것이다.] '뜻을 같이하는 이로운 사람'(同意善知識)이 들어오는 때라면 안에서 문을 열어 만나고 또한 안에 있는 재물

130 작지作持: 지지止持·작지는 계율의 양대 분류가 되는데 지작이지止作二持라고도 한다. ① 지지에서 止는 제지制止의 뜻으로, 몸과 입이 모든 악업을 짓지 않도록 제지하는 것이다. 그침(止)에 의하여 계체戒體를 보호하고 유지할 수 있으므로 지지止持라고 부른다. 지지계止持戒는 사람으로 하여금 모든 악을 짓지 않도록 한다. ② 작지에서 작作은 만들고 지음이니, 몸과 입과 마음을 책려하여 선업을 짓도록 하는 것이다. 지음(作)에 의하여 계체戒體를 보호하고 유지할 수 있으므로 작지라고 부른다. 작지계作持戒는 사람으로 하여금 많은 선을 받들어 행하게 한다. 『四分律刪繁補闕行事鈔』 중권(T40, 91a17)을 참조. 『불광대사전』, p.306.

131 작범作犯: 지범止犯·작범은 두 가지 종류의 범계犯戒인데, 혹은 지작이범止作二犯이라고도 한다. 지지止持·작지作持에 대칭되는 말이다. 첫 번째는 모든 수승한 업을 싫어하여 닦고 배우지 않는 것을 말하니, 그침(止)에 의하여 계체戒體를 범하는 것이다. 선법善法을 닦지 않는 것으로 근본을 삼는다. 두 번째는 본래 받은 계와 어긋나게 짓는 것이니, 지음(作)에 의하여 계체戒體를 범하는 것이다. 악법을 짓는 것을 근본으로 삼는다. 『四分律刪繁補闕行事鈔』 중권(T40, 91a23)을 참조. 『불광대사전』, p.292.

을 내놓으니, [함께하기를] 바라는 마음 때문에 곧 '열어 보임'(開示)을 '문門'의 뜻으로 삼는다. 계율戒律도 이와 같다. 스스로 '[대승의] 세 부류의 계율들'(三聚戒)를 간직(持)할 수 있기 때문에, [자기] 내부에 지닌 '부처 면모'(佛性)[이자] '여래의 면모가 간직된 창고'(如來藏)[이고] '본연적 깨달음'(本覺)[인 것]으로부터 '열 가지 [본격적인] 수행경지'(十地)와 '부처라는 결과'(佛果)까지의 수승한 보배를 [자기] 내면에서 볼 수 있기 때문이다. 또한 '[대승의] 세 부류의 계율들'(三聚戒)의 '문門'을 '열어 보임'(開示)으로 말미암아 다른 중생에게도 '부처 면모'(佛性)·['여래의 면모가 간직된 창고'(如來藏)]·'본연적 깨달음'(本覺)으로부터 ['열 가지 [본격적인] 수행경지'(十地)와] '부처라는 결과'(佛果)까지의 내부의 보배를 '보여 줄 수'(示) 있기 때문에 '열어 보임'(開示)을 '문門'의 뜻으로 삼는다.〉

'서론 부분'(序分)에 있는 세 단락 가운데 노사나불盧舍那佛의 '서론 부분'(序分)[에 관한 해설]을 여기서 마친다.

3) 다른 세계에 계시는 석가모니[부처](他方釋迦)가 설하는 '서론 부분'(序分)

> 『범망경梵網經』[T24, 1004a7~9]
>
> 是時千百億, 還至本道場, 各坐菩提樹, 誦我本師戒, 十重四十八.[132]
> 이때 천 석가와 백억 석가는
> 본래 있던 '진리를 밝히는 자리'(道場)로 돌아가
> 각자 '보리수(菩提樹)' 아래에 앉아
> 나의 '근본 스승'(本師)[인 노사나불께서 설한] 계율을 외우니
> [보살이 범해서는 안 되는] 열 가지 중요한 계율과 마흔여덟 가지 계율이네.

132 아래 『梵網經菩薩戒本私記』에서 네 구절을 한 행으로 나누기 때문에, 네 구절로 문단 나누기를 하였다.

"是時千百"以下, 第二他方釋迦, 於中有四段. 一者, 以一行一句頌, 明諸佛各誦. 二者, "戒如明日月"以下一行頌, 讚戒德. 三者, "是盧舍那誦"以下五行頌, 明勸物受持. 四者, "大衆皆恭敬"以下, 結勸.

[H1, 588c8~12; X38, 276b7~10]

[게송 중] "이때 천 석가와 백억 석가"(是時千百) 이하는 두 번째인 '다른 세계에 계시는 석가모니[부처]'(他方釋迦)[들이 설하는 '서론 부분'(序分)]인데, 이 가운데 네 단락[133]이 있다. 첫 번째는 한 행과 한 구절의 게송[134]으로써 모든 [석가모니] 부처님께서 각자 외우는 것을 밝혔다. 두 번째는 "계율은 마치 밝은 해와 달과도 같고(戒如明日月)" 이하의 한 행의 게송[135]으로 '계율이 지닌 이로운 능력'(戒德)을 찬탄했다. 세 번째는 "이는 노사나불께서 외우신 것인데"(是盧舍那誦) 이하의 다섯 행의 게송[136]으로 '[모든] 중생'(物)에게 '[암송한 계율을] 받아 간직하기를'(受持) 권하는 것을 밝혔다. 네 번째는 "대중은 모두 공경하고"(大衆皆恭敬) 이하[137]인데, 권

---

133 『범망경梵網經』"是時千百億, 還至本道場, 各坐菩提樹, 誦我本師戒, 十重四十八, 戒如明日月, 亦如瓔珞珠, 微塵菩薩衆, 由是成正覺. 是盧舍那誦, 我亦如是誦, 汝新學菩薩, 頂戴受持戒, 受持是戒已, 轉授諸衆生, 諦聽我正誦, 佛法中戒藏, 波羅提木叉, 大衆心諦信. 汝是當成佛, 我是已成佛, 常作如是信, 戒品已具足. 一切有心者, 皆應攝佛戒, 衆生受佛戒, 卽入諸佛位. 位同大覺已, 眞是諸佛子, 大衆皆恭敬, 至心聽我誦."(T24, 1004a7~22)

134 『범망경梵網經』"是時千百億, 還至本道場, 各坐菩提樹, 誦我本師戒, 十重四十八."(T24, 1004a7~9)

135 『범망경梵網經』"戒如明日月, 亦如瓔珞珠, 微塵菩薩衆, 由是成正覺."(T24, 1004a10~a11)

136 『범망경梵網經』"是盧舍那誦, 我亦如是誦, 汝新學菩薩, 頂戴受持戒, 受持是戒已, 轉授諸衆生, 諦聽我正誦, 佛法中戒藏, 波羅提木叉, 大衆心諦信. 汝是當成佛, 我是已成佛, 常作如是信, 戒品已具足. 一切有心者, 皆應攝佛戒, 衆生受佛戒, 卽入諸佛位. 位同大覺已, 眞是諸佛子."(T24, 1004a12~21)

137 『범망경梵網經』"大衆皆恭敬, 至心聽我誦."(T24, 1004a22)

하는 것을 마무리하였다.

(1) 모든 [석가모니] 부처님께서 각자 [계율을] 외우는 것을 밝힘(明諸佛各誦)

> 初中二[138]二三句, 明還至本道場, 後二句, 正明誦戒.
>
> [H1, 588c12~14; X38, 276b10~11]

처음의 첫째 · 둘째 · 셋째 구절[139]은 〈본래 있던 '진리를 밝히는 자리'로 돌아감〉(還至本道場)을 밝혔고, 뒤의 두 구절[140]은 '계율을 외우는 것'(誦戒)을 곧바로 밝혔다.

① 본래 있던 '진리를 밝히는 자리'로 돌아감을 밝힘(明還至本道場)

> 戒[141]初言"道場",[142] 約喻爲名. 謂世間中潔[143]場者, 於糖[144]取實處, 故名場, 道場亦如是, 能捨三障, 而取菩提之場, 故言道場也.
>
> [H1, 588c14~c17; X38, 276b11~13]

처음에 말한 "진리를 밝히는 자리"(道場)라는 것은 비유에 의거하여 명칭을 만든 것이니 [다음과 같다.] 세간世間의 '곡식을 만드는 자리'(穀場)[145]는 벼에서 [알맹이인] 쌀(實)을 얻는 자리이기 때문에 '자리(場)'라고

---

138 저본에는 '二'로 되어 있지만, 문맥상 ' '로 교감하고 번역한다.
139 『범망경梵網經』 "是時千百億, 還至本道場, 各坐菩提樹."(T24, 1004a7~8)
140 『범망경梵網經』 "誦我本師戒, 十重四十八."(T24, 1004a9)
141 저본에는 '戒'가 있지만, 문맥상 '戒'를 삭제하고 번역한다.
142 문맥상 '者'를 추가한다.
143 저본에는 '潔'이지만, 문맥상 '穀'으로 교감하고 번역한다.
144 저본에는 '糖'이지만 '糠'으로 교감하여 번역한다.

부르는데, '진리를 밝히는 자리'(道場)도 이와 같아서 '세 가지 장애'(三障)[146]를 버리고 깨달음(菩提)을 취할 수 있는 자리이기 때문에 '진리를 밝히는 자리'(道場)라고 부른다.

② 계율을 외우는 것을 곧바로 밝힘(正明誦戒)

"誦我本師戒"者, 有二說. 一云, '本主盧舍那所說, 故言本師戒', 一

---

145 천태 지의가 설한 『유마경약소維摩經略疏』 卷6에 이와 관련된 다음과 같은 설명이 있다. "道場者本是佛成道之處, 如世穀場治穑却糠顯米. 菩薩亦爾, 治除心惑顯出實相, 成道之處, 故名道場."(T38, 641c25~28). 이에 한명숙은 '糖'을 『천태사교집해天台四敎集解』 상권 "世以治穀祭處名場, 今謂治五住穅, 顯實相米, 名爲場也, 實相卽道也."(X57, 542c7~8)에 의거하여 '穅'로 번역하였으나(한명숙, 2016, p.73), 본고에서는 천태 지의의 설에 의거하여 '糖'으로 번역한다.

146 삼장三障: 삼장은 크게 4가지 종류가 있다. ① 『대반열반경大般涅槃經』 卷11 · 『구사론俱舍論』 卷17 · 『대지도론大智度論』 卷5 등에서 설하는 것으로 깨달음과 수행의 선근을 방해하는 번뇌장煩惱障 · 업장業障 · 보장報障을 말한다. 『대반열반경』 권11의 원문을 참고하면 다음과 같다. "煩惱障者, 貪欲 · 瞋恚 · 愚癡 … 是名煩惱障. 業障者, 五無間罪重惡之病. 報障者, 生在地獄 · 畜生 · 餓鬼 · 誹謗正法及一闡提, 是名報障. 如是三障名爲大病."(T12, 670a13~25) 한편 『유가사지론瑜伽師地論』 卷29에서는 보장報障을 이숙장異熟障으로 바꾸었다. "無重障者, 謂無三障. 何等爲三? 一者業障, 二煩惱障, 三異熟障."(T30, 446a16~17) ② 『대승유가대교왕경大乘瑜伽大教王經』 卷五에 의한 것으로 세 가지 장애로 말미암아 유가의 비밀한 삼마지법三摩地法을 얻을 수 없다. 세 가지 장애는 아만중장我慢重障 · 질투중장嫉妒重障 · 탐욕중장貪欲重障이다. ③ 천태 교학에서 주장하는 것으로 『석선바라밀차제법문釋禪波羅蜜次第法門』 卷4 등에 의한 것으로 선정禪定을 방해하는 세 가지 장애로 혼침암폐장昏沉闇蔽障 · 악념사유장惡念思惟障 · 경계핍박장境界逼迫障이 있다. ④ 『양석섭대승론석梁譯攝大乘論釋』 卷15 · 「화엄공목장華嚴孔目章」 卷3에서 주장하는 것으로 수혹修惑 · 견혹見惑 · 무명無明 등 세 가지의 번뇌장을 말한다. 『불광대사전』, p.890. 위의 문장에서 삼장三障은 ① 『대반열반경』 등에서 설하는 번뇌장煩惱障 · 업장業障 · 보장報障(또는 이숙장異熟障)으로 볼 수 있다. 원효는 『이장의二障義』를 통해 장애를 번뇌장煩惱障과 소지장所知障의 두 유형으로 총괄하고 있기도 하다.

云, '諸佛皆亦戒爲師, 故言本師之戒也.'

[H1, 588c17~19; X38, 276b13~15]

"나의 본래 스승[인 노사나불께서 설한] 계율을 외우니"(誦我本師戒)라는 구절에 대해서는 두 가지 설이 있다. 어떤 사람은 〈'[부처의] 근본 주체'(本主)인 노사나불盧舍那佛이 설하였기 때문에 '근본 스승께서 설한 계율'(本師戒)이라고 말하는 것이다〉[147]라고 주장하고, [또] 어떤 사람은 〈'모든 부처님'(諸佛)은 모두 또한 계율을 스승으로 삼기 때문에 '근본 스승이 되는 계율'(本師之戒)이라고 말하는 것이다〉[148]라고 주장한다.

(2) '계율이 지닌 이로운 능력'(戒德)을 찬탄함

『범망경梵網經』[T24, 1004a10~a11]

戒如明日月, 亦如瓔珞珠. 微塵菩薩衆, 由是成正覺.

계율은 마치 밝은 해와 달과도 같고

---

147 이는 천태 지의의 입장이다. 즉 지의는 『보살계의소菩薩戒義疏』 상권에서 다음과 같이 설하였다. "그런데 법신이 존재하지는 않지만 지금 처음으로 적불迹佛이 본계本戒를 전하는 것을 밝히니, 곧 '본本'은 적불의 스승이 된다. 적불이 본계를 암송하기 때문이다.(然法身無在, 今初明迹傳本戒, 則本爲迹師. 以迹誦本故也.)"(T40, 570b10~11)

148 이는 법장法藏(643~712)의 『범망경보살계본소梵網經菩薩戒本疏』 권1, "後二句誦傳本戒. 謂此戒法諸佛所師, 故云本師戒也."(T40, 606c12~13); 의적의 『보살계본소菩薩戒本疏』 권上 "本師戒者, 諸佛以戒爲本師."(T40, 662a5~6)의 주장과 동일하다. 그러나 원효보다 앞선 인물의 주장은 찾아보기 어렵다. 한편 뒤에 나오는 『梵網經菩薩戒本私記』 卷上의 다음 구절을 참고해 본다면 원효의 견해도 이와 같다고 할 수 있다. "'나는 계율을 스승으로 삼기 때문에 항상 스승인 계를 외우니, 그대들도 계율을 스승으로 삼는다면 또한 외워야 한다'는 것을 나타내기 위하여 '나는 이제 [계율을] 외운다'고 말한 것이다.(爲欲現我以戒爲師故, 常誦所師戒, 汝等若以戒爲師者, 亦可誦故, 言我今誦也.)"(H1, 591c14~16)

또한 '보배 구슬'(瓔珞珠)과도 같네.
미세한 먼지처럼 많은 보살菩薩의 무리가
이로 말미암아 '완전한 깨달음'(正覺)을 이루게 되노라.

第二讚[149]德中, 卽有二段. 上二句明擧喩讚戒德, 後二句擧法歎戒.
[H1, 588c20~21; X38, 276b16~17]

두 번째로 '계율이 지닌 이로운 능력'(戒德)을 찬탄하는 것에는 두 단락이 있다. 앞의 두 구절은 비유에 의거하여 '계율이 지닌 이로운 능력'(戒德)을 찬탄함을 밝혔고, 뒤의 두 구절은 '[깨달음으로 이끄는] 가르침(法)[이 된다는 점]'에 의거하여 계율을 찬탄했다.

① 비유에 의거하여 계율이 지닌 이로운 능력을 찬탄함을 밝힘(明擧喩讚戒德)

初擧喩讚戒中, 言"戒如明日月"者, 略有三義. 謂一者日月自體, 離染明淨故, 亦能破他闇, 而於現物. 戒亦如是, 自體離染明淨故, 能破煩惱黑法闇障, 現顯佛性如來藏等物. 故當於日月之義, 故爲喩也.
[H1, 588c21~589a3; X38, 276b17~21]

처음에 '비유에 의거하여 계율을 찬탄함'(擧喩讚戒) 가운데 "계율은 마치 밝은 해와 달과도 같고"(戒如明日月)라고 말한 것에는 대략 세 가지 뜻이 있다. 첫째는 [다음과 같은 것이다.] 해와 달 자체는 더러움에서 벗어나 밝고 청정하기 때문에 또한 저 어둠을 깨트려 사물을 드러나게 할 수 있다. 계율도 이와 같으니, 자체가 더러움에서 벗어나 밝고 청정하

149 저본에는 '讚' 뒤에 '戒'가 빠져 있으므로 이를 보충하여 번역한다.

기 때문에 번뇌煩惱의 '어두운 현상'(黑法)과 '어두운 장애'(闇障)를 깨트려 '부처 면모'(佛性)와 '여래의 면모가 간직된 창고'(如來藏) 등을 드러나게 할 수 있다. 따라서 해와 달이 지닌 뜻에 해당하기에 [이로써] 비유로 삼았다.

二者, 日者以勢[150]爲性, 月者寒爲性. 若有日而無月者, 萬苗燒燋故, 不能生果. 亦若有月而無日者, 萬苗物卽腐, 故不能生牙.[151] 戒亦如是. 若雖有攝律儀戒及攝正[152]法戒, 而無攝衆生戒者, 唯有自利行, 而無利他行. 故同於二乘, 而不生無上菩提豊果. 若雖有攝衆生戒, 而無攝律儀及攝善法戒者, 唯有利他, 而無自利行故, 還同於凡夫故, 不能生菩提牙[153]也. 今如具有日月故, 能苗牙[154]非腐非燋, 戒亦如是, 能具有三聚戒故, 能不同凡夫二乘, 能感得無上菩提三種之果, 故以日月爲喩也.

[H1, 589a3~16; X38, 276b21~c6]

둘째는 [다음과 같은 것이다.] 해는 뜨거움(熱)을 속성으로 삼고, 달은 차가움(寒)을 속성으로 삼는다. 만약 해만 있고 달이 없다면 모든 싹(苗)이 타 버리기 때문에 열매를 맺을 수 없다. 또한 달만 있고 해가 없다면 싹(苗)을 지닌 모든 것들이 바로 썩어 버리기 때문에 싹을 틔울 수 없다. 계율도 이와 같은 것이다. 비록 '금지된 행위를 포괄하는 계율'(攝律儀戒)[155]과 '이로운 것을 끌어안는 계율'(攝善法戒)[156]은 지니지만 '중생을

150 저본에는 '勢'로 되어 있지만, 문맥상 '熱'로 교감하고 번역한다.
151 저본에는 '牙'로 되어 있지만, 문맥상 '芽'로 교감하고 번역한다.
152 저본에는 '正'으로 되어 있지만, '善'으로 교감하고 번역한다.
153 저본에는 '牙'로 되어 있지만, 문맥상 '芽'로 교감하고 번역한다.
154 저본에는 '牙'로 되어 있지만, 문맥상 '芽'로 교감하고 번역한다.
155 섭률의계攝律儀戒: 섭률의계(saṃvara-śīla)는 삼취정계三聚淨戒(tri-vidhāni śīlāni)

끌어안는 계율'(攝衆生戒)[157]이 없으면, 오직 '자기를 이롭게 하는 행위'(自利行)만 있고 '남을 이롭게 하는 행위'(利他行)는 없다. 따라서 '[성문聲聞, 연각緣覺] 두 부류의 수행자'(二乘)와 같아져서 '가장 높은 깨달음'(無上菩提)이라는 풍성한 결실(果)이 생겨나지 않는다. [또] 비록 '중생을 끌어안는 계율'(攝衆生戒)은 지니지만 '금지된 행위를 포괄하는 계율'(攝律儀戒)과 '이로운 것을 끌어안는 계율'(攝善法戒)이 없다면, 오직 '남을 이롭게 하는 행위'(利他行)만 있고 '자기를 이롭게 하는 행위'(自利行)는 없기 때문에 도리어 '평범한 사람'(凡夫)과 같아져서 깨달음(菩提)의 싹을 틔울 수 없다.[158] 이제 해와 달을 모두 갖추고 있기 때문에 싹을 틔워서 썩

중 첫 번째로 모든 악을 끊어 없애는 지악문止惡門이다. 7중七衆이 모두 받는 계이며 재가在家는 5계, 8계, 10계로, 출가出家에는 구족계具足戒 등으로 계의 조목이 나뉜다.

156 섭선법계攝善法戒: 섭선법계(kuśala-dharma-saṃgrāhaka-śīla)는 삼취정계三聚淨戒(tri-vidhāni śīlāni) 중 두 번째로, 모든 선법을 닦고 익히는 수선문修善門이다. 일체의 보리도의 계율을 받아 지녀 모든 선을 닦고 익힌다. 모든 선법으로 계율을 삼는다. 이는 보신報身의 원인이 된다고 한다.『불광대사전』, p.8564.

157 섭중생계攝衆生戒: 섭중생계(sattvārtha-kriyā-śīla)는 삼취정계三聚淨戒(tri-vidhāni śīlāni) 중 세 번째로, 자비심으로 모든 중생을 받아들여 이롭게 하는 이생문利生門이다.『菩薩地持經』卷四에서는 11종으로 구분하였다. ① 중생이 일으키는 이로운 일에 모두 짝이 되는 것, ② 중생이 병에 들었거나 아직 병들지 않았거나 모든 고통 받는 사람 및 병자를 돌보는 사람의 짝이 되는 것, ③ 모든 중생을 위하여 세간법世間法·출세간법出世間法을 설하거나 혹은 방편으로 지혜를 얻게 하는 것, ④ 은혜를 받으면 은혜를 갚는 것을 앎, ⑤ 갖가지 공포에 떠는 중생을 구호하여 모든 어려움에서 벗어나게 하여 걱정과 번뇌에서 멀어지게 함, ⑥ 중생의 빈곤과 궁핍을 보고는 줄 수 있는 것에 의지하여 보시를 함, ⑦ 덕행을 구족하여 바르게 귀의하고 의지함을 받아 들여 여법하게 중생을 모음, ⑧ 먼저 편안하고 위로되는 말을 하며, 수시로 찾아다니며 음식을 제공하고, 세간의 좋은 말 등으로 중생 중 안정된 자로 하여금 모두 따르게 하고 불안정한 자는 모두 떠나게 함, ⑨ 실다운 덕을 지닌 자에 대해서는 칭찬하며 기뻐함, ⑩ 과실을 범한 자를 대해서는 마땅히 자비심으로 꾸짖어 그로 하여금 뉘우치게 함, ⑪ 신통력으로 악도惡道에 나타나 중생으로 하여금 모든 악을 두려워하고 싫어하게 하고 불법을 받들고 기쁘게 믿고 즐기게 하여 희유한 마음을 내게 함.『불광대사전』, p.8563.

지도 않고 타 버리지도 않게 할 수 있는 것과 같이, 계율도 또한 이와 같아서 '[대승의] 세 부류의 계율들'(三聚戒)을 모두 갖추기 때문에 '평범한 사람'(凡夫)이나 '[성문聲聞, 연각緣覺] 두 부류의 수행자'(二乘)와 같지 않을 수 있어서 '가장 높은 깨달음에 의한 세 가지 결과'(無上菩提三種之果)[159]와 '통할 수 있으니'(感得), 그러므로 '해와 달'을 비유로 삼았다.

---

158 한명숙은 삼취정계三聚淨戒로 자리自利와 이타利他의 구도로 설명하면서, 섭률의계攝律儀戒와 섭선법계攝善法戒를 자리행自利行에, 섭중생계攝衆生戒를 이타행利他行에 배대한 것을 원효의 독창적인 주장으로 보았다. 이와 비슷한 주장이 길장은 『승만보굴勝鬘寶窟』 상권(T37, 21a16)의 다음 문장과 같다. "『영락본업경』에 의해 개별적으로 삼계의 체를 밝히면 다음과 같다. 섭률의계는 10바라밀이고, 섭중생계는 자·비·희·사이며, 섭선법계는 8만 4천 법문이다. 여기에서 자·비·희·사는 다른 사람을 교화하는 것(이타행)이기 때문에 섭중생계이고, 10바라밀은 자리행이기 때문에 취하여 섭률의계로 삼았고, 섭선법계는 자리행와 이타행에 통하기 때문에 8만 4천 법문을 취하여 섭선법계로 삼았다.(若依瓔珞別明三戒體者. 攝律儀戒, 謂十波羅密, 攝衆生戒, 謂慈悲喜捨, 攝善法戒, 所謂八萬四千法門, 此以四等爲化他, 故是攝衆生戒, 十度是自行, 故取爲攝律儀, 攝善法通自他, 故取八萬四千法門爲攝善法也.)" 하지만 이것도 삼취정계를 자리·이타의 구도로 설명하기는 하지만, 섭률의계는 자리행, 섭선법계는 자리와 이타에 통하는 것, 섭중생계는 이타행으로 파악하여 원효와 약간 다른 입장을 보이고 있다고 하였다. 한명숙(2016), p.76. 한편 법장法藏은 『범망경보살계본소梵網經菩薩戒本疏』에서 자리행과 이타행에 대하여 삼취정계로 구분하지 않고, 다음에 나오는 경의 게송 중 계율을 수지함(자리행)과 대중에게 설함(이타행)으로 나누어 설명하였다. "四次二句(경: 汝新學菩薩, 頂戴受持戒)擧益勸學成自利行, 五次二句(경: 受持是戒已, 轉授諸衆生)教令轉授成利他行."(T40, 606c27~29) 그리고 삼취정계에 대해서는 각각 다음과 같이 짝지었다. 즉 섭률의계는 어둠을 밝히는 해, 섭중생계는 청량한 달, 섭선법계는 뛰어난 선법을 닦아 자신을 장식하는 영락구슬에 비유하였다. "律儀戒, 以能破諸黑惡, 故如日也. 攝生戒, 以大悲清涼爲相, 故如月也. 攝善法戒, 以能攝修具諸勝善法, 而自珮故, 如瓔珞珠也."(T40, 606c21~24)

159 무상보리삼종지과無上菩提三種之果: 원효는 '가장 높은 깨달음'(無上菩提)에 의한 세 가지 과(果)가 아래의 문장에서 삼덕과三德果(단덕斷德·지덕智德·은덕恩德)임을 밝힌다. "此三聚戒者. 律儀戒者, 爲斷德目. 攝正法戒者, 爲智德目, 攝衆生戒者, 爲恩德目. 此三目故得成三德果, 故言由此成正覺, 合三德而爲正覺菩提果."(H1, 589b22~c2) 이러한 삼덕과三德果는 법장과 의적義寂에 의해 계승된다. 즉 법장은 『범망경

三者, 日月雖離地翱翔於空, 而無著於虛空. 戒亦如是. 菩薩能持離邊三聚戒故, 能離有見故.[160] 雖顯翱翔於法性虛空, 而無著於空見. 日月有如是三義, 當於三聚戒, 具有如是三義故, 以日月爲喩也.

[H1, 589a16~21; X38, 276c6~10]

셋째는 [다음과 같은 것이다.] '해와 달'은 비록 땅에서 떨어져 허공을 돌지만 허공에 달라붙지도 않는다. 계율도 이와 같은 것이다. 보살菩薩은 '치우침에서 벗어나는 세 부류의 계율들'(離邊三聚戒)을 지닐 수 있기 때문에 '[실체가] 있다는 견해'(有見)에서 벗어날 수 있다. [그리고] 비록 '허공과도 같은 [실체 없는] 존재의 본연'(法性虛空)을 날아다니는 [경지]를 드러

보살계본소梵網經菩薩戒本疏』에서 섭률의계는 단덕법신斷德法身이고, 섭선법계는 지덕보신智德報身이며, 섭중생계는 은덕화신恩德化身으로 주장한다. "謂一律儀離過顯斷德法身, 二攝善修萬行善以成智德報身. 三以攝衆生戒成恩德化身故也."(T40, 604b9~11) 이는 또한 그의 『화엄경탐현기華嚴經探玄記』 卷第6에도 동일하게 서술한다.(T35, 220b18~21) 또한 신라의 의적도 『보살계본소菩薩戒本疏』에서 원효와 법장의 주장을 따른다. "由三種戒, 成三佛果. 謂律儀戒, 成斷德法身, 攝善法戒, 成智德應身, 攝衆生戒, 成恩德化身."(T40, 662a18~20) 다만 원효는 삼취계와 삼덕三德만을 짝지었지만, 법장과 의적은 여기에 삼신三身과도 짝지었다. 한편 이러한 주장은 唐나라 현각 선사(玄覺 禪師, 647~713)가 저술한 『禪宗永嘉集』 卷1에도 동일하게 나오는데, 과상삼덕果上三德(단덕斷德 · 지덕智德 · 은덕恩德)에 상대인 인중삼덕因中三德(법신法身 · 반야般若 · 해탈解脫)도 주장한다. "圓中三, 應須具. 一法身不癡卽般若, 般若無著卽解脫, 解脫寂滅卽法身. 二般若無著卽解脫, 解脫寂滅卽法身, 法身不癡卽般若. 三解脫寂滅卽法身, 法身不癡卽般若, 般若無著卽解脫. 擧一卽具三, 言三體卽一, 此因中三德, 非果上三德欲知果上三德. 法身有斷德週. 斷惑而顯德, 故名斷德. 自受用身有智德, 具四智眞實功德故. 他化二身, 有大恩德, 他受用身, 於十地菩薩有恩德故. 三種化身, 於菩薩二乘異生有恩故."(T48, 390a8~18)

	섭률의계	섭선법계	섭중생계
원효	斷德	智德	恩德
법장/의적/현각	斷德法身	智德報身(자수용신)	恩德化身(타수용신)

160 '故'는 불필요한 글자로 보인다.

내지만 '[아무것도] 없다는 견해'(空見)에 달라붙지도 않는다.

'해와 달'에 이와 같은 세 가지 뜻이 있는 것이 삼취계에 이러한 세 가지 뜻이 모두 있는 것에 해당하므로 '해와 달'을 비유로 삼았다.

"亦如瓔珞珠"者, 若人雖身狀隨醜, 而若以寶瓔珞, 嚴餙具身者, 得有一切人所尊敬及悕慶之德. 戒亦如是, 雖由習不善行, 故戒醜行, 而若能護持三聚戒者, 得有諸人天所尊敬及悕慶之德. 故瓔珞爲喩. 如『瓔珞經』云, "六種姓[161]菩薩, 二十七[162]賢聖中, 瓔珞莊嚴其身", 是義亦如是, 以三聚戒, 五十心菩薩及佛中爲瓔珞. 言"珠"者, 論如意珠. 若人得如意珠, 而執於手者, 隨所願, 心[163]間之萬寶, 無非具得. 戒亦如是, 若以信心手, 臻[164]戒珠者, 隨所願, 世出世善法萬寶, 無非具得. 是故以珠爲喩也.

[H1, 589a21~b9; X38, 276c10~19]

"또한 '보배 구슬'(瓔珞珠)과도 같네"(亦如瓔珞珠)라는 것은 [다음과 같은 뜻이다.] 어떤 사람이 비록 겉모습(身狀)은 추할지라도, 만약 보배 구슬로 온몸을 장식하여 꾸미는 자라면 모든 사람들이 존경하고 부러워하고 축하해 주는 대상이 되는 능력(德)을 갖추게 된다. 계율 또한 이와 같아서, 비록 '해로운 행위'(不善行)를 익힘으로 말미암아 '계율을 더럽히는 행위'(戒醜行)[가 되었지만], 만약 '[대승의] 세 부류의 계율들'(三聚戒)을 보호하고 지닐 수 있는 자라면 모든 '인간과 천상의 존재'(人天)들이 존

161 저본에는 '姓'으로 되어 있지만, 『菩薩瓔珞本業經』 원문에 따라 '性'으로 교감하고 번역한다.

162 저본에는 '二十七'로 되어 있지만, 『菩薩瓔珞本業經』 원문에 따라 '四十二'로 교감하고 번역한다.

163 저본에는 '心'으로 되어 있지만, 문맥상 '世'로 교감하고 번역한다.

164 저본에는 '臻'으로 되어 있지만, 문맥상 '執'으로 교감하고 번역한다.

경하고 부러워하고 축하해 주는 대상이 되는 능력(德)을 갖추게 된다. 그러므로 '보배 구슬'(瓔珞)을 비유로 삼았다. 『보살영락본업경菩薩瓔珞本業經』에서 "'여섯 가지 경지의 보살들'(六種性菩薩)[165]과 '42가지 현인과 성인'(四十二賢聖)[166]이 되는 과정에서 '보배 구슬'(瓔珞)로 그 몸을 장엄

---

165 육종성보살六種性菩薩: 육종성보살은 『보살영락본업경菩薩瓔珞本業經』 등에서 보살이 불과佛果에 이르는 과정에서의 계위를 여섯 가지로 구분한 것이다. 『보살영락본업경菩薩瓔珞本業經』 卷上 〈賢聖學觀品〉에 따르면 육종성은 다음 여섯 가지로 나뉜다. ① 습종성習種性, ② 성종성性種性, ③ 도종성道種性, ④ 성종성聖種性, ⑤ 등각성等覺性, ⑥ 묘각성妙覺性. 『불광대사전』(p.1695)에 따르면, ① 습종성習種性은 십주위十住位로서 공관空觀을 수습하고 견혹見惑과 사혹思惑을 무너뜨리고 없애는 지위이고, ② 성종성性種性은 십행위十行位로서 공空에 머물지 않고 중생을 교화하고 일체의 법성法性을 분별하는 지위이며, ③ 도종성道種性은 십회향十廻向位으로서 보살이 중도中道의 묘관妙觀을 닦고 익혀서 일체의 불법佛法에 통달하는 지위이고, ④ 성종성聖種性은 십지위十地位로서 중도의 묘관에 의거하여 일분一分의 무명無明을 깨트리고 성위聖位를 증득하여 들어가는 지위이며, ⑤ 등각성等覺性은 등각위等覺位로서 묘각에는 한 단계 미치지 못할지라도 앞의 40위보다는 뛰어난 지위이고, ⑥ 묘각성妙覺性은 묘각위妙覺位로서 불과佛果의 지위에 도달하여 일체의 번뇌를 끊고 지혜가 원만하고 미묘해져서 열반의 이치를 깨닫는 지위이다.

166 사십이현성四十二賢聖: 42현성의 저본의 원문은 '二十七賢聖'이지만 인용 경전이 『보살영락본업경菩薩瓔珞本業經』이므로, 이 경전에서 주장하는 42현성(四十二賢聖)으로 교감하고 해석하였다. 42현성(四十二賢聖)은 앞서 나온 육종성보살과 짝지을 수 있다. 즉 ① 동보영락보살銅寶瓔珞菩薩인 습종성習種性은 십주위十住位(10), ② 은보영락보살銀寶瓔珞菩薩인 성종성性種性은 십행위十行位(10), ③ 금보영락보살金寶瓔珞菩薩인 도종성道種性은 십회향위十廻向位(10), ④ 유리보영락보살琉璃寶瓔珞菩薩인 성종성聖種性은 십지위十地位(10), ⑤ 마니보영락보살摩尼寶瓔珞菩薩인 등각성等覺性은 등각위等覺位(1), ⑥ 수정영락水精瓔珞인 묘각성妙覺性은 묘각위妙覺位(1)가 된다. 숫자를 모두 합하면 42가 되고, 앞의 십주十住·십행十行·십회향위十廻向位는 현인賢人의 단계이고 십지十地와 등각等覺 및 묘각妙覺은 성인聖人의 경지라고 할 수 있다. 하지만 저본에 있는 '27현성'(二十七賢聖)도 불교에서 통용되는 수행 계위이므로 이에 대하여 간단히 설명을 덧붙이면 다음과 같다. '27현성'(二十七賢聖)은 초기 불교에서 등장하는 개념인데, 『중아함경中阿含經』 권30에는 학인 18계위와 무학인 9계위를 합쳐 '27현성'(二十七賢聖)이

한다"[167]라고 한 것과 같이, 이 뜻도 또한 이와 같아서 '[대승의] 세 부류의 계율들'(三聚戒)을 '50가지 수행경지'(五十心)[168]의 보살과 부처[의 경지]

라고 하였다. "世尊告曰, 居士! 世中凡有二種福田人. 云何爲二? 一者學人, 二者無學人. 學人有十八, 無學人有九. 居士, 云何十八學人? 信行・法行・信解脫・見到・身證・家家・一種・向須陀洹・得須陀洹・向斯陀含・得斯陀含・向阿那含・得阿那含・中般涅槃・生般涅槃・行般涅槃・無行般涅槃・上流色究竟, 是謂十八學人. 居士! 云何九無學人? 思法・昇進法・不動法・退法・不退法・護法——護則不退不護則退・實住法・慧解脫・俱解脫, 是謂九無學人."(T1, 616a9~19) 또한 대・소승을 모두 포괄하는 『성실론成實論』 권1(T32, 245c4)에서도 '27현성'(二十七賢聖)을 주장한다. 『중아함경中阿含經』과 마찬가지로 '27현성'(二十七賢聖)을 학인學人을 18단계(수신행隨信行, 수법행隨法行, 무상행無相行, 예류과預流果(수다원과), 일래향一來向(사다함향), 일래과一來果(사다함과), 불환향不還向(아나함향), 중반中般, 생반生般, 유행반有行般, 무행반無行般, 낙혜樂慧, 낙정樂定, 전세轉世, 현반現般, 신해信解, 견득見得, 신증身證, 무학인無學人을 9단계로(퇴법상退法相, 수호상守護相, 사상死相, 주상住相, 가진상可進相, 불괴상不壞相, 혜해탈상慧解脫相, 구해탈상俱解脫相, 불퇴상不退相)으로 나눈다. 『불광대사전』, p.265.

167 위의 인용문은 『보살영락본업경菩薩瓔珞本業經』에는 해당하는 문장은 없지만, 관련 내용을 요약 정리한 표현이다. "佛子, [六種]性者, 所謂習種性・性種性・道種性・聖種性・等覺性・妙覺性. … 佛子! 汝先言名字者, 所謂銅寶瓔珞菩薩字者, 所謂習性種中有十人 … 佛子! 銀寶瓔珞菩薩字者, 性種性中有十人 … 佛子, 金寶瓔珞菩薩字者, 道種性中有十人 … 佛子, 琉璃寶瓔珞菩薩字者, 聖種性中有十人 … 佛子, 摩尼寶瓔珞菩薩字者, 等覺性中一人 … 佛子, 水精瓔珞內外明徹, 妙覺常性湛然明淨, 名一切智地 … 是故佛子! 吾今略說賢聖名字, 汝等受持現行化人."(T24, 1012b25~1013a14)

168 오십심五十心: '50가지 수행경지'(五十心)는 대승보살이 수행을 통해 불과에 이르는 경지를 의미한다. 보통 52위를 설명할 때는 등각等覺과 묘각妙覺과 같은 불과佛果를 추가한 것이다. 일반적으로 ① 십신十信, ② 십주十住, ③ 십행十行, ④ 십회향十迴向, ⑤ 십지十地를 일컫는 말이다. 하지만 경전마다 다른 주장도 있다. 『화엄경』의 경우에는 십주十住・십행十行・십회향十迴向・십지十地・불지佛地 등의 41위를 설한다. 한편 『인왕경仁王經』 卷上 「보살교화품菩薩教化品」에서는 ① 십선十善, ② 삼현삼십심三賢三十心, ③ 십지十地, ④ 불지佛地 등 51위(五十一位)를 설한다. 또한 위의 문장에서 인용한 『菩薩瓔珞本業經』에서는 십신十信과 사십이현성위四十二賢聖位(十住心, 十行心, 十迴向心, 十地心, 入法界心, 寂滅心)를 설한다.

에서 '보배 구슬'(瓔珞)로 삼는다. '구슬'이라고 한 것은 '뜻대로 이루어 주는 구슬'(如意珠)을 말한다. 어떤 사람이 '뜻대로 이루어 주는 구슬'(如意珠)을 얻어서 손에 쥐면, 원하는 바에 따라 세상의 모든 보물을 얻지 못함이 없다. 계율도 이와 같으니, 만약 '믿는 마음'(信心)이라는 손으로 계율의 구슬을 쥐는 자라면, 원하는 바에 따라 세간世間이나 '세간을 넘어서는'(出世間) '온갖 보배 같은 이로운 것들'(善法萬寶)을 모두 얻는다. 그러므로 구슬을 가지고 비유로 삼았다.

一云. "上句表智慧莊嚴, 下句表福德莊嚴." 一云. "日月喩者, 表內有五分法身等德.瓔珞者, 非直有內德, 亦能具有外色身莊嚴等德故, 以瓔珞爲喩也. 珠者, 非直有內外德, 亦能有受用世出世善法寶自在德故, 以珠爲喩也."

[H1, 589b9~15; X38, 276c19~23]

어떤 사람은 [이렇게] 말한다. "["계율은 마치 밝은 해와 달과도 같고"라는] 위의 구절[169]은 [계율이] '지혜의 아름다운 옷을 입은 것'(智慧莊嚴)을 나타내었고, ["또한 보배 구슬과도 같네"라는] 뒤의 구절[170]은 [계율이] '이로움을 주는 능력의 아름다운 옷을 입은 것'(福德莊嚴)을 나타내었다."[171] [또] 어떤 사

169 『범망경梵網經』 권2 "戒如明日月."(T24, 1004a10)

170 『범망경梵網經』 권2 "亦如瓔珞珠."(T24, 1004a10)

171 지혜장엄智慧莊嚴과 복덕장엄福德莊嚴: 지혜장엄과 복덕장엄은 일반적으로 '두 가지 장엄'(二嚴)이라 불린다. 지혜와 복덕 두 가지는 모두 법신法身을 장엄할 수 있다. 그러므로 지혜장엄은 지혜를 연마하여 그 몸을 장엄하게 되고, 복덕장엄은 복덕을 쌓고 모아서 그 몸을 장엄하게 된다. 북본北本 『대반열반경大般涅槃經』 권27에 다음 같이 설한다. "두 가지 장엄 중에 첫 번째는 지혜이고, 두 번째는 복덕이다. 만약 어떤 보살이 이와 같은 두 가지 장엄을 모두 갖춘다면 불성佛性을 알게 된다.(二種莊嚴, 一者智慧, 二者福德. 若有菩薩具足如是二莊嚴者, 則知佛性.)"(T12, 523a11~12) 『불광대사전』, p.366. 또한 법장法藏도 『범망경보살계본

람은 [이렇게] 말한다. "'해와 달'에 비유한 것은 안으로 '[계戒·정定·혜慧·해탈解脫·해탈지견解脫知見, 이] 다섯 가지 진리 몸'(五分法身)[172] 등의

소梵網經菩薩戒本疏』 권1에서 동일하게 설하였다. "又釋. 初是慧嚴, 後是福嚴." (T40, 606c20~21) 한편 신라 태현太賢은 『범망경고적기梵網經古迹記』(T40, 701c26~c28)에서 이에 대하여 『유가사지론瑜伽師地論』 권43의(T30, 529c12~13) 다음 부분을 인용하면서 위와 동일한 주장을 하였다. "是所集無量福智資糧, 更無餘果, 可共相稱, 唯除無上正等菩提."

172 오분법신五分法身: 오분법신은 계신戒身·정신定身·혜신慧身·해탈신解脫身·해탈지견신解脫知見身을 말한다. 『아비담비바사론阿毘曇毘婆沙論』 권18에서는 "世尊說無學成就戒身, 乃至廣說."(T28, 129c19)이라고 하면서 이하에서 자세히 설명하고 있다. 먼저 계신戒身에 대해서는 "云何無學戒身? 答曰, 無學身戒口戒及淨命."(T28, 129c25~26)이라고 하여 무학無學의 신계身戒·구계口戒·정명淨命이라 하고, 정신定身에 대해서는 "云何無學定身? 答曰. 無學空三昧, 無相三昧, 無願三昧."(T28, 130b5~6)라고 하여 무학無學의 공삼매空三昧·무상삼매無相三昧·무원삼매無願三昧라고 하며, 혜신慧身에 대해서는 "云何無學慧身? 答曰. 若智若見, 若明若覺, 若現觀, 乃至廣說"(T28, 130c8~9)이라고 하여 무학無學의 지智·견見·명明·각覺·현관現觀이라고 하고, 해탈신解脫身에 대해서는 "云何無學解脫身? 答曰. 無學正觀相應解脫"(T28, 130c12~13)이라고 하여 무학無學의 정관正觀이 해탈解脫에 상응하는 것이라고 하며, 해탈지견신解脫知見身에 대해서는 "云何無學解脫知見身? 答曰. 盡智無生智是也"(T28, 130c15~16)라고 하여 진지盡智·무생지無生智라고 한다. 그런데 같은 책에서는 이 5분법신五分法身을 논의하는 까닭에 대해 "所以作論者, 先說有餘身涅槃界無餘身涅槃界. 涅槃當言學無學非學非無學, 如此皆說無爲阿羅漢果. 今說有爲阿羅漢果故而作此論."(T28, 129c22~25)이라고 한다. 이에 따르면 앞에서 무위아라한과無爲阿羅漢果를 모두 말했으므로 지금부터는 유위아라한과有爲阿羅漢果를 말하는 것이라고 하여 5분법신五分法身의 논의는 유위有爲의 차원임을 분명히 한다. 무여열반無餘涅槃을 추구하는 이승二乘에서는 아무리 계戒·정定·혜慧·해탈解脫·해탈지견解脫知見의 5분법五分法을 성취했더라도 그것이 몸(身)을 갖고 있는 한 유위有爲라고 이해하는 것으로 보인다. 이 이승의 견해가 잘못된 까닭에 대해 원효의 『열반종요』에서는 법공法空을 깨달은 법신法身은 무위상주無爲常住하면서도 중생의 근기에 따라 색신色身을 나타낼 수 있음을 알지 못하는 점에 있다고 설명한다. "約眞如法身而說爲常住, 以彼聲聞不達法空, 不知如來法身遍一切處無爲常住隨於物機現此色身. 是故彼計如來色身惑業所感必歸磨滅. 五分法身雖非有漏而依色身亦是斷滅, 爲欲對治如是病故, 故說法身無爲常住." (T38, 248a16~a22)

'이로운 능력'(德)이 있음을 나타낸 것이다. 보배(瓔珞)[에 비유한 것]은, 단지 '내면의 이로운 능력'(內德)만 있는 것이 아니라 또한 외면의 '색깔 및 모양 있는 몸'(色身)을 아름답게 장식하는 등의 '이로운 능력'(德)을 모두 갖출 수 있기 때문에 보배(瓔珞)를 가지고 비유로 삼았다. [그리고] 구슬(珠)[에 비유한 것]은, 단지 내면과 외면의 '이로운 능력'(德)을 지니고 있을 뿐만 아니라 또한 '세간이나 세간을 넘어서는'(世出世) '이로운 가르침'(善法寶)을 수용하는 '자유자재한 능력'(自在德)을 지닐 수 있기 때문에 구슬을 가지고 비유로 삼았다."

한편 대승大乘의 오분법신五分法身에 대해 혜원의 『대승의장大乘義章』 권20에서는 다음과 같이 설한다. "오분법신五分法身에 대하여 경전마다 다양한 설이 있다. 그 이름은 계 · 정 · 혜 · 해탈 · 해탈지견으로 5가지이다. 이 다섯 가지의 뜻은 인과因果에 통한다. 경經에서는 무학無學의 설을 많이 따르는데, 무학의 설은 대소승에 모두 통한다. 지금은 부처의 '이로운 능력'(德)을 논한다. ① 계戒는 허물을 막고 금하는 방편을 행함에 의지하니, 모든 허물을 막고 금하여 영원히 일어나지 않게 한다. 실다움에 따라 논한다면 법신의 몸은 완전하여 일어날 허물이 없으므로 계(戒法身)라고 부른다. ② 정定은 어지러움을 그치게 하여 인연에 머물게 하는 방편을 행함에 의거하여 정이라고 지목한다. 실다움에 따라 판별하면 진심의 바탕은 고요하며 자성이 움직이지 않으므로 정(定法身)이라고 부른다. ③ 혜慧는 관觀이 달통하게 되는 방편을 행함에 의거하여 혜라고 지목한다. 실다움에 따라 논하면 여래의 진심의 바탕이 밝아서 자성에 어둠이 없음을 혜(慧法身)라고 한다. ④ 해탈解脫은 속박을 면하게 되는 방편을 행함에 의거하여 탈脫이라고 부른다. 실다움에 따라서 판별하면 자신의 몸이 얽매임이 없기 때문에 해탈(解脫法身)이라고 부른다. ⑤ 해탈지견解脫知見은 자신이 얽매임에서 벗어나게 되는 방편을 행함에 의거하니 해탈지견解脫知見이라고 부른다. 실다움에 따라 논하자면 자신을 다 살펴보아도 몸에 오염된 것이 없음을 증득하는 것을 이름하여 해탈지견解脫知見이라고 한다.(五分法身諸經多說. 名字是何, 謂戒定慧解脫解脫知見, 是其五也. 此之五種義通因果, 經中多就無學說之, 無學之中統通大小. 今論佛德. 所言戒者, 據行方便防禁名戒, 防禁諸過永令不起. 就實以論, 法身體淨無過可起, 故名爲戒. 所言定者, 據行方便息亂住緣, 目之爲定. 就實而辨, 眞心體寂自性不動, 故名爲定. 所言慧者, 據行方便觀達名慧. 就實以論, 眞心體明自性無闇, 目之爲慧 言解脫者, 據行方便免縛名脫. 就實而辨, 自體無累故曰解脫. 解脫知見者, 據行方便知己出累, 名解脫知見. 就實以論, 證窮自實知本無染, 名解脫知見.)"(T44, 850b29~c12)

② 도리에 의거하여 계율을 찬탄함(擧法歎戒)

"微塵菩薩衆",[173] 分折大地, 卽微塵數, 由持戒故, 旣得成正覺人數, 亦同於微塵數, 故言"微塵菩薩衆". "由是成正覺"者, 虵行性雖成曲, 而若入於竹管者, 自成正直, 衆生亦如是, 從無始來, 由習邪意故, 成不正性, 然若入於三聚戒管者, 自成正覺. 是故, 言"由是成正覺也." 亦此三聚戒者, [174]律儀戒者, 爲斷德目, 攝正[175]法戒者, 爲智德目, 攝衆生戒者, 爲恩德目. 此三目故得成三德果, 故言"由此成正覺." 合三德, 而爲正覺菩提果故. 讃戒德, 竟在於前.

[H1, 589b15~c3; X38, 276c23~277a7]

"미세한 먼지처럼 많은 보살의 무리"(微塵菩薩衆)는 [다음과 같은 뜻이다.] '넓은 땅'(大地)을 나누고 쪼개면 '미세한 먼지처럼 많은 수'(微塵數)가 되는데, 계율을 간직함으로 말미암아 이미 '완전한 깨달음'(正覺)을 이룬 사람의 수 또한 '미세한 먼지처럼 많은 수'(微塵數)와 같으니, 그러므로 '미세한 먼지처럼 많은 보살菩薩의 무리'(微塵菩薩衆)라고 말하였다.

"이로 말미암아 완전한 깨달음을 이루게 되노라"(由是成正覺)는 것은 [다음과 같은 뜻이다.] 뱀이 기어가는 특징은 비록 굽은 모양을 이루지만 만약 대나무 관에 들어가면 스스로 바르고 곧은 모양을 이루니, 중생衆生도 이와 같아서 '시작을 알 수 없는 때로부터'(從無始來) '잘못된 생각'(邪意)을 익혔기 때문에 '바르지 못한 면모'(不正性)를 이루었지만 만약 '[대승의] 세 부류의 계율들'(三聚戒)이라는 관管에 들어가면 스스로 '완전

173 저본에는 없지만, 문맥상 '者'를 추가하여 번역한다.
174 저본에는 없지만, 문맥상 '攝'을 추가하여 번역한다.
175 저본에는 '正'으로 되어 있지만, '善'으로 교감하고 번역한다.

한 깨달음'(正覺)을 이룬다. 그러므로 "이로 말미암아 완전한 깨달음을 이루게 되노라"(由是成正覺)라고 말하였다.

또한 이 '[대승의] 세 부류의 계율들'(三聚戒)이라는 것은, '금지된 행위를 포괄하는 계율'(攝律儀戒)은 '[해로운 행위를] 끊어 내는 능력의 조목'(斷德目)이 되고, '이로운 것을 끌어안는 계율'(攝善法戒)은 '지혜능력의 조목(智德目)이 되며, '중생을 끌어안는 계율'(攝衆生戒)은 '베푸는 능력의 조목'(恩德目)이 된다. 이 세 가지 조목으로 말미암아 '[부처님이 보여 주는] 세 가지 능력이라는 결실'(三德果)[176]을 성취하니, 그러므로 "이로 말미암아 완전한 깨달음을 이루게 되노라"(由是成正覺)라고 말하였다. '세 가지 능력'(三德)을 합하여 '완전한 깨달음'(正覺)이라는 '깨달음의 결실'(菩提果)이 되기 때문이다.

'계율이 지닌 능력'(戒德)을 찬탄하는 것이 여기에서 끝난다.

(3) [모든] 중생에게 '[암송해 준 계율을] 받아 간직하기를 권하는 것을 밝힘(明勸物受持)

『범망경梵網經』[T24, 1004a12~a18]

是盧舍那誦, 我亦如是誦, 汝新學菩薩, 頂戴受持戒.
受持是戒已, 轉授諸衆生. 諦聽我正誦, 佛法中戒藏,

---

176 삼덕과三德果: 삼덕과는 불과위佛果位에서 구족되는 세 가지 종류의 덕상德相이다. 지덕智德 · 단덕斷德 · 은덕恩德이 그것이다. 지덕智德은 부처의 지위에서 모든 법을 관찰하는 지혜의 덕이며, 단덕斷德은 모든 번뇌煩惱와 혹업惑業을 없애는 덕이며, 은덕恩德은 중생을 구제하겠다는 원력으로 말미암아 중생에게 베푸는 은혜의 덕이다. 이상의 삼덕은 法 · 報 · 應身에 짝하게 된다. 또한 징관澄觀이 찬撰한 『대방광불화엄경소大方廣佛華嚴經疏』 卷12(T35, 589c11~14)에 자세히 나온다. "佛種不斷, 有何相耶? 謂成三德, 救護衆生, 成就恩德. 永斷煩惱, 成於斷德, 了知諸行, 成於智德." 『불광대사전』, p.892. 삼덕三德과 삼취정계三聚淨戒 및 삼신三身과의 관계는 앞의 주석을 참고.

波羅提木叉. 大衆心諦信, 汝是當成佛, 我是已成佛.
常作如是信, 戒品已具足.
이는 노사나불께서 외우신 것이고
나 또한 이와 같이 외우니
너희 '처음 발심하여 배우는 보살'(新學菩薩)[177]이여,
[최고로 존경하는 마음으로] '정수리에 이듯'(頂戴)[178]이 계율을 받아 지니어라.
이 계율을 받아 지니고서
모든 중생에게 되돌려 주어라.
내가 지금 외우는 것을 자세히 들을지니
'부처님의 가르침'(佛法) 가운데 '계율의 창고'(戒藏)인
바라제목차波羅提木叉[179]이노라.

---

177 신학보살新學菩薩: 신학보살은 초발의보살初發意菩薩과 같은 의미이다. 처음 보리심을 일으켜 불도佛道에 들어가는 보살을 일컫는다. 이러한 초발의보살의 계위는 화엄 52위 중 신위信位에 해당한다. 불도를 닦지만 배움이 얕으므로 신학보살新學菩薩이라고 한다. 『대지도론大智度論』 卷61(T25, 489c3~9)에서는 다음과 같이 설명한다. "般若波羅蜜隨喜義, 不應新學菩薩前說. 何以故? 若有少福德善根者, 聞是畢竟空法, 卽著空作是念, 若一切法畢竟空無所有者, 我何爲作福德? 則忘失善業. 以是故, 新發意菩薩, 先教取相隨喜, 漸得方便力, 爾乃能行無相隨喜." 또한 『유마힐소설경維摩詰所說經』 「불사의품不思議品」(T14, 546b12~15)에서는 다음과 같이 설명한다. "其得神通菩薩, 卽自變形, 爲四萬二千由旬, 坐師子座, 諸新發意菩薩及大弟子皆不能昇." 『불광대사전』, p.6879.

178 정재頂戴: 정재는 본래 불상이나 경전 등을 정수리 위에 올려 이고 있는 것으로, 최고로 높은 존경의 뜻을 표시하는 것이다. 정례頂禮나 정수頂受의 뜻도 동일하다. 사람의 오체五體 중에 머리가 가장 존귀하기 때문에 존경의 뜻으로 삼았다. 대표적으로 관음보살觀音菩薩이 본사本師인 아미타불阿彌陀佛에게 예경禮敬을 표시하기 위해서 머리 위에 쓴 보관寶冠 중에 아미타불의 불상을 안치한 것과 같다. 『불광대사전』, p.6100.

179 바라제목차波羅提木叉: 바라제목차는 산스크리트어 'prātimokṣa'의 발음을 옮긴 말이다. 어원으로 뜻을 풀면 '해탈(mokha/mokṣa)로 향하게(paṭi/prāti)' 하는 것으로 볼 수 있다. 그러나 한역으로는 '행위단속 규칙의 근본'(戒本), 또는 각각의 규칙을 지킴으로써 몸과 입으로 저지른 잘못을 하나씩 해탈시킨다는 뜻으로 '하

대중들이 마음으로 깊이 믿으면,
그대들은 앞으로 부처를 이룰 것이니,
나는 이미 부처를 이루었노라.
항상 이와 같은 믿음을 가지면,
'계율의 부분'(戒品)은 이미 모두 갖추어지노라.

"是盧舍那誦"以下, 第三勸物受持. 於中亦有二段. 前上二句, 擧自而勸, 後"汝新學菩薩"以下, 正勸汝等受持. 約正勸中, 亦有二段. 上三行頌, 勸當時衆, "一切有心者"以下, 一行半頌, 以通勸三世衆. 此段亦名擧益[勸物. 初當時衆中亦有三段. 先二句勸自受持, 次二][180]句勸轉授, 三者"諦聽"以下, 勸出三慧聽戒. 後中明三慧, 卽有三段. 初三句, 勸出聞慧, 二者"大衆心諦信"以下, 勸出思慧, 三者"常作如是信"以下, 勸出修慧.

[H1, 589c4~13; X38, 277a8~15]

"이는 노사나불께서 외우신 것이고"(是盧舍那誦)[181] 이하는 세 번째인 '[모든] 중생에게 [암송해 준 계율을] 받아 간직하기를 권하는 것'(勸物受持)이다. 이 가운데 또한 두 단락이 있다. 앞의 두 구절[182]은 '자신[의 경우]

나씩 해탈함'(別解脫)이라는 용어로 전해진다. 별해탈계別解脫戒라고도 한역한다. 율장律藏의 규정에 의하여 비구·비구니가 출가하여 구족계具足戒를 받고 지켜가야 하는 계율의 조문이 적혀 있다. 한편, 대승의 보살계로서의 바라제목차는 『범망경보살계본梵網經菩薩戒本』에서 제시된다.

180 『한불전韓佛全』에는 누락된 문장이지만(H1, 589c9), 『한불전』의 저본인 『속장경續藏經』(X38, 277a12)에 따라 다음 원문을 삽입하여 번역한다. "勸物. 初當時衆中亦有三段, 先二句勸自受持, 次二."

181 『범망경梵網經』 "是盧舍那誦, 我亦如是誦, 汝新學菩薩, 頂戴受持戒. 受持是戒已, 轉授諸衆生. 諦聽我正誦. 佛法中戒藏, 波羅提木叉. 大衆心諦信, 汝是當成佛, 我是已成佛. 常作如是信, 戒品已具足. 一切有心者, 皆應攝佛戒, 衆生受佛戒, 卽入諸佛位. 位同大覺已, 眞是諸佛子."(T24, 1004a12~21)

를 거론하면서 권한 것'(擧自而勸)이고, 뒤의 "너희 처음 발심하여 배우는 보살이여"(汝新學菩薩)[183] 이하[의 구절]은 '[듣는] 사람들이 [암송해 준 계율을] 받아 간직하기를 곧바로 권한 것'(正勸汝等受持)이다. '[듣는 사람들에게] 곧바로 권하는 것'(正勸)에도 또한 두 단락이 있다. 앞의 세 행行의 게송[184]은 '당시의 대중에게 권한 것'(勸當時衆)이고 "마음이 있는 모든 이들은"(一切有心者) 이하의 한 행行 반半의 게송[185]은 '현재와 미래의 대중에게 통틀어 권한 것'(通勸二世衆)이다. 이 단락은 '이익을 거론하여 [모든] 중생에게 권한 것'(擧益勸物)이라고도 부른다.

['듣는 사람들에게 곧바로 권하는 것'(正勸)의 두 단락 가운데] 처음인 '당시의 대중'(當時衆)[에게 권한 것]에도 세 단락이 있다. 앞의 두 구절[186]은 [암송해 준 계율을] '스스로 받아 간직하기를 권한 것'(勸自受持)이고, 다음의 두 구절[187]은 '[다른 사람에게] 되돌려 주기를 권한 것'(勸轉授)이며, 세 번째인 "자세히 들을지니"(諦聽) 이하[188]는 '[듣고(聞) 사유하고(思) 수행하여(修) 성취하는] 세 가지 지혜(三慧)[189]를 발휘하여 계율을 들을 것을 권한 것'(勸出

182 『범망경梵網經』 "是盧舍那誦, 我亦如是誦."(T24, 1004a12)

183 『범망경梵網經』 "汝新學菩薩."(T24, 1004a13)

184 『범망경梵網經』 "汝新學菩薩, 頂戴受持戒. 受持是戒已, 轉授諸衆生. 諦聽我正誦. 佛法中戒藏, 波羅提木叉. 大衆心諦信, 汝是當成佛, 我是已成佛. 常作如是信, 戒品已具足."(T24, 1004a13~18)

185 『범망경梵網經』 "一切有心者, 皆應攝佛戒, 衆生受佛戒, 卽入諸佛位. 位同大覺已, 眞是諸佛子."(T24, 1004a19~21)

186 『범망경梵網經』 "汝新學菩薩, 頂戴受持戒."(T24, 1004a13)

187 『범망경梵網經』 "受持是戒已, 轉授諸衆生."(T24, 1004a14)

188 『범망경梵網經』 "諦聽我正誦. 佛法中戒藏, 波羅提木叉. 大衆心諦信, 汝是當成佛, 我是已成佛. 常作如是信, 戒品已具足."(T24, 1004a15~18)

189 삼혜三慧: 삼혜는 문사수혜聞思修慧를 의미하는데, 문혜聞慧(聞所成慧)·사혜思慧(思所成慧)·수혜修慧(修所成慧)의 준말이다. 『아비달마구사론』 권22에서 "諸有發心將趣見諦, 應先安住清淨尸羅然後勤修聞所成等. 謂先攝受順見諦聞, 聞已勤求所聞法義, 聞法義已無倒思惟, 思已方能依定修習. 行者如是住戒勤修, 依聞所成慧起思所成慧, 依思所成慧起修所成慧."(T29, 116c4~9)라고 하는 것에 따르면, 발심하여 진리

三慧聽戒)이다. 뒤에서 '[듣고(聞) 사유하고(思) 수행하여(修) 성취하는] 세 가지 지혜'(三慧)를 밝히는 데에도 세 단락이 있다. 처음의 세 구절[190]은 '들어서 얻는 지혜를 발휘할 것을 권한 것'(勸出聞慧)이고, 두 번째인 "대중들이 마음으로 깊이 믿으면"(大衆心諦信) 이하[191]는 '사유하여 얻는 지혜를 발휘할 것을 권한 것'(勸出思慧)이며, 세 번째인 "항상 이와 같은 믿음을 지으면"(常作如是信) 이하[192]는 '수행하여 얻는 지혜를 발휘할 것을 권한 것'(勸出修慧)이다.

① 자신[의 경우]를 거론하면서 권함(擧自而勸)

> 初中言"我亦如是誦"者, 他方釋迦我.
>
> [H1, 589c13~14; X38, 277a15~16]

처음 가운데 "나 또한 이와 같이 외우니"(我亦如是誦)라고 한 것에서 [나(我)는] '다른 세계에 계시는 석가모니[부처]'(他方釋迦)의 나(我)이다.

를 이해하는 길에 나아가고자 하는 자는 먼저 청정한 계율(尸羅)을 지킨 연후에 문소성혜聞所成慧 등의 3혜三慧를 부지런히 닦아야 하는데, 먼저 '들은 것에 대한 이해에 순응하여'(順見諦聞) 받아들이고 다음으로는 '가르침의 뜻'(法義)을 부지런히 추구하여 전도됨이 없이 사유하고 나서야 비로소 수행으로 수소성혜修所成慧를 이룬다고 설명한다. 한편 『아비달마구사론』 권23에서도 "自性念住以慧爲體, 此慧有三種, 謂聞等所成, 卽此亦名三種念住."(T29, 118c29~119a1)라고 하여 문사수聞思修 3혜三慧를 4념주四念住와 결부시키는데, 4념주의 자성自性이 문사수聞思修 3혜이기 때문에 4념주를 3종념주三種念住라고도 부른다고 설명한다.

190 『범망경梵網經』 "諦聽我正誦, 佛法中戒藏, 波羅提木叉."(T24, 1004a15~16)

191 『범망경梵網經』 "大衆心諦信, 汝是當成佛, 我是已成佛."(T24, 1004a16~17)

192 『범망경梵網經』 "常作如是信, 戒品已具足."(T24, 1004a18)

② [듣는] 사람들이 [암송해 준 계율을] 받아 간직하기를 곧바로 권함(正勸汝等受持)

가. 당시의 대중에게 권함(勸當時衆)

가) [암송해 준 계율을] 스스로 받아 간직하기를 권함(勸自受持)

第二正勸中, "頂戴"者, 色身中以頂爲最上故, 以辟[193]於信心, 頂戴義也. 受持不同, 『攝大乘論』中, 有三復次.[194] "一者, 若從他得戒, 名爲受, 若自心得戒, 名持.[195] 解云. 若他者, 先不受人, 始受, 故爲受. 若自心得戒, 過去中先持戒人, 方得以自心得戒, 故名[196]持也. 二者, 先得名爲受, 後持名爲持. 三者, 修持戒行名之爲受, 若憶持文句, 名爲持也."

[H1, 589c15~23; X38, 277a17~23]

두 번째인 '[듣는 사람들이 암송해 준 계율을 받아 간직하기를] 곧바로 권함'(正勸) 가운데 "[최고로 존경하는 마음으로] 정수리에 이듯"(頂戴)이라는 것은, '색깔 및 모양 있는 몸'(色身)에서는 정수리를 가장 높은 곳으로 삼기 때문에 이로써 신심信心에 비유한 것이니 [이것이] '정수리에 올린다'(頂戴)는 [말의] 뜻이다. [암송해 준 계율을] 받음(受)과 간직함(持)은 같지 않으니, 『섭대승론攝大乘論』에서는 [이에 대한] 세 가지 뜻[을 다음과 같이 말하고] 있다. "첫 번째는, 만약 다른 사람으로부터 계율 얻는다면 받음(受)이라고 부르고 만약 자신의 마음으로 계율을 얻는다면 간직함(持)이라

193 저본에는 '辟'으로 되어 있지만, 문맥상 '譬'로 교감하고 번역한다.
194 저본에는 '復次'로 되어 있지만, 문맥상 '種義'로 교감하고 번역한다.
195 '名持'를 '名爲持'로 교감한다.
196 앞 구절의 표현을 고려하여 '名'을 '爲'로 교감하여 번역한다.

고 부른다." [이 뜻을] 해석하면 [다음과 같다.] 만약 다른 사람[으로부터 계율을 얻는 것]이라면, 이전에는 [계율을] 받지 않았던 사람이 비로소 받는 것이기 때문에 받음(受)이 된다. [또] 만약 자신의 마음으로 계율을 얻는 것이라면, 과거에 이미 계율을 지녔던 사람이 바야흐로 [계율을] 얻어 자신의 마음으로 계율을 터득하는 것이기 때문에 간직함(持)이 된다. "두 번째는, 먼저 얻는 것을 받음(受)이라고 부르고 뒤에 간직해 가는 것을 간직함(持)이라고 부른다. 세 번째는, '계율 수행'(戒行)을 '닦고 간직해 가는 것'(修持)을 받음(受)이라고 부르고 만약 [계율의] 문구文句를 '기억하여 간직해 간다'(憶持)면 간직함(持)이라고 부른다."[197]

나) [다른 사람에게] 되돌려 주기를 권함(**勸轉授**)

다) 세 가지 지혜를 발휘하여 계율을 들을 것을 권함(**勸出三慧聽戒**)

㈎ 들어서 얻는 지혜를 발휘할 것을 권함(**勸出聞慧**)

所言"諦聽"者, 有三義. 一無散亂義, 二無性勝[198]義, 三離濁義, 以爲諦聽義. 譬如覆器, 雖降雨而終不能受, 是卽當於散亂義. 或譬有孔器,

197 이 문장은 『섭대승론석攝大乘論釋』 권11의 다음 문장에 의거하여 내용을 재구성한 것으로 보인다. "從他得名受, 自淸淨意得名持. 又初得名受, 受後乃至成佛名持. 又修行戒法名受, 憶念文句名持."(T31, 234a27~29) 원효는 인용구문을 자신의 이해나 핵심의 명확한 전달을 위해 재구성하는 방식을 즐겨 채택한다. 그의 자신감과 탁월한 역량의 표현이기도 한다. 이러한 저술 방식은 『범망경보살계본사기』가 원효의 저술이라는 논거의 하나로 볼 수 있다.

198 '性勝'은 아래 구절로 볼 때 '輕慢'의 뜻이다. 이어지는 구절인 "雖受天雨而終不能住, 此卽當輕慢義"를 감안할 때 '性勝'을 '輕慢'으로 교감할 수도 있다. 다만 '性勝'이라는 표현도 '輕慢'의 뜻과 통한다는 점을 감안하면 굳이 교감할 필요는 없어 보인다.

雖受天雨而終不能住, 此卽當輕慢義. 亦譬如垢器, 雖得住水而他人不所用, 此義卽當濁義. 能令離如是三過故者, "諦聽". 上言"受持是戒已"者, 敎師解云. "若十信者, 雖初學戒, 而不能持位.[199] 十解以上, 隨分持戒. 初地以上人, 方得名持戒. 約究竟淸淨持戒者, 至二地, 方得名爲持戒. 此地, 方成就戒度位. 此地以下者, 雖非故犯戒, 而有悞犯戒義. 故不得名究竟淸淨受持."

[H1, 589c23~590a12; X38, 277a23~b8]

"자세히 들을지니"(諦聽)라고 말한 것에는 세 가지 뜻이 있다. 첫 번째는 [이해에] '산만함과 혼란스러움'(散亂)이 없어야 한다는 뜻이고, 두 번째는 오만함(性勝, 輕慢)이 없어야 한다는 뜻이며, 셋째는 [이해가] 오염(濁)에서 벗어나야 한다는 뜻이니, 이것으로 "자세히 들을지니"(諦聽)의 뜻으로 삼는다. 비유하자면 '뒤집어 놓은 그릇'은 비록 비가 내리더라도 끝내 [빗물을] 담을 수 없는 것과 같으니, 이것은 바로 '산만함과 혼란스러움'(散亂)이라는 뜻에 해당한다. 혹은 비유하건대 '구멍이 있는 그릇'(孔器)은 비록 하늘에서 내리는 비를 받을 수는 있지만 끝내 머물게 할 수는 없는 것과 같으니, 이것은 바로 오만함(輕慢)이라는 뜻에 해당한다.[200] 또한 비유하건대 '더러운 그릇'(垢器)은 비록 물을 담아 머물게 할 수는 있지만 다른 사람이 쓸 수 없는 것과 같으니, 이 뜻은 바로 오염(濁)이라는 뜻에 해당한다. 이와 같은 세 가지 허물의 이유에서 벗어나게 할 수 있는 것이어서 "자세히 들을지니"(諦聽)[라고 말한 것이다.]

앞에서 말한 "이 계율을 받아 지니고서"(受持是戒已)라는 것에 대하

199 저본에는 '位'로 되어 있지만, 문맥상 '戒'로 교감하고 번역한다.

200 이는 『대반열반경大般涅槃經』 권6의 다음 비유와 흡사하다. "善男子! 如故堤塘, 穿穴有孔, 水則淋漏. 何以故?無人治故. 若有人治, 水則不出. 菩薩亦爾, 雖與破戒共作布薩, 受戒自恣, 同其僧事. 所有戒律, 不如堤塘穿穴淋漏."(T12, 400c18~22).

여, 교사敎師[201]는 [다음과 같이] 해석하여 말한다. "만약 '믿음을 세우는 열 가지 경지'(十信)[202]에 있는 사람이라면 비록 처음 계율을 배우지만 계율을 간직해갈 수는 없다. '[진리에 대한 믿음이 이해로 안착하는] 이해의 열 가지 경지'(十解)[203] 이상이 되면 '나름의 역량대로'(隨分) 계율을 간직

---

201 교사敎師: '敎師'는 원측을 지시하는 것으로 보인다. 이와 관련된 설명이 신라 원측의 『해심밀경소解深密經疏』卷7 第七에 "제2지 중에 미세한 착오로 범한 잘못이 현재에 나타나는 장애를 다스림(第二地中對治微細悞犯現行障)"에 구체적으로 나오기 때문이다. 즉 '착오로 계율을 범한 잘못'(悞犯)이 현재에 나타나는 것은 이지二地에서 다스릴 수 있다고 한다. 달리 말하면 이러한 '착오로 계율을 범한 잘못'(悞犯)은 이지二地 이전까지는 이어진다는 것이 된다. 이에 대한 원측의 구체적인 설명은 다음과 같다. "釋曰, 此明第二地障, 所知障中, 俱生一分, 及彼所發悞犯三業, 以爲自性. 現種分別, 通現及種, 并取習氣. 習氣卽是無堪任性, 故唯識云. 二耶行障. 謂所知障中俱生一分, 及彼所發悞犯三業, 卽經所說微細悞犯愚. 種種業趣愚, 具說如彼, 而十地論, 耶行於衆生身等障, 世親論云. 於諸有情身耶行. 深密經云. 微細過失, 及此經云. 微細悞犯現行者, 有其三義, 依持業釋, 三業爲體. 若依主釋, 無明爲體, 盡理而說, 通用三業, 無明爲體. 若依梁攝論, 依身業, 於諸衆生起耶行無明者, 有其二義. 若隨名說, 無明爲體, 據盡理論, 通用無明及業爲體. 言釋名者, 若依梁論, 起邪行無明者, 是持業釋, 而此經等名微細悞犯現行等者, 如前分別. 亦是依主, 亦是持業, 悞犯現行之障, 或悞犯現行卽是障故."(H1, 359b7~c2)

202 십신十信: 십신은 보살 52계위 중 최초 10위인데, 각 경전마다 그 명칭이나 차례가 조금씩 다르다. 『범망경梵網經』 권상에서는 ① 사심捨心, ② 계심戒心, ③ 인심忍心, ④ 진심進心, ⑤ 정심定心, ⑥ 혜심慧心, ⑦ 원심願心, ⑧ 호심護心, ⑨ 희심喜心, ⑩ 정심頂心으로 구분하였다. 한편 『보살영락본업경菩薩瓔珞本業經』 卷상 「현성명자품賢聖名字品」에는 다음 열 가지로 구분하였다. ① 신심信心, ② 염심念心, ③ 정진심精進心, ④ 정심定心, ⑤ 혜심慧心, ⑥ 계심戒心, ⑦ 회향심迴向心, ⑧ 호법심護法心, ⑨ 사심捨心, ⑩원심願心. 이 외에도 구마라집이 번역한 『인왕경仁王經』 권상 「보살교화품菩薩敎化品」에서는 사심捨心을 시심施心으로 바꾸었으며, 『능엄경楞嚴經』 권8에도 십신이 나온다. 『불광대사전』, p.629.

203 십해十解: 십해는 십주十住라고도 한다. 이는 보살수행 과정을 52단계로 나눌 때, 그중 11계위에서 20계위에 속한다. 구역舊譯 『화엄경華嚴經』 卷8 「보살십주품菩薩十住品」과 『보살본업경菩薩本業經』 「십지품十地品」 등에 의하면 다음 같이 열 가지로 구분된다. ① 초발심주初發心住, ② 치지주治地住, ③ 수행주修行住, ④ 생귀주生貴住, ⑤ 방편구족주方便具足住, ⑥ 정심주正心住, ⑦ 불퇴주不退住, ⑧ 동진

한다.[204] '['열 가지 본격적인 수행경지'(十地)[205] 가운데] 첫 번째 경지'(初地)[206] 이상의 사람이라야 비로소 '계율을 간직한다'(持戒)라고 부를 수 있다. '궁극적이고 온전하게 계율을 간직하는 것'(究竟淸淨持戒)에 의거하여 본다면 '['열 가지 본격적인 수행경지'(十地) 가운데] 두 번째 경지'(二地)[207]에 이

住童眞住, ⑨ 법왕자주法王子住, ⑩ 관정주灌頂住. 『불광대사전』, p.602.

204 수분지계隨分持戒: 수분지계는 전체의 계법戒法 중에 한 부분만을 받은 것으로 일분보살一分菩薩이 받는 것과도 같다. 『보살영락본업경菩薩瓔珞本業經』 卷下에 다음 같이 설한다. "有受一分戒, 名一分菩薩, 乃至二分, 三分, 四分, 十分, 名具足受戒." 『불광대사전』, p.10.

205 십지十地: 십지는 여러 가지 의미가 있지만 여기서는 대승 보살의 열 가지 지위를 가리킨다. 경전마다 다르지만 『화엄경』·『인왕반야경』·『합부금광명경』 등을 종합하면 다음과 같다. 보살 십지十地는 보살이 성불成佛, 즉 묘각妙覺에 이르는 수행 과정 52위 중 41위에서 50위를 의미한다. 보살의 처음 이 지위에 오르면 곧 무루지無漏智가 생겨 '부처님의 면모'(佛性)를 보고서는 성인聖人의 지위에 이르게 된다. 부처님의 지혜를 기르면서 아울러 모든 중생을 보호하고 기르기 때문에 이 지위를 또한 십성十聖이라고 부른다. 초지初地(歡喜地)에 오른 보살을 등지보살登地菩薩이라고 하고, 초지 이하의 보살(십주十住 · 십행十行 · 십회향十迴向)은 지전보살地前菩薩이고 부른다. 십지를 단계적으로 보면 다음과 같다. ① 환희지歡喜地(pramuditā-bhūmi), ② 離垢地(vimalā-bhūmi), ③ 發光地(prabhākarī-bhūmi), ④ 焰慧地(arciṣmatī-bhūmi), ⑤ 難勝地(sudurjayā-bhūmi), ⑥ 前地(abhimukhī-bhūmi) 또는 現在地, ⑦ 遠行地(dūraṃgamā-bhūmi), ⑧ 不動地(acalā-bhūmi), ⑨ 善慧地(sādhumatī-bhūmi), ⑩ 法雲地(dharmameghā-bhūmi). 『불광대사전』, p.590.

206 초지初地: 초지는 대승 보살의 십지十地 중 첫 단계이다. 환희지歡喜地(pramuditā-bhūmi) 또는 극희지極喜地라고도 부른다. 대승 보살이 일대아승지겁一大阿僧祇劫 동안의 수행을 통해 십신十信 · 십주十住 · 십행十行 · 십회향十迴向의 계위를 지나 처음으로 진여평등眞如平等의 성인聖人의 면모(性)를 증득하여 아공我空 · 법공法空의 이치를 모두 깨달아 자리이타自利利他의 수행을 성취할 수 있으니 마음에 환희歡喜가 많이 일어나므로 환희지歡喜地라고 부르다. 『십지경론十地經論』 卷2에 이에 대한 구체적인 설명이 있다. "諸佛子! 是菩薩住菩薩歡喜地中, 成就多歡喜. 多信敬, 多愛念, 多慶悅, 多調柔, 多踊躍, 多堪受, 多不壞他意, 多不惱衆生, 多不瞋恨."(T26, 135c24~26) 『불광대사전』, p.8630.

207 이지二地: 이지는 대승 보살의 십지十地 중 두 번째 단계이다. 이구지離垢地(vimalā-bhūmi) 또는 무구지無垢地 · 정지淨地 · 구계지具戒地라고도 부른다. 이

르러야 비로소 '계율을 간직한다'(持戒)라고 부를 수 있다. [열 가지 본격적인 수행경지 가운데 '두 번째 경지'(二地)인] 이 경지에서야 비로소 '계율을 지켜 지혜를 밝히는 수행'(戒度, 戒波羅密)의 단계를 성취한다. 이 경지 이하의 사람은 비록 고의로 계율을 범하는 것은 아닐지라도 '착오로 계율을 범하는 면모'(悞犯戒義)는 있다. 그러므로 '궁극적이고 온전하게 계율을 받아 간직한다'(究竟淸淨受持)라고 부를 수 없다."

"轉授諸衆生"者. 若十信人者, 不得轉令受[208]他人. 此位人者, 唯十劫中學戒耳. 十解以上人, 方得人空位故, 爲下地令授戒也. 然而地前人空無流者, 皆相似, 唯隨分得轉受[209]耳. 若究竟轉受[210]位者, 地上方得轉受,[211] 得眞無流位故.

[H1, 590a12~18; X38, 277b8~13]

"모든 중생에게 되돌려 주어라"(轉授諸衆生)[212]는 것은 [다음과 같은 뜻이다.] 만약 '믿음을 세우는 열 가지 경지'(十信)[213]에 있는 사람이라면, 되

지위에 들어가면 완전한 계율행을 지켜 번뇌의 때와 오염을 멀리 여읜다. 또한 이 지위는 삼취정계三聚淨戒를 모두 갖추게 되므로 또한 구계지라고도 부른다. 『불광대사전』. p.8400. 한편 위에서 원효도 이와 같은 관점에서 설명하였다.

208 저본에는 '受'로 되어 있지만, 문맥상 '授'로 교감하고 번역한다.
209 저본에는 '受'로 되어 있지만, 문맥상 '授'로 교감하고 번역한다.
210 저본에는 '受'로 되어 있지만, 문맥상 '授'로 교감하고 번역한다.
211 저본에는 '受'로 되어 있지만, 문맥상 '授'로 교감하고 번역한다.
212 『범망경梵網經』 "轉授諸衆生."(T24, 1004a14)
213 십신十信: 십신은 보살 52계위 중 최초 10위인데, 각 경전마다 그 명칭이나 차례가 조금씩 다르다. 『범망경梵網經』 권상에서는 ① 사심捨心, ② 계심戒心, ③ 인심忍心, ④ 진심進心, ⑤ 정심定心, ⑥ 혜심慧心, ⑦ 원심願心, ⑧ 호심護心, ⑨ 희심喜心, ⑩ 정심頂心으로 구분하였다. 한편 『보살영락본업경菩薩瓔珞本業經』 卷상 「현성명자품賢聖名字品」에는 다음 열 가지로 구분하였다. ① 신심信心, ② 염심念心, ③ 정진심精進心, ④ 정심定心, ⑤ 혜심慧心, ⑥ 계심戒心, ⑦ 회향심迴向心, ⑧ 호

돌려 다른 사람에게 줄 수 없다. 이 단계의 사람은 오직 10겁劫[214] 동안 계율을 배울 뿐이다. '[진리에 대한 이해가 확고해지는] 열 가지 이해의 경지'(十解)[215] 이상의 사람이라야 비로소 '자아에 불변·독자의 본질/실체

법심護法心, ⑨ 사심捨心, ⑩ 원심願心. 이 외에도 구마라집이 번역한 『인왕경仁王經』 권상 「보살교화품菩薩教化品」이나 『능엄경楞嚴經』 권8에도 십신十信이 나온다. 『불광대사전』, p.629.

214 겁劫: 겁(산: kalpa, 팔: kappa)은 겁파劫波·겁파劫跛 등으로 음역되며, 분별시분分別時分·장시長時·대시大時 등으로 의역된다. 본래 고대 인도 바라문교의 매우 긴 시간 단위인데, 불교에서 확대하여 사용한다. 즉 셀 수 없는 긴 시간을 의미하므로 경론 중에 비유나 고사로 나타난다. 불교의 시간관념은 겁劫을 기초로 삼아서 세계의 생성生成과 훼멸毁滅의 과정을 설명한다. 경론마다 설명이 다른데, 대표적인 몇 가지만 보면 다음과 같다. 『대지도론大智度論』 권38에는 대겁大劫과 소겁小劫으로 두 가지 겁을 설명하고, 『대비바사론大毘婆沙論』 권135에는 중간겁中間劫·성괴겁成壞劫·대겁大劫으로 세 가지 겁을 설명하고, 『구사론俱舍論』 卷12에는 괴겁壞劫·성겁成劫·중겁中劫·대겁大劫으로 네 가지 겁을 설명한다. 또한 구마라집이 번역한 『법화경』에는 소겁小劫·중겁中劫(「提婆達多品」)이 나오지만 산스크리트어본에는 모두 'antara-kalpa'로 나온다. 『대비바사론大毘婆沙論』 권135에는 80중겁中劫(antara-kalpa)을 일대겁一大劫(mahā-kalpa)으로 삼았다. (『불광대사전』, p.3541.) 그리고 일반적으로 잘 알려진 겁에 대한 비유는 개자겁芥子劫과 반석겁盤石劫이 있다. 개자겁芥子劫은 『잡아함경雜阿含經』 卷34에 나오는 비유로 다음과 같다. "사방상하 1유순의 철성鐵城에 개자를 가득 채워 놓고, 백년마다 하나의 개자를 제거하여 다 없어질지라도 1겁은 아직 끝나지 않는다.(譬如鐵城, 方一由旬, 高下亦爾, 滿中芥子, 有人百年取一芥子, 盡其芥子, 劫猶不竟."(T2, 242b22~24) 또한 반석겁盤石劫은 『아비달마대비바사론阿毘達磨大毘婆沙論』 卷135에 나오는 비유로 다음과 같다. "마치 성읍 가까운 곳에 큰 덩어리로 된 돌산이 있는데, 크기가 상하사방 1유선나踰繕那(유순由旬)이다. 이것을 백년에 한 번씩 가시국迦尸国의 가는 실로 스쳐서 산이 모두 마멸되어도 겁劫은 아직 끝나지 않는다.(如近城邑有全段石山, 縱廣高量各踰繕那, 迦尸細縷百年一拂, 山已磨滅, 此劫未終.)"(T27, 700b8~10)

215 십해十解: 십해는 십주十住라고도 한다. 이는 보살수행 과정을 52단계로 나눌 때, 그중 11계위에서 20계위에 속한다. 구역舊譯 『화엄경華嚴經』 卷8 「보살십지품菩薩十住品」과 『보살본업경菩薩本業經』 「십지품十地品」 등에 의하면 다음 같이 열 가지로 구분된다. ① 초발심주初發心住, ② 치지주治地住, ③ 수행주修行住, ④ 생귀주生貴住, ⑤ 방편구족주方便具足住, ⑥ 정심주正心住, ⑦ 불퇴주不退住, ⑧ 동진

가 없음'(人空)[216][에 대한 이해]를 [성취한] 지위를 얻기 때문에[217] 그 이하의

주동진주童眞住, ⑨ 법왕자주法王子住, ⑩ 관정주灌頂住.(『불광대사전』, p.602.)

216 인공人空: 인공은 또한 아공我空 또는 생공生空이라고 부르는데, 사람에게는 불변·독자의 실체가 없다는 이치이다. 범부는 색수상행식色受想行識 등의 오온五蘊을 불변·독자의 실체로서의 자아로 헛되이 집착하여 억지로 주재자主宰者를 세우고 번뇌를 일으켜 갖가지 업을 짓는다. 부처님은 이러한 망집妄執을 부수고 제거하기 위하여 오온에 불변·독자적 자아가 없다는 이치를 설하며, 자아는 오직 오온이 임시적으로 화합한 것이며 아울러 상주하는 단일한 주재자가 없다고 말한다. 성문聲聞·연각緣覺 이승二乘의 사람들은 그것을 듣고는 무아無我의 이치를 깨닫는다. 이를 일러 인공이라고 부른다. 이와 병칭되는 것이 법공法空이다. 일반적으로 법공은 인공과 더불어 이공二空으로 불린다. 법공은 모든 현상이 공하여 없다는 이치이다. 이승의 사람은 법공法空의 이치에 이르지 못하여 때때로 여전히 오온을 비롯한 모든 현상의 이면에 그 현상을 발생시키는 불변의 실재인 자성自性을 설정한다. 이러한 망집妄執을 부수고 제거하기 위하여 반야般若의 깊은 지혜를 설하여 저들로 하여금 오온을 비롯한 모든 현상의 이면에 설정한 자성이 모두 공함을 깨닫도록 한다. 보살이 이를 듣고 모든 현상이 모두 공空한 이치를 깨닫는다.(『대지도론大智度論』 卷93, 『성유식론成唯識論』 卷1, 『불광대사전』, p.304 등.) 또한 『대승의장大乘義章』 卷1, 「이무아의사문분별二無我義四門分別」에는 이러한 이공二空에 대하여 다음 같이 설한다. "二無我者, 一人無我, 二法無我. 人無我者, 經中亦名衆生無我, 亦名生空, 亦名人無我, 亦名人空, 亦名我空, 衆法成生, 故曰衆生. 生但假有, 無其自性, 是故名爲衆生無我. 衆生性相, 一切皆無, 說之爲空. 寄用名人. 無我與空, 義同前釋, 性實名我. 陰中無我故曰. 我空. 法無我者, 亦名法空, 自體名法, 法無性實, 名法無我. 諸法性相, 一切皆無, 名爲法空."(T44, 485b10~17)

217 원효는 인공人空을 십해十解보살 이상에서 성취한다고 주장한다. 즉 『대승기신론소大乘起信論疏』에서는, 견애번뇌見愛煩惱를 증장시키는 의식意識인 집상응염執相應染을 이승二乘 아라한阿羅漢이나 대승 십해十解보살 이상에서 여의는데 이를 인공人空을 성취한 것으로 밝히고 있다. 경증經證으로 인용한 『인왕경仁王經』은 십신十信에서 십회향十回向의 복인성태伏忍聖胎 30인人으로 설하였으나, 원효는 이승二乘 아라한阿羅漢이나 대승 십해十解보살이 인공人空을 성취한다고 분명히 밝히고 있다. "第一執相應染者, 卽是意識, 見愛煩惱所增長義, 麁分別執而相應故. 若二乘人至羅漢位, 見修煩惱究竟離故. 若論菩薩, 十解以上能遠離故. 此言信相應地者, 在十解位, 信根成就, 無有退失, 名信相應. 如『仁王經』言. '伏忍聖胎三十人, 十信十止十堅心.' 當知此中, 十向名堅, 十行名止, 十信解名信. 入此位時, 已得人空, 見修煩惱, 不得現行 故名爲離."(T44, 215a9~16) 또한 원효는 『이장의二障義』에서도 "二乘人空無漏, 亦未能免法執分別"(H1, 792b4~5)이라고 하여 이승의 무루無漏는 아직 법

수준에 있는 사람을 위해 계율을 줄 수 있다. 그런데 '[10가지] 본격적인 수행경지'([十]地) 이전의 경지에서 '자아에 불변·독자의 실체가 없다'(人空)[는 이해]를 통해 '번뇌가 흘러들어옴이 없는 경지'(無流)[218]를 얻은 사람들[219]은 모두 서로 비슷하지만, 오직 '나름의 역량에 따라'(隨分) [암송한 계율을 남에게] 되돌려 줄 수 있을 뿐이다. 만약 '[암송한 계율을 남에게] 완전하게 되돌려 주는 경지의 사람(究竟轉授位者)이라면 '[10가지] 본격적인 수행경지'([十]地) 이상에서야 비로소 [암송한 계율을 남에게] 되돌려 줄 수 있으니, '번뇌가 흘러들어옴이 없는 참된 경지'(眞無流位)를 얻었기 때문이다.

"佛法中戒藏"[220]者, 有二說. 一云, "能詮敎爲藏, 三藏中毗尼藏故." 一云, "此三聚戒, 能定慧等諸行, 有攝含義, 故爲藏也." 三慧義, 如常說.

[H1, 590a18~22; X38, 277b13~15]

집분별法執分別을 벗어나지 못한 인공무루人空無漏라 설명한다.

218 무류無流: 무류는 무루無漏와 같은 말이다. 무류는 진제眞諦가 번역한 『아비달마구사석론阿毘達磨俱舍釋論』 卷17(T29, 273b)에서 무루와 같은 의미로 사용한 단어다. 무루無漏는 산스크리트어 asâsrava를 번역한 말이다. 번뇌가 있는 유루有漏와 반대되는 용어이다. 이때 누漏는 누설漏泄의 준말로 번뇌를 뜻한다. 번뇌를 끝낸 것을 무루법無漏法, 번뇌가 없는 육체를 무루신無漏身, 번뇌가 없는 깨달음의 세계를 무루의 길이라고 하며, 무루법은 사제四諦 중에서 깨달음의 과인果因인 멸제(滅諦)·도제(道諦) 등을 말한다. 범부의 지혜를 유루지有漏智라 하는 데 비하여 도를 이룬 성자의 지혜를 무루지無漏智라 하고, 성자가 일으키는 선을 무루선無漏善, 무루지로 닦는 수행을 무루행無漏行이라 부른다. 무루행으로 열반의 깨달음인 무루과를 얻는 것을 무루인無漏因이라고 하며, 성자가 무루지로 얻은 선정은 무루정無漏定이라고 부른다.

219 이는 보살수행 과정을 52단계 중 십지十地 이전의 계위 중에서 인공을 얻은 사람은 십해十解(십주十住) 이상의 보살을 의미한다.

220 『범망경梵網經』 "佛法中戒藏."(T24, 1004a15)

"부처님의 가르침 가운데 '계율의 창고'"(佛法中戒藏)라는 [말]에 대해서는 두 가지 설명이 있다. 어떤 사람은 "'설하는 가르침'(能詮教)을 창고(藏)로 삼는데, '[경 · 율 · 논] 세 가지 창고'(三藏)[221] 가운데 '계율의 창고'(毗尼藏, 律藏, Vinaya-piṭaka)이기 때문이다"라고 말한다. [또] 어떤 사람은 "이 '[대승의] 세 부류의 계율들'(三聚戒)은 선정(定)과 지혜(慧) 등 모든 수행을 포섭하고 머금는 뜻이 있으므로 창고(藏)로 삼는다"라고 말한다. [앞에서 말한] '[듣고(聞) 사유하고(思) 수행하여(修) 성취하는] 세 가지 지혜'(三慧)의 뜻은 일반적으로 설하는 것과 같다.[222]

所言"波羅提木叉"者, 翻名處處解脫. 因果二位中, 有解脫義故, 謂遮三業中非故, 因時中能有離縛義, 故名解脫. 亦能由持三聚戒, 而得無上菩提解脫果, 故名解脫也.

[H1, 590a22~b2; X38, 277b15~18]

"바라제목차波羅提木叉"[223]라고 말한 것은 번역하여 '[계율] 각각에서

---

221 삼장三藏: 삼장(trīṇi piṭakāni)의 경장經藏 · 율장律藏 · 논장論藏 세 가지를 의미한다. 이때 장藏(piṭaka)은 담는 그릇 또는 창고 등의 뜻이다. 첫 번째 경장은 수다라장修多羅藏으로 음역하며 부처님이 설하신 경전을 의미한다. 두 번째인 율장(vinaya-piṭaka)은 비니장毘尼藏으로 음역하며, 조복장調伏藏으로 의역하기도 한다. 이는 부처님이 제정하신 율의律儀이다. 세 번째 논장(abhidharma-piṭaka)은 아비달마장阿毘達磨藏 · 아비담장阿毘曇藏이라고 음역한다. 부처님이 설하신 경전의 뜻에 논의를 덧붙인 것으로 정밀하고 간략하게 하여 상세하게 밝힌 것이다. 다만 아비담마 논장은 부처님 법설에 대한 남방 아비담마 교학전통에서의 이해라는 점을 유념할 필요가 있다. 북방 대승불교 전통에서의 삼장은 그 내용이 더 확대된다.

222 앞의 삼혜三慧 각주를 참조 바람.

223 바라제목차波羅提木叉: 『범망경梵網經』 "波羅提木叉"(T24, 1004a16). 바라제목차는 산스크리트어 'prātimokṣa'의 음역이며, 별해탈계別解脫戒라고도 한역한다. 율장律藏의 규정에 의하여 비구 · 비구니가 출가하여 구족계具足戒를 받고 지켜 가

해탈한다'(處處解脫)[224]라고 부른다. 원인(因)이나 결과(果) 두 가지 단계에서 [모두] 해탈의 뜻이 있기 때문이니 [다음과 같은 의미이다.] '[몸과 말과 생각으로 짓는] 세 가지 행위'(三業) 가운데의 그릇된 것을 막기 때문에 '원인이 되는 수행을 하는 때'(因時)에도 [번뇌의] 속박에서 벗어나는 뜻을 지닐 수 있으니, 그러므로 ['원인의 단계'(因位)에서도] '해탈'이라 부른다. 또한 '[대승의] 세 부류의 계율들'(三聚戒)을 지님으로 말미암아 '최고의 깨달음이라는 해탈의 결실'(無上菩提解脫果)을 얻을 수 있으니, 그러므로 ['결과의 단계'(果位)에서도] '해탈'이라 부른다.

(나) 사유하여 얻는 지혜를 낼 것을 권함(勸出思慧)

"汝是當作佛"者, 由持戒故, 能有成佛之因故. 因定果故, 名"當作佛". "我是已成佛"者, 示我由三聚戒故旣得成佛也. 此擧自得益而勸物也.

[H1, 590b2~5; X38, 277b18~21]

"그대들은 앞으로 부처를 이룰 것이니"(汝是當作佛)[225]라는 것은, 계율을 지님으로 말미암아 '부처를 이루는 원인'(成佛之因)을 지닐 수 있기 때문이다. 원인(因)은 반드시 결과(果)를 결정하기 때문에 "부처를 이룰 것이다"(當作佛)라고 말하였다.

"나는 이미 부처를 이루었노라"(我是已成佛)[226]라는 것은, <나는 '[대승

야 하는 계율의 조문이 적혀 있다. '별해탈계別解脫戒'라는 말은 '각각의 계율을 지킬 때마다 해탈을 이루게 한다'라는 뜻을 담고 있다.

224 처처해탈處處解脫: 원효보다 앞서 '처처해탈'을 사용한 용례는 천태지자대사설天台智者大師說 『유마경약소維摩經略疏』 卷2에서 검색된다. "教諸比丘依波羅提木叉住者, 波羅提木叉, 此云保得解脫. 亦云. 報解脫. 亦云. 處處解脫."(T38, 568a20~22)

225 『범망경梵網經』 "汝是當成佛."(T24, 1004a17)

의] 세 부류의 계율들'(三聚戒)로 말미암아 이미 부처를 이루었다〉는 것을 나타낸 것이다. 이것은 '자신이 이익을 얻은 것을 들어 [모든] 중생에게 권한 것'(擧自得益而勸物)이다.

㈐ 수행하여 얻는 지혜를 낼 것을 권함(勸出修慧)

"常作如是信"者, 不論竝離時常信故, 言"常作如是信". "戒品已具足"者, 有二說. 一云, "二地戒度具足, 故名戒品具足". 一云, "品, 此品類義. 非直得戒, 亦能能[227]由持戒故, 得能十度等行, 故名品也."

[H1, 590b6~10; X38, 277b21~24]

"항상 이와 같은 믿음을 가지면"(常作如是信)[228]라는 것은 [부처님과] 함께 있거나 떨어져 있을 때를 따지지 않고 항상 믿기 때문에 "항상 이와 같은 믿음을 가진다"(常作如是信)라고 말하였다.[229] "계율의 부분은 이미

---

226 『범망경梵網經』"我是已成佛."(T24, 1004a17)

227 저본에는 '能能'으로 되어 있지만, 문맥상 '能'으로 교감하고 번역한다. 『한불전』 교감주에도 '能'은 연자로 의심된다고 하였다.('能'疑剩)

228 『범망경梵網經』"常作如是信."(T24, 1004a18)

229 원효는 믿음도 강조하지만 앞서 보았듯 '[듣고(聞) 사유하고(思) 수행하여(修) 성취하는] 세 가지 지혜'(三慧)를 근본으로 하고, 그에 믿음을 덧붙여 강조한다. 이는 대부분의 『범망경』의 주석가들이 『범망경』의 "大衆心諦信"(T24, 1004a16) 이하 부분을 설명하면서 믿음만을 강조하는 경우와는 현저히 다르다고 볼 수 있다. 대표적으로 천태 지의가 설한 『보살계의소菩薩戒義疏』卷상에는 다음 같이 믿음을 강조할 뿐이다. "今初勸信所以爾者, 信是入道初門, 『大論』云. 信爲能入, 我持此戒得成正覺, 汝亦應爾."(T40, 570c01~03) 또한 법장도 『범망경보살계본소梵網經菩薩戒本疏』第1에서도 믿음만을 강조하였다. "初五句明信法成益, 於中初一句總勸生信, 二次二句出所信境. 又是教生信方便. 謂信己身有佛性法故, 卽是定當來成佛之義. 三次二句辨信益, 謂由信自有自性住佛性, 信佛是至得果性. 謂起此信卽是發入理菩提心, 此故此心卽是得戒."(T40, 607a6~11) 그리고 승장勝莊도 다음 같이 믿음을 강조한다. "經曰. 大衆諦信下, 第二明誡生信. 信有三種. 一信當已成佛, 如經是當成佛等故. 二信戒具

모두 갖추어지노라"(戒品已具足)[230]라는 [말]에 대해서는 두 가지 설명이 있다. 어떤 사람은 "'[열 가지 본격적인 수행경지 가운데] 두 번째 경지'(二地)에서 '계율을 지켜서 지혜를 밝히는 수행'(戒度)을 모두 갖추었기 때문에 〈'계율의 부분'(戒品)은 이미 모두 갖추어지노라〉라고 말한다"라고 설명한다. [또] 어떤 사람은 "부분(品)이라는 것은 여기서는 종류(品類)라는 뜻이다. 단지 계율을 얻는 것만이 아니라 또한 계율을 지님으로 말미암아 '[지혜가 밝아지는 대승 보살의] 10가지 수행'(十度)[231] 등을 할 수 있게 하니, 그러므로 '부분'(品)이라고 말하였다"라고 설명한다.

나. 현재와 미래의 대중에게 통틀어 권한 것(通勸二世衆)[232]

『범망경梵網經』[T24, 1004a19~21]

一切有心者, 皆應攝佛戒, 衆生受佛戒, 卽入諸佛位, 位同大覺已, 眞是諸佛子.

足, 如經常作如是信, 戒品已具故, 謂若受此戒攝一切戒一切有心者, 皆應攝佛戒者, 勸一切有情, 皆應攝受佛戒. 三者信同大覺, 如經衆生受佛戒, 卽入諸佛性等故."(X38, 401b11~16)

230 『범망경梵網經』"戒品已具足."(T24, 1004a18)

231 십도十度: 십도는 10바라밀十波羅蜜, 10반야바라밀十般若波羅蜜이라고도 한다. 『보살영락본업경』 권2에서는 "三世諸佛所行之因, 所謂十般若波羅蜜"(T24, 1019b12~13)이라고 하여 10반야바라밀十般若波羅蜜은 모든 부처님들이 행하는 깨달음 성취의 원인이라고 설명한다. 이어서 "佛子! 十般若波羅蜜者, …" 이하(T24, 1019b16~27)에서는 10반야바라밀十般若波羅蜜에 대해 보시布施 · 지계持戒 · 인욕忍辱 · 정진精進 · 선정禪定 · 지혜智慧 · 원願 · 방편方便 · 신통神通 · 무구혜無垢慧라고 밝힌다. 원효의 『본업경소本業經疏』에서는 『보살영락본업경』의 이 대목을 주석하면서 "此中略立因果二門, 總攝六位行德, 四十二賢聖. 故所由爲因, 所起爲果, 由起相待, 通爲因果"(H1, 512c5~7)라고 하여, 10도행十度行을 10주十住 · 10행十行 · 10회향十廻向 · 10지十地 · 등각等覺 · 묘각妙覺의 42현성四十二賢聖이라는 결과에 대응시킨다.

232 '현재와 미래의 대중에게 통틀어 권한 것'(通勸二世衆)은 또한 '이익을 거론하여 [모든] 중생에게 권한 것'(擧益勸物)이라고도 부른다. "一切有心者以下, 一行半頌, 以通勸二世衆. 此段亦名擧益句勸轉授."(H1, 589c7~9)

마음이 있는 모든 자들은
모두 '부처가 되는 계율'(佛戒)을 끌어안을 수 있을 것이니,
중생이 '부처가 되는 계율'(佛戒)을 받는다면
곧 '모든 부처의 지위'(諸佛位)에 들어가
[그] 지위가 '완전한 깨달음'(大覺)[233]과 같아지니,
[그들이] 참된 '모든 부처의 제자'(諸佛子)로다.

"一切有心者"以下, 擧益勸物中, 亦有三段. 先三句擧自勸, 次二句擧高位勸, 後一句擧眞佛子勸.

[H1, 590b10~13; X38, 277c1~2]

"마음이 있는 모든 자들은"(一切有心者) 이하의 '이익을 거론하여 [모든] 중생에게 권한 것'(擧益勸物) 가운데 또한 세 단락이 있다. 앞의 세 구절[234]은 '[중생] 자신[의 경우]를 거론하면서 권한 것'(擧自勸)이고, 다음의 두 구절[235]은 '높은 경지를 들면서 권한 것'(擧高位勸)이며, 뒤의 한 구절[236]은 '부처의 참된 제자를 들면서 권한 것'(擧眞佛子勸)이다.

233 여기서의 대각大覺은 아래의 원효 주석(言大覺者, 非相似及隨分覺, 故名大覺也)(H1, 590c6~7)을 참고하여 유추하면, 『대승기신론大乘起信論』의 시각始覺 중의 구경각究竟覺으로 보아야 한다. 즉 상사각相似覺과 수분각隨分覺은 『대승기신론大乘起信論』의 독특한 깨달음의 단계인 시각사위始覺四位 중 두 번째와 세 번째 깨달음이기 때문이다. 한편 『대승기신론大乘起信論』에서는 구경각에 대하여 다음과 같이 설한다. "如菩薩地盡, 滿足方便一念相應, 覺心初起, 心無初相, 以遠離微細念, 故得見心性, 心卽常住, 名究竟覺."(T32, 576b23~26)

234 『범망경梵網經』 "一切有心者, 皆應攝佛戒, 衆生受佛戒."(T24, 1004a19~20)

235 『범망경梵網經』 "卽入諸佛位, 位同大覺已."(T24, 1004a20~21)

236 『범망경梵網經』 "眞是諸佛子."(T24, 1004a21)

가) [중생] 자신[의 경우]를 거론하면서 권함(擧自勸)

初言“一切有心者”, 論佛性正因, 謂如『涅槃經』云, “一切衆生, 凡有心者, 當得阿耨多羅三藐三菩提故.” 凡有心者, 有二種心. 謂一者, 眞如心, 此心, 從本以來, 具足恒河沙性功德故, 名不空如來藏. 二者, 心[237]生滅心, 謂此心者, 由煩惱, 以染覆故, 性不現故, 約隱義故, 名空. 然離染時, 流出厚[238]義故, 亦名如來藏. 譬如水雖成波浪, 而終不失水性義, 故名如來藏. 此卽隱覆如來藏, 現爲法身. 衆生皆有如是二種心, 故名“一切有心者”. “攝佛戒”者, 攝是攝取義也.

[H1, 590b13~24; X38, 277c2~11]

처음에 “마음이 있는 모든 자들”(一切有心者)이라고 말한 것은 ‘부처면모’(佛性)가 지닌 ‘가장 중요한 원인’(正因)[이라는 측면]을 논한 것이니, 마치 『대반열반경大般涅槃經』에서 “모든 중생[은 마음을 지니고 있고] 무릇 ‘마음이 있는 자’(有心者)는 마땅히 ‘최고의 깨달음’(阿耨多羅三藐三菩提)[239]을 얻을 것이다”[240]라고 말하는 것이 그것이다. 무릇 ‘마음이 있는

237 저본에는 ‘心生滅心’으로 되어 있지만, 문맥상 앞의 ‘心’을 삭제하고 ‘生滅心’으로 번역한다.

238 ‘厚’는 ‘隱’의 오기로 보인다. 여래장如來藏이라는 개념은 기본적으로 긍정측면과 부정측면이 동거하고 있는 상황을 지시하는 것인데, 여기서는 ‘불공不空’이 긍정측면이고 ‘공空’이 부정측면이다. 그리고 원효는 여기서 ‘隱’이라는 개념에 의거하여 여래장의 이중면모를 다시 확인하고 있는 것으로 보인다. 이런 이해에 의거하여 ‘厚’를 ‘隱’으로 교감하여 번역한다. 원효의 『금강삼매경론金剛三昧經論』(H1, 617a2~5)에서는 ‘能隱義’일 경우는 공여래장空如來藏으로, ‘所隱義’일 경우에는 불공여래장不空如來藏으로 설명하기도 한다.(“生滅慮知相者, 卽是空如來藏. 但此文中顯能隱義, 而不名此爲如來藏. 言隱理不顯是如來藏者, 是不空如來藏. 約所隱義, 名如來藏.”)

239 아뇩다라삼먁삼보리阿耨多羅三藐三菩提: 아뇩다라삼먁삼보리(anuttara-samyak-saṃbodhi)는 무상정등정각無上正等正覺, 무상정등각無上正等覺, 무상정변지無上

자'(有心者)에게는 '두 가지의 마음'(二種心)이 있다.[241] 첫 번째는 '참 그

正遍智 등으로 의역된다. 『일체경음의一切經音義』 권21(T54, 438b7~8)에서는 "阿耨多羅三藐三菩提 … 阿此云無也, 耨多羅上也, 三藐正也, 三遍也等也, 菩提覺也, 總應言無上正等覺也."라고 하여 무상정등각을 의역어로 제시한다. 그 의미를 구체적으로 보면 다음과 같다. 아뇩다라삼먁삼보리는 부처가 깨달은 지혜로 평등平等과 원만圓滿의 뜻이 포함된다. 그리고 부처가 깨달은 도가 가장 높다고 여겨 '무상無上'으로 부르고, 그 도가 두루 하여 포함하지 못하는 것이 없으므로 정변지正遍智 또는 정등각正等覺이라고 부른다. 대승보살의 수행의 전부가 이 깨달음으로 성취된다. 『불광대사전』, p.4639.

240 36권본 『대반열반경大般涅槃經卷』(T12, 769a20~21) "衆生亦爾, 悉皆有心. 凡有心者, 定當得成阿耨多羅三藐三菩提." 또한 동일한 문장이 40권본 『대반열반경大般涅槃經卷』(T12, 524c7~9)에도 있다.

241 이종심二種心: 원효는 '두 가지의 마음'(二種心)인 진여심眞如心과 생멸심生滅心을 각각 '불공여래장不空如來藏'과 '공空 및 여래장如來藏'에 대응시키고 있다. 이에 대하여 남동신은 "『범망경보살계본사기梵網經菩薩戒本私記』에서는 진여문과 생멸문을 '不空如來藏'과 '空如來藏'에 대응시키는데 이는 원효의 『대승기신론별기大乘起信論別記』의 내용과 맞지 않는다"라고 주장하면서 『범망경보살계본사기梵網經菩薩戒本私記』가 위찬일 가능성을 열어 두고 있다.(남동신, 「원효의 계율사상」, 『한국사상사학』 17집, 2001.) 그러나 남동신의 주장처럼 원효가 여기에서 진여심眞如心과 생멸심生滅心을 진여문과 생멸문에 배대한 후 각각 '불공여래장不空如來藏'과 '공여래장空如來藏'에 대응시키는 것으로 이해하는 것은 부정확해 보인다. 『대승기신론』의 심진여문과 심생멸문은 대립병렬적 구조가 아니며, 원효 역시 이 점을 정확히 포착하고 있다. 『대승기신론』과 원효의 관점에 따르자면, 진여심과 생멸심은 모두 심생멸문에서 말하는 것이고, 심진여문은 심생멸문에서 성취해야 할 진여심의 진여 지평을 확인시키는 지위에 있는 것으로 보는 것이 적절하다. 원효가 『범망경보살계본사기』에서 진여심과 생멸심을 각각 '불공여래장不空如來藏'과 '공空 및 여래장如來藏'에 대응시켜 설명하는 것은 다른 저술에서의 여래장 해설과 전혀 충돌하지 않는다. 원효는 그의 저술에서 '공空'이라는 말을 '불변·독자인 실체가 없음'이라는 교학적 의미와 '공허함, 내용 없음, 허망함'이라는 의미의 두 가지로 사용하고 있는데, 여기서는 후자의 의미를 여래장 개념과 결합시켜 사용하고 있는 것이다. 여래장에 대한 원효의 다양한 설명은 그 의미들을 해당 맥락에 따라 살펴볼 때 충돌이나 모순으로 보기 어렵다. 원효 여래장사상의 다층적 풍요성을 드러내는 것이라 하겠다. 원효의 후기저술인 『금강삼매경론金剛三昧經論』(H1, 617a2~5)에서는 '能隱義'일 경우는 공여래장空如來藏으로, '所隱義'일 경우에는 불공여래장不空如來藏으로 설명하기도 한다.("生滅慮知相者, 卽是空如來

대로인 마음'(眞如心)이 그것이니, 이 마음은 본래부터 '갠지스강의 모래알만큼 [수많은] 본연의 능력'(恒河沙性功德)을 모두 갖췄기 때문에 '[모든 본연의 능력이] 비어 있지 않는 여래장'(不空如來藏)이라 한다. 둘째는 '[근본무지에 의한 분별을 조건으로] 생멸하는 마음'(生滅心)이니, 이 마음은 번뇌로 말미암아 오염되어 [그 본연이] 덮여 있는 것이며, 본연(性)이 드러나지 않은 것이고, '[그 본연이] 가려져 있는 측면'(隱義)에 따르는 것이어서, '[모든 본연의 능력이] 비어 있음'(空)이라고 부른다.[242] 그러나 오염에서 벗어날 때는 '[그 본연이] 가려져 있는 측면'(隱義)을 흘러나오게 하기[243] 때문에 또한 '여래의 면모가 간직된 창고'(如來藏)라고 한다. 비유컨대 마치 물이 비록 물결을 일으키지만 끝내 '물이 지닌 본연의 측면'(水性義)을 잃지 않는 것과 같으니, 그러므로 '여래의 면모가 간직된 창고'(如來藏)라고 부르는 것이다.[244] 이것은 곧 '가리고 덮여 있는 여래장'(隱覆

藏. 但此文中顯能隱義, 而不名此爲如來藏. 言隱理不顯是如來藏者, 是不空如來藏. 約所隱義, 名如來藏.")

242 여래장如來藏의 은의隱義에 대해서는 원효의 『금강삼매경론金剛三昧經論』(H1, 617a2~b2)의 다음 문장을 참고할 만하다. "生滅慮知相者, 卽是空如來藏. 但此文中顯能隱義, 而不名此爲如來藏. 言隱理不顯是如來藏者, 是不空如來藏. 約所隱義, 名如來藏. 言性寂不動者, 顯此藏性. 雖隱不改此性有五義, 如無相論說. 一種類義是性義, 如瓶衣等一切色法, 不離四大種類, 皆以四大爲性. 如是衆生不出一界, 皆用一界爲種類故. 攝大乘論名體類義. 佛性論中, 名自性義. 言有左右意無異也. 二者, 因義是性義, … 三者, 生義是性義, 如鍊眞金生莊嚴具, 莊嚴具生以金爲性, 此界亦爾. 能生果地五分法身, 法身之生, 此界爲性. 攝大乘中, 亦名生義. 佛性論中, 名至得義. 爲別因義是在果前故, 就已生名至得義. 四者不改義是性義. … 五者密藏義是性義."

243 '流出厚義'는 위 각주에서의 '생의生義'와 뜻이 흡사하다. "三者, 生義是性義, 如鍊眞金生莊嚴具, 莊嚴具生以金爲性, 此界亦爾. 能生果地五分法身, 法身之生, 此界爲性. 攝大乘中, 亦名生義. 佛性論中, 名至得義." 『금강삼매경론金剛三昧經論』(H1, 617a16~20)

244 물과 물결의 비유에 대하여 원효는 『대승기신론별기大乘起信論別記』(H1, 683a7~10)에서 구체적으로 물은 바다인 장식藏識으로, 물결은 파도인 7식으로 배대하면서, 7식이 생멸하며 파도가 치지만 장식藏識인 바다는 생멸하지 않는다고 비유하

如來藏)이니, 나타나면 '진리 몸'(法身)이 된다. 중생에게는 모두 이와 같은 두 가지 마음이 있으니, 그러므로 "마음이 있는 모든 이들"(一切有心者)이라고 하였다.

"부처가 되는 계율을 끌어안는다"(攝佛戒)라는 말에서 '섭攝'은 '끌어안아 지닌다'(攝取)는 뜻이다.

나) 높은 경지를 들면서 권함(擧高位勸)

"卽入諸佛位, 位同大覺已"者, 律師云, "旣入於初地以上位, 故言入諸佛位, 十地皆爲佛地故. 如『十地論』說也", 敎師云, "因定得果故, 旣能由攝三聚戒故, 得有入於當果佛位義, 故言'卽入諸佛位, 位同大覺已'". 言"大覺"者, 非相似及隨分覺, 故名"大覺"也.

[H1, 590c1~7; X38, 277c11~16]

"곧 모든 부처의 지위에 들어가 [그] 지위가 '완전한 깨달음'과 같아진다"(卽入諸佛位, 位同大覺已)라는 것에 대해, [어떤] '계율을 가르치는 스승'(律師)은 "이미 ['열 가지 본격적인 수행경지'(十地)의] 첫 번째 경지'(初地) 이상의 경지에 들어갔기 때문에 〈모든 부처의 지위에 들어간다〉(入諸佛位)라고 말하는 것이니, '10가지 본격적인 수행경지'(十地)는 모두 '부처의 지위'(佛地)이기 때문이다. 마치 『십지론十地論』에서 설한 것[245]과

였다. 그리고 이러한 전변을 여의지는 않지만 그 체가 전변하지 않는 것을 여래장이라고 부른다고 하였다. "藏海中七識浪轉, 是故七識, 有生有滅. 如來藏者, 卽是藏識, 雖不離轉, 而體不轉, 故如來藏不生不滅, 故言不離不轉名如來藏識等."

245 이는 『십지경론十地經論』 권12(T26, 201b29~c2)의 다음 부분과 의미가 상통한다. "此十大寶山王, 同在大海, 因大海得名. 如是佛子, 菩薩十地, 同在一切智, 因一切智, 得名. … 彼十大山因大海得名, 大海亦因大山得名, 菩薩十地亦復如是, 同在一切智, 因一切智得名, 彼因果相顯故. 如經, 佛子, 此十大寶山王同在大海, 因大海得名. 如是

같다"라고 하고, [어떤] '교법을 가르치는 스승'(教師)은 "원인은 반드시 결과를 얻는 것이기에 이미 '[대승의] 세 부류의 계율들'(三聚戒)을 간직함으로 말미암아 '미래에 얻을 과보인 부처의 경지'(當果佛位)'에 들어갈 수 있는 뜻을 얻을 수 있는 것이니, 그러므로 〈곧 모든 부처의 지위에 들어가 [그] 지위가 '완전한 깨달음'과 같아진다〉(卽入諸佛位, 位同大覺已)라고 말하였다"라고 한다. "완전한 깨달음"(大覺)이라고 말한 것은 '['온전한 마음자리'(心源)와 가까워진] 비슷한 깨달음'(相似覺)[246]과 '['온전한 마음자리'(心源) 범주에 들어온] 동참한 깨달음'(隨分覺)[247]이 아니기 때문에 '완전

佛子, 菩薩十地同在一切智, 因一切智得名故."

246 상사각相似覺: 상사각은 『대승기신론大乘起信論』의 시각始覺 사위四位 중 두 번째이다. 『대승기신론』(T32, 576b20~22)에서 구체적으로 살펴보면 다음과 같다. "[소승 수행자인] 성문과 연각의 이해하는 지혜'(二乘의 觀智)와 '처음 깨달음에 뜻을 일으킨 대승의 보살'(初發意菩薩) 등은, '[분별하는] 생각이 변이되는 단계'(念異)에서 [그것을] 깨달으니, [그리하여] '[분별하는] 생각'(念)에 '변이되는 양상'(異相)이 없어서 '뚜렷하게 분별하여 집착하는 양상'(麤分別執着相)을 버리기 때문에 '['온전한 마음자리'(心源)와 가까워진] 비슷한 깨달음'(相似覺)이라 부른다.(如二乘觀智, 初發意菩薩等, 覺於念異, 念無異相, 以捨麁分別執著相故, 名相似覺.)" 이에 대하여 원효는 『대승기신론소大乘起信論疏』(T44, 210a5~a19)에서 다음과 같이 설명하였다. "第二位中, 言如二乘觀智初發意菩薩等者, 十解以上三賢菩薩, 十解初心, 名發心住. 擧此初人, 兼取後位, 故言初發意菩薩等, 是明能覺人也, 覺於念異者, 明所覺相, 如前所說六種異相, 分別內外計我我所. 此三乘人了知無我, 以之故言覺於念異. 欲明所相心體無明所眠, 夢於異相, 起諸煩惱, 而今與智慧相應, 從異相夢而得微覺也. 念無異相者, 是覺利益, 既能覺於異相之夢, 故彼六種異相永滅. 以之故言念無異相也, 捨麁分別執著相故. 名相似覺者, 是覺分齊, 分別違順起貪瞋等, 是名麁分別執著相, 雖捨如是麁執著想, 而猶未得無分別覺, 故名相似覺也."

247 수분각隨分覺: 수분각은 『대승기신론大乘起信論』(T32, 576b22~23)의 시각始覺 사위四位 중 세 번째이다. "법신보살(法身菩薩) 등의 수행인은 '[분별하는] 생각이 머무르는 단계'(念住)에서 깨달으니, [그리하여] '[분별하는] 생각'(念)에 '머무르는 양상'(住相)이 없어서 '분별[하여 망상을 수립하는] 뚜렷한 생각의 양상'(分別麤念相)을 떠나기 때문에 '['온전한 마음자리'(心源) 범주에 들어온] 동참한 깨달음(隨分覺)'이라 부른다.(如法身菩薩等, 覺於念住, 念無住相, 以離分別麁念相故, 名隨分覺.)" 이에 대하여 원효는 『대승기신론소』(T44, 210a19~29)에서 다음 같이 설명한다.

한 깨달음'(大覺)이라 한 것이다.

다) 부처의 참된 제자를 들면서 권한 것(擧眞佛子勸)

"眞是諸佛子"者, 約地上菩薩, 故言眞佛子, 謂具有四種佛子義故. 所言四種佛子義者, 通名佛子者. 約喩爲名, 謂輪王子者, 續於文[248]位, 而成任四天下王位. 菩薩亦如是, 能續佛位, 而成任法界一位, 故言佛子也.

[H1, 590c7~12; X38, 277c16~20]

"[그들이] 참된 '모든 부처의 제자'(諸佛子)로다"(眞是諸佛子)라는 것은 '[열 가지] 본격적인 수행경지[의 초지初地] 이상의 보살'(地上菩薩)에 의거하였기에 '부처의 참된 제자'(眞佛子)라고 말한 것이니, '부처의 제자가 지니는 네 가지 뜻'(四種佛子義)을 모두 갖추고 있기 때문이다. '부처의 제자가 지니는 네 가지 뜻'(四種佛子義)이라고 말한 것은 '부처의 제자'(佛子)라 부르는 것을 통틀어 꿰는 것이다. ['부처의 제자'(佛子)를] 비유에 의거하여 이름 짓는다면 '전륜성왕[249]의 아들'(輪王子)이라 부르니, 왕위王

"第三位中法身菩薩等者, 初地以上十地菩薩, 是能覺人也. 覺於念住者, 住相之中, 雖不能計心外有塵, 而執人法內緣而住. 法身菩薩通達二空, 欲明所相心體前覺異相, 而猶眠於住相之夢. 今與無分別智相應, 從住相夢而得覺悟, 故言覺於念住, 是所覺相也. 念無住相者, 四種住相滅而不起, 是覺利益也. 以離分別麁念相者, 人我執, 名分別簡前異相之麁分別, 故不名麁, 法我執, 名爲麁念, 異後生相之微細念, 故名麁念. 雖復已得無分別覺, 而猶眠於生相之夢, 故名隨分覺."

248 저본에는 '文'으로 되어 있지만, 문맥상 앞의 '王'으로 교감하고 번역한다.

249 전륜성왕轉輪聖王: 전륜성왕은 윤왕輪王으로 전차에 해당하는 윤보輪寶를 굴리는 성스러운 왕이라는 뜻이다. 부처님 시대에는 전륜성왕이 나타나 윤보輪寶·상보象寶·마보馬寶·주보珠寶·여보女寶·거사보居士寶·주병신보主兵臣寶의 7보七寶로 세상을 통일하고 백성들을 화락和樂하게 한다는 설이 성행했는데, 전륜성왕이 윤보를 굴리는(轉) 것에 빗대어 부처님이 설법하는 것을 전법륜轉法輪이라고 한다. 전륜성왕은 태고 시대로부터 많이 출현하여 경론에 그 이름이 매우 많은

位를 이어서 '모든 세상의 왕 자리'(四天下王位)를 맡는다. 보살菩薩도 이와 같아서, '부처의 지위'(諸位)를 이어 '진리 세계의 첫 번째 지위'(法界一位)를 맡을 수 있기 때문에 '부처의 제자'(佛子)라고 말한다.

言心[250]種者, 『攝大乘論』云, "一者, 以信心爲種子, 由此信心故, 得成佛果故. 由此心故, 能對治闡提不信障, 若論位者, 約十信位也. 二者, 以般若爲母故, 能對治外道著我障, 此卽十解[251]也. 三者, 以禪定爲胎故, 能對治聲聞衆[252]苦障, 此卽約十行位也. 四者, 以大悲爲乳母故, 能對治緣覺捨心障, 此卽十迴向位也." 地前中, 雖有如是四義, 而唯相似故, 不得名眞佛子. 初地以上, 具有四義, 亦是眞實, 非相似故, 名爲眞佛子.

[H1, 590c12~23; X38, 277c20~278a3]

'네 가지'라고 말한 것에 대하여 『섭대승론攝大乘論』[253]에서는 [다음과

데, 정생왕頂生王 · 대선견왕大善見王 · 민주선사왕民主善思王 등이 있다. 『佛光大辭典』, pp.6624~6625 참조.

250 저본에는 '心'으로 되어 있지만, 문맥상 앞의 '四'로 교감하고 번역한다.

251 저본에는 '十解'로 되어 있지만, 문맥상 앞의 '十解位'로 교감하고 번역한다.

252 저본에는 '衆'으로 되어 있지만, 문맥상 앞의 '畏'로 교감하고 번역한다. 이는 원효의 『열반종요』(T38, 246a10~11)의 "三者聲聞畏苦障於樂德, 不知彼苦卽是大樂故."를 참고하면 '衆'을 '畏'로 교감하는 것이 적절한 것으로 판단된다.

253 위의 인용문에 완전히 해당하는 문장은 『섭대승론攝大乘論』에서는 발견되지 않고, 『섭대승론석攝大乘論釋』의 다음 문장과 연관이 있다. 하지만 이 문장도 완전히 일치하는 것은 아니고, 원효가 『섭대승론석』의 각 단계별로 십신十信 · 십해十解 · 십행十行 · 십회향十回向을 연결하였다. 또한 『섭대승론석攝大乘論釋』에서는 다섯 가지 뜻을 설명하였지만, 원효는 우선 네 가지 뜻을 설명한 다음에, 이어서 다음 문장에 불자佛子에 대하여 설명하였다. 이에 해당하는 『섭대승론석攝大乘論釋』 권8(T31, 206b17~20)의 원문은 다음과 같다. "復次佛子有五義, 一願樂無上乘爲種子, 二以般若爲母, 三以定爲胎, 四以大悲爲乳母, 五以諸佛爲父, 由此等義故, 說得

같이] 설명한다. "첫 번째는 '[진리의 가르침에 대해] 믿는 마음'(信心)을 종자種子로 삼는 것이니, 이 '[진리의 가르침에 대해] 믿는 마음'(信心)으로 말미암아 '부처라는 결과'(佛果)를 이룰 수 있기 때문이다. 이 마음으로 말미암아 '좋은 능력이 모두 끊어진 자'(一闡提)[254]의 '[진리의 가르침을] 믿지 못

生佛家." 또한 네 가지 장애와 장애를 치유하는 원인에 대해서는 『불성론佛性論』 권2(T31, 797a24~28)의 다음 원문에서 살펴볼 수 있다. "復次有四種因, 能除四障, 得如來性義應知. 四因者, 一信樂大乘, 二無分別般若, 三破虛空三昧, 四菩薩大悲. 四障者, 一憎背大乘, 二身見計執, 三怖畏生死, 四不樂觀利益他事. 初障闡提, 二障外道, 三障聲聞, 四障獨覺." 한편 각 단계별 장애 치유와 보살 계위에 대한 연결은 『대승기신론』에 대한 논술인 『석마하연론釋摩訶衍論』 권1(T32, 599a10~a13)에서 보인다. 관련 원문은 다음과 같다. "謂除闡提不信障, 得十信心. 除著我障, 得十住心. 除畏苦障, 得十行心, 除捨離障, 得十向心. 斷異生性等十種障, 證歡喜等十種地故." 『석마하연론』은 인도의 용수龍樹가 저술하고 벌제마다筏提摩多가 401년에 번역했다고 기록되어 있지만, 『석마하연론』에 인용되어 있는 『대승기신론』 본문이 150년 후에 진제眞諦가 번역한 내용이라는 점이나 주요 경록經錄에서 보이지 않는다는 점 등을 근거로 저자와 역자에 대한 의혹이 제기된다. 또한 일본 엔닌(圓仁, 794-864)은 당나라 유학 당시의 스승이었던 신라승 진총珍聰으로부터 『석마하연론』이 신라승 월충月忠이라는 말을 듣고 귀국 후 제자 안넨(安然)에게 전하였고 안넨은 그 내용을 그의 저술 『실담장悉曇藏』에 기록하고 있다. 이것을 근거로 『석마하연론』의 저자를 신라승 월충月忠으로 보는 견해가 대두되었고, 현재 일본 불교학계에서는 『석마하연론』과 신라 화엄계의 상관성을 주목하면서 저자가 신라인일 가능성이 거론되고 있다. 이시이 코세이(石井公成)는 『석마하연론』이 『금강삼매경』과 원효의 『금강삼매경론』을 사상적 배경으로 저술되었을 것이라고 추정하기도 한다. 김지연은 박사논문(「釋摩訶衍論」의 註釋的 研究: 「海東疏」와 「賢首義記」의 비교를 중심으로, 동국대, 2014)에서 『석마하연론』에 인용된 경론 가운데 성립시기가 가장 늦은 7세기 중엽에 현장이 번역한 『연기경』이고 7세기 말에 저술된 법장의 『대승기신론의기』를 참고하고 있다는 점을 근거로 『석마하연론』의 저술시기는 적어도 7세기 말 이후일 것으로 추정한다. 『석마하연론』의 주석서인 당나라 법민法敏(579~645)의 『석마하연론소釋摩訶衍論疏』 4권이 있다고 하지만, 이런 사정들을 감안할 때 법민의 저술기록에 대해 의문이 제기된다. 이런 논의를 종합적으로 고려할 때, 『석마하연론』은 원효의 저술과 『금강삼매경』을 읽었던 7세기 말 이후 신라승 월충에 의해 저술되었을 가능성이 높아 보인다.

254 일천제一闡提: 일천제(icchantika)는 5종종성五種種性 중 무종성無種性에 해당하

하는 장애'(不信障)를 치유할 수 있으니, 만약 [보살의] 단계를 따진다면 '믿음을 세우는 열 가지 단계'(十信位)에 해당한다. 두 번째는 지혜(般若)를 어머니로 삼기 때문에 '[불교와는] 다른 가르침'(外道)의 '[불변의 독자적] 자아에 집착하는 장애'(著我障)를 치유할 수 있는 것이니, 이것은 '[진리에 대한 믿음이 이해로 안착하는] 이해의 열 가지 단계'(十解位)이다. 세 번째는 선정禪定을 태胎로 삼기 때문에 '가르침을 들어서 혼자 깨달으려는 수행자'(聲聞)의 '고통을 두려워하는 장애'(畏苦障)를 치유할 수 있는 것이니, 이것은 바로 '[이타적] 수행의 열 가지 단계'(十行位)[255]에 해당한다. 네 번째는 '크나큰 연민'(大悲)을 유모乳母로 삼기 때문에 '연기의 이치로 혼자 깨달으려는 수행자'(緣覺)의 '[중생 구제에] 관심이 없는 마음의 장애'(捨心障)[256]를 치유할 수 있으니, 이것은 바로 '[수행으로 성취한 모든 것을 중생들에게] 돌리는 행위의 열 가지 단계'(十迴向位)[257]이다."[258]

는데, 모든 좋은 능력을 끊어 버린 자를 의미한다. 이에 대해 『대승입능가경』 권2에서는 "大慧! 此中一闡提, 何故於解脫中不生欲樂? 大慧! 以捨一切善根故, 爲無始衆生起願故. 云何捨一切善根? 謂謗菩薩藏."(T16, 597c9~12)이라고 하는데, 무종성無種性을 일천제一闡提라고 고쳐 부르면서 무종성無種性이 해탈에 대해 원하고 즐거워하지 않는 까닭은 모든 선근善根을 버렸기 때문이고 모든 선근善根을 버린다는 것은 보살장菩薩藏을 비방하는 것이라고 한다.

255 십행위十行位: 십행위는 십행심十行心이라고도 하며, 보살수행의 52단계 중에서 열 가지 이타행利他行을 익히는 제21위에서 제30위까지를 가리킨다. 십행위의 열 가지 단계는 다음과 같다. ① 환희행歡喜行, ② 요익행饒益行, ③ 무진한행無瞋恨行, ④ 무진행無盡行, ⑤ 이치란행離癡亂行, ⑥ 선현행善現行, ⑦ 무착행無著行, ⑧ 존중행尊重行, ⑨ 선법행善法行, ⑩ 진실행眞實行. 『불광대사전』, p.600.

256 일반적으로 사심捨心은 慈·悲·喜·捨에 대한 한량없는 마음인 사무량심四無量心 중 사심捨心이지만, 여기서는 대승의 입장에서 설정하는 연각緣覺의 한계인 '중생에 대한 무관심'을 지시하는 것으로 보인다.

257 십회향위十迴向位: 십회향위는 십회향심十迴向心이라고도 하며, 보살수행의 52단계 중에서 제31위에서 제40위까지를 가리킨다. 회향迴向은 대비심大悲心으로 모든 중생을 구호救護한다는 의미이다. 십회향위의 열 가지 단계는 다음과 같다. ① 구호일체중생리중생상회향救護一切衆生離衆生相迴向, ② 불괴회향不壞迴向, ③ 등일

'[열 가지] 본격적인 수행경지 이전'(地前) 가운데에도 비록 이와 같은 네 가지 뜻이 있지만 단지 [그 뜻과] 비슷할 뿐이므로 '부처의 참된 제자'(眞佛子)라고 부를 수는 없다. '['열 가지 본격적인 수행경지'(十地) 가운데] 첫 번째 경지'(初地) 이상에서는 네 가지 뜻을 모두 가지면서도 [그 뜻이] 진실한 것이지 비슷한 것이 아니기 때문에 '부처의 참된 제자'(眞佛子)라고 부른다.

(4) 권하는 것을 마무리함(結勸)

『범망경梵網經』[T24, 1004a22]

大衆皆恭敬, 至心聽我誦.

대중은 모두 공경하면서, 지극한 마음으로 내가 외우는 [계율을] 듣도록 하라.

"大衆皆恭敬"以下, 第四結勸. 言"恭敬"者, 以自德讓於上曰"恭", 以自三業於上禮故曰"敬"也.

[H1, 591a1~3; X38, 278a4~5]

체불회향等一切佛迴向, ④ 지일체처회향至一切處迴向, ⑤ 무진공덕장회향無盡功德藏迴向, ⑥ 수순평등선근회향隨順平等善根迴向, ⑦ 수순등관일체중생회향隨順等觀一切衆生迴向, ⑧ 여상회향如相迴向, ⑨ 무박무착해탈회향無縛無著解脫迴向, ⑩ 법계무량회향法界無量迴向. 삼현三賢 중에서는 마지막 계위인 십회향위는 오위五位 중에서는 자량위資糧位에, 육종성 중에서는 도종성道種性에 해당한다. 『불광대사전』, p.644.

258 이와 관련된 경문은 다음과 같다. 『금광명최승왕경소金光明最勝王經疏』 권2 "以登初地生如來家名爲童子, 卽眞佛子義. 此復有四. 一種子勝, 信大法爲種子, 二生母勝, 以般若爲生母, 三胎藏勝, 以禪定爲胎藏, 四乳母勝, 以大悲長養爲乳母."(T39, 201c10~14)

"대중은 모두 공경하면서"(大衆皆恭敬) 이하는 ['다른 세계에 계시는 석가모니[부처]가 설하는 서두의 말'(他方釋迦序) 가운데] 네 번째인 '권하는 것을 마무리함'(結勸)이다. "공경恭敬"이라고 말한 것은, 자신의 이로움(德)을 윗사람에게 양보하는 것을 "공恭"이라고 하며, 자신의 '[신체(身), 언어(口), 생각(意)으로 이루어지는] 세 가지 행위'(三業)로 윗사람에게 예를 갖추기 때문에 '경敬'이라고 한다.

4) 이 세계에 계시는 석가모니[부처]가 설하는 서두의 말(此方釋迦序分)

(1) 경전 편집자들이 하는 서두의 말을 드러냄(明經家序)

① 부처가 계율을 제정함을 드러냄(明佛結戒[259])

『범망경梵網經』[T24, 1004a23~a28]

爾時釋迦牟尼佛, 初坐菩提樹下成無上覺, 初結菩薩波羅提木叉, 孝順父母師僧三寶, 孝順至道之法. 孝名爲戒, 亦名制止. 佛卽[260]口放無量光明, 是時百萬億大衆諸菩薩, 十八梵天, 六欲天子, 十六大國王, 合掌至心, 聽佛誦一切佛大乘戒.[261]

그때 석가모 니 부처님께서 바야흐로 보리수菩提樹 아래 앉아서 '가장 높

259 결계結戒: 결계는 계법戒法을 제정한다는 뜻이다. 『五分律』 卷1(T22, 3b28~29) "以十利故, 爲諸比丘結戒." 『불광대사전』, p.6517.

260 '佛卽'에 대한 『대정장大正藏』 교감주에 【宮】본은 '卽'으로, 【宋】·【元】본은 '卽佛'로 되어 있다. 아래 원효의 주석에는 '卽'으로 되어 있다. 따라서 본고에서는 원효의 주석에 따라 '卽'으로 교감하고 번역한다. "卽口放光者" 『범망경보살계본사기梵網經菩薩戒本私記』(H1, 591c3)

261 '大乘戒'에 대한 『대정장大正藏』 교감주에 【宮】본은 '大戒'로 되어 있으며, 원효의 주석에도 '大戒'로 되어 있다. 따라서 원효의 주석에 따라 '大戒'로 교감하고 번역한다. "佛大戒者, 是菩薩戒者. 望小乘戒故, 言大戒也." 『범망경보살계본사기梵網經菩薩戒本私記』(H1, 591c9~10)

은 깨달음'(無上覺)을 이루시고, 비로소 보살의 '행위단속의 근본규칙'(波羅提木叉)[262]을 제정하셨으니, [이는] 부모父母와 '[세] 스승'(師)과 '[일곱] 승려'(僧)[263]라는 '세 가지 보배'(三寶)에 '[행위를] 단속하면서 따르는 것'(孝順)이고, '지극한 진리의 가르침'(至道之法)에 맞게 '[행위를] 단속하면서 따르는 것'(孝順)이다. 효孝는 '[행위를] 단속함'(戒)이라고 하고, '제어하고 머무름'(制止)이라고도 한다. [계율을 설하시고는] 곧 입으로 '한량없이 밝은 빛'(無量光明)을 내놓으시니, 이때 백만억 명의 대중大衆 및 많은 보살들과 '유형세계에 있는 18가지 하늘세계의 왕'(十八梵天)[264]과 '욕망세계에 있는 여섯 가지 하늘세계의 천자'(六欲天子)[265]와 '16개 큰 나라의 왕'(十六大國王)[266]들이

---

262 바라제목차波羅提木叉: 바라제목차(prātimokṣa)는 계본戒本 또는 별해탈계別解脫戒라고 한역한다. 어원으로 뜻을 풀면 '해탈(mokṣa)로 향하게(prāti)' 하는 것으로 볼 수 있다. 그러나 한역으로는 '행위단속 규칙의 근본'(戒本) 또는 각각의 규칙을 지킴으로써 몸과 입으로 저지른 잘못을 하나씩 해탈시킨다는 뜻으로 '하나씩 해탈함'(別解脫)이라는 용어로 전해진다. 율장律藏의 규정에 의하여 비구比丘·비구니比丘尼가 출가하여 구족계具足戒를 받고 지켜 가야 하는 계율의 조문이 적혀 있다.

263 사승師僧: 사승은 아래 원효의 주석에 따르면 '사'는 삼사三師이고, '승'은 칠승七僧이다. "約三師等, 僧者, 約餘七僧等." 『범망경보살계본사기梵綱經菩薩戒本私記』 卷上(H1, 591b12~13) '삼사칠승三師七僧'은 삼사칠증三師七證과 같은 말이다. 즉 비구가 구족계를 받을 때 계장戒場에서 반드시 구족해야 할 계사戒師의 수를 가리키는 말이다. 삼사三師와 칠증七證을 합하여 십사十師·십승十僧이라고도 한다. 삼사는 ① 계율을 주는 화상인 전계화상傳戒和尚, ② 갈마문羯磨文을 읽는 아사리阿闍梨인 갈마사羯磨師, ③ 수계의 작법 및 행동 수칙을 알려 주어 대중을 이끌어 이해시키는 교수사教授師로 구성된다. 칠증七證은 칠증사七證師로 위의 삼사로부터 계율을 받은 것을 증명하기 위해 입회한 일곱 비구이다. 『불광대사전』, p.809.

264 십팔범천十八梵天: '유형세계에 있는 18가지 하늘세계의 왕'(十八梵天)은 '네 가지 단계로 이루어진 선정'(四禪定, cattur-jhāna)인 사선四禪을 수행한 사람이 그 성취에 따라 태어나는 색계色界의 여러 하늘세계이다. 여기서는 18범천의 범천왕을 의미한다. 색계천色界天은 사선 각 단계의 성취에 따라 모두 4개의 사선천四禪天으로서 구성되어 있으며, 또 사선천 각각에도 그에 속하는 천天이 있다. 그 명칭과 숫자는 경론에 따라 16천天, 17천天, 18천天 등으로 차이가 있다.

265 육욕천자六欲天子: '욕망세계에 있는 여섯 가지 하늘세계의 천자'(六欲天子)는 수미산須彌山 위에 있는 '여섯 가지 욕망세계'(六欲天)를 다스리는 왕이다. 육욕천六

합장하고 지극한 마음으로 [석가모니] 부처님께서 '모든 부처님[이 설하신] 대승의 계율'(一切佛大戒)을 외우는 것을 들었다.

"爾時釋迦牟尼佛"以下, 第三此方釋迦序, 於中有二段. 先明經家序, 二者"告諸菩薩"以下, 佛序. 先中亦有三段, 一者明佛結戒, 二者明放光, 三明時衆聽法, 文處可見.

[H1, 591a4~8; X38, 278a6~9]

"그때 석가모니 부처님께서"(爾時釋迦牟尼佛) 이하는 세 번째인 '이 세계에 계시는 석가모니[부처]가 설하는 서두의 말'(此方釋迦序)인데, 여기에는 두 단락이 있다. 첫 번째는 '경전 편집자들이 하는 서두의 말을 드러낸 것'(明經家序)[267]이고, 두 번째는 "여러 보살에게 말씀하셨다"(告諸菩薩) 이하로 '부처님이 하신 서두의 말씀'(佛序)[268]이다. 처음 가운데에

欲天은 ① 사천왕천四天王天, ② 도리천忉利天, ③ 염마천焰摩天, ④ 도솔천兜率天, ⑤ 화자재천化自在天, ⑥ 타화자재천他化自在天이다.

266 십육대국왕十六大國王: '16개 큰 나라의 왕'(十六大國王)은 부처님 당시 인도에 있던 16개의 큰 나라의 임금이다. 『장아함경長阿含經』「오사리사경五闍尼沙經」에 의하면 16개의 국가는 다음과 같다. ① 앙가鴦伽(Aṅga), ② 마갈타摩竭陀(Magadha), ③ 가시迦尸(Kāśi), ④ 거살라居薩羅(Kośala), ⑤ 발지拔祇(Vṛji), ⑥ 말라末羅(Malla), ⑦ 지제支提(Ceḍi), ⑧ 발사拔沙(Vatsa), ⑨ 거루居樓(Kuru), ⑩ 반도라般闍羅(Pañcāla), ⑪ 아습파阿濕波(Aśvaka), ⑫ 아반제阿般提(Avanti), ⑬ 파차婆蹉(Matsya), ⑭ 소라사蘇羅娑(Śūrasena), ⑮ 건타라乾陀羅(Gandhāra), ⑯ 검병사劍洴沙(Kamboja). 이 중에서 강국인 마갈타摩竭陀(Magadha)의 수도가 왕사성王舍城(Rājagṛha)이다. 이러한 16개국의 국명國名은 불교 경전마다 많은 차이가 있다. 『불광대사전』, p.546.

267 『범망경梵網經』 권2(T24, 1004a23~28) "爾時釋迦牟尼佛, 初坐菩提樹下成無上覺, 初結菩薩波羅提木叉. 孝順父母師僧三寶, 孝順至道之法. 孝名爲戒, 亦名制止. 佛卽口放無量光明, 是時百萬億大衆諸菩薩, 十八梵天, 六欲天子, 十六大國王, 合掌至心, 聽佛誦一切佛大乘戒."

268 『범망경梵網經』 권2(T24, 1004a28~b10) "佛告諸菩薩言, 我今半月半月, 自誦諸佛法

도 세 단락이 있으니, 첫 번째는 '부처님께서 계율을 제정함을 드러낸 것'(明佛結戒)이고, 두 번째는 '밝은 빛을 내놓는 것을 드러낸 것'(明放光)이며, 세 번째는 '당시의 대중이 가르침을 들음을 드러낸 것'(明時衆聽法)이다. [각 내용의] '해당하는 문장'(文處)은 알기가 어렵지 않다.

先明結戒中, 亦有二段. 一,[269] 現能詰[270]人, 二者, "初結"以下, 表所結法. 約表所結法中, 亦有三段. 一者, "初結"以下, 表所結戒名, 二者, "孝順"以下, 辨戒體性, 三者, "孝名"以下, 釋戒名字. 二辨體中, 亦有二段. 先正明戒體, 後明戒業功用.

[H1, 591a8~13; X38, 278a9~13]

먼저 '[부처가] 계율을 제정함을 드러내는 것'(明[佛]結戒)에도 두 단락이 있다. 첫 번째는 '[계율을] 제정하는 사람을 나타냄'(現能結人)이고,[271] 두 번째는 "비로소 [보살의 '행위단속의 근본규칙'(波羅提木叉)을] 제정하셨으니"(初結) 이하[의 부분]이니 '제정한 가르침을 드러냄'(表所結法)이다. '제정한 가르침을 드러냄'(表所結法) 가운데 또한 세 단락이 있다. 첫 번째는 "비로소 제정하셨으니"(初結) 이하[272][의 부분]이니 '제정할 계율의 이름을 드러냄'(表所結戒名)이고, 두 번째는 "[행위를] 단속하면서 따르는 것"(孝

戒. 汝等一切發心菩薩亦誦, 乃至十發趣, 十長養, 十金剛, 十地諸菩薩亦誦. 是故戒光從口出, 有緣非無因故. 光光非青黃赤白黑, 非色非心, 非有非無, 非因果法, 是諸佛之本源, 菩薩之根本, 是大衆諸佛子之根本. 是故大衆諸佛子應受持, 應讀誦, 善學. 佛子諦聽, 若受佛戒者, 國王, 王子, 百官宰相, 比丘, 比丘尼, 十八梵天, 六欲天子, 庶民黃門, 婬男婬女奴婢, 八部鬼神金剛神, 畜生乃至變化人, 但解法師語, 盡受得戒, 皆名第一清淨者."

269 저본에는 '一'로 되어 있지만, 문맥상 '一者'로 교감하고 번역한다.

270 저본에는 '詰'로 되어 있지만, 문맥상 '結'로 교감하고 번역한다

271 『범망경梵網經』 권2(T24, 1004a23~24) "爾時釋迦牟尼佛, 初坐菩提樹下成無上覺."

272 『범망경梵網經』 권2(T24, 1004a24) "初結菩薩波羅提木叉."

順) 이하[273][의 부분]이니 '계율의 바탕이 되는 면모를 판별함'(辨戒體性)이며, 세 번째는 "효孝는 [행위를 단속함(戒)이라고] 하고"(孝名) 이하[274][의 부분]이니 '계율의 명칭을 풀이함'(釋戒名字)이다. 두 번째인 [계율의] '바탕이 되는 면모를 판별함'(辨體)에도 두 단락이 있다. 앞 [단락]은[275] '계율의 바탕을 곧바로 밝힘'(正明戒體)이고, 뒤 [단락]은[276] '계율을 지키는 행위의 작용을 밝힘'(明戒業功用)이다.

가. [계율을] 제정하는 사람을 나타냄(現能結人)

初言"爾時"者, 可解. "釋迦牟尼"者, 釋此氏, 名迦牟尼, 翻名能仁. 能仁衆生, 名能仁也. 若依『雜心論』者, 迦[277]牟尼者, 身口意滿. 謂三業中, 隨智慧行, 無非滿足也.

[H1, 591a14~17; X38, 278a13~16]

처음에 "그때"(爾時)라고 말한 것은 [그 뜻을] 알 수 있을 것이다. "석가모니"(釋迦牟尼)라는 것에서 '석'釋은 이곳에서의 성씨(氏)이고, 이름은 '가모니'(迦牟尼)이다.[278] [한문漢文으로] 번역하여 '능인能仁'이라 한다.[279] 중생에

273 『범망경梵網經』 권2(T24, 1004a24~25) "孝順父母師僧三寶, 孝順至道之法."

274 『범망경梵網經』 권2(T24, 1004a25) "孝名爲戒, 亦名制止."

275 『범망경梵網經』 권2(T24, 1004a24~25) "孝順父母師僧三寶."

276 『범망경梵網經』 권2(T24, 1004a25) "孝順至道之法."

277 『잡아비담심론雜阿毘曇心論』 원문에 '迦'를 삭제하고 번역한다.

278 석가모니釋迦牟尼: 석가모니(Śākya-muni)는 석가족釋迦族 출신의 성인聖人이라는 뜻이다. 한역漢譯하여 능인能仁·능인能忍·능적能寂·적묵寂默·능만能滿이라고 한다. 혹은 산스크리트어와 한어를 병칭하여 석가모니세존釋迦牟尼世尊·석존釋尊이라도 한다. 그런데 위의 원효 주석에 따르면, '석釋'은 성씨로, '가모니迦牟尼'는 이름으로 설명하였다. 석가족釋迦族을 의미하는 석가釋迦(Śākya)와 성인聖人을 의미하는 모니牟尼(muni)가 합쳐진 것과는 다른 설명이다. 이렇듯 '석釋'

게 자애로우므로 '능인能仁'이라고 부른다. 『잡아비담심론雜阿毘曇心論』에 의거한다면, '모니牟尼'라는 것은 신체(身)·언어(口)·생각(意)이 완전한 것이니,[280] '[신체(身), 언어(口), 생각(意)으로 이루어지는] 세 가지 행위'(三業)에서 지혜를 따라[281] 행하는 것이 완전하지 않음이 없다는 것을 일컫는다.

"初坐菩提樹下, 成無上覺"者, 敎師云, "非約法身釋也, 應身化身以論也. 其所以可知也." 言"無上覺"者, 若地前者, 雖有覺義, 而相似[282]故, 十地菩薩, 雖有覺, 而此隨分覺故, 不得名無上覺. 佛旣覺道滿足故, 爲欲簡前二覺義, 故言無上覺.

[H1, 591a18~23; X38, 278a16~20]

"바야흐로 보리수 아래 앉아서 '가장 높은 깨달음'을 이루시고"(初坐菩提樹下, 成無上覺)라는 것에 대하여 '교법을 가르치는 스승'(敎師)은 [다

을 성씨로 파악한 것은 중국 불교문화의 영향으로 이해해야 한다. 즉 중국 동진(東晉)시대의 승려로 불교 교단을 조직하며 교단의 규칙을 성문화한 석도안釋道安(312~385)이 당시까지 승려들이 스승의 성씨를 따라서 성을 지어 승려들의 성씨가 각기 다른 것을 모두 '석씨釋氏'로 통일시킨 것에 기인한다고 볼 수 있다. 『고승전』 "初魏晉沙門依師爲姓, 故姓各不同. 安以爲大師之本莫尊釋迦, 乃以釋命氏, 後獲增一阿含, 果稱四河入海, 無復河名. 四姓爲沙門, 皆稱釋種, 既懸與經符, 遂爲永式.(T50, 352c29~353a4) 현대에도 승려의 성씨를 '석釋'으로 쓰기도 하는데, 이는 모두 이에 근거한 것이다. 그러므로 원효도 석도안의 주장을 따른 것으로 볼 수 있다. 석가모니의 왕자시절 성과 이름은 고타마 싯다르타(Gautama Siddhārtha, 瞿曇 悉達多)이다.

279 법장法藏은 『범망경보살계본소梵網經菩薩戒本疏』에서 석가모니釋迦牟尼에 대하여 다음과 같이 풀이하였다. 권1(T40, 607a28~29) "釋迦, 此云能, 是姓也. 牟尼, 此云寂, 是名也."

280 『잡아비담심론雜阿毘曇心論』 권1(T28, 870c3) "牟尼者, 身口意滿, 故曰. 牟尼."

281 지혜행智慧行을 반야바라밀(般若波羅密)로 해석하여, "'지혜가 밝아지는 [대승 보살의] 수행'(智慧行)에 따르니, 완전하게 갖추지 않음이 없다"라고 번역할 수도 있다.

282 저본에는 '相似'로 되어 있지만, 문맥상 '相似覺'으로 교감하고 번역한다.

음과 같이] 말한다. "'진리 몸'(法身)에 의거해서 풀이한 것이 아니고, '[중생에] 응하여 나타나는 몸'(應身)과 '[갖가지 모습으로] 나타나는 부처 몸'(化身)으로서 논한 것이다. 그러한 까닭은 알 수 있을 것이다." "가장 높은 깨달음"(無上覺)이라고 말한 것은, 만약 '[열 가지] 본격적인 수행경지 이전'(地前)[의 경지]라면 비록 '깨달은 면모'(覺義)가 있을지라도 '['온전한 마음자리'(心源)와 가까워진] 비슷한 깨달음'(相似覺)이기 때문이고 [만약] '열 가지 [본격적인] 수행경지의 보살'(十地菩薩)이라면 비록 깨달음(覺)이 있을지라도 이것은 '['온전한 마음자리'(心源) 범주에 들어온] 동참한 깨달음'(隨分覺)이기 때문에 [이들은 모두] '가장 높은 깨달음'(無上覺)이라고 부를 수 없다. [그러나] 부처님은 이미 '깨달음의 길'(覺道)을 완성하였기 때문에 앞의 두 가지 깨달음[인 '십지十地 이전의 상사각相似覺'과 '십지十地의 수분각隨分覺'] 과 구분(簡)하기 위해서 '가장 높은 깨달음'(無上覺)이라고 말하였다.

나. 제정한 가르침을 드러냄(表所結法)

가) 제정할 계율의 이름을 드러냄(表所結戒名)

> "初結菩薩波羅提木叉"者, 有二說. 律師云, "有二說. 一云, 『華嚴經』以後說, 一云, 『華嚴經』前說也." 教師云, "若小乘者, 如來從成正覺以後, 三十七日中, 鹿薗中, 初說修多羅, 十二年中說毗尼. 若大乘者, 成道後卽尋結此戒, 亦卽尋說修多羅也."
>
> [H1, 591a24~b6; X38, 278a20~b1]

"비로소 보살의 '행위단속의 근본규칙'(波羅提木叉)을 제정하셨으니"(初結菩薩波羅提木叉)라는 것에 대해서는 두 가지 설명이 있다. '계율을 가르치는 스승'(律師)은 [다음과 같이] 설명하였다. "[바라제목차波羅提木叉를 제정하신 시기에 대하여] 두 가지 설이 있다. 어떤 사람은 〈『화엄경華嚴經』

이후에 설한 것이다〉[283]라고 말하였고, [또] 어떤 사람은 〈『화엄경華嚴經』 이전에 설한 것이다〉[284]라고 말하였다." '교법을 가르치는 스승'(敎師)은 [다음과 같이] 설명하였다. "소승小乘에 의거하면, 여래如來께서 '완전한 깨달음'(正覺)을 이룬 이후 21일 동안 녹야원(鹿薗)[285]에서 처음 수다라修多羅[286]를 설하고,[287] 12년 [이후]에 비니毗尼(律)[288]를 설하였다.[289] 대승에

---

283 천태 지의의 『묘법연화경문구妙法蓮華經文句』 권9에서 『범망경梵網經』은 화엄교학의 마지막을 맺으면서 성립된 것으로 설명하였다. "梵網經, 結成華嚴教."(T34, 128a22~23) 이는 『범망경』이 『화엄경』 이후에 성립되었다는 주장에 대한 근거이다.

284 『범망경梵網經』이 『화엄경』 이전에 성립되었다는 주장은 지겸支謙이 번역한 『불설범망육십이견경佛說梵網六十二見經』(Brahmajala Sutta)에 근거한 설명으로 보인다. 'Brahmajala Sutta'는 Dīgha Nikāya 계온품戒蘊品에 수록되어 있는 경전으로, 62가지의 외도의 사상을 비판하고 정견을 수립하는 것을 주 내용으로 한다. 그러나 내용이 구마라집이 번역한 『범망경』과는 차이가 있으므로, 『불설범망육십이견경佛說梵網六十二見經』과 동일한 경전은 아니다. 다만 『불설범망육십이견경』에도 계율에 관련된 내용이 있지만, 『범망경』과 동일한 경전이라고 보기는 어렵다. 또 「梵網經盧舍那佛說菩薩心地(cittabhūmi)戒品」이라는 산스크리트 문헌도 존재하는데, 이것이 구마라집이 한역한 『범망경』과 연관된 것으로 보인다. 한역 『범망경』에 수록된 승조가 쓴 〈서문〉에는 본래 『범망경』은 광본 61품 120권이 있지만, 그중 제10품만 별도로 한역하였다는 설명이 있다. "此經本有一百十二卷, 六十一品 … 出此心地一品."(T24, 997a7~13) 이를 통해서 보면 원효를 비롯한 당시 불교계에서는 『범망경』이 인도에서 찬술된 경전이라는 것을 의심하지 않았던 것으로 보인다. 그러므로 『범망경』이 『화엄경』 이전에 성립되었다는 주장도 가능한 것으로 여겨진다.

285 녹원鹿薗: 녹원(Mṛgadāva)은 녹야원鹿野苑이라고도 하는데, 석가모니께서 진리를 깨달으시고 처음으로 법륜을 굴리신 곳이다. 이곳은 지금 북인도 지방의 바라나시(Varanasi) 지역에 있다.

286 수다라修多羅: 수다라(sūtra)는 12부경十二部經 중 하나이다. 12부경은 부처님의 설법을 서술방식이나 내용에 따라 분류한 것이다. 경經·계경契經으로 한역하는데, 산문체로 설한 것이다. 이 외에도 산문체로 된 내용을 다시 운문체로 설한 기야祇夜(geya·重頌), 운문체로 설한 것인 가타伽陀(gāthā·偈頌) 등이 있다.

287 정각을 이룬 석가모니가 녹야원鹿野苑에서 행한 첫 설법이며 초전법륜初轉法輪으로 잘 알려져 있다. 교진여(kauṇḍinya) 등 5비구들에게 사성제·팔정도 등을 설하였다. 또한 애욕과 고행의 양극단에서 벗어나 중도를 행할 것을 강조하였다. 『불

의거하면, 진리를 이룬 후 곧이어 이 계율을 제정하였고 또한 곧이어 수다라修多羅를 설하였다."

나) 계율의 본연이 되는 면모를 구별함(辨戒體性)

(가) 계율의 본연을 곧바로 밝힘(正明戒體)

"孝順"者, 不違行義, 是孝行義, 是義順順義. 於中有三說. 一云,[290] 以律儀戒[291]爲孝, 以攝正[292]法戒及攝衆生戒爲順. 二者, 以受體爲孝, 以隨行爲順. 三者, 以無作戒爲孝, 以作戒爲順.

[H1, 591b6~10; X38, 278b1~4]

"[행위를] 단속하면서 따르는 것"(孝順)은 '[계율을] 거스르지 않는 행위'(不違行)라는 뜻으로서 '단속하는 행위'(孝行)라는 뜻이며, 이런 뜻은 '[거스르지 않음에] 따르고 [단속함에] 따른다는 뜻'(順順義)이다. 이에 대해서

광대사전』, p.3520.

288 비니毗尼: 비니는 비나야毘奈耶(vinaya)의 음사이며, 한역하면 율律 또는 율장律藏이다. 여기서는 계율을 의미하는 것이 아니라 율장律藏의 뜻이다.

289 율장의 성립에 대해서는 세 가지 주장(5년/8년/12년)이 있다. 첫 번째는 석가모니 성도 후 5년 후에 성립했다는 설(ed. W. Pachow and Ramakanta Mishra, The Prātimokṣa-Sūtra of the Mahāsāṅghikās, Allahabad: 1956, p.5) 두 번째는 Kaṇkhā- vitaraṇī-Purāṇa-Ṭīkā에서는 성도 후 8년에 생긴 것으로 본다. 세 번째는 Vajirabuddhi-ṭīkā, p.71에서 주장하는 것으로 성도 12년 이후로 보는 것이다. 아직 진위판별은 난제로 남아 있다. 백도수, 「비구 계경戒經에 대한 연구」, 동국대학교 대학원 박사학위논문, 2001, pp.220~221; 백도수, 「승가와 비구 개인 소유물에 대한 연구」, 『불교학연구』 제6호, 2003, 각주 9번 참고.

290 저본에는 '云'으로 되어 있지만, 문맥상 '者'로 교감하고 번역한다.

291 저본에는 '律儀戒'로 되어 있지만, 문맥상 '攝律儀戒'로 교감하고 번역한다.

292 저본에는 '正'으로 되어 있지만, 문맥상 '善'으로 교감하고 번역한다.

세 가지 설명이 있다. 첫 번째는 '규범을 끌어안는 계율'(攝律儀戒)을 '[행위를] 단속함'(孝)[의 대상]으로 삼고, '이로운 것을 끌어안는 계율'(攝善法戒)과 '중생을 끌어안는 계율'(攝衆生戒)을 따름(順)[의 대상]으로 삼는다[고 하는 설명이다]. 두 번째는 '계율을 받아들임'(受體)[293]을 '[행위를] 단속함'(孝)[의 대상]으로 삼고, '좇아서 행함'(隨行)[294]을 따름(順)[의 대상]으로 삼는다[고 하는 설명이다]. 세 번째는 '짓지 않아도 이어지는 계율'(無作戒)[295]을 '[행위를] 단속함'(孝)[의 대상]으로 삼고, '지어야만 이어지는 계율'(作戒)[296]을 따름(順)[의 대상]으로 삼는다[고 하는 설명이다].

"父母"者, 有二說. 一云, "有緣生父母, 如世間有父母也."[297] "入道父母者."[298] 約三師等, "僧"者, 約餘七僧等. 言"師"者, 約別人, 取別行.

293 수체受體: 수체는 수행隨行과 함께 쓰이는 말로 수체수계受體隨戒라고도 한다. 이 중 수체는 자신의 마음에 계율을 받아 계체戒體를 지니고서 계율을 깨트리지 않겠다고 결심하는 것이다. 『불광대사전』, p.3913.

294 수행隨行: 수행은 계체를 형성한 후 계율을 깨뜨리지 않겠다고 결심하여 일상생활에서 어느 시간이나 어느 장소에서도 실천하는 것이다. 『불광대사전』, p.3913.

295 무작계無作戒: 무작계는 계율을 받을 때 작계作戒한 연緣에 의해서 몸속에 보거나 들을 수 없는 업체業體가 생성되는데, 이렇게 업체業體를 처음 생성시킨 연緣이, 비록 몸·입·마음의 움직임(作戒)으로 말미암았더라도, 일단 생기고 나면 몸·입·마음의 조작을 빌리지 않고 항상 상속하기 때문에 '무작無作'이라 한다. 작계는 몸·입·마음이 일으킨 행위가 멈추는 때에 또한 그에 따라 사라지지만, 무작계無作戒는 일생 동안 계속 이어져 잘못을 모두 막아 주는 능력이 있다. 그러므로 이를 무작계체無作戒體라고 부른다. 『불광대사전』, p.6405. 한편 이때 무작계체無作戒體가 되는 것에 대하여 원효는 아래의 『범망경보살계본사기梵網經菩薩戒本私記』 본문에서 다른 사람의 주장을 인용하는 형식으로 다음과 같이 밝힌다. "어떤 사람은 [이렇게] 말하였다. 〈'지어야 이어지는 계율'(作戒)에 의해 '거듭 익힌 씨앗'(熏習種子)은 '짓지 않아도 이어지는 계율의 바탕'(無作戒體)이 된다.(一云, 作戒所熏種子, 無作戒體.)〉"

296 작계作戒: 작계는 계율을 받을 때 몸·입·마음의 세 가지 업을 '진리 그대로'(如法) 움직여 보고 들을 수 있는 업체業體이다. 『불광대사전』, p.6405.

297 저본에는 없지만, 문맥상 '一云'을 삽입하여 번역한다.

言"僧"者, 約衆僧, 取衆行. 唯孝順行, 多不出衆別二行故. 不違衆別二行, 故言"孝順師僧"也.

[H1, 591b10~16; X38, 278b4~8]

"부모父母"라는 것에 대해서는 두 가지 설명이 있다. 어떤 사람은 "[계율에 대한] 인연을 생겨나게 하는 부모가 있는 것이 마치 세간世間에 부모가 있는 것과 같다"라고 말하고, [또] 어떤 사람은 "'수행 길'(道)에 들어가게 하는 부모인 것이다"라고 말하였다. "스승"(師)이라는 것은 '세 분 스승'(三師)[299]에 의거하는 것이고, "승려"(僧)라는 것은 다른 '일곱 분 승려'(七僧)[300]에 의거하는 것이다. "스승"(師)이라고 한 것은 '특별한 사람'(別人)에 의거하여 '특별한 행위'(別行)[301]를 취하는 것이고,[302] "승려"(僧)라고 한 것은 '[보통의] 여러 승려'(衆僧)에 의거하여 '[보통의] 여러 행위'(衆行)[303]를 취하는 것이다.[304] 오로지 '[행위를] 단속하면서 따르는 것'

---

298 저본에는 없지만, 문맥상 '師者'를 삽입하여 번역한다.

299 삼사三師: '세 분의 스승'(三師)은 비구가 구족계를 받을 때 계장戒場에서 반드시 구족해야 할 계사戒師이다. 즉 삼사三師는 ① 계율을 주는 화상인 전계화상傳戒和尙, ② 갈마문羯磨文을 읽는 아사리阿闍梨인 갈마사羯磨師, ③ 수계의 작법 및 행동 수칙을 알려 주어 대중을 이끌어 이해시키는 교수사敎授師로 구성된다. 삼사와 더불어 칠증七證을 합하여 십사十師 · 십승十僧이라고도 한다.

300 칠승七僧: '일곱 분의 승려'(七僧)는 칠증사七證師로 위의 삼사三師로부터 계율을 받은 것을 증명하기 위해 입회한 일곱 비구이다.

301 별행別行: 별행은 심상행尋常行와 반대되는 뜻으로 특정기간 동안 하는 수행을 말한다. 『불광대사전』, p.3522.

302 '세 분의 스승'(三師)은 '특별한 사람'(別人)/'특별한 행위'(別行)에 짝지은 것은 ① 전계화상傳戒和尙, ② 갈마사羯磨師, ③ 교수사敎授師라는 특별한 지위에 있는 세 스승과 그들의 특별한 행위와 연관 지은 것이다.

303 중행衆行: 중행은 별행別行과는 반대로 일상적인 수행을 의미하는 심상행尋常行이다.

304 '일곱 분의 승려'(七僧)와 '[보통의] 여러 승려'(衆僧)/'[보통의] 여러 행위'(衆行)를 짝지은 것은 삼사三師와는 달리 비구계를 받은 보통의 여러 승려 중 일곱 분의 행위

(孝順)은 대체로 [이] '[보통의] 여러 행위'(衆行)와 '특별한 행위'(別行)[라는 두 가지]에서 벗어나지 않기 때문이다. '[보통의] 여러 행위'(衆行)와 '특별한 행위'(別行)[라는 두 가지]를 거스르지 않기 때문에 "[세] 스승과 [일곱] 승려에게 [행위를] 단속하면서 따른다"(孝順師僧)[305]라고 말하였다.

言"三寶"者, 一體別相. 准有多門, 而今且約一門, 而現其相也. 謂別相者, 以三身爲佛寶, 以所說三藏教法爲法寶, 以三乘衆爲僧寶. 一體者, 佛中以覺義爲佛寶, 卽爲他無不軌則, 故名爲法寶, 佛能離鬪諍, 契會中道, 故名僧寶.

[H1, 591b16~21; X38, 278b8~12]

"세 가지 보배"(三寶)라고 한 것은 '같은 바탕'(一體)에 [의거하는] '[세 가지] 다른 유형'(別相)이다. [세 가지로 나누는] 기준에는 '여러 방식'(多門)이 있지만, 지금은 '한 가지 방식'(一門)에 의거하여 그 [세 가지] 유형(相)을 [다음과 같이] 나타내 본다. '[세 가지] 다른 유형'(別相)이라는 것은, '[법신法身·보신報身·화신化身이라는 부처의] 세 가지 몸'(三身)을 '부처라는 보배'(佛寶)로 삼고, [부처님이] 설한 '[경장經藏·율장律藏·논장論藏이라는] 세 가지 창고에 담긴 가르침'(三藏教法)을 '가르침이라는 보배'(法寶)로 삼으며, '[성문聲聞·연각緣覺·보살菩薩 이] 세 부류 수행자의 무리'(三乘衆)를 '가르침대로 수행하는 사람들이라는 보배'(僧寶)로 삼는 것이다. '같은 바탕'(一體)이라는 것은 [다음과 같은 것이다.] 부처(佛)의 경우 '깨달은 면모'(覺義)를 '부처라는 보배'(佛寶)로 삼고, [이 '깨달은 면모'가] 곧 다른 이들에게는 '따라야 할 모범'(軌則)이 되지 않음이 없기 때문에 '가르침이라는 보

를 연관 지은 것이다. 이는 이들이 특별한 지위에 있지 않으며, 또 수계의식에 직접 참여하지 않고 입회만 하기 때문이다.

305 『범망경梵網經』 권2(T24, 1004a24~25) "孝順父母師僧三寶."

배'(法寶)라고 부르며, 부처는 '다툼과 말싸움'(鬪諍)에서 벗어나 '진리다운 길'(中道)과 '하나가 되게'(契會) 할 수 있기 때문에 '가르침대로 수행하는 사람들이라는 보배'(僧寶)[306]라고 부른다.

㈏ 계율을 지키는 행위에 따르는 작용을 밝힘(明戒業功用)

"孝順至道之法"者, 至於法界之至道法, 故言至道之法.

[H1, 591b21~23; X38, 278b12~13]

"지극한 진리의 가르침에 맞게 [행위를] 단속하면서 따르는 것이다"(孝順至道之法)라는 것은, 진리세계(法界)에 도달하는 '지극한 도리'(至道法)이기 때문에 '지극한 진리인 도리'(至道之法)라고 말하였다.

다) 계율의 명칭을 풀이함(釋戒名字)

"孝名戒"者, 能誡三中非, 故名爲戒. "亦名制止"者, 由律儀戒[307]故, 能制作犯非, 由攝正[308]法及攝衆生戒故, 能制止犯非, 故言"制". 由制非故, 能令住於善法, 故名"止".

[H1, 591b23~c3; X38, 278b13~16]

"효孝는 [행위를] 단속함이라고 한다"(孝名戒)[309]라는 것은, [효孝는] '[신체

306 승보僧寶: 승僧은 승가僧伽의 줄임말로 산스크리트어 'saṃgha'의 음역이며, 의역하면 화합중和合衆이다. 여기서 원효는 화합중으로서의 승가의 의미를 '다툼과 말싸움을 여읨'(離鬪諍)이라는 말로 표현하고 있다.

307 저본에는 '律儀戒'로 되어 있지만, 문맥상 '攝律儀戒'로 교감하고 번역한다.

308 저본에는 '正'으로 되어 있지만, 문맥상 '善'으로 교감하고 번역한다.

309 『범망경梵網經』 권2(T24, 1004a25) "孝名爲戒."

(身), 언어(口), 생각(意)으로 이루어지는] 세 가지 행위'(三業) 가운데 '그릇된 것'(非)을 경계할 수 있기 때문에 '[행위를] 단속함'(戒)이라고 부른다. "제어하고 머무름이라고도 한다"(亦名制止)라는 것은 [다음과 같은 뜻이다.] '규범을 끌어안는 계율'(攝律儀戒)로 말미암아 '[해로운 행위를] 지어서 ['계율의 본연'(戒體)을] 범하는 잘못'(作犯非)을 제어하고, '이로운 것을 끌어안는 계율'(攝善法戒)과 '중생을 끌어안는 계율'(攝衆生戒)로 말미암아 '[이로운 행위를] 그쳐서 ['계율의 본연'(戒體)을] 범하는 잘못'(止犯非)을 제어할 수 있으니, 그러므로 "제어함"(制)이라고 말하였다. [또] '그릇된 것'(非)을 제어함으로 말미암아 '이로운 것'(善法)에 머물게 할 수 있기 때문에 "머무름"(止)이라고 부른다.

② 밝은 빛을 내놓는 것을 드러낸 것(明放光)

"卽口放光"者, 卽第二段. 爲欲以口業, 而說戒法故, 須口中放光. 非爲欲餘業故, 不放餘光明.

[H1, 591c3~5; X38, 278b16~18]

"[계율을 설하시고는] 곧 입으로 밝은 빛을 내놓으시니"(卽口放光)[310]라는 것은 두 번째 단락이다. '언어로 이루어지는 행위'(口業)로 '계율에 관한 도리'(戒法)를 설하고자 하였기 때문에 모름지기 입 안에서 '밝은 빛'(光明)을 내놓은 것이다. [몸(身)이나 생각(意) 같은] 다른 행위(業)로 하고자 하지 않았기 때문에 [몸(身)이나 생각(意) 같은] 다른 곳에서의 '밝은 빛'(光明)은 내놓지 않았다.

310 『범망경梵網經』 권2(T24, 1004a25~26) "佛卽口放無量光明."

③ 당시의 대중이 가르침을 들음을 드러낸 것(明時衆聽法)

"是時百萬"以下, 第三明聽法衆. 所言"十八梵"者, 下三禪中各有三故九, 第四禪中有九故, "十八梵天". "六欲天"者, 欲界六天也. "佛大戒"者, 是菩薩戒者, 望小乘戒故, 言"大戒"也.

[H1, 591c6~10; X38, 278b18~21]

"이때 백만"(是時百萬) 이하[311]는 세 번째로 가르침을 듣는 대중을 밝혔다. "유형세계에 있는 18가지 하늘세계"(十八梵)라는 것은, ['네 가지 선정'(四禪) 가운데 제4선] 아래의 세 가지 선정禪定[312]에 각각 세 가지의 하늘세계가 있기 때문에 아홉 가지 [하늘세계][313]가 있고, '['네 가지 선정'(四禪)의] 네 번째 선정'(第四禪)에 아홉 가지 [하늘세계][314]가 있기 때문에 '유형세계

311 『범망경梵網經』 권2(T24, 1004a26~28) "是時百萬億大衆諸菩薩, 十八梵天, 六欲天子, 十六大國王, 合掌至心, 聽佛誦一切佛大乘戒."

312 '네 가지 단계로 이루어진 선정'(四禪定, cattur-jhāna) 가운데 제1선(第一禪・初禪, paṭhamaṁ jhānaṁ), 제2선(第二禪, dutiyaṁ—jhānaṁ), 제3선(第三禪, tatiyaṁ-jhānaṁ)이다.

313 네 가지 단계로 이루어진 선정'(四禪定, cattur-jhāna)인 사선四禪을 수행한 사람이 그 성취에 따라 태어나는 색계色界의 18가지 하늘세계 가운데, 초선初禪에 해당하는 하늘세계는 ① 범중천(梵衆天/Brahma-pāriṣadya), ② 범보천(梵輔天/Brahma-purohita), ③ 대범천(大梵天/Mahā-brahman), 제2선에 해당하는 하늘세계는 ④ 소광천(少光天/Parīttābha), ⑤ 무량광천(無量光天/Apramāṇābhā), ⑥ 극광정천(極光淨天/Ābhāsvara), 제3선에 해당하는 하늘세계는 ⑦ 소정천(少淨天/Parītta-śubha), ⑧ 무량정천(無量淨天/Apramāṇa-śubha), ⑨ 변정천(遍淨天/Śubha-kṛtsna)이다.

314 '네 번째 선정'(第四禪)에 해당하는 아홉 가지 하늘세계는 다음과 같다. ① 무운천(無雲天, Anabhraka), ② 복생천(福生天, Puṇya-prasava), ③ 광과천(廣果天, Bṛhat-phala), ④ 무번천(無煩天, Avṛha), ⑤ 무열천(無熱天, Atapa), ⑥ 선현천(善現天, Sudṛśa), ⑦ 선견천(善見天, Sudarśana), ⑧ 색구경천(色究竟天, Akaniṣṭha), ⑨ 대자재천大自在天Maheśvara이다.

에 있는 18가지 하늘세계'(十八梵天)라고 한다. "욕망세계에 있는 여섯 가지 하늘세계"(六欲天)라는 것은 욕망세계의 여섯 가지 하늘세계[315]이다. "부처님[이 설하신] 대승의 계율"(佛大戒)이라는 것은 '보살이 지키는 윤리적 행위'(菩薩戒)인데, '소승이 지키는 윤리적 행위'(小乘戒)와 대비시키는 것이기 때문에 "대승의 계율"(大戒)이라 말하였다.

(2) 부처님이 하신 서두의 말씀(佛序)

『범망경梵網經』[T24, 1004a28~b2]

佛[316]告諸菩薩言, "我今半月半月, 自誦諸佛法戒, 汝等一切發心菩薩亦誦.[317] 乃至十發趣, 十長養, 十金剛, 十地諸菩薩亦誦."

부처님께서 여러 보살에게 말씀하셨다. "내가 이제 보름마다 스스로 '모든 부처님들의 가르침에 맞는 계율'(諸佛法戒)을 외울 것이니, 너희들 모든 '[깨달음을 향해] 마음을 일으킨 보살'(發心菩薩)[318]도 외우도록 하라. 또한

315 육욕천六欲天: 육욕천은 ① 사천왕천四天王天, ② 도리천忉利天, ③ 염마천焰摩天, ④ 도솔천兜率天, ⑤ 화자재천化自在天, ⑥ 타화자재천他化自在天이다.

316 저본에는 '佛'이 있지만, 저본의 교감주에 고본인 【宋】·【元】·【宮】본에는 '佛'이 없다고 하였다. 본고는 저본에 따라 번역한다.(T24, 1004, [5])

317 저본에는 '誦'으로 되어 있지만, 저본의 교감주에 고본인 【元】본에는 '言'으로 되어 있다. 본고는 저본에 따라 번역한다.(T24, 1004, [6])

318 원효는 『범망경사기』에서 '[깨달음을 향해] 마음을 일으킨 보살'(發心菩薩)은 십신十信에 해당한다고 하였다. 이 발심보살發心菩薩은 비록 공空에 대한 이해는 있지만, 아직 취행趣行이 없으므로 발취發趣라고 말하지 않는다고 하였다. 『범망경보살계본사기梵網經菩薩戒本私記』(H1, 592a1~3). "發心菩薩者, 約十信. 十發趣者, 約十解位, 何故. 十信不論發趣者, 此位菩薩者, 雖有空解, 而未趣行故, 不論發趣也." 하지만 법장法藏은 『범망경보살계본소梵網經菩薩戒本疏』(T40, 607c7)에서 "以信行不成位故, 但云發心也."라고 주장하면서 발심發心을 보살의 지위에 포함시키지 않았다. 반면 지의智顗는 『보살계의소菩薩戒義疏』에서 발심을 '공지보살共地菩薩'이라고 하였는데, 이는 발심을 모든 보살의 기본 전제로 강조한 것으로 앞서 법장과는 반대적인 견해를 주장한다고 볼 수 있다. "發心謂共地菩薩."(T40, 571a11)

'열 가지 [마음에] 나아간 [보살]'(十發趣)[319] · '열 가지 [마음을] 오래도록 가꾸는 [보살]'(十長養)[320] · '열 가지 [마음을] 금강석[처럼 굳건히 지니는 보살]'(十金剛)[321] · '열 가지 [본격적인] 수행경지'(十地)[322]에 오른 여러 보살들까지도 외울지니라."

"告諸菩薩"以下, 第二佛序. 於中有三段. 一者, 擧自勸誦, 二者, "是故戒光"以下, 略明戒相, 三者, "佛子諦聽"以下, 廣列受戒之人.

[H1, 591c11~14; X38, 278b22~24]

"여러 보살에게 말씀하셨다"(告諸菩薩) 이하는 두 번째인 '부처님이

319 '열 가지 [마음에] 나아간 [보살]'(十發趣)은 원효의 『범망경보살계본사기梵網經菩薩戒本私記』에 의하면 십해十解에 해당한다. "十發趣者, 約十解位."(H1, 592a1~2) 『범망경梵網經』에서는 이를 10가지로 구분하였다. "諸佛當知, 堅信忍中十發趣心向果. 一捨心, 二戒心, 三忍心, 四進心, 五定心, 六慧心, 七願心, 八護心, 九喜心, 十頂心."(T24, 997c16~19)

320 '열 가지 [마음을] 오래도록 가꾸는 [보살]'(十長養)은 원효의 『범망경보살계본사기梵網經菩薩戒本私記』에 의하면 십행十行에 해당한다. "十長養者, 約十解(行)."(H1, 592a22) 저본에는 '十解'로 되어 있으나 전후 문맥상 '십행十行'이 맞다. 여타 다른 주석본도 모두 '십장양十長養'을 '십행十行'에 배대한다. 『범망경梵網經』에서는 이를 10가지로 구분하였다. "諸佛當知, 從是十發趣心, 入堅法忍中十長養心向果, 一慈心, 二悲心, 三喜心, 四捨心, 五施心, 六好語心, 七益心, 八同心, 九定心, 十慧心."(T24, 997c19~22)

321 '열 가지 [마음을] 금강석[처럼 굳건히 지니는 보살]'(十金剛)은 원효의 『범망경보살계본사기梵網經菩薩戒本私記』에 의하면 십회향十迴向에 해당한다. "十金剛者, 約十迴向."(H1, 592a22~23) 『범망경梵網經』에서는 이를 10가지로 구분하였다. 권1(T24, 997c22~26) "諸佛當知, 從是十長養心入堅修忍中, 十金剛心向果. 一信心, 二念心, 三迴向心, 四達心, 五直心, 六不退心, 七大乘心, 八無相心, 九慧心, 十不壞心."

322 '열 가지 [본격적인] 수행경지'(十地)의 여러 보살을 『범망경梵網經』에서는 다음과 같은 10가지로 구분한다. 권1(T24, 997c26~998a2) "諸佛當知, 從是十金剛心入堅聖忍中, 十地向果. 一體性平等地, 二體性善慧地, 三體性光明地, 四體性爾焰地, 五體性慧照地, 六體性華光地, 七體性滿足地, 八體性佛吼地, 九體性華嚴地, 十體性入佛界地."

하신 서두의 말씀'(佛序)이다. 이 가운데 세 단락이 있다. 첫 번째는 '자신[의 경우]를 거론하면서 외울 것을 권함'(擧自勸誦)이고, 두 번째는 "그러므로 [길을 비추어 주는] 빛과도 같은 계율"(是故戒光) 이하로서 '간략하게 계율의 특성을 밝힘'(略明戒相)이며, 세 번째는 "부처의 제자는 잘 들어라"(佛子諦聽) 이하로서 '계율을 받는 사람을 자세히 열거함'(廣列受戒之人)이다.

① 자신[의 경우]를 거론하면서 외울 것을 권함(擧自勸誦)

初言"我今半月半月自誦"者，爲欲現我以戒爲師故，常誦所師戒，汝等若以戒爲師者，亦可誦．故言"我今誦"也．"半月半月誦"者，約僧寶故，作如是說．若約別人行者，新發意菩薩，未熟誦時中，一日中六時中誦．僧法中，何半月半月誦者？若數數誦者，人心生輕慢故，謂世間人心，以寡行而爲尊重，以厚爲輕故．亦若寡作者，不得增長法，故離寡捨厚，而取中道．故須半月半月誦戒也．

[H1, 591c14~23; X38, 278b24~c7]

처음에 "내가 이제 보름마다 스스로 ['여러 부처님의 가르침에 맞는 계율'(諸佛法戒)을] 외울 것이니"(我今半月半月自誦)라고 말한 것은, 〈나는 계율로 스승을 삼기 때문에 항상 스승으로 삼는 계율을 외우니 너희들도 계율로 스승을 삼는다면 또한 외워야 한다〉는 것을 나타내고자 하기 때문이다. 그러므로 "내가 이제 [보름마다 스스로 '여러 부처님의 가르침에 맞는 계율'(諸佛法戒)을] 외울 것이니"(我今誦)라고 말하였다. "보름마다 ['여러 부처님의 가르침에 맞는 계율'(諸佛法戒)을] 외울 것이니"(半月半月誦)라는 것은, 수행공동체(僧寶)에 의거하였기 때문에 이와 같이 말하였다. 만약 '개별적인 수행자의 행위'(別人行)에 의거한다면, '[열반 증득을 위한 수행에] 새롭게 뜻을 일으킨 보살'(新發意菩薩)[323]이 아직 때에 맞춰 익숙하게 외우지 못할진대 하루의 '여섯 때'(六時)[324]에 외워야 한다. 수행공동체에서 지키는 규범'(僧法)에서는 어찌하여 보름마다 외우는 것인가? 만약 자주 외우면 사람들의 마음에 '[계율을] 가볍게 여기는 오만'(輕慢)이 생겨나기 때문이니 세상 사람들의 마음은 '적게 행함'(寡行)을 높고 귀하게 여기며 많음(厚)을 가볍게 여기기 때문이고, 또한 [외움을] 부족하게 하면 향상할 수가 없으니, 따라서 부족함에서도 벗어나고 많음도 버려 적당함(中道)을 취해야 한다. 그러므로 반드시 보름마다 계율을 외워야 한다.

"發心菩薩"者, 約十信, "十發趣"者, 約十解位. 何故十信不論發趣者? 此位菩薩者, 雖有空解, 而未趣行故, 不論發趣也. 是故, 十信菩薩, 名名字菩薩, 亦假者[325]菩薩.

---

323 신발의보살新發意菩薩: 신발의보살은 신학보살新學菩薩·초발의보살初發意菩薩·신발심보살新發心菩薩이라고도 하는데, 처음 보리심을 일으켜 불도佛道에 들어가는 보살을 일컫는다. 이러한 초발의보살의 계위는 화엄 52위 중 신위信位에 해당한다. 불도를 닦지만 배움이 얕으므로 신발의보살新發意菩薩 등으로 부른다. 『대지도론大智度論』 권61(T25, 489c3~9)에서는 다음과 같이 설명한다. "般若波羅蜜隨喜義, 不應新學菩薩前說. 何以故? 若有少福德善根者, 聞是畢竟空法, 卽著空作是念, 若一切法畢竟空無所有者, 我何爲作福德? 則忘失善業. 以是故, 新發意菩薩, 先教取相隨喜, 漸得方便力, 爾乃能行無相隨喜." 또한 『대지도론大智度論』 권93에서는 이러한 신발의보살을 다른 뛰어난 보살과 비교하여 설명한다. 즉 대력을 성취한 보살은 중생을 위하여 몸을 받아 태어남에 '외진 곳'(邊地)이나 '바르지 못한 견해'(邪見)를 지닌 사람들이 있는 곳을 피하지 않는다. 이에 비하여 신발의보살이 만약 이런 곳에 태어나면 다른 사람을 제도할 수 없을 뿐 아니라 자신마저 무너지고 만다. 비유하자면 마치 대력보살은 금과 같아서 진흙 속에 있어도 썩어 사라지지 않지만, 신발의보살은 동이나 철과 같아서 곧 없어진다고 하였다. "菩薩有二種, 一者成就大力菩薩, 二者屬因緣新發心菩薩. 大菩薩爲衆生, 隨所應度受身, 不避邊地邪見. 新發意菩薩, 若生是處, 既不能度人, 又自敗壞, 是故不生. 譬如眞金在泥, 終不敗壞, 銅鐵則壞."(T25, 714c3~8)

324 육시六時: '여섯 때'(六時)는 낮과 밤을 각각 세 가지로 나눈 것이다. 낮은 ① '이른 아침'(晨朝), ② 한낮(日中), ③ 해질녘(日沒)이며, 밤은 ④ 초저녁(初夜), ⑤ 한밤중(中夜), ⑥ 동틀녘(後夜)이다. 『불광대사전』, p.1673.

325 저본의 '者'는 『보살영락본업경菩薩瓔珞本業經』의 원문에 따라 '名'으로 교감하여 번역한다. 『보살영락본업경菩薩瓔珞本業經』 권2(T24, 1017a13~16) "佛子, 從不識

[H1, 592a1~4; X38, 278c7~10]

“[깨달음을 향해] 마음을 일으킨 보살”(發心菩薩)은 ‘믿음을 세우는 열 가지 경지’(十信)에 의거하는 것이고, “열 가지 [마음에] 나아간 [보살]”(十發趣)은 ‘[진리에 대한 믿음이 이해로 안착하는] 이해의 열 가지 경지에 이른 지위’(十解位)에 의거하는 것이다. 어찌하여 ‘믿음을 세우는 열 가지 경지’(十信)에서는 ‘[열 가지 마음에] 나아감’(發趣)을 논하지 않는가? 이 [십신十信의] 지위에 있는 보살은 비록 ‘[불변 · 독자의] 실체가 없다는 이해’(空解)는 있지만 아직 ‘[열 가지 마음에] 나아가는 수행’(趣行)을 하지 않기 때문에 [십신十信에서는] ‘[열 가지 마음에] 나아감’(發趣)을 논하지 않는다. 그러므로 ‘믿음을 세우는 열 가지 경지에 이른 보살’(十信菩薩)을 ‘겨우 이름이나 지니는 보살’(名字菩薩)[326]이라고 하고, 또는 ‘임시로 이름을 붙인 보살’(假名菩薩)[327]이라고도 부른다.

問. 十信與十解, 次第, 位無越義, 何故, 仲置“乃至”文字耶?

始凡夫地, 值佛菩薩教法中, 起一念信, 便發菩提心. 是人爾時住前, 名信想菩薩, 亦名假名菩薩, 亦名名字菩薩.”

326 명자보살名字菩薩은 가명보살假名菩薩이라고도 한다. 십주十住 이전의 보살로, 보살 52위 중 십신위十信位 보살이다. ‘명자名字’는 임시로 이름을 붙인 것으로 내실 없이 임시로 빌려 왔다는 뜻을 포함한다. 『보살영락본업경菩薩瓔珞本業經』에 의하면, 범부가 불보살의 교법 중에 한 생각에 신심이 생겨서 보리심을 일으킨 사람이 이 십주十住 이전인 십신十信 보살이 된다고 하였다. “佛子, 從不識始凡夫地, 值佛菩薩教法中, 起一念信, 便發菩提心. 是人爾時住前, 名信想菩薩, 亦名假名菩薩, 亦名名字菩薩.”(T24, 1017a13~16) 그러나 이 경지에 오른 보살은 아직 초발심初發心의 단계에 있으므로 비록 보살이라는 이름은 갖추지만, 아직 오랜 시간의 수행修行과 증오證悟의 공부를 거친 후에야 보살의 지극한 과보에 이르게 된다. 그러므로 명자보살名字菩薩이라고 하였다. 『불광대사전』, p.2846.

327 가명보살假名菩薩은 명자보살名字菩薩과 같은 뜻이다.

答. 從不定聚, 到於正定聚, 卽故[328]置"乃至"文字也.

[H1, 592a5~7; X38, 278c10~12]

묻는다. '믿음을 세우는 열 가지 경지'(十信)와 '[진리에 대한 믿음이 이해로 안착하는] 이해의 열 가지 경지'(十解)는 순차적으로 이어져서 그 경지에 건너뛰는 뜻이 없는데, 어찌하여 "또한 …까지도"(乃至)라는 문자를 중간에 두었는가?

답한다. [십신十信에서 십해十解에 이른다는 것은] '[깨달음의 세계로 갈지, 타락하여 해로운 세계로 갈지] 도달할 곳이 정해져 있지 않은 부류'(不定聚)로부터 '[깨달음의 세계로] 방향이 정해진 부류'(正定聚)에 이르는 것이기 때문에 중간에 "또한 …까지도"(乃至)라는 문자를 두었다.[329]

---

328 저본에는 '卽故'로 되어 있지만, 문맥에 따라 '故仲'으로 교감하고 번역한다.

329 삼정취三定聚: 삼정취는 부정취不定聚 · 정정취正定聚 · 사정취邪定聚로 구성된다. 이때 사정취는 해로운 세계로의 타락이 정해진 무듀이다. 이러한 삼성취는 초기불교(『장아함경長阿含經』, T1, 50b18, "謂三聚, 正定聚, 邪定聚, 不定聚")에서부터 시작하여 대승불교에 이르기까지 전승되지만, 그 지위에 대해서는 차이가 있다. 이러한 차이에 대하여 『석마하연론釋摩訶衍論』 권1에서는 그 차이를 세 가지로 구분하였다. 즉 첫 번째는 십신十信 이전은 사정취, 삼현三賢과 십성十聖은 정정취, 십신十信은 부정취로 삼은 것이다. 두 번째는 십신十信 이전과 십신十信은 사정취, 무상대각과無上大覺果를 정정취라고 하며, 삼현三賢과 십성十聖은 부정취라고 한다. 셋째는 십신十信 이전은 사정취, 십성十聖은 정정취, 십신十信과 삼현三賢을 부정취라고 한다. 삼현은 십주 · 십행 · 십회향 경지의 사람, 십성은 십지 경지의 성인이다. 마명보살은 첫 번째 입장을 취하였다." "三聚門有其三種. 云何爲三. 一者, 十信前名爲邪定聚. 不能信業果報等故. 三賢及十聖名爲正定聚, 決定安立不退位故. 十種信心名爲不定聚, 或進或退未決定故. 二者, 十信前并十信心名爲邪定聚, 皆無善根故, 無上大覺果名爲正定聚, 已滿足故. 三賢及十聖名爲不定聚. 皆未究竟故. 三者, 十信前名爲邪定聚, 無樂求心故. 十聖名爲正定聚, 已得眞證故. 十信三賢名爲不定聚, 未得正證故. 是名爲三. 馬鳴菩薩須彼初門."(T32, 596c5~15) 원효도 『기신론소』에서 마명보살의 주장에 따라 다음 같이 설명하였다. "정정취正定聚는 십

問. 『仁王經』, 卽十信位者, 如輕毛, 故爲退位, 不入三僧祇劫, 若『攝大乘論』者, 爲不退位, 入於三僧祇數. 此二文, 何會耶? 答. 若依『瑜伽論』, 通此文者. 若菩薩性人, 入十信者, 始入第一信時, 卽得不退. 若二乘性人, 迴小入大者, 十信位中, 未入不退位, 亦未入於三僧祇數. 到於十解位, 方得入不退位, 亦得入於三僧祇數. 是故, 『仁王經』者, 約二乘性人故, 爲退位, 若『攝論』者, 約菩薩性人故, 爲不退位也.

[H1, 592a7~17; X38, 278c12~19]

묻는다. 『인왕경仁王經』에서 "'믿음을 세우는 열 가지 경지'(十信)의 지위에 도달한 이는 가벼운 털과 같으므로 '[이전 수준으로] 퇴행할 수 있는 단계'(退位)에 해당하여 '[수행하여 부처가 되는 데 걸리는] 헤아릴 수 없이 많은 세 단계의 시간'(三僧祇劫)[330]에 들어가지 않는다"[331]라고 하였지만,

---

신十信의 수행이 완성되고 나서 더 이상 퇴보하지 않는 십주十住(=十解) 이상의 과정에 있는 자이고, 부정취不定聚는 십신十信의 과정에 있는 자이며, 사정취邪定聚는 십신十信의 과정에 아직 들지 못한 자이다.(菩薩十解以上, 決定不退, 名正定聚, 未入十信, 不信因果, 名邪定聚, 此二中間, 趣道之人, 發心欲求無上菩提, 而心未決, 或進或退, 是謂十信, 名不定聚.)"(H1, 723c21~724a2)

	사정취邪定聚	부정취不定聚	정정취正定聚
『석마하연론釋摩訶衍論』①, 마명보살 및 원효	십신十信 이전	십신十信	삼현三賢 · 십성十聖
『석마하연론釋摩訶衍論』②	십신十信 이전 · 십신十信	삼현三賢 · 십성十聖	무상대각과 無上大覺果
『석마하연론釋摩訶衍論』③	십신十信 이전	십신十信 · 삼현三賢	십성十聖

330 삼승지겁三僧祇劫: 삼승지겁은 보살이 수행을 하여 불과佛果를 완전히 이루는 데 필요한 시간을 의미한다. 아승지阿僧祇(asaṃkhya)는 의역하면 '헤아릴 수 없는 수'이며, 겁劫 또한 매우 오랜 시간을 가리키는 말이다. 이러한 아승지겁이 대겁大劫 · 중겁中劫 · 소겁小劫으로 나누어지기 때문에 삼아승지겁이라고 한다.

331 이 문장은 『불설인왕반야바라밀경佛說仁王般若波羅蜜經』 卷下의 다음 문장을 인용한 것이다. "<u>習忍以前行十善菩薩, 有退有進, 譬如輕毛, 隨風東西</u>, 是諸菩薩, 亦復如

『섭대승론攝大乘論』에서는 "[십신위十信位는] '[이전 수준으로] 퇴행하지 않는 단계'(不退位)에 해당하여 '[수행하여 부처가 되는 데 걸리는] 헤아릴 수 없이 많은 세 단계의 시간'(三僧祇數)에 들어간다"[332]라고 하였다. 이 두 문

是, 雖以十千劫, 行十正道, 發三菩提心, 乃當入習忍位, 亦常學三伏忍法, 而不可名字, 是不定人. 是定人者, 入生空位, 聖人性故, 必不起五逆, 六重, 二十八輕, 佛法經書, 作返逆罪, 言非佛說, 無有是處, 能以一阿僧祇劫, 修伏道忍行, 始得入僧伽陀位."(T8, 831b7~15)

332 이 문장은 『섭대승론攝大乘論』 권3의 다음 문장을 인용한 것이다. "於幾時中修習十地, 正行得圓滿, 有五種人, 於三阿僧祇劫修行圓滿. 何者爲五人? 行願行地人滿一阿僧祇劫. 行清淨意行人, 行有相行人, 行無相行人, 於六地乃至七地, 滿第二阿僧祇劫. 從此後無功用行人, 乃至十地滿第三阿僧祇劫."(T31, 126c1~7) 이는 보살이 불과를 이루는 데 삼아승지겁三大阿僧祇劫이 걸리는데, 첫 번째인 행원행지인行願行地人이 원만해지는 데 제일아승기겁이 걸리고, 두 번째에서 네 번째까지인 행청정의행인行清淨意行人・행유상행인行有相行人・행무상행인行無相行人이 제육지第六地에서 제칠지第七地에 이르러 원만해지는 데 제이아승기겁이 걸리며, 다섯 번째인 무공용행인無功用行人이 제십지第十地에 이르러 원만해지는 데 제삼아승기겁이 걸린다고 설명한다. 이 문단에 대해 세친世親의 『섭대승론석攝大乘論釋』 권11에서는 다음과 같이 풀이한다. "釋曰, 何等爲五? 一有一人, 謂願樂行人. 二有三人, 謂清淨意行人有相行人無相行人. 三有一人, 謂無功用行人. 是名五人."(T31, 229b19~22)이라고 하여 원만해지기까지 제일아승기겁이 걸리는 『섭대승론』에서의 행원행지인行願行地人을 원락행인願樂行人으로 고쳐 부르고, 이 원락행인願樂行人에 대해 "願樂行人自有四種, 謂十信十解十行十迴向, 爲菩薩聖道有四種方便."(T31, 229b22~24)이라고 하여 보살성도菩薩聖道인 견도의 사종방편도四種方便道로서 십신十信・십주十住(十解)・십행十行・십회향十迴向이라고 설명한다. 말하자면 십지 수행이 원만해지는 데 걸리는 삼아승기겁 중의 첫 번째 기간인 제일아승기겁은 십신十信・십주十住(十解)・십행十行・십회향十迴向의 수행 기간이 된다. 따라서 『섭대승론攝大乘論』에서는 십신도 불퇴위不退位로 설정한 것이다.

한편 『섭대승론』에서 주장하는 삼아승기겁과 수행계위를 구분하면 다음과 같다. 제일무수대겁第一無數大劫은 지전地前 삼현위三賢位의 수행 기간이고, 제이무수대겁第二無數大劫은 견도 초지初地에서 수도修道 칠지七地까지의 수행 기간이며, 제삼무수대겁第三無數大劫은 수도修道 팔지八地에서 십지十地까지의 수행 기간이다.

장[의 서로 다른 뜻]을 어떻게 만나게(會) 할 수 있겠는가?

답한다. 『유가사지론瑜伽師地論』에 의거하여 이 문장들을 통하게 하면 다음과 같다. '보살 수행의 소질을 지닌 사람'(菩薩性人)[333]이 '믿음을 세우는 열 가지 경지'(十信)에 들어가는 경우라면, [열 가지 경지 가운데] 첫 번째인 믿음(信)[334]에 처음 들어갈 때 '[이전 수준으로] 퇴행하지 않음'(不退)을 얻는다. '이승의 특징을 지닌 사람'(二乘性人)[335]이 소승小乘에서 [마음을] 돌리어 대승大乘으로 들어가는 경우라면, '믿음을 세우는 열 가지 경지'(十信)의 지위에서는 아직 '[이전 수준으로] 퇴행하지 않는 단계'(不退位)에 들어가지 못하며, 또한 아직 '[수행하여 부처가 되는 데 걸리는] 헤아릴 수 없이 많은 세 단계의 시간'(三僧祇數)에도 들어가지 못한다. [그리고] '[진리에 대한 믿음이 이해로 안착하는] 이해의 열 가지 경지'(十解)의 지위에

『섭대승론攝大乘論』 권3 『섭대승론석攝大乘論釋』 권 11	行願行地人	行清淨意行人行有相行人行無相行人	無功用行人
수행 계위	十信・十解・十行・十迴向	初地~七地	八地~十地
수행 기간	一阿僧祇劫	第二阿僧祇劫	第三阿僧祇劫

333 보살성인菩薩性人: 보살성인은 『유가사지론』에서 말하는 본성주종성本性住種姓(prakṛtistha-gotra)과 같은 의미이다. 성종성性種性 또는 성종性種이라고 하며, 대승大乘의 두 가지 종성 중 하나이다. 종성種性은 깨달을 수 있는 잠재적 가능성을 의미하는데, 본연적으로 지닌 것은 본성주종성本性住種姓이라 하고 후천적으로 닦아서 익히는 것은 습종성習種性이라 한다.

334 『범망경梵網經』에서 십신十信의 첫 번째는 ① 사심捨心이고, 『보살영락본업경菩薩瓔珞本業經』에서 십신十信의 첫 번째는 ① 신심信心이다.

335 이승성인二乘性人: 이승성인은 '성문승'과 '연각승/독각승'을 말한다. 이러한 개념은 '대승보살'이라는 개념을 차별적으로 천명하기 위해 기존의 수행자들을 유형화시킨 것인데, '성문聲聞'과 '연각緣覺'이라는 개념으로 지칭하려고 한 수행의 특징이 구체적으로 무엇인지는 분명치 않다. 추정하건대, '붓다의 가르침을 개인 구제의 관심에서 지적知的으로 이해하려는 수행자들의 태도'를 성문승, '특히 12연기를 중시하여 12연기를 삼세양중인과로 해석하고 그러한 연기해석학에 따라 윤회인과연쇄로부터의 탈출을 개인적 차원에서 추구하는 수행자들의 태도'를 연각승/독각승으로 불렀던 것 같다.

이르러 비로소 '[이전 수준으로] 퇴행하지 않는 단계'(不退位)를 얻고, 또한 '[수행하여 부처가 되는 데 걸리는] 헤아릴 수 없이 많은 세 단계의 시간'(三僧祇數)에도 들어갈 수 있다.[336] 그러므로 『인왕경仁王經』의 경우에는 '이승의 특징을 지닌 사람'(二乘性人)에 의거하여 설했기 때문에 [십신위十信位를] '[이전 수준으로] 퇴행할 수 있는 단계'(退位)로 삼았고, 『섭대승론攝大乘論』의 경우에는 '보살 수행의 소질을 지닌 사람'(菩薩性人)에 의거하여 설했기 때문에 [십신위十信位를] '[이전 수준으로] 퇴행하지 않는 단계'(不退位)로 삼은 것이다.

度十信位者,『瓔珞經』云. "上品一劫二劫中, 得度十信, 若約最下品人者, 逕中[337]劫, 方得度信."『般若經』中, 乃至廣說. 此"戒法"[338]者, 若論菩提心者, 爲第一信心. 若論戒心者, 爲第六戒心. "十長養"者, 約十解,[339] "十金剛"者, 約十迴向. 他緣不能動故, 名爲"十金剛", 此以

336 『유가사지론』에는 위의 인용문에 정확히 해당하는 문장은 없다. 다만 『유가사지론』 권35에서 다음의 문장은 대략 의미가 통한다. 이는 보살성인菩薩性人을 본성주종성本性住種姓으로 보고, 이승성인二乘性人을 습소성종성習所成種姓으로 보는 것이다. 그러므로 보살성인의 본성주종성은 번뇌장煩惱障과 소지장所知障 모두를 청정하게 할 수 있으나, 이승성인의 습소성종성은 번뇌장밖에 청정하게 할 수 없다. 전체적인 맥락은 통하지만, 연관된 수행의 기간(三僧祇數)과 지위(十信)에 대한 내용은 나오지 않는다. "云何種姓? 謂略有二種, 一本性住種姓. 二習所成種姓. 本性住種姓者, 謂諸菩薩六處殊勝有如是相, 從無始世展轉傳來法爾所得, 是名本性住種姓. 習所成種姓者, 謂先串習善根所得是名習所成種姓. 此中義意二種皆取, 又此種姓亦名種子, 亦名爲界亦名爲性. 又此種姓未習成果說名爲細, 未有果故已習成果說名爲麁與果俱故. 若諸菩薩成就種姓, 尙過一切聲聞獨覺. 何況其餘一切有情? 當知種姓無上最勝. 何以故. 略有二種淨, 一煩惱障淨, 二所知障淨. 一切聲聞獨覺種姓, 唯能當證煩惱障淨, 不能當證所知障淨. 菩薩種姓亦能當證煩惱障淨, 亦能當證所知障淨, 是故說言望彼一切無上最勝."(T30, 478c12~27)

337 저본에는 '中'으로 되어 있지만, 『보살영락본업경菩薩瓔珞本業經』 원문에 따라 '十'으로 교감하고 번역한다.

338 『범망경』 원문에 따라 '法戒'로 교감한다.

喩爲名.

[H1, 592a17~24; X38, 278c20~24]

'믿음을 세우는 열 가지 경지의 지위'(十信位)를 넘어서는 것[에 대하여] 『영락경瓔珞經』에서는 [다음과 같이] 말하였다. "'가장 높은 단계'(上品)[의 사람]은 1겁이나 2겁[동안의 수행] 가운데 '믿음을 세우는 열 가지 경지'(十信)를 건너갈 수 있으며,[340] 만약 '가장 낮은 단계의 사람'(最下品人)에 의거한다면, 10겁을 지나야 비로소 '믿음을 세우는 열 가지 경지'(十信)를 건너갈 수 있다."[341] 『반야경般若經』에서도 [관련 내용을] 자세히 말하고 있다.[342] 여기에서 "가르침에 맞는 계율"(法戒)이라는 것은, 만약 '깨달음

339 저본에는 '解'로 되어 있지만, 문맥상 '行'으로 교감하고 번역한다.

340 상품上品이 1~2겁 만에 십신十信을 건너 십주十住의 단계로 들어감은 『보살영락본업경』 하권의 다음 문장에 근거한다. "是人復行十善, 若一劫二劫三劫, 修十信, 受六天果報. 上善有三品, 上品鐵輪王化一天下, 中品粟散王, 下品人中王, 具足一切煩惱, 集無量善業, 亦退亦出. 若值善知識, 學佛法, 若一劫二劫, 方入住位. 若不爾者, 常沒不出, 住退分善根."(T24, 1017a19~25) 하지만 경문에는 비록 상품上品이라고 할지라도 선지식善知識을 만나 불법을 배워야 비로소 1~2겁에 십주에 들어갈 수 있다고 하였다. 그렇지 못하면 오히려 뒤로 물러난다고 하였다.

341 최하품인最下品人이 10겁을 지나야 십신十信을 건너 십주十住의 단계로 들어감은 『보살영락본업경菩薩瓔珞本業經』 상권의 다음 문장에 근거한다. "佛子, 若退若進者, 十住以前, 一切凡夫法中, 發三菩提心, 有恒河沙衆生, 學行佛法, 信想心中行者, 是退分善根. 諸善男子, 若一劫二劫乃至十劫, 修行十信, 得入十住."(T24, 1014b27~c1) 이는 범부凡夫가 보리심菩提心을 일으켜 십신十信의 수행으로 십주十住의 경지에 들어가는 과정 전체를 의미하는 것으로 최대 10겁이 걸린다는 것을 의미한다.

342 이와 관련된 내용은 『불설인왕반야바라밀경佛說仁王般若波羅蜜經』에서 살펴볼 수 있다. "習忍以前行十善菩薩, 有退有進. 譬如輕毛, 隨風東西, 是諸菩薩, 亦復如是, 雖以十千劫, 行十正道, 發三菩提心, 乃當入習忍位, 亦常學三伏忍法, 而不可名字, 是不定人. 是定人者, 入生空位, 聖人性故, 必不起五逆, 六重, 二十八輕, 佛法經書, 作返逆罪, 言非佛說, 無有是處, 能以一阿僧祇劫, 修伏道忍行, 始得入僧伽陀位."(T8, 831b7~15) 또한 다음 문장도 참고할 만하다. "白佛言. 世尊! 護十地行菩薩云何行可行? 云何行化衆生? 以何相衆生可化? 佛言. 大王! 五忍是菩薩法. 伏忍上中下, 信忍上中下, 順

을 구하려는 마음'(菩提心)으로 논한다면 ['믿음을 세우는 열 가지 경지'(十信) 중] '첫 번째인 [진리의 가르침에 대해] 믿는 마음'(第一信心)[으로 외우는 것]이고, '계율을 지키는 마음'(戒心)으로 논한다면 ['믿음을 세우는 열 가지 경지'(十信) 중] '여섯 번째인 계율을 지키는 마음'(第六戒心)[으로 외우는 것]이다.[343] "열 가지 [마음을] 오래도록 가꾸는 [보살]"(十長養)이라는 것은 '이타적 실천의 열 가지 경지'(十行)[344]에 의거하[여 말하]는 것이고, "열 가지 [마음을] 금강석[처럼 굳건히 지니는 보살]"(十金剛)이라는 것은 '[이전까지 쌓은 공덕을 모든 중생들에게] 돌려주는 열 가지 경지'(十廻向)에 의거하[여 말하]는 것이다. '다른 것들'(他緣)이 흔들 수 없기 때문에 "열 가지 [마음을] 금

忍上中下, 無生忍上中下, 寂滅忍上中下, 名爲『諸佛菩薩修般若波羅蜜』. 善男子! 初發想信, 恒河沙衆生修行伏忍"(T8, 826b21~26). 한편 이와 관련하여 『보살영락본업경菩薩瓔珞本業經』 상권의 다음 문장도 참고해 볼 수 있다. "諸善男子! 若一劫二劫乃至十劫, 修行十信, 得入十住. 是人爾時, 從初一住至第六住中, 若修第六般若波羅蜜, 正觀現在前, 復値諸佛菩薩知識所護故, 出到第七住, 常住不退, 自此七住以前, 名爲退分." 즉 십신十信에서 십주十住에 이른 보살이 십주十住 중 제일주第一住에서 제육주第六住까지 제육반야바라밀第六般若波羅蜜을 수행하여 정관正觀이 현전現前하여 여러 불보살佛菩薩 및 선지식善知識의 보호를 받아야 제칠주第七住에서 불퇴不退에 머물게 된다는 것이다.

343 여기서 말하는 십신十信 중의 단계인 '제일신심第一信心'과 '제육계심第六戒心'은 『보살영락본업경菩薩瓔珞本業經』에서 말하는 십신의 단계이다. 즉 『보살영락본업경』 권상 「현성명자품賢聖名字品」에는 십신十信을 다음 열 가지로 구분하였다. ① 신심信心, ② 염심念心, ③ 정진심精進心, ④ 정심定心, ⑤ 혜심慧心, ⑥ 계심戒心, ⑦ 회향심迴向心, ⑧ 호법심護法心, ⑨ 사심捨心, ⑩ 원심願心. 한편 『범망경梵網經』 권상에서는 십신十信을 ① 사심捨心, ② 계심戒心, ③ 인심忍心, ④ 진심進心, ⑤ 정심定心, ⑥ 혜심慧心, ⑦ 원심願心, ⑧ 호심護心, ⑨ 희심喜心, ⑩ 정심頂心으로 구분하였다.

344 원문에 십장양十長養이 십해十解, 즉 십주十住로 되어 있지만, 앞의 본문에 의하면 십장양十長養은 십행十行으로 보아야 한다. 십장양의 바로 앞 단계인 십발취十發趣가 『범망경보살계본사기梵網經菩薩戒本私記』에 의하면 십해十解(住)에 해당하기 때문이다. "十發趣者, 約十解位."(H1, 592a1~2) 그러므로 십발취十發趣의 다음 단계인 십장양十長養은 십행十行에 해당한다.

강석[처럼 굳건히 지니는 보살]"(十金剛)이라 하니, 이것은 비유를 가지고 이름을 삼은 것이다.

『범망경梵網經』[T24, 1004b2~4]

是故, 戒光從口出, 有緣非無因故. 光光, 非青黃赤白黑, 非色非心, 非有非無, 非因果法.

그러므로 '[길을 비추어 주는] 빛과도 같은 계율'(戒光)이 입에서 나오니, [그럴 만한] '조건이 있는 것'(有緣)이고 '원인이 없는 것'(無因)이 아니기 때문이다. '환한 빛들'(光光)은 '푸른색 · 노란색 · 붉은색 · 흰색 · 검은색이 아니며'(非青黃赤白黑), '색깔이나 모양을 지닌 것도 아니고 마음도 아니며'(非色非心), '있는 것도 아니고 없는 것도 아니며'(非有非無), '원인과 결과에 매인 현상도 아니다'(非因果法).

② 계율의 특징을 간략히 구별함(略辨戒相)

"是故"以下, 第二略辨戒相. 於中有三段. 一者, 明戒因緣, 二者, 明戒體具, 第三者, "諸佛之根本"以下, 明戒利益.

[H1, 592b1~3; X38, 279a1~3]

"그러므로"(是故) 이하는 ['부처님이 하신 서두의 말씀'(佛序) 가운데] 두 번째인 '계율의 특징을 간략히 구별함'(略辨戒相)이다. 이 가운데 세 단락이 있다. 첫 번째는 '계율의 원인과 조건을 밝힘'(明戒因緣)[345]이고, 두 번째는 '계율의 본연은 두루 갖춘 것임을 밝힘'(明戒體具)[346]이고, 세 번째는 "모든 부처님의 근본"(諸佛之根本) 이하로 '계율의 이로움을 밝힘'(明

345 『범망경梵網經』 "戒光從口出, 有緣非無因故."(T24, 1004b2~3)
346 『범망경梵網經』 "光光, 非青黃赤白黑, 非色非心, 非有非無, 非因果法."(T24, 1004b3~4)

戒利益)[347]이다.

가. 계율의 원인과 조건을 밝힘(明戒因緣)

初言"戒光"者, 以喩爲名, 謂戒離染明淨, 亦能破闇故, 有似光義故, 以喩爲名也. 初明戒因緣中, 言"有緣非無因"者, 有三羯摩,[348] 及師僧緣等, 故言"有緣". "非無因"者, 所發三品菩提心因非無, 故言"非無因".

[H1, 592b3~8; X38, 279a3~6]

처음에 말한 "[길을 비추어 주는] 빛과도 같은 계율"(戒光)이라는 것은 비유로써 이름을 삼은 것이니, 계율은 '오염에서 벗어나 밝고 맑게 해 주며'(離染明淨) 또한 어둠을 깨뜨릴 수 있고 '빛과 비슷한 면모'(似光義)를 지니고 있기 때문에 [빛이라는] 비유로써 명칭을 지은 것이다. 먼저 '계율의 원인과 조건을 밝히는'(明戒因緣) 가운데 "[그럴 만한] '조건이 있는 것'이고 '원인이 없는 것'이 아니다"(有緣非無因)라고 한 것은 [다음과 같은 뜻이다.] 삼갈마三羯磨[349]와 '[세 분의] 스승과 [일곱 분의] 승려'(師僧)[350]라는 조

347 『범망경梵網經』 "是諸佛之本源, 菩薩之根本, 是大衆諸佛子之根本. 是故大衆諸佛子應受持, 應讀誦, 善學."(T24, 1004b4~6)

348 저본에는 '摩'로 되어 있지만 일반적으로는 '磨'를 사용하므로 '磨'로 교감하고 번역한다.

349 삼갈마三羯磨: 삼갈마는 백삼갈마白三羯磨·일백삼갈마一白三羯磨라고도 하는데, 계율을 주는 바른 형식이다. 승려공동체에서 승려가 계율을 받는 것을 승낙하거나, 중범죄에 대한 처분, 혹은 벌로 다스림, 싸움을 그치게 하는 등의 중대 사건에는 반드시 갈마사羯磨師 4인 이상이 승려 무리 앞에서 의결을 진행해야 한다. 그 의결 과정이 '일백一白'과 '삼갈마'이다. 예를 들어, 계율을 줄 때 일백一白은 계율을 주는 안건을 공개적으로 한 번 읽는 것이며, 그 후 삼갈마는 세 번에 걸쳐 안건을 따라 읽으며 계율을 주는 것에 대한 찬반여부를 묻는 것이다. 따라서 총 4번을 읽게 되는 것이다. 이러한 일백삼갈마一白三羯磨는 수계작법授戒作法 가운데 가

건 등이 있기 때문에 "[그럴 만한] 조건이 있는 것이다"(有緣)라고 말하였다. [또] "원인이 없는 것이 아니다"(非無因)라고 한 것은, '깨달음을 구하는 세 가지의 마음'(三品菩提心)[351]을 일으킨 원인이 없지 않으니, 그러므로 "원인이 없는 것이 아니다"(非無因)라고 말하였다.

나. 계율의 본연은 두루 갖춘 것임을 밝힘(明戒體具)

第二辨體中, 言"光光"者, 有多說. 一云. 所放光中, 亦有無量光故, 言"光光". 一云. 放光, 故言"光", 因光, 亦說戒法, 故重言"光"也. 一云. 論所說戒法者, 有作無作不同, 故言"光光". 一云. 表受隨二戒不同, 故言"光光". 一云. 三聚戒非一, 故言"光光", 亦應言一一聚中, 有無量戒, 故言"光光".

[H1, 592b9~16; X38, 279a7~12]

두 번째로 '[계율의] 본연을 판별함'(辨體)[352] 가운데 "환한 빛들"(光光)이

장 신중한 것이다. 『불광대사전』, p.47.

350 삼사칠승三師七僧: '삼사칠승'은 비구가 구족계를 받을 때 계장戒場에서 반드시 구족해야 할 계사戒師를 말한다. 구체적 내용은 앞의 각주 참고.

351 삼품보리三品菩提: 삼품보리는 크게 두 종류가 있다. 첫 번째는 삼승보리三乘菩提로 ① 성문보리聲聞菩提, ② 연각보리緣覺菩提, ③ 무상정등보리無上正等菩提이다. 두 번째는 삼불보리三佛菩提로 ① 응화불보리應化佛菩提, ② 보불보리報佛菩提, ③ 법불보리法佛菩提이다. 『불광대사전』, p.849.

352 계체戒體의 형성은 무표색無表色과 연관이 있다. 즉 『아비달마구사론』 권13에 의하면, 무표색無表色이 없다면 별해탈률의別解脫律儀가 없어서 수계受戒 후에 계율의 상속相續이 있을 수 없게 된다고 하는데, 말하자면 계체戒體인 별해탈률의가 무표색의 상태로 계율을 받은 자에게 작용하기 때문에 계법戒法의 수계受戒 이후에도 계상속戒相續이 이루어질 수 있다는 설명이다. "若撥無無表色者, 則亦應無有別解脫律儀, 非受戒後有戒相續."(T29, 69a24~25) 『佛光大辭典』(p.2897)에서는 계법戒法은 부처님이 제정한 계율 그 자체로서 드러나는 것(表)이라면 계체는 계율

라고 한 것에는 여러 가지 설이 있다. 어떤 사람은 [다음과 같이] 말하였다. 〈내놓은 빛 가운데 또한 헤아릴 수 없는 빛이 있으므로 "환한 빛들"(光光)이라고 말한 것이다.〉 [또] 어떤 사람은 [다음과 같이] 말하였다. 〈빛을 내놓기 때문에 "환하다"(光)라고 말했고, 빛에 기인하여 또한 '계율에 관한 가르침'(戒法)을 말하였기 때문에 거듭해서 "빛"(光)이라고 말한 것이다.〉 [또] 어떤 사람은 [다음과 같이] 말하였다. 〈설해진 '계율에 관한 가르침'(戒法)을 논하자면 '지어야 이어지는 계율'(有作)[353]과 '짓지 않아도 이어지는 계율'(無作)[354]이 같지 않으므로 [같은 글자를 두 번 써서] "환한 빛들"(光光)이라고 한 것이다.〉 [또] 어떤 사람은 [다음과 같이] 말하였다. 〈'계율을 받음'(受戒)[355]과 '계율을 이어 감'(隨戒)[356]이 같지 않음을 나타내기 위해서 [같은 글자를 두 번 써서] "환한 빛들"(光光)이라고 한 것이다.〉 [또] 어떤 사람은 [다음과 같이] 말하였다. 〈'[대승의] 세 부류의 계율들'(三聚戒)은 한 가지가 아니므로 [같은 글자를 두 번 써서] "환한 빛들"(光光)이라고 하였고, 또한 낱낱의 부류(聚)에 헤아릴 수 없는 계율이 있다고 말해야 하는

의 법칙이 악법惡法을 방지하는 작용으로서 '드러나지 않는 것'(無表)인데, 율의律儀는 수계의식을 통해 무표인 계체를 얻은 것을 말한다고 설명한다. 이에 따르면 계율(戒)은 계법의 측면에서는 보이거나 들리는 것으로서 표색表色이지만, 계체인 율의의 측면에서는 무표색이라고 하겠다.

353 유작有作: 유작은 지어야만 이어지는 계율인 작계作戒이다. 앞의 주석 중 '작계作戒' 참고.

354 무작無作: 무작은 짓지 않아도 이어지는 계율인 무작계無作戒이다. 앞의 주석 중 '무작계無作戒' 참고.

355 수계受戒: 수계는 일반적인 수계의식受戒儀式을 통해 계율을 받는 것이다. 이는 계법戒法의 측면에서는 보이거나 들리는 것으로서 표색表色이라고 할 수 있다.

356 수계隨戒: 수계는 수체수계受體隨戒라고도 하는데, 이 중 수체受體는 자신의 마음에 계율을 받아 계체戒體를 지니고서 계율을 깨트리지 않겠다고 결심하는 것이다.(『불광대사전』, p.3913) 이는 곧 무표색無表色의 戒律인 계체戒體가 형성되어 계법戒法의 수계受戒 이후에도 계상속戒相續이 이루어지는 것을 의미한다. 위의 계체戒體 각주 참고.

것이므로 [같은 글자를 두 번 써서] "환한 빛들"(光光)이라고 한 것이다.〉

"非靑黃亦[357]白黑"者, 黑者, 是不善故, 靑等四者, 是無記故. 論所說戒體者, 非惡無記, 其是善故, 言"非靑黃亦[358]白黑"也.

[H1, 592b16~18; X38, 279a12~14]

"푸른색 · 노란색 · 붉은색 · 흰색 · 검은색이 아니다"(非靑黃赤白黑)라고 한 것에서 '검은색(黑)'이라고 한 것은 '이롭지 못한 것'(不善)이고 '푸른색(靑)' 등 네 가지는 '이롭지도 않고 해롭지도 않은 것'(無記)[359]이다. 설해진 '계율의 본연'(戒體)을 논하자면, '해로운 것'(惡)이나 '이롭지도 않고 해롭지도 않은 것'(無記)이 아니고 '이로운 것'(善)이기 때문에 "푸른색 · 노란색 · 붉은색 · 흰색 · 검은색이 아니다"(非靑黃赤白黑)라고 말한 것이다.

---

357 저본인 『한불전』에는 '亦'으로 되어 있으나, 『대정장』의 원문에 따라 '赤'으로 교감하고 번역한다. "非靑黃赤白黑者."(X38, 279a12)

358 저본인 『한불전』에는 '亦'으로 되어 있으나, 『대정장』의 원문에 따라 '赤'으로 교감하고 번역한다. "言非靑黃赤白黑也."(X38, 279a13~14)

359 무기無記: 무기는 모든 현상을 선善 · 불선不善 · 무기無記의 '세 가지 특성'(三性)으로 나눈 것 중의 하나로, '이롭지도 않고 해롭지도 않은'(非善非不善) 모든 현상을 말한다. 무기는 다시 유부무기有覆無記(不淨無記)와 무부무기無覆無記(淨無記)로 나뉘는데, 양자 모두 선善이나 불선不善의 이숙과異熟果를 내지 못한다는 점에서 무기이지만, 유부무기는 그 면모가 오염되어 있어 성도聖道를 덮고 심성心性을 가리는 데 반해 무부무기는 면모가 청정하여 성도를 덮거나 심성을 가리지 않는다. 4종무기오음四種無記五陰은 이 무부무기無覆無記의 네 가지 항목을 말한다. ① 이숙무기異熟無記(異熟生心, 報生心)는 전세前世의 업인業因에 의해 초래된 심신心身의 과보이고, ② 위의무기威儀無記(威儀路無記)는 행行 · 주住 · 좌坐 · 와臥의 자세와 동작이나 이 동작들을 반연하는 마음이며, ③ 공교무기工巧無記(工巧處無記)는 공작工作 · 회화繪畫 · 시가詩歌 등 몸과 말의 교묘함이나 이 교묘함을 반연하는 마음이고, ④ 통과무기通果無記(變化無記)는 선정禪定에 들어 신통자재神通自在의 변화變化를 일으키는 마음이다. 『佛光大辭典』, pp.2460, 5107~5108 참조.

"非色非心"者, 以防非止惡義爲戒故. 此戒者, 雖從色生, 而非爲色, 雖從心生, 而非爲心, 故言"非色非心". 論如小乘家中非色非心, 不相應[360]法, 有實有體, 故名爲非色非心. 此戒體者, 唯以防非義爲戒故, 非質㝵義, 故非色, 非緣意[361]義, 故非心故.

[H1, 592b19~c1; X38, 279a14~18]

"색깔이나 모양을 지닌 것도 아니고 마음도 아니다"(非色非心)라는 것은 '잘못은 막고 해로움은 그치게 하는 면모'(防非止惡義)를 계율로 삼기 때문이다. 이러한 계율은 비록 '색깔이나 모양을 지닌 것'(色)에 따라 생겨나지만 '색깔이나 모양을 지닌 것'(色)도 아니고, 비록 마음(心)에 따라 생겨나지만 마음(心)도 아니기 때문에, "색깔이나 모양을 지닌 것도 아니고 마음도 아니다"(非色非心)라고 말하였다. 만약 '소승을 추구하는 사람들'(小乘家)이 말하는 '색깔이나 모양을 지닌 것도 아니고 마음도 아닌 것'(非色非心)을 논한다면 '[마음과] 상응하지 않는 현상'(不相應行法)[362]

---

360 저본에는 '行'이 빠져 있지만, 문맥상 '行'을 추가하여 '不相應行法'으로 번역한다.

361 저본에는 '意'로 되어 있지만, 문맥상 '慮'로 교감하고 번역한다.

362 불상응행법不相應行法: 불상응행법은 심불상응행법心不相應行法으로 『구사론』 권4에서 일체법一切法을 5가지로 구분할 때 사용되는 개념이다. 즉 다섯 가지 부류는 색色, 심心, 심소心所, 심불상응행心不相應行, 무위無爲이다. "一切法略有五品, 一色, 二心, 三心所, 四心不相應行, 五無爲."(T29, 18b16~18) 이 가운데 심불상응행법에 대하여 득得·비득非得 등의 심불상응행법에 속하는 것들(諸法)들은 마음과 상응하지 않고(心不相應) 색 등의 면모도 아닌(非色等性) 것이므로 행온行蘊에 포함된다고 설명한다. "心不相應行何者是耶? 頌曰. 心不相應行, 得非得同分. 論曰. 如是諸法心, 不相應非色等性, 行蘊所攝, 是故名心不相應行."(T29, 22a4~9) 권오민에 따르면 아비달마에서 말하는 심불상응행법心不相應行法은 "존재양태에 관한 관념을 추상화시켜 얻은 개념"으로 득得·비득非得·동분同分·무상과無想果·무상정無想定·멸진정滅盡定·명근命根·생生·주住·이異·멸滅·명신名身·구신句身·문신文身의 14가지가 있다. 『아비달마의 철학』, 2003년, p.82 참조. 한편 대승경론인 『유가사지론』 권3에서는 "不相應行有二十四種, 謂得, 無想定, 滅

으로서 '실체가 있고 바탕이 있는 것'(有實有體)이니, 그러므로 '색깔이나 모양을 지닌 것도 아니고 마음도 아니다'(非色非心)라고 부른다. 여기에서 [말하는] '계율의 본연'(戒體)이라는 것은 오직 '잘못을 막는 면모'(防非義)를 계율로 삼는 것이기 때문에 '서로 장애가 되는 물질의 면모'(質礙[363]義)가 아니니 그러므로 '색깔이나 모양을 지닌 것'(色)이 아니고, '대상에 기대어 생겨나는 마음의 면모'(緣慮[364]義)도 아니니 그러므로 '마음'(心)도 아닌 것이다.

盡定, 無想異熟, 命根, 衆同分, 異生性, 生老住無常, 名身, 句身, 文身, 流轉, 定異相應, 勢速, 次第, 時, 方, 數, 和合, 不和合."(T30, 293c7~11)이라고 하여 득得·무상정無想定·멸진정滅盡定·무상이숙無想異熟·명근命根·중동분衆同分·생生·노老·주住·무상無常·명신名身·구신句身·문신文身·이생성異生性·유전流轉·정이定異·상응相應·세속勢速·차제次第·시時·방方·수數·화합和合·불화합不和合의 24가지를 거론한다.

363 질애質礙: 질애는 색법色法에 갖춰진 물질의 성질에 질량이 있음으로 인하여 다른 사물과 서로 장애하게 되는 것을 말한다. 한 사물은 동시에 다른 사물과 같은 공간을 점유할 수 없으므로 물체가 점유하는 특정한 공간은 다른 사물을 받아들일 수 없다. 또한 한 물질도 다른 사물에 장애가 된다. 『불광대사전』, p.7762.

364 연려緣慮: 연려는 연려심緣慮心으로 여지심慮知心·여지련려심慮知緣慮心이라고도 한다. 대상(境界)을 조건으로 삼아 그것에 기대어 생겨나는 마음이다. 통상적으로 안식眼識·이식耳識 내지 아뢰야식 등의 여덟 가지 마음(識)을 가리킨다. 『불광대사전』, p.7698. 『마하지관摩訶止觀』 1권에서는 여지심慮知心이라고 하였다. "質多者天竺音此方言心, 卽慮知之心也."(T46, 4a20~21) 또한 후대 중국의 선종 문헌인 『선원제전집도서禪源諸詮集都序』 마음을 ① 肉團心, ② 緣慮心, ③ 集起心, ④ 眞心으로 나누었다. 『선원제전집도서』 권1(T48, 401c17~402a1) "汎言心者, 略有四種, 梵語各別翻譯亦殊. 一紇利陀耶, 此云肉團心. 此是身中五藏心也. (具如黃庭經五藏論說也) 二緣慮心, 此是八識, 俱能緣慮自分境故. (色是眼識境, 乃至根身種子器世界, 是阿賴耶識之境) 各緣一分, 故云自分) 此八各有心所善惡之殊, 諸經之中, 目諸心所總名心也. 謂善心惡心等. 三質多耶, 此云集起心, 唯第八識. 積集種子生起現行故(黃庭經五藏論目之爲神, 西國外道, 計之爲我, 皆是此識) 四乾栗陀耶, 此云堅實心, 亦云貞實心. 此是眞心也. 然第八識無別自體, 但是眞心以不覺故, 與諸妄想有和合不和合義. 和合義者, 能含染淨目爲藏識. 不和合者, 體常不變目爲眞如. 都是如來藏, 故楞伽云, 寂滅者名爲一心, 一心者卽如來藏."

辨戒體, 三業[365]說不同. 薩波[366]多云. 四[367]作者, 以不可見有對色爲體. 耳識所得故, 以聲入所攝色. 若身作者, 以可見有對色爲體. 眼識所得故, 色入所攝. 若無作戒者, 以不可見無對色爲體. 此意識所得故, 法入所攝.

[H1, 592c1~6; X38, 279a18~22]

'계율의 본연을 판별하는 것'(辨戒體)은 ['입으로 짓는 행위'(口業)·'몸으로 짓는 행위'(身業)·'생각으로 짓는 행위'(意業)라는] '세 가지 행위'(三業)에 관한 설명들이 같지가 않다.

살바다부薩婆多部[368]에서는 [다음과 같이] 주장한다. 〈만약 '입으로 짓는 것'(口作者)이라면, '눈으로 볼 수 없지만 장애가 있는 물질'(不可見有對色)[369]로써 [그] 본연(體)을 삼는다. '귀[와 상응하는] 식'(耳識)에 의해 얻을 수 있기 때문에 '소리의 범주'(聲入)에 포섭되는 ['눈으로 볼 수 없지만 장애가 있는(不可見有對)'] 물질(色)이다. 만약 '몸으로 짓는 것'(身作者)이라면, '눈으로 볼 수 있으며 장애가 있는 물질'(可見有對色)[370]로써 [그] 본연(體)

365 저본에는 '業'으로 되어 있지만, 문맥상 '家'로 교감해 볼 수도 있다. 다만 원문의 내용이 구업口業·신업身業·의업意業에 대한 설일체유부說一切有部·성실가成實家·대승가大乘家의 해석이라는 점을 고려하여 '三業'으로 보고 번역한다.

366 저본에는 '波'로 되어 있지만, 문맥상 '婆'로 교감하고 번역한다.

367 저본에는 '四'로 되어 있지만, 문맥상 '若口'로 교감하고 번역한다.

368 살바다부薩婆多部: 살바다부(Sarvāstivādin)는 음역인 '살바아사저바지薩婆阿私底婆地'의 약칭이다. 약칭으로는 이 외에도 살바제바薩婆帝婆, 살위薩衛 등이 있다. 일반적으로 설일체유부說一切有部라는 의역어가 통용된다.

369 불가견유대색不可見有對色: 불가견유대색은 '세 가지 종류의 물질'(三色) 가운데 하나이다. 11가지 색법色法(五根+五境+無表色) 가운데 오근五根인 안眼·이耳·비鼻·설舌·신身과 사경四境인 성聲·향香·미味·촉觸을 가리킨다. 아주 작아서 눈으로 볼 수 없으며 물리적 장애도 가졌기 때문에 '눈으로 볼 수 없지만 장애가 있는 물질'(不可見有對色)이라고 하였다. 한편 삼색三色은 ① 可見有對色, ② 不可見有對色, ③ 不可見無對色이다. 『불광대사전』, p.1277.

을 삼는다. '눈[과 상응하는] 식'(眼識)에 의해 얻을 수 있기 때문에 '색깔이나 모양을 지닌 것의 범주'(色入)에 포섭된다. 만약 '짓지 않아도 이어지는 계율'(無作戒)이라면, '눈으로 볼 수 없으며 장애도 없는 물질'(不可見無對色)[371]로써 [그] 본연(體)을 삼는다. 이는 '마음[과 상응하는] 식'(意識)에 의해 얻을 수 있기 때문에 '개념의 범주'(法入)에 포섭된다.〉[372]라고 했다.

若成實家者. 作戒, 以思數爲體. 身口色, 一向非戒體. 色此無記故, 色非罪福性故, 非戒體. 若無作戒者, 以非色非心爲體.

[H1, 592c6~9; X38, 279a22~b1]

370 가견유대색可見有對色: 가견유대색은 '세 가지 종류의 물질'(三色) 가운데 하나이다. 눈으로 볼 수 있는 것으로 아주 작은 물질로 구성되었고, 물리적 장애가 있는 성질을 지녔기 때문에 '눈으로 볼 수 있으며 장애가 있는 물질'(가견유대색可見有對色)이라고 하였다. 11가지 색법色法(五根+五境+無表色) 가운데 물질(色)을 가리킨다. 무표색을 제외한 9가지는 위의 각주에서 설명한 '불가견유대색不可見有對色'이 되며, 무표색無表色은 불가견무대색不可見無對色이 된다. 『불광대사전』, p.2089.

371 불가견무대색不可見無對色: 불가견무대색은 '세 가지 종류의 물질'(三色) 가운데 하나이다. 11가지 색법色法(五根+五境+無表色) 가운데 무표색無表色이다. 무표색無表色은 눈으로 볼 수 없으며, 또한 물리적 장애를 지닌 아주 작은 것으로 이루어진 것도 아니다. 그런 의미에서 '눈으로 볼 수 없으며 장애도 없는 물질'(不可見無對色)이라고 한다. 그러나 지地·수水·화火·풍風으로 분류되는 물질적 현상을 기반으로 발생하는 것이라는 점에서 물질에 속한다. 『불광대사전』, p.1277.

372 설일체유부說一切有部의 이러한 견해는 여러 경론을 종합한 것으로 보인다. 『사리불아비담론舍利弗阿毘曇論』 권3(T28, 543a26~b2) "云何可見有對色? 色入. 是名可見有對色. 云何不可見有對色? 眼耳鼻舌身聲香味觸入. 是名不可見有對色. 云何不可見無對色. 身口非戒無教. 有漏身口戒無教. 正語正業正命正身進正身除. 是名不可見無對色"; 『아비달마대비바사론阿毘達磨大毘婆沙論』권73(T27, 380c8~9) "復次此處對意故名法處, 謂眼等處唯對色等. 唯有意處對一切法故."; 『살바다부비니마득륵가薩婆多部毘尼摩得勒伽』 권1(T23, 565a14~21) "問. 犯毘尼罪, 作無作耶? 答. 犯罪, 作. 無作, 色非色耶? 答. 是色. 可見不可見耶? 答. 或可見, 或不可見. 云何可見? 謂身作. 云何不可見? 謂身無作及口作, 無作. 有對無對耶? 答. 若作是有對, 無作是無對. 有漏無漏耶? 答. 有漏. 有爲無爲耶? 答. 有爲. 世間法出世間法耶? 答. 世間法. 陰攝不攝耶? 答. 陰攝. 界攝不攝耶? 答. 界攝."

성실가成實家[373]라면 [다음과 같이 주장한다.] 〈'지어야만 이어지는 계율'(作戒)은 헤아림(思數)을 [그] 본연(體)으로 삼는다. 몸(身)·입(口)[과 같이] '물질적인 것'(色)은 모두 '계율의 본연'(戒體)이 아니다.[374] '물질적인 것'(色)은 이것이 '이롭지도 해롭지도 않은 것'(無記)이기 때문이며, [또] '물질적인 것'(色)은 [그 자체로는] '해로움을 짓거나 이로움을 만드는 특성'(罪福性)이 아니기 때문에 '계율의 본연'(戒體)이 아니다.[375] 만약 '짓지

---

373 성실가成實家: 성실가는 중국의 남북조에서 당나라 초까지 『성실론成實論』을 전승하고 널리 알리는 학자집단이다. 『성실론』은 동진東晋의 구마라집(344~413)이 후진後秦에 번역(411~412)한 경전인데, 구마라집 문하에서 이 경론에 조예가 깊은 학자들이 많이 나왔다. 대표적으로 운영曇影·승예僧叡·승도僧導·승숭僧嵩 등이 있는데, 이 중 승도僧導와 승숭僧嵩이 중국의 강남지방에 머물면서 북조시기에 성실학파가 남북계통으로 성립되었다.(『불광대사전』, p.3698) 이들은 이후 성실종成實宗으로 발전하게 된다. 성실종成實宗은 『성실론』을 지은 중인도 출신의 하리발마訶梨跋摩(Harivarman)를 초조初祖로 삼았다. 초조인 하리발마는 처음에는 설일체유부에서 배우다가 한계를 느끼고 대소승 모두를 자세히 연구하여 『성실론成實論』을 지었다. 설일체유부와 성실종의 견해 차이는 대략 나음과 같다. ① 설일체유부에서는 삼세가 모두 실재하는 것으로 주장하였으나, 성실종에서는 과거와 미래는 실체가 없으나 오직 현재는 찰나의 도리에 따라 인연으로 생겨난 본체의 작용이 있다고 보았다. ② 설일체유부에서는 현상법의 실체가 있다고 보았으나 성실종에서는 법체는 중도이며, 현재법은 인연으로 생겨난 것으로 보기 때문에 '있는 것도 아니고 공도 아님'(非有非空)·'단상에 떨어지지 않고, 이 이변을 여읨'(不墮常邊斷邊, 離此二邊)을 중도로 삼았다. ③ 설일체유부에서는 죽음상태(死有)와 '살아 있는 상태'(生有) 사이에 '중음中陰'이 있다고 주장하였지만, 성실종에서는 '중음中陰'은 없다고 하였다. 이 외에도 여러 부분에서 차이가 있는데, 주로 설일체유부의 실체적 속성을 비판하며, 대소승을 모두 포괄하는 주장을 펼쳤다. 『불광대사전』, p.3693.

374 『성실론成實論』에서 완전히 일치하는 문장은 없다. 다만 다음 문장에서 몸(身)과 '몸으로 짓는 것'(身作)을 구분하면서 몸(身)이 심력心力 즉 사수思數를 따르기 때문이라고 하였다. 즉 몸(身)·입(口) 그 자체는 선善·불선不善과 상관이 없고 심력心力 즉 사수에 따라 선·불선이 지어지는 것으로 보았다. 『성실론』 권7(T32, 289c29~290a4) "問曰. 是身作或善或不善, 而身不然, 是故非身所作? 答曰. 隨心力故, 身餘處生時能集業, 是故集若善不善. 非直是身, 口業亦爾. 非直音聲語言以心力, 隨音聲語言, 所集善惡是名口業, 意業亦如是."

않아도 이어지는 계율'(無作戒)이라면, '물질적인 것도 아니고 마음도 아닌 것'(非色非心)을 [그] 본연(體)으로 삼는다.〉[376]

若大乘家者. 〈作戒, 約通門者, 通以三業爲體. 是故『攝論』中問云, "此三種戒, 以何[377]爲體?" 答, "以不起煩[378]惱害他意, 生善身口意業爲體故." 若克性者, 以意業爲體. 故『攝論』一文云, "意業爲體, 若依口門起者, 名爲口業, 若依身門起者, 名爲身業故." 若論無作, 若『攝大乘論』者, "以賴耶識中熏習爲體". 若『菩提資糧論』者, "以種子爲體".〉

[H1, 592c9~18; X38, 279b1~7]

만약 '대승을 추구하는 사람들'(大乘家)이라면 [다음과 같이 주장한다.] 〈'지어야만 이어지는 계율'(作戒)을 '공통되는 측면'(通門)에 의거해 본다면 '[신체(身), 언어(口), 생각(意)으로 이루어지는] 세 가지 행위'(三業)를 모두

375 『성실론成實論』에서 완전히 일치하는 문장은 없지만, 다음 문장을 참고할 만하다. 『성실론』 권7(T32, 290b14~16) "問曰. 若無作是色相有何咎? 答曰. 色聲香味觸五法, 非罪福性故, 不以色性爲無作."

376 『성실론成實論』에서 완전히 일치하는 문장은 없지만, 다음 문장을 참고할 만하다. 권7(T32, 290a28~b12) "問曰. 不以離故生天, 以善心故? 答曰. 不然. 經中說, 精進人隨壽得福多, 故久受天樂. 若但善心云何能有多福? 是人不能常有善心故. 又說, 種樹等福德晝夜常增長. 又說, 持戒堅固若無無作, 云何當說福常增長及堅持戒. 又非作卽是殺生, 作次第殺生法生, 然後得殺罪. 如教人殺, 隨殺時教者得殺罪, 故知有無作. 又意無戒律儀, 所以者何? 若人在不善無記心若無心, 亦名持戒. 故知爾時有無作不善律儀亦如是. 問曰. 已知有無作法非心. 今爲是色, 爲是心不相應行? 答曰. 是行陰所攝. 所以者何? 作起相名行, 無作是作起相故, 色是惱壞相非作起相."

377 저본에는 '何'로 되어 있지만, 『섭대승론석攝大乘論釋』 원문에 따라 '何法'으로 교감하고 번역한다. 『섭대승론석攝大乘論釋』 권11(T31, 232c13~14) "此三種戒以何法爲體."

378 저본에는 '煩'이 있지만, 『섭대승론석攝大乘論釋』 원문에 따라 '煩'을 삭제하고 번역한다. 『섭대승론석攝大乘論釋』 권11(T31, 232c14) "不起惱害他意."

[그] 토대(體)로 삼는다." 그러므로 『섭대승론석攝大乘論釋』에서는 [다음과 같이] 묻는다. "이 '세 가지 계율'(三種戒)[379]은 어떤 도리(法)를 [그] 토대(體)로 삼는가?"

[이에 대해 다음과 같이] 답하고 있다. "'다른 사람을 괴롭히고 해치려는 생각'(惱害他意)을 일으키지 않고, '신체·언어·생각을 이롭게 하는 행위'(善身口意業)를 생겨나게 하는 것을 [그] 토대(體)로 삼는다."[380] 만약 ['지어야만 이어지는 계율'(作戒)을] ['공통되는 측면'(通門)이 아니라] '가장 중요한 면모'(尅性)[381]인 것[에 의거하여] 본다면 '생각으로 이루어지는 행위'(意業)를 [그] 토대(體)로 삼는다. 그러므로 『섭대승론攝大乘論』의 한 문장에서는 [다음과 같이] 말하였다. "'생각으로 이루어지는 행위'(意業)를 [그] 토대(體)로 삼으니, 만약 '언어의 측면'(口門)에 의거하여 [생각(意)을] 일으키는 것이면 '언어로 이루어지는 행위'(口業)라고 부르고, 만약 '신체의 측면'(身門)에 의거하여 [생각(意)을] 일으키는 것이면 '신체로 짓는 행위'(身業)라고 부르기 때문이다."[382] 만약 '짓지 않아도 이어지는 계율'(無作戒)을 논한다면 『섭대승론攝大乘論』에서는 "[모든 것의 종자를 저장하고 있는] 아뢰야식(阿賴耶識)[383]에 있는 '누적된 경향성'(熏習)을 [그] 토대(體)로 삼

---

379 대승의 삼취계(三聚戒)인 섭률의계攝律儀戒·섭선법계攝善法戒·섭중생계攝衆生戒를 말한다.

380 『섭대승론석攝大乘論釋』 권11(T31, 232c13~15) "此三種戒以何法爲體? 不起惱害他意, 生善身口意業爲體."

381 극성尅性: 극성은 가장 중요한 면모를 말하는 것으로 앞서 나온 '통하는 측면'(通門)과 대응하는 뜻이 있다. 즉 통문通門이 전체적으로 통하는 것이라면, 극성尅性은 한 부분에 집중되는 것을 강조한다고 볼 수 있다. 이와 같은 용례는 법장法藏이 저술한 『화엄경탐현기華嚴經探玄記』 등에도 보인다. 권3(T35, 153c22~23) "二體性者, 通論教等四法爲性. 尅性唯八正道爲性."

382 위의 문장은 『섭대승론석攝大乘論釋』의 다음 문장을 참고할 만하다. 권5(T31, 185a10~12) "論曰. 譬如作意業得身口等業名. 釋曰. 此作意業, 雖復是一. 若依身門起名身業, 若依口門起名口業, 意識亦爾."

383 아뢰야식阿賴耶識: 아뢰야식은 산스크리트어 'ālaya vijñāna'의 음사이다. 아뢰야

는다"[384]라고 하였고, 『보리자량론菩提資糧論』에서는 "[아뢰야식에 있는] 종자種子[385]를 [그] 토대(體)로 삼는다"[386]라고 하였다.

阿賴耶는 산스크리트어 'ālaya'의 음사로 거주지 · 저장 · 집착을 뜻한다. 번역에 다소 차이가 있는데, 아뢰야를 진제眞諦는 a(無)+laya(沒)로 보아 무몰식無沒識이라고 하였고, 현장玄奘은 'ālaya'로 보아 장식藏識이라 번역하였다. 이후 현장의 법상유식학에서는 '아뢰야식阿賴耶識'을, 『대승기신론』에서는 '아리야식阿梨耶識'을 채택한다. 그리고 법상유식에서는 '아뢰야식阿賴耶識'을 망식妄識으로 간주하는 데 비해, 『대승기신론』에서는 '아리야식阿梨耶識'을 진망화합식眞妄和合識으로 본다. 원효는 이 두 경우를 식별하여, 『대승기신론』 사상의 맥락에서는 '阿梨耶識', 현장 신유식학을 거론할 때는 '阿賴耶識'을 각각 구별하여 사용한다. 위의 문장에서 원효가 현장의 '아뢰야식阿賴耶識'을 채택한 것을 볼 때, 『梵網經菩薩戒本私記卷上』의 저술 연도는 적어도 현장이 중국에서 '아뢰야식阿賴耶識'을 번역한 이후라고 볼 수 있다. 현장은 647년에 『해심밀경』에서 제8식의 의미로 '아뢰야식阿賴耶識'을 사용하였다.

384 위의 문장은 『섭대승론석攝大乘論釋』의 다음 문장을 참고할 만하다. 다만 위의 문장의 아뢰야식阿賴耶識을 진제는 본식本識으로 번역하였다. 권4(T31, 178a22~28) "論曰. 於無二無故, 轉依義不成. 釋曰. 第六生起識於定位中, 若不在時無種子無, 無作亦無故轉依義不成. 若有本識, 生起識熏習所生種子, 於本識中住, 生起識雖復不在. 可得令種子無, 及令生起識無. 說爲轉依, 若離本識則無二無故, 轉依義不成, 以是義故定應信有本識."

385 종자種子: 종자(bīja)는 유식학唯識學에서 쓰는 개념이다. 마치 곡식 등이 씨앗을 말미암아 생겨나듯이 색법色法과 심법心法 등 모든 현상 또한 종자로 인하여 생겨나는 것과 같으므로 종자라고 하였다. 인간의 모든 의도적 선택은 아뢰야식 중에서 훈습되어 일정한 누적된 경향성을 형성하게 된다. 그러므로 '습기習氣' 또는 '여습餘習'이라고 부르기도 한다. 이러한 종자에 대한 주장은 일종의 비유로서 최초로 『잡아함경』에서 발견되며, 이후 부파불교 중 화지부化地部에서도 궁생사온窮生死蘊이라는 식이 항상 색법과 심법의 종자를 간직한다고 주장하였다. 이에 대하여 경량부經量部에서는 색법과 심법이 서로 함께하며 다른 것을 훈습하는 특징이 있다고 주장을 하였다. 『유가사지론瑜伽師地論』에서는 아뢰야식阿賴耶識을 '종자식種子識'으로 삼았는데, 색色 · 심心 · 선善 · 악惡 등 일체 모든 현상이 모든 종자에 간직되어 있다고 주장하였다. 『불광대사전』, p.7363.

386 위의 문장은 『보리자량론菩提資糧論』 권1의 다음 문장을 참고할 만하다. "菩薩戒者, 則無有盡. 以此戒, 能顯明諸戒故. 種子相續無盡故, 菩薩相續無盡故, 如來戒無盡故. 以此因緣, 菩薩戒者, 說名無盡."(T32, 520c3~6)

“非有非無”者，現戒離邊中道．論戒體者，從因緣生故，推求於因緣，戒自性不可得, 故“非有”, 從因緣生,[387] 戒雖非有, 而不同於兎角無, 故言“非無”. 若論戒業, 有能防是戒義, 所防是此罪, 及戒皆從因緣生故, 亦求於因緣, 皆不可得. 謂若論心者, 自性淸淨故, 非罪性, 及所防非, 皆無自性故, 非罪. 雖非有而亦[388]無故, 能契會中道. 是故『大品經』云, “罪不罪不可得故，是名具之[389]尸羅波羅蜜.” 故若有人，執非無門而爲有者，雖戒不失，而不知戒實相故，卽成犯．若有人，執非有門而爲計無者，戒因果法誹機[390]故, 卽成失戒. 爲欲離此二邊, 契會中道, 故言“非有非無”也.

[H1, 592c18~593a8; X38, 279b7~17]

“있는 것도 아니고 없는 것도 아니다”(非有非無)라는 것은 계율이 ‘[있다(有)거나 없다(無)고 하는] 치우침에서 벗어난 진리다운 길’(離邊中道)임을 나타낸다. [이 뜻을] ‘계율의 본연’(戒體)[에 입각하여] 논하면 [다음과 같다.] [계율은] ‘원인과 조건’(因緣)으로부터 생겨나기 때문에 ‘원인과 조건’(因緣)을 [아무리] 따져 보아도 ‘계율의 [변치 않는] 본질’(戒自性)을 얻을 수 없으니 따라서 “있는 것도 아니다”(非有)라고 하였고, [계율은] ‘원인과 조건’(因緣)으로부터 생겨나기 때문에 계율이 비록 [불변의 본질로서] 있는 것은 아니지만 ‘토끼의 뿔’(兎角)이 [아예] 없는 것과는 같지 않으니 따라서 “없는 것도 아니다”(非無)라고 말하였다.

만약 ‘계율을 지키는 행위’(戒業)[에 입각하여 이 뜻을] 논하면, ‘[허물을] 막

387 문맥으로 볼 때 ‘故’가 있어야 한다. ‘故’를 추가하여 번역한다.

388 저본에는 ‘亦’으로 되어 있지만, 문맥상 ‘非’로 교감하고 번역한다.

389 저본에는 ‘之’로 되어 있지만, 『마하반야바라밀경摩訶般若波羅蜜經』 원문에 따라 ‘足’으로 교감하고 번역한다. “應具足尸羅波羅蜜.”(T8, 218c24~219a1); 『한불전』의 교감주석도 다음과 같다. “之疑足.”(H1, 593)

390 저본에는 ‘機’로 되어 있지만, 문맥상 ‘謗’으로 교감하고 번역한다.

을 수 있는 것'(能防)은 '계율의 형식'(戒義)이고 '막아지는 것'(所防)은 이 허물(罪)인데 ['계율의 형식'(戒義)과 허물(罪) 및] 계율에 이르기까지 모두 '원인과 조건'(因緣)으로부터 생겨나는 것이기 때문에 또한 '원인과 조건'(因緣)을 [아무리] 따져 보아도 [그것들의 변치 않는 본질을] 모두 얻을 수 없다. 만약 마음[에 입각하여 이 뜻을] 논하여 말한다면, [마음은 그] 본연(自性)이 온전하기 때문에 [계율로 막는 것은] [마음이 지닌] '허물의 [변치 않는] 본질'(罪性)이 아니며, 또 '막아지는 잘못'(所防非)에도 모두 '[불변의] 본질'(自性)이 없기 때문에 [마음이 지닌] 허물(罪)이 아니다. [그러나] 비록 '[불변의 본질로서] 있는 것은 아니지만 [아예] 없는 것도 아니기'(非有而非無) 때문에 '진리다운 길'(中道)과 [하나로] 맞아질(契會) 수가 있다. 그러므로 『대품경大品經』에서는 "'허물과 허물 아닌 것'(罪不罪)을 [불변의 본질로서] 얻을 수 없기 때문이니, 이것을 '계율을 지켜 지혜를 밝히는 수행'(尸羅波羅蜜)을 모두 갖춘 것이라 부른다"[391]라고 말하였다. 그러므로 만약 어떤 사람이 '없지 않은 측면'(非無門)에 집착하여 '[불변의 본질이] 있다'(有)라고 여기면, 비록 계율은 잃지 않을지라도 '계율의 참된 모습'(戒實相)을 알지 못하기 때문에 곧 ['계율의 본연'(戒體)을] 위배함을 이루게 된다. [또] 만약 어떤 사람이 '있지 않은 측면'(非有門)에 집착하여 '[아예] 없다'(無)라고 헤아리면, 〈계율이 설하는 '원인과 결과의 도리'〉(戒因果法)를 비방하는 것이기 때문에 곧 '계율을 잃음'(失戒)을 이루게 된다. [있음(有)과 없음(無)에 관한] 이 '두 가지 치우침'(二邊)에서 벗어나 '진리다운 길'(中道)과 [하나로] 맞아지게(契會) 하려고 "있는 것도 아니고 없는 것도 아니다"(非有非無)라고 말한 것이다.

---

391 『마하반야바라밀경摩訶般若波羅蜜經』 권1(T8, 218c24~219a1) "罪不罪不可得故, 應具足尸羅波羅蜜." 〈산스크리트본의 해당 내용: PvsP. I-1, p.28, śīlapāramitā paripūrayitavyā āpattyanāpattyanadhyāpattitām upādāya; [계를] 범하는 것과 범하지 않는 것, 어기는 것에 근거하여 지계바라밀을 완성해야 한다.〉

“非因果法”者，有三說. 一云，因果不可得，故言“非因果法”. 一云，非世間因果之法，是出世因果法，故言“非因果法”. 一云，作戒所重[392]種子，無作戒體，卽有二義. 一者，防非義，二者，功德義. 種子能生佛果者，是戒家中功德義，能防非者，是功德家中戒義. 是故，戒家功德義，方得能生佛果，是因果義. 大功德家中防非，非佛佛因果義，故言“非因果法”也.

[H1, 593a8~17; X38, 279b17~24]

“원인과 결과에 매인 현상이 아니다”(非因果法)라는 것에는 세 가지 주장이 있다. 어떤 사람은 [이렇게] 말하였다. 〈‘원인과 결과’(因果)를 [불변의 본질로서] 얻을 수 없기 때문에 “원인과 결과에 매인 현상이 아니다”(非因果法)라고 말한다.〉 [또] 어떤 사람은 [이렇게] 말하였다. 〈‘세간의 원인과 결과에 관한 현상’(世間因果法)이 아니고 ‘세간을 초월한 원인과 결과에 관한 현상’(出世因果法)이기 때문에 “원인과 결과에 매인 현상이 아니다”(非因果法)라고 말한다.〉 [또] 어떤 사람은 [이렇게] 말하였다. 〈‘지어야 이어지는 계율’(作戒)에 의해 ‘거듭 익힌 씨앗’(熏習種子)은 ‘짓지 않아도 이어지는 계율의 바탕’(無作戒體)이니, 곧 두 가지 면모(義)가 있다. 첫 번째는 ‘잘못[된 행동]을 막는 면모’(防非義)이고, 두 번째는 ‘이로운 능력[을 발생시키는] 면모’(功德義)이다. ‘[작계作戒에 의해 거듭 익힌] 씨앗’(種子)이 ‘부처라는 결실’(佛果)을 낳을 수 있는 것은 ‘계율의 범주’(戒家) 안에 있는 ‘이로운 능력[을 발생시키는] 면모’(功德義)이고, [작계作戒에 의해 거듭 익힌 씨앗이] ‘잘못[된 행동을] 막을’(防非) 수 있는 것은 ‘이로운 능력의 범주’(功德家) 안에 있는 ‘계율의 면모’(戒義)이다. 그러므로 ‘계율의 범주가 지닌 이로운 능력[을 발생시키는] 면모’(戒家功德義)라야 바야흐로 ‘부처라

392 저본에는 ‘重’으로 되어 있지만, 문맥상 ‘熏’으로 교감하고 번역한다.

는 결실'(佛果)을 낳을 수 있으니, 이것은 '원인과 결과의 면모'(因果義)이다. [그리고] '크나큰 이로운 능력의 범주에 있는 잘못[된 행동을] 막는 면모'(大功德家中防非)는 '부처들[이 설하는] 원인과 결과의 면모'(佛佛因果義)가 아니니 그러므로 "원인과 결과에 매인 현상이 아니다"(非因果法)라고 말하였다.〉[393]

問. 種子家中, 防非義爲戒者, 種子以上假立耶? 不爾?
答. 種子上, 不假立. 擧體爲種子, 亦擧體爲戒.

問. 若爾者, 失戒時, 生後種子, 亦失耶?
答. 雖體無異, 而種子家中戒門, 全滅. 戒家種子門, 擧體不滅. 譬如水與浪, 雖元[394]異體, 而風息時, 浪門以[395]全滅, 而水門者全不滅.

[H1, 593a17~24; X38, 279b24~c5]

묻는다. '[작계作戒에 의해 거듭 익힌] 씨앗의 범주'(種子家)에서의 '잘못[된 행동]을 막는 면모'(防非義)를 계율로 삼는 것은 '[작계作戒에 의해 거듭 익힌] 씨앗'(種子) 바깥에 '[별도로] 설정한 것'(假立)인가, 그렇지 않은 것인가?

답한다. '[작계作戒에 의해 거듭 익힌] 씨앗'(種子) 위에 '[별도로] 설정한 것'(假立)이 아니다. '['사실 그대로'(如實)인] 본연'(體)에 의거하여 '[작계作戒에 의해 거듭 익힌] 씨앗'(種子)이 되고, 또한 '['사실 그대로'(如實)인] 본연'(體)에 의거하여 계율이 되는 것이다.

묻는다. 만약 그렇다면 계율을 잃어버릴 때에는 [그 일이] 생겨난 후에

---

393 이 세 번째 견해는 원효의 관점일 가능성이 있다. 여러 견해를 나열하면서 마지막에 자신의 견해를 드러내는 방식이 원효 저술에서는 자주 보이기 때문이다.

394 저본에는 '元'으로 되어 있지만, 문맥에 따라 '无(無)'로 교감하고 번역한다.

395 저본에는 '以'로 되어 있지만, 문맥에 따라 '者'로 교감하고 번역한다.

종자種子도 또한 잃어버리는가?

답한다. 비록 [종자를 발생시키는] '['사실 그대로'(如實)인] 본연'(體)에는 달라짐이 없지만, '[작계作戒에 의해 거듭 익힌] 씨앗의 범주'(種子家)에서의 '계율의 측면'(戒門)은 완전히 사라진다. [그러나] '계율의 범주'(戒家)에서의 '[작계作戒에 의해 거듭 익힌] 씨앗의 측면'(種子門)은 사라지지 않는다. 비유하건대 물과 물결이 비록 [그] 본연(體)은 다르지 않지만 바람이 그칠 때 '물결의 측면'(浪門)은 완전히 사라지고 '물의 측면'(水門)은 완전히 사라지지 않는 것과 같다.[396]

總說雖然, 若約三毒分別, 發耶見[397]者, 戒家中功德義, 及功德家戒門皆滅, 若瞋心者, 唯戒義滅, 而功德義不滅也. 餘失戒義, 如後爲利作師戒中廣說. 然失戒中, 若頓受者, 以羯磨而頓受故, 發增上煩惱, 犯一重時, 卽頓失. 若隨分受者, 受時中, 擧別別一一提受故, 雖發增上煩惱犯, 而唯隨其所犯, 戒失, 餘戒者, 不失.

[H1, 593a24~b8; X38, 279c5~11]

총괄적으로 설명하면 비록 그렇지만, 만약 '[탐貪 · 진瞋 · 치痴의] 세 가지 독[이 되는 마음]'(三毒)에 의거하여 구분하면 [다음과 같다.] '자아에 대한

396 이러한 물과 물결의 비유는 『대승기신론大乘起信論』의 다음 문장과 흡사하다. "如大海水, 因風波動, 水相風相不相捨離, 而水非動性, 若風止滅, 動相則滅, 濕性不壞故."(T32, 576c11~13) 이에 대하여 원효는 『대승기신론소大乘起信論疏』에서 다음과 같이 풀이하였다. "如大海水, 因風波動, 水相風相不相捨離, 乃至廣說. 此中水之動是風相, 動之濕是水相, 水擧體動, 故水不離風相. 無動非濕, 故動不離水相. 心亦如是."(T44, 208b13~17)

397 '發耶見'은 '若痴心'으로 치환할 수 있다. 치심痴心의 핵심이 '자아에 대한 무지'이기 때문이다. 이어 진심瞋心이 거론되고 있고, 다시 그 뒤를 잇는 '이로움을 얻기 위해 스승이 되는 것을 [경계하는] 계율'(爲利作師戒)이 탐심貪心과 연관되는 것이어서, 결과적으로 삼독심三毒心 모두가 거론되고 있다.

[잘못된] 견해'(薩迦耶見)[398]를 일으켜 [계율을 위배한] 것이라면 '계율의 범주'(戒家)에서의 '이로운 능력[을 발생시키는] 면모'(功德義)와 '이로운 능력의 범주'(功德家)에서의 '계율의 측면'(戒門)이 모두 사라지고, 만약 '성내는 마음'(瞋心)[에 의하여 계율을 위배한] 것이라면 오직 ['이로운 능력의 범주'(功德家)에서의] '계율의 면모'(戒義)만 사라지고 ['계율의 범주'(戒家)에서의] '이로운 능력[을 발생시키는] 면모'(功德義)는 사라지지 않는다.[399] 나머지 '계율을 잃어버린 면모'(失戒義)는 뒤에 나오는 ['범할 때 허물의 무게가 가벼운 죄'(輕垢罪) 가운데] '이로움을 얻기 위해 스승이 되는 것을 [경계하는] 계율'(爲利作師戒)[400]에서 자세하게 말한 것과 같다. 그런데 '계율을 잃어버

398 살가야견薩迦耶見: 살가야견(satkāya-dṛṣṭi)은 살가야달리슬치薩迦耶達利瑟致의 준말이며, 살가야薩迦耶라고도 한다. 유신견有身見 또는 허위신견虛僞身見, 전신견轉身見이라고 의역한다. 오온이 화합하여 만든 몸을 불변·독자의 나(我)·'나의 것'(我所) 등으로 간주하여 집착하는 견해이다. '잘못된 다섯 가지 견해'(五見)인 유신견有身見·변집견邊執見·사견邪見·견취見取·계금취戒禁取 중의 첫 번째이며 10수면十隨眠(탐貪·진瞋·만慢·무명無明·의疑 5견五見) 중 하나이다. 탐진치 삼독심 가운데서도 '자아에 대한 무지'를 핵심내용으로 하는 치심痴心의 해로움이 가장 크다. 불교에서 해로움과 이로움 발생의 가장 원점에 놓인 조건은 '무명無明과 명明'이고, 그것은 곧 '근본무지인가 참다운 이해인가'의 문제이다. 이해능력의 내용 여하에 따라 삶의 이로움과 해로움의 근원적 조건이 결정된다는 시선은 '인간과 언어적 인지능력'의 관계에 대한 깊은 통찰을 보여 주는 것이기도 하다.

399 삼계三界에서 번뇌가 일어나 윤회하게 되는 것은 10수면十隨眠(탐貪·진瞋·만慢·무명無明·의疑 5견五見)에 의한 것이지만, 색계色界와 무색계無色界에서는 진瞋을 제외한 9가지가 번뇌가 된다. 즉 진瞋이 사라진 것만으로 천상에서 태어날 수 있는 공덕이 있기 때문에 원문에서 〈'이로운 능력[을 발생시키는] 면모'(功德義)은 사라지지 않는다〉라고 한 것으로 볼 수 있다.

400 해당 『범망경梵網經』 원문은 다음과 같다. 권2(T24, 1008c9~1009a5) "若佛子, 教化人起信心時, 菩薩與他人作教誡法師者, 見欲受戒人, 應教請二師和上,阿闍梨. 二師應問言. 汝有七遮罪不? 若現身有七遮, 師不應與受戒, 無七遮者得受. 若有犯十戒者, 應教懺悔. 在佛菩薩形像前, 日夜六時誦十重四十八輕戒. 若到禮三世千佛得見好相, 若一七日二三七日乃至一年, 要見好相. 好相者, 佛來摩頂, 見光見華種種異相, 便得滅罪. 若無好相, 雖懺無益. 是人現身亦不得戒, 而得增受戒. 若犯四十八輕戒者, 對首懺罪滅,

리는 것'(失戒)에는 [다음과 같은 차이도 있다.] 만약 '한꺼번에 [계율을] 받아들인 사람'(頓受者)이라면, '[계율을 받는] 의식'(羯磨)에 의해 한꺼번에 받아들였기 때문에 '증폭시키는 번뇌'(增上煩惱)를 일으켜 '[범할 때 허물의 무게가] 무거운 죄'(重罪)를 하나 범할 때 곧 [모든 계율을] '한꺼번에 잃어버린다'(頓失). [그리고] '부분에 따라 [계율을] 받아들인 사람'(隨分受者)이라면, [계율을] 받을 때 '['낱낱의 조문을 통해 해탈을 이루는 계율'(別解脫戒)의][401] 낱낱의 조문을 들어서 하나씩 받기'(擧別別一一提受) 때문에 비록 '증폭시키는 번뇌'(增上煩惱)를 일으켜 [계율을] 위배하더라도 오직 그 위배한 [계율의 조목]에 따라 [그] 계율[의 조목]을 잃을 뿐이고 나머지 계율[의 조목]은 잃지 않는다.

『범망경梵網經』[T24, 1004b4~6]

諸佛之本源,[402]菩薩[403]之根本, 是大衆諸佛子之根本. 是故,[404] 大衆諸佛子, 應

不同七遮. 而教誡師於是法中一一好解. 若不解大乘經律若輕若重是非之相, 不解第一義諦習種性, 長養性, 不可壞性, 道種性, 正性, 其中多少觀行出入十禪支一切行法, 一一不得此法中意. 而菩薩爲利養故, 爲名聞故, 惡求多求貪利弟子, 而詐現解一切經律, 爲供養故, 是自欺詐亦欺詐他人. 故與人受戒者, 犯輕垢罪." 한편 『범망경梵網經』에는 경구계輕垢罪에 대한 계명戒名이 없어서 후대에 학자들이 이에 구체적 이름을 붙였다. '위리작사계爲利作師戒'라는 계명戒名은 천태 지의가 설한 『보살계의소菩薩戒義疏』 하권에서 인용한 것이다. "第四十一爲利作師戒."(T40, 579a18) 또한 법장法藏은 이 계율을 '무덕사사계無德詐師戒'라고 이름 붙였다. "無德詐師戒第四十一."(T40, 652b13) 원효는 천태 지의의 계명戒名을 따른 것이다. 이에 대한 원효의 주석은 현재 전하지 않는다.

401 별해탈계別解脫戒: 별해탈계는 바라제목차波羅提木叉(prātimokṣa)라고 음역하기도 하고, 계본戒本이라고 의역하기도 한다. 율장律藏의 규정에 의하여 비구·비구니가 출가하여 받는 구족계具足戒의 조문으로 구성되었다. 일반적인 구족계는 비구는 250계, 비구니의 경우에는 348계로 구성된다.

402 저본인 『대정장』에는 '行'이 없으나, 저본의 교감주에는 고본인 【宋】【元】【明】【宮】본에는 '行'이 있다고 밝혔다.(T24, 1004, [9]) 저본의 교감주에 따라 '行'을 추가하여 번역한다. 원효의 『범망경보살계본사기梵網經菩薩戒本私記』에도 '行菩薩'

受持, 應讀誦[405]善學.

[계율은] '모든 부처들이 근본으로 삼았던 원천'(諸佛之本源)이고, '보살의 길을 걸어가는 근본'(行菩薩道之根本)이며, '부처님의 이 모든 제자들의 근본'(是大衆諸佛子之根本)이다. 그러므로 '부처님의 모든 제자들'(大衆諸佛子)은 마땅히 '[계율을] 받아 간직'(受持)해야 하고, 마땅히 읽고 외우며 잘 배워야 한다.

다. 계율의 이로움을 밝힘(明戒利益)

第三辨[406]戒利益中"諸佛之本原[407]", 表過去所爲因, "行菩薩[408]根本"者, 表未來菩薩所爲根本, "是大衆諸佛[409]之根本"者, 表現在菩薩爲[410]根本也. "受持"者, 受持不同, 如前說. "應誦善學", 有二說. 一云. 誦文曰"誦", 學義曰"善學". 一云. 誦文義行名爲誦. 若能以四無量, 持攝衆生戒, 以三慧, 能持攝正[411]法戒, 以三善根, 持律儀戒, 故言"善學".

[H1, 593b9~17; X38, 279c12~18]

로 되어 있다.(X38, 279c12~13)

403 저본인 『대정장』에는 '道'가 없으나, 저본의 교감주에는 고본인 【明】본에는 '道'가 있다고 밝혔다.(T24, 1004, [10]) 원효의 주석에는 '道'가 없다.

404 저본인 『대정장』에는 '故'가 있지만, 저본의 교감주에는 고본인 【宋】【元】【宮】본에는 '故'가 없다고 밝혔다.(T24, 1004, [11]) 저본의 원문대로 번역한다.

405 저본인 『대정장』에는 '應'이 없으나, 저본의 교감주에는 고본인 【明】본에는 '應'이 있다고 밝혔다.(T24, 1004, [12]) 저본의 원문대로 번역한다.

406 저본에는 '辨'으로 되어 있지만, 앞의 본문에 의하면 '明'이다. 따라서 '明'으로 교감하고 번역한다. 『범망경보살계본사기梵網經菩薩戒本私記』 "第三者諸佛之根本以下, 明戒利益."(X38, 279a2~3)

407 『범망경』 원문에는 '源'이다.

408 『범망경』 원문에는 '菩薩之'이다.

409 『범망경』 원문에 따라 '佛子'로 교감한다.

410 문맥상 '爲'는 '所爲'가 되어야 한다. '所爲'로 교감하여 번역한다.

411 저본에는 '正'으로 되어 있지만, 문맥에 따라 '善'으로 교감하고 번역한다.

세 번째로 '계율의 이로움을 밝히는 것'(明戒利益)에서 "모든 부처들이 근본으로 삼았던 원천"(諸佛之本源)이라고 한 것은 '과거에 [부처님들이] 행하였던 원인'(過去所爲因)을 나타내고, "보살의 길을 걸어가는 근본"(行菩薩之根本)이라는 것은 '미래에 보살이 행해야 할 근본'(未來菩薩所爲根本)을 나타내며, "부처님의 이 모든 제자들의 근본"(是大衆諸佛子之根本)이라는 것은 '현재에 보살이 행하는 근본'(現在菩薩所爲根本)을 나타낸다. "[계율을] 받아 간직함"(受持)이라는 것은 '받음(受)'과 '간직함(持)'이 같지 않으니, 앞에서 말한 것과 같다.[412] "읽고 외우며 잘 배워야 한다"(應誦善學)는 것에 대해서는 두 가지 주장이 있다. 어떤 사람은 [이렇게] 말하였다. 〈'글을 외우는 것'(誦文)을 외움(誦)이라고 말하고, '뜻을 배우는 것'(學義)을 '잘 배움'(善學)이라고 말한다.〉[413] [또] 어떤 사람은 [이렇게] 말하였다. 〈'글과 [그] 글의 뜻을 외우는 행위'(誦文義行)를 외움(誦)이라고 한다. 만약 '[자애(慈)·연민(悲)·기뻐함(喜)·평온(捨)이라는] 제한 없는 네 가지 마음'(四無量)[414]으로 '중생을 끌어안는 계율'(攝衆生戒)을 간직할

---

412 『범망경보살계본사기梵網經菩薩戒本私記』 "受持不同, 『攝大乘論』中, 有三復次. 一者, 若從他得戒, 名爲受, 若自心得戒, 名持. 解云. 若他者, 先不受人, 始受, 故爲受. 若自心得戒, 過去中先持戒人, 方得以自心得戒, 故名持也. 二者, 先得名爲受, 後持名爲持. 三者, 修持戒行名之爲受, 若憶持文句, 名爲持也."(H1, 589c16~23)

413 원효의 영향을 많이 받은 것으로 알려진 신라의 의적義寂(681~?)도 위의 원문과 동일한 주장을 하였다. "應誦者誦文句也, 善學者學義意也." 『보살계본소菩薩戒本疏』 상권.(T40, 663a16~17)

414 사무량四無量: 4무량(catvāry apramāṇāni)은 4무량심과 같은 것으로 자애(慈), 연민(悲), 기뻐함(喜), 평온(捨)의 마음상태가 대상의 한정과 제한에서 풀려난 지평이다. 이러한 마음 지평을 열어 가는 수행을 지칭하기도 한다. 이에 대하여 『대지도론』 권20에서는 4무량심四無量心 각각에 대해 다음 같이 말하였다. "사무량심은 자애(慈), 연민(悲), 기뻐함(喜), 평온(捨)이다. 자애(慈)는 중생을 애념愛念하는 것으로서 늘 안은락사安隱樂事를 추구하여 중생을 이롭게 하는 마음이고, 연민(悲)은 중생이 윤회의 과정에서 갖가지 몸과 마음의 괴로움을 받는 것을 연민하는 마음이며, 기뻐함(喜)은 중생으로 하여금 낙사樂事로부터 환희歡喜를 얻게 하려는 마음이며, 평온(捨)는 자慈·비悲·희喜의 세 가지 마음을 버려 중생을 미워하

수 있고, '[문혜聞慧 · 사혜思慧 · 수혜修慧, 이] 세 가지 지혜'(三慧)[415]로 '이로운 것들을 끌어안는 계율'(攝善法戒)을 간직할 수 있으며, '세 가지 이로운 능력'(三善根)[416]으로 '규범을 끌어안는 계율'(攝律儀戒)을 간직할 수

지도 애착하지도 않는 평등의 마음이다.(四無量心者, 慈, 悲, 喜, 捨. 慈名愛念衆生, 常求安隱樂事以饒益之, 悲名愍念衆生受五道中種種身苦心苦, 喜名欲令衆生從樂得歡喜, 捨名捨三種心, 但念衆生不憎不愛.)"(T25, 208c9~13)

415 삼혜三慧: 삼혜는 문혜聞慧 · 사혜思慧 · 수혜修慧로 문소성혜聞所成慧 · 사소성혜思所成慧 · 수소성혜修所成慧의 준말이다. 『아비달마구사론』 권22에서 "諸有發心將趣見諦, 應先安住清淨尸羅然後勤修聞所成等, 謂先攝受順見諦聞, 聞已勤求所聞法義, 聞法義已無倒思惟, 思已方能依定修習. 行者如是住戒勤修, 依聞所成慧起思所成慧, 依思所成慧起修所成慧."(T29, 116c4~9)라고 하는 것에 따르면, 발심하여 진리를 이해하는 길에 나아가고자 하는 자는 먼저 청정한 계율(尸羅)을 지킨 연후에 문소성혜聞所成慧 등의 3혜三慧를 부지런히 닦아야 하는데, 먼저 '들은 것에 대한 이해에 순응하여'(順見諦聞) 받아들이고 다음으로는 '가르침의 뜻'(法義)을 부지런히 추구하여 전도됨이 없이 사유하고 나서야 비로소 선정(定)에 의거하는 수행으로 수소성혜修所成慧를 이룬다고 설명한다. 한편 『아비달마구사론』 권23에서도 "自性念住以慧爲體. 此慧有三種. 謂聞等所成. 卽此亦名三種念住."(T29, 118c~119a1)라고 하여 문사수聞思修 3혜三慧를 4념주四念住와 결부시키는데, 4념주의 자성自性이 문사수聞思修 3혜三慧이기 때문에 4념주四念住를 3종념주三種念住라고도 부른다고 설명한다. 같은 책의 이어지는 문단에서는 "聞所成慧唯緣名境, 未能捨文而觀義故. 思所成慧緣名義境, 有時由文引義, 有時由義引文, 未全捨文而觀義故. 修所成慧唯緣義境, 已能捨文, 唯觀義故"(T29, 116c10~14)라고 하여 삼혜를 구분하는 또 다른 설명도 제시된다. 이에 따르면 문혜聞慧는 오직 명칭(名)이라는 대상과 관계 맺고, 사혜思慧는 명칭(名)과 뜻(義)에 관계 맺으며, 수혜修慧는 오직 뜻(義)과 관계 맺는다.

416 삼선근三善根: '세 가지 이로운 능력'(三善根, trīṇikuśala-mūlāni)은 '세 가지 이롭지 못한 능력'(三不善根)을 일으키는 세 가지를 치유하는 것을 말한다. 세 가지 이로운 능력은 다음과 같다. ① 무탐선근無貪善根(a-lobha-kuśala-mūla) 또는 불탐선근不貪善根으로 다섯 가지 욕망의 대상에 탐착하지 않는 것이다. 이는 탐욕이 없는 현상으로 선종성善種性이 되어 헤아릴 수 없는 선법善法의 근본이 될 수 있다. 그러므로 무탐선근無貪善根이라고 부른다. ② 무진선근無瞋善根(a-dveṣa-kuśala-mūla) 또는 불에선근不恚善根이라고도 한다. 분노와 원한으로 중생을 괴롭히거나 해치지 않는 것이다. 이는 성냄이 없는 현상으로 선종성善種性이 되어 헤아릴 수 없는 선법善法의 근본이 될 수 있다. 그러므로 무진선근無瞋善根이라고

있다면, 그런 이유로 "잘 배운다"(善學)라고 말한다.〉

③ 계율을 받는 사람을 자세히 열거함(廣列受戒之人)

『범망경梵網經』[T24, 1004b6~10]

佛子諦聽. 若受佛戒者, 國王, 王子, 百官, 宰相, 比丘, 比丘尼, 十八梵天, 六欲天子,[417] 庶民, 黃門, 婬男, 婬女, 奴婢, 八部鬼神, 金剛神, 畜生, 乃至變化人, 但解法師語, 盡受得戒, 皆名第一清淨者.

'부처의 제자들이여, 잘 듣도록 하라!'(佛子諦聽) 만약 '부처가 되는 계율'(佛戒)을 받고자 하는 자라면, 국왕國王 · 왕자王子 · 백관百官 · 재상宰相 · 비구比丘 · 비구니比丘尼 · '유형세계에 있는 18가지 하늘세계[의 신들]'(十八梵天) · '욕망세계에 있는 여섯 가지 하늘세계의 천자'(六欲天子) · 보통사람(庶民) · '생식능력이 없는 사람'(黃門)[418] · '생식능력이 있는 남자'(婬男) · '생식능력이 있는 여자'(婬女) · 노비奴婢 · '[부처님 가르침을 수호하는] 여덟 부류의 신적 존재'(八部鬼神)[419] · '[부처님 가르침을 지키는] 금강석처럼 강력한

부른다. ③ 무치선근無癡善根(a-moha-kuśala-mūla) 또는 불치선근不癡善根이라고도 한다. 사실 그대로 이해하여 선법善法을 제대로 알 수 있는 것이다. 구체적으로 선법善法 · 불선법不善法 · 유죄법有罪法 · 무죄법無罪法 · 응수법應修法 · 불응수법不應修法의 차이를 제대로 아는 것이다. 이는 어리석음이 없는 현상으로 선종성善種性이 되니 헤아릴 수 없이 많은 선법善法의 근본이 될 수 있다. 그러므로 무치선근無癡善根이라고 부른다. 삼선근은 일심一心 가운데 모두 얻을 수 있는 것으로 육식六識과 유루有漏 · 무루無漏 및 모든 선심善心과 더불어 두루 생겨나니 모든 이로움의 근본이 된다. 『불광대사전』, p.848.

417 저본인 『대정장』에는 '子'가 있지만, 저본의 교감주에는 고본인 【宋】【元】【宮】본에는 '子'가 없다고 밝혔다.(T24, 1004, [13]) 저본의 원문대로 '六欲天子'로 번역한다.

418 황문黃門: 황문(paṇḍaka)은 음역하면 반택가半擇迦 · 반도가般荼迦가 된다. 생식능력이 없는 남자이다. 경전에 따라 다섯 종류 · 여섯 종류로 나뉘며, 그 구체적 구별도 조금씩 다르다. 아래 원효 『범망경보살계본사기梵網經菩薩戒本私記』 참고.

419 팔부귀신八部鬼神: 팔부귀신은 천룡팔부天龍八部라고도 한다. 불법을 수호하는 큰 힘과 능력을 가진 모든 신적 존재를 여덟 종류로 나눈 것이다. ① 천天(deva),

천신'(金剛神)[420] · 동물(畜生) 및 '몸을 임의로 바꿀 수 있는 사람'(變化人)[421]에 이르기까지, '부처님 가르침을 설하는 스승'(法師)의 말을 이해하기만 한다면 모두가 계율을 받을 수 있고 다들 '으뜸으로 청정한 자'(第一清淨者)라고 부른다.

"佛子諦聽"以下. 序中有三中, 一明擧自勸, 二明放光, 竟於在前, 此下第三, 列受戒之人. 言"黃門"者, 有六種. 謂半自截六種人也. "八部鬼神"者, 四天等, 各各將夜叉等二部, 故爲二四八部. "及化人[422]"者, 天龍神等, 及化來受菩薩戒人等.

[H1, 593b17~23; X38, 279c18~23]

---

② 용龍(nāga), ③ 야차夜叉(yakṣa), ④ 아수라阿修羅(asura), ⑤ 가루라迦樓羅(garuḍa), ⑥ 건달바乾闥婆(gandharva), ⑦ 긴나라緊那羅(kiṃnara), ⑧ 마후라가摩睺羅迦(mahoraga), 이 여덟 종류 중에서 천天(deva)과 용龍(nāga)을 우두머리로 꼽기 때문에 천룡팔부天龍八部라고도 한다. 『불광대사전』, p.1780.

420 금강신金剛神: 금강신은 금강역사金剛力士(Vajrapāṇibalin)라고도 하는데, 금강저金剛杵를 지니고 천신天神으로 큰 힘과 능력으로 모든 나쁜 귀신을 몰아낸다. 사찰의 입구에 양쪽에 마주 보고 있으며 일반적으로 이왕존二王尊이라고도 한다. 오른쪽 금강신金剛神을 우필금강右弼金剛, 왼쪽 금강신金剛神을 좌보밀적左輔密迹이라고 부른다. 『불광대사전』, p.4456. 주석에서 원효는 금강신金剛神을 불법을 보호하는 신神과 더불어 부처님의 화현化顯으로 보기도 한다.

421 변화인變化人: 변화인은 몸을 변화시킬 수 있는 사람이다. 신통력으로 변화를 일으켜 다른 사람에게 나타날 수 있다. 마치 불보살이 각 종류의 중생을 제도하기 위하여 근기에 맞추어 변화한 몸을 드러내는 것과 같다. 『불광대사전』, p.8646. 한편 중국 당나라의 법장法藏은 『범망경보살계본소梵網經菩薩戒本疏』에서 변화인變化人에 대하여 용이 변화하여 사람인 된 것과 같다고 하였다.(有二十衆, 於中變化人者, 如龍變爲人.)(T40, 608a16~17) 또한 신라의 의적은 『보살계본소菩薩戒本疏』에서 축생 가운데 변화할 수 있는 자라고 보았다. "畜生乃至變化人者, 謂畜生中能變化者."(T40, 663b4)

422 『범망경』 원문은 "乃至變化人"이다.

"부처의 제자들이여, 잘 듣도록 하라!"(佛子諦聽) 이하는, '부처님이 하신 서두의 말씀'(佛序) 가운데 있는 세 가지 중에서 첫 번째인 '자신[의 경우]를 거론하면서 권함'(擧自勸)과 두 번째인 '밝은 빛을 내놓는 것을 드러낸 것'(明放光)[423]은 앞에서 마쳤기에 이 아래에서는 세 번째로 '계율을 받는 사람'(受戒之人)을 열거한 것이다.

"생식능력이 없는 사람"(黃門)이라고 말한 것에는 여섯 종류가 있다. '[매월] 보름씩만 생식능력이 있는 사람'(半[月]) · '스스로 [생식능력을] 없애 버린 사람'(自截) 등의 여섯 종류의 사람[424]이 그것이다. "부처님 가르침

423 앞의 분과에 따르면 '② 계율의 특징을 간략히 구별함(略辨戒相)'이 된다. 위의 원문에서 밝힌 '밝은 빛을 내놓는 것을 드러낸 것'(明放光)은 '(1) 경전 편집자들이 하는 서두의 말을 밝힘(明經家序)'의 두 번째이다. 지금 '(2) 부처님이 하신 서두의 말씀(佛序)'의 분과는 ① 자신[의 경우]를 거론하면서 외울 것을 권함(擧自勸誦), ② 계율의 특징을 간략히 구별함(略辨戒相), ③ 계율을 받는 사람을 자세히 열거함(廣列受戒之人)이다. 이러한 혼란에 대해 한명숙은 "본래의 분과에 따르면 〈간략히 계의 상을 밝힘〉이라고 해야 하는데, 이렇게 말한 것은 본 분과에 해당하는 본문이, 〈그러므로 계의 광명이 입에서 나오니…〉로 계의 광명과 관련된 내용을 밝히고 있기 때문인 것으로 보인다"라는 견해를 제시하고 있다.(원효 저, 한명숙 옮김, 『범망경보살계본사기 상권』, 동국대학교출판부, 2016, p.125 각주 134 참고.)

424 위 원문에서 말하는 여섯 종류의 황문黃門은 당나라 도선道宣이 편집한 『사분율산보수기갈마四分律刪補隨機羯磨』 상권에서 주장하는 것으로 다음과 같다. ① 생生, ② 건犍, ③ 투妒, ④ 변變, ⑤ 반월半月, ⑥ 자절自截이다. "汝非黃門耶? [謂非生犍妬變半月自截等六種者.]"(T40, 497b9) 이에 대하여 『비니작지속석毗尼作持續釋』 권5(X41, 402b19~24)에서는 다음과 같이 풀이한다. "풀이한다. '생生'은 태어날 때부터 남근男根이 온전하지 못한 사람으로 생불남生不男이라고 부른다. '건犍'은 다른 사람이 남근男根을 칼로 잘라 버린 사람으로 건불남犍不男이라고 부른다. '투妒'는 남근男根이 없는 것 같지만 다른 사람이 음행을 하는 것을 보면 그것으로 인해 질투심이 생겨 마침내 근이 있음을 느끼는 사람으로 투불남妒不男이라고 부른다. '변變'은 남자를 만나면 여인으로 변하고 여인을 만나면 남자로 변하는 것으로 변불남變不男이라고 부른다. '반半'은 매달 보름 동안은 성기능이 가능하지만 보름 동안은 가능하지 않은 사람으로 반불남半不男이라고 부른다. '자절自截'은 또한 건불남犍不男에 포함되지만 절단의 원인이 자신인지 타인인지에 따라서 나뉜 것이다. 그러므로 '여섯'이라고 말하였다.(釋. 生, 謂人從生來, 男根不具, 名生不

을 수호하는 여덟 부류의 신적 존재"(八部鬼神)라는 것은, 사천왕四天王[425]이 각각 야차夜叉[426] 등의 두 부류를 거느리기 때문에, 두 부류가 네

男. 揵, 謂人以刀去男根, 名揵不男. 妒, 謂男根似無, 見他行婬, 因生妒心, 遂感有根, 名妒不男. 變, 謂能變現也, 遇男則變爲女, 遇女則變爲男, 名變不男. 半, 謂半月能男, 半月不能男, 名半不男. 自截者, 亦揵不男攝, 由分自他. 故云六.)" 위의 원문에서 '반半·자절自截'이라고 한 것은 바로 여기서 말하는 황문黃門의 종류이다.

이 외에도 위와 다른 여섯 가지 황문黃門과 다섯 종류의 황문黃門이 있다. 우선 또 다른 여섯 가지 황문黃門은 『마하승기율』 권23(T22, 417c23)에서 주장하는 것으로 다음과 같다. ① 생生(태어나면서부터 음행이 불가능한 사람), ② 날파捺破(처첩이 서로 질투하여 어린 시절 상대 아들의 남근을 눌러서 파괴되어 음행을 할 수 없는 사람), ③ 할각割却(나라에서 문지기 등으로 부리기 위해 남근을 베어낸 사람), ④ 인타因他(다른 사람의 접촉으로 인해서만 남근이 발현되는 사람), ⑤ 투妬(다른 사람의 음행을 보아야만 음심이 일어나는 사람), ⑥ 반월半月(매달 보름 동안은 성기능이 가능하지만 보름 동안은 가능하지 않은 사람)이다. 또한 이러한 황문의 출가에 관하여 다음과 같이 주장한다. "앞의 세 부류(① 생生, ② 날파捺破, ③ 할각割却은 이미 출가했어도 쫓아내야 하고, 뒤의 세 부류(④ 인타因他, ⑤ 투妬, ⑥ 반월半月)는 이미 출가했으면 쫓아내서는 안 되고, 나중에 음욕을 일으키면 쫓아내야 한다고 하였다. 또한 이러한 황문은 출가할 수 없지만 만약 출가하여 구족계를 받았다면 '가벼운 계율을 위배한 것'(越比尼罪)이 된다. "是中生不能男, 捺破不能男, 割却不能男, 此三種不能男, 不應與出家. 若已出家者, 應驅出. 因他起不能男, 妬不能男, 半月不能男, 是三種不能男, 不應與出家. 若已出家者, 不應驅出, 後若婬起者, 應驅出. 是六種不能男, 不應與出家, 若度出家受具足者, 越比尼罪, 是名六種不能男."(T22, 418a3~9) 또한 다섯 종류로 구분한 황문은 『사분율』 권35(T22, 812c5), 『십송률』 권21(T23, 153c2)에서 말하는 오종황문五種黃門(pañca paṇḍakāḥ)으로 다음과 같다. ① 생황문生黃門(jāti-paṇḍaka), ② 반월황문半月黃門(pakṣa-paṇḍaka), ③ 투황문妒黃門(īrṣyā-paṇḍaka), ④ 변황문變黃門(āsaktaprādurbhāvī-paṇḍaka), ⑤ 병황문病黃門(āpat-paṇḍaka).

425 사천왕四天王: 사천왕은 욕계육천欲界六天 가운데 최하위에 있는 사천왕천四天王天을 지배하는 왕이다. 수미산 정상의 중앙에 있는 제석천帝釋天을 섬기며, 불법佛法뿐 아니라 불법에 귀의하는 사람들을 수호하는 호법신이다. 동쪽의 지국천왕持國天王, 서쪽의 광목천왕廣目天王, 남쪽의 증장천왕增長天王, 북쪽의 다문천왕多聞天王을 말한다.

426 야차夜叉: 야차는 산스크리트어 'yakṣa'의 음사이며, 용건勇健·귀인貴人·위덕威德·사제귀祠祭鬼·첩질귀捷疾鬼 등의 반인반신半人半神의 무리를 가리키는 말

번 [더해져] '여덟 부류'(八部)가 된다.[427] "몸을 임의로 바꿀 수 있는 사람에 이르기까지"(及化人)라는 것은, '[앞에서 말한 유형세계에 있는 18가지 하늘세계의 신들을 비롯한 여러] 천왕天王 및 ['부처님 가르침을 수호하는 여덟 부류의 신적 존재'(八部鬼神) 및 '부처님 가르침을 지키는 금강석처럼 강력한 천신'(金剛神) 등의] 용신龍神 등과 '몸을 임의로 바꾸어 보살이 지키는 계율을 받는 사람들'(化來受菩薩戒人等)까지라는 것이다.

問. 無色界人者, 何以故, 非列耶?
答. 亦得言"及化", 以攝許上, 皆大乘中得受戒. 若小乘, 遮難所攝,

이다. 땅 위나 허공에 머물면서 위세로 사람을 괴롭히거나 해를 가하기도 하지만, 혹은 불법을 수호하는 귀신이 되기도 한다. 야차는 사천왕 중 북방을 수호하는 비사문천왕毘沙門天王(多聞天王)의 통솔을 받아 도리천 등의 천상 세계를 수호하며 갖가지 환락을 누리며 위세를 가진다. 『대지도론大智度論』에서는 ① 갖가지 환락·음악·음식 등을 항상 즐길 수 있는 지행야차地行夜叉, ② 큰 힘을 갖추고 바람처럼 허공을 달릴 수 있는 허공야차, ③ 갖가지 오락과 몸에 편리한 물건을 갖춘 궁전비행야차宮殿飛行夜叉로 나누어 설명한다. 한편 『주유마힐경注維摩詰經』 卷1에서는 야차를 귀인貴人으로 보았으나(將夜叉譯作貴人), 『혜림음의慧琳音義』 卷23에서는 야차를 제사귀신으로 보았다. 즉 인도 민간풍습에 야차에게 제사를 지내면 복을 받는다고 말한다고 하였다. 또한 인도 신화에 야차는 일종의 반신半神인 작은 신령神靈으로 인도의 신인 보라가補羅訶(Pulaha)의 자식이라고도 한다. 밀교密教에서는 『대일경소大日經疏』 卷1에 근거하여 밀적역사密迹力士를 야차왕夜叉王으로 삼아 금강수金剛手 또는 집금강執金剛이라고도 부른다. 『불광대사전』, p.3936.

427 천태 지의의 『인왕호국반야경소仁王護國般若經疏』 권2(T33, 262c2)의 다음 문장에 따르면, 건달바乾闥婆와 비사사毘舍闍의 2부중은 동방의 제두뢰타천왕提頭賴吒天王(持國天)이 통솔하고, 구반다鳩槃茶와 벽려다薜荔多의 2부중은 남방의 비류륵차천왕毘留勒叉天王(增長天)이 통솔하며, 용龍과 부단나富單那의 2부중은 서방의 비류박차천왕毘留博叉天王(廣目天)이 통솔하고, 야차와 나찰羅刹의 2부중은 북방의 비사문천왕毘沙門天王(多聞天)이 통솔한다. "八部者, 乾闥婆毘舍闍二衆, 東方提頭賴吒天王領. 鳩槃茶薜荔多二衆, 南方毘留勒叉天王領. 龍富單那二衆, 西方毘留博叉天王領. 夜叉羅刹二衆, 北方毘沙門天王領云云."(T33, 262c2~6)

可知.

[H1, 593b23~c1; X38, 279c23~24]

묻는다. '무형세계에 속하는 사람'(無色界人)은 어찌하여 [계율을 받을 수 있는] 열거[의 대상]이 아닌가?

답한다. 또한 "몸을 임의로 바꿀 수 있는 [사람에] 이르기까지"(及化[人])라고 말하여 '높은 세계'(上界)[인 '무형세계'(無色界)를] 포섭하여 인정하였으니, 모두 대승大乘 가운데서는 계율을 받을 수 있다. 만약 소승小乘[의 경우]라면 ['무형세계에 속하는 사람'(無色界人)은] '[구족계具足戒를 받기에] 부적절한 경우와 [구족계를] 받을 수 없는 경우'(遮難)[428][가운데 13난難의 하

428 차난遮難: 차난은 십삼난십차十三難十遮의 준말로 소승 율법에서 교수사敎授師가 구족계具足戒를 줄 때 수계자受戒者가 죄를 범하였는지 아닌지를 판별하기 위해 하는 질문을 일컫는 말이다. 이때 '차遮'는 자성自性이 악인 것은 아니고 단지 구족계를 받는 것이 적합하지 않기 때문에 막아서 받지 못하게 하는 것이고, '난難'은 자성自性이 악인 것으로 끝내 구족계를 받을 수 있는 그릇이 아니기 때문에 구족계를 받을 수 없다. 그러므로 비구는 계율을 받기 전에 먼저 교수사敎授師가 죄의 경중輕重에 의지하여 차례로 수계자受戒者에게 이러한 차난遮難이 있는지 없는지를 묻는 것이다. 구체적으로 10차十遮는 다음과 같다. ① 수계자의 이름(戒人名字), ② 화상의 이름(和尙名字), ③ 나이 20세가 됨(年滿二十), ④ 의발衣鉢의 갖춤 여부(衣鉢具不), ⑤ 부모님의 허락 여부(父母聽不), ⑥ 채무가 있는 사람(負債人), ⑦ 노비(奴), ⑧ 관인官人, ⑨ 장부丈夫, ⑩ [문둥병(癩)·악창(癰疽)·백라白癩·건소乾痟·전광顚狂 등의] 다섯 가지 병(五種病). 이 가운데 지욱智旭의 『중치비니사의집요重治毗尼事義集要』 권11(X40, p.437a3)에 따르면, ⑤ 부모님의 허락 여부(父母聽不)의 경우에, 만약 부모가 이미 돌아가셨으면 돌아가셨다고 대답한다. ⑦ 노비(奴)인지를 묻는 경우 '노비'라고 대답하면 주인의 허락을 받았는지의 여부를 물어야 하고, ⑧ 관인官人인지 묻는 경우, '관인'이라고 대답하면 녹봉을 받는지의 여부를 묻고, 그렇다고 대답하면 왕의 허락을 받았는지의 여부를 물어야 한다. "汝父母聽汝不(答言聽. 若父母已亡者, 應答言父母已亡). 汝非奴不(答言非. 若言是者應問主人聽不, 答言聽). 汝非官人不(答言非. 若言是者, 應問猶食祿不. 答言不食祿. 若言猶食祿者, 應問國王聽汝不. 答言聽."(X40, 437a3~5) 그리고 13난十三難은 다음과 같다. 『사분율』 권35(T22, 814c12)에 따르면, ① 변죄邊罪를 범했는

나인 '인간이 아닌 것이 인간의 모습을 한 것'(非人)에 포섭되니, [대승의 보살계에서는 '무형세계에 속하는 사람'(無色界人)도 계율을 받는 대상으로 인정함을] 알 수 있을 것이다.

上言"金剛神", 有二種. 一者, 能現神身, 而護法神也. 二者, 以流氏佛迹, 爲金剛神也.

[H1, 593c1~3; X38, 280a1~2]

앞에서 말한 "[부처님 가르침을 지키는] 금강석처럼 강력한 천신"(金剛神)이라는 것에는 두 가지가 있다. 첫 번째는 '신의 몸'(神身)을 나타내어서 '[부처님의] 가르침을 보호하는 신'(護法神)이다. 두 번째는 '[현겁賢劫의 마지막] 부처님'(流氏佛, 樓至佛)[429]의 자취(迹)를 금강신金剛神으로 간주하는

가?(邊罪難, 먼저 구족계를 받고 뒤에 4가지 중계를 범하여 계율을 버리고 다시 계율을 받으려고 하는 것인지를 물음), ② 비구니를 범했는가?(犯比丘尼), ③ 도적과 같은 마음으로 출가하려는 것은 아닌가?(賊心入道), ④ 내도와 외도를 파괴했는가?(破內外道, 외도와 불교에 차례로 버리고 귀의함을 반복하여 내·외도를 모두 파괴하는 것), ⑤ 황문인가?(黃門, 五種之不男), ⑥ 아버지를 살해했는가?(殺父), ⑦ 어머니를 살해했는가?(殺母), ⑧ 아라한을 살해했는가?(殺阿羅漢), ⑨ 승단을 깨트리거나 법륜승을 파괴했는가?(破僧, 破法輪身), ⑩ 부처님 몸에 피를 내거나 오역죄를 범한 사람인가?(出佛身血, 爲五逆罪人), ⑪ [귀신처럼] 사람이 아닌 것이 사람 모습을 한 것은 아닌가?(非人), ⑫ 축생이 변화하여 사람의 모습을 한 것이 아닌가?(畜牲難), ⑬ 남근과 여근을 모두 지니고 있는가?(二形難) 『불광대사전』, p.532.

429 누지불樓至佛: 누지(Rudita 또는 Rucika)는 현겁에 나타나시는 천 명의 부처님 중 마지막에 오시는 부처님이다. 노차불盧遮佛·노지불盧至佛·노지불魯支佛이라고 한다. 의역하면 애락불愛樂佛이다. 이 부처님은 금강역사金剛力士인 집금강신執金剛神으로 보기도 하지만 이는 후대에 와전訛傳된 설명이다.(『불광대사전』, p.7650) 이처럼 『불광대사전』에서는 누지불을 금강신金剛神 즉 금강역사로 보는 것을 후대의 와전訛傳으로 설명하지만, 원효는 본문에서처럼 금강신을 누지불의 화현化現으로 보는 관점을 소개하고 있다.

것이다.

受菩薩戒人, 隆鏡師云. "唯人道, 方正得受. 上列畜生黃門鬼神等者, 且約菩薩等, 由願爲及化故, 現種種身, 而先所受戒, 爲欲還令明露故, 受菩薩戒故." 作是說, 所以得知其然者, 『瑜伽論』〈菩薩地〉'決擇'中云, 〈唯人道, 方得受菩薩戒故〉."

[H1, 593c3~9; X38, 280a2~6]

'보살계를 받는 사람'(受菩薩戒人)에 대하여 융경사隆鏡師[430]는 [다음과 같이] 말하였다. "오직 '인간세상에서 살아가는 사람'(人道)이라야 비로소 [보살계를] 바르게 받을 수 있다.[431] 앞에서 동물(畜生)·'생식능력이 없는 사람'(黃門)·'[천룡팔부天龍八部나 금강신金剛神같이 부처님 가르침을 지키는] 신적 존재'(鬼神) 등을 열거한 것은 또한 보살 등이 서원誓願으로 '몸을 임의로 바꾸게'(化) 되는 것에 의거한 것이니, 갖가지 몸을 나타내어 앞서 받은 계율을 다시금 밝게 드러나게 하려는 것이고 [그리하여] '보살이 지키는

430 융경사隆鏡師: 융경사를 비롯하여 실명으로 언급되는 법원율사法源律師·윤법사潤法師·원교사員敎師에 대해서 아직 확인되지 않는다.(앞의 남동신, 「원효의 계율사상」, 『한국사상사학』 17집, 한국사상사학회, 2001, p.262 참고.) 다만 앞서 나온 '교사敎師'는 원효가 원측의 『해심밀경소解深密經疏』의 내용을 직접 인용하기 때문에 '교사敎師'가 원측임을 알 수 있다.

431 "오직 인도人道이어야만 보살계를 바르게 받을 수 있다"라는 것은 승려와 승려공동체를 보호하기 위함이다. 이에 대하여 『유가사지론瑜伽師地論』 권53에서는 다음과 같이 주장한다. "若變化者, 爲護他故, 不應爲授具戒. 所以者何? 或有龍等, 爲受法故, 自化己身爲苾芻像求受具戒, 若便爲彼授具戒者, 彼睡眠時便復本形, 既睡悟已作苾芻像假想苾芻. 若守園者, 若近事男, 率爾往趣見彼身形, 如是變已, 便於一切眞苾芻, 所起憎惡心. 謂諸苾芻皆非人類, 誰能敬事施彼衣食, 勿令他人得此惡見, 是故爲隨護他, 不應爲彼受具足戒."(T30, 592b8~16) 만약 용 등이 변화하여 사람의 모습으로 구족계를 받았다가 다른 사람이 용의 정체를 알게 되는 경우, 승단에 대한 불신과 의심이 생길 수 있으므로 사람으로 변한 용 등에게 구족계를 주어서는 안 된다는 것이다.

계율'(菩薩戒)을 받게 하려는 것이다."[432] 이렇게 설명하는 것이 타당함을 알 수 있는 까닭은, 『유가사지론瑜伽師地論』〈보살지菩薩地〉의 '판단하는 것'(決擇) 가운데서 말하길, 〈오직 '인간세상에서 살아가는 사람'(人道)이라야 비로소 보살계를 바르게 받을 수 있다〉[433]라고 말하기 때문이다.

"皆名第一淸淨者"者,[434] 有三義. 一者, 若受持菩薩戒者, 永斷二障故. 二者, 具自利利他二行故. 三者, 望無上菩提故. 若受持二乘戒者, 唯斷煩惱障故, 唯自利行. 非利他行故, 唯望盡形壽, 非望無上菩提故. 今此菩薩戒者, 有如是三種, 勝於二乘義, 故言"第一". 所言"淸淨"者, 當時雖未淸淨二障, 而有令淸淨二障菩提心, 故言"淸淨". 餘如經. 〈六種性菩薩, 雖具有二障, 而有令淸淨二障菩提心. 故言淸淨二障.〉 序分竟在於前.

[H1, 593c9~20; X38, 280a6~14]

---

432 〈오직 인간세상에서 살아가는 사람이라야 보살계를 제대로 받을 수 있다〉는 것과 〈지금 경전에서는 인간이 아닌 존재들이 열거되어 보살계를 받는다〉는 것의 충돌을 어떻게 일관되게 이해할 수 있는가에 대한 설명인데, 이 문장만으로는 그 설명의 의미가 분명하게 전달되지 않는다. 〈보살 등의 인간이 중생구제의 서원에 의해 인간 아닌 존재로 임의로 몸을 바꾸어 보살계를 받는 것을 보여 줌으로써 보살계의 탁월한 공능을 드러내고, 그 결과 보살계의 가치를 돋보이게 하여 사람들로 하여금 보살계를 받게 하려는 것〉으로 이해해 볼 수도 있다.

433 이 문장은 『유가사지론瑜伽師地論』에서 발견되지 않는다. 앞서 소개한 『유가사지론瑜伽師地論』 권53 「결택분決擇分」〈보살지菩薩地〉의 "若變化者, 爲護他故, 不應爲授具戒. 所以者何? 或有龍等, 爲受法故, 自化己身爲苾芻像求受具戒, 若便爲彼授具戒者, 彼睡眠時便復本形, 既睡悟已作苾芻像假想苾芻. 若守園者, 若近事男, 率爾往趣見彼身形, 如是變已, 便於一切眞苾芻, 所起憎惡心. 謂諸苾芻皆非人類, 誰能敬事施彼衣食, 勿令他人得此惡見, 是故爲隨護他, 不應爲彼受具足戒."(T30, 592b8~16)라는 문장의 취지를 원효가 압축시켜 재구성한 문장으로 보인다.

434 『한불전』에는 교감주에서 '者' 앞에 '第一'이 빠진 것으로 의심하였다. "者, 上疑脫第一."(H1, 593) 『한불전』의 교감주에 따라 '第一'을 추가하여 번역한다.

"다들 '으뜸으로 청정한 자'라고 부른다"(皆名第一淸淨者)라고 한 것에서 "으뜸"(第一)[이라는 말]에는 세 가지 뜻이 있다. 첫 번째는 만약 '보살이 지키는 계율'(菩薩戒)을 받아 지니는 자라면 [번뇌장煩惱障과 소지장所知障, 이] '두 가지 장애'(二障)[435]를 영원히 끊기 때문[이라는 뜻]이다. 두 번째

435 이장二障: 이장은 '번뇌로 인한 장애'(煩惱障)와 '대상에 대한 이해를 가로막는 장애'(所知障)이다. 또는 '미혹으로 인한 장애'(惑障)와 '지혜를 가로막는 장애'(智障)로 부르기도 한다. 원효는 이에 대하여 『이장의二障義』에서 다음 같이 설명한다. "'두 가지 장애'(二障)란, 첫째는 '번뇌로 인한 장애'(煩惱障)인데 '미혹으로 인한 장애'(惑障)라고도 부르고, 둘째는 '대상에 대한 이해를 가로막는 장애'(所知障)인데 '지혜를 가로막는 장애'(智障)라고도 부른다. 혹은 [두 종류의 장애를 구분하는] 또 '다른 방식'(異門)이 있으니 ['현상으로 드러나지 않은 측면'(隱密門)에서] '번뇌로 인한 장애'(煩惱碍)와 '지혜를 가로막는 장애'(智碍)라고 부른다."(言二障者, 一煩惱障, 亦名惑障, 二所知障 亦名智障. 或有異門, 名煩惱碍及與智碍.)(H1, 789c8~10) 그리고 번뇌장煩惱障에 대하여 구체적으로 다음과 같이 설명한다. "'번뇌로 인한 장애'(煩惱障)는 탐욕과 분노 등의 미혹인데, '번뇌로 힘들게 함'(煩勞)을 특성(性)으로 삼는다. 인연에 따라 일어나 작동하면서 몸과 마음을 괴롭히고 어지럽게 하기 때문에 '번뇌'라고 부른다. 이것은 [번뇌의] 본연(體)에 대하여 그 작용에 따라 명칭을 붙인 것이다. 또한 [번뇌는] 삼계三界 안에 있는 번뇌의 과보를 다시 미혹하게 하여 중생(有情)들을 핍박하고 괴롭게 하여서 '평안한 상태'(寂靜)에서 벗어나게 하기 때문에 '번뇌'라고 부르니, 이것은 원인 가운데서 결과를 설명하는 명칭이다. '장애'(障)란 가로막아 멈추게 하는 것을 뜻으로 하고, 또한 덮어 가리는 것을 능력으로 하니, 중생(有情)[이 깨달음으로 나아가는 것]을 가로막아 멈추게 하여 [근본무지에 따라] 태어나고 죽는 것에서 벗어나지 못하게 하며, '진리의 면모'(理性)를 덮어 가려서 열반涅槃을 드러내지 못하게 한다. 이 두 가지 뜻 때문에 '장애'(障)라고 이름하였으니, 이것은 뜻과 작용에 따라 명칭을 받은 것이다."(煩惱障者, 貪瞋等惑, 煩勞爲性. 適起現行, 惱亂身心, 故名煩惱. 此當體從功能立名. 又復能惑界內煩惱之報, 逼惱有情, 令離寂靜, 故名煩惱. 是爲因中說果名也. 障以遮止爲義, 亦用覆蔽爲功, 遮止有情, 不出生死, 覆蔽理性, 不顯涅槃. 由是二義, 故名爲障, 此從義用而受名也.)(H1, 789c10~17) 또한 소지장所知障에 대해서는 다음 같이 설명한다. "'대상에 대한 이해를 가로막는 장애'(所知障)[에 대해 설명하면 다음과 같다.] ['대상에 대한 이해'(所知)라고 하는 것은] '존재하는 것의 다함이 있는 면모'(盡所有性)와 '존재하는 것의 진리대로의 면모'(如所有性)는 ['근원적인 지혜'(根本智)와 이에 기반하여 대상에 대해 '뒤이어 얻어지는 지혜'(後得智), 이] 두 가지 지혜에 의해

는 [만약 '보살이 지키는 계율'(菩薩戒)을 받아 지니는 자라면,] '자기도 이롭게 하고 남도 이롭게 하는 두 가지 행위'(自利利他二行)를 갖추기 때문[이라는 뜻]이다. 세 번째는 [만약 '보살이 지키는 계율'(菩薩戒)을 받아 지니는 자라면,] '가장 높은 깨달음'(無上菩提)을 추구하기 때문[이라는 뜻]이다. 만약 '[성문聲聞, 연각緣覺] 두 부류의 수행자가 지키는 계율'(二乘戒)을 받아 지니는 자라면, 오직 '번뇌로 인한 장애'(煩惱障)만 끊기 때문에 오직 '자기를 이롭게 하는 행위'(自利行)일 뿐이다. [이들의 수행은] '남을 이롭게 하는 행위'(利他行)가 아니기 때문이고, 오직 '몸과 목숨이 사라짐'(盡形壽)[436]을 추구할 뿐이지 '가장 높은 깨달음'(無上菩提)을 추구하는 것이 아니기 때문이다. 지금 이 '보살이 지키는 계율'(菩薩戒)이라는 것은 이와 같은 세 가지 [뜻이] 있어서 '[성문聲聞, 연각緣覺] 두 부류의 수행자'(二乘)[가 받아 지니는 계율이 가진] 뜻보다 뛰어나기 때문에 "으뜸"(第一)이라고 말하였다.

"청정하다"(淸淨)라고 말한 것은, 비록 ['보살이 지키는 계율'(菩薩戒)을 받을] 당시에는 아직 [번뇌장煩惱障과 소지장所知障, 이] '두 가지 장애'(二障)를 청정하게 하지는 못하였지만, '두 가지 장애'(二障)를 청정하게 하는 '깨달음을 구하는 마음'(菩提心)이 있기 때문에 "청정하다"(淸淨)라고 말한

밝혀지는 것이므로 '대상에 대한 이해'(所知; 알아지는 것)라 부른다. ['대상에 대한 이해를 가로막는 장애'(所知障)라고 한 것은 다음과 같은 의미 때문이다.] '모든 현상에 불변·독자의 본질/실체가 있다고 하는 집착'(法執)과 같은 미혹(惑)이 '지혜 면모'(智性)를 가로막아 '[사성제에 대해] 이해함'(現觀)을 이루지 못하게 하고, '대상의 참모습'(境性)을 덮어 가려서 [대상의 참모습을] '이해하는 마음'(觀心)이 나타나지 못하게 하니, 이러한 의미 때문에 '대상에 대한 이해를 가로막는 장애'(所知障)라 부른다. 이것은 [장애에 의해] 덮이는 대상과 [덮어 가리는] 작용에 따라 명칭을 얻은 것이다."(所知障者. 盡所有性, 如所有性, 二智所照, 故名所知. 法執等惑, 遮止智性, 不成現觀, 覆蔽境性, 不現觀心, 由是義故, 名所知障. 此從所蔽及用得名.)(H1, 789c17~21)

436 진형수盡形壽: 이승二乘이 추구하는 최고성인인 아라한阿羅漢은 '모든 감관기능이 그친 경지'(灰身滅智)를 열반의 경지로 간주하여 추구하는데, '진형수盡形壽'는 열반에 대한 이러한 관점을 지칭하는 것이다.

것이다. 나머지[인 "자"者]는 경經에서 [다음과 같이 말하는 것과] 같다. 〈육종성보살六種性菩薩[437]은 비록 [번뇌장煩惱障과 소지장所知障, 이] '두 가지 장애'(二障)를 갖추고 있지만, '두 가지 장애'(二障)를 청정하도록 하는 '깨달음을 구하는 마음'(菩提心)이 있다. 그러므로 [번뇌장煩惱障과 소지장所知障, 이] 두 가지 장애'(二障)를 청정하게 한다고 한다.〉[438]

'서론 부분'(序分)은 여기에서 끝난다.

---

437 육종성보살六種性菩薩: 육종성보살은 『보살영락본업경菩薩瓔珞本業經』 등에서 보살이 불과佛果에 이르는 과정에서의 계위를 여섯 가지로 구분한 것이다. 『보살영락본업경』 卷上 「현성학관품賢聖學觀品」에 따르면 육종성六種性은 다음 여섯 가지로 나뉜다. ① 습종성習種性, ② 성종성性種性, ③ 도종성道種性, ④ 성종성聖種性, ⑤ 등각성等覺性, ⑥ 묘각성妙覺性의 여섯 가지로 나뉜다. 『불광대사전』(p.1695)에 따르면, ① 습종성은 십주위十住位로서 공관空觀을 수습하고 견혹見惑과 사혹思惑을 무너뜨리고 없애는 지위이고, ② 성종성은 십행위十行位로서 공空에 머물지 않고 중생을 교화하고 일체의 법성法性을 분별하는 지위이며, ③ 도종성은 십회향十迴向位으로서 보살이 중도中道의 묘관妙觀을 닦고 익혀서 일체의 불법佛法에 통달하는 지위이고, ④ 성종성은 십지위十地位로서 중도의 묘관妙觀에 의거하여 일분一分의 무명無明을 깨트리고 성위聖位를 증득하여 들어가는 지위이며, ⑤ 등각성은 등각위等覺位로서 묘각에는 한 단계 미치지 못할지라도 앞의 40위보다는 뛰어난 지위이고, ⑥ 묘각성은 묘각위妙覺位로서 불과佛果의 지위에 도달하여 일체의 번뇌를 끊고 지혜가 원만하고 미묘해져서 열반의 이치를 깨닫는 지위이다. 한편 『대승입능가경大乘入楞伽經』 권2에서는 ① 성문승종성聲聞乘種性, ② 연각승종성緣覺乘種性, ③ 여래승종성如來乘種性, ④ 부정종성不定種性, ⑤ 무종성無種性의 5종성五種性으로 나누기도 한다. "大慧!有五種種性. 何等爲五? 謂聲聞乘種性, 緣覺乘種性, 如來乘種性, 不定種性, 無種性."(T16, 597a29~b2)

438 위의 문장은 『보살지지경菩薩地持經』의 다음 문장을 참고한 것으로 보인다. "云何成熟? 略說有六種. 一者自性成熟, 二者人成熟, 三者種分別成熟, 四者方便成熟, 五者人成熟, 六者人相成熟. 自性成熟者有善法種子, 修習善法隨順二障, 清淨解脫身心有力, 眞實方便具足究竟, 有佛無佛, 堪能次第斷煩惱障及智慧障."(T30, 900a9~12) 이에 대하여 천태 지의는 『묘법연화경현의妙法蓮華經玄義』 권3에서 다음과 같이 풀이하였다. "地持云. 種性菩薩, 發心欲除二障, 有佛無佛, 決定能次第, 斷諸煩惱, 卽此意也."(T33, 714a14~16)

2. [경의 내용을] 본격적으로 설한 부분(正說分)

1) [범할 때 허물의 무게가] 무거운 10가지 계율을 밝힘(明十重戒)

(1) 총괄하여 드러내며 배움을 권함(總標勸學)

① 숫자를 매겨 이름을 드러냄(擧數標名)

『범망경梵網經』[T24, 1004b11]

佛告諸佛子言. "有十重波羅提木叉."

부처님께서 '모든 부처님의 제자'(諸佛子)에게 말씀하셨다. "'[범할 때 허물의 무게가] 무거운 행위를 단속하는 10가지 근본규칙'(十重波羅提木叉)이 있다."

"佛告諸佛子"以下, 第二正說分, 於中有二. 先明十重, 後明四十八輕戒. 先中卽有三. 一者, 總釋[439]初[440]學, 二者, "佛告佛子, 若自殺"以下, 別解制止, 三者, "若有犯者"以下, 總結重制. 先中亦有三段. 一者, 擧數標名, 二[441]勸物誦學, 三者, 總結勸學.

[H1, 593c21~594a4; X38, 280a15~19]

"부처님께서 '모든 부처님의 제자'에게 말씀하셨다"(佛告諸佛子)[442] 이하는 두 번째인 '[경의 내용을] 본격적으로 설한 부분'(正說分)이니, 이 가운데에는 두 가지가 있다. 먼저 '[범할 때 허물의 무게가] 무거운 10가지 계

439 저본에는 '釋'으로 되어 있지만, 문맥에 따라 '標'로 교감하고 번역한다.
440 저본에는 '初'로 되어 있지만, 문맥에 따라 '勸'으로 교감하고 번역한다.
441 저본에는 '者'가 없지만, 문맥에 따라 '者'를 추가하여 번역한다.
442 『범망경梵網經』"佛告諸佛子"(T24, 1004b11) 이하이다.

율'(十重戒)을 밝혔고, 나중에는 '[범할 때 허물의 무게가] 가벼운 48가지 계율'(四十八輕戒)을 밝혔다.[443] [또한] 먼저[인 십중계十重戒를 밝히는 것]에도 세 가지가 있다. 첫 번째는 '총괄하여 드러내며 배움을 권함'(總標勸學)이고, 두 번째는 "부처님께서 '부처님의 제자들'에게 말씀하시길, 만약 스스로 죽이거나"(佛告佛子, 若自殺) 이하[444]에서 '[잘못된 행위를] 제어하여 그침을 하나씩 풀이함'(別解制止)이며, 세 번째는 "만약 [계율을] 위배한 자가 있다면"(若有犯者)[445] 이하에서 '[범할 때 허물의 무게가] 무거운 계율을 제정함에 대하여 총괄하여 결론 맺은 것'(總結重制)이다.

앞[의 내용인 '총괄하여 드러내며 배움을 권함'(總標勸學)]에도 세 단락이 있다. 첫 번째는 '숫자를 매겨 이름을 드러냄'(擧數標名)이고, 두 번째는 '중생에게 외우고 배움을 권함'(勸物誦學)이며, 세 번째는 '[보살계] 배우기를 권하는 것을 총괄하여 맺음'(總結勸學)이다.

② 중생에게 외우고 배움을 권함(勸物誦學)

『범망경梵網經』[T24, 1004b11~14]

若受菩薩戒, 不誦此戒者, 非菩薩非佛種子. 我亦如是誦, 一切菩薩已學, 一切菩薩當學, 一切菩薩今學.

만약 '보살이 지키는 계율'(菩薩戒)을 받고서도 이 '[범할 때 허물의 무게가 무거운 행위를 단속하는 10가지 근본규칙'(十重波羅提木叉)의] 계율을 외

443 현재 전해지는 『범망경보살계본사기梵網經菩薩戒本私記』에는 '[범할 때 허물의 무게가] 가벼운 48가지 계율'(四十八輕戒)을 풀이한 부분은 없다.

444 『범망경梵網經』 "佛言, 佛子, 若自殺"(T24, 1004b16) 『대정장』의 교감주에 '佛言'은 고본인 【宋】【元】【宮】에는 '佛告'라고 되어 있다고 밝혔다. "言=告【宋】【元】【宮】"(T24, 1004, [16])

445 『범망경보살계본사기梵網經菩薩戒本私記』에서 나눈 『범망경梵網經』의 전체 분과를 살펴보면, '총결중제總結重制'가 시작하는 부분은 '善學諸仁者'(T24, 1005a16)이다. '若有犯者'(T24, 1005a18)는 '善學諸仁者' 이하 가운데 두 번째에 해당하는 부분이다.

우지 않는 자라면, 보살도 아니고 '부처[의 깨달음을 이루는] 종자'(佛種子)도 아니다. 나도 또한 이와 같이 외우고, 모든 보살이 이미 배웠으며, 모든 보살이 [앞으로] 마땅히 배울 것이며, 모든 보살이 지금 배우는 것이다.

第二"勸物誦學"中有二. 初擧非勸誦, 後擧人勸誦.

[H1, 594a5~6; X38, 280a20]

두 번째인 "중생에게 외우고 배움을 권함"(勸物誦學) 가운데에는 두 가지가 있다. 처음은 '[보살이나 불종자佛種子가] 아니라는 것을 거론하여 외울 것을 권하는 것'(擧非勸誦)이고, 나중은 '[외우는] 사람을 거론하여 외울 것을 권하는 것'(擧人勸誦)이다.

가. [보살이나 불종자佛種子가] 아니라는 것을 거론하여 외울 것을 권함(擧非勸誦)

所言"非菩薩"者, 發不誦戒心故. 約心, 故言"非菩薩", 不謂永不菩薩故非菩薩. 亦[446]熟行, 故言"非佛種子", 不謂永非佛[447]子故非佛種子. 一云. 〈成佛者, 具一切種智故, 方成佛故. 發不誦戒不善心故, 不具種智, 故爲非[448]種子.〉

[H1, 594a6~11; X38, 280a20~24]

"보살이 아니다"(非菩薩)라고 말한 것은 '계율을 외우지 않으려는 마음'(不誦戒心)을 일으켰기 때문이다. [이처럼] 마음[을 일으키지 않았다는 것]에 의거하였기에 "보살이 아니다"(非菩薩)라고 말한 것이지, 영원히 보

446 저본에는 '亦'으로 되어 있지만, 문맥상 '約'으로 교감하고 번역한다.
447 저본에는 '種'이 빠져 있지만, 문맥상 '種'을 추가하여 '佛種子'로 번역한다.
448 저본에는 '佛'이 빠져 있지만, 문맥상 '佛'을 추가하여 '佛種子'로 번역한다.

살이 되지 못하기에 보살이 아니라는 말은 아니다. [또] '[깨달음을] 성숙시키는 행위'(熟行)[가 아니라는 것]에 의거하였기에 "'부처[의 깨달음을 이루는] 종자'가 아니다"(非佛種子)라고 말한 것이지, 영원히 '부처[의 깨달음을 이루는] 종자'(佛種子)가 아니기에 '부처[의 깨달음을 이루는] 종자'(佛種子)가 아니라는 말은 아니다. 어떤 사람이 [다음과 같이] 말하였다. 〈'부처를 이루는 것'(成佛)은 '모든 것을 사실대로 이해하는 지혜'(一切種智)[449]를 갖추기 때문에 비로소 '부처를 이루는 것'(成佛)이다. [그러나] '계율을 외우지 않으려는 이롭지 못한 마음'(不誦戒不善心)을 일으키기에 '[모든 것을] 사실대로 이해하는 지혜'([一切]種智)를 갖추지 못하니, 그러므로 '부처[의 깨달음을 이루는] 종자'(佛種子)가 아니게 된다.〉

發不誦戒心者, 犯輕垢罪. 若趣餘勝業時故, 旣作此事後, 方誦戒者, 無犯. 亦若不作不誦[450]心, 雖起誦, 而由鈍根故, 不得誦者, 無犯. 若小乘者, 若作不誦念者, 作意以後, 卽犯不學罪, 若無知罪者, 五歲以後, 方犯也. 餘義同上. 所言"十重波羅提木叉"者, 不持此十重戒者, 不得名波羅提木叉. 若能持者, 有離縛義故.

[H1, 594a11~19; X38, 280b1~6]

'계율을 외우지 않으려는 마음'(不誦戒心)을 일으키는 것은 '[범할 때] 허

449 일체종지一切種智: 일체종지(sarvathā-jñāna)는 삼지三智 가운데 하나이며 불지佛智라고도 한다. 넓은 뜻으로 말하자면 일체지一切智인 살바야薩婆若와도 같다. 『대승기신론大乘起信論』에서는 "諸佛如來離於見相, 無所不遍, 心眞實故, 卽是諸法之性. 自體顯照一切妄法, 有大智用無量方便, 隨諸衆生所應得解, 皆能開示種種法義, 是故得名一切種智"(T32, 581b23~27)라고 하였고, 『대지도론大智度論』에서는 "所謂禪定, 智慧等諸法, 佛盡知諸法總相別相故, 名爲一切種智. … 一切智是聲聞辟支佛事, 道智是諸菩薩事, 一切種智是佛事"(T25, 259a18~22)라 하였다. 『불광대사전』, p.29.

450 저본에는 '戒'가 빠져 있지만, 문맥상 '戒'를 추가하여 '誦戒心'으로 번역한다.

물의 무게가 가벼운 죄'(輕垢罪)를 범하는 것이다. 만약 다른 '훌륭한 행위'(勝業)를 하고 있었기 때문에 이 일을 다 마친 후에 비로소 계율을 외우는 사람이라면 [이 계율을] 위배함이 없다. 또한 만약 '[계율을] 외우지 않으려는 마음'(不誦[戒]心)을 짓지 않고 비록 외우려는 [마음을] 일으켰더라도 '무딘 능력'(鈍根) 때문에 외울 수가 없는 사람이라면 [역시] [계율을] 위배함이 없다. 만약 소승 수행자로서 '외우지 않으려는 생각'(不誦念)을 짓는 사람이라면 [외우지 않으려는] 뜻을 지은 이후 곧 '배우지 않은 죄'(不學罪)를 범한 것이고,[451] 만약 [계율을 받고도] '어리석어서 외우지 못한 죄'(無知罪)를 범한 자라면 [계율을 받고] 5년이 지난 이후에 비로소 범한 것이 된다.[452] 나머지 뜻은 앞에서 설한 것과 같다.

[앞에서] 말한 "[범할 때 허물의 무게가] 무거운 행위를 단속하는 10가지

---

451 『사분율四分律』 권18에 따르면, 불학죄不學罪는 비구의 경우에 경구죄輕垢罪에 해당되는 바일제波逸提가 될 수 있다. 즉 『사분율』 권18에서는 다음과 같이 말한다. 계율을 배우지 않았는데도 다른 지혜롭고 율법을 지키는 비구에게 어려운 질문을 하면 경구죄인 바일제가 된다는 것이다. "我今不學此戒, 當難問餘智慧持律比丘者, 波逸提. … 比丘義如上如法者, 如法如律如佛所教, 彼比丘如法諫此比丘時, 此比丘作是語, 我今不學此戒, 當難問餘智慧持律比丘. 若說而了了, 波逸提. 不了了者, 突吉羅. 比丘尼, 波逸提, 式叉摩那, 沙彌, 沙彌尼, 突吉羅. 是謂爲犯."(T22, 685b23~c1) 이는 소승 90바일제波逸提 가운데 '제71거권학계拒勸學戒'에 해당한다.

452 『사분율四分律』 권36에 따르면, 많이 어리석어서 계율을 받고서 5년이 지나도 계율을 외우지 못하는 비구는 다른 비구와 함께 있을 수 없으며 법대로 다스리라고 하였다. "佛言, 重多癡比丘, 不應集在一處. 既不知戒, 復不知說戒, 不知布薩, 不知布薩羯磨. 自今已去, 制五歲比丘, 當誦戒誦羯磨使利. 若不者, 如法治."(T22, 825a22~25) 중국 당나라 율사인 도선은 『사분율산번보궐행사초四分律刪繁補闕行事鈔』 卷中에서 이러한 불학죄不學罪와 무지죄無知罪가 성립되는 시기적 차이에 대하여 다음과 같이 돈점頓漸으로 구분하여 설명하였다. "一不學無知相對解漸頓. 不學之罪先起, 無知之罪, 緣而不了, 後生故漸. 文云. 五歲不誦戒羯磨, 方得罪故. 二別解不學之罪通有漸頓. 如要心可學境上作不學意, 於一一法上頓得不學罪, 以初受時皆發得故. 令(今)違願體頓得多罪. 云何爲漸. 若要心不學羯磨, 於餘悉學. 望羯磨邊, 犯一止罪名漸. 若論無知, 唯漸者. 謂緣不了方結無知罪. 一心不備緣唯漸."(T40, 92a18~26)

근본규칙”(十重波羅提木叉)이란 것은, 이러한 ‘[범할 때 허물의 무게가] 무거운 10가지 계율’(十重戒)을 받아 지니지 않으면 ‘행위를 단속하는 근본규칙’(波羅提木叉)이라고 부를 수 없다. [‘[범할 때 허물의 무게가] 무거운 10가지 계율’(十重戒)을 받아] 지닐 수 있는 사람이라야 ‘[번뇌에] 묶임에서 벗어나는 면모’(離縛義)가 있기 때문이다.[453]

나. [외우는] 사람을 거론하여 외울 것을 권함(擧人勸誦)[454]

③ [보살계] 배우기를 권하는 것을 총괄하여 맺음(總結勸學)

『범망경梵網經』[T24, 1004b14~15]

已[455]略說波羅提木叉相貌, 是事[456]應當學, 敬心奉持.

내가 이미 ‘행위를 단속하는 근본규칙’(波羅提木叉)의 ‘특징과 양상’(相貌)을 간략하게 말하였으니, 이러한 일을 마땅히 배우고 공경하는 마음으로 받들어 지녀야 한다.

---

453 위의 원문(所“言十重波羅提木叉”者, 不持此十重戒者, 不得名波羅提木叉, 若能持者, 有離縛義故.)은 바로 앞의 과문인 ‘① 숫자를 매겨 이름을 드러냄(擧數標名)’에 해당하는 내용이다.

454 『梵網經菩薩戒本私記』에 과문은 있으나 해당 원문은 없다. “第二勸物誦學中, 有二. 初擧非勸誦, 後擧人勸誦.”(H1, 594a5~6)

455 저본인 『대정장』에는 ‘已’로 되어 있으나, 『대정장』의 교감주에 고본인 【宋】【元】【明】【宮】본에는 ‘我已’라고 밝혔다.(T24, 1004, [14]) 고본에 따라 ‘我已’로 교감하고 번역한다.

456 저본인 『대정장』 교감주에 고본인 【明】에는 ‘是事’가 없지만(T24, 1004, [15]), 저본의 원문에 따라 번역한다.

(2) [잘못된 행위를] 제어하여 그침을 하나씩 풀이함(別解制止)

『범망경梵網經』[T24, 1004b16]

佛言,[457] 佛子!

부처님께서 말씀하셨다. '부처의 제자들'(佛子)이여!

此下第二別餘[458]制止. 於中十戒故, 則爲十段.

[H1, 594a20~21; X38, 280b7]

이 아래는 두 번째로 '[잘못된 행위를] 제어하여 그침을 하나씩 풀이한다'(別解制止). 이 가운데에는 '[범할 때 허물의 무게가 무거운] 10가지 계율'(十[重]戒)이 있기 때문에 열 가지 단락이 된다.

㊀ 첫 번째 [살아 있는 생명을] 죽이지 않는 계율(第一不殺戒)[459]

第一不殺戒, 是卽約止持行爲名. 亦名殺戒, 此約作犯非[460]爲名. 以此下衆戒相及二種名, 准上可知. 此戒中, 有三段. 一[461]"佛告,[462] 佛子"

---

457 저본인 『대정장』에는 '言'으로 되어 있으나, 『대정장』의 교감주에 고본인 【宋】【元】【宮】본에는 '告'라고 밝혔지만(T24, 1004, [16]), 저본의 원문에 따라 '言'으로 번역한다.

458 저본에는 '餘'로 되어 있지만, 앞의 과문에는 '解'이다. 과문에 따라 '解'로 교감하고 번역한다.

459 원효의 『범망경보살계본사기梵網經菩薩戒本私記』에는 '제일불살계第一不殺戒'에 해당하는 과문은 없지만, 전체 내용을 쉽게 이해하기 위해 추가하였다.

460 저본에는 '非'로 되어 있지만, 문맥상 '行'으로 교감하고 번역한다. 한명숙도 '行'으로 교감하고 있다.(한명숙, 앞의 책, p.136 교감주)

461 저본에는 '者'가 빠져 있지만, 문맥상 '者'를 추가하여 '一者'로 번역한다.

462 『대정장』에 수록된 『범망경』 원문에는 '言'으로 되어 있으나, 『대정장』의 교감주

有,[463] 擧人表體, 二者"若自殺"以下, 列事明隨, 三者"而自"以下, 擧非結過.

[H1, 594a21~b2; X38, 280b7~11]

첫 번째는 '[살아 있는 생명을] 죽이지 않는 계율'(不殺戒)이니, 이것은 '[해로운 행위를] 그쳐서 ['계율의 본연'(戒體)을] 간직하는 행위'(止持行)[464]에 의거하여 [그] 이름을 지은 것이다. 또한 '[살아 있는 생명을] 죽이는 것에 관한 계율'(殺戒)이라고도 부르는데, 이것은 '[해로운 행위를] 지어서 ['계율의 본연'(戒體)을] 범하는 행위'(作犯行)[465]에 의거하여 [그] 이름을 지은 것이다. 이 아래[에서 말하는] 여러 가지 '[불살계不殺戒] 계율의 특징'(戒相)과 [그] 두 가지 이름에 대해서는 앞[에서 설명한 것]에 의거하면 알 수 있다.

이 ['죽이지 않는'(不殺)] 계율[에 관한 구절]에는 세 단락이 있다. 첫 번째인 "부처님께서 말씀하셨다. 부처의 제자들이여!"(佛告, 佛子)[466]는 '사람을 들어 [계율을 받는] 주체를 나타냄'(擧人表體)이고, 두 번째인 "만약 스스로 죽이거나"(若自殺) 이하[467]는 '사례를 열거하며 [계율대로] 따라야 할 행위를 밝힘'(列事明隨)이며, 세 번째인 "하지만 스스로 [방자한 마음으로]"(而自) 이하[468]는 '잘못을 짚어서 허물을 확인시킴'(擧非結過)이다.

에 고본인 【宋】【元】【宮】본에는 '告'라고 밝혔다.(T24, p.1004, [16]) 따라서 원효는 고본 『범망경』을 인용하였기 때문에 '告'라고 한 것으로 판단된다.

463 저본에는 '有'가 있지만, 문맥상 삭제하고 번역한다. 한명숙은 '有'가 연자이거나 '者'로 설명하였다.(한명숙, 앞의 책, p.136 교감주)

464 지지행止持行에 대해서는 앞의 지지止持·작지作持 각주를 참고.

465 작범행作犯行에 대해서는 앞의 지범止犯·작범作犯 각주를 참고.

466 『범망경梵網經』의 해당 원문은 다음과 같다. "佛言(告), 佛子!"(T24, 1004b16)

467 『범망경梵網經』의 해당 원문은 다음과 같다. "若自殺, 教人殺, 方便讚歎殺, 見作隨喜乃至呪殺. 殺因, 殺緣, 殺法, 殺業, 乃至一切有命者不得故殺. 是菩薩應起常住慈悲心, 孝順心, 方便救護一切衆生."(T24, 1004b16~19)

468 『범망경梵網經』의 해당 원문은 다음과 같다. "而自恣心快意殺生者, 是菩薩波羅夷

① 사람을 들어 [계율을 받는] 주체를 나타냄(擧人表體)

初言“佛告, 佛子”, 此擊[469]機之辭. 若小乘等者, 非聽菩薩戒機故, 非爲說故. 有機佛子, 方爲說菩薩戒, 故言“佛告, 佛子”. “佛子”者, 擧人表體者. 佛子者, 此表受體, 故言表體. “若自殺”以下, 明隨行. 譬如小乘中, 若比丘者, 是表受體, 共同戒以下, 表隨行, 具有受隨二戒, 方得比丘故. 是義亦爾, 具有受隨二義, 方爲菩薩故.

[H1, 594b2~10; X38, 280b11~17]

처음에 “부처님께서 말씀하셨다. 부처의 제자들이여!”(佛告, 佛子)라고 하였는데, 이것은 ‘근기에 맞추어 한 말’(擧機之辭)이다. 만약 소승의 무리라면 ‘보살이 지키는 계율’(菩薩戒)을 들을 수 있는 근기가 아니기에 [소승 등을] 위해서 설한 것이 아닌 것이다. [들을 수 있는] 근기가 있는 ‘부처의 제자’(佛子)라야 비로소 [이들을] 위해 ‘보살이 지키는 계율’(菩薩戒)을 설하기 때문에 “부처님께서 말씀하셨다. 부처의 제자들이여!”(佛告, 佛子)라고 말하였다. ‘부처의 제자들이여’(佛子)[라는 말]은 ‘사람을 들어 [계율을 받는] 주체를 나타낸 것’(擧人表體)이다. ‘부처의 제자’(佛子)[라는 말]은 ‘[계율을] 받는 주체’(受體)를 나타낸 것이기 때문에 ‘[계율을 받는] 주체를 나타낸 것’(表體)이라 말하였다. “만약 스스로 죽이거나”(若自殺) 이하는 ‘[계율대로] 따라야 할 행위’(隨行)를 밝힌 것이다. 비유하건대 마치 소승에서 만약 ‘비구比丘’[라고 말한] 경우는 ‘[계율을] 받는 주체’(受體)를 나타낸 것이고, [‘스스로 죽이는 것’(自殺)이라는] ‘[소승과] 공통되는 계율’(共同戒) 이하[의 내용]을 함께하는 것은 ‘[계율대로] 따라야 할 행위’(隨行)를 나타낸

罪.”(T24, 1004b19~20)

469 저본의 교감주에 ‘擊’은 ‘擧’로 의심된다고 하였다. “擊疑擧.”(X38, 280, [1]) 본고도 이에 따라 ‘擊’을 ‘擧’로 교감하고 번역한다.

것이니, '[계율을] 받는 주체'(受體)와 '[계율대로] 따라야 할 행위'(隨行)라는 두 가지 계율을 [모두] 갖추어야 비로소 비구가 될 수 있기 때문이다. 이 뜻도 마찬가지이니, '[계율을] 받는 주체'(受體)와 '[계율대로] 따라야 할 행위'(隨行)라는 두 가지 뜻을 [모두] 갖추어야 비로소 보살이 될 수 있기 때문이다.

② 사례를 열거하며 [계율대로] 따라야 할 행위를 밝힘(列事明隨)

『범망경梵網經』[T24, 1004b16~17]

若自殺, 教人殺, 方便[470]讚歎[471]殺, 見作隨喜乃至呪殺,

만약 '자신이 죽이거나'(自殺), '다른 사람으로 하여금 죽이도록 하거나'(教人殺), '수단을 통해 죽이거나'(方便殺), '[죽음을] 부추겨 죽이거나'(讚歎殺), '[죽이는 것을] 보고 덩달아 기뻐하여 [또 죽이게 하거나]'(見作隨喜[殺]) [또는] '주문으로 죽이는 것'(呪殺)에 이르기까지

第二列事明隨中, 有二段. 初列非, 二者是"菩薩"以下, 明對治正行. 亦此段, 名擧作持成止持.

[H1, 594b11~13; X38, 280b18~19]

두 번째인 '사례를 열거하며 [계율대로] 따라야 할 행위를 밝힘'(列事明隨) 가운데는 두 단락이 있다. 처음에는 '그릇된 것을 열거하였고'(列非),

470 저본인 『대정장』에는 '便'으로 되어 있지만, 저본의 교감주에 고본인 【明】본에는 '便殺'로 되어 있다고 하였다.(T24, 1004,[17] "便+殺 【明】") 원효의 아래 주석에서도 '便殺'로 되어 있으므로, '便殺'로 교감하고 번역한다. 『梵網經菩薩戒本私記』 "方便煞者, 與藥墮胎煞兒等."(X38, 281a17)

471 저본인 『대정장』에는 '歎'으로 되어 있지만, 원효의 아래 주석에는 '嘆'으로 되어 있다. 『梵網經菩薩戒本私記』 "讚嘆煞中有三."(X38, 281a18)

두 번째는 "보살"(菩薩) 이하[472]에서 '[잘못된 행동을] 치유하는 바른 행위'(對治正行)를 밝힌 것이다. 또한 이 [두 번째] 단락을 <'[이로운 행위를] 지어서 ['계율의 본연'(戒體)을] 간직함'(作持)에 의거하여 '[해로운 행위를] 그쳐서 ['계율의 본연'(戒體)을] 간직함'(止持)을 이루는 것>(擧作持成止持)이라고도 부른다.

가. 잘못[된 행동을] 열거함(列非)

> 先列非中, 有二段. 先列重非, 後"乃至一切"以下輕非.
>
> [H1, 594b13~14; X38, 280b19~20]

[사례를 열거하며 [계율대로] 따라야 할 행위를 밝힘(列事明隨)에서] 먼저 '잘못[된 행동사례를] 열거함'(列非) 가운데는 두 단락이 있다. 앞은 '[범할 때 허물의 무게가] 무거운 잘못[된 행동을] 열거함'(列重非)[473]이고, 뒤인 "모든 [생명이 있는] 것에 이르기까지"(乃至一切[有命者]) 이하[474]는 '[범할 때 허물의 무게가] 가벼운 잘못[된 행동을 열거함]'(輕非)이다.

가) [범할 때 허물의 무게가] 무거운 잘못[된 행동]을 열거함(列重非)

> 先中亦有二. 先列正[475]非, 後明具緣成業.

---

472 해당 『범망경梵網經』 원문은 다음과 같다. "是菩薩應起常住慈悲心, 孝順心, 方便救護一切衆生."(T24, 1004b18~19)

473 해당 『범망경梵網經』 원문은 다음과 같다. "若自殺, 教人殺, 方便(殺)讚歎殺, 見作隨喜乃至呪殺, 殺因, 殺緣, 殺法, 殺業."(T24, 1004b16~17)

474 해당 『범망경梵網經』 원문은 다음과 같다. "乃至一切有命者, 不得故殺."(T24, 1004b18)

475 저본에는 '列正'으로 되어 있으나, 뒤의 원효의 주석에는 '正列'이라고 되어 있다.

[H1, 594b14~15; X38, 280b20~21]

앞[인 '[범할 때 허물의 무게가] 무거운 잘못[된 행동]을 열거함'(列重非)]에도 두 가지가 있다. 먼저 '[범할 때 허물의 무게가 무거운] 잘못[된 행동]'(非)을 곧장 열거하였고, 나중에는 '조건을 갖추어 행위를 이루는 것'(具緣成業)을 밝혔다.

㈎ 잘못[된 행동]을 곧장 열거함(正列非)

明非中，先約三品衆生，現其罪輕重階降及大小同失,[476] 後明斷命義.

[H1, 594b16~17; X38, 280b22~23]

'잘못[된 행동을] 밝히는 것'(明非)에서는 먼저 '세 부류의 중생'(三品衆生)[477]에 의거하여 [범할 때] 그 허물의 [무게가] '가벼운 것과 무거운 것의 위아래 차이'(輕重階降)와 '대승과 소승의 같고 다름'(大小同異)을 나타내었고, 나중에는 '목숨을 끊는다는 것의 뜻'(斷命義)을 밝혔다.

문맥에 따라 '正列'로 교감하고 번역한다. "正列非相竟."(H1, 595c15~c16: X38, 281b19)

476 저본에는 '失'으로 되어 있지만, 문맥상 '異'로 교감하고 번역한다. 한명숙도 '異'로 교감하고 있다.(앞의 책, p.139 교감주)

477 이어지는 원효의 주석에 의하면, 삼품중생三品衆生은 상·중·하 중생으로 나뉜다. 첫 번째 상품중생上品衆生은 부모父母·필정보살畢定菩薩·무학성인無學聖人이다. 이들을 죽이면 중차죄重遮罪를 범한 것이다. 두 번째 중품중생中品衆生은 천도天道와 인도人道에 사는 중생이다. 이들을 죽이면 오직 중죄重罪이지만 역죄逆罪는 아니다. 세 번째 하품중생下品衆生은 용龍·야차夜叉·아수라阿修羅 등과 축생畜生이다. 이들을 죽이면 오직 경구죄輕垢罪를 범한 것이 된다. 그리고 이것이 가각에 대하여 대소승에 따라 차이가 있다. 자세한 것은 아래에 바로 이어지는 원효 주석을 참고하기 바란다.

㉮ 세 부류의 중생에 의거하여 [범할 때] 그 허물의 [무게가] 가벼운 것과 무거운 것의 위아래 차이와 대승과 소승의 같고 다름을 나타냄(先約三品衆生, 現罪輕重階降大小同異)

先上品衆生者, 父母, 決[478]定菩薩, 無學聖人. 若殺此上品者, 犯重遮二罪. 若論下已[479]果者, 『涅槃經』中, 下上二文不同. 若依上[480]文者, "耆婆語阿闍世王云, 〈汝犯二逆, 謂殺須陀洹及父故〉." 若依下[481]文者, "唯取無學果而爲逆." 不取下三果, 故不定. 中品者, 凡夫[482]人道. 殺此中品者, 唯犯重不犯逆. 以天爲中品者, 且約大乘故. 若約小乘者, 殺天者, 犯蘭. 下品者, 非人畜生. 殺此下品者, 唯犯輕垢罪, 非犯重罪.

[H1, 594b17~c3; X38, 280b23~c6]

['세 부류의 중생'(三品衆生) 가운데] 먼저 '높은 부류의 중생'(上品衆生)이라는 것은 부모와 '반드시 부처가 될 수 있는 보살'(畢定菩薩)[483]과 '[더 이상]

---

478 저본에는 '決'로 되어 있지만, 『열반경』 원문에 따라 '畢'로 교감하고 번역한다. 한명숙은 '畢' 혹은 '必'로 교감하였다.(한명숙, 앞의 책, p.141 교감주)

479 저본에의 교감 주에는 '已'를 '三'으로 교감하였고, "已疑三"(X38, 280, [2]); 『한불전』에서는 '已'를 '三'으로 교감하였다."已疑三"(H1, 594, ②) 본고에서도 '三'으로 교감하고 번역한다.

480 저본에는 '上'으로 되어 있지만, 『대반열반경大般涅槃經』 원문의 순서에 따라 '下'로 교감하고 번역한다. 한명숙도 '上'을 '下'로 교감하였다.(한명숙, 앞의 책, p.141 교감주)

481 저본에는 '下'로 되어 있지만, 『대반열반경大般涅槃經』 원문의 순서에 따라 '上'으로 교감하고 번역한다. 한명숙도 '下'를 '上'으로 교감하였다.(한명숙, 앞의 책, p.141 교감주)

482 저본에는 '夫'로 되어 있지만, 문맥에 따라 '天'으로 교감하고 번역한다. 한명숙도 '夫'를 '天'으로 교감하였다.(한명숙, 앞의 책, p.141 교감주)

483 필정보살畢定菩薩: 필정보살은 필정보살必定菩薩이라고도 한다. 성불成佛하는 것이 결정되어 있다고 할 정도로 높은 수준의 보살 수행자를 지칭한다. 필정必定은 정정취正定聚 보살의 불퇴전不退轉의 뜻과 동일하다. 『대반열반경大般涅槃經』 권

배울 것이 없는 경지에 들어간 성인[인 아라한阿羅漢]'(無學聖人)[484]이다. 만약 이 '높은 부류의 중생'(上品[衆生])을 죽이면 '[허물이] 무거운 죄업'(重罪)[485]과 '[계율을 받을 수 없을 정도로] 나쁜 [일곱 가지] 죄'(遮[逆]罪)[486]라는 두

15에서도 상품上品 중생에 속한다고 설명하였다. "上殺者, 父母乃至阿羅漢, 辟支佛, 畢定菩薩, 是名爲上. 以是業因緣故, 墮於阿鼻大地獄中, 具受上苦, 是名上殺."(T12, 702c17~c20) 그런데 이러한 상품 중생에 속하는 필정보살의 수행단계에 대해서는 몇 가지 설이 있다. 천태 지의는 『보살계의소菩薩戒義疏』 卷下에서 필정보살을 두 가지로 설명하였다. 첫 번째는 삼십심三十心(십주十住·십행十行·십회향十廻向)에 해당하는 해행解行 이상이고, 두 번째는 칠심七心(七地) 이상이라 한다. "菩薩人以取解行已上, 大經云. 畢定菩薩同上科. 今取不作二乘爲畢定位. 或取七心已上, 皆可爲斷也."(T40, 571c19~21) 또한 승장勝莊은 『범망경술기梵網經述記』 상권에서 세 가지로 나누어 설명한다. 첫 번째는 십해十解 이상, 두 번째는 초지初地 이상 보살, 세 번째는 팔지八地 이상의 보살을 필정보살이라고 하였다. "或可十解以上, 乃名畢定菩薩, 不退轉故. 或可初地以上菩薩, 名畢定菩薩. 解行菩薩, 退與不退, 皆不定故. 有諸八地以上菩薩, 乃名畢定. 一切煩惱, 必不起故."(X38, 406b21~24)

484 무학성인無學聖人: 무학(aśaikṣa)은 성문聲聞의 사향사과四向四果 가운데 아라한과阿羅漢果를 말한다. 그 이전인 예류향預流向에서 아라한향阿羅漢向까지는 학學이 된다. 그러므로 성문이 수행을 통해 이룰 수 있는 최고의 경지를 말한다. 이러한 아라한과는 무간도無間道에서 금강유정金剛喩定을 통해 발생한 '궁극 지혜'(盡智)로 인하여 이루어진다. 『아비달마구사론』 권24에서는 다음과 같이 설명하고 있다. "金剛喩定是斷惑中最後無間道所生. 盡智是斷惑中最後解脫道. 由此解脫道與諸漏盡得最初俱生, 故名盡智. 如是盡智至已生時, 便成無學阿羅漢果.)"(T29, 126c23~26)

485 중계重戒: 중계는 비구가 반드시 지켜야 하는 기본계율이다. 사중금四重禁이라고도 하는데 4가지 바라이죄에 해당하는 살생殺生·투도偸盜·사음邪淫·망어妄語를 범하지 말아야 한다. 『불광대사전』, p.2246.

486 차죄遮罪: 차죄는 일반적으로 성죄性罪에 반대되는 가벼운 죄罪이다. 즉 성죄는 행위 자체가 바로 '무거운 죄'(重罪)인 살생殺生·투도偸盜·사음邪淫 등을 말하지만, 차죄는 이보다 가벼운 죄에 해당한다. 하지만 위의 본문에서 말하는 차죄는 칠차역죄七遮逆罪에 해당하는 역죄逆罪이다. 『범망경』에도 다음과 같이 설한다. "和上, 阿闍梨, 二師應問言. 汝有七遮罪不? 若現身有七遮, 師不應與受戒, 無七遮者得受. 若有犯十戒者, 應教懺悔, 在佛菩薩形像前, 日夜六時誦十重四十八輕戒. 若到禮三世千佛得見好相. 若一七日二三七日乃至一年, 要見好相. 好相者, 佛來摩頂, 見光見華

가지 죄를 범하게 된다. 만약 '[아라한과阿羅漢果] 아래의 세 가지 경지'(下三果)[487]를 논하는 경우에는 『대반열반경大般涅槃經』 가운데 [이와 관련된] 뒤와 앞의 두 문장이 같지 않다." 만약 뒤의 문장에 의하면 [다음과 같다.] "기바耆婆[488]가 아사세왕阿闍世王[489]에게 말하였다. 〈당신은 두 가지 '[도리를] 위배한 [허물이 무거운] 죄'(逆罪)[490]를 지었으니, '처음 성자의 반열에 들어가는 경지[의 사람](須陀洹)[491]과 아버지를 죽였기 때문입니다.〉"[492]

種種異相, 便得滅罪. 若無好相, 雖懺無益. 是人現身亦不得戒, 而得增受戒. 若犯四十八輕戒者, 對懺罪滅, 不同七遮."(T24, 1008c11~20) 이러한 칠차역죄는 도리道理에 거역하여 위배되어, 그 죄가 매우 큰 죄이다. 이러한 역죄는 그 과보로 인하여 무간지옥無間地獄의 고통을 받게 되므로 무간업無間業이라고도 한다. 일반적으로 오역죄五逆罪에 관계되는데, 이에 아사리阿闍梨와 화상和尚을 죽인 것이 추가되어 칠역죄七逆罪가 된다. 이러한 칠역죄를 범한 자는 계율을 받을 수 없으므로 칠차역죄七遮逆罪가 된다. 칠차역죄는 다음과 같다. ① '부처님의 몸에 피를 냄'(出佛身血), ② '아버지를 살해함'(殺父), ③ '어머니를 살해함'(殺母)이고, ④ '화상을 살해함'(殺和尚), ⑤ '아사리를 살해함'(殺阿闍梨), ⑥ '[부당한 말과 논의로] 갈마승羯磨僧과 전법륜승轉法輪僧을 파괴함'(破羯磨轉法輪僧), ⑦ '성인을 살해함'(殺聖人)이다. 『불광대사전』, p.5466.

487 하삼과下三果: 아라한과阿羅漢果 아래의 세 가지 과果는 성문사과聲聞四果 가운데 ① 제일예류과第一預流果인 수다원과須陀洹果, ② 제이일래과第二一來果인 사다함과斯陀含果, ③ 제삼불환과第三不還果인 아나함과阿那含果를 가리킨다.

488 기바耆婆: 기바(Jivaka)는 석가모니 부처님 당시 유명한 의사이다. 불교에 귀의하여 석가모니의 풍병, 아난의 창병 등을 고쳐 주어 의왕醫王으로 존경을 받았다. 부왕을 살해한 후 뉘우치고 있는 아사세왕阿闍世王을 불교에 귀의시켰다.

489 아사세왕阿闍世王: 아사세왕(ātaśatru)은 BC 6세기 인도 북동부의 비하르 남부 평야지방에서 강대한 세력을 펼치던 마가다왕국의 왕이다. 왕자의 신분으로 제바달다提婆達多의 계략에 속아 부왕父王인 빔비사라를 죽이고 왕위에 올랐다가 뉘우치고 석가모니 부처에게 귀의한다. 이러한 비극적 사건은 『관무량수경觀無量壽經』에도 자세히 나온다.

490 역죄逆罪는 앞에서 나온 칠차역죄七遮逆罪와 같다.

491 수다원須陀洹: 수다원은 팔리어 'sotāpanna'의 발음(산스크리트어로는 'śrotāpanna')을 옮긴 말이다. 어원을 분석하면 〈'sota'(강, 물결) + 'āpanna'(apajjati: 들어가다/도달하다의 과거분사형)〉이 되므로 '성자의 반열 속으로 들어간 자'라는 의미를 강물의 비유를 써서 표현한 말이다. 따라서 한역漢譯은 입류入流가 되겠지만, 전

만약 앞의 문장에 의하면 [다음과 같다.] "오직 '더 이상 배울 것이 없는 경지'(無學果)[의 사람을 죽이는 것]만 취하여 '[도리를] 위배한 [허물이 무거운] 죄'(逆罪)로 삼는다."[493] [여기서는] '[아라한과阿羅漢果] 아래의 세 가지 경지'(下三果)는 취하지 않았으니, 그러므로 [그 설명을] 확정하지 않고 있다.

'중간 부류의 중생'(中品[衆生])이란 것은 무릇 '하늘세계의 존재'(天道)와 '인간세계의 존재'(人道)이다. 이 '중간 부류의 중생'(中品[衆生])을 살해하는 것은 오직 '[허물이] 무거운 죄'(重罪)를 범한 것이지 '[도리를] 위배한 [허물이 무거운] 죄'(逆罪)를 범한 것은 아니다.

'하늘세계[의 존재]'(天[道])를 '중간 부류의 중생'(中品[衆生])으로 삼은 것은 대승에 의거하였기 때문이다. 만약 소승에 의거한다면, '하늘세계[의 존재]'(天[道])를 죽이는 것은 '[허물이] 무거운 죄를 실행하지는 않은 것'(偸蘭遮)[494]을 범한 것이다.[495]

통적으로 '예류豫流'라는 번역어를 주로 쓰게 되었다. 수다원은 소승 성인의 수행 지위를 넷으로 나눈 것 중에서 첫 번째 지위에 해당한다.

492 이 문장은 아래의 『대반열반경大般涅槃經』의 문장보다 뒤에 나오는 문장이다. 따라서 이 인용문이 '下文'에 해당한다. 담무참曇無讖 번역의 남본 『대반열반경』은 다음과 같다. "耆婆復言. 大王! 當知如是業者, 罪兼二種. 一者殺害父王, 二者殺須陀洹."(T12, 566a2~3) 또한 혜엄慧嚴 등의 공역인 남본 『대반열반경』의 원문도 다음과 같다. "耆婆復言. 大王當知, 如是業者, 罪兼二重. 一者, 殺父王, 二者, 殺須陀洹." 권31(T12, 812b19~20) 『대반열반경』에서는 아사세왕阿闍世王이 선견왕善見王으로 불린다. 이 문장에서는 아라한과阿羅漢果를 비롯한 아래의 세 가지 과를 모두 상품중생에 포함하였다.

493 위 본문의 원문과 동일한 문장은 없지만 의미가 동일한 문장은 있는데, 위의 『대반열반경大般涅槃經』의 인용문보다 앞에 나온다. 담무참曇無讖 번역의 남본 『대반열반경』은 다음과 같다. "反逆父母, 殺阿羅漢, 破塔壞僧, 出佛身血, 犯四重禁."(T12, 431a8~9) 또한 혜엄慧嚴 등의 공역인 남본 『대반열반경』의 원문도 다음과 같다. "反逆父母, 殺阿羅漢, 破塔壞僧, 出佛身血, 犯四重禁."(T12, 672b12~13)

494 투란차偸蘭遮: 투란차(sthūlātyaya)는 대죄大罪·중죄重罪 등으로 의역한다. 바라이죄나 승잔죄를 범하려다 미수에 그친 죄이다. 부처님이 제정한 '여섯 가지 계율'(六聚戒) 또는 '일곱 가지 계율'(七聚戒) 가운데 하나이다. '여섯 가지 계율'(六聚

'낮은 부류의 중생'(下品[衆生])이란 것은 '[인간세계에 있지만] 인간이 아닌 존재'(非人)와 짐승(畜生)이다. 이 '낮은 부류의 중생'(下品[衆生])을 살해하는 것은 오직 '[범할 때 허물의 무게가] 가벼운 허물이 되는 죄'(輕垢罪)를 범한 것이지 '[허물이] 무거운 죄'(重罪)를 범한 것은 아니다.

若殺邪見人道者, 大地遣[496]機菩薩, 無罪唯福. 若新學菩薩者, 犯輕垢罪. 若小乘者, 殺人者, 犯重, 殺天非人者, 犯第三聚, 殺畜生者, 犯第六[497]篇.

[H1, 594c3~7; X38, 280c6~9]

戒)은 다음과 같다. ① 바라이波羅夷(pārājika)는 승단에서 추방되어 비구·비구니의 자격이 상실되는 가장 무거운 네 가지 죄이다. ② 승가파시사僧伽婆尸沙(梵 saṃghāvaśeṣa)는 승잔(僧殘) 죄를 저질러 일시적으로 비구와 비구니의 그 자격이 상실되더라도 정해진 벌칙을 받고 참회하면 자격이 회복되는 승잔죄로 13가지가 있다. ③ 투란차偷蘭遮(sthūlātyaya)는 바라이(波羅夷)나 승잔(僧殘)을 범하려다가 미수에 그친 무거운 죄이다. ④ 바일제波逸提(pāyattika)는 가사나 발우 등의 물건을 규정 이상으로 소유하거나, 사소한 거짓말이나 욕설 등을 한 가벼운 죄이다. 이 죄를 저지른 비구·비구니는 비구들에게 참회하면 죄가 소멸되지만, 참회하지 않으면 죽어서 지옥에 떨어진다고 한다. ⑤ 바라제제사니波羅提提舍尼(pratideśanīya)는 걸식 때와 식사 때의 규칙을 어긴 가벼운 죄로, 청정한 비구에게 참회하면 죄가 소멸된다. ⑥ 돌길라突吉羅(duṣkṛta)는 행위와 말로 저지른 가벼운 죄이다. 고의로 이 죄를 저질렀을 때는 한 명의 비구 앞에서 참회하고, 고의가 아닐 때는 마음속으로 참회하면 죄가 소멸된다. '일곱 가지 계율'(七聚戒)일 경우에는 ⑥ 돌길라突吉羅를 몸으로 지은 죄인 악작惡作으로 한정하고, ⑦ 입으로 지은 죄인 악설惡說을 추가한 것이다.

495 야차夜叉·아수라阿修羅·용龍와 같은 비인非人과 더불어 천도天道 가운데 제석천天帝釋을 죽이는 것은 투란차에 해당한다는 주장도 있다. 『선견율비바사善見律毘婆沙』 권11에서 "不但殺夜叉, 殺天帝釋, 亦得偷蘭遮罪."(T24, 754a15) 이에 따르면 제석천天帝釋을 죽여도 투란차에 해당한다고 생각해 볼 수 있다.

496 저본에는 '遣'으로 되어 있지만, 문맥에 따라 '達'로 교감하고 번역한다. 한명숙도 '達'로 교감하였다.(한명숙, 앞의 책, p.143 교감주)

497 저본에는 '六'으로 되어 있지만, 문맥에 따라 '三'으로 교감하고 번역한다. 한명숙도 '三'으로 교감하였다.(한명숙, 앞의 책, p.143 교감주)

만약 '인간 세상에 사는 사특한 견해를 가진 사람'(邪見人道者)을 죽이면, 〈위대한 경지여서 '[중생의] 상황에 밝아'(達機) '[그 상황에 맞는 수단과 방법을] 적절히 쓰는'(輪機) 능력을 지닌 보살〉(大地達[輪]機菩薩)[498]이라면

498 달기보살達機菩薩: 달기보살은 원효가 독창적으로 내세운 보살이라고 할 수 있다. 이러한 보살의 명칭은 다른 불교 경전에는 보이지 않고, 오직 원효의 『범망경보살계본사기梵網經菩薩戒本私記』에만 나온다. 특히 『범망경』의 열 가지 바라이죄에 모두 등장하며, 해당되는 죄를 범하여도 "죄가 되지 않고 오직 복이 된다"(無罪唯福)라고 하였다. 뒷부분에서는 '달륜기보살達輪機菩薩'이라는 명칭으로 등장하기도 한다. '달륜기보살'은 '달기륜기보살達機輪機菩薩'을 줄인 말이며, '達'과 '輪'은 동사이고, '機'는 '達'과 '輪'의 목적어로서 '상황'을 의미한다고 보았다. 그리하여 '達輪機菩薩'을 〈'[중생의] 상황에 밝아서'(達機) '[그 상황에 맞는 수단과 방법을] 적절히 쓰는'(輪機) 능력을 지닌 보살〉이라 번역하였다. 예컨대 "一者, 雖盜五錢而福非罪. 謂達輪機菩薩故, 以盜物可度機故, 盜物也."(X38, 283b1~2)라고 하여, 달륜기보살이 [중생의 상황을 보고 그의] 물건을 훔쳐서 [그를] '구제할 수 있는 상황'(可度機)이라고 판단하였기 때문에 '물건을 훔치는 것'(盜物)은 '좋은 행위이지 나쁜 행위가 아닌 경우'(福非罪)에 해당한다고 말한다. 또한 제삼불음계第三不婬戒에서는 다음과 같은 내용으로 등장한다. "一者, 有雖犯婬, 而一向福非罪. 謂如文殊等達機菩薩, 故應現婬男身得度者, 卽現婬男婬女身, 能令之度故, 如『文殊師利巡行經』中廣說. 大菩薩者, 無然故亦無不然故. 『淨名經』「佛道品」中云. 〈若菩薩行非道, 是菩薩通達佛道故〉."(X38, 284a12~17) 즉 달기보살達機菩薩은 음행婬行을 범하여도 오직 복만 될 뿐 죄가 되지 않는데, 이는 문수보살과 같은 경지이기 때문이다. 음남음녀婬男婬女에게 음남음녀의 모습을 나타내어 그들을 제도한다는 것이다. 이러한 주장의 근거를 『문수사리순행경文殊師利巡行經』과 『정명경淨名經』에서 들고 있다. 비록 『문수사리순행경文殊師利巡行經』에는 해당하는 원문이 발견되지는 않지만 보살이 경계 대상에 자유자재한 모습을 설한 것과 연관이 있을 수 있다. 이러한 달기보살의 원형은 유가계 계통의 계율사상에서 발견된다. 즉 『유가사지론』 권41에서 다음과 같이 주장한다. "若諸菩薩安住菩薩淨戒律儀, 善權方便爲利他故, 於諸性罪少分現行, 由是因緣於菩薩戒無所違犯生多功德, 謂如菩薩見劫盜賊爲貪財故欲殺多生, 或復欲害大德聲聞獨覺菩薩, 或復欲造多無間業. 見是事已發心思惟, 我若斷彼惡衆生命墮那落迦, 如其不斷無間業成當受大苦. 我寧殺彼墮那落迦, 終不令其受無間苦. 如是菩薩意樂思惟, 於彼衆生或以善心或無記心. 知此事已爲當來故深生慚愧, 以憐愍心而斷彼命. 由是因緣於菩薩戒無所違犯生多功德."(T30, 517b6~17) 즉 보살이 청정한 계율의戒律儀에 머물고 있으면서 훌륭한 방편으로 다른 사람의 이익을 위해 성죄性罪에 해당하는 것을 조금 저질러도 보살계에는 위범違犯함이 없고

'죄는 없고 오직 복덕만 있을 뿐'(無罪唯福)이며, 만약 '처음 발심하여 배우는 보살'(新學菩薩)이라면 '[범할 때 허물의 무게가] 가벼운 허물이 되는 죄'(輕垢罪)를 범한 것이다. 만약 소승의 경우라면, 사람을 죽이는 것은 '[허물이] 무거운 죄'(重罪)를 범하는 것이고, '하늘세계의 존재'(天道)나 '[인간세계에 있지만] 인간이 아닌 존재'(非人)를 죽이는 것은 ['일곱 가지 계율'(七聚戒) 가운데] 세 번째 계율'(第三聚)[인 '[허물이] 무거운 죄를 실행하지는 않은 것'(偸蘭遮)]을 범하는 것[499]이며, 짐승(畜生)을 죽이는 것은 ['다섯 가지로 나눈 계율'(五篇) 가운데] 세 번째 계율[인 '참회하지 않으면 세 가지 나쁜 세계(三惡道)에 떨어지는 계율'(波逸提)][500]을 범하는 것이다.[501]

오히려 많은 공덕이 생긴다는 것이다. 예를 들어 악인이 재물을 탐하여 다른 사람을 죽이거나 성문 연각 등의 수행자를 죽여서 지옥에 떨어지는 죄를 짓게 될 경우라면 보살이 그를 죽여서 죄를 짓지 않게 만들어 지옥의 고통을 면하게 한다는 것이다. 이때 보살은 계율을 범한 부끄러움은 있지만 보살계를 위범違犯한 것이 아니라 오히려 많은 공덕이 생긴다는 것이다. 이에 대하여 요시쓰 요시히데(吉津宜英)는 다음과 같이 주장하였다. "달기보살이라는 독자적 보살관을 통해서 목적이 숭고하면 계를 범해도 복업을 얻는다고 한 것은 대처의 보살인 원효에 어울리는 해석이다."(「法藏以前の『梵網經』諸註釋書について」, 『駒澤大學佛敎學部硏究紀要』 제47호, 1989. 한명숙, 앞의 책, p.30 재인용) 이에 대하여 한명숙도 "보다 큰 목적을 위해 계를 범하는 것을 복업을 짓는 것이라고 하는 것은 원효의 독자적 해석이라기보다는 원리주의적인 범망계梵網戒에 상대하여 방편을 적극적으로 허용하는 유가계瑜伽戒, 곧 『보살지지경』과 그 이역본인 『유가사지론』의 보살계에 주로 나타나는 사유 체계이다. 후대 유가계의 사상적 영향하에 놓인 동아시아 『범망경』 연구자들은 실제로 모두 이러한 해석 방식을 보이고 있기 때문이다. 다만 그러한 해석의 선구적 지위에 원효가 놓여 있음은 부인할 수 없는 사실이다"라고 하였다.(한명숙, 앞의 책, pp.30~31) 그러므로 원효가 제시한 달기보살達機菩薩은 당시 유가瑜伽 계통의 계율사상을 독자적으로 계승발전 시켰다고 볼 수 있다. 이러한 원효의 계율 사상은 계율에 대한 본질적 규범주의를 비판하는 동시에, 계율에 대한 비非본질적 실용주의 시선을 보여 주고 있다. 그의 삶은 달기보살達機菩薩의 모습을 연상케 한다. 예컨대 원효는 문무왕 2년(662, 원효 나이 46세 때)에 당나라 소정방이 김유신에게 보낸 군사암호 문서의 뜻을 해독해 주어 수많은 신라군의 생명을 구하였다고 전한다.(『삼국유사』 권1, 태종춘추공조)

499 『오분율五分律』 권2, "若殺非人, 偸羅遮."(T22, 9a7~8)

㉯ 목숨을 끊는다는 것의 뜻을 밝힘(明斷命義)

第二明斷命根者, 三衆不同. 若薩婆多衆, 離五陰, 異有非色非心命根法, 破惟[502]五陰時, 兼破彼命根故, 犯殺戒. 若成實宗者, 色心相續斷[503]以爲命, 以先世業爲根, 令斷色心相續故, 犯殺戒也. 此宗者, 色心相續中, 雖假立命根, 而離色心, 無別命根法體. 若大乘者, 有三說. 一云, "法界爲命根." 一云, "以賴耶識爲命根." 一云, "賴耶識分位中假立, 以爲命根."

[H1, 594c8~17; X38, 280c10~16]

['잘못[된 행동을] 밝히는 것'(明非) 가운데] 두 번째인 '목숨을 끊는다는 것의 뜻을 밝힘'(明斷命義)에 대해서는 세 학파[의 주장이] 같지 않다. 설일체유부(薩婆多衆)[504]의 경우에는 [다음과 같이 주장한다.] 〈'[색色 · 수受 · 상想 · 행

500 바일제波逸提: 바일제(pāyattika)는 '다섯 가지로 나눈 계율'(五篇) 가운데 세 번째이다. 다섯 가지는 다음과 같다. 제1편第一篇은 바라이波羅夷(pārājika), 제2편第二篇은 승잔僧殘(saṃghāvaśeṣa), 제3편第三篇은 바일제(pāyattika), 제4편第四篇은 바라제제사니波羅提提舍尼(pratideśanīya), 제5편은 돌길라突吉羅(duṣkṛta)이다. 이 중에서 제3편인 바일제(pāyattika)는 떨어짐(墮)이라고 의역한다. 이 죄를 짓고 참회하지 않으면 삼악도三惡道에 떨어진다는 뜻이다. 이 죄를 지은 비구는 2~3명의 비구 앞에서 참회하면 죄가 청정해진다. 제4편인 바라제제사니(pratideśanīya)는 대수참對首懺이라고 의역한다. 받아서는 안 될 음식을 받아서 먹은 것과 관련된 비교적 가벼운 죄이다. 단지 한 명의 비구에게 참회하면 죄에서 벗어날 수 있다.

501 『사분율四分律』 권16, "若比丘, 故殺畜生命者, 波逸提."(T22, 677a24~25) 또는 『오분율五分律』 권2, "若殺畜生, 波逸提."(T22, 9a8)

502 본고에서는 원문대로 '惟'로 번역하였으나, 한명숙은 '惟'를 '壞'로 교감하였다.(한명숙, 앞의 책, p.144 교감주)

503 저본에는 '斷'으로 되어 있지만, 문맥상 '不斷'으로 교감하고 번역한다. 한명숙도 '不斷'으로 교감하였다.(한명숙, 앞의 책, p.144 교감주)

504 살바다중薩婆多衆: 살바다중은 '살바아사저바지薩婆阿私底婆地'의 약칭으로, 일반

行·식識의] 다섯 가지 더미'(五陰)를 떠나서 별도로 '물질도 아니고 마음도 아니면서 생명을 지속시키는 능력의 현상'(非色非心命根法)도 있지만, 오직 '[색色·수受·상想·행行·식識의] 다섯 가지 더미'(五陰)를 파괴할 때에도 그 '생명을 지속시키는 능력'(命根) 또한 함께 파괴하기 때문에 '[살아 있는 생명을] 죽이는 것에 관한 계율(殺戒)을 범하게 된다.[505]〉 성실종成實宗[506]의 경우에는 [다음과 같이 주장한다.] 〈'육체와 마음이 서로 이어져 가며 끊어지지 않는 것'(色心相續不斷)이 생명(命)이 되며 '이전 세상에서 지은 행위'(先世業)를 [그 생명의] 뿌리(根)로 삼는데,[507] [이러한] '육체와 마음이 서로 이어져 가는 것'(色心相續)을 끊어지게 하기 때문에 '[살아 있는 생명을] 죽이는 것에 관한 계율(殺戒)을 범하게 된다.〉 이 [성실成實]종宗은 '육체와 마음이 서로 이어져 가는 것'(色心相續) 가운데 비록 '생명을 지속시키는 능력'(命根)을 설정(假立)하기는 했지만, '육체와 마음'(色心)에서 벗어나 별도의 '생명을 지속시키는 능력이라는 현상의 실체'(命根法體)는 없다.[508] 대승의 경우라면 세 가지 주장이 있다. 어떤 사람은 [다

적으로 설일체유부說一切有部라는 의역어가 통용된다.

505 이 문장은 『아비달마구사론阿毘達磨俱舍論』 권16의 다음 문장을 참고할 만하다. "復生者卽是命根, 若有令斷不續名殺."(T29, 86c9~10)

506 성실종成實宗: 성실종은 『성실론』을 지은 중인도 출신의 하리발마訶梨跋摩(Harivarman)를 초조初祖로 삼으며, 『성실론』을 교학의 중심으로 삼았다. 아비달마 불교에 대한 한계에서 벗어나 대승교학으로 전환하는 사상이 중심이다. 초조인 하리발마訶梨跋摩(Harivarman)는 처음에는 설일체유부에서 배우다가 한계를 느끼고 대소승 모두를 자세히 연구하여 『성실론成實論』을 지었다. 구체적인 내용은 앞의 성실가成實家 각주 참고.

507 이는 『성실론成實論』 권7의 다음 문장을 참고할 만하다. "命根者, 以業因緣故, 五陰相續, 名命, 是命, 以業爲根, 故說命根."(T32, 289b17~18)

508 설일체유부(薩婆多衆)는 '비색비심명근법非色非心命根法'이 별도로 있다고 주장하는 반면 성실종成實宗에서는 비색비심非色非心인 별도의 명근은 없다고 주장한다는 내용을 소개하는 천태 지의의 『보살계의소菩薩戒義疏』 하권을 참고할 만하다. "言命根者, 『數論』別有非色[非]心爲命根. 『成論』及大乘, 無別非色非心爲命根也. 秖取色心連持相續不斷爲命耳. 『大論』亦然, 六入六識得相續生, 假名爲命[也]."(T40,

음과 같이 주장한다.] "현상세계(法界) [자체]가 '생명을 지속시키는 능력'(命根)이 된다." [또] 어떤 사람은 [다음과 같이 주장한다.] "[제8]아뢰야식(賴耶識)을 '생명을 지속시키는 능력'(命根)으로 삼는다."[509] [또] 어떤 사람은 [다음과 같이 주장한다.] "'[제8]아뢰야식의 특정한 범주'(賴耶識分位) 가운데 설정(假立)한 것을 '생명을 지속시키는 능력'(命根)으로 삼는다."[510]

572a15~19) 여기서 인용한 『수론數論』은 법수法數로 일체 현상을 분류한 설일체유부說一切有部 계통의 논서論書이다. 위의 본문은 대체로 천태 지의의 주장과 같지만, 원효는 현장의 신역 유식학을 중심으로 대승의 주장을 설명하는 반면 천태는 『대지도론大智度論』을 인용하였다.

509 본문에 해당하는 대승의 주장은 『성유식론成唯識論』을 참고할 만하다. "命根, 但依本識親種分位, 假立, 非別有性."(T31, 41a12~13) 그러나 이 문장은 위의 본문과 완전히 일치하는 것은 아니므로 원효가 『성유식론成唯識論』을 인용했다고 단정하기는 어렵다.

510 본문에 해당하는 주장은 『유가사지론瑜伽師地論』의 다음 문장을 참고할 만하다. "問. 依何分位建立命根, 此復幾種. 答. 依業所引異熟住時, 決定分位建立命根. 此復三種. 謂定不定故, 愛非愛故, 歲劫數等所安立故."(T30, 607b15~18) 또 같은 책 100권에서 "分位假有者, 謂生等諸心不相應行. 如前意地已標辯釋, 卽於諸行由依前後有及非有, 同類異類相續分位假立生等. 非此生等離諸行外有眞實體而別可得. 觀待假有者, 謂[諸]虛空非擇滅等. 虛空無爲待諸色趣而假建立. 若於是處色趣非有假說虛空, 非離色無所顯法, 外別有虛空實體可得. 非無所顯, 得名實有. 觀待諸行不俱生起, 於未來世不生法中, 立非擇滅無生所顯. 假說爲有, 非無生所顯可說爲實有."(T30, 879a10~20)라고 하였다. 즉 『유가사지론』에서는 명근命根을 '아뢰야식 분위分位 가운데 설정한 것'(賴耶識分位中假立)이라고 주장하였는데, 이때 '분위가유分位假有(位)'는 '심불상응행心不相應行'에 해당하는 것으로 규정하였다. 그러므로 이러한 주장은 위에서 설일체유부가 주장하는 것과 같다. 그러나 『유가사지론』은 설일체유부의 주장에 『성실론成實論』의 주장을 종합하여, 아뢰야식의 '특정한 범주에서 설정한 것'(分位中假立)이라는 새로운 주장을 하였다. 이에 대하여 한명숙은 "만약 『사기』가 원효의 초기 저술이라면, 『성유식론』이 아직 한역되지 않은 시기로 보아야 한다. 따라서 『성유식론』과 문장이 꼭 일치하는 것은 아니므로 『유가사지론』 권56(T30, 607b15)에서 명근의 건립을 논한 것과, 같은 책 권100(T30, 879a10)에서 심불상응행법의 특별한 상태에 대해 임시로 세우는 것을 논한 것을 종합하여 창출한 문장일 가능성도 열어 두어야 한다"(한명숙, 앞의 책, p.144 각주170)라고 하였다. 한명숙은 『범망경보살계본사기梵網經菩薩戒本私記』의 저술 시기를 현장

後二說中, 若就通門者, 初說好, 若約別者, 後說亦好. 約別門者, 雖非薩婆多命根非心實有體, 而賴耶識以上, 非色非心命根法假立, 非無故, 能斷此假立命故, 犯殺戒. 不論斷賴耶識故, 爲犯殺戒. 賴耶識, 不可斷法故.

[H1, 594c17~22; X38, 280c16~20]

[대승의 세 가지 주장에서] 뒤의 두 가지 주장 가운데, 만약 '통틀어 말하는 측면'(通門)에 의거한다면 처음의 주장[511]이 좋고, 만약 '개별적으로 말하는 측면'(別門)에 의거한다면 뒤의 주장[512]도 좋다. '개별적으로 말하는 측면'(別門)에 의거하면, 비록 설일체유부(薩婆多)[에서 주장하는] '생명을 지속시키는 능력'(命根)인 '마음이 아니면서 실제로 있는 실체'(非心實有體)는 아닐지라도, [제8]아뢰야식(賴耶識) 위에 '육체도 아니고 마음도 아니면서 생명을 지속시키는 능력의 현상'(非色非心命根法)을 설정하여 '없는 것은 아니기'(非無) 때문에, 이렇게 설정한 생명(命)을 끊어버리기에 '[살아 있는 생명을] 죽이는 것에 관한 계율'(殺戒)을 범하게 된다. [그렇지만] [제8]아뢰야식(賴耶識)을 끊었기 때문에 '[살아 있는 생명을] 죽이는 것에 관한 계율'(殺戒)을 범하게 되는 것이라고 논하지 않으니, [제8]아뢰야식(賴耶識)은 끊을 수 없는 현상(法)이기 때문이다.

의 『성유식론』 번역 이전으로 추정한다. 즉 『유가사지론』은 648년에 번역되었고 『성유식론成唯識論』은 11년 후인 659년(顯慶 4년)에 번역되었으므로, 그 사이에 『범망경보살계본사기』가 저술된 것으로 추정한 것이다. 이러한 추정에 따른다면, 원효의 생몰년이 617~686년이므로, 『범망경보살계본사기』는 30대 초반의 저술로 보인다.

511 "[제8]아뢰야식賴耶識을 '생명을 지속시키는 능력'(命根)으로 삼는다"(以賴耶識爲命根).

512 "'[제8]아뢰야식의 특정한 범주'(賴耶識分位) 가운데 설정한 것을 '생명을 지속시키는 능력'으로 삼는다"(賴耶識分位中假立, 以爲命根).

> “自煞”中, 作五句, 成罪輕重及大小乘同異. 謂一者, 人作人想. 大小同重, 心境相當故. 二者, 人非人疑. 若小乘者, 『僧祇律』云, “犯重”, 若『四分律』, “犯蘭.” 解云, 『僧祇律』者, 約半疑於人境義故, 若『四分[513]』者, 約疑於非人境義故. 若通趣二境中疑義者, 重得二罪. 大乘者, 犯重.
>
> [H1, 594c22~595a6; X38, 280c20~281a1]

“자신이 죽이거나”(自煞)[라고 한 것]에서는 ‘다섯 구절’(五句)[514]을 지어서 ‘[범할 때] 그 허물의 [무게가] 가벼운 것과 무거운 것’(罪輕重)[의 위아래 차이와] ‘대승과 소승의 같고 다름’(大小乘同異)을 이룬다.

첫 번째는 ‘사람에 대해 사람이라고 생각하면서 [죽인] 경우’(人作人想)

513 저본에는 ‘律’이 없지만, 문맥에 따라 ‘律’을 추가하고 번역한다.

514 오구五句: ‘다섯 구절’(五句)은 도선道宣(596~667)의 『사분율산번보궐행사초四分律刪繁補闕行事鈔』의 다음 문장을 인용한 것이다. “且依殺戒立相列之, 初句人作人想(心境相當). 二人非人疑(境定心疑). 三人非人想(境定心差). 四非人人想(境差心定), 五非人人疑(境差心轉雙闕二緣). 五句如此.”(T40, 95b19~22) 이 『사분율산번보궐행사초四分律刪繁補闕行事鈔』는 『사분율행사초四分律行事鈔』라고도 하며, 3권본과 6권본, 12권본이 있다. 당나라 도선(道宣, 596~667)이 626년에 찬술하였다가 630년 또는 634년에 다시 수정하여 완성했다. 중국인들은 예로부터 율의 주석은 『사분율』(법장부法藏部 율장)을 기본으로 하여 계율의 행사를 거행하되 번잡(繁)한 것은 깎아 내고(刪) ‘부족한 것’(闕)은 채워서(補) 자기의 현실에 맞게 설명해왔다. 뿐만 아니라 그들은 『사분율』을 기준으로 하면서도 『사분율』만으로는 설명하기가 미흡한 점이나 의미가 분명치 않은 점은 폭넓게 『십송률十誦律』(살바다부薩婆多部 율장), 『마하승기율摩訶僧祇律』(대중부大衆部 율장), 『오분율五分律』(화지부化地部 율장) 등의 광률廣律은 물론, 『살바다론薩婆多論』, 『비니모경毘尼母經』, 『마득륵가摩得勒伽』, 『명료론明了論』, 『선견율비바사善見律毘婆娑』 등의 율에 대한 주석을 참고하고 다시 대승 · 소승의 경을 인용하여 계율의 운영을 종합적으로 해설했다.(한국학중앙연구원, 『한국민족문화대백과』 참고) 따라서 원효는 당시 중국이나 신라에서 새롭게 유통되던 계율학을 충분히 숙지하고 있었음을 알 수 있다.

이다. 대승과 소승에서 동일하게 '[허물이] 무거운 죄업'(重[罪])이니, '마음과 대상'(心境)이 서로 일치하기 때문이다.[515]

두 번째는 '사람에 대하여 사람이 아닐 것이라고 미심쩍어 하면서 [죽인] 경우'(人非人疑)이다.[516] 만약 소승의 경우라면 [다음과 같다.] 『마하승기율摩訶僧祇律』에서는 "'[허물이] 무거운 죄업'(重[罪])을 범한 것이 된다"[517]라고 하였고, 『사분율四分律』에서는 "'[허물이] 무거운 죄를 실행하지는 않은 것'(偸蘭遮)을 범한 것이 된다"[518]라고 했다. [이것을] 풀이하면 [다음과 같다.] 『마하승기율摩訶僧祇律』에서는 [사람을 죽이면서 그] '[죽인] 대상이 사람일 것이라는 것을 반쯤 미심쩍어 하는 측면'(半疑於人境義)에

---

515 이는 도선道宣(596~667)의 『사분율산번보궐행사초四分律刪繁補闕行事鈔』의 다음 문장을 인용한 것이다. "初句人作人想(心境相當)."(T40, 95b20) 이는 『사분율』 "人作人想, 波羅夷"(T22, 578c29~579a1)과 『십송률』 "佛言. 人作人想殺, 得波羅夷"(T23, 435c2~3)도 동일하다.

516 이는 도선道宣(596~667)의 『사분율산번보궐행사초四分律刪繁補闕行事鈔』의 다음 문장을 인용한 것이다. "二人非人疑(境定心疑)."(T40, 95b20)

517 대중부大衆部의 율장인 『마하승기율摩訶僧祇律』에서는 '사람에 대해서 사람이 아닐 것이라고 미심쩍어'(人非人疑) 하면서 자신이 죽이는 것에 대한 명확한 계율이 보이지는 않는다. 다만 사람을 죽이는 것에 대하여 다섯 가지 조건이 구족되어야 바라이죄가 성립한다고 본다. "有五事具足殺人, 犯波羅夷. 何等五? 一者人, 二者人想, 三者興方便, 四者殺心, 五者斷命. 是名五事."(T22, 257c3~5) 그러므로 '사람에 대해서 사람이 아닐 것이라고 미심쩍어'(人非人疑) 하면서 자신이 죽이는 것에 대하여 <『마하승기율摩訶僧祇律』에서 중죄重罪를 범한 것(『僧祇律』云. "犯重.")이라고 말한 것은, 사람을 죽이면서 사람이 아닐 것이라는 의심을 반쯤 하였어도 결국은 '사람을 죽인다는 생각'(人想)을 한 것과 마찬가지라고 본 것이다. 따라서 원효는 『마하승기율摩訶僧祇律』의 계율이 아래의 『사분율四分律』보다 엄격하다고 본 것 같다.

518 법장부法藏部의 율장인 『사분율四分律』에서는 『마하승기율摩訶僧祇律』보다 구체적이다. 즉 명확하게 사람을 사람이라는 생각을 가지고 죽이는 것만 바라이죄가 되고, 나머지는 모두 바라이죄보다 가벼운 투란차偸蘭遮에 해당한다. "實人人想殺, 波羅夷. 人疑, 偸蘭遮. 人非人想, 偸蘭遮. 非人人想, 偸蘭遮. 非人疑, 偸蘭遮."(T22, 577b3~5)

의거하였기 때문이고, 『사분율四分律』에서는 '[죽인] 대상이 사람이 아니라고 미심쩍어 하는 측면'(疑於非人境義)에 의거하였기 때문이다.[519] 만약 '[사람과 '사람 아닌 것'(非人)이라는] 두 가지 대상에 대한 미심쩍음을 모두 취하는 측면'(通趣二境中疑義)이라면 ['[허물이] 무거운 죄업'(重罪)과 '[허물이] 무거운 죄를 실행하지는 않은 것'(偸蘭遮), 이] 두 가지 죄를 이중으로 얻게 된다. 대승에서는 '[허물이] 무거운 죄업'(重罪)만을 범한 것이 된다.

三者, 人作非人想. 小乘, 若約轉想者, 前方便, 犯第三聚, 後心者,

519 원효는 『마하승기율摩訶僧祇律』의 계율이 『사분율四分律』보다 엄격하다는 점을 대조를 통해 보여 주고 있다. 즉 『마하승기율』에서는 사람을 죽이면서 살해의 대상이 사람인지 아닌지 확실하지 않아도 사람을 죽였다는 의혹이 든다면 사람을 죽인 것으로 간주하여 중죄重罪를 범한 것으로 판단한다. 하지만 『사분율』에서는 사람을 죽인다는 명확한 생각만을 중죄로 판단하고, 나머지에 대해서는 중죄重罪보다 가벼운 투란차偸蘭遮로 판단한다.

살인에 대한 죄의 경중	중죄重罪	투란차偸蘭遮
『마하승기율摩訶僧祇律』	오사구족五事具足: ① '대상이 사람일 것'(人) ② '사람을 죽인다는 생각'(人想) ③ '죽이는 수단을 동원'(興方便) ④ '죽이려는 마음'(殺心) ⑤ '실제 목숨을 끊음'(斷命)	투란차에 해당하는 살인에 관한 내용은 없지만, 원효는 사람을 죽이면서 사람을 죽였다는 의혹이 든 경우를 중죄重罪로 간주하는 것으로 보고 있다.
『사분율四分律』	① '실제로 사람인 것을 사람이라고 생각하면서 죽임' (實人人想殺)	① '실제로 사람인지 아닌지 의심'(人疑) ② '사람을 사람이 아니라고 생각'(人非人想) ③ '사람이 아닌 것을 사람이라고 생각'(非人人想) ④ '사람이 아닌 것이라고 의심'(非人疑)

殺非人之方便故吉. 若大乘者, 前後二心, 皆犯輕垢罪. 若約本迷論者, 始終中, 不作殺人. 心爲机木迷者, 大小同全無罪, 迷於非罪境故. 人迷爲机木迷者, 是不可學迷, 不以學所知故. 若雖本迷, 而爲非人及畜生迷者, 趣罪境迷故, 小乘者, 殺非人畜生之方便故, 犯吉, 若大乘者, 犯輕垢罪也.

[H1, 595a6~15; X38, 281a1~8]

세 번째는 '사람에 대하여 사람이 아닌 것이라고 생각하면서 [죽인] 경우'(人作非人想)이다.[520] 소승에서 만약 '['사람에 대해 사람이 아닌 것'(人非人)으로] '생각을 바꾸는 것'(轉想)에 의거하여 [따진다면], ['사람에 대해 사람이 아닌 것'(人非人)으로 생각을 바꾸는 것이] [『마하승기율摩訶僧祇律』의 오사구족五事具足 가운데 세 번째인] '[죽이는] 수단[을 동원하는 것]'([興]方便)[521]에 앞서는 경우 ['일곱 가지 계율'(七聚戒) 가운데] '세 번째 계율'(第三聚)[인 '허물이 무거운 죄를 실행하지는 않은 것'(偸蘭遮)][522]을 범한 것이 되고,[523] ['사람에 대해 사람이 아닌 것'(人非人)으로 생각을 바꾸는 것이] [『마하승기율摩訶僧祇律』의 오사구족五

---

520 이는 도선道宣(596~667)의 『사분율산번보궐행사초四分律刪繁補闕行事鈔』의 다음 문장을 인용한 것이다. "三人非人想(境定心差)."(T40, 95b20~21)

521 흥방편興方便은 『마하승기율摩訶僧祇律』의 오사구족五事具足 가운데 세 번째인 '三者興方便'을 가리킨다. "有五事具足殺人, 犯波羅夷. 何等五? 一者人, 二者人想, 三者興方便, 四者殺心, 五者斷命. 是名五事."(T22, 257c3~5)

522 '세 번째 계율'(第三聚)은 '허물이 무거운 죄를 실행하지는 않은' 투란차偸蘭遮이다. 투란차(sthūlātyaya)는 대죄大罪·중죄重罪 등으로 의역한다. 바라이죄나 승잔죄를 범하려다 미수에 그친 죄이다. 부처님이 제정한 '여섯 가지 계율'(六聚戒) 또는 '일곱 가지 계율'(七聚戒) 가운데 하나이다. 자세한 것은 앞의 투란차 각주 참고.

523 이는 '방편으로 일으켜'(興方便) 죽이는 순간에 사람에 대하여 사람이 아니라는 생각을 한 것으로 볼 수 있다. 따라서 사람을 죽이는 행동을 할 때 생각이 바뀐 것이므로, 『마하승기율摩訶僧祇律』의 오사구족五事具足 가운데 살심殺心 단계에서 '사람과 사람 아닌 것'에 대한 생각이 바뀐 것보다 죄가 무겁다고 할 수 있다. 그러므로 이는 투란차에 해당한다고 하였다.

事具足 가운데 네 번째인] '[죽이려는] 마음([殺]心) 이후일 경우라면 '사람이 아닌 것을 죽이는 수단'(殺非人之方便)[을 행사한 것이기] 때문에 '행위와 말로 저지른 가벼운 죄'(突吉羅)[524]를 범한 것이 된다. 만약 대승이라면, ['사람에 대해 사람이 아닌 것'(人非人)으로 생각을 바꾸는 것이] [『마하승기율摩訶僧祇律』의 오사구족五事具足 가운데 네 번째인] '[죽이려는] 마음([殺]心) 이전이거나 이후이거나 두 가지 모두 '[범할 때 허물의 무게가] 가벼운 허물이 되는 죄'(輕垢罪)를 범한 것이 된다.

만약 [대상에 대하여] '처음부터 잘못 알고 있는 것'(本迷)[525]에 의거하여 논한다면, [처음부터 '사람에 대해 사람이 아닌 것'(人非人)으로 잘못 아는 미혹으로 살인을 행한 경우는] 처음부터 끝까지 살인을 하지 않은 것이다. 마음이 [살해한 사람을] '[생명 없는] 그루터기 나무로 여긴 미혹'(爲杌木迷)[상태]인 경우는 대승에서나 소승에서나 똑같이 완전히 '죄가 되지 않으니'(無罪), '[해쳐도] 죄가 되지 않는 대상'(非罪境)으로 잘못 안 것이기 때문이다. 사람이 미혹하여 [살해한 사람을] '[생명 없는] 그루터기 나무로 여긴 미

---

524 돌길라突吉羅: 돌길라(duṣkṛta)는 행위와 말로 저지른 가벼운 죄이다. 고의로 이 죄를 저질렀을 때는 한 명의 비구 앞에서 참회하고, 고의가 아닐 때는 마음속으로 참회하면 죄가 소멸된다. 일곱 가지 계율일 경우 돌길라가 두 가지로 나뉜다. ⑥ 돌길라를 몸으로 지은 죄인 악작惡作으로 한정하고, ⑦ 입으로 지은 죄인 악설惡說을 추가한 것이다. 이는 '다섯 가지로 나눈 계율'(五篇)이라면 다섯 번째에 해당한다. 다섯 가지는 다음과 같다. 제일편第一篇은 바라이波羅夷(pārājika), 제이편第二篇은 승잔僧殘(saṃghāvaśeṣa), 제삼편第三篇은 바일제波逸提(pāyattika), 제사편第四篇은 바라제제사니波羅提提舍尼(pratideśanīya), 제5편은 돌길라이다. 그러므로 돌길라는 계율 가운데 가장 가벼운 죄라고 할 수 있다.

525 본미本迷: 본미는 앞에 나온 '사람과 사람 아닌 것'(人非人)에 대한 생각이 바뀌는 전상轉想과는 달리 처음부터 미혹되어 잘못 알고 있는 것이다. 즉 이러한 본미는 마치 처음부터 사람을 보고도 사람이 아니라고 생각한 것을 말한다. 이러한 본미와 전상轉想의 개념은 도선道宣(596~667)의 『사분율산번보궐행사초四分律刪繁補闕行事鈔』에서 보인다. "若殺妄摩觸二麁語等, 轉想蘭吉, 本迷亦吉."(T40, 95b25~26)

혹'(爲机木迷)은 '배워서 없앨 수가 없는 미혹'(不可學迷)[526]이니, 배워서 알 수 있는 것이 아니기 때문이다. 만약 비록 '[대상에 대하여] 처음부터 잘못 알고 있는 것'(本迷)라고 해도, [사람에 대하여] '사람 아닌 것'(非人)이라거나 짐승(畜生)이라고 잘못 안 것이면, '[해치면] 죄가 되는 대상'(罪境)에 나아가서 잘못 안 것이기 때문에, 소승에서는 '[사람에 대하여] 사람이 아니거나 짐승으로 여겨 죽이는 수단'(殺非人畜生之方便)[을 행사한 것이기] 때문에 '행위와 말로 저지른 가벼운 죄'(突吉羅)를 범한 것이 되고, 만약 대승의 경우라면 '[범할 때 허물의 무게가] 가벼운 허물이 되는 죄'(輕垢罪)를 범한 것이 된다.

四者, 非人作人想. 小乘, 犯第三聚, 殺人方便故. 若大乘, 犯輕垢罪. 五者, 非人作人疑. 小乘中, 若約半趣人疑義者, 犯第三聚. 若約半趣非人疑義者, 犯吉. 大乘, 犯輕垢罪.

[H1, 595a15~19; X38, 281a8~11]

네 번째는 '사람이 아닌 것에 대하여 사람이라고 생각하면서 [죽인] 경우'(非人作人想)이다.[527] 소승이라면 '['일곱 가지 계율'(七聚戒) 가운데] 세 번째 계율'(第三聚)[인 '허물이 무거운 죄를 실행하지는 않은 것'(偸蘭遮)]을 범한 것이 되니, '사람을 죽이는 수단'(殺人方便)[을 행사한 것이기] 때문이다. 만약 대승이라면 '[범할 때 허물의 무게가] 가벼운 허물이 되는 죄'(輕垢罪)를 범

526 불가학미不可學迷: 불가학미는 정신이 미쳐 버린 경우처럼 '배워서 없앨 수가 없는 미혹'이다. 반대로 가학미可學迷는 '배워서 없앨 수 있는 미혹'이다. 즉 계율은 배울 수 있는 것이지만 배우지 않아서 잘못 알고 있다가 결국 죄를 범하게 되는 경우이다. 이는 법장의 『범망경보살계본소梵網經菩薩戒本疏』의 다음 문장을 참고할 만하다. "一黑闇心者, 謂癡心愚教生可學迷, 隨作結重."(T40, 618c3~4)

527 이는 도선道宣(596~667)의 『사분율산번보궐행사초四分律刪繁補闕行事鈔』의 다음 문장을 인용한 것이다. "四非人人想(境差心定)."(T40, 95b21)

한 것이 된다.

다섯 번째는 '사람이 아닌 것에 대하여 사람이라고 미심쩍어 하면서 [죽인] 경우'(非人作人疑)이다.[528] 소승에서는, 만약 '['사람이 아닌 것'(非人)에 대하여] 사람일지 모른다고 미심쩍어 하는 측면에 반쯤 나아간 것'(半趣人疑義)에 의거한다면 '['일곱 가지 계율'(七聚戒) 가운데] 세 번째 계율'(第三聚)[인 '허물이 무거운 죄를 실행하지는 않은 것'(偸蘭遮)]을 범한 것이 되고, 만약 '['사람이 아닌 것'(非人)에 대하여] 사람이 아닐지 모른다고 미심쩍어 하는 측면에 반쯤 나아간 것'(半趣非人疑義)에 의거한다면 '행위와 말로 저지른 가벼운 죄'(突吉羅)를 범한 것이 된다. 대승에서는 '[범할 때 허물의 무게가] 가벼운 허물이 되는 죄'(輕垢罪)를 범한 것이 된다.

"教人殺"者. 小乘, 若爲我教他人殺, 定犯重, 若教他爲汝殺人者, 可蘭. 雖無正交, 而准於盜戒, 可然故.

[H1, 595a20~22; X38, 281a12~13]

"다른 사람으로 하여금 죽이도록 한다"(教人殺)라는 것은 [다음과 같은 것이다.] 소승의 경우, 만약 나를 위해서 다른 사람으로 하여금 죽이게 하면 반드시 '[범할 때 허물의 무게가] 무거운 계율'(重戒)을 범한 것이 되고, 만약 다른 사람으로 하여금 '그 자신'(汝)을 위해서 사람을 죽이게 하면 '허물이 무거운 죄를 실행하지는 않은 것'(偸蘭遮)이 될 수 있다. 비록 [이것을 대조하여 확인할 수 있는] 정확한 내용은 없지만 '[정당하게 주어지지 않는 것을] 가지려는 것에 관한 계율'(盜戒)에 견주어 본다면 그렇다고 할 수 있기 때문이다.[529]

---

528 이는 도선道宣(596~667)의 『사분율산번보궐행사초四分律刪繁補闕行事鈔』의 다음 문장을 인용한 것이다. "五非人人疑(境差心轉, 雙闕二緣)."(T40, 95b21)

529 이는 『梵網經菩薩戒本私記』의 도계盜戒 부분 중 다음 문장을 참고할 만하다. "教

問. 三蘭, 中何蘭耶?

答. 教他殺人, 爲大衆蘭, 若趣非人境, 敎他殺者, 對首蘭, 教他殺畜生者, 吉.

[H1, 595a22~24; X38, 281a13~15]

묻는다. [이들] '허물이 무거운 죄를 실행하지는 않은 것 세 가지'(三偸蘭遮)[530]는 어떤 '허물이 무거운 죄를 실행하지는 않은 것'(偸蘭遮)에 해당하는가?

답한다. '다른 사람으로 하여금 사람을 죽이게 하는 것'(教他殺人)은 '대중 앞에서 참회하면 소멸되는 죄'(大衆蘭)[531]가 되고, '사람이 아닌 대상'(非人境)에 나아가서 다른 사람으로 하여금 죽이게 하는 것은 '한 명의 비

人盜者. 小乘, 教他爲汝盜者, 犯蘭. 若爲我汝盜者, 滿五錢者, 犯重, 不滿五, 犯蘭. 大乘者, 教他爲我及爲汝, 皆同犯重."(H1, 597c5~8)

530 삼투란차三偸蘭遮: 중국 당나라의 법려法礪(569~635)의 『사분율소四分律疏』에서는 투란차偸蘭遮를 네 가지로 나누었다. 하지만 첫 번째인 불가참란不可懺蘭은 역죄逆罪와 같은 것이므로, 나머지 세 가지가 투란차에 해당한다고 볼 수 있다. 즉 두 번째인 대중란大衆蘭, 세 번째인 소중란小衆蘭, 네 번째인 대수란對手(首)蘭이 바로 그것이다. 대중란은 4인 이상의 승려 앞에서 참회하는 것이며, 소중란은 2~3인의 승려 앞에서 참회하는 것이며, 대수란對手(首)蘭은 1인의 승려에게 참회하는 것이다. "卽以爲四. 一不可懺蘭, 如二逆是. 二大衆蘭, 三小衆蘭, 四對手蘭. … 夷邊重蘭大衆中謝. 輕蘭出界四人悔, 悔法如上, 若依四分, 四人已上是大衆. 如不曰大衆者, 四人若過, 以此證明知. 二三人名小衆. 若言大衆除者, 如下對衆自言毗尼懺法者是. 言小衆懺者, 如下自言毗尼對二三人懺者是. 第四對手者, 自言中一人中懺者是."(X41, 552a4~21)

531 대중란大衆蘭: 대중란은 대중 앞에서 참회하면 죄가 소멸되는 죄이다. 투란차偸蘭遮 중에서 가장 무거운 죄이다. 이때 대중의 수에 대하여 『사분율四分律』(T22, 717a6~7)에서는 "4명 또는 4명 이상(大衆者, 或四人或過四人)"이라고 하였고, 『십송률十誦律』(T23, 94c20~21)에서는 "최소 8명 이상이며, 승단 내부에 있는 비구 4명과 외부에서 온 비구 4인이 되어야 된다"(大衆集者, 極少乃至八人. 四舊比丘, 四客比丘共集)고 하였다.

구에게 참회하면 소멸되는 죄'(對首蘭)[532]이며, 다른 사람으로 하여금 짐승(畜生)을 죽이게 하면 '행위와 말로 저지른 가벼운 죄'(突吉羅)이다.

此教他殺者, 大乘, 爲我及爲汝, 皆同犯重. 能教人, 三性心中, 犯重者, 大小同也.

[H1, 595b1~2; X38, 281a15~17]

이 "다른 사람으로 하여금 죽이도록 함"(教人殺)을 대승은, '나를 위한 것'(爲我)이거나 '[실제로 죽이는] 그 사람 자신을 위한 것'(爲汝)이거나 모두 '[범할 때 허물의 무게가] 무거운 계율'(重戒)을 범한 것과 같다고 본다. '죽이도록 시킨 사람'(能教人)은 '['이로운 것'(善), '해가 되는 것'(不善), '이롭지도 않고 해가 되지도 않는 것'(無記), 이] 세 가지 특성을 갖는 마음'(三性心)[533] 가운데 [어떤 마음으로든] ['나를 위해서나'(爲我) '죽이는 사람을 위해서'(爲汝) 죽이도록 시켰다면] '[범할 때 허물의 무게가] 무거운 계율'(重戒)을 범한 것이라는 점은 대승과 소승이 같다.

"方便殺"者, 與藥墮胎殺兒等, 亦死藥令食等. "讚嘆殺"中, 有三. 一者,

---

532 대수란對首蘭: 대수란은 대수란對手蘭이라고 하기도 한다. 중국 당나라 법려法礪(569~635)의 『사분율소四分律疏』에 따르면 투란차偸蘭遮 중에서 가장 가벼운 죄이다. 즉 1인의 비구 앞에서 죄를 고백하고 참회함으로써 죄를 다스릴 수 있는 투란차이다.

533 삼성심三性心: '세 가지 특성을 갖는 마음'(三性心)은 선善(kuśala)·불선不善(akuśala)·무기無記(avyākṛta)이다. 자신과 타인에게 이롭게 되는 것을 선善, 자신과 타인에게 해害가 되는 것이 불선不善, 이롭지도 않고 해가 되지도 않는 것이 무기無記이다. 이때 이롭다는 것은 부와 명예, 장수 등의 현세적 또는 세속적 이로움일 수도 있으나, 불교에서는 이러한 세속적 이로움을 포함하여 깨달음을 기준에 두고 자신과 타인의 깨달음에 이롭거나 해롭거나 또는 이롭지도 해롭지도 않은 것으로 간주할 수 있다.

見修善人語言, "汝宜修善時速死, 若久生者, 怨過意緣, 造意[534]業乎?" 彼人聽此語, 故卽死也. 二者, 見作意[535]業人語言, "汝宜罪小作時速死, 若久生者, 彌可多作意[536]業故." 三者, 見老及病人語言, "久生久苦者, 寧不如速死離苦." 彼人等, 聽此三語故死, 能讚者, 死[537]重, 大小同犯.

[H1, 595b03~12; X38, 281a17~23]

"수단을 통해 죽임"(方便殺)이라는 것은 약을 주어 낙태시킴으로써 태아를 살해하는 것 등을 말하고, 또한 '[먹으면] 죽는 약'(死藥)을 먹여 [죽이는 것] 등을 말한다.

"[죽음을] 부추겨 죽임"(讚嘆殺)에는 세 가지가 있다. 첫 번째는 [다음과 같은 것이다.] '선행을 닦는 사람'(修善人)을 보고 말하기를, "너는 선행(善)을 닦았을 때 빨리 죽는 것이 마땅하다. 만약 오래 살면 '[선행을 몰라준다고] 원망하는 허물'(怨過)과 [너의] 마음이 맺어져서 악행(惡業)을 짓게 될 것이 아닌가?"라고 하고, 그 사람이 이 말을 들었기 때문에 곧 [스스로] 죽는 경우이다. 두 번째는, '악행을 짓는 사람'(作惡業人)을 보고 말하기를 "너는 죄를 조금 지었을 때 빨리 죽는 것이 마땅하다. 만약 오래 살면 더욱 많은 악행(惡業)을 짓게 될 것이기 때문이다"라고 하는 경우이다. 세 번째는, 늙은이나 병든 사람을 보고 말하기를 "오래 살아 오래 고통 받는 것은 차라리 빨리 죽어서 고통에서 벗어나는 것만 못하다"라

534 저본에는 '意'로 되어 있지만, 문맥상 '惡'으로 교감하고 번역한다. 한명숙도 '惡'으로 교감하였다.(한명숙, 앞의 책, p.150 교감주) 원문대로 '意'로 번역하여도 뜻은 통하지만, '惡'으로 번역하는 것이 뜻이 분명하다.

535 저본에는 '意'로 되어 있지만, 문맥상 '惡'으로 교감하고 번역한다. 한명숙도 '惡'으로 교감하였다.(한명숙, 앞의 책, p.150 교감주)

536 저본에는 '意'로 되어 있지만, 문맥상 '惡'으로 교감하고 번역한다. 한명숙도 '惡'으로 교감하였다.(한명숙, 앞의 책, p.150 교감주)

537 저본에는 '死'로 되어 있지만, 문맥상 '犯'으로 교감하고 번역한다. 한명숙도 '犯'으로 교감하였다.(한명숙, 앞의 책, p.150 교감주)

고 말하는 경우이다. 그 사람들이 이 세 가지 말을 들었기 때문에 [스스로] 죽었다면, [이렇게 죽음을] 부추긴 사람은 '[범할 때 허물의 무게가] 무거운 계율'(重戒)을 범한 것이니, 대승과 소승에서 동일하게 ['범할 때 허물의 무게가 무거운 계율'(重戒)을] 범한 것으로 본다.

"見作隨喜"者, 見殺人者, 隨喜故, 彼人見我喜心故, 造殺業故, 能隨喜人, 犯重. 謂如『律』云. 彼鳩度河[538]邊中, 如來爲衆比丘, 說不淨觀

---

538 구도하鳩度河: '구도하'라는 지명은 CBETA『대정장』 검색에서 나오지 않는다.『사분율四分律』에 해당 부분은 '獼猴江'으로 나온다. 저본에는 '구도하鳩度河'라고 되어 있지만,『사분율』에 따라 '獼猴江'으로 교감하고 번역한다. 한명숙 또한 '구도하鳩度河'를 '獼猴江'으로 교감하였다.(한명숙, 앞의 책, p.152 교감주) 또한 동일한 내용이 『십송률十誦律』 2卷(T23, 7b21)과 『잡아함경雜阿含經』 29卷(T2, 207b22~23)에 나오지만 지명은 모두 '跋求摩河'로 되어 있다. 그리고『마하승기율摩訶僧祇律』(T22, 253c9)에는 다만 '毘舍離'로 나온다. 그리고『사분율』에는 위의 본문과 마찬가지로 이 이야기의 핵심인물의 이름이 '물력가勿力迦'(Mṛgalaṇḍika)로 음역으로 표기되어 있다.『사분율』에서는 이 '물력가勿力迦'(Mṛgalaṇḍika)가 '사문종출가沙門種出家'라고 하였는데, 당시 일반적 수행자 또는 바라문이었다가 출가한 비구인 듯하다. "時有比丘字勿力伽難提, 是沙門種出家(言沙門種是姓)"(T22, 575c24~25). 그리고『잡아함경』·『십송률』은 모두 '물력가勿力迦'(Mṛgalaṇḍika)의 의역인 '鹿林梵志子'(『잡아함경』)·'鹿杖梵志'(『십송률』)로 되어 있다. 또한『마하승기율』에서는 '鹿杖外道'라고 분명히 외도外道라고 하였다. 이에 따라 본 번역에서는 이와 관련된 지명과 인명을『사분율』에 따라 표기하였다. 한편 이 이야기의 원형으로 추정되는 내용인 빨리 원본『상윳따니까야』 59:9(1-9)〈베쌀리의 경〉에서는 장소가 베쌀리 시의 마하 숲에 있는 꾸따가라 강당으로 나오며, 중심 주제인 살인에 관한 이야기는 나오지 않는다. 다만 부처님이 설한 부정관不淨觀에 따라 수행하던 비구들이 안거 중에 몸에 대한 혐오를 느껴 비구 60명이 자결한 것으로 나온다. 또한 본문의 내용처럼 포살일에 모인 것이 아니라 부처님의 지시로 베쌀리 근처의 비구들이 모였고, 부처님은 이들에게 부정관不淨觀 대신 호흡관呼吸觀을 설하여 비구들이 악하고 불건전한 현상이 생길 때마다 즉시 그것을 사라지게 하고 그치게 하였다고 한다.(전재성 역주,『쌍윳따니까야』 7권, 한국빠알리성전협회, 2007, pp.422~426 참고) 그러나 중국에서 번역된『잡아함경』 29卷에서는『마하승기율』·『십송률』 등의 율전의 내용과 비슷하게 '鹿林梵志子(勿

時. 比丘等, 由習此觀故, 支離眞身心.[539] 爾時, 一比丘語勿力迦[540]比丘中[541]言, "我衣鉢與汝, 汝殺我." 故彼勿力迦比丘者, 卽殺. 殺竟, 往至河邊, 洗刀時中, 魔有河中現, 隨喜語言. "善哉善哉! 汝此丘, 能度未度人." 比丘聞此言竟, 自然, 比丘以爲功德. 往至於諸比丘所語言, "未度人來, 我今度之." 爾時, 未離欲人捨死, 旣離欲比丘等, 皆欲死故, 勿力迦比丘者, 殺六十箇比丘. 布薩日中小集故, 佛知而問云, "今日者, 何故, 人小有耶?" 餘比丘釋言, "勿力迦比丘殺故, 人少." 此勿力迦者, 由彼魔喜殺故, 以是如等爲喜殺. 『陀羅尼經』云, "此隨喜殺者, 第六重戒也." 若旣死以後喜者, 大乘中, 犯輕垢罪, 若小乘者, 吉.

[H1, 595b12~c6; X38, 281a23~b13]

力迦 · 鹿杖梵志 · 鹿杖外道)'라는 외도 혹은 비구로 추정되는 인물에 의해 다른 비구들이 살해된 내용이 추가된다. 즉 『상윳따니까야』에서처럼 부처님이 부정관을 설하자 몇몇 비구가 여러 방법으로 자살하지만, 뒤이어 비구들이 '鹿林梵志子(勿力迦 · 鹿杖梵志 · 鹿杖外道)'에게 가서 죽여 줄 것을 부탁하게 되고, 결국 살인을 저지른 '鹿林梵志子'는 천마天魔의 부추김으로 다시 다른 비구 60명을 살해하게 된다는 이야기가 추가된다. 종합하면, 초기 경전인 『상윳따니까야』 59:9(1-9) 〈베쌀리의 경〉에서는 부처님이 부정관을 설하자 비구들이 잘못 생각하여 60명이 자살하는 사건이 일어났다고 하였지만, 이를 계율에 의해 해석하자면, 부처님에게 과실이 돌아갈 여지가 있다. 그러므로 후대에 '물력가勿力迦'(Mṛgalaṇḍika, 鹿杖梵志 · 鹿杖外道)라는 가상의 인물을 추가하여 사건을 굴절시킨 것이 아닌가 한다. 이러한 내용이 후대에 중국에서 번역된 『잡아함경』에도 반영되었다고 할 수 있다.

539 저본에는 '支離眞身心'으로 되어 있는 부분이 『사분율四分律』에서는 '厭患身命'의 내용에 해당한다. "時諸比丘卽無數方便習不淨觀, 從定覺已厭患身命愁憂不樂."(T22, 575c15~16) 한명숙은 '厭患身命'으로 교감하고 있는데(한명숙, 앞의 책, p.152 교감주) 본 번역에서는 저본의 표현 그대로 '支離眞身心'으로 번역한다. 『잡아함경雜阿含經』(T2, 207b25) 및 『마하승기율摩訶僧祇律』(T22, 254c1~2)에는 '極厭患身', 『십송률十誦律』(T23, 7b24~25) '深懷厭惡慚愧是身'으로 나온다.

540 저본에는 '迦'로 되어 있지만, 『사분율四分律』에 따르면 '伽'이다. 큰 차이가 없으므로 교감하지 않는다.

541 저본에는 '中'이 있지만, 문맥상 삭제하고 번역한다. 한명숙도 삭제하였다.(한명숙, 앞의 책, p.152 교감주)

"[죽이는 것을] 보고 덩달아 기뻐하여 [또 죽이게 함]"(見作隨喜)이라는 것은, 사람을 죽이는 것을 본 자가 덩달아 기뻐하고 [사람을 죽인] 그 사람이 [살인을 보고 덩달아 기뻐하는] 자의 기뻐하는 마음을 보고는 [또 다른 사람을] '죽이는 행위'(殺業)를 지었기 때문에 '덩달아 기뻐한 사람'(能隨喜人)은 '[범할 때 허물의 무게가] 무거운 계율'(重戒)을 범한 것이 되는 경우이다. 『사분율四分律』에서 [다음과] 같이 말하였다. 〈저 미후강獼猴江[542] 근처에서 [석가모니] 여래如來께서 여러 비구를 위해 '[신체를] 부정하다고 관찰하는 수행'(不淨觀)[543]을 설하셨을 때였다. 비구들이 이러한 '[신체를 부정하다고] 관찰[하는 수행]'([不淨]觀)을 익힘으로써 '실제의 육신에서 떨어지려는 마음'(支離眞身心)이 되었다. 그때 [어떤] 한 비구가 물력가비구勿力伽比丘[544]에게 말하였다. "나의 '가사와 발우'(衣鉢)를 너에게 줄 테니 너는

---

542 미후강獼猴江: 미후강(Markaṭa hrada)은 미후하獼猴河 또는 미후림獼猴林이라고도 한다. 중인도中印度의 비사리국毘舍離國의 암라원菴羅園 옆에 있다. 옛날부터 원숭이 무리가 많이 모여 있는 곳으로 석가모니 부처님은 이곳에서 『유마경』을 비롯한 여러 경전을 설하였다고 대승불교권에서는 말한다. 천축국의 5대 정사精舍 중 하나이다. 『불광대사전』, p.8477.

543 부정관不淨觀: 부정관은 신체를 부정하다고 관찰하는 수행이다. 예를 들면 『아비달마구사론』 권22에서는 "부정관을 닦아 바르게 탐심을 치유한다. 현색탐顯色貪·형색탐形色貪·묘촉탐妙觸貪·공봉탐供奉貪의 네 가지 탐貪을 치유하는데, '푸르게 변한 시체'(青瘀)를 통한 부정관을 닦아 제일탐第一貪을 치유한다.(修不淨觀正爲治貪. 然貪差別略有四種, 一顯色貪, 二形色貪, 三妙觸貪, 四供奉貪. 緣青瘀等, 修不淨觀, 治第一貪.)"(T29, 117b22~24) 또한 구체적으로 다음과 같이 설명한다. "'짐승들에게 먹이가 되어 가는 시체'(被食)를 대상으로 삼아 수행하여 형색탐形色貪을 치유하고, '벌레나 구더기가 들끓는 시체'(蟲蛆)를 대상으로 삼아 수행하여 묘촉탐妙觸貪을 치유하며, '움직이지 않게 된 시체'(不動)를 대상으로 삼아 수행하여 공봉탐供奉貪을 치유하고, '널브러진 뼈들(骨鎖)을 대상으로 삼아 수행하면 4탐四貪을 모두 치유한다.(緣被食等, 修不淨觀, 治第二貪. 緣蟲蛆等, 修不淨觀, 治第三貪. 緣屍不動, 修不淨觀, 治第四貪. 若緣骨鎖, 修不淨觀, 通能對治如是四貪, 以骨鎖中無四貪境故.)"(T29, 117b24~28)

544 물력가비구勿力伽比丘: 물력가(Mṛgalaṇḍika) 비구는 『사분율四分律』에서는 음역인 '물력가난제勿力伽難提'로 나온다. "時有比丘字勿力伽難提."(T22, 575c24) 하지

나를 죽여라." 그래서 그 물력가비구勿力伽比丘는 [죽여 달라고 부탁한 비구를] 곧장 죽였다. 죽이고 나서 강가에 이르러 칼을 씻으면서 [후회하고 있을][545] 때, '수행을 방해하는 존재'(魔)[546]가 강에서 나타나 덩달아 기뻐하면서 말하였다. "훌륭하고 훌륭하구나! 그대 비구여, '아직 피안으로 건너가지 못한 사람'(未度人)을 구제하는구나." [물력가勿力伽]비구比丘는 이 말을 듣고 나서 자연스레 비구에게는 이것이 공덕이 된다고 여겼다. [그리하여] 여러 비구들의 처소에 가서 말하였다. "'아직 피안으로 건너가지 못한 사람'(未度人)은 오시오. 내가 지금 건너가게 해주겠소." 그때 '아직 [몸에 대한] 탐욕에서 떠나지 못한 사람'(未離欲人)은 죽는 것을 포기하였지만, '이미 [몸에 대한] 탐욕에서 떠난 비구들'(旣離欲比丘等)은 모두 죽으려고 하였기 때문에 물력가비구勿力伽比丘는 60명의 비구를 죽였다. [비사리毘舍離(Vaiśāli) 지역에 있던 비구들이 모여] '참회 집회'(布薩)[547]를 행하는 날에 소수만 모였기 때문에 부처님께서 [그 사정을] 알고는 물으셨다.

만 다른 곳에서는 의역으로 표기된다. 즉 『십송률十誦律』(T23, 7c4)에는 '鹿杖梵志', 『마하승기율摩訶僧祇律』(T22, 254a4)에는 '鹿杖外道', 『잡아함경雜阿含經』(T02, 207b28)에는 '鹿林梵志子'로 되어 있다. 또한 위의 본문은 『사분율四分律』에 따라 비구로 나오지만 『마하승기율』(T22, 254a4)에는 외도外道로 나온다.

545 『사분율四分律』 원문에서는 물력가비구가 회한悔恨을 내면서 다음과 같은 말을 하였다. "心生悔恨言, 我今無利非善, 彼比丘無罪過, 而我受雇斷他命根."(T22, 575c29~576a1)

546 『사분율四分律』 원문에는 천마天魔로 나온다. "時有一天魔知彼比丘心念."(T22, 576a2)

547 포살布薩: 포살은 팔리어 'uposatha, poṣadha'의 발음을 옮긴 말이다. 산스크리트어로는 'upavasatha'이다. 베다로 대표되는 인도의 전통에서는 소마(soma) 제사 의식을 준비하는 일, 특히 전날 밤에 행하는 단식의 풍습을 'upavasatha'라고 하였다. 따라서 포살은 불교 고유의 의식이 아니라 기존의 종교 의식을 받아들여 불교 정신에 맞게 변용한 것이다. 보름달이 뜨는 날을 기준으로 매월 2회(15일, 29 또는 30일) 열리는 정기적인 집회로 자리를 잡았다. 포살에서는 계율의 조목을 읽으며, 자신의 잘못을 참회하는 것이 주된 목적이었다. 이 집회는 출가한 승려들은 물론 재가자들에게도 허용되었다.

"오늘은 무슨 까닭으로 소수의 사람만 있는가?" 남은 비구들이 [그 사유를] 설명하였다. "물력가비구勿力伽比丘가 죽였기 때문에 사람이 적습니다."[548]〉이 물력가勿力伽는 저 '수행을 방해하는 존재'(魔)가 [사람을 죽이는 것을 보고] 기뻐하는 것으로 말미암아 살생을 했기 때문에 이와 같은 것을 '[덩달아] 기뻐하여 [또] 죽이게 함'([隨]喜殺)[의 경우]로 삼는다. 『대방등다라니경大方等陀羅尼經』에서는 "이러한 '덩달아 기뻐하여 [또] 죽이게 함'(隨喜殺)은 '[범할 때 허물의 무게가] 무거운 여섯 번째 계율'(第六重戒)이

548 이는 『사분율』 권2(T22, 575c11~576b2)의 다음 내용을 간략히 정리한 것이다. "爾時世尊遊毘舍離獼猴江邊講堂中, 以無數方便與諸比丘說不淨行, 歎不淨行, 歎思惟不淨行, 諸比丘作是念:「今世尊爲我等說不淨行, 歎不淨行, 歎思惟不淨行. 時諸比丘卽無數方便習不淨觀, 從定覺已厭患身命愁憂不樂. 譬如自喜男子, 女人以死蛇, 死狗, 死人繫其頸, 甚厭患臭穢. 諸比丘亦復如是, 以無數方便習不淨觀, 厭患身命愁憂不樂, 便求刀欲自殺, 歎死, 讚死, 勸死. 諸比丘在婆裘河邊園中住, 作是念:「世尊無數方便說不淨行, 歎不淨行,歎思惟不淨行.」彼以無數方便習不淨觀, 厭患身命, 愁憂不樂, 求刀欲自殺, 歎死, 讚死, 勸死. 時有比丘字勿力伽難提, 是沙門種出家(言沙門種是姓), 手執利刀入婆裘園中, 見有一比丘厭患身命穢污不淨, 遙見勿力伽難提比丘來, 語言:「大德! 斷我命來, 我以衣鉢與汝.」彼卽受其雇衣鉢已, 便斷其命. 於彼河邊洗刀, 心生悔恨言:「我今無利非善, 彼比丘無罪過, 而我受雇斷他命根.」時有一天魔知彼比丘心念, 卽以神足而來, 在勿力伽難提比丘前, 於水上立而不陷沒, 勸讚言:「善哉, 善哉! 善男子! 汝今獲大功德, 度不度者.」時難提比丘聞魔讚已, 悔恨卽滅, 便作是念:「我今獲大功德, 度不度者.」卽復持刀入園中而問言:「誰未度者, 我今欲度之.」時有未離欲比丘, 見勿力伽難提比丘, 甚大怖懼毛竪. 勿力伽難提見已, 語諸比丘言:「汝等勿懼! 諸根未熟, 未任受化, 須待成熟, 當來相化.」其中比丘欲愛盡者, 見勿力伽難提心不怖懼, 身毛不竪. 時勿力伽難提比丘或日殺一比丘, 或殺二, 三, 四, 五乃至六十人. 時彼園中死屍狼藉, 臭處不淨, 狀如塚間. 時有諸居士禮拜諸寺, 漸次至彼園中, 見已皆共驚怪, 譏嫌言:「此園中乃有是變, 沙門釋子無有慈愍, 共相殺害, 自稱言:「我修正法.」如是何有正法共相殺害? 此諸比丘, 猶自相殺, 況於餘人. 我等自今, 勿復敬奉, 承事供養沙門釋子!」卽告諸村邑, 勿復容止往來. 時諸居士見此園中, 如是穢惡便不復往返. 爾時毘舍離比丘, 以小因緣集在一處, 爾時世尊觀諸比丘衆減少, 諸大德比丘有名聞者皆不復見. 爾時世尊知而故問阿難言:「衆僧何故減少? 諸名聞大德者, 今爲所在皆不見耶!」爾時阿難以先因緣具白佛言:「世尊先以無數方便廣爲諸比丘說不淨行, 歎不淨行, 歎思惟不淨行. 時諸比丘聞已, 厭患身命, 求人斷命, 是以少耳! 唯願世尊! 與諸比丘更作方便說法, 使心開解永無疑惑."

다”[549]라고 말한다. 만약 [살해의 대상이] 이미 죽은 이후에 [살해된 대상을 보고] 덩달아 기뻐하는 것이라면, 대승에서는 ‘[범할 때 허물의 무게가] 가벼운 허물이 되는 죄’(輕垢罪)를 범한 것이 되고 소승에서라면 ‘행위와 말로 저지른 가벼운 죄’(突吉羅)가 된다.

“乃至”者, 取瞋殺. 如『唯識論』云, “由仙人發瞋心故, 護此仙人神, 雨石雨令滅.” 摩迦陀國等上列者, 明身之殺, 此瞋殺者, 意業殺. 下言“呪殺”者, 謂口業殺. 言“殺”者, 神中可呪故, 彼神往殺人, 及可呪尸, 令執刀故, 彼尸往殺人等件.

[H1, 595c7~12; X38, 281b13~17]

“이르기까지”(乃至)라는 것[에서 생략된 것]은 ‘분노로 죽이는 것’(瞋殺)을 말하는 것이다. 『유식론唯識論』에서는 [다음과 같이 말하였다.] “[단나가국檀拏迦國 · 가릉가국迦陵迦國 · 마등가국摩燈伽國 등의 세 나라가 선인을 괴롭히자] 선인仙人이 분노(瞋)를 일으키는 것으로 말미암아 이 선인이 소맷자락을 휘둘러 돌비(石雨)를 쏟아 부어 [세 나라를] 멸망시켰다.”[550] 마가다국摩迦

549 이는 『대방등다라니경大方等陀羅尼經』 권1의 다음 원문을 인용한 것이다. “若有菩薩, 見他瞋恚, 欲害他命, 更以美言, 讚他瞋恚者, 是名犯第六重戒.”(T21, 645c17~19)

550 위 본문의 선인이 중생을 살해한 이야기는 『유식론唯識論』의 관련 문장은 다음과 같다. “經說檀拏迦, 迦陵摩燈國. 仙人瞋故空, 是故心業重. 此偈明何義? 若有死者, 不依他心不依自心. 若如是者, 以何義故? 如來欲成心業爲重. 是故經中問優波離長者言, 長者. 汝頗曾聞, 以何因緣, 檀拏迦國, 迦陵迦國, 摩燈伽國, 曠野空寂, 無有衆生及草木等, 優波離長者, 白佛言, 瞿曇, 我昔曾聞, 依仙人瞋心, 殺害如是無量衆生, 是故得知唯有意業, 若不爾者, 如來何故, 於諸經中作如是說, 是故偈言. 經說檀拏迦, 迦陵, 摩燈國, 仙人瞋故空故. … 問. 久學尼乾子言. 於三業中何業爲重. 久學尼乾子答如來言, 身業爲重. 佛言尼乾子. 此彼城中所有衆生爲多爲少. 久學外道言, 無量無邊不可數知. 佛言, 尼乾子, 若有惡人欲殺害此諸衆生者, 幾日可殺? 尼乾子言, 非是一年二年可殺, 佛告久學尼乾子言, 摩燈伽等三國衆生, 汝頗曾聞云何而死, 爲身業殺, 爲意業殺. 尼

陀國 등에 대해 앞에서 열거한 것[551]은 '신체로 짓는 행위'(身業)에 의해

乾子言, 瞿曇, 我昔曾聞, 仙人瞋心以意業殺爾數衆生. 佛言, 尼乾子, 若如是者, 云何而言身業爲重. 尼乾子言, 如是如是. 我不審諦謬聞而說, 以是義故證成我義. 三界唯心, 無身口業. 此以何義? 如世人言, 賊燒山林聚落城邑, 不言火燒. 此義亦爾. 唯依心故善惡業成, 以是義故, 經中偈言. 諸法心爲本, 諸法心爲勝. 離心無諸法, 唯心身口名." (T31, 69b23~c23) 이와 관련된 이야기의 원형은 『맛지마 니까야』 MN. I .371; 『중아함경中阿含經』 133, 「우파리경優波離經」에서 확인된다. "[세존] 장자여, 그대는 어떻게 생각합니까? 그대는 단다까, 까링가, 멧자, 마땅가가 황무지로 된 것에 대하여 들었습니까? [우빨리] 존자여, 그렇습니다. 저는 단다까, 까링가, 멧자, 마땅가가 황무지가 된 것에 대하여 들었습니다. [세존] 장자여 그대는 어떻게 생각합니까? 그대는 단다까, 까링가, 멧자, 마땅가가 어떻게 황무지로 되었는지 들었습니까? [우빨리] 존자여! 그렇습니다. 저는 선인들의 정신적 저주행위로 단다까, 까링가, 멧자, 마땅가가 황무지로 되었다고 들었습니다."(전재성 역주, 『맛지마 니까야』 제2권, 한국빠알리성전협회, 2002, p.447) 이 이야기에 나오는 지명에 대하여 전재성은 위의 책 각주에서 다음과 같이 설명하였다. "Kaliṅga의 Kumbhavati의 왕 Dandakīrk 선인 Kisavaccha를 모욕하여 신들이 저주하여 왕이 죽고 나라는 황폐하게 되었다. 그 황폐한 곳을 Dandakāraññа 또는 Kāliṅgāraññа라고 한다. Mejjha는 왕의 이름이자 그 나라를 말하는데 Mātaṅga라는 선인을 죽였기 때문에 Mejjha는 황무지가 되었다. 이 황무지는 Mātaṅgāraññа라고도 한다."(위의 책, 같은 면, 각주 참고) 이 경전의 화자인 우빨리는 본래 자이나교도였지만, 불교에 귀의하게 된다. 부처님과의 대화에서 자이나교도였던 우빨리는 신구의身口意 삼업三業 가운데 신업身業이 가장 강하고 반대로 의업이 가장 약한 것으로 주장하자, 부처님이 위의 비유를 들어 의업이 가장 강함을 제시한 것이다. 이 이야기는 『유식이십론唯識二十論』(T31, 77a9~15), 『대승유식론大乘唯識論』(T31, 73b21), 『유식이십론술기唯識二十論述記』(T43, 1005a28~c20)에도 나온다. 이에 대하여 효도 가스오는 다음과 같이 설명한다. "단디카 숲의 이야기는 『유식이십론술기』에 의하면 선인의 분노에 의해 단다카왕의 도성이 그곳에 사는 모든 유정과 더불어 한순간에 파괴되어 숲이 되었다는 이야기로, 당시 인도에서는 잘 알려진 이야기였던 것 같습니다. 그리고 마친가 숲 등이라고 하는 것처럼 비슷한 이야기가 많이 있었던 것 같습니다. 신통 등의 특별한 힘을 가진 사람은 의력으로 모든 것을 할 수 있어, 대량의 살생을 한순간에 가능하게 해 버릴 정도라고 생각하였습니다."(효도 가즈오 지음, 김명우 · 이상우 옮김, 『유식불교, 「유식이십론」을 읽다』, 예문서원, 2013, p.238)

551 앞에서 말한 마가다국의 아사세왕이 부왕인 빈바사라왕을 살해한 일을 가리킨다. 마가다국摩迦陀國은 BC 6세기 인도 북동부의 비하르 남부 평야지방에서 강대한

죽이는 것을 밝힌 것이고, 이 '분노로 죽이는 것'(瞋殺)은 '생각으로 짓는 행위'(意業)에 의해 죽이는 것이다.

아래에서 말한 "주문으로 죽인다"(呪殺)라는 것은 '말로 하는 행위'(口業)에 의해 죽이는 것이다. "죽인다"(殺)라고 말한 것은, 귀신 가운데 주문을 걸 수 [있는 귀신이] 있기에 [주문을 건] 그 귀신이 가서 사람을 죽이는 경우거나, 시체에 주문을 걸어 [그 시신으로 하여금] 칼을 잡도록 할 수 있기에 그 시체가 가서 사람을 죽이는 경우 등이다.

> 右非爲九句, 方便殺[552]中, 有三種故. 此九, 逕於三品衆生者, 爲二十七戒. 若望所殺, 一切衆生無量故, 戒亦無量. 正列非相竟.
>
> [H1, 595c12~16; X38, 281b17~19]

앞에서 [설명한] '그릇된 것'(非)은 '아홉 구절'(九句)을 이루는데, '[죽음을] 부추겨 죽이는 것'(讚歎殺) 가운데 세 가지가 있기 때문이다.[553] 이

세력을 펼치던 나라이다. 아사세왕은 왕자의 신분으로 제바달다提婆達多의 계략에 속아 부왕父王인 빔비사라를 죽이고 왕위에 올랐다가 뉘우치고 석가모니 부처에게 귀의한다. 앞의 관련 원문은 다음과 같다. "先上品衆生者, 父母, 決定菩薩, 無學聖人. 若殺此上品者, 犯重遮二罪. 若論下已果者, 『涅槃經』中, 下上二文不同. 若依上文者, "耆婆語阿闍世王云, 〈汝犯二逆, 謂殺須陀洹及父故〉."(H1, 594b17~22)

552 '방편살方便殺'은 『범망경』 내용으로 볼 때 '찬탄살讚歎殺'이어야 한다. 필사자의 오기誤記일 수도 있고 원효의 착오일 수도 있다. 원효 저술을 관통하는 정밀성을 고려할 때 오기의 가능성이 높아 보인다. 여기서는 '찬탄살讚歎殺'로 교감하여 번역한다. 아래 번역 역주에서 그 근거를 밝힌다.

553 '아홉 구절'(九句)에서 방편살方便殺이 세 가지라고 하였으나, 원문에서는 찬탄살讚歎殺이 세 가지로 나온다. 전체적으로 ① 자살自殺, ② 교인살敎人殺, ③ 방편살方便殺, 찬탄살讚歎殺(④+⑤+⑥), ⑦ 견작수희見作隨喜, ⑧ 내지乃至(취진살取瞋殺), ⑨ 주살呪殺이 있다. 그리고 찬탄살 가운데 세 가지는 ④ 견수선인어언살見修善人語言殺, ⑤ 견작악업인어언살見作惡業人語言殺, ⑥ 견노급병인어언살見老及病人語言殺이다. 관련 원문은 다음과 같다. "讚嘆殺中, 有三. 一者, 見修善人語言, 〈汝宜修善時速死, 若久生者, 怨過意緣, 造意業乎?〉 彼人聽此語, 故卽死也. 二者, 見作意業

'아홉 구절'(九句)은 '세 부류의 중생'(三品衆生)을 거치기에 27가지의 계율이 된다. 만약 '살해 대상'(所殺)에 의거하여 본다면, 모든 중생이 한량이 없기 때문에 계율도 한량이 없다.

'잘못[된 행동의] 양상을 곧장 열거함'(正列非相)을 마쳤다.

『범망경梵網經』[T24, 1004b17~18]

殺因, 殺緣, 殺法, 殺業,[554][乃至一切有命者, 不得故殺.][555]

人語言, 〈汝宜罪小作時速死, 若久生者, 彌可多作意業故.〉 三者, 見老及病人語言, 〈久生久苦者, 寧不如速死離苦.〉 彼人等, 聽此三語故死, 能讚者, 死重, 大小同犯."(H1, 595b5~12) ⑧ 내지乃至는 위 본문에서 보면, '분노로 죽이는 것'(瞋殺)이다.

554 원문의 '殺因, 殺緣, 殺法, 殺業'에 대하여 『대정장』의 교감주는 다음과 같이 밝힌다. 【宋】【元】본은 '[殺]業, 殺報, 殺因, 殺緣'으로 되어 있고, 【宮】본은 '[殺]業, 殺法, 殺因, 殺緣'으로 되어 있다. 【宋】【元】본 '殺報'로 되어 있으나, 【宮】은 '殺法'으로 되어 있다. 그러나 『대정장』에는 '殺因, 殺緣, 殺法, 殺業'으로 순서가 다르다.(T24, 1004, [18] 교감주) 그러나 『범망경사기』에는 '殺業'이 앞에 나온다. 따라서 원효가 저본으로 삼은 『범망경』은 고려대장경본을 저본으로 삼은 『대정장』본이 아니라 그 이전의 고본임을 알 수 있다. 즉 【宮】과 일치한다. 그러므로 본 번역에서는 원효의 주석에 따라 '殺業, 殺法, 殺因, 殺緣'으로 교감하고 번역한다. 한명숙도 '殺業, 殺法, 殺因, 殺緣'으로 교감하였다.(한명숙, 앞의 책, p.154) 한편 이에 대하여 후나야마 도루(船山徹)는 「梵網經諸本の二系統」(京都大學人文科學研究所, 『東方學報』 85권, 2010)에서 다음과 같이 밝힌다. "첫째, 『범망경』의 여러 판본은 α형, β형, 두 형의 중간 상태 등으로 구분된다. 둘째, 이 가운데 α형은 먼저 거친 형태로 성립된 것이고, β형은 그 이후에 좀 더 세밀하게 정립된 형태로 성립된 것이다. 셋째, 궁본은 α형에 속하고, 본서에서 저본으로 삼은 고려판대장경 재조본인 『범망경』, 곧 대장경에 실린 것은 β형에 속한다. 넷째, 원효가 『사기』를 찬술할 때 저본으로 삼은 것은 α형이다. 다섯째, 그러므로 여러 주석서에서 보이는 것과 같은 형태, 곧 고려판대장경 재조본에 수록된 『범망경』을 원문으로 설정하고, 그에 대한 주석을 집어넣은 체재는 후대에 구성된 것이다. 여섯째, 『범망경』에 대한 여러 가지 주석서 가운데 최초로 β형을 저본으로 삼은 것은 법장이다. 신라 출신의 『범망경』 주석가는 모두 α형을 저본으로 하였다." 궁본은 남송南宋 개원사판開元寺版으로 일본 궁내청宮內廳 서릉부書陵部에 소장된 것을 가리키는데, 본판은 12세기 중엽에 성립된 것이다.(한명숙, 앞의 책, p.154 각주 199에

'죽이는 행위'(殺業)와 '죽이는 현상'(殺法)과 '죽이는 원인'(殺因)과 '죽이는 조건'(殺緣)으로써 ['생명이 있는 모든 것'(一切有命者)에 이르기까지 의도적으로 죽여서는 안 된다.]

"殺業"以下, 第二明具緣戒[556]業. 此戒中, 滿五緣者, 成正業. 一者, 人境. 若趣非人等境, 有輕垢罪故. 二者, 人想. 雖趣人境, 而爲非人等想者, 輕垢罪故. 三者, 發殺人心. 謂若始終中, 不發殺心, 而若不知有人故, 射山非人等, 亦雖無殺心, 而悞墮重物殺等, 全無罪故. 四者, 發方便. 若不起方便者, 輕垢故. 問. 若前故意等, 餘緣具起, 而殺刹那中, 不作心時, 悞等, 犯何罪? 答. 小乘者, 第三聚, 大乘, 犯輕垢也. 五者, 斷命根. 若不斷命根者, 輕垢罪故.

[H1, 595c17~596a4; X38, 281b20~c4]

(나) 조건을 갖추어 ['허물이 무거운 죄'(重罪)의] 행위를 이루는 것을 밝힘(明具緣成業)

"죽이는 행위"(殺業) 이하는 두 번째로 '조건을 갖추어 ['허물이 무거운 죄'(重罪)의] 행위를 이룸'(具緣成業)을 밝힌 것이다. 이 계율에서는 '다섯 가지 조건'(五緣)을 충족시키는 것이 ['허물이 무거운 죄'(重罪)에] '해당하는 행위'(正業)를 이룬다. 첫 번째는 '사람이 대상이어야 한다'(人境)는 것이다. 만약 '사람이 아닌 대상'(非人) 등에 나아가 [죽인 것이라면] '[범할 때 허물의 무게가] 가벼운 허물이 되는 죄'(輕垢罪)가 되는 것이다.

서 재인용)

555 "乃至一切有命者, 不得故殺"은 원효의 주석에 맞추어 아래에 다시 경문으로 제시한다.

556 저본에는 '戒'로 되어 있지만, 문맥에 따라 '成'으로 교감하고 번역한다. 한명숙도 '成'으로 교감하였다.(한명숙, 앞의 책, p.155 교감주)

두 번째는 '사람이라고 생각해야 한다'(人想)는 것이다. 비록 [죽인] 대상이 사람'(人境)일 경우라도 '사람이 아니다'(非人)는 등의 생각을 한 것이라면 '[범할 때 허물의 무게가] 가벼운 허물이 되는 죄'(輕垢罪)가 되는 것이다.

세 번째는 '사람을 죽이려는 마음을 일으켜야 한다'(發殺人心)는 것이다. 만약 처음부터 끝까지 '사람을 죽이려는 마음'(殺人心)을 일으키지 않았거나, 사람이 있는 것을 알지 못했기에 산에 있는 '사람이 아닌 것'(非人) 등을 [화살로] 쏘았는데 [사람이 맞아 죽은] 경우이거나, 또한 비록 '죽이려는 마음'(殺心)은 없었지만 '무거운 물건을 잘못 떨어뜨려 죽였을 경우'(悞墮重物殺) 등은 모두 죄가 없는 것이다.

네 번째는 '교묘한 수단과 방법을 사용한다'(發方便)는 것이다. 만약 '교묘한 수단과 방법'(方便)을 사용하지 않은 것이라면 '[범할 때 허물의 무게가] 가벼운 허물이 되는 죄'(輕垢罪)가 되는 것이다.

묻는다. 만약 앞에서 말한 '의도적인 마음'(故意) 등 나머지 조건들은 모두 발생했지만, [사람을] 죽이려는 '아주 짧은 시간'(刹那)에 [죽일지 말지] 마음을 결정하지 않았을 때인데도 실수 등으로 [사람을 죽였다면] 어떤 죄를 범하는 것인가? 답한다. 소승에서는 ['일곱 가지 계율'(七聚戒) 가운데] '세 번째 계율'(第三聚)[을 범한 것인 '허물이 무거운 죄를 실행하지는 않은 것'(偷蘭遮)]이고, 대승에서는 '[범할 때 허물의 무게가] 가벼운 허물이 되는 죄'(輕垢罪)를 범한 것이 된다.

다섯 번째는 '생명을 지속시키는 능력을 끊어야 한다'(斷命根)는 것이다. 만약 '생명을 지속시키는 능력'(命根)을 끊지 않은 것이라면 '[범할 때 허물의 무게가] 가벼운 허물이 되는 죄'(輕垢罪)가 되는 것이다.

五緣中, 初二者爲緣, 第三一爲因, 第四一爲業, 第五一爲法. 『疏』云, "以殺具刀杖等爲法", 然而無合於義. 若雖無刀杖等具, 而得殺故. 是故, 以命根爲法. 若無命根法者, 不成殺業故. 五緣中, 若闕因者, 全無罪, 若闕緣, 一一互闕者, 得輕垢罪也.

[H1, 596a4~10; X38, 281c4~8]

'다섯 가지 조건'(五緣) 가운데 처음의 두 가지[인 '사람이라는 대상'(人境)과 '사람이라는 생각'(人想)]은 조건(緣)이 되고, 세 번째의 한 가지[인 '사람을 죽이려는 마음'(殺人心)]은 원인(因)이 되며, 네 번째의 한 가지[인 '교묘한 수단과 방법을 사용하는 것'(發方便)]은 행위(業)가 되고, 다섯 번째의 한 가지[인 '생명을 지속시키는 능력을 끊는 것'(斷命根)]은 현상(法)이 된다. 『보살계의소菩薩戒義疏』에서는 [현상(法)의 뜻에 대해] "죽이는 도구인 칼 · 지팡이 등을 방법(法)으로 삼는다"557라고 말하지만, [이러한 설명은] 뜻에 합당하지 않다. 만약 칼과 지팡이 등의 도구가 없더라도 [사람을] 죽일 수 있기 때문이다. 그러므로 〈'생명을 지속시키는 능력'(命根)을 [살해의] 현상(法)으로 삼는 것이다〉[라는 뜻으로 보아야 한다]. 만약 '생명을 지속시키는 능력이라는 현상'(命根法)이 없다면 '[사람을] 죽이는 행위'(殺業)를 이루지 않기 때문이다. '다섯 가지 조건'(五緣) 가운데 만약 ['사람을 죽이려는 마음'(殺人心)이라는] 원인(因)이 없으면 완전히 죄가 없는 것이고, 만약 조건(緣)이 없되 [두 가지 조건인 '사람이라는 대상'(人境)과 '사람이라는 생각'(人想) 가운데] 하나씩 서로 없는 경우라면 '[범할 때 허물의 무게가] 가벼운 허물이 되는 죄'(輕垢罪)를 얻게 된다.

나) [범할 때 허물의 무게가] 가벼운 잘못[된 행동을 열거함]([列]輕非)

『범망경梵網經』 [T24, 1004b18]

乃至一切有命者, 不得故殺.

557 이는 지의의 『보살계의소菩薩戒義疏』 하권의 다음 문장을 인용한 것이다. "殺法, 謂刀劍坑穽等, 皆有法體, 故稱爲法."(T40, 571c11~12)

‘생명이 있는 모든 것’(一切有命者)까지도 의도적으로 죽여서는 안 된다.

言“乃至”者, 兼取殺畜生輕垢罪, 故言“乃至”. “不得故殺”者, 爲欲簡悞殺等, 故言“故殺”. 若無心而悞殺者, 唯有業道, 而無犯戒罪故.

[H1, 596a10~13; X38, 281c8~11]

“[‘생명이 있는 모든 것’(一切有命者)]까지도”(乃至)라고 말한 것은 ‘짐승을 죽여서 [범하게 되는] 가벼운 허물이 되는 죄’(殺畜生輕垢罪)를 [살생殺生의 죄업으로] 함께 취한 것이니, 그러므로 “까지도”(乃至)라고 하였다. “의도적으로 죽여서는 안 된다”(不得故殺)라는 것은 ‘[의도 없이] 실수로 죽이는 것’(悞殺) 등과 구분하고자 하는 것이니, 그러므로 “의도적으로 죽인다”(故殺)라고 말한 것이다. 만약 [죽이려는] 마음은 없었으나 실수로 죽인 것이라면, 오직 ‘행위를 펼치는 길’(業道)[558] [위]에 있을 뿐, 계율을 범한 죄는 없는 것이다.

---

558 업도業道: 업도(karma-mārga)는 업의 작용이 ‘일어나는 장소’(所行)라는 뜻과 고락苦樂의 과보와 ‘통하게 하는 것’(能通)이라는 뜻이 있다 또한 일반적으로 십선업도十善業道와 십악업도十惡業道 두 부류의 길을 의미하기도 한다. 소승의 설일체유부說一切有部에서는 소행지의所行之義로 업도를 해석하며 십선十善 및 십악十惡 가운데 몸과 입으로 지은 두 가지 업을 말하며 각각 일곱 종류가 있다.(『불광대사전』, p.6898) 또한 업도는 선악善惡의 일을 막론하고 매번 하나의 업業이 균등히 ① 가행加行, ② 근본업도根本業道, ③ 후기後起 세 부분으로 나누어지는 것 가운데 ② 근본업도를 말한다. ① 가행은 업을 일으키는 방편이고, ② 근본업도는 일이 완성되는 순간의 표업表業과 무표업無表業이며, ③ 후기는 일이 끝난 후 다시 짓는 것이다. 예를 들어 살생의 순간 소작所作과 소유작所由作은 몸의 무표업無表業을 ‘거듭 영향을 끼쳐 발생시키는데’(薰發) 이를 근본업도라고 한다.(『불광대사전』, p.5210) 따라서 이를 참고하여 위의 문장을 살펴보면 “만약 [죽이려는] 마음은 없었으나 실수로 죽인 것이라면, 오직 ‘행위를 펼치는 길’(業道) [위]에 있을 뿐, 계율을 범한 죄는 없는 것이다”라는 것은 비록 계율을 범한 것은 아닐지라도 무표업을 ‘거듭 영향을 끼쳐 발생시키는’(薰發) 원인은 되는 것이라고 볼 수 있다.

『범망경梵網經』[T24, 1004b18~19]

是菩薩, 應起常住慈悲心・孝順心, 方便救護[559]一切衆生,

이러한 보살은 마땅히 '자비로운 마음'(慈悲心)과 '[행위를] 단속하면서 따르는 마음'(孝順心)을 일으키고 언제나 [그에] 머무르면서 '수단과 방법'을 써서 모든 중생을 구제하고 보살펴야 하거늘,

나. [잘못된 행동을] 치유하는 바른 행위(對治正行)[560]

"是"以下, 擧作持行成止持. 謂常習脩[561]悲心者, 由作持, 欲成止持不殺戒故. 或有由止持故, 成作持. 謂說戒自怨[562]等法, 爲欲作時[563]故, 能先息諸事, 出沙彌等有餘行之法故. 或以作犯成止持[564]犯. 謂違於未誦戒時, 莫誦學他文故. 先學戒故. 或有由止持[565]故成作犯. 謂今俱人, 爲作殺生業故, 不顯[566]見比丘等.

559 저본인 『대정장』에는 '一切衆生'이 있지만, 고본인 【宋】【元】【宮】에는 '一切衆生'이 없다.(T24, 1004, 교감주 [19]) 본 번역에서는 저본에 따라 '一切衆生'을 삽입하고 번역한다.

560 앞의 과문에서는 '[이로운 행위를] 지어서 ['계율의 본연'(戒體)을] 간직함'(作持)에 의거하여 '[해로운 행위를] 그쳐서 ['계율의 본연'(戒體)을] 간직함(止持)을 이루는 것'(擧作持成止持)이라고 부르기도 한다고 밝혔다. "是〈菩薩〉以下, 明對治正行. 亦此段, 名擧作持成止持."(H1, 594b12~b13)

561 한명숙은 '脩'를 '慈'로 교감하였지만(한명숙, 앞의 책, p.158 교감주) 본 번역에서는 원문대로 번역한다.

562 저본에는 '怨'으로 되어 있지만, 문맥상 '恣'로 교감하고 번역한다.

563 저본에는 '時'로 되어 있지만, 문맥상 '持'로 교감하고 번역한다. 한명숙도 '持'로 교감하였다.(한명숙, 앞의 책, p.158 교감주)

564 저본에는 '持'가 있지만, 문맥상 삭제하고 번역한다. 한명숙도 삭제하였다.(한명숙, 앞의 책, p.159 교감주)

565 저본에는 '持'로 되어 있지만, 문맥상 '犯'으로 교감하고 번역한다. 한명숙도 '犯'으로 교감하였다.(한명숙, 앞의 책, p.159 교감주)

566 『한불전』 원문 교감주에 '顯'은 '欲'으로 의심된다고 하였으나 글자체가 분명하지

[H1, 596a13~21; X38, 281c11~16]

"이러한 [보살]"(是[菩薩]) 이하는 〈'[이로운 행위를] 지어서 ['계율의 본연'(戒體)을] 간직하는 수행'(作持行)에 의거하여 '[해로운 행위를] 그쳐서 ['계율의 본연'(戒體)을] 간직함'(止持)을 이루는 것'〉(擧作持成止持)이다. 말하자면 항상 '자비로운 마음을 익히고 닦는 것'(習脩悲心)이니, '[이로운 행위를] 지어서 ['계율의 본연'(戒體)을] 간직함'(作持)으로 말미암아 〈'[해로운 행위를] 그쳐서 ['계율의 본연'(戒體)을] 간직함'(止持)인 '[살아 있는 생명을] 죽이지 않는 계율'(不殺戒)〉을 이루고자 하기 때문이다. 혹은 '[해로운 행위를] 그쳐서 ['계율의 본연'(戒體)을] 간직함'(止持)으로 말미암아 '[이로운 행위를] 지어서 ['계율의 본연'(戒體)을] 간직함'(作持)을 이루기도 한다. '계율을 설하는 것'(說戒)과 '자율적 자기참회'(自恣)[567] 등의 방법(法)은 '[이로운 행위를] 지어서 ['계율의 본연'(戒體)을] 간직함'(作持)을 행하려고 하기 때문에 먼저 [해로운] 여러 가지 일을 그치게 할 수 있으니, '출가한 사미'(出沙彌)[568] 등에게

않다고 하였다. "「顯」疑「欲」字體不明."(H1, 596 교감주 ①) 본 번역은 『한불전』 교감주에 따라 '欲'으로 교감하고 번역한다.

567 한명숙은 '설계자원說戒自恕'에서 '설계說戒'를 『범망경』 48경계의 '제23교만벽설계憍慢僻說戒'와 '제42위악인설계계爲惡人說戒戒'로 해석하고, '자원自恕'은 '제21진타보구계瞋打報仇戒'로 추정하였다.(한명숙, 앞의 책, p.158 각주205 및 206번) 그러나 앞뒤 문맥으로 보아 조은수의 번역대로 '설계說戒'와 '자자自恣'로 보는 것이 적절할 것으로 본다. 한편 자자는 '한곳에 편안히 자리 잡아 집중적으로 수행하는 기간'(安居)의 마지막 날에 자신이 저지른 잘못을 대중 앞에 스스로 드러내어 참회하는 의식이다. 팔리어로는 'pavāraṇā'이고, 산스크리트어로는 'pravānaṇā'라고 하는데, 이 개념들은 사전적으로 '비가 내리다(pa-√vṛ)'는 어원에서 비롯하는 것으로 알려져 있다. 이를 통해 자자 의식이 인도에서 여름에 비가 집중적으로 내리는 우기雨期 동안에 외출을 자제하는 종교적 관습에서 비롯되었음을 알 수 있다. 곧 우기雨期에 여기저기 다닐 경우, 뭇 생명체들을 해칠 수 있기 때문에 한곳에 정착하여 수행에 전념한다는 종교의식으로 정착하게 된 것으로 보인다. 이 전통이 불교의 출가 승려들에게는 집단적으로 학습, 토론하는 기회가 되었을 것이다. 불교전통 일반에서는 특히 '자자自恣'의 정신과 실천이 중시되었다.

[해로운 행위를 하지 않는 계율을 지키는 것 등의] 수행하는 방법들[569]이 있는 것이 그것이다. 혹은 '[해로운 행위를] 지어서 ['계율의 본연'(戒體)을] 위배함'(作犯)으로 '[이로운 행위를] 그쳐서 ['계율의 본연'(戒體)을] 위배함'(止犯)을 이루기도 한다. 아직 계율을 외우지 않을 때에 [계율을] 위배하여 [그로 말미암아] 다른 경문經文을 외우거나 배우지 못하게 만드는 것이 그것이다. [왜냐하면] 먼저 계율을 배워야 하기 때문이다. 혹은 '[이로운 행위를] 그쳐서 ['계율의 본연'(戒體)을] 위배함'(止犯)으로 말미암아 '[해로운 행위를] 지어서 ['계율의 본연'(戒體)을] 위배함'(作犯)을 이루기도 한다. 지금 사람들과 어울려 '생명을 죽이는 행위'(殺生業)를 하려고 하기 때문에 비구를 만나려고 하지 않는 것 등이 그것이다.

此戒中, 擧作持行者成止持, 不何[570]有明作持善行義爲攝善法戒? 十重戒, 皆律儀戒故. 下衆戒中, 有擧止持而成作持, 亦有擧作持成止持, 亦有擧作犯非及成止持戒, 或有擧止犯非而及成作持戒. 不可得言律

568 사미沙彌: 사미는 산스크리트어 śrāmanera의 음역이다. 비구가 되기 전의 견습승見習僧인 입문수행자를 의미한다. 또는 7세 이상 20세 미만의 출가한 남자를 칭하기도 한다. 20세가 되어야 구족계를 받을 수 있다.

569 사미십계沙彌十戒는 다음과 같다. ① '살생하지 말 것'(不殺生), ② '도둑질하지 말 것'(不偸盜), ③ '음란한 행동을 하지 말 것'(不淫), ④ '거짓말하지 말 것'(不妄語), ⑤ '술을 마시지 말 것'(不飮酒), ⑥ '몸을 화려한 장식으로 꾸미거나 좋은 향을 바르지 말 것'(不著華鬘好香塗身), ⑦ '창기와 노래하고 춤추거나 그런 것을 가서 보거나 듣지도 말 것'(不歌舞倡伎亦不往觀聽), ⑧ '높고 넓은 평상에 앉지 말 것'(不得高廣大床上坐), ⑨ '정해진 때가 아닌 시간에 먹지 말 것'(不得非時食), ⑩ '금은보화를 가지지 말 것'(不得捉錢生像金銀寶物)이다. 『사분율산번보궐행사초四分律刪繁補闕行事鈔』 권3에 나오는 다음 문장을 참고할 만하다. "盡形壽不殺生是沙彌戒能持不? 答能. 不偸盜不淫不妄語不飮酒不著華鬘好香塗身不歌舞倡伎亦不往觀聽不得高廣大床上坐不得非時食不得捉錢生像金銀寶物. 並準初法一一牒問? 答言能者, 又云, 是沙彌十戒."(T40, 150c1~6)

570 '不何'는 '何不'의 오기로 보인다.

儀戒有擧作持故, 爲攝正[571]法戒, 乃至擧止持行故, 以攝善法戒爲攝律儀. 雖然, 戒戒每隨至處.

[H1, 596a22~b5; X38, 281c16~22]

이 계율 가운데 〈'[이로운 행위를] 지어서 ['계율의 본연'(戒體)을] 간직하는 수행'(作持行)[572]에 의거하여 '[해로운 행위를] 그쳐서 ['계율의 본연'(戒體)을] 간직함'(止持)을 이루는 것〉에서, 어찌하여 〈'[이로운 것을] 지어서 ['계율의 본연'(戒體)을] 간직함'에 속하는 '이로운 행위'〉(作持善行)의 면모가 '이로운 행위를 포괄하는 계율'(攝善法戒)이 되는 것을 밝히는 것이 있지 않는가? '[범할 때 허물의 무게가] 무거운 10가지 계율'(十重戒)은 모두 '금지된 행위를 포괄하는 계율'([攝]律儀戒)에 속하기 때문이다. 뒤의 여러 계율 가운데는 '[해로운 행위를] 그쳐서 ['계율의 본연'(戒體)을] 간직함'(止持)에 의거하여 '[이로운 행위를] 지어서 ['계율의 본연'(戒體)을] 간직함'(作持)을 이루는 것도 있고, 또한 '[이로운 행위를] 지어서 ['계율의 본연'(戒體)을] 간직함'(作持)에 의거하여 '[해로운 행위를] 그쳐서 ['계율의 본연'(戒體)을] 간직함'(止持)을 이루는 것도 있으며, 또한 '[해로운 행위를] 지어서 ['계율의 본연'(戒體)을] 위배함으로 생긴 그릇된 것'(作犯非)에 의거하여 '[해로운 행위를] 그쳐서 ['계율의 본연'(戒體)을] 간직하는 계율'(止持戒)을 이루는 것도 있고, 혹은 '[이로운 행위를] 그쳐서 ['계율의 본연'(戒體)을] 위배함으로 생긴 그릇된 것'(止犯非)에 의거하여 '[이로운 행위를] 지어서 ['계율의 본연'(戒體)을] 간직하는 계율'(作持戒)을 이루는 것까지도 있다. [그러나] '금지된 행위를 포괄하는 계율'([攝]律儀戒)에는 '[이로운 행위를] 지어서 ['계율의 본연'(戒體)을] 간직함'

---

571 저본에는 '正'으로 되어 있지만, 문맥상 '善'으로 교감하고 번역한다. 한명숙도 '善'으로 교감하였다.(한명숙, 앞의 책, p.160 교감주)

572 앞에서는 과문에 의해 '擧作持行成止持'에서 '行'을 삭제한 것이나, 위의 '作持行'은 '대치정행對治正行'에 속하는 것으로 보아 삭제하지 않고 번역한다.

(作持)에 의거하는 것이 있기 때문에 ['금지된 행위를 포괄하는 계율'(攝律儀戒)이] '이로운 것을 끌어안는 계율'(攝善法戒)이 된다고 하거나, ['이로운 것을 끌어안는 계율'(攝善法戒)에] '[해로운 행위를] 그쳐서 ['계율의 본연'(戒體)을] 간직하는 수행'(止持行)에 의거하는 것이 있기 때문에 '이로운 것을 끌어안는 계율'(攝善法戒)을 '금지된 행위를 포괄하는 계율'(攝律儀戒)로 삼는다고 말할 수는 없는 것이다. 비록 그렇지만 낱낱의 계율은 언제나 [그 '금지된 행위를 포괄하는 계율'(攝律儀戒)과 '이로운 것을 끌어안는 계율'(攝善法戒)이 서로 의거하는 것에] 따라 목적지에 이른다.

釋通.[573] "慈悲[574]"者, 是[575]? 謂攝衆生戒. 隨行"孝", 是何? 謂律儀戒. 隨行"順心"者, 何? 謂攝善法戒. 隨行"方便"者, 謂四攝等行也. "救"者, 救而離苦, 名爲"救", "護"者, 而護念令得利, 故名"護".

[H1, 596b5~9; X38, 281c22~282a1]

풀어서 [뜻을 더 잘] 통하게 해보자. "자비慈悲"란 어떤 것인가?? '중생을 끌어안는 계율'(攝衆生戒)이 그것이다. "[행위를] 단속"(孝)하는 것에 따라서 행한다는 것은 어떤 것인가? '금지된 행위를 포괄하는 계율'([攝]律儀戒)이 그것이다. '따르는 마음'(順心)에 따라서 행한다는 것은 어떤 것인가? '이로운 것을 끌어안는 계율'(攝善法戒)이 그것이다. "수단과 방법"(方便)에 따라서 행한다는 것은 어떤 것인가? '[중생들을] 이끌어 교화하는 네 가지 방법'(四攝法)[576]을 '평등하게 펼치는 것'(等行)이 그것이다.

---

573 한명숙은 '釋通'을 '隨行'으로 교감(한명숙, 앞의 책, p.160 교감주)하였으나, 본 번역에서는 저본대로 '釋通'으로 번역한다.

574 『범망경梵網經』 원문에는 자비심으로 되어 있다. "是菩薩, 應起常住慈悲心・孝順心, 方便救護一切衆生."(T24, 1004b18~19)

575 『한불전』 원문 교감주에 '是'를 '何'로 의심하였다. "「是」疑「何」."(H1, 596, 교감주 ②) 그러나 본 번역에서는 문맥상 '是何'로 교감하고 번역한다.

"구제함"(救)이란 '구제하여 고통을 여의게 하는 것'(救而離苦)을 '구제함'(救)이라 부르고, "보살핌"(護)이란 '지켜 보호하여 [중생으로 하여금] 이익을 얻게 하기'(護念令得利) 때문에 "보살핌"(護)이라 부른다.

---

576 사섭법四攝法: 사섭법은 대승보살의 길을 가는 이가 중생들을 교화하는 대표적인 방법으로 알려져 있다. 여기서 '섭攝'에 해당하는 산스크리트 원어는 'saṃgraha'인데, 우리말로 풀면 '함께/모조리(sam-) 움켜쥠(graha)'이라는 뜻이므로 '포섭/포괄/끌어안음' 등으로 표현할 수 있다. 사섭법의 내용은 보시布施, 애어愛語, 이행利行, 동사同事의 네 가지이다. 여기서 보시섭(布施攝, dāna-saṃgraha)은 '널리 베풂으로써 [중생들을] 끌어안음'의 뜻이고, 애어섭(愛語攝, priya-vādita-saṃgraha)은 '사랑스런 말로써 [중생들을] 끌어안음'의 뜻이다. 세 번째 이행섭(利行攝, artha-caryā-saṃgraha)은 '이로운 행위로써 [중생들을] 끌어안음'의 뜻이고, 네 번째 동사섭(同事攝, samānārthatā-saṃgraha)은 '이로움이 되는 일(arthatā)을 함께 나눔(samāna-)으로써 [중생들을] 끌어안음'의 뜻으로 풀 수 있다. 특히 이 동사섭은 산스크리트 원어에 따르면, '동일한 일을 하는 것'이 아니라 '이익을 함께 나누는 일'이라는 점에 주의할 필요가 있다. 동리同利, 동행同行, 등리等利, 등여等與 등의 개념으로 한역되는 근거가 여기에 있는 것이다. 출전을 살펴보면, 반야경 계열의 경전에서 중요시되고 있음을 먼저 확인할 수 있다. 이를테면 『마하반야바라밀경摩訶般若波羅蜜經』 권18(T8, 353c29~354a3)에서의 "須菩提! 菩薩摩訶薩欲得阿耨多羅三藐三菩提, 淨佛國土, 成就衆生, 當學六波羅蜜, 三十七道法及四攝法攝取衆生. 何等四? 布施, 愛語, 利益, 同事." 및 『소품반야바라밀경小品般若波羅蜜經』 권8(T8, 571c5~7)에서의 "諸佛行六波羅蜜, 以四攝法, 攝取衆生. 所謂布施, 愛語, 利益, 同事, 得阿耨多羅三藐三菩提." 등의 서술에서 확인할 수 있다. 『법화경』이나 『화엄경』과 같은 대승의 주요경전에서도 지속적으로 중요시되는 것은 물론이다. 그런데 이 사섭법은 초기불교 경전에서도 나타나고 있다. 예컨대 '네 가지로 끌어안음이라는 토대'(四攝法, catūhi saṃgaha-vatthūhi)의 용어가 『디가Dīgha-니까야』의 제30 「삼십이상경(三十二相經, Lakkhaṇa-suttanta)」(DN. III,p.152)과 제33 「합송경(合誦經, Saṅgīti-suttanta)」(DN. III, p.232)에서 '네 가지로 표현되는 가르침'의 항목 가운데 등장하고 있다. 『장아함경長阿含經』의 제9 「중집경衆集經」에서도 "復有四法, 謂四攝法: 惠施, 愛語, 利人, 等利."(T1, 51a8~9)라는 내용을 확인할 수 있다.

③ 잘못을 짚어서 허물을 확인시킴(擧非結過)

『범망경梵網經』[T24, 1004b19~20]

而自恣心, 快[577]意殺生者, 是菩薩波羅夷罪.

'자기 안에서 일으킨 번뇌의 마음'(自恣心)으로 '즐거운 마음'(快意)으로 살아 있는 생명을 죽이는 것은 보살의 '[허물과 그 과보가] 가장 심한 계율위반'(波羅夷罪)[578]이 된다.

"自恣"者, 是何? 自內心中, 發熾共[579]等. "決[580]意"者, 非直發內心,

577 원효의 주석에는 '快'가 아니라 '決'이다. 원효가 본 판본에 '決'로 되어 있을 가능성도 고려할 수 있지만, 내용상으로도 '快意'보다는 '決意'가 더 적합해 보인다. 본 번역에서는 『범망경』 원문번역은 '快意'에 따르고 원효의 주석은 '決意'에 따른다.

578 바라이죄波羅夷罪: 바라이죄(pārājika)는 비구比丘·비구니比丘尼가 받은 구족계具足戒 내지 계율 가운데 가장 나쁜 죄이다. 타승他勝·극악極惡·중금重禁 등으로 의역한다. 수행인修行人이 만약 이 계율을 범하게 되면 첫 번째로 비구·비구니의 자격을 잃게 되고 수행한 결과가 없어진다. 두 번째는 자신이 속한 교단에서 추방되어 다른 승려들과 함께 머물 수 없다. 세 번째는 죽어서 반드시 지옥에 떨어진다. 이 죄를 범하는 것은 마치 목이 베이는 형벌을 받으면 다시 살아날 수 없는 것과 같아서 영원히 불문佛門 밖으로 버려지게 된다. 그러므로 극악極惡이라고 부른다. 비구의 네 가지 바라이죄는 살殺·도盜·음淫·망妄 등 네 가지 죄이다. 대승계大乘戒 가운데 보살의 바라이죄는 소승小乘과 같지 않다. 『보살영락본업경菩薩瓔珞本業經』에서는 ① 살殺, ② 도盜, ③ 음淫, ④ 망妄에 추가하여, ⑤ 고주酤酒, ⑥ 설사중과說四衆過, ⑦ 자찬훼타自讚毁他, ⑧ 견석가훼慳惜加毁, ⑨ 진불수회瞋不受悔, ⑩ 방란삼보謗亂三寶를 추가하여 10가지의 바라이죄가 성립된다. 『불광대사전』, p.4214.

579 저본에는 '共'으로 되어 있으나, 문맥에 따라 '盛'으로 교감하고 번역한다. 한명숙은 '熾共等'을 '煩惱業'으로 교감하였고(한명숙, 앞의 책, p.161 교감주) 조은수는 '共'을 '火'로 교감하였다.

580 저본에는 '決'로 되어 있으나 『대정장』에 수록된 『범망경』 원문에는 '快'로 나온다. 그러나 원효의 『범망경사기』 주석에 의하면 '決'일 가능성이 더 높다. "而無怖疑, 故言決意也."(H1, 596b11) 즉 '즐거운 뜻'(快意)이라기보다는 '결정한 뜻'(決意)

亦能表决意, 而無怖疑, 故言"决意"也.

[H1, 596b9~11; X38, 282a1~3]

"'자기 안에서 일으킨 번뇌[의 마음]'(自恣[心])"이라는 것은 어떤 것인가? '자기 마음속'(自內心)에서 '[번뇌煩惱를] 치성하게 일으키는 것'(發熾盛) 등이 그것이다. "결정한 마음"(决意)이란 것은 단지 속마음(內心)을 일으킬 뿐 아니라 또한 '결정한 마음'(决意)도 나타내어 [살생하는 데] '두려움이나 의심'(怖疑)이 없는 것이니, 그러므로 "결정한 마음"(决意)이라고 말하였다.

"波羅夷"者, 翻名. 雖有'墮不如處'·'斷頭'等多名, 而『僧祇律』所明極意[581]義, 當於此經文. 彼『律』云, "極意[582]有三義. 第一退沒. 謂若犯此戒者, 道果中無分故." 此義, 卽當於下文云, "若有犯者, 不得現身發菩提心, 乃至十發趣·十長養·十金剛·十地·佛性常住妙果." 二者, 不共住, 謂若犯此戒, 說戒自恣等, 二種羯摩中, 不得成僧中是數故. 此義, 卽當於下之,[583] "若有犯者, 亦失國王位轉輪聖位, 失比丘比丘尼.[584]" 三者, 名墮落, 謂若犯此戒者, 捨身以後, 落在阿鼻地獄故. 此

이라는 의미가 더 가깝다. 따라서 원효의 주석에 따라 '决'로 번역한다. 한명숙은 '快'로 교감하였다.(한명숙, 앞의 책, p.161 교감주)

581 저본에는 '意'로 되어 있지만, 『사분율산번보궐행사초四分律刪繁補闕行事鈔』에 따라 '惡'으로 교감하고 번역한다. 한명숙도 '惡'으로 교감하였다.(한명숙, 앞의 책, p.162 교감주)

582 저본에는 '意'로 되어 있지만, 『사분율산번보궐행사초四分律刪繁補闕行事鈔』에 따라 '惡'으로 교감하고 번역한다. 한명숙도 '惡'으로 교감하였다.(한명숙, 앞의 책, p.162 교감주)

583 저본에는 '之'로 되어 있지만, 문맥상 '云'으로 교감하고 번역한다. 한명숙도 '云'으로 교감하였다.(한명숙, 앞의 책, p.162 교감주)

584 저본에는 '位'가 없지만, 『범망경梵網經』 원문에 따라 '位'를 추가하여 번역한다.

義, 卽當於下云, "若有犯者, 墮三惡道中, 二劫三劫, 不聞父母三寶名字也."

[H1, 596b11~c1; X38, 282a3~13]

"[허물과 그 과보가] 가장 심한 계율위반"(波羅夷罪)이란 것은 번역어이다. 비록 '[지금의 삶만] 못한 곳에 떨어짐'(墮不如處) · '머리가 잘림'(斷頭) 등의 많은 이름이 있지만, 『마하승기율摩訶僧祇律』에서 밝힌 '가장 해로움'(極惡)이라는 뜻이 이 경의 문장에 해당한다. 저 『[마하승기]율』에서 [다음과 같이] 말하였다. "'가장 해로움'(極惡)에 세 가지 뜻이 있다. 첫 번째는 '['부처가 되는 길'(道)에서] 물러남(退)'과 '['부처가 되는 길에서 성취한 경지'(果)가] 없어짐'(沒)이다. 만약 이 계율을 위배하면 '[부처가 되는] 길'(道)과 '[그 길에서 성취하는] 경지'(果) 가운데 '[확보하는] 부분'(分)이 없어지기 때문이다." 이 [문장의] 뜻은 [『범망경梵網經』의] 아래 문장에서 [다음과 같이] 말하는 것에 해당한다. "만약 [범할 때 허물의 무게가 무거운 10가지 계율을] 위배한 사람이 있다면, '금생의 몸'(現身)으로 '깨달음을 얻고자 하는 마음'(菩提心)을 일으키지 못하거나 '열 가지 [마음에] 나아간 [경지]'(十發趣)585 · '열 가지 [마음을] 오래도록 가꾸는 [경지]'(十長養)586 · '열 가지

『범망경梵網經』 "亦失比丘 · 比丘尼位."(T24, 1005a19)

585 '열 가지 [마음에] 나아간 [보살]'(十發趣)은 원효의 『범망경보살계본사기梵網經菩薩戒本私記』에 의하면 십해十解에 해당한다. "十發趣者, 約十解位."(H1, 592a1~2) 『범망경梵網經』에서는 이를 10가지로 구분하였다. "諸佛當知, 堅信忍中十發趣心向果. 一捨心, 二戒心, 三忍心, 四進心, 五定心, 六慧心, 七願心, 八護心, 九喜心, 十頂心."(T24, 997c16~19)

586 '열 가지 [마음을] 오래도록 가꾸는 [보살]'(十長養)은 원효의 『범망경보살계본사기梵網經菩薩戒本私記』에 의하면 십행十行에 해당한다. "十長養者 °約十解(行)."(H1, 592a22) 『범망경梵網經』에서는 이를 10가지로 구분하였다. "諸佛當知, 從是十發趣心, 入堅法忍中十長養心向果, 一慈心, 二悲心, 三喜心, 四捨心, 五施心, 六好語心, 七益心, 八同心, 九定心, 十慧心."(T24, 997c19~22)

[마음을] 금강석[처럼 굳건히 지니는 경지]'(十金剛)[587] · '열 가지 [본격적인] 수행경지'(十地)[588] · '부처의 면모가 항상 유지되는 오묘한 결실'(佛性常住妙果)을 [잃어버릴 것이다]."[589] 두 번째는 '함께 머물지 못함'(不共住)이니, 만약 이 계율을 위배하면 '계율을 설하는 것'(說戒)[590]과 '자율적 자기참회'(自恣)[591]라는 두 종류의 '계율을 받는 의식'(羯摩)[592]에서 '공동체를

---

587 '열 가지 [마음을] 금강석[처럼 굳건히 지니는 보살]'(十金剛)은 원효의 『범망경보살계본사기梵綱經菩薩戒本私記』에 의하면 십회향十迴向에 해당한다. "十金剛者, 約十迴向."(H1, 592a22~23) 『범망경梵綱經』에서는 이를 10가지로 구분하였다. "諸佛當知, 從是十長養心入堅修忍中, 十金剛心向果. 一信心, 二念心, 三迴向心, 四達心, 五直心, 六不退心, 七大乘心, 八無相心, 九慧心, 十不壞心."(T24, 997c22~26)

588 '열 가지 [본격적인] 수행경지'(十地)의 여러 보살을 『범망경梵綱經』에서는 다음과 같은 10가지로 구분한다. "諸佛當知, 從是十金剛心入堅聖忍中, 十地向果. 一體性平等地, 二體性善慧地, 三體性光明地, 四體性爾焰地, 五體性慧照地, 六體性華光地, 七體性滿足地, 八體性佛吼地, 九體性華嚴地, 十體性入佛界地."(T24, 997c26~998a2)

589 이 문장은 『범망경梵網經』의 다음 문장을 인용한 것이다. "何況具足犯十戒? 有犯者, 不得現身發菩提心, … 亦失十發趣 · 十長養 · 十金剛 · 十地 · 佛性常住妙果."(T24, 1005a17~21)

590 설계說戒: 설계는 계율을 받는 자를 위해서 계율을 강해講解하는 것인데, 두 가지 뜻이 있다. 첫 번째는 단순히 계율에 대한 이치를 풀이하는 것이다. 두 번째는 보름마다 행하는 포살布薩을 의미한다. 여기서는 포살布薩을 가리킨다. 포살은 불교 고유의 의식이 아니라 기존의 종교 의식을 받아들여 불교정신에 맞게 변용한 것이다. 보름달이 뜨는 날을 기준으로 매월 2회(15일, 29 또는 30일) 열리는 정기적인 집회로 자리를 잡았다. 포살에서는 계율의 조목을 읽으며, 자신의 잘못을 참회한다. 출가한 승려들은 물론 재가자들에게도 참여가 허용되었다.

591 자자自恣: 자자는 '한곳에 편안히 자리 잡아 집중적으로 수행하는 기간'(安居)의 마지막 날에 자신이 저지른 잘못을 대중 앞에 스스로 드러내어 참회하는 의식이다. 앞의 각주 참고.

592 갈마羯摩: 갈마(팔리어 kamma)는 일반적으로 업業을 가리키는 말이지만, 계율과 관련해서는 수계受戒 또는 참회懺悔와 관련된 말이다. 특히 계율을 받을 때 계율을 받는 사람이 이 갈마로 인하여 '계율의 토대'(戒體)를 얻게 된다. 이러한 갈마의 내용에는 네 가지가 있다. ① 갈마를 짓는 방법, ② 갈마에 관계된 일이나 행위, ③ 갈마에 관계되는 사람, ④ 갈마를 행하는 장소가 그것이다. 여기서는 앞서 나온 설계說戒와 자자自恣를 의미한다.

구성하는 숫자'(成僧中是數)에 포함되지 못하기 때문이다. 이 [문장의] 뜻은 [『범망경梵網經』의] 아래 문장에서 [다음과 같이] 말하는 것에 해당한다. "만약 [범할 때 허물의 무게가 무거운 10가지 계율을] 위배한 사람이 있다면, 또한 '국왕의 지위'(國王位)와 '전륜성[왕][593]의 지위'(轉輪聖位)를 잃을 것이며, '비구와 비구니의 지위'(比丘比丘尼位)도 잃을 것이다."[594] 세 번째는 '[아비지옥阿鼻地獄[595]으로] 떨어짐'(墮落)이라고 부르니, 만약 이 계율을 위배하면 [죽어서] 몸을 버린 이후에 아비지옥阿鼻地獄에 떨어지기 때문이다. 이 [문장의] 뜻은 [『범망경梵網經』의] 아래 문장에서 [다음과 같이] 말하는 것에 해당한다. "만약 [범할 때 허물의 무게가 무거운 10가지 계율을] 위배한 사람이 있다면, '[지옥地獄·아귀餓鬼·축생畜生의] 세 가지 나쁜 세계'(三惡道)[596]에 떨어져 2겁劫이나 3겁劫 동안 부모父母와 '[부처(佛)·진리(法)·

593 전륜성왕轉輪聖王: 전륜성왕(cakra-varti-rājan)은 윤보輪寶를 굴리는 성스러운 왕이라는 뜻이다. 부처님 시대에는 전륜성왕이 나타나 윤보輪寶·상보象寶·마보馬寶·주보珠寶·여보女寶·거사보居士寶·주병신보主兵臣寶의 7보七寶로 세상을 통일하고 백성들을 화락和樂하게 한다는 설이 성행했는데, 전륜성왕이 윤보를 굴리는(轉) 것에 빗대어 부처님이 설법하는 것을 전법륜轉法輪이라고 한다. 전륜성왕은 태고 시대로부터 많이 출현하여 경론에 그 이름이 매우 많은데, 정생왕頂生王·대선견왕大善見王·민주선사왕民主善思王 등이 있다. 『불광대사전』, p.8288. 참조.

594 이 문장은 『범망경梵網經』의 다음 문장을 인용한 것이다. "何況具足犯十戒? 有犯者, … 亦失國王位轉輪王位, 亦失比丘·比丘尼位."(T24, 1005a17~19)

595 아비지옥阿鼻地獄: 아비지옥은 팔열지옥八熱地獄 가운데 하나이다. 아비阿鼻(Avīci)는 의역하여 무간無間이므로 무간지옥無間地獄이라고도 한다. 『觀佛三昧海經』 卷五 「觀佛心品」에 이에 대하여 자세하게 설명하였다. "佛告阿難, 云何名阿鼻地獄? 阿言無, 鼻言遮. 阿言無, 鼻言救. 阿言無間, 鼻言無動. 阿言極熱, 鼻言極惱. 阿言不閑, 鼻言不住. 不閑不住, 名阿鼻地獄. 阿言大火, 鼻言猛熱, 猛火入心, 名阿鼻地獄."(T15, 668b28~c3) 또한 「觀佛心品」에서 아비지옥에 대하여 다음과 같이 자세히 묘사한다. "此地獄位於諸獄之最底層, 有七重鐵城, 七層鐵網, 七重城內有劍林, 下有十八鬲, 周匝七重皆是刀林. 有十八獄卒. 阿鼻四門於門閫上有八十釜, 沸銅涌出, 從門漫流. 衆生殺父害母, 罵辱六親者, 命終後墮於此獄."(T15, 668c4~23 참고) 『불광대사전』, p.4633.

수행공동체(僧)의] 세 가지 보배'(三寶)의 이름조차 듣지 못한다."[597] [598]

此戒中, 作四句, 略簡持犯. 一者, 有殺人而一向福非罪. 謂達輪機[599]菩薩故, 能規[600]機, 不戒[601]者, 不可度之機故, 殺者, 一向福非罪.

---

596 삼악도三惡道는 육도六道 중에서 나쁜 세계 세 가지를 말한다. 육도六道는 ① 지옥도地獄道, ② 아귀도餓鬼道, ③ 축생도畜生道, ④ 인도人道, ⑤ 천도天道, ⑥ 아수라도阿修羅道를 가리킨다. 이 중 삼악도三惡道는 ① 지옥도地獄道, ② 아귀도餓鬼道, ③ 축생도畜生道이다. 육도六道를 오도五道라고 부르기 하는데, 이때는 아수라도阿修羅道를 천도天道 등에 포함시킨다.

597 이 문장은 『범망경梵網經』의 다음 문장을 인용한 것이다. "何況具足犯十戒? 有犯者, 不得現身發菩提心, … 墮三惡道中, 二劫三劫不聞父母三寶名字."(T24, 1005a17~22)

598 위의 『마하승기율摩訶僧祇律』에 해당하는 원문은 대략 다음과 같지만, 정확히 일치하지 않는다. "波羅夷者, 謂於法智退沒墮落, 無道果分, 是名波羅夷. 如是未知智・等智・他心智・苦習盡道智・盡智・無生智, 於彼諸智退沒墮落, 無道果分, 是名波羅夷. 又復波羅夷者, 於涅槃退沒墮落, 無證果分, 是名波羅夷. 又復波羅夷者, 於梵行退沒墮落・無道果分, 是名波羅夷. 復波羅夷者, 所可犯罪不可發露悔過, 故名波羅夷波羅夷."(T22, 237b23~c2) 즉 세 가지 뜻 가운데 첫 부분인 "波羅夷者, 謂於法智退沒墮落, 無道果分, 是名波羅夷"는 정확히 일치하지만, 이 부분도 '음행淫行'에 관련된 부분이다. 또한 두 번째인 '불공주不共住'와 세 번째인 '타락墮落'에 대한 일치하는 문장은 나오지 않는다. 다만 이 문장은 『사분율산번보궐행사초四分律刪繁補闕行事鈔』 중권의 다음 문장과 일치한다. "初言波羅夷者, 『僧祇』 義當極惡, 三意釋之. 一者退沒. 由犯此戒, 道果無分故. 二者不共住, 非失道而已. 更不入二種僧數. 三者墮落, 捨此身已, 墮在阿鼻地獄故."(T40, 46c11~14) 따라서 『범망경보살계본사기梵網經菩薩戒本私記』는 『사분율산번보궐행사초』를 직접 인용한 것으로 볼 수 있다.

599 원효가 독특하게 구사하는 '달기보살達機菩薩'의 이칭異稱이다. '達機'라는 표현이 담아내려는 의미를 더 상세하게 드러내는 용어이다. 한명숙은 '輪'자를 연자이거나 '根'으로 교감하고 있는데(한명숙, 앞의 책, p.164 교감주) 여기서는 원문대로 '達輪機'으로 보고 번역한다.

600 '規'를 한명숙은 '觀'으로 교감하였으나 본 번역에서는 원문대로 번역한다.(한명숙, 앞의 책, p.164 교감주)

601 『한불전』에는 '戒'로 되어 있지만, 『속장경』 원문에 따라 '殺'로 교감하고 번역한다. "能規機不殺者."(X38, 282a15)

如『經』云, “雖殺五百波羅門而無罪, 唯得攝等.”[602] 二者, 或有殺人而非罪非福. 謂悞及迷殺等, 唯有業道故, 無犯戒罪故. 三者, 有唯輕非重. 謂此戒中兼立, 殺下品衆生等. 四者, 唯重非輕. 謂此戒正所立重戒. 四句中上句, 唯福非罪, 次句, 非罪非福, 後二句, 唯罪非福.

[H1, 596c1~11; X38, 282a13~20]

이 계율 가운데 '네 가지 구절'(四句)을 지어 '지킴과 범함'(持犯)을 간략히 가려내면 [다음과 같다.] 첫 번째는, 사람을 죽여도 한결같이 '좋은 행위'(福)이지 '나쁜 행위'(罪)가 아닌 경우이다. 〈'[중생의] 상황에 밝아'(達機) '[그 상황에 맞는 수단과 방법을] 적절히 쓰는'(輪機) 능력을 지닌 보살〉(達輪機菩薩)[603]이기 때문에 [중생의] 근기를 잴 수 있어 〈죽이지 않는다면 '구제할 수 없는 근기'(不可度之機)라고 [판단했기] 때문에 죽이는 것〉은 한결같이 '좋은 행위'(福)이지 '나쁜 행위'(罪)가 아닌 것이 그것이다. 마치 『열반경涅槃經』에서 "비록 5백 명의 바라문婆羅門을 죽였지만 죄가 없으니, 오직 [대승경전을 보호하여] 지니게(攝) 하기 때문이다[604]"[605]

---

602 한명숙은 '得攝等'을 '福非罪'로 교감하였으나, 본 번역에서는 원문대로 번역한다. (한명숙, 앞의 책, p.164 교감주)

603 '달륜기보살達輪機菩薩'에 대한 번역어: '達輪機菩薩'은 '達機輪機菩薩'을 줄인 말이며, '達'과 '輪'은 동사이고, '機'는 '達'과 '輪'의 목적어로서 '상황'을 의미한다고 보았다. 그리하여 '達輪機菩薩'을 〈'[중생의] 상황에 밝아서'(達機) '[그 상황에 맞는 수단과 방법을] 적절히 쓰는'(輪機) 능력을 지닌 보살〉이라 번역하였다.

604 한명숙은 '得攝等'을 '福非罪'로 교감하였으나, 위의 각주에 제시한 『열반경』의 해당 원문을 살펴보면, '攝'에 대한 내용이 확인된다. '攝取護持如是之人'·'攝護貧窮·孤獨'·'擁護攝持大乘經典' 따라서 본 번역에서는 이에 따라서 원문대로 '得攝等'으로 번역한다.

605 이와 관련된 내용은 36권본 『열반경』 권11의 다음 문장을 참고할 만하다. "爾時文殊師利菩薩摩訶薩白佛言, 〈世尊! 若有菩薩, 攝取護持如是之人, 令不退於菩提之心, 爲是毁戒; 若墮阿鼻, 無有是處.〉 爾時佛讚文殊師利, 善哉, 善哉! 如汝所說. 我念往昔, 於此閻浮提作大國王, 名曰仙預, 愛念敬重大乘經典, 其心純善, 無有麁惡嫉妬慳悋,

라고 말한 것과 같다. 두 번째는, 어떤 사람이 사람을 죽였지만 '나쁜 행위'(罪)도 아니고 '좋은 행위'(福)도 아닌 경우이다. 착오(悞)와 미혹(迷)으로 [사람을] 죽이는 것 등은 오직 '[과보를 가져오는] 행위가 펼쳐짐'(業道)만 있는 것이고 계율을 위배한 허물은 없는 것이 그것이다. 세 번째는, 오직 '[범할 때 허물의 무게가] 가벼운 [허물이 되는 죄]'(輕[垢罪])만 있고 '[허물이] 무거운 [죄업]'(重[罪])은 아닌 경우이다. 이 계율 가운데 아울러 세운 것으로 '낮은 부류의 중생'(下品衆生)을 죽이는 것 등이 그것이다. 네 번째는, 오직 '[허물이] 무거운 [죄업]'(重[罪])이지 '[범할 때 허물의 무게가] 가벼운 [허물이 되는 죄]'(輕[垢罪])가 아닌 경우이다. 이 계율에서 곧바로 [드러내] 세운 '[범할 때 허물의 무게가] 무거운 계율'(重戒)[을 범하는] 경우가 그것이다. '네 가지 구절'(四句) 가운데 '처음 구절'(上句)은 오직 '좋은 행위'(福)이지 '나쁜 행위'(罪)가 아니며, 다음의 구절은 '나쁜 행위'(罪)도 아니고 '좋은 행위'(福)도 아닌 것이며, 뒤의 두 구절은 오직 '나쁜 행위'(罪)이지 '좋은 행위'(福)가 아닌 것이다.

口常宣說愛語・善語, 身常攝護貧窮・孤獨, 布施精進無有休廢. 時世無佛・聲聞・緣覺, 我於爾時愛樂大乘方等經典, 十二年中事婆羅門, 供給所須 °過十二年施安已訖, 卽作是言, 〈師等今應發阿耨多羅三藐三菩提心.〉 婆羅門言, 〈大王! 菩提之性是無所有, 大乘經典亦復如是. 大王! 云何乃令人物同於虛空?〉 善男子! 我於爾時心重大乘, 聞婆羅門誹謗方等, 聞已卽時斷其命根. 善男子! 以是因緣, 從是已來不墮地獄. 善男子! 擁護攝持大乘經典, 乃有如是無量勢力."(T12, 434c5~21) 즉 세존이 전생에 선예왕이었을 때 대승경전을 비방하는 바라문을 죽였지만, 이로 인하여 지옥에 떨어지지 않았다고 한다. 그러나 『열반경』에서는 5백 명의 바라문이라는 말은 나오지 않는다. 다만 『금강선론金剛仙論』 권2의 다음 문장에서는 분명히 5백 명으로 밝혔다. "或有乃是斷命而得度者, 如佛昔, 作仙預國王, 殺五百婆羅門等."(T25, 809c4~6)

三 [정당하게 주어지지 않는 것을] 훔쳐서 가지려는 것에 관한 계율(偸盜戒)

① 사람을 거론하여 [계율을 받는] 주체를 나타냄(擧人表體)

> 『범망경梵網經』[T24, 1004b21]
>
> 若佛子,
> 만약 부처의 제자들이여,

第二偸盜戒, 亦名不偸盜戒. 得名所以, 准上可解. 於中卽有三段. 一者, 擧人表體, 二,[606] 列事明理,[607] 三者, 擧非結過, 亦此段, 名擧非結罪. 名小段者, 與前戒無異.

[H1, 596c12~15; X38, 282a21~23]

두 번째는 '[정당하게 주어지지 않는 것을] 훔쳐서 가지려는 것에 관한 계율'(偸盜戒)인데, 또한 '[정당하게 주어지지 않는 것을] 훔쳐서 가지지 않는 계율'(不偸盜戒)이라고도 한다. [그와 같은] 이름을 가지게 된 이유는 앞[에서 설명한 것들]에 준하면 알 수 있다. 여기에는 세 단락이 있다. 첫 번째는 '사람을 거론하여 [계율을 받는] 주체를 나타낸 것'(擧人表體)이고, 두 번째는 '사례를 열거하여 [계율대로] 따라야 할 행위를 밝힌 것'(列事明隨)이며, 세 번째는 '잘못을 거론하여 허물을 확인시키는 것'(擧非結過)인데, 또한 이 [세 번째] 단락은 '잘못을 거론하여 죄를 확인시키는 것'(擧非結罪)이라고도 부른다. 작은 단락에 대하여 붙이는 이름은 앞서의 '[첫 번째인 [살아

---

606 저본에는 '者'가 없지만, 문맥상 추가하여 번역한다.

607 저본에는 '理'로 되어 있지만, 문맥상 '隨'로 교감하고 번역한다. 한명숙도 '隨'로 교감하였다.(한명숙, 앞의 책, p.164 교감주)

있는 생명을] 죽이지 않는] 계율'([不殺]戒)과 차이가 없다.

② 사례를 열거하여 [계율대로] 따라야 할 행위를 밝힘(列事明隨)

가. 잘못[된 행동]을 열거함(列非)

가) [범할 때 허물의 무게가] 무거운 잘못[된 행동]을 열거함(列重非)

(가) 잘못[된 행동]을 곧장 열거함(正列非)[608]

㉮ 세 부류의 '주인 있는 물건'에 의거하여 '허물의 가벼움과 무거움[의 차이]'와 '대승과 소승[이 취하는 관점]의 공통점과 차이점'을 밝힘(約三主物明罪輕重及大小同異)

> 『범망경梵網經』[T24, 1004b21]
>
> 自盜, 教人盜, 方便盜, 呪盜[609]
>
> '스스로 훔치거나'(自盜), '다른 사람으로 하여금 훔치게 하거나'(教人盜), '수단 삼아 훔치거나'(方便盜), '주문으로 훔치거나'(呪盜)

所盜, 且約三主物, 明罪輕重及大小同異. 三主物者, 一三寶物, 二人物, 三非人物. 於中, 先明小乘義, 後辨大乘物.[610]

---

608 위의 과문은 본문에 없지만, 앞의 문장에 나온 "名小段者, 與前戒無異."에 따라 〈㊀ 첫 번째 [살아 있는 생명을] 죽이지 않는 계율(第一不殺戒)〉의 과문에 맞춰 기록한다.

609 『대정장』에는 '方便盜'로 되어 있지만, 【明】본에는 '呪盜'가 추가되어 있다.(『대정장』, p.1004 교감주 [22]) 또한 『梵網經菩薩戒本私記』 본문에도 "呪盜者, 可呪取他物等"(X38, 283a10)이 나오므로 본 번역에서는 '呪盜'를 삽입하여 번역한다.

610 저본에는 '物'로 되어 있지만, 문맥에 따라 '義'로 교감하여 번역한다. 한명숙도 '義'

[H1, 596c16~18; X38, 282a23~b2]

'훔치는 대상'(所盜)에 대하여 우선 '세 부류의 주인 있는 물건'(三主物)에 의거하여 〈'허물의 가벼움과 무거움[의 차이]'와 '대승과 소승[이 취하는 관점]의 공통점과 차이점'〉(罪輕重及大小同異)을 밝힌다. '세 부류의 주인 있는 물건'(三主物)이라는 것은, 첫 번째는 '[부처(佛)·진리(法)·수행공동체(僧), 이] 세 가지 보배[와 관련된] 물건'(三寶物)이고, 두 번째는 '사람[이 가진] 물건'(人物)이며, 세 번째는 '사람이 아닌 것[이 가진] 물건'(非人物)이다. 이들에 대해, 먼저 소승의 뜻을 밝히고 뒤에서는 대승의 뜻을 판별한다.

A. 먼저 소승의 뜻을 밝힘(先明小乘義)

A) '[부처(佛)·진리(法)·수행공동체(僧), 이] 세 가지 보배[와 관련된] 물건'(三寶物)을 훔침

ⓐ 부처님의 물건을 훔침(盜佛物)

言三寶物者. 盜佛物者, 正望佛邊, 無盜罪. 由佛於物, 無我我所心,[611] 無物害心[612]故. 但犯蘭, 以同非人物攝故.『涅槃』云, "造立佛寺, 用珠[613]花鬘[614]供養, 不同趣[615]取, 若知不知, 皆犯蘭."

로 번역하였다.(한명숙, 앞의 책, p.165 교감주)

611 저본에는 '無我我所心'으로 되어 있지만,『사분율산번보궐행사초四分律刪繁補闕行事鈔』에 따라 '無我所心'으로 교감하고 번역한다.『사분율산번보궐행사초』 권2(T40, 55b22~24) "初中盜佛物者, 正望佛邊無盜罪, 由佛於物, 無我所心, 無惱害, 故但得偷蘭, 以同非人物攝故." 한명숙도 '無我所心'으로 교감하였다.(한명숙, 앞의 책, p.167 교감주)

612 저본에는 '無物害心'으로 되어 있지만,『사분율산번보궐행사초四分律刪繁補闕行事鈔』에 따라 '無惱害'로 교감하고 번역한다.『사분율산번보궐행사초』, "初中盜佛物者, 正望佛邊無盜罪, 由佛於物, 無我所心, 無惱害故, 但得偷蘭, 以同非人物攝故."(T40, 55b22~24) 한명숙도 '無惱害'로 교감하였다.(한명숙, 앞의 책, p.167 교감주)

613 저본에는 '用珠'라고 되어 있지만,『대반열반경大般涅槃經』 원문에 따라 '以諸'로

[H1, 596c19~23; X38, 282b3~6]

'[부처(佛) · 진리(法) · 수행공동체(僧), 이] 세 가지 보배[와 관련된] 물건'(三寶物)[을 훔치는 것]이라 말한 것은 [다음과 같은 뜻이다.] '부처님의 물건을 훔치는 것'(盜佛物)일 경우, '오직 부처님의 입장에 의거하여 본다면'(正望佛邊) '훔친 죄'(盜罪)는 없다. 부처님께서는 물건에 대하여 '내 것이라고 여기는 마음'(我所心)이 없기 때문에 '[부처님 스스로] 괴로워하거나 [훔친 자를] 해치려는 [마음]'(惱害[心])도 없기 때문이다. [이 경우는] 단지 '허물이 무거운 죄를 실행하지는 않은 것'(偸蘭遮)을 위배한 것이 되니, '사람이 아닌 것[이 가진] 물건'(非人物)[을 훔친 경우]에 동일하게 포함되기 때문이다. 『열반경涅槃經』에서 [다음과 같이 말하였다.] "[만약 어떤 부자(長者)가] '불상을 모신 절'(佛寺)을 짓고 온갖 '꽃다발 장식'(花鬘)[616]을 [부처님께] 공양하는 데 사용하였으나, [어떤 비구가 꽃다발에서 꽃 한 줄기를 가져도 될지를]

교감하고 번역한다. "以諸花鬘用供養佛."(『대반열반경大般涅槃經』, T12, 646c6) 한편 '用珠'는 『사분율산번보궐행사초四分律刪繁補闕行事鈔』에 나오는 표현으로 원효는 이를 따라서 인용하였을 것으로 보인다. "涅槃亦云, 造立佛寺用珠華鬘供養."(『사분율산번보궐행사초四分律刪繁補闕行事鈔』, T40, 55b25) 한명숙도 '以諸'로 교감하였다.(한명숙, 앞의 책, p.167 교감주)

614 저본에는 '髮'으로 되어 있지만, 『대반열반경大般涅槃經』 원문에 따라 '鬘'으로 교감하고 번역한다. "以諸花鬘用供養佛."(『대반열반경大般涅槃經』, T12, 646c6) 한명숙도 '鬘'으로 교감하였다.(한명숙, 앞의 책, p.167 교감주)

615 저본에는 '同趣'로 되어 있지만, 『대반열반경大般涅槃經』 원문에 따라 '問輒'으로 교감하고 번역한다. "不問輒取."(『대반열반경大般涅槃經』, T12, 646c7) 한명숙도 '問輒'으로 교감하였다.(한명숙, 앞의 책, p.167 교감주)

616 화만花鬘: 화만(Kusumamāla)은 불전 공양에 사용하는 꽃다발을 가리키는 의례도구이다. 실로써 많은 꽃을 꿰거나 묶어 목이나 몸에 장식하기도 하였다. 꽃은 여러 종류가 다 적용되나 대체로 향기가 많은 것을 사용한다. 화만으로 몸을 꾸미는 것은 비구들에게 허락되지 않았으므로 이를 방 안에 걸어 두거나, 또는 부처님께 공양하는 것이 보편화되었다. 이로 인하여 뒤에는 금속이나 천 또는 종이로써 화만의 형태를 제작하여 불전 공양구로 사용하였다.

묻지도 않고 갑자기 가졌다면, [부처님께 공양한 것인지를] 알든지 모르든지 모두 '[허물이] 무거운 죄를 실행하지는 않은 것'(偸蘭遮)을 범한다."[617]

若有守護主者, 三寶物邊, 皆結重罪. 無護主, 望斷本施主福邊, 結罪. 故『鼻奈耶律[618]』云, "若盜佛塔聲聞塔等幡蓋, 時[619]望斷本施主福邊, 結罪."[620] 故『十誦』云, "盜佛寶物[621]精舍中供養具, 若守護者,[622]

---

617 이는 36권본 『대반열반경大般涅槃經』 권7의 다음 문장을 인용한 것이다. "若有長者造立佛寺, 以諸花鬘用供養佛. 有比丘見花貫中縷, 不問輒取, 名偸蘭遮. 若知不知, 亦如是犯."(T12, 646c5~8)

618 저본에는 '律'이 있지만, 『사분율산번보궐행사초四分律刪繁補闕行事鈔』 원문에 따라 '律'을 삭제하고 번역한다. "故『鼻奈耶』云."(T40, 55b28) 한명숙도 '律'을 삭제하고 번역하였다.(한명숙, 앞의 책, p.167 교감주) "『涅槃』亦云, 造立佛寺用珠華鬘供養, 不問輒取, 若知不知皆犯偸蘭. 若有守護主者, 三寶物邊皆結重罪, 無守護主望斷施主福邊結罪. 故『鼻奈耶』云, 若盜佛塔聲聞塔等幡蓋, 皆望斷本施主福邊結罪."(T40, 55b25~29)

619 저본에는 '時'로 되어 있지만, 『사분율산번보궐행사초四分律刪繁補闕行事鈔』 원문에 따라 '皆'로 교감하고 번역한다. "皆望斷本施主福邊結罪."(T40, 55b29)

620 위의 『범망경보살계본사기梵網經菩薩戒本私記』 원문에서 인용한 『대반열반경大般涅槃經』과 『비내야鼻奈耶』 원문은 『사분율산번보궐행사초四分律刪繁補闕行事鈔』 권2의 다음 문장을 인용한 것이다. "『涅槃』亦云, 造立佛寺用珠華鬘供養, 不問輒取, 若知不知皆犯偸蘭. 若有守護主者, 三寶物邊皆結重罪, 無守護主望斷施主福邊結罪. 故『鼻奈耶』云, 若盜佛塔聲聞塔等幡蓋, 皆望斷本施主福邊結罪."(T40, 55b25~29) 다만 『비나야鼻奈耶』의 원문은 해당 문장을 찾을 수 없고 『사분율산번보궐행사초』에 나온다.

621 저본에는 '盜佛寶物'이라고 되어 있지만, 『십송률十誦律』 원문에 따라 '若盜塔寺'로 교감하고 번역한다. "若盜塔寺精舍中供養具."(T23, 380a6) 한편 '盜佛寶物'은 『사분율산번보궐행사초四分律刪繁補闕行事鈔』의 다음 문장 가운데 '盜佛圖物'을 인용한 것으로 보인다. "十誦盜佛圖物精舍中供養具."(T40, 55c2~3) 한명숙도 '若盜塔寺'로 교감하였다.(한명숙, 앞의 책, p.167 교감주)

622 저본에는 '若守護者'로 되어 있지만 『십송률十誦律』 원문에 따라 '若有守護'로 교감하고 번역한다. "是物若有守護."(T23, 380a7)

計價成犯.[623]"

[H1, 596c23~597a5; X38, 282b6~9]

만약 '지키고 보호하는 주인'(守護主)이 있다면 '[부처(佛) · 진리(法) · 수행공동체(僧), 이] 세 가지 보배[와 관련된] 물건'(三寶物)이라는 측면에서 모두 '[허물이] 무거운 죄업'(重罪)을 짓게 된다. '[지키고] 보호하는 주인'([守]護主)이 없다면 〈본래 '보시를 한 사람'(施主)[이 받을] 이로움(福)을 끊었다는 측면〉(斷本施主福邊)에서 '[허물과 그 과보가 심한 계율을 위반한] 죄'([波羅夷]罪)[624]를 짓게 된다. 그러므로 『비나야鼻奈耶』에서 [다음과 같이 말하였다.] "만약 불탑佛塔 · 성문탑聲聞塔[이 있는 절(寺)] 등에서 '깃발이나 가리개'(幡蓋)를 훔치면 모두 〈본래 '보시를 한 사람'(施主)[이 받을] 이로움(福)을 끊었다는 측면〉(斷本施主福邊)에서 죄를 짓게 된다."[625] 그러므로 『십송률十誦律』에서 [다음과 같이 말하였다.] "'탑을 모시는 절'(塔寺)과 '승려들이 모여 수행하는 곳'(精舍)에 있는 '[부처님이나 승려에게] 공양하는 물건'(供養具)을 훔쳤는데 만약 '지키고 보호하는 주인'(守護主)이 있다면, [그 공양물의] 가치에 대한 평가에 따라 [계율] 위배[의 정도]가 결정된다."[626]

---

623 저본에는 '計價成犯'으로 되어 있지만, 『십송률十誦律』 원문에 따라 '隨計直犯'으로 교감하고 번역한다.

624 원문에는 '罪'라고 되어 있지만, 『비나야鼻奈耶』의 해당 원문을 참고하면 '기연불수棄捐不受' 즉 '바라이죄波羅夷罪'와 같은 중죄重罪이다. '기연棄捐'은 승단에서 쫓겨나는 것이고, '불수不受'는 승단에서 구성원으로 함께 있지 못하는 것이다. "若佛塔寺物取者, 爲成棄捐不受, 聲聞塔亦爾. 謂檀越施與塔寺, 斷彼施主福, 爲成棄捐不受."(T24, 854b23~25)

625 이는 『비나야鼻奈耶』 권1의 다음 문장을 참고한 것이다. "若佛塔寺物取者, 爲成棄捐不受, 聲聞塔亦爾. 謂檀越施與塔寺, 斷彼施主福, 爲成棄捐不受."(T24, 854b23~25)

626 이는 『십송률十誦律』의 다음 문장을 인용한 것이다. "問. 若盜塔寺精舍中供養具, 得波羅夷不? 答. 是物若有守護, 隨計直犯. 若不直五錢, 偸蘭遮."(T23, 380a8)

若盜佛後[627]等, 必盜而供養, 無犯. 『薩婆多』云,[628] "盜佛故.[629]" 『十誦』中, "盜舍利", 並"淨心供養, 自作作志[630]言, 〈彼亦是師, 我亦是師〉. 如是意者, 非犯." 『摩得伽』云, "盜佛後[631]舍利, 不滿五錢故, 蘭若,[632] 滿五, 犯重."[633]

---

627 저본의 교감주에 "'後'는 다시 교감한다"라고 하였다. "後更勘."(H1, 597, 교감주) 그리고 아래의 『사분율산번보궐행사초四分律刪繁補闕行事鈔』를 참고하면 '佛後'는 '佛像'이다. "薩婆多論盜佛像."(T40, 55c6) 따라서 본 번역은 이에 따라 '佛像'으로 교감하고 번역한다. 한명숙은 '佛後等'을 '佛物'로 교감하였다.(한명숙, 앞의 책, p.168 교감주)

628 저본에는 '云'으로 되어 있지만, 『사분율산번보궐행사초四分律刪繁補闕行事鈔』에 따라 '論'으로 교감하고 번역한다. "薩婆多論盜佛像."(T40, 55c6) 한명숙도 '論'으로 교감하였다.(한명숙, 앞의 책, p.168 교감주)

629 저본에는 '故'로 되어 있지만, 『살바다비니비파사薩婆多毘尼毘婆沙』와 『사분율산번보궐행사초四分律刪繁補闕行事鈔』에 따라 '像'으로 교감하고 번역한다. 한명숙도 '像'으로 교감하였다.(한명숙, 앞의 책, p.168 교감주)

630 저본에는 '作志'로 되어 있지만, 『사분율산번보궐행사초四分律刪繁補闕行事鈔』와 『십송률十誦律』에 따라 '念'으로 교감하고 번역한다. 『사분율산번보궐행사초四分律刪繁補闕行事鈔』, "自作念言."(T40, 55c7), 『십송률十誦律』, "又問. 盜佛舍利得, 何罪?答曰. 偸蘭遮. 若尊敬心作是念, 佛亦我師, 淸淨心取, 無罪."(T23, 380a2~4) 한명숙도 '念'으로 교감하였다.(한명숙, 앞의 책, p.169 교감주)

631 저본에는 '後'로 되어 있으나, 『살바다부비니마득륵가薩婆多部毘尼摩得勒伽』에는 '後'가 없다. "佛舍利有主."(T23, p.612b06) 따라서 본 번역에서는 『살바다부비니마득륵가薩婆多部毘尼摩得勒伽』에 따라 '後'를 삭제하고 번역한다. 다만 『사분율산번보궐행사초四分律刪繁補闕行事鈔』에 따르면 '後'는 '像'이다. "摩得伽中, 盜佛像舍利, 不滿五故偸蘭."(T40, 55c8~9) 『범망경보살계본사기梵網經菩薩戒本私記』에서는 『사분율산번보궐행사초四分律刪繁補闕行事鈔』에 따라 '像'으로 보았으나 '後'로 잘못 적은 것으로 판단된다. 한명숙도 『살바다부비니마득륵가薩婆多部毘尼摩得勒伽』에 따라 '舍利'로 교감하였다.(한명숙, 앞의 책, p.169 교감주)

632 저본에는 '蘭若'라고 되어 있으나, 『사분율산번보궐행사초四分律刪繁補闕行事鈔』에 따라 '偸蘭'으로 교감하고 번역한다. "盜佛像舍利, 不滿五故, 偸蘭. 滿五犯重."(T40, 55c8~9) 한편 『살바다부비니마득륵가薩婆多部毘尼摩得勒伽』에는 '偸羅遮'로 되어 있다. "滿, 波羅夷. 不滿, 偸羅遮."(T23, 612b7) 한명숙도 '偸蘭'으로 교감하였다.(한명숙, 앞의 책, p.169 교감주)

[H1, 597a5~10; X38, 282b9~13]

만약 불상佛像 등을 훔쳤지만, 훔쳐서 [부처님께] 반드시 공양을 하려고 한 것이었다면 [계율을] 위배한 것은 아니다. 『살바다[비니비파사]薩婆多[毘尼毘婆沙]』에서는 "[만약] 불상佛像을 훔쳐도 [공양을 위한 것이라면 허물이 없다]"[634]라고 논한다. 『십송률十誦律』 가운데에서는 "사리舍利[635]를 훔치는 것"과 아울러 "'청정한 마음'(淨心)으로 [훔친 사리를] 공양하면서 스스로 생각하여 말하기를, 〈[부처님은] 그에게도 또한 스승이고, 나에게도 또한 스승이다〉라고 한다. 이와 같은 뜻에서 [훔쳐서 공양한] 것이라면 [계율을] 위배한 것은 아니다"[636]라고 한다. 『[살바다부비니]마득[륵]가[薩婆多部毘尼]摩得[勒]伽』에서는 [다음과 같이 말한다.] "'부처의 사리'(佛舍利)를 훔쳤을 경우 [그 '부처의 사리'(佛舍利)에 대한 세속적 가치가] 5전錢[637]을 넘지 않는

---

633 ⓐ부처님의 물건을 훔침(盜佛物)의 내용은 대체로 『사분율산번보궐행사초四分律刪繁補闕行事鈔』 중권의 다음 문장을 인용한 것이다. "初中盜佛物者. 正望佛邊無盜罪, 由佛於物無我所心無惱害, 故但得偷蘭. 以同非人物攝故, 十誦盜天神像衣結偷蘭. 涅槃亦云, 造立佛寺用珠華鬘供養, 不問輒取, 若知不知皆犯偷蘭. 若有守護主者, 三寶物邊皆結重罪, 無守護主望斷施主福邊結罪. 故鼻奈耶云, 若盜佛塔聲聞塔等幡蓋, 皆望斷本施主福邊結罪. … 十誦盜佛圖物精舍中供養具, 若有守護計直成犯. 善生中, 亦從守塔人得重罪, 不望佛邊結之, 所以約守物人結者, 如盜人物中分別, 必盜而供養無犯. 薩婆多論盜佛像, 十誦中偷舍利, 並淨心供養自作念言, 彼亦是師, 我亦是師. 如是意者無犯 °摩得伽中, 盜佛像舍利不滿五故偷蘭, 滿五犯重."(T40, 55b22~c9)

634 이는 『살바다비니비파사薩婆多毘尼毘婆沙』 권2의 다음 문장을 인용한 것이다. "若盜佛像, 爲供養故, 無罪."(T23, 517a9~10)

635 사리舍利(śarīra)는 죽은 시체나 유골의 뜻이다. 통상적으로 부처의 유골을 가리키며, 불골佛骨·불사리佛舍利를 의미한다. 또한 후세에 고승이 죽고 난 후 시신을 태우고 난 뒤에 나오는 뼛조각을 가리키기도 한다. 이러한 사리는 사리병舍利瓶에 담아 사리탑舍利塔에 안치하였다.(『불광대사전』, p.4406) 위의 본문에서는 이러한 사리탑舍利塔에 안치한 불사리佛舍利를 훔치는 것으로 볼 수 있다.

636 이는 『십송률十誦律』 권52의 다음 문장을 변용한 것이다. "又問. 若盜佛舍利, 得何罪? 答曰. 偷蘭遮. 若尊敬心作是念, 佛亦我師, 清淨心取, 無罪."(T23, 380a2~4)

다면 '[허물이] 무거운 죄를 실행하지는 않은 죄'(偸蘭遮)이고, 5전錢을 넘었다면 '[허물이] 무거운 [죄업]'(重[罪])을 범한 것이 된다."[638]

ⓑ 가르침[을 담은 보배인 경전]을 훔침(盜法[寶])

次盜法者. 法是非情, 無我所心. 律中結重者, 望守護主結也. 文云. "時有比丘, 盜他經卷, 以[639]言, 〈計紙墨結重〉. 佛語無價故."『十誦』·『摩得伽』·『薩婆多』至[640]同望護主結罪. 盜經『五分』六,[641] "計紙墨[642]畫[643]功, 滿五錢, 犯重."『摩得伽』云. "偸經物, 滿五得重, 不滿

---

637 전錢: 전(māṣa)은 마쇄磨灑·마사가摩娑迦의 의역어이다. 고대 인도에서 통용되던 화폐 가운데 하나이다. 80패치貝齒(kaparda)를 1마쇄로 삼기도 하고, 20(혹은 12·16·40)마쇄로 삼기도 한다. 율전에는 5(혹은 3·4·10)마쇄 이상을 훔치면 바라이죄를 범한 것으로 처리하여 승단에서 추방한다. 마쇄는 원래 숙두菽豆를 가리키는 말이며, 이에 해당하는 학명은 Phaseolus radiatus이다. 1마쇄는 숙두 한 개 크기의 금에 해당 값어치를 지닌 것으로 추정한다.(『불광대사전』, p.7870) 율전에서 5전錢 이상을 훔쳤을 경우 바라이죄라고 한 것은 당시의 국법에서 5전을 기준으로 사형에 처한 것에 의거한 것이다.

638 이는 『살바다부비니마득륵가薩婆多部毘尼摩得勒伽』 권8의 문장을 변용한 것이다. "佛舍利有主. 若爲自活偸, 滿, 波羅夷. 不滿偸羅遮."(T23, 612b6~7)

639 저본에는 '以'로 되어 있지만, 『사분율산번보궐행사초四分律刪繁補闕行事鈔』에 따라 '佛'로 교감하고 번역한다. "佛言, 計紙墨結重."(T40, 55c12~13) 한명숙도 '佛'로 교감하였다.(한명숙, 앞의 책, p.170 교감주)

640 저본에는 '至'로 되어 있지만, 『사분율산번보궐행사초四分律刪繁補闕行事鈔』에 따라 '並'으로 교감하고 번역한다. "並同望護主結."(T40, 55c13~14) 한명숙도 '並'으로 교감하였다.(한명숙, 앞의 책, p.170 교감주)

641 저본에는 '盜經五分六'으로 되어 있지만, 『사분율산번보궐행사초四分律刪繁補闕行事鈔』에 따라 〈五分, 盜經者〉로 교감하고 번역한다. "五分盜經者."(T40, 55c14) 한명숙도 '五分盜經者'로 교감하였다.(한명숙, 앞의 책, p.170 교감주)

642 저본에는 '墨'으로 되어 있지만, 『미사새부오분율彌沙塞部五分律』에 따라 '筆'로 교감하고 번역한다. "計紙筆書功."(T22, 183b13) 한편 『사분율산번보궐행사초四分律刪繁補闕行事鈔』에는 "計紙墨書功"(T40, 55c14)으로 되어 있는데, 위의 『범망경보살계본사기梵網經菩薩戒本私記』의 문장은 이를 따른 것으로 보인다.

犯輕."[644]

[H1, 597a10~16; X38, 282b13~17]

다음은 '가르침[을 담은 보배인 경전]을 훔치는 것'(盜法[寶])이다. '가르침[을 담은 보배인 경전]'(法[寶])은 '의식이 없는 존재'(非情)[645]이니 '내 것이라고 여기는 마음'(我所心)이 없다. 계율 가운데 '[허물이] 무거운 [죄업]'(重[罪])이라고 정한 것은 '지키고 보호하는 주인'(守護主)[의 입장]에 의거하여 정한 것이다. [『사분율四分律』의] 본문에서는 [다음과 같이] 말하였다. "어느 때 어떤 비구가 다른 사람의 경전(經卷)을 훔쳤는데, 부처님께서 말씀하시기를, 〈종이와 먹[의 값어치를] 평가하여 [5전錢을 넘었다면] '[허물이] 무거운 [죄업]'(重[罪])이라고 정한다〉고 하였다. '부처님의 말씀'(佛語)은 값을 매길 수 없기 때문이다."[646] 『십송[률]十誦[律]』·『[살바다부비니]마득[륵]가[薩婆多部毘尼]摩得[勒]伽』·『살바다[비니비파사]薩婆多[毘尼毘婆沙]』에서도 모두 똑같이 '지키고 보호하는 주인'(守護主)[의 입장]에 의거하여 죄

643 저본에는 '盡'으로 되어 있지만, 『미사새부오분율彌沙塞部五分律』과 『사분율산번보궐행사초四分律刪繁補闕行事鈔』에 따라 '書'로 교감하고 번역한다. 『미사새부오분율』, "計紙筆書功."(T22, 183b13). 『사분율산번보궐행사초』, "計紙墨書功."(T40, 55c14)

644 ⓑ 가르침[을 담은 보배인 경전]을 훔침(盜法[寶])에 관련한 부분은 『사분율산번보궐행사초四分律刪繁補闕行事鈔』에서 설한 것과 문장과 내용이 일치한다. "盜法者法是非情, 無我所心. 律中結重者, 望守護主結也. 文云, 時有比丘盜他經卷, 佛言計紙墨結重, 佛語無價故. 十誦摩得伽薩婆多, 並同望護主結. 五分盜經者, 計紙墨書功, 滿五犯重. 摩得伽云, 偷經物滿五得重, 不滿犯輕."(T40, 55c10~15)

645 비정非情: 비정은 의식이 없는 존재로 초목금석草木金石과 산하대지山河大地 등으로 무정無情과 같다. 이에 비하여 유정有情은 인간·천상·아귀·축생·아수라 등의 정식情識이 있는 생물만을 지칭한다. 한편 그러나 중생은 유정과 비정 두 가지를 포괄한다. 『불광대사전』, p.3062.

646 이는 『사분율四分律』 권55의 다음 문장을 변용한 것으로 보인다. "時有比丘, 盜他經, 作是念, 佛語無價, 應計紙墨直, 彼疑. 佛言, 汝以何心取? 答言, 以盜心取. 佛言, 取五錢, 離本處, 波羅夷."(T22, 976b17~20)

를 정한 것이다. 『오분율[彌沙塞部]五分[律]』에서는 "[다른 사람의] 불경佛經을 훔친 자는, '[부처님의 가르침을] 종이에 붓으로 적은 [사람의] 노력'(紙筆書功)을 평가하여 5전錢을 넘었다면 '[허물이] 무거운 [죄업]'(重[罪])을 범한 것이 된다"라고 말한다.[647] [또한] 『[살바다부비니]마득[륵]가[薩婆多部毘尼]摩得[勒]伽』에서는 "경전(經物)을 훔쳤을 경우 [그 가치가] 5전錢을 넘었다면 '[허물이] 무거운 [죄업]'(重[罪])을 얻게 되고, [그 가치가] 5전錢을 넘지 않는다면 '[허물이] 가벼운 [죄업]'(輕[罪])을 범한 것이 된다"라고 말한다.[648]

法源律師云, "此論文, 盜經者, 同於盜佛後,[649] 以忌[650]心盜者, 犯罪. 然錢[651]主, 唯取犯罪文, 不取元[652]犯文也."

[H1, 597a16~18; X38, 282b17~19]

법원法源이라는 '계율을 가르치는 스승'(律師)이 [다음과 같이] 말하였다. "이 논서의 글에서 '경전을 훔치는 것'(盜經)은 불상佛像을 훔치는 것과 같으니, '좋지 못한 마음'(忌心)으로 훔쳤다면 죄[업]罪[業]을 범한 것이

647 이는 『미사새부오분율彌沙塞部五分律』 권28의 다음 문장을 변용한 것으로 보인다. "有比丘, 盜他佛經. 謂是佛語無犯. 後疑問佛. 佛言, 計紙筆書功直, 五錢, 犯."(T22, 183b11~13)이라고 했다.

648 이는 『살바다부비니마득륵가薩婆多部毘尼摩得勒伽』 권8의 문장을 변용한 것이다. "問. 若比丘, 偷經物, 得何罪? 答. 滿, 波羅夷. 不滿, 偷羅遮."(T23, 612b10~12)

649 저본에는 '後'로 되어 있지만, 전후 문맥에 따르면 『사분율산번보궐행사초四分律刪繁補闕行事鈔』의 '像'으로 교감하고 번역하는 것이 타당할 것으로 보인다. 한명숙은 '物'로 교감하였다.(한명숙, 앞의 책, p.171 교감주)

650 저본에는 '忌'를 한명숙은 '偷'로 교감하였으나(한명숙, 앞의 책, p.171 교감주) 본 번역에서는 원문대로 번역한다.

651 한명숙은 '鈔'로 교감하고 있지만(한명숙, 앞의 책, p.171 교감주) 저본대로 '錢'으로 보고 번역한다.

652 저본에는 '元'으로 되어 있지만, 문맥에 따라 '無'로 교감하고 번역한다. 한명숙도 '無'로 교감하였다.(한명숙, 앞의 책, p.171 교감주)

된다.[653] 그런데 '금전[적 가치에 해당하는 노력을 한] 주인'(錢主)[의 입장]이라면 오직 '죄를 범함[에 관련된] 글 내용'(犯罪文)만 취하고, '[죄를] 범함이 없음[에 관련된] 글 내용'(無犯[罪]文)은 취하지 않는다."

ⓒ 승가공동체[에서 소유한] 물건을 훔침(盜僧物)

次盜僧物者. 有護主者, 同上結重. 然僧物有之[654]四種. 一者, 常住常住, 謂衆僧厨庫・寺舍・衆具・花果・樹林・田園・僕・畜生口[655]等. 以體通十方, 不可分用. 總望衆僧, 如段[656]重.

[H1, 597a18~23; X38, 282b19~22]

다음은 '승가공동체[에서 소유한] 물건을 훔치는 것'(盜僧物)이다. '[지키고] 보호하는 주인이 있는 것'(有[守]護主者)은 앞에서와 같이 '[허물이] 무거운 [죄업]'(重[罪])을 짓게 된다. 그런데 '승가공동체[에서 소유한] 물건'(僧物)에는 네 가지 종류가 있다. 첫 번째는 '그곳에서만 사용하는 것들'(常

653 이와 관련된 내용은 『살바다비니비파사薩婆多毘尼毘婆沙』 권2의 다음 문장을 참고할 만하다. "若盜佛像, 爲供養故, 無罪. 若爲得錢, 轉賣得錢, 偸蘭遮. 盜經, 不問供養不供養, 計錢得罪."(T23, 517a9~11)

654 저본에는 '僧物有之四種'이지만, 『사분율산번보궐행사초四分律刪繁補闕行事鈔』에는 '僧有四種'으로 되어 있다. 본 번역은 『범망경보살계본사기권상梵網經菩薩戒本私記卷上』의 원문대로 번역한다. 한명숙은 '之'를 삭제하고 '僧物有四種'으로 교감하였다.(한명숙, 앞의 책, p.172 교감주)

655 저본에는 '口'가 있지만, 『사분율산번보궐행사초四分律刪繁補闕行事鈔』에 따라 '口'를 삭제하고 번역한다. "謂衆僧厨庫寺舍衆具華果樹林田園僕畜等."(T40, 55c27~28) 한명숙도 '口'를 삭제하고 번역하였다.(한명숙, 앞의 책, p.172 교감주)

656 『한불전』에는 "'段'은 다시 교감해야 한다"라고 하였다. "'段' 更勘."(H1, 597 교감주 ②) 또한 『사분율산번보궐행사초四分律刪繁補闕行事鈔』에 따르면 '段'은 '論斷'이다. "如論斷重."(T40, 55c28~29) 본 번역은 『사분율산번보궐행사초』에 따라 '段'을 '論斷'으로 교감하고 번역한다.

住常住)인데, '여러 승려'(衆僧)가 사용하는 '부엌과 창고'(厨庫), '절에 부속된 건물'(寺舍)·'갖가지 도구'(衆具)·'꽃과 열매'(花果)·'나무와 숲'(樹林)·'논밭과 정원'(田園)·'부리는 사람'(僕)·가축(畜生) 등을 가리킨다. [이런 것들은] 근본적으로 '[과거·현재·미래의] 모든 승가'(十方)에 공통되는 것이기에 [현재의 승가만] 나누어 사용할 수 없다. [이것은] '여러 승려'(衆僧)의 입장에 총괄적으로 의거한 것이니, 논論에서 '[허물이] 무거운 죄업'(重罪)이라고 판단한 것과 같은 것이다.[657]

二者, 十方常住. 如僧衆[658]供僧常食. 體通十方, 唯局本衆.[659] 若有護寺主者,[660] 望主結重. 同共盜損, 應得輕罪. 『僧祇』云, "若持[661]僧衆長食, 遮[662]房, 得蘭." 『善見』云, "若取僧物, 如己物行用, 與之,[663]

657 위의 본문은 『사분율산번보궐행사초四分律刪繁補闕行事鈔』의 다음 문장을 인용한 것으로 보인다. "盜僧物犯重. 然僧有四種, 一者, 常住常住, 謂衆僧厨庫寺舍衆具華果樹林田園僕畜等, 以體通十方, 不可分用, 總望衆僧如論斷重."(T40, 55c26~29)

658 저본에는 '衆'으로 되어 있지만, 『사분율산번보궐행사초四分律刪繁補闕行事鈔』에 따라 '家'로 교감하고 번역한다. "如僧家供僧常食."(T40, 56a1~2) 한명숙도 '家'로 교감하였다.(한명숙, 앞의 책, p.173 교감주)

659 저본에는 '衆'으로 되어 있지만, 『사분율산번보궐행사초四分律刪繁補闕行事鈔』에 따라 '處'로 교감하고 번역한다. "唯局本處."(T40, 56a2) 한명숙도 '處'로 교감하였다.(위의 책, p.173 교감주)

660 『사분율산번보궐행사초四分律刪繁補闕行事鈔』에 따르면 '護寺主者'는 '守護'이지만, 본 번역에서는 원문대로 '護寺主者'로 번역한다.

661 『사분율산번보궐행사초四分律刪繁補闕行事鈔』에 따르면 '持'는 '將'이지만, 본 번역에서는 원문대로 '持'로 번역한다.

662 저본에는 '遮'로 되어 있지만, 『사분율산번보궐행사초四分律刪繁補闕行事鈔』에 따라 '還'으로 교감하고 번역한다. "長食還房."(T40, 56a4) 한명숙도 '還'으로 교감하였다.(위의 책, p.173 교감주)

663 저본에는 '之'로 되어 있지만, 『사분율산번보궐행사초四分律刪繁補闕行事鈔』와 『선견율비바사善見律毘婆沙』에 따라 '人'으로 교감하고 번역한다. 『사분율산번보궐행사초』, "若取僧物如己物行用與人."(T40, 56a4~5) 『선견율비바사善見律毘婆沙』, "取僧物行用與人."(T24, 755b22) 한명숙도 '人'으로 교감하였다.(위의 책, p.173 교감주)

同[664]蘭. 若盜心取, 隨宜[665]多少, 結罪,[666] 是名第五大賊."『善見』云, "不打鐘, 食僧食者, 犯盜."

[H1, 597a23~b5; X38, 282b22~c3]

두 번째는 '누구나 그곳에서 사용하는 것들'(十方常住)이다. 예컨대 승려공동체(僧家)에서 스님에게 공양하는 '일상생활을 위한 음식'(常食)과 같은 것들이다. 근본적으로는 '[과거 · 현재 · 미래의] 모든 승가'(十方)에 공통되는 것이지만, [실제로는] 오직 '[현재의 승려들이] 거주하는 곳'(本處)에만 국한된다. 만약 '절을 [지키고] 보호하는 주인이 있는 것'(有[守]護寺主者)이라면 주인의 입장을 기준 삼아 '[허물이] 무거운 죄업'(重罪)이라 판정한다. '함께 쓰는 것을 훔치거나 [그것에] 손해를 입혔다면'(同共盜損) 마땅히 '[허물이] 가벼운 죄업'(輕罪)이 된다.[667] 『마하승기율摩訶僧祇律』에서는 [다음과 같이 말하였다.] "만약 승려 대중들의 '많아서 남은 음식'(長

---

664 저본에는 '同'으로 되어 있지만, 『사분율산번보궐행사초四分律刪繁補闕行事鈔』와 『선견율비바사善見律毘婆沙』에 따라 '得'으로 교감하고 번역한다. 『사분율산번보궐행사초四分律刪繁補闕行事鈔』, "與人得偷蘭."(T40, 56a5) 『선견율비바사善見律毘婆沙』, "得偷蘭遮罪."(T24, 755b22) 한명숙도 '得'으로 교감하였다.(위의 책, p.173 교감주)

665 저본에는 '宜'로 되어 있지만, 『사분율산번보궐행사초四分律刪繁補闕行事鈔』에 따라 '直'으로 교감하고 번역한다. '隨直.'(T40, 56a5) 한명숙은 '還'으로 교감하였다. (위의 책, p.173 교감주)

666 『한불전』에는 '罪'를 삽입하였다고 하였다. "「罪」插入."(H1, 597, 교감주 3번) 그러나 『사분율산번보궐행사초四分律刪繁補闕行事鈔』에는 '罪'가 없다. "直多少結."(T40, 56a5~6) 한편 『선견율비바사善見律毘婆沙』에는 '罪'가 있다. "多少結罪."(T24, 755b23) 본 번역에서는 선견율비바사』에 따라 '罪'를 삽입하고 번역한다.

667 이에 대하여 한명숙은 다음 같이 번역하였다. "모두 함께하는 것을 훔쳐서 덜어냈으면 경죄이다."(한명숙, 앞의 책, p.172) 그리고 해당 각주에서 "이 경우는 시방승가를 대상으로 하여 죄가 성립되는 것이기 때문이다"라고 밝혔다. 본 번역에서는 공동으로 쓰는 물건을 훔치는 것이 아닌 공동으로 함께 죄를 저지른 것으로 보았다.

食)[668]을 가지고 [승려 개인의] 방으로 돌아가면 '허물이 무거운 죄를 실행하지는 않은 것'(偸蘭遮)을 짓게 된다."[669] 『선견율비바사善見律毘婆沙』에서는 [다음과 같이 말하였다.] "만약 '승려공동체[에서 공동으로 소유한] 물건'(僧物)을 가져다 자기의 물건처럼 쓰다가 다른 사람에게 주면 '허물이 무거운 죄를 실행하지는 않은 것'(偸蘭遮)을 짓게 된다. 만약 '훔치려는 마음'(盜心)으로 가졌다면, [평가된] 가치의 많고 적음에 따라서 죄업(罪)을 이루게 되니, 이를 '다섯 번째의 큰 도적'(第五大賊)이라 부른다."[670] [또한] 『선견율비바사善見律毘婆沙』에서는 [다음과 같이 말하였다.] "[아무도 없을 때] 종을 치지 않고 승가[에 있는] 음식'(僧食)을 먹으면 '[정당하게 주어지지 않는 것을] 훔쳐서 가지려는 죄'(盜[罪])를 범하게 된다."[671]

三者, 現前現前. 必盜此物, 望本主, 結重. 若多人共物, 一人守護, 亦望護主, 結罪.[672] 四者, 十方現前. 如已[673]五衆輕物也. 『善生經』云,

---

668 장식長食은 많아서 남는 음식이다. 『불광대사전』, p.4551.

669 이에 대한 해당원문은 『마하승기율摩訶僧祇律』에서 보이지 않는다.

670 위의 문장에 해당하는 다섯 가지 큰 도적은 『선견율비바사善見律毘婆沙』 권12의 다음 문장에서 살펴볼 수 있다. "實非釋種子而稱釋種子, 非梵行自稱是梵行, 受此諸施, 是名第一大賊. … 如來積四阿僧祇劫百千劫, 具足諸波羅蜜, 勤苦如是得此妙法, 而惡比丘因偷此法, 求覓利養, 是名第二大賊. … 復有大賊, 精進比丘持戒具足, 或得須陀洹・斯陀含・阿那含乃至阿羅漢, 或凡夫比丘持戒清淨, 以波羅夷法謗之, 憎嫉他行, 自稱己是清淨人, 如是謗諸賢聖, 偷竊聖法, 是名第三大賊. … 以取者, 以此重物而取白衣意, 希望白衣不可與人, 而偷取以餉致白衣, 佞取其意, 此是第四大賊也. … 復有比丘, 取僧物, 如己物無異, 行用與人, 得偷蘭遮罪. 若以偷心取者, 隨宜多少結罪, 此是名爲第五大賊."(T24, 755a15~b24)

671 위의 문장은 『선견율비바사善見律毘婆沙』 10권의 다음 문장을 인용한 것으로 보인다. "若寺舍空廢無人, 比丘來去見樹有果, 應打揵鎚, 若無揵鎚, 下至三拍手, 然後取食無罪, 若不如是食, 犯盜."(T24, 741b15~17)

672 저본에는 '罪'로 되어 있지만, 『사분율산번보궐행사초四分律刪繁補闕行事鈔』에 따라 '重'으로 교감하고 번역한다. "望護主結重."(T40, 56a10) 한명숙도 '重'으로 교감하였다.(한명숙, 앞의 책, p.175 교감주)

“盜亡比丘物，若未羯摩，從十方僧，得罪輕[674][計謂[675]人，不滿五，但犯蘭].[676] 若已羯摩者，望現前僧，得罪重[677][謂人數有限，對[678]可滿五，重[679]].[680]” 亦三寶互用及餘諸事，如廣『鈔』說.

[H1, 597b5~12; X38, 282c3~8]

세 번째는 ‘현재에 특정한 곳에서 개인이나 다수 승려가 사용하는 것

673 저본에는 ‘已’로 되어 있지만,『사분율산번보궐행사초四分律刪繁補闕行事鈔』에 따라 ‘亡’으로 교감하고 번역한다. “如亡五衆輕物也.”(T40, 56a11) 한명숙도 ‘亡’으로 교감하였다.(한명숙, 앞의 책, p.175 교감주)

674 저본에는 ‘輕’이 있지만『우바새계경優婆塞戒經』에는 “若未羯磨, 從十方僧得”(T24, 1069a1)이라고 되어 있을 뿐 ‘輕’이 없다. 다만『사분율산번보궐행사초四分律刪繁補闕行事鈔』에는 ‘輕’이 있다. “若未羯磨, 從十方僧得罪輕.”(T40, 56a12) 본『범망경보살계본사기梵網經菩薩戒本私記』는『사분율산번보궐행사초』의 해당 문장을 인용한 것이므로, 이에 따라 ‘輕’을 추가하여 번역한다.

675 저본에는 ‘計謂’로 되어 있지만,『사분율산번보궐행사초四分律刪繁補闕行事鈔』에 따라 ‘謂計’로 교감하고 번역한다. “謂計人不滿五但犯偷蘭.”(T40, 56a12) 한명숙도 ‘謂計’로 교감하였다.(한명숙, 앞의 책, p.175 교감주)

676 “[計謂人不滿五但犯蘭]”은『사분율산번보궐행사초四分律刪繁補闕行事鈔』에 따르면 세주細註이다. 본 번역에서도 이에 따라 세주細註로 번역한다.

677 저본에는 ‘重’이 있지만『우바새계경優婆塞戒經』에는 “若羯磨已, 從羯磨僧得”(T24, 1068c29)이라고 되어 있을 뿐 ‘重’이 없다. 다만『사분율산번보궐행사초四分律刪繁補闕行事鈔』에는 ‘重’이 있다. “若已羯磨, 望現前僧得罪重.”(T40, 56a12~13) 본『범망경보살계본사기梵網經菩薩戒本私記』는『사분율산번보궐행사초』의 해당 문장을 인용한 것이므로, 이에 따라 ‘重’을 추가하여 번역한다.

678 저본에는 ‘對’로 되어 있지만,『사분율산번보궐행사초四分律刪繁補闕行事鈔』에 따라 ‘則’으로 교감하고 번역한다. “謂人數有限則可滿五夷.”(T40, 56a13) 한명숙도 ‘則’으로 교감하였다.(한명숙, 앞의 책, p.175 교감주)

679 저본에는 ‘重’으로 되어 있지만,『사분율산번보궐행사초四分律刪繁補闕行事鈔』에 따라 ‘夷’로 교감하고 번역한다. “謂人數有限則可滿五夷.”(T40, 56a13) 한명숙도 ‘夷’로 교감하였다.(한명숙, 앞의 책, p.175 교감주) ‘夷’는 ‘바라이波羅夷’이다.

680 “[謂人數有限則可滿五夷]”는『사분율산번보궐행사초四分律刪繁補闕行事鈔』에 따르면 세주細註이다. 본 번역에서도 이에 따라 세주細註로 번역한다.

들'(現前現前)[681]이다. 반드시 [훔치고자 하여] 이 [개인의] 물건을 훔치면 본래 [사용하던] 주인의 입장을 기준 삼아 '[허물이] 무거운 죄업'(重罪)이라 판정한다. 만약 여러 사람이 함께 쓰는 물건으로서 어느 한 사람이 '지

---

681 현전현전現前現前은 『사분율산번보궐행사초四分律刪繁補闕行事鈔』에서 주장하는 네 가지 승물 중 하나이다. 현전승現前僧이 가질 수 있는 것으로 시주가 현전승 무리에게 보시한 의복과 음식 등의 생활물질이다. 혹은 사망한 비구가 남긴 물건이다. 『마하승기율摩訶僧祇律』에 따르면, 자신이 받은 의복이나 '옷을 구매할 돈'(衣直), 물건이나 '물건을 구매할 돈'(物直), 시약時藥(규정된 시간에 먹는 음식) · 야분약夜分藥(또는 비시약非時藥으로 14가지의 약즙) · 칠일약七日藥(연유 · 기름 · 꿀 등으로 7일간 병자가 먹을 수 있는 음식) · 진수약盡壽藥(죽을 때까지 치료를 위해 먹어야 하는 음식), 사망한 비구의 물건 · 보시 받은 장소 · 큰 모임을 위해 보시 받는 물건 · '일상적인 시기가 아닐 때 입는 옷'(非時衣) · 잡물雜物 · 청식請食 등을 말한다. 『불광대사전』, p.5957. 승물僧物(sāṃghika)은 승단 전체에 속하는 모든 물건과 자산이다. 즉 승려 개인이 사적으로 소유한 세 벌의 승복과 하나의 발우를 제외하고, 개인에게 보시하여 준 물건이나 승방이나 토지 등을 모두 공유 재산으로 삼아서 승단에 골고루 나눈다. 이는 욕심을 여의는 수행을 종지로 삼는 석존 교단 가운데 개인이 사적 재산을 축적하는 것에 대하여 엄격한 규정이 있음을 의미한다. 일반적으로 승물에는 두 가지 종류로 나눌 수 있다. 첫 번째는 사방승물四方僧物 또는 초제승물招提僧物, 시방승물十方僧物, 상주승물常住僧物 등으로 불리는 것으로 승가에서 공용으로 사용하는 것으로 교단에서 공동으로 소유한 것이다. 현전승現前僧(한 절에 머무는 눈에 보이는 비구와 비구니)들이 사적으로 소유할 수 없는 것이다. 예를 들면, 사사寺舍 · 전원田園 · 복축僕畜 등이 모두 이에 속한다. 두 번째는 현전승물現前僧物로 현전승現前僧이 개인적으로 사용하는 물건이다. 시주施主가 현전승에게 나누어 준 물건이나 혹은 죽은 비구의 유물遺物을 가리킨다. 이 외에 『사분율산번보궐행사초四分律刪繁補闕行事鈔』 권중卷中에 다시 네 가지 종류로 나누었다. ① 상주상주물常住常住物은 대중들이 함께 사용하는 물건을 가리킨다. 마치 사사寺舍 · 전원田園 · 화과花果 · 수림등樹林等으로 그 바탕이 온 세상에 통하여 나눌 수 없는 것이다. ② 시방상주물十方常住物은 대중에게 공양한 음식물 등을 가리킨다. 온 세상에 통하지만 오직 본처에 한해만 수용되므로 시방상주물이라고 부른다. ③ 현전현전물現前現前物은 현전승이 보시받은 물건이나 각자가 가진 사유 물건을 가리킨다. ④ 시방현전물十方現前物은 비구의 유물을 '온 세상의 승려'(十方僧)에게 나누어 준 것이다. 『불광대사전』, p.7210.

키고 보호'(守護)하는 것을 [훔친다면], 역시 '[지키고] 보호하는 사람'([守]護主)의 입장을 기준 삼아 '[허물이] 무거운 죄업'(重罪)이라 판정한다.

네 번째는 '모든 곳에서 나누어 사용할 수 있는 승려의 유품들'(十方現前)[682]이다. 사망한 '다섯 부류의 출가수행자'(五衆)[683]가 남긴 '나눌 수 있는 물건'(輕物)[684]과 같은 것이다. 『선생경善生經』[685]에서는 [다음과 같이] 말한다. "사망한 비구比丘의 물건을 훔쳤을 때, 만약 [훔친 자가] '[계율을 받는] 의식'(羯磨)을 아직 행하지 않았다면, [그의 행위가] '모든 곳의 승려'(十方僧)[686]에 대해 죄[업]罪[業]은 되지만 '[허물이] 가벼운 죄업'(輕罪)이다. [[훔친 유품의 주인인 사망한] 사람을 헤아려서 다섯 명이 되지 않는다면, 단지 '허물이 무거운 죄를 실행하지는 않은 것'(偸蘭遮)을 범한 것이 되는 것이다]. 만약 [훔친 자가] 이미 '[계율을 받는] 의식'(羯磨)을 행하였다면, '현재 함께 있는 승려'

---

682 시방현전十方現前: 시방현전은 사망한 비구의 유물을 현전승(한 절에 머무는 눈에 보이는 비구와 비구니)에게 나누어 준 것이다.

683 오중五衆: 오중은 승가공동체의 구성원을 5가지로 구분한 것이다. 즉 비구比丘·비구니比丘尼·사미沙彌·사미니沙彌尼·식차마나式叉摩那이다. 이에 재가수행자인 우바새優婆塞·우바이優婆夷를 추가하여 '7가지 무리'(七衆)가 된다.

684 경물輕物: 경물은 나누어 사용할 수 있어서 개인이 소지할 수 있는 물건이다. 반대로 중물重物은 나누어 쓸 수 없는 물건으로 승가공동체의 공동소유물이다. 이에 대하여 『십송률』 권56에서 다음과 같이 설명하였다. "輕物者, 可分物. 是故, 名輕物. 重物者, 不可分物. 是故, 名重物."(T23, 413c9~10) 그리고 나눌 수 없는 물건인 중물로는 다음과 같은 것을 예로 들었다. "僧伽藍地, 房舍地, 僧伽藍房舍, 床, 臥具, 是名不可分."(T23, 413c8~9)

685 『선생경善生經』: 『선생경』은 『중아함경』에 속하는 소승 경전이다. 이를 5세기경 담무참曇無讖이 대승 경전으로 확대하여 한역한 것이 『우바새계경優婆塞戒經』이다. 재가의 남자 신도인 우바새優婆塞를 중심으로 대승의 계율을 설명하고 있으며, 본 『범망경보살계본사기梵網經菩薩戒本私記』에서는 『우바새계경優婆塞戒經』의 내용을 인용하였다.

686 시방승十方僧: 시방승은 현전승과 반대되는 개념이다, 즉 현전승은 한 절에 머무는 눈에 보이는 비구와 비구니를 의미한다면, 시방승은 모든 세계와 시간에 걸쳐 존재하는 승려라고 할 수 있다.

(現前僧)[687]의 입장을 기준 삼아 죄[업]罪[業]이 되는 것인데 '[허물이] 무거운 죄업'(重罪)이다[[훔친 유품의 주인인 사망한] 사람의 숫자는 한정되어 있으니, 다섯을 채우면 '[허물이] 무거운 죄업'(波羅夷)이 되는 것이다.][688]"[689]

또한 '[부처(佛) · 진리(法) · 수행공동체(僧) 이] 세 가지 보배에 속하는 물건을 서로 바꾸어 사용하는 것'(三寶互用)과 나머지 일들[690]은 『[사분율산

---

687 현전승現前僧: 현전승은 한 절에 머무는 눈에 보이는 비구와 비구니이다.

688 이 인용문은 『우바새계경優婆塞戒經』 권6의 다음 문장을 인용한 것이다. "若取命過比丘財物, 誰邊得罪? 若羯磨已, 從羯磨僧, 得. 若未羯磨, 從十方僧, 得."(T24, 1068c28~1069a1)

689 위의 문단은 대체로 『사분율산번보궐행사초四分律刪繁補闕行事鈔』의 다음 문장을 인용한 것이다. "三者, 現前現前. 必盜此物, 望本主結重. 若多人共物, 一人守護, 亦望護主結重. 四者, 十方現前. 如亡五衆輕物也. 『善生經』云, "盜亡比丘物, 若未羯磨, 從十方僧得罪輕[謂計人不滿五但犯偷蘭]. 若已羯磨, 望現前僧得罪重[謂人數有限則可滿五夷]."(T40, 56a8~13)

690 이에 대하여 한명숙은 다음과 같이 자세히 분석하였다. "『마하승기율』 권3(T22, 251c22)의 도계盜戒에서 "마마제(지사)의 소임을 맡은 비구가, 불보인 불탑에 속한 재물이 없어서 승보인 중승의 재물을 가져다가 불탑을 수리했으면, 바라이죄이다. 중승에게 재물이 없어서 불탑에 속한 재물로 중승에게 공양하면 바라이죄이다. 앞과 같은 상황이 생겨날 경우 법대로 해야 하니, 곧 임대한 사실을 기록하고 나서 사용해야 위범이 성립되지 않는다"라고 하여 삼보에 속한 물건을 서로 바꾸어 쓰는 것도 도둑질의 일종이라고 보았다. 『대보적경』 권113(T11, 643c2)에서는 "상주승의 재물과 초제승의 재물과 불보에 속한 물건은 분명히 구별해야 한다. 영사 비구가 마음대로 서로 바꾸어 써서는 안 된다. 만약 서로 바꾸어 쓰려면 소유하고 있는 주체의 허락을 받아야 한다. 예컨대 상주승의 재물이 많은데 초제승이 이것을 필요로 할 때 영사 비구는 승중에게 허락을 받아야 하고, 또한 승보의 재물로 불탑을 수리하려고 할 때 승중의 허락을 받아야 한다. 단 불보의 경우는 소유하는 주체가 현존하지 않기 때문에 허락을 받을 수 없으니, 그것으로 승중이 필요로 하는 것에 사용하는 것은 허락되지 않는다"라고 했다. 『마하승기율』에서 법대로 빌려 쓰는 형식을 취할 경우에는 불물도 승물로 전용할 수 있다고 한 것과는 차이가 있다. 또한 『마하승기율』 권3(T22, 252a26)에서 "비구는 승물이라는 것을 알았어도 이익이 되는 이와 손해를 끼치는 이 모두에게 주어야 한다. '손해를 끼치는 이'라는 것은 절에 들어와서 음식을 찾는 도둑이다. 마땅히 주어야 하는 것은 아니지만, 주지 않았을 경우 절을 태우는 것 등과 같은 일을 저지를 것

번보궐행사]초[四分律刪繁補闕行事]鈔』에서 자세하게 설한 것[691]과 같다.

B) 사람[이 가진] 물건을 훔침(盜人物)

二者. 若盜人物者, 若盜五錢以上者, 犯重. 不滿五者, 犯蘭.
[H1, 597b13~14; X38, 282c8~9]

['세 부류의 주인 있는 물건'(三主物) 가운데] 두 번째[인 '사람[이 가진] 물건'(人物)]의 경우는 다음과 같다. '사람[이 가진] 물건'(人物)을 훔친 경우, 만약 [훔친 물건의 가치를 평가하여] 5전錢 이상[이 되는 물건]을 훔쳤으면 '[허물이]

을 우려하여 주어야 한다. '이익이 되는 이'라는 것은 중승의 방사를 관리하는 사람, 화공, 요리사 등이다. 이들은 마땅히 주어야 한다"라고 하여 예외적인 경우를 시설했다. 『대보적경』에서 말한 '초제승'이라는 것은 사방승四方僧을 가리킨다. 『일체경음의』 권64(T54, 734c7), 초제招提에 대한 부분에서 말하기를, "의역어는 사방이다. '초'의 의역어는 '사四'이고, '제'의 의역어는 '방方'이니, 사방승을 말한다. 어떤 사람이 '초제'라고 한 것은 잘못된 것이다. 바른 음사어는 자투제사柘鬪提奢(ⓢ catur-diśa)로 의역어는 사방이다. 역자가 '투'를 버리고 '사'를 버리고, '자'는 다시 잘못하여 '초'라고 썼다. '자'와 '초'는 서로 유사하기 때문에 마침내 이러한 오류가 생겨났다"라고 했다. '상주승'은 영원히 상주하는 승가라는 뜻에서 현전승現前僧과 상대하는 의미로 쓰이는 경우가 많다. 이런 의미에서의 상주승은 사방승四方僧, 곧 초제승과 같은 뜻이다. 그런데 여기에서는 '절에서 상주하는 사람들의 승가 혹은 그러한 스님'이라는 뜻으로 사용되어 초제승과 상대어로 쓰였다." 한명숙, 앞의 책, 245번 각주, pp.174~175.

691 이는 『사분율산번보궐행사초四分律刪繁補闕行事鈔』 중권의 다음 문장을 참고할 만하다. "二明互用, 又分四. 一三寶互, 二當分互, 三像共寶互, 四一一物互. 就初中, 如僧祇, 寺主摩摩帝, 互用佛法僧物謂言不犯. 佛言, 波羅夷. 謂知事人, 取僧糧食器具及以牛馬爲佛像, 家營事使役並得正重. 將佛法物僧用亦爾. 廣文如彼律, 寶梁等經云, 佛法二物不得互用. 由無有人爲佛法物作主故, 復無可咨白不同僧物, 所以常住招提互有所須, 營事比丘和僧, 索欲行籌. 和合者得用, 若欲用僧物, 修治佛塔, 依法取僧和合得用. 不和合者, 勸俗修補. 若佛塔有物乃至一錢, 以施主重心故捨, 諸天及人, 於此物中, 應生佛想塔想, 乃至風吹雨爛, 不得貿寶供養, 以如來塔物無人作價故."(T40, 56a28~b12)

무거운 죄업'(重罪)을 범한 것이 되고, [훔친 물건의 가치를 평가하여] 5전錢이 되지 못하는 경우라면 '허물이 무거운 죄를 실행하지는 않은 것'(偸蘭遮)을 범한 것이 된다.[692]

C) 사람이 아닌 존재의 물건을 훔침(盜非人物)

三者. 盜非人物, 有三種. 一天謂[693]蘭. 二鬼神亦犯蘭. 三者, 盜畜生物者. 若盜師子殘者, 無罪, 無顧思故. [694]餘畜生物者, 皆吉. 若有護主者, 皆犯重.

[H1, 597b14~18; X38, 282c10~12]

['세 부류의 주인 있는 물건'(三主物) 가운데] 세 번째[인 '사람이 아닌 것[이 가진] 물건'(非人物)]의 경우는 다음과 같다. '사람이 아닌 것[이 가진] 물건'(非人物)을 훔치는 것에는 세 가지가 있다. 첫 번째는 천신(天)[이 소유한 물건을 훔치는 것]으로, '허물이 무거운 죄를 실행하지는 않은 것'(偸蘭遮)을 범한 것이 된다. 두 번째는 귀신(鬼神)[이 소유한 물건을 훔치는 것]으로, 역시 '허물이 무거운 죄를 실행하지는 않은 것'(偸蘭遮)을 범한 것이 된다. 세 번째는 '짐승[이 가진] 물건'(畜生物)을 훔치는 것이다. [그런데] '사자가 먹다 남긴 먹이'(師子殘)을 훔친 경우에는 죄가 없으니, [사자는 자신이 남겨두었던 먹이에 미련을 가지고] '돌아보는 마음'(顧思)이 없기 때문이다.[695] '나

692 이와 관련된 문헌은 『미사새부화혜오분율彌沙塞部和醯五分律』 권1의 다음 문장을 참고할 만하다. "若人物, 不與取, 五錢已上, 比丘比丘尼, 波羅夷. 式叉摩那, 沙彌, 沙彌尼, 突吉羅, 驅出."(T22, 7a12~14) 한명숙이 이 출전을 『십송률』이라 한 것은 오기로 보인다.

693 저본에는 '謂'라고 되어 있지만, 문맥상 '犯'으로 교감하고 번역한다.

694 저본에는 '盜'가 없지만, 문맥상 '盜'를 추가하여 번역한다.

695 이 문장은 『십송률』 권39의 다음 문장을 참고할 만하다. "佛言, 從今不得取虎殘, 犯者, 突吉羅. 何以故, 虎不斷望故, 若取師子殘者, 無犯. 何以故, 師子斷望故."(T23,

머지 짐승들[이 가진] 물건'(餘畜生物)을 훔치는 경우는 모두 '행위와 말로 저지른 가벼운 죄'(突吉羅)를 범한 것이 된다.[696] 만약 [짐승들의 물건을] '[지키고] 보호하는 주인'([守]護主)이 있다면, [그 물건들을 훔치는 것은] 모두 '[허물이] 무거운 죄업'(重罪)을 범한 것이 된다.

B. 대승의 뜻을 밝힘(明大乘義)

後明大乘義者. 前所明種種物, 若小乘中爲重者, 同得重, 若小乘爲下罪者, 皆得輕垢罪也, 同戒學故.

[H1, 597b19~21; X38, 282c13~14]

[이상으로 소승의 뜻을 밝힌 데 이어] 다음으로 '대승의 뜻'(大乘義)을 밝히면 [다음과 같다.] 앞에서 밝힌 '갖가지 물건'(種種物)[697]에 대하여, 만약 소승에서 '[허물이] 무거운 죄업'(重[罪])으로 삼는 것은 [대승에서도] 동일하게 '[허물이] 무거운 죄업'(重[罪])이 되고, 만약 소승이 ['허물이 무거운 죄업'(重罪)보다] 아래의 죄로 여기는 것은 [대승에서도] 모두 '[범할 때 허물의 무게가] 가벼운 허물이 되는 죄'(輕垢罪)가 되니, [이것들은] [소승과 대승에서] '계율 수행'(戒學)[의 내용]이 같은 것이다.

"自盜"中, 作五句分別. 一者, 有主有主想. 大小同重, 心境相當故.

---

p.286a23~25) 즉 호랑이가 먹다가 남긴 음식을 훔치면 돌길라를 범하게 되는데, 이는 호랑이는 먹이에 대한 미련을 끊지 못하기 때문이고, 반대로 사자는 자신이 남긴 음식에 미련이 없으므로 훔쳐도 죄가 되지 않는다는 것이다.

696 이 문장은 『오분율』 권1의 다음 문장을 참고할 만하다. "非人物, 不與取, 比丘比丘尼, 偷羅遮. 式叉摩那沙彌沙彌尼, 突吉羅. 畜生物, 不與取, 皆突吉羅."(T22, 7a14~16)

697 종종물種種物: 여기에서 말하는 '갖가지 물건'(種種物)은 앞서 나온 '소승의 뜻'(小乘義) 부분에서 설명한 '[부처(佛)·진리(法)·수행공동체(僧) 이] 세 가지 보배에 속한 물건'(三寶物)과 '사람의 물건'(人物) 및 '사람이 아닌 존재의 물건'(非人物)이다.

二者，有主物無主物疑．小乘，『僧祇』重，『四分』蘭．大乘重．三者，有主物無主物想．小乘，轉想者，得蘭，大乘，輕垢罪．若本迷[698]者，大小同無罪．四者，無主物有主想者．小乘中蘭，大乘中得輕垢．五者，無主物有主疑，小乘得蘭，大乘得輕．

[H1, 597b21~c5; X38, 282c14~20]

"스스로 훔친다"(自盜)[는 말에 대한 설명]에서는 '다섯 구절'(五句)을 지어 분석한다. 첫 번째는 '주인이 있는 물건에 대해 주인이 있는 물건이라고 생각한 경우'(有主有主想)이다. [이 경우에는] 대승과 소승에서 모두 '[허물이] 무거운 죄업'(重[罪])이니, [훔치려는] 마음(心)과 [훔치는] 대상(境)이 서로 맞아떨어지기 때문이다. 두 번째는 '주인이 있는 물건에 대하여 주인이 없는 물건일 것이라고 미심쩍어 한 경우'(有主物無主物疑)이다. [이 경우] 소승[의 논서에 따라 차이가 있는데,] 『마하승기율摩訶僧祇律』에서는 '[허물이] 무거운 죄업'(重[罪])이라고 하였고,[699] 『사분율四分律』에서는 '허물이 무거운 죄를 실행하지는 않은 것'(偸蘭遮)이라고 하였다.[700] 대승에서는 '[허물이] 무거운 죄업'(重[罪])이다. 세 번째는 '주인이 있는 물건에

698 『한불전』, "迷, 更勘"(H1, 597, 교감주④)이나 『속장경』, "迷字更勘"(X38, 282, 교감주④)에서 '迷'를 교감하여 삭제하여야 한다고 보았으나, 뒤의 '轉想'과 짝으로 생각한다면 '本迷'로 해석하는 것이 맞을 것으로 판단된다. 따라서 본 번역에서는 '迷'를 삭제하지 않고 번역한다. 한명숙도 '迷'를 삭제하지 않고 번역하였다.(한명숙, 앞의 책, p.178 교감주)

699 해당 내용을 『마하승기율摩訶僧祇律』에서 찾을 수 없다.

700 이와 관련하여 『사분율四分律』의 다음 문장을 참고할 만하다. "有主疑，若取五錢，若過五錢，偸蘭遮."(T22, 575b21~22) 위의 본문에서 '주인이 있는 물건에 대하여 주인이 없는 물건일 것이라고 미심쩍어 한 경우'(有主物無主物疑)는 '허물이 무거운 죄를 실행하지는 않은 것'(偸蘭遮)이라고 하였지만, 『사분율』에서는 오전五錢이나 그 이상을 취하였을 경우에 '허물이 무거운 죄를 실행하지는 않은 것'(偸蘭遮)에 해당한다고 보았다.

대해 주인이 없는 물건이라고 생각한 경우'(有主物無主物想)이다. [이 경우] 소승에서는 '생각을 바꾼 경우'(轉想)[701]라면 '허물이 무거운 죄를 실행하지는 않은 것'(偸蘭遮)이 되고, 대승에서는 ['생각을 바꾼 경우'(轉想)라면] '[범할 때 허물의 무게가] 가벼운 허물이 되는 죄'(輕垢罪)가 된다. 만약 '[대상에 대하여] 처음부터 잘못 알고 있는 경우'(本迷)[702]라면 대승과 소승에서 똑같이 죄업(罪[業])이 안 된다. 네 번째는 '주인이 없는 물건에 대해 주인이 있다고 [잘못] 생각한 경우'(無主物有主想)이다. [이 경우] 소승에서는 '허물이 무거운 죄를 실행하지는 않은 것'(偸蘭遮)이 되고, 대승에서는 '[범할 때 허물의 무게가] 가벼운 허물이 되는 죄'(輕垢罪)가 된다. 다섯 번째는 '주인이 없는 물건에 대해 주인이 있다고 미심쩍어 한 경우'(無主物有主疑)이다. [이 경우] 소승에서는 '허물이 무거운 죄를 실행하지는 않은 것'(偸蘭遮)이 되고, 대승에서는 '[범할 때 허물의 무게가] 가벼운 허물이 되는 죄'(輕垢罪)가 된다.[703]

"教人盜"者. 小乘, 教他爲汝盜者, 犯蘭. 若爲我汝盜者, 滿五錢者, 犯重, 不滿五, 犯蘭. 大乘者, 教他爲我及爲汝, 皆同犯重.

[H1, 597c5~8; X38, 282c20~22]

701 전상轉想: 전상은 행위를 실행하는 가운데 생각이 바뀌는 것으로, 예를 들어 처음에는 주인이 있는 것이라고 생각하지만 훔치는 과정에서 주인이 없는 것으로 생각이 바뀌는 것이다. 이는 아래의 본미本迷와 반대되는 개념이다.

702 본미本迷: 본미는 앞에 나온 전상轉想과는 달리 대상에 대하여 처음부터 미혹되어 잘못 알고 있는 것이다. 즉 이러한 본미는 마치 처음부터 사람을 보고도 사람이 아니라고 생각한 것이거나 주인이 없는 물건에 대하여 주인이 있다고 처음부터 잘못 생각한 것을 말한다.

703 이와 관련하여 『사분율四分律』 권1의 다음 문장을 참고할 만하다. "有主有主想, 不與取, 五錢, 若過五錢, 波羅夷. 有主疑, 若取五錢, 若過五錢, 偸蘭遮. 無主有主想取五錢, 若過五錢, 偸蘭遮. 無主物疑取, 五錢, 若過五錢, 偸蘭遮, 取有主物有主想, 減五錢, 偸蘭遮. 取有主物疑, 減五錢, 突吉羅. 無主有主想取, 減五錢, 突吉羅. 無主物疑取, 減五錢. 突吉羅."(T22, 575b20~27)

"다른 사람으로 하여금 훔치게 한다"(教人盜)라는 것[은 다음과 같다.] 소승의 경우, 다른 사람으로 하여금 그를 위해 훔치게 한 것이라면, '허물이 무거운 죄를 실행하지는 않은 것'(偸蘭遮)을 범한 것이 된다. [그런데] 만약 자신을 위해 그로 하여금 훔치게 하였다면, 5전을 채웠을 경우에는 '[허물이] 무거운 죄업'(重[罪])을 범한 것이 되고, 5전을 채우지 않은 경우에는 '허물이 무거운 죄를 실행하지는 않은 것'(偸蘭遮)을 범한 것이 된다. 대승의 경우라면, 다른 사람으로 하여금 나를 위해서건 그를 위해서건 [훔치게 한 것은] 모두 똑같이 '[허물이] 무거운 죄업'(重[罪])을 범한 것이 된다.

"方便盜"者, 盜空識等, 爲敢爲行. 買[704]他惜地故, 修他地種木及作屋故, 令彼人地先用等,[705] 故言盜空. 識,[706] 有伎藝人, 與僧,[707] 方令授教. 故以方便妄言, 與僧,[708] 而旣學以後, 不與價者, 盜彼人智, 故計價犯罪. 大小同制. ["呪盜"者, 可呪取他物等.][709]

[H1, 597c8~13; X38, 282c22~283a2]

"방편으로 훔친다"(方便盜)는 것은 '[공간을 차지한] 땅'(空界)[710] · '정신[의

704 '買'는 '賣'의 오기로 보인다. '賣'로 교감하여 번역한다.

705 '爲敢爲行, 買他惜地故, 修他地種木及作屋故, 令彼人地先用等'은 오자 혹은 탈자가 많은 것 같다. 현재의 문장으로는 문맥이 통하지 않는다.

706 저본에는 '識'으로 되어 있지만, 문맥상 '盜識者'로 교감하고 번역한다. 한명숙도 동일하다.(한명숙, 앞의 책, p.180 교감주)

707 저본에는 '僧'으로 되어 있지만, 문맥상 '價'로 교감하고 번역한다. 한명숙도 동일하다.(한명숙, 앞의 책, p.180 교감주)

708 저본에는 '僧'으로 되어 있지만, 문맥상 '價'로 교감하고 번역한다. 한명숙도 동일하다.(한명숙, 앞의 책, p.180 교감주)

709 저본에는 "呪盜者, 可呪取他物等"(H1, 598a2; X38, 283a10)이 뒷부분에 나오지만, 문맥상 '大小同制' 뒤로 옮겨 번역한다. 한명숙도 동일하다.(한명숙, 앞의 책, p.180 교감주)

710 공계空界: 공계는 공간 또는 틈으로 육계六界(地 · 水 · 火 · 風 · 空 · 識) 가운데 하

능력이나 가치](識界)[711] 등을 훔쳐 '함부로 [자기 뜻대로 처분하는] 행위를 하는 것'(爲敢爲行)이다. 다른 사람이 아끼는 땅을 [몰래 함부로] 팔아 버리거나, 다른 사람의 땅에 심겨진 나무를 [몰래 함부로] 처분하여 집을 짓거나 하여, [본래 주인인] 그 사람의 땅을 [본래 주인보다] 먼저 사용하는 것이기 때문에[712] '[공간을 차지한] 땅을 훔치는 것'(盜空)이라고 말한다. '정신[의 능력이나 가치]를 훔치는 것'(盜識)은 [다음과 같은 뜻이다.] '기술이나 예술적 능력이 있는 사람'(有伎藝人)에게는 [적당한] 비용을 주고 [그로] 하여금 [남에게 기예伎藝를] 전하거나 가르치게 한다. 따라서 거짓말로 비용을 줄 것이라고 해 놓고 [기술과 예술적 능력을] 다 배운 후에는 [그에 상응하는] 비용을 주지 않는 자는 그 사람의 지혜를 훔치는 것이기 때문에 [기술과 예술적 능력을 가르치는] 비용을 따져서 [그에 상응하는] 죄[업]罪[業]을 범함이 결정된다.[713] 대승과 소승에서 같은 내용으로 [계율을] 제정하였다.

나이다. 본문에서는 중생이 사는 '공간을 차지하고 있는 땅'을 의미한다.

711 식계識界: 식계는 육식六識(眼·耳·鼻·舌·身·意)을 가리키며, 공계空界와 마찬가지로 육계六界(地·水·火·風·空·識) 가운데 하나이다. 본문에서는 인간의 정신이 지닌 능력이나 그 가치를 강조한 것이다.

712 "爲敢爲行. 買他惜地故, 修他地種木及作屋故, 令彼人地先用等, 故言盜空"에 대하여 한명숙은 다음과 같이 번역하였다. "집을 지을 때 다른 사람의 공계에 인접하게 지어서 다른 사람이 집을 짓는 것을 방해하기 때문에 '공계를 훔치는 것'이라고 했다."(한명숙, 앞의 책, p.179) 그리고 이에 대하여 다음과 같이 풀이하였다. "현재의 문장은 문맥이 통하지 않기 때문에 『사분율산번보궐행사초』에서 〈집을 지으면서 다른 사람의 공계에 인접하게 하여 다른 사람이 짓는 것을 방해하면 곧 공계를 훔치는 것이라고 한다(若起閣, 臨他空界, 妨他起造, 卽名盜空)〉라고 한 것에 의거하여 풀이했다."(한명숙, 앞의 책, p.179 각주 255)

713 이 문단에 대하여 한명숙은 다음과 같이 풀이하였다. "이 부분은 오자 혹은 탈자가 있는 것 같다. 내용의 명료한 이해를 위해서 다음 자료를 참조했다. 『율이십이명료론律二十二明了論』(T24, 671a25~26)에서 "어떤 사람이 지계·수계·화계·풍계·공계 등을 훔쳤으면 또한 바라이죄를 범한다. 이것은 모두 도계盜戒에 따라서 판결한다(若人, 偸地界水界火界風界空界等, 亦犯波羅夷, 此悉從盜戒判)"라고 했다. 『율이십이명료론』은 상좌부上座部에서 갈라져 나온 부파인 독자부犢子部

"주문으로 훔치게 한다"(呪盜)라는 것은 '주문을 걸어 다른 사람의 물건을 취하게 하는 것'(可呪取他物)과 같은 것이다.

⑷ 조건을 갖추어 행위를 이루는 것을 밝힘(明具緣成業)

『범망경梵網經』[T24, 1004b21~22]

盜因, 盜緣, 盜法, 盜業,[714]

'훔치는 행위'(盜業)와 '훔치는 현상'(盜法)과 '훔치는 원인'(盜因)과 '훔치는 조건'(盜緣)

明具緣成業中, 滿六緣者, 成正業. 一者, 人物. 謂盜非人畜生物, 犯

에서 다시 갈라져 나온 정량부正量部의 계론戒論이다. 『사분율산번보궐행사초』 중권(T40, 58c24~25)에서 "어떤 사람이 지 · 수 · 화 · 풍 등의 계를 훔쳤으면 또한 바라이를 범한다. 모두 도계를 좇아 판정한다(若人偷地水火風空等界, 亦犯波羅夷, 悉從盜戒判)"라고 하여 본 논서를 인용하고, 같은 책 중권(T40, 59a4~7)에서 "집을 지으면서 다른 사람의 공계에 인접하게 하여 다른 사람이 집을 짓는 것을 방해하면, 곧 공계를 도둑질하는 것이라 한다. 논에서 '등'이라고 한 것은 식계를 아우르는 것이니, 지혜는 식識에 속한다. 어떤 사람이 기술적인 재능이 있으면 헛되이 다른 사람에게 넘겨주지 않는 것이니, 해당하는 값을 치러야 한다. 비구가 방편으로 그에게서 배우고 나서 값을 치르지 않으면 곧 식계를 도둑질하는 것이다. 지혜의 공용을 도둑질하는 것을 말한다〔若起閣, 臨他空界, 妨他起造, 卽名盜空. 論云, 等者, 等於識界, 智慧屬識, 人有伎兩(㉮倆), 不空度他, 須與價直, 比丘方便, 就彼學得, 不與價直, 卽是盜識, 謂盜智用〕"라고 풀이했다."(한명숙, 앞의 책, p.179 각주 256)

714 저본인 『대정장』에는 "盜因, 盜緣, 盜法, 盜業"으로 되어 있으나, 고본인 【宮】본에는 "盜業盜法盜因盜緣"으로 되어 있다.(T24, 1004, [23] 교감주) 그런데 원효는 고본인 【宮】본에 따라서 『범망경보살계본사기梵網經菩薩戒本私記』를 저술하였으므로, 본 번역도 이에 따라 "盜業盜法盜因盜緣"으로 교감하고 번역한다. 이와 관련된 내용은 앞의 각주에 나온 후나야마 도루(船山徹)가 쓴 「梵網經諸本の二系統」(京都大學人文科學研究所, 『東方學報』 85권, 2010)의 주장을 참고하기 바란다. 한편 『대정장』의 교감주에 【宋】본과 【元】본에는 "盜業盜報盜因盜緣"으로 되어 있다.(T24, 1004, [23] 교감주)

輕故. 二者, 人物想者. 爲非人等物想盜者, 得輕故. 三者, 發盜心. 若始終中, 不發盜心者, 無罪也. 四者, 重物. 若不滿五, 得輕故. 五者, 起方便. 不起方便者, 是輕垢罪故. 六,[715] 離本處. 若不離本處者, 順方便, 輕垢罪故. 不成應成業故. 於中, 初二爲緣, 第四重物 · 第六離本處爲法, 第三發盜心爲因, 第五起方便爲業. 若闕因者, 全無罪, 緣一一互, 犯輕垢罪. [呪盜者, 可呪取他物等.][716]

[H1, 597c13~598a2; X38, 283a2~10]

'조건을 갖추어 ['허물이 무거운 죄'(重罪)에 해당하는] 행위를 이루는 것을 밝히는 것'(明具緣成業)에서는 '여섯 가지 조건'(六緣)을 채워야 '['허물이 무거운 죄'(重罪)에] 해당하는 행위'(正業)가 이루어진다. 첫 번째는 '사람[이 가진] 물건'(人物)이다. '사람이 아닌 것과 짐승[이 가진] 물건'(非人畜生物)을 훔치면 '[범할 때 허물의 무게가] 가벼운 [허물이 되는 죄]'(輕[垢罪])를 범하게 되기 때문이다. 두 번째는 '사람[이 가진] 물건이라고 생각하는 것'(人物想)이다. '사람이 아닌 것 등[이 가진] 물건이라 생각하면서 훔친 것'(非人等物想盜)이라면 '[범할 때 허물의 무게가] 가벼운 [허물이 되는 죄]'(輕[垢罪])를 범하게 되기 때문이다. 세 번째는 '훔치려는 마음을 일으키는 것'(發盜心)이다. 처음부터 끝까지 '훔치려는 마음'(盜心)을 일으키지 않았다면 죄[업]罪[業]이 없다. 네 번째는 '중히 여기는 물건'(重物)[717]이다. 만약 5[전

715 저본에는 '六'으로 되어 있지만, 문맥상 '六者'로 교감하고 번역한다.

716 저본에는 "呪盜者, 可呪取他物等"(H1, 598a2; X38, 283a10)이 이 부분에 나오지만, 문맥상 앞 문단인 '大小同制'(H1, 597c13; X38, 283a2) 뒤로 옮겨 번역한다. 한명숙도 동일하다.(한명숙, 앞의 책, p.181 교감주)

717 『십송률』 권56에 의하면 중물은 나누어 쓸 수 없는 물건으로 승가공동체의 공동소유물로 나누어 사용할 수 있어서 개인이 소지할 수 있는 경물輕物에 반대되는 개념이다. "輕物者, 可分物. 是故, 名輕物. 重物者, 不可分物. 是故, 名重物."(T23, 413c9~10) 그리고 나눌 수 없는 물건인 중물로는 다음과 같은 것을 예로 들었다. "僧伽藍地, 房舍地, 僧伽藍房舍, 床, 臥具, 是名不可分."(T23, 413c7~9) 그러나 여기

錢]을 채우지 않았으면 '[범할 때 허물의 무게가] 가벼운 [허물이 되는 죄]'(輕[垢罪])를 범하게 되기 때문이다. 다섯 번째는 '[훔치는] 수단과 방법을 사용하는 것'(起方便)이다. '[훔치는] 수단과 방법'(方便)을 사용하지 않았다면 '[범할 때 허물의 무게가] 가벼운 [허물이 되는 죄]'(輕[垢罪])이기 때문이다. 여섯 번째는 [훔친 물건이] '본래 있던 자리'(本處)에서 벗어나야 한다. 만약 '본래 있던 자리'(本處)에서 벗어나지 않았다면 수단과 방법을 [사용하여] 따랐을지라도 '[범할 때 허물의 무게가] 가벼운 [허물이 되는 죄]'(輕[垢罪])이기 때문이다. [그 이유는] '['허물이 무거운 죄'(重罪)에 해당하는] 행위'([正]業)가 되는 것은 이루지 않았기 때문이다.

이 가운데 처음 두 가지[인 '사람이 가진 물건'(人物)과 '사람이 가진 물건이라고 생각하는 것'(人物想)]은 ['허물이 무거운 죄'(重罪)를 이루는] 조건(緣)이 되고, 네 번째인 '중히 여기는 물건'(重物)과 여섯 번째인 '[훔친 물건이] 본래 있던 자리(本處)에서 벗어나는 것'(離本處)은 ['허물이 무거운 죄'(重罪)를 이루는] 현상(法)이 되며, 세 번째인 '훔치려는 마음을 일으키는 것'(發盜心)은 ['허물이 무거운 죄'(重罪)를 이루는] 원인(因)이 되고, 다섯 번째인 '[훔치는] 수단과 방법을 사용하는 것'(起方便)은 ['허물이 무거운 죄'(重罪)를 이루는] 행위(業)가 된다. 만약 원인(因)이 없으면 완전히 죄[업]罪[業]이 없고, 조건(緣)은 하나씩 서로 [빠질 때] '[범할 때 허물의 무게가] 가벼운 [허물이 되는 죄]'(輕[垢罪])를 범하게 된다.

> 問. 五錢者, 此國價以准者, 必幾耶?
> 答. 以大[718]大銅錢爲五. 若小錢十六者, 准於大錢. 五六爲三十故,

서는 중죄인 바라이죄에 해당할 수 있는 중요하거나 값어치가 나가는 물건으로 보아도 될 것으로 보인다.

718 저본에는 '大'로 되어 있지만, 『사분율산번보궐행사초四分律刪繁補闕行事鈔』에 따라 '古'로 교감하고 번역한다. "盜五錢者, 古大銅錢得重."(T40, 59c1~2) 한명숙도 동일하다.(한명숙, 앞의 책, p.181 교감주)

合八十, 八十小錢者, 准五錢. 此國以准者, 八斗米也.

[H1, 598a2~6; X38, 283a10~13]

묻는다. 5전錢은 이 나라에서의 가치에 견주어 보면 반드시 얼마쯤 되는가?

답한다. 옛날[에 쓰던] 대동전大銅錢으로는 다섯 개로 [5전錢을] 삼는다. 만약 소전小錢이 16개이면 대전大錢 [한 개]에 준한다. 대동전大銅錢 5개에 소전小錢 [16개 가운데] 6을 곱하면 30이 되고, [대동전大銅錢 5개에 소전小錢 16개 가운데 10을 곱하면 50소전小錢이 되니, 이것들을] 합하여 80소전小錢이 되니, 80소전小錢이 5전錢에 준한다. 이 나라에서의 가치에 견주어 보면 여덟 말(斗)의 쌀이다.

然盜重物, 應作四句. 一,[719] 有盜五錢故得重, 謂盜非貴非賤, 時五錢故. 二者, 有盜五錢而輕非重, 謂盜賤時. 三者, 有盜五錢不足而重非輕, 謂盜貴時錢. 四者, 有盜五錢不足故, 犯輕非重, 謂正盜輕物.

[H1, 598a6~11; X38, 283a13~17]

그런데 '중히 여기는 물건'(重物)을 훔치는 것은 네 가지로 구분되어야 한다. 첫 번째는 5전錢[상당의 물건]을 훔쳤기 때문에 '[범할 때 허물의 무게가] 무거운 [죄]'(重[罪])를 짓게 되는 경우이니, 비싼 것도 아니고 싼 것도 아닌 것을 훔쳤지만 시세로는 5전錢이기 때문이다.[720] 두 번째는 5전

719 저본에는 '者'가 없지만, 문맥상 '者'를 삽입하고 번역한다.

720 이에 대하여 한명숙은 다음과 같이 풀이한다. "당시 시세로 5전에 상응하는 물건을 훔친 것을 말한다. 『선견율비바사』 권8(T24, 730c2)에서 "도둑질과 관련하여 쟁사가 일어나면 다섯 가지를 살펴야 한다. 첫째는 처處이니, 도둑질이 일어난 상황을 살피는 것이다. 예컨대 물건에 주인이 있는지의 여부, 주인이 버리려는 마음이 있었는지의 여부 등을 살펴서 판단하는 것이다. 둘째는 시時이니, 도둑질을 했

錢[상당의 물건]을 훔쳤지만 '[범할 때 허물의 무게가] 가벼운 [허물이 되는 죄]'(輕[垢罪])가 되고 '[범할 때 허물의 무게가] 무거운 [죄]'(重[罪])는 되지 않는 경우이니, [돈 가치가] 싼 때에 [5전짜리 물건을] 훔친 것을 말한다. 세 번째는 5전錢에 미치지 못한 것을 훔쳤지만 '[범할 때 허물의 무게가] 무거운 [죄]'(重[罪])가 되고 '[범할 때 허물의 무게가] 가벼운 [허물이 되는 죄]'(輕[垢罪])가 되지는 않는 경우이니, [돈 가치가] 비쌀 때 [5전에 미치지 못하는 물건을] 훔친 것을 말한다. 네 번째는 5전錢에 미치지 못하는 것을 훔쳤기 때문에 '[범할 때 허물의 무게가] 가벼운 [허물이 되는 죄]'(輕[垢罪])를 범한 것이 되고 '[범할 때 허물의 무게가] 무거운 [죄]'(重[罪])[를 범한 것]은 아닌 경우이니, '가벼이 여기는 물건'(輕物)을 곧장 훔친 것을 말한다.

나) [범할 때 허물의 무게가] 가벼운 잘못[된 행동을 열거함]([列]輕非)

『범망경梵網經』[T24, 1004b22~23]

乃至鬼神有主劫賊物, 一切財物, 一針一草, 不得故盜.

및 귀신[의 물건]과 '주인이 있는 물건을 빼앗아 간 도적의 물건을 빼앗는 것'(有主劫賊物)[721]에 이르기까지 모든 재물을 바늘 한 개부터 풀 한 포기까

을 당시 해당 지역에서 그 물건의 값어치를 살펴서 판단하는 것이다. 예컨대 먹고 버린 야자나무 껍질로 만든 쟁반을 훔쳤을 경우, 그 당시 그 지역에서의 야자나무의 값어치를 살펴서 죄의 경중을 정한다. 셋째는 신新(새것인지의 여부를 살피는 것)이고, 넷째는 고故(오래된 것인지의 여부를 살피는 것)이다. 새것은 귀한 것이고, 오래된 것은 천한 것이다. 예컨대 새 철발우는 완전하고 구멍난 곳도 없어서 귀하지만, 나중에 구멍이 뚫리고 깨지면 곧 천해지니, 새것과 오래된 것의 여부를 살펴서 죄의 경중을 정한다. 다섯째는 이미 사용한 것인지의 여부를 살피는 것이니, 아직 사용하지 않았으면 귀한 것이고, 이미 사용한 것이면 천한 것이다. 예컨대 도끼를 훔쳤을 경우 사용 여부에 따라 죄의 경중을 정하는 것이다"라고 했다. 이상은 『사분율행사초자지기四分律行事鈔資持記』 중권(T40, 283b12)에서 『선견율비바사』의 내용을 요약한 것을 참조하였다." 한명숙, 앞의 책, p.182 각주 258번.

지라도 의도적으로 훔쳐서는 안 된다.

言“乃至”者, 兼廣取盜草木等輕罪, 故言“乃至”. 亦廣從人物至於鬼神等物, 故言“乃至”. “鬼神”者, 一云, 〈人中名鬼, 天中名神.〉 一云, 〈諂曲不安名鬼, 有不思議隱術名神.〉 “有主劫賊物”者, 彼人旣爲[722]其物, 以後還奪者. 賊復奪賊故, 計錢能奪人, 犯重, 大小同制. “不得故盜”者, 爲以簡悞, 爲自物取, 及爲無主物取, 爲親友物取等, 無罪. 故言“故盜”.

[H1, 598a11~20; X38, 283a17~23]

“이르기까지”(乃至)라고 말한 것은, ‘풀과 나무’(草木)를 훔치는 것 등의 ‘[범할 때 허물의 무게가] 가벼운 [허물이 되는] 죄’(輕[垢]罪)를 아울러 널리 취했기 때문에 “이르기까지”라고 하였다. 또한 널리 사람이 가진 물건에서부터 ‘신적 존재’(鬼神) 등이 가진 물건에 이르기 때문에 “이르기까지”라고 말하였다.

“신적 존재”(鬼神)라는 것에 대하여 어떤 사람은 〈인간[이 사는 세상]에 있는 것을 ‘귀鬼’라고 부르고, 하늘 세상에 있는 것을 ‘신神’이라고 부른다〉라고 말하고, [또] 어떤 사람은 〈‘아첨하고 속이며 불안한 것’(諂曲不安)을 ‘귀鬼’라고 부르고, ‘알 수 없게 숨는 재주가 있는 것’(有不思議隱術)을 ‘신神’이라고 부른다〉라고 말한다.

“주인이 있는 물건을 빼앗아 간 도적의 물건을 빼앗는 것”(有主劫賊

721 유주겁적물有主劫賊物: 유주겁적물에 대한 풀이는 아래 주석을 참고한 것이다. “有主劫賊物者, 彼人旣爲其物 以後還奪者, 賊復奪賊故.” 『범망경보살계본사기梵網經菩薩戒本私記.』(H1, 598a15~17)

722 한명숙은 ‘爲’를 ‘劫’으로 교감하였다.(한명숙, 앞의 책, p.184 교감주) 하지만 본고에서는 교감하지 않고 ‘爲’로 풀이한다.

物)이라는 것은, 그 사람이 이미 그 [빼앗은 사람의] 물건이 된 이후에 다시 빼앗는 것이다. 도적이 다시 도적에게서 빼앗는 것이기 때문에 값어치를 계산하여 [값어치가 높을 때] '빼앗은 사람'(能奪人)은 '[범할 때 허물의 무게가] 무거운 [죄]'(重[罪])를 범한 것이 되는데, 대승과 소승에서 같은 내용으로 [계율을] 제정하였다.

"의도적으로 훔쳐서는 안 된다"(不得故盜)라는 것은 [죄가 되지 않는 것을 죄로 간주하는] 착오와 구별하기 위한 것이니, '자신의 물건을 취하는 것'(自物取)과 '주인이 없는 물건을 취하는 것'(無主物取), '친한 벗의 물건을 취하는 것'(親友物取) 등은 허물이 없다. 그러므로 '의도적으로 훔치는 것'(故盜)이라고 말하였다.

나. [잘못된 행동을] 치유하는 바른 행위(對治正行)

『범망경梵網經』[T24, 1004b23~24]

而菩薩應[723]生佛性孝順[724]慈悲心, 常助一切人, 生福生樂,

보살은 마땅히 '부처 면모'(佛性)를 일으켜 '[행위를] 단속하면서 따르는 마음'(孝順心)과 '자비로운 마음'(慈悲心)으로 언제나 모든 사람을 도와서 행복을 낳게 하고 즐거움도 낳게 해야 하는데,

---

723 저본인 대정장은 '應'으로 되어 있지만, 대정장 교감주에는 고본인【宋】·【元】·【宮】본에는 '常'으로 되어 있다고 밝혔다.(T24, 1004, 교감주 [26]) 앞서 밝혔듯이 원효는 고본『범망경』을 보고 주석한 것으로 보이나 아래의『범망경보살계본사기梵網經菩薩戒本私記』에 '應生佛性'으로 되어 있으므로, 이에 따라 '應'으로 번역한다.『범망경』에 대한 가장 오래된 주석서인『보살계경의소菩薩戒經義疏』권하卷下에도 '應生佛性'으로 되어 있다. "應生佛性孝順心慈悲心."(X38, 12b4~5)

724 저본인 대정장은 '孝順'으로 되어 있지만, 대정장 교감주에는 고본인【宋】·【元】·【明】·【宮】본에는 '孝順心'으로 되어 있다고 밝혔다.(T24, 1004, 교감주 [27]) 이에 대한 교감은 고본에 따라 '孝順心'으로 교감하고 번역한다.

所言"應生佛性", 以衆生爲佛性故. 經云. "法界, 流轉五道故, 名衆生故.[725]"

[H1, 598a20~21; X38, 283a23~24]

"마땅히 부처 면모를 일으켜"(應生佛性)라고 말한 것은 중생을 '부처 면모'(佛性)라고 보는 것이다. 경에서 [다음과 같이] 말하였다. "'진리 세계'(法界)가 [번뇌에 물들어] '[지옥地獄·아귀餓鬼·축생畜生·인간人間·천상天上이라는] 다섯 가지 미혹세계로 흘러가면서 바뀌어 가기'(流轉五道) 때문에 '중생이 사는 세계'(衆生界)라고 부른다."[726]

---

725 한불전 교감주와 속장경 교감주에 모두 '故'는 '身'으로 의심된다고 하였다. "「故」疑「身」."(H1, 598, 교감주 ①); "故疑身."(X38, 283, 교감주 ①) 한편 한명숙은 원문대로 '故'로 번역하였다. 한명숙, 앞의 책, p.184 교감주 참고. 하지만 본 번역은 아래의 원효가 인용한 경문의 의미에 따라 '衆生界'으로 교감하고 번역한다. 관련 내용은 아래 각주를 참고.

726 본문에서 인용한 내용이 있는 경전을 찾을 수는 없지만, 대략 일치하는 내용은 『불설부증불감경佛說不增不減經』에서 찾을 수 있다. "不離衆生界有法身, 不離法身有衆生界. 衆生界卽法身, 法身卽衆生界. 舍利弗, 此二法者, 義一名異."(T16, 467b16~19) 한편 본문의 문장과 거의 동일한 형태를 가진 문장은 중국 화엄종 2조인 지엄智儼(602~668)이 저술한 『화엄경수현기華嚴經搜玄記』(원제목: 『대방광불화엄경수현분제통지방궤大方廣佛華嚴經搜玄分齊通智方軌』)에도 나온다. "法身, 流轉五道, 名爲衆生."(T35, 63b10~11) 그리고 이후 법장法藏(643~712)이 7세기 말에 저술한 것으로 알려진 『화엄경탐현기華嚴經探玄記』 권6에서는 『불설부증불감경佛說不增不減經』이라고 밝혔다. "『不增不減經』云, 衆生界法界, 無二無別, 卽此法身. 以惑汚故, 流轉五道, 名爲衆生."(T35, 227a29~b2) 그러므로 이 문장은 연대를 참고하면 지엄의 설을 원효가 받아들이고, 이를 후대에 법장이 구체화한 것으로 볼 수 있다.

③ 잘못을 짚어서 허물을 확인시킴(擧非結過)

『범망경梵網經』[T24, 1004b24~25]

而反更盜人財[727]物者,[728] 是菩薩波羅夷罪.

반대로 다시 남의 물건을 훔친다면, '보살의 [범하는 허물과 그 과보가] 심한 계율위반'(菩薩波羅夷罪)이 된다.

於中, 亦作四句, 蕳[729]持犯. 一者, 雖盜五錢而福非罪. 謂達輪機菩薩故, 以盜物可度機故, 盜物也. 二者, 雖盜而非罪非福. 謂爲無主取等釋.[730] 三者, 唯輕非重. 謂此戒兼所立, 盜草木及神物等, 輕垢罪. 四者, 唯重非輕. 謂此戒中正所立重戒. 此四句中, 初一句唯福非罪, 次一句非福非罪, 後二句一向罪不福.

[H1, 598a22~b5; X38, 283a24~b6]

이 가운데 또한 '네 가지 구절'(四句)을 지어 '[보살의 계율을] 지킴과 범함'(持犯)을 가려낸다. 첫 번째는, 비록 5전錢을 훔쳤으나 '좋은 행위이지 나쁜 행위가 아닌 경우'(福非罪)이다. 〈'[중생의] 상황에 밝아'(達機) '[그 상황에 맞는 수단과 방법을] 적절히 쓰는'(輪機) 능력을 지닌 보살〉(達輪機菩薩)이므로, [중생의 상황을 보고 그의] 물건을 훔쳐서 [그를] '구제할 수 있는

727 저본인 대정장에는 '財'가 있지만 고본인【宋】·【元】·【宮】본에는 없다.(T24, 1004, 교감주 [28]) 본 번역은 고본에 따라 '財'를 삭제하고 번역한다.

728 저본인 대정장에는 '者'가 있지만 고본인【宋】·【元】·【宮】본에는 없다.(T24, 1004, 교감주 [21-1]) 본 번역은 고본에 따라 '者'를 삭제하고 번역한다.

729 저본에는 '蕳'으로 되어 있지만, 문맥에 따라 '簡'으로 교감하고 번역한다. 한명숙도 동일하다.(한명숙, 앞의 책, p.185 교감주)

730 저본에는 '釋'이 있지만, 문맥에 따라 '釋'을 삭제하고 번역한다. 한명숙도 동일하다.(한명숙, 앞의 책, p.185 교감주)

상황'(可度機)이라고 [판단하였기] 때문에 '물건을 훔치는 것'(盜物)이 그것이다. 두 번째는, 비록 훔쳤으나 '나쁜 행위도 아니고 좋은 행위도 아닌 경우'(非罪非福)이다. '주인이 없는 물건을 취하는 것'(無主取) 등이 그것이다. 세 번째는, '오직 [범할 때 허물의 무게가] 가벼운 [허물이 되는 죄](輕[垢罪])만 있고 [허물이] 무거운 [죄업](重[罪])은 아닌 경우'(唯輕非重)이다. 이 [보살계] 계율에서 덧붙여 세운 것으로, '풀과 나무'(草木) 및 '신적 존재의 물건'(神物) 등을 훔치는 짓은 '[범할 때 허물의 무게가] 가벼운 허물이 되는 죄(輕垢罪)가 되는 것이다. 네 번째는 '오직 [허물이] 무거운 [죄업](重[罪])이지 [범할 때 허물의 무게가] 가벼운 [허물이 되는 죄](輕[垢罪])가 아닌 경우'(唯重非輕)이다. 이 [보살계] 계율에서 직접적 대상으로 세운 '[범할 때 허물의 무게가] 무거운 계율'(重戒)이 그것이다.

이 '네 가지 구절'(四句) 가운데 처음 한 구절은 '오직 좋은 행위이지 나쁜 행위가 아닌 것'(唯福非罪)이며, 다음 한 구절은 '나쁜 행위도 아니고 좋은 행위도 아닌 것'(非福非罪)이며, 뒤의 두 구절은 한결같이 '나쁜 행위이지 좋은 행위가 되지 못하는 것'(罪不福)이다.

三 음탕한 행위를 해서는 안 되는 [이유를 밝힌] 계율(不婬戒)

① 사람을 들어 [계율을 받는] 주체를 나타냄(擧人表體)

『범망경梵網經』 [T24, 1004b26]

若佛子,

만약 '부처님의 제자'(佛子)라면,

第三不婬戒. 亦名婬戒, 大小五衆同學. 於中, 有三段. 一,[731] 擧人表

731 저본에는 '者'가 없지만, 문맥에 따라 '者'를 삽입하고 번역한다.

體, 二者, 擧非明說,[732] 三者, 擧非結過.

[H1, 598b6~8; X38, 283b7~8]

세 번째는 '음탕한 행위를 하지 말라는 계율'(不婬戒)이다. '음탕한 행위에 대한 계율'(婬戒)이라고도 하는데, 대승과 소승의 '다섯 부류의 출가수행자'(五衆)가 모두 배우는 것이다. 이에는 세 단락이 있다. 첫 번째는 '사람을 들어 [계율을 받는] 주체를 나타냄'(擧人表體)[733]이고, 두 번째는 '잘못된 사례를 들어 [계율대로] 따라야 할 행위를 밝힘'(擧非明隨)이고, 세 번째는 '잘못을 짚어서 허물을 확인시킴(擧非結過)'이다.

② 잘못된 사례를 짚어서 따라야 할 행위를 밝힘(擧非明隨)

가. 잘못[된 행동을] 열거함(列非)

가) [범할 때 허물의 무게가] 무거운 잘못[된 행동]을 열거함(列重非)

㈎ 잘못[된 행동]을 곧바로 열거함(正列非)

仲段中, 有二. 先正列非, 第二而"菩薩應"以下, 明說.[734] 列非中, 亦有二. 先列重非, 後列輕非. 先中, 亦有二. 先正列非, 後明具緣成業.

[H1, 598b8~11; X38, 283b8~11]

732 저본에는 '說'이라고 되어 있지만, 앞에 나온 계율의 과문에 따라 '隨'로 교감하고 번역한다. 한명숙도 동일하다.(한명숙, 앞의 책, p.186 교감주)

733 여기서 계율을 받는 주체는 『범망경』 원문에 나온 '부처님의 제자'(佛子)이다.

734 저본에는 '說'이라고 되어 있지만, 앞에 나온 계율의 과문에 따라 '隨'로 교감하고 번역한다. 한명숙도 동일하다.(한명숙, 앞의 책, p.187 교감주)

두 번째 단락에는 두 가지가 있다. 첫 번째는 '잘못[된 행동]을 곧바로 열거함'(正列非)이고, 두 번째인 "보살은 마땅히"(菩薩應) 이하는 '[계율대로] 따라야 할 행위를 밝힘'(明隨)이다. '잘못[된 행동]을 열거함'(列非) 가운데는 또한 두 가지가 있다. 앞의 것은 '[범할 때 허물의 무게가] 무거운 잘못[된 행동]을 열거함(列重非)'이고, 뒤의 것은 '[범할 때 허물의 무게가] 가벼운 잘못[된 행동]을 열거함'(列輕非)이다. [이 두 가지 가운데] 앞의 것에는 또한 두 가지가 있다. 먼저는 '잘못[된 행동]을 곧바로 열거함'(正列非)이고, 나중은 '조건을 갖추어 행위를 이룸을 밝힘'(明具緣成業)이다.

『범망경梵網經』[T24, 1004b26~27]

自婬, 教人婬, 乃至一切女人, 不得故婬.

'스스로 음탕한 행위를 하거나'(自婬), '다른 사람으로 하여금 음탕한 행위를 하도록 시키거나'(教人婬) [또] 모든 여인들에게까지 '의도적으로 음탕한 행위'(故婬)를 해서는 안 된다.

初"自婬"中, 作五句. 一者, 正道正道想, 大小同重. 二者. 正道非道疑, 大小同重. 三者, 正道非道想, 大小同重.

[H1, 598b11~14; X38, 283b11~13]

처음인 "스스로 음탕한 행위를 하거나"(自婬)[라는 말]에서는 다섯 가지가 가능하다. 첫 번째는 '[성관계의] 중심적 기관[735]을 중심적 기관이라

735 정도正道: 음행에 관련된 정도正道와 비도非道는 두 가지로 구분된다. 첫 번째는 소변도小便道・대변도大便道・구도口道는 정도이고, 나머지 신체부분을 비도로 삼는 것이다. 두 번째는 소변도는 정도이고, 나머지 대변도, 구도는 비도인 경우이다. 아래의 원효의 주석을 참고하면 다음과 같다. "非道二種 第一以小道爲正道, 口大行二道爲非道. 二者以三道爲正道, 以餘身分爲非道, 犯婬, 不正道故也. 若約出家菩薩及比丘等中, 皆以三道正道故, 犯重, 餘身分者, 犯輕. 若在家菩薩, 所言行於非道故

고 생각[하면서 음행을 하는 것]'(正道正道想)이니, 대승과 소승에서 동일하게 '[허물이] 무거운 죄업'(重[罪])이 된다. 두 번째는 '[성관계의] 중심적 기관을 비중심적 기관일지 모른다고 생각[하면서 음행을 하는 것](正道非道疑)[736]이니, 대승과 소승에서 동일하게 '[허물이] 무거운 죄업'(重[罪])이 된다. 세 번째는 '[성관계의] 중심적 기관을 비중심적 기관이라 생각[하면서 음행을 하는 것]'(正道非道想)이니, 대승과 소승에서 동일하게 '[허물이] 무거운 죄업'(重[罪])이 된다.

何故, 他戒者, 第三句爲輕罪, 而此戒通爲重者?

若就業道門者, 輕於殺戒. 然而婬者, 衆罪起之根本故, 極重過故, 急制.

三句, 正道中, 行婬者, 皆爲重.

[H1, 598b14~18; X38, 283b13~16]

爲邪者, 非謂以餘身分爲非道, 口大行二道, 皆爲非道. 故言邪婬也."(H1, 599a23~b6) 한편 이러한 구분은 재가보살과 출가보살 및 비구에 따라서 다르게 적용된다. 출가보살 및 비구는 '세 가지 기관'(三道: 소변도小便道 · 대변도大便道 · 구도口道)를 모두 정도로 삼기 때문에 정도로 음행을 하면 모두 중죄를 범하는 것이 되고, 또한 나머지 신체 부분으로 음행을 하면 경구죄를 범하는 것이 된다. 이는 위의 구분 가운데 첫 번째 경우이다. 한편 재가보살은 소변도를 정도로 보고 나머지를 비도로 삼는 것이다. 즉 위의 구분 중에서 두 번째에 해당한다. 그리고 원효는 아래 주석에서 "재가보살은 정도로 하는 음행은 끊지 않는다(在家菩薩者, 不斷正婬)"(H1, 599a23)라고 한 것을 참고하면, 재가보살의 경우 소변도를 통한 음행은 허용한 것으로 볼 수 있다. 그러므로 출가보살과 비구에게 정도(소변도小便道 · 대변도大便道 · 구도口道)는 모두 중죄에 해당하는 것이고, 재가보살에게 정도(소변도小便道)는 허용 가능한 음행에 해당하는 것으로 볼 수 있다.

736 비도非道: 뒤에 나오는 원효의 주석에서 "비도에 두 가지가 있다. 첫째는 소도小道(小便道)를 정도라고 하고, 구도口道와 대변도大便道의 두 길을 비도라 한다. 둘째는 (앞의) 삼도三道를 정도라고 하고, 나머지 신체의 부분을 비도라 한다"라고 했다.

[묻는다.] 무슨 까닭으로 다른 계에서는 세 번째 구절을 '[범할 때 허물의 무게가] 가벼운 [허물이 되는] 죄'(輕[垢]罪)라고 하였는데,[737] 이 계에서는 모두 '[허물이] 무거운 죄업'(重[罪])으로 삼는가?

[답한다.] 만약 '행위의 측면'(業道門)에 나아가면, ['음탕한 행위에 관한 계율'(婬戒)은] '[살아 있는 생명을] 죽이는 것에 관한 계율'(殺戒)보다는 죄업(罪)이 가볍다. 그러나 '음탕한 행위'(婬)라는 것은 온갖 죄업(罪)을 일으키는 근본이 되는 것이기 때문에, [그리하여] '지극히 [범할 때 허물의 무게가] 무거운 허물'(極重過)이 되기 때문에 '적극적으로 제어[하여 그쳐야 할 것]'(急制[止])[738]이 된다.

---

737 이는 앞의 '첫 번째 [살아 있는 생명을] 죽이지 않는 계율'(第一不殺戒) 가운데 3구와 '[정당하게 주어지지 않는 것을] 훔쳐서 가지려는 것에 관한 계율'(偸盜戒) 가운데 3구가 모두 중죄가 되지 않는 것을 말한다. 원문은 각각 다음과 같다. 『범망경보살계본사기梵綱經菩薩戒本私記』 권상(H1, 595a6-9). "三者, 人作非人想, 小乘, 若約轉想者, 前方便, 犯第三聚. 後心者, 煞非人之方便故吉, 若大乘者, 前後二心, 皆犯輕垢罪"; 『범망경보살계본사기』 권상(H1, 597b24~c2). "三者, 有主物無主物想. 小乘, 轉想者, 得蘭. 大乘, 輕垢罪."

738 급제急制: 급제는 '적극적으로 제어[하여 그쳐야 할 것]'이다. 여기서 급急은 적극적으로 대응하는 것을 의미하는 것으로 소극적으로 대응하는 것인 완緩과 반대되는 말이다. 즉 계승사구戒乘四句에서 이러한 개념을 참고할 수 있다. ① 계승구급戒乘俱急: 계율을 지키는 데도 적극적이고, 가르침을 배우고 익히는 데도 적극적임, ② 계완승급戒緩乘急: 계율을 지키는 데는 소극적이고, 가르침을 배우고 익히는 데는 적극적임, ③ 계급승완戒急乘緩: 계율을 지키는 데는 적극적이고, 가르침을 배우고 익히는 데는 소극적임, ④ 계승구완戒乘俱緩: 계율을 지키는 데도 소극적이고, 가르침을 배우고 익히는 데도 소극적임. 이는 『마하지관摩訶止觀』 4권(T46, 39a11~b9)에서 구분한 것이다. 이 중 승급계완乘急戒緩에 대한 설명은 다음과 같다. "二戒緩乘急者, 是人德薄垢重煩惱所使, 是諸事戒, 皆爲羅刹毀食. 專守理戒觀行相續, 如上覺意六蔽中用心, 央掘示爲其相, 以事戒緩命終故, 墮三惡道受於罪報 …중략… 是故佛說漸頓諸經, 龍鬼畜獸悉來會坐, 卽是其事, 破事戒故受三惡身, 持理觀故見佛得道. 大經云, 於戒緩者不名爲緩, 於乘緩者乃名爲緩, 正是此一句也." 한편 이에 대하여 한명숙은 다음과 같이 풀이하였다. "급急: 급절急切한 것. 곧 계율을 정할 때 상황에 따라 어길 수 있는 경우를 배제하는 것. 차遮·폐廢 등과 같은 말이다. 상대어는 완緩으로 완만한 것을 말하며, 상황에 따라 어

[앞의] 세 구절은 '[성관계의] 중심적 기관'(正道)에서 '음탕한 행위를 하는 것'(行婬)이니, 모두 '[허물이] 무거운 죄업'(重[罪])이 된다.

四者, 非道道想, 小乘第三聚, 大乘輕垢. 五者, 非道道疑, 小乘者第三聚, 大乘犯輕也.

[H1, 598b18~20; X38, 283b15~17]

네 번째는 '[성관계의] 비중심적 기관을 중심적 기관이라고 생각[하면서 음행을 하는 것]'(非道[正]道想)이니, 소승에서는 '[허물이] 무거운 죄를 실행하지는 않은 죄'(第三聚)[739]를 범한 것이 되고, 대승에서는 '[범할 때 허물의 무게가] 가벼운 허물이 되는 [죄]'(輕垢[罪])를 범한 것이 된다. 다섯 번째는 '[성관계의] 비중심적 기관을 [중심적] 기관일지 모른다고 생각[하면서 하는 것]'(非道[正]道疑)이니, 소승에서는 [부처님이 제정한 계율 가운데] '세 번째인 [허물이] 무거운 죄를 실행하지는 않은 죄'(第三聚)를 범한 것이 되고, 대승에서는 '[범할 때 허물의 무게가] 가벼운 [허물이 되는 죄]'(輕[垢罪])를 범한 것이 된다.

"教人婬"者. 若小乘者, 自利爲先故, 教人婬者, 自行無染義故, 犯第三聚. 若此人彼人相通者, 第二篇. 大乘以利他行爲先故, 教人中,[740]

길 수 있는 경우를 설정하는 것으로, 개開와 같은 말이다."(한명숙, 앞의 책, p.188 각주 264)

739 제삼취第三聚: 제삼취는 '허물이 무거운 죄를 실행하지는 않은' 투란차偸蘭遮이다. 투란차(sthūlātyaya)는 대죄大罪·중죄重罪 등으로 의역한다. 바라이죄나 승잔죄를 범하려다 미수에 그친 죄이다. 부처님이 제정한 '여섯 가지 계율'(六聚戒) 또는 '일곱 가지 계율'(七聚戒) 가운데 세 번째이다. 자세한 것은 앞의 투란차 각주 참고.

740 한명숙은 '中'을 '婬中'으로 교감하였으나(한명숙, 앞의 책, p.189 교감주) 본 번역

雖自行無染, 而染他人義極重故, 同犯重. 何況媒稼[741]也?

[H1, 598b20~c1; X38, 283b17~21]

"다른 사람으로 하여금 음탕한 행위를 하도록 시키거나"(教人婬)라는 것은 [다음과 같다.] 소승이라면 '자기를 이롭게 함'(自利)을 우선으로 삼기 때문에, '다른 사람으로 하여금 음탕한 행위를 하게 하는 것'(教人婬)이 자신의 행위에서는 '오염시키는 측면'(染義)이 없으므로 [부처님이 제정한 계율 가운데] '세 번째인 [허물이] 무거운 죄를 실행하지는 않은 죄'(第三聚)를 범한 것이 된다. 만약 [음탕한 행위를 교사 받은] 이 사람이 [다른] 그 사람과 서로 성관계를 했다면 [음탕한 행위를 하도록 시킨 사람은] [부처님이 제정한 계율 가운데] 〈두 번째인 '죄를 저질렀으나 참회하면 승가에 남을 수 있는 죄'〉(第二篇)[인 승가파시사僧伽婆尸沙(saṃghāvaśeṣa)를][742] 범한 것이 된다. 대승이라면 '남을 이롭게 하는 행위'(利他行)를 우선으로 삼기 때문에, 다른 사람으로 하여금 [음란한 행위를 하게 된 상황에] 빠뜨린 것이 비록 '자신의 행위'(自行)에서는 오염이 없지만 '다른 사람을 오염시킨 측면'(染他人義)이 매우 무겁기 때문에 [자신이 음탕한 행위를 한 것과] 동일하게 '[허물이] 무거운 [죄업]'(重[罪])을 범한 것이 된다. 하물며 '[음행을 하도록 서로] 맺어 주는 것'(媒嫁)은 어떻겠는가?

에서는 교감하지 않고 그대로 번역한다.

741 '稼'를 한불전이나 속장경 모두 '嫁'와 통용되는 글자로 보았다. "「稼」通「嫁」歟." (『한불전』, 598, 교감주 2; 『속장경』, 283, 교감주 2) 본 번역에서도 이에 따라 '嫁'로 교감하고 번역한다. 한명숙도 동일하다.(한명숙, 앞의 책, p.189 교감주)

742 제2편第二篇은 부처님이 제정한 '여섯 가지 계율'(六聚戒) 또는 '일곱 가지 계율'(七聚戒) 가운데 두 번째인 승잔죄僧殘罪이다. 또는 승가파시사僧伽婆尸沙(梵 saṃghāvaśeṣa)라고도 부른다. 이 승가파시사(梵 saṃghāvaśeṣa)는 승잔죄를 저질러 일시적으로 비구와 비구니의 그 자격이 상실되지만, 정해진 벌칙을 받고 참회하면 자격이 회복되는 죄이다. 즉 중죄이지만 참회하면 승가에 남을 수 있는 죄이다.

言"乃至一切女人"者. 雖皆正境, 而從人女, 至畜生等, 故言"乃至", 約出家菩薩, 故言"一切". 謂出家菩薩, 正邪二種婬皆斷故, 女而無非正重境, 故言"一切"也. 女人中三道, 謂大小道及口也. 天[743]中二道, 謂大行[744]道及口, 六[745]重境也.

[H1, 598c1~7; X38, 283b21~c1]

"[또] 모든 여인들에게까지"(乃至一切女人)라고 한 것은 [다음과 같은 뜻이다.] 비록 [음행의 대상이 되는] 모두가 '[위배의] 직접적 대상'(正境)이지만, '사람의 몸을 지닌 여성'(人女)에서부터 짐승畜生 등에 이르기까지 [모두 포함되므로] "에게까지"(乃至)라고 말하였고, '출가한 수행자'(出家菩薩)에 의거하므로 "모든"(一切)이라고 말하였다. '출가한 수행자'(出家菩薩)는 '정상적인 성관계와 잘못된 성관계의 두 가지 음행'(正邪二種婬)을 모두 끊어야 하니, [음행 대상이] 여성이라도 모두 '[허물이] 무거운 죄업의 직접적 대상'(正重境)이기 때문에 "모든"(一切)이라고 말한 것이다. 여성에게는 '[음행의] 세 가지 기관'(三道)이 있는데, '대변과 소변을 보는 기관'(大小道)과 입(口)이다. 남성에게는 '[음행의] 두 가지 기관'(二道)이 있는데 '대변을 보는 기관'(大便道)과 입(口)이 그것이니, 이것은 '[허물이] 무거운 죄업의 [직접적] 대상'([正]重境)이다.[746]

---

743 저본에는 '天'으로 되어 있으나, 문맥상 '男'으로 교감하고 번역한다. 한명숙도 동일하다.(한명숙, 앞의 책, p.190 교감주)

744 저본에는 '行'으로 되어 있으나, 문맥상 '便'으로 교감하고 번역한다. 한명숙도 동일하다.(한명숙, 앞의 책, p.190 교감주)

745 저본에는 '六'으로 되어 있으나, 문맥상 '是'로 교감하고 번역한다. 한명숙도 동일하다.(한명숙, 앞의 책, p.190 교감주)

746 위의 문장에서 제시한 정경의 대상에 대한 설명은 『사분율』의 다음 문장을 참고할 만하다. 『사분율四分律』 권1(T22, 571c17~22). "犯人婦三處, 波羅夷. 大便道小便道及口, 非人婦, 畜生婦, 人童女, 非人童女, 畜生童女, 人二形, 非人二形, 畜生二形,

所言“不得故婬”者. 爲料簡怨家所逼與境合, 而三時不受及,[747] 睡眠時中他人所犯, 而始終中無罪, 故言“不得故婬”.

[H1, 598c7~10; X38, 283c1~3]

“의도적으로 음탕한 행위를 해서는 안 된다”(不得故婬)라는 것은 [다음과 같은 뜻이다.] ‘원한을 품은 나쁜 사람들’(怨家)에 의하여 강제로 [음행의] 대상과 성행위를 하게 되었지만 ‘처음부터 끝까지’(三時) 즐거움을 느끼지 않았거나, 잠잘 때[와 같이 의식이 없는 상태에서] 다른 사람에 의하여 성폭행을 당하여 처음부터 끝까지 죄[가 되는 행위가] 없는 것을 [범하면 죄가 되는 행위와] 구분(料簡)하기 위해서 “의도적으로 음탕한 행위를 해서는 안 된다”(不得故婬)라고 말하였다.[748]

三處, 亦如是. 人黃門, 二處, 行不淨行, 波羅夷, 大便道及口. 非人黃門, 畜生黃門, 亦如是. 人男, 非人男, 畜生男, 二處, 亦如是.” 원효의 위의 설명은 『사분율』 내용의 핵심만 간추린 듯하다.

747 저본에는 ‘及’이라고 되어 있지만, 『사분율』에 의거하여 ‘樂’으로 교감하고 번역한다. “若睡眠無所覺知, 不受樂.” 『사분율』, 권1.(T22, 572b3) 저본의 교감주도 ‘樂’이라고 하였고(H1, 598, 교감주 ③); 한명숙도 동일하다.(한명숙, 앞의 책, p.191 교감주) 하지만 원문대로 ‘及’이라고 하여도 무방하다.

748 이와 관련된 경론은 다음과 같다. 『사분율』 권1(T22, 572b3~4). “不犯者, 若睡眠無所覺知, 不受樂, 一切無有婬意, 不犯.”이라고 하였고, 이에 대하여 『사분율산번보궐행사초』 중권(T40, 55a19~21)에서는 다음과 같이 풀이 하였다. “三明不犯中, 若睡眠無所覺知【謂開怨來偪己身分】, 不受樂【謂開怨家將造他境】, 一切無有淫意【無愛染污心故】, 並不犯.” 이것을 자세히 구분하자면, 의식의 유무에 따라 경우를 다르게 보고 있다. 즉 수면 등 의식이 없는 상태에서 성폭행을 당하여 [성행위를 했다는 사실을] 알아차리지 못하는 경우와 타인에 의하여 강제로 성행위를 하게 되어 의식이 있는 상태에서 쾌락을 느끼지 못하는 경우이다. 이러한 두 경우 모두 오염된 음탕한 마음이 없기 때문에 고의로 음탕한 행위를 한 것이 아니라는 것이다.

(나) 조건을 갖추어 행위를 이루는 것을 밝힘(明具緣成業)

『범망경梵網經』[T24, 1004b27]

婬因, 婬緣, 婬法, 婬業,[749]
'음탕한 [행위를 짓게 되는] 원인'(婬因)과 '음탕한 행위'(婬業)와 '음행의 대상'(婬法)과 '음탕한 [행위의 수단이 되는] 조건'(婬緣)으로

言具緣者, 四緣者, 成正業. 一者, 正道, 若行於非道, 是輕罪故. 二者, 有染心, 怨家所逼, 雖合境, 而於三時, 無染心, 全無罪故. 三者, 起方便. 四者, 令[750]境, 不合於境, 是輕罪故. 於中, 初以爲緣, 次爲目,[751] 第三爲業, 第四爲法, 若闕緣者, 輕非重, 若闕因者, 全無罪.

[H1, 598c10~16; X38, 283c3~8]

'[음탕한 행위를 하게 되는] 조건을 갖춤'(具緣)에 대해 말하자면, '네 가지 조건'(四緣)[을 갖추는 것]이라야 '['허물이 무거운 죄'(重罪)에] 해당하는 행위'(正業)가 된다. ['네 가지 조건'(四緣) 가운데] 첫 번째는 '[성관계의] 중심적 기관'(正道)이어야 하니, 만약 '[성관계의] 비중심적 기관'(非道)에 [성행위를] 행했으면 '[범할 때 허물의 무게가] 가벼운 [허물이 되는] 죄'(輕[垢]罪)가 되기 때문이다.[752] 두 번째는 '[성적 욕구에] 오염된 마음'(染心)이 있어야 하니,

749 대정장에는 "婬因, 婬緣, 婬法, 婬業"으로 되어 있지만, 고본인 【宋】·【元】·【宮】본에는 "婬因, 婬業, 婬法, 婬緣"으로 되어 있다고 밝혔다.(T24, 1004, 교감주[29]) 본 번역은 원효가 참고한 것으로 추정되는 고본에 따라 "婬因, 婬業, 婬法, 婬緣"으로 교감하고 번역한다. 한편 원효의 주석에는 "婬緣, 婬因, 婬業, 婬法"의 순서로 되어 있다.

750 대정장에는 '令'으로 되어 있지만, 문맥상 '合'으로 교감하고 번역한다. 한명숙도 '合'으로 교감하였다.(한명숙, 앞의 책, p.192 교감주)

751 대정장에는 '目'으로 되어 있지만, 문맥상 '因'으로 교감하고 번역한다. 한명숙도 '因'으로 교감하였다.(한명숙, 앞의 책, p.192 교감주)

'원한을 품은 나쁜 사람들'(怨家)의 핍박에 의해서 [강제로 성행위를 하게 되어] 비록 [음행의] 대상과 성행위를 하였더라도 '처음부터 끝까지'(三時) '[성적 욕구에] 오염된 마음'(染心)이 없다면 완전히 죄가 없기 때문이다. 세 번째는 [성행위를 하는] 수단과 방법을 일으켜야 한다. 네 번째는 [음행의] 대상과 성행위를 해야 하니, 대상과 성행위를 하지 않았으면 '[범할 때 허물의 무게가] 가벼운 [허물이 되는] 죄'(輕[垢]罪)가 되기 때문이다.

이 가운데 첫 번째는 '[음행의 수단이 되는] 조건'([婬]緣)이고, 다음은 '[음행의] 원인'([婬]因)이며, 세 번째는 '[음탕한] 행위'([婬]業)이고, 네 번째는 '[음행의] 대상'([婬]法)이다. 만약 '[음행의 수단이 되는] 조건'([婬]緣)이 없으면 '[범할 때 허물의 무게가] 가벼운 [허물이 되는] 죄'(輕[垢]罪)이지 '[허물이] 무거운 죄업'(重[罪])은 아니며, 만약 '[음탕한 행위를 짓게 되는] 원인'([婬]因)이 없다면 완전히 죄가 없다.

亦約正[753]道, 簡[754]輕重者. 犯人女重, 犯畜生等女者, 而業道輕. 亦約人道論者. 犯出家者, 爲重, 犯在家者, 爲輕重.[755] 持戒破戒, 亦爾.

[H1, 598c16~20; X38, 283c8~10]

또한 행위(業道)[756]에 의거하여 '[범할 때 허물의 무게의] 가벼움과 무거

752 위의 각주에서 보았듯, 출가 수행자는 '세 가지 기관'(三道: 소변도小便道 · 대변도大便道 · 구도口道)를 모두 정도로 삼기 때문에 정도로 음행을 하면 모두 중죄를 범하는 것이 되고, 또한 나머지 신체 부분으로 음행을 하면 경구죄를 범하는 것이 된다.

753 저본에는 '正'이라고 되어 있지만, 문맥상 '業'으로 교감하고 번역한다. 한명숙도 동일하다.(한명숙, 앞의 책, p.193 교감주)

754 저본에는 '簡'이라고 되어 있지만, 문맥상 '簡'으로 교감하고 번역한다. 한명숙도 동일하다.(한명숙, 앞의 책, p.193 교감주)

755 저본의 교감주에는 '重'을 '罪' 또는 '垢'로 보았다. "「重」疑「罪」若「垢」."(H1, 598, 교감주④) 본 번역에서는 '垢'로 교감하고 번역한다. 한명숙은 연자로 보고 삭제하였다.(한명숙, 앞의 책, p.193 교감주)

움'(輕重)을 구별하면 [다음과 같다.] '인간 세상에 살아가는 여자'(人女)에게 [음탕한 짓을] 하면 '[허물이] 무거운 죄업'(重[罪])이 되고, '짐승 등의 무리 가운데 암컷'(畜生等女)에게 [음탕한 짓을] 하면 [그] 행위는 '[허물이] 가벼운 [죄업]'(輕[罪])이 된다. 또한 '인간세상에서 살아가는 사람'(人道)에 의거하여 논하면 [다음과 같다.] '출가 [수행]자'(出家者)에게 [음탕한 짓을] 하면 '[허물이] 무거운 죄업'(重[罪])이 되고, 재가자在家者에게 [음탕한 짓을] 하면 '[허물이] 가벼운 [죄업]'(輕[罪])이 된다. '행위단속의 규칙을 지키는 자'(持戒者)나 '행위단속의 규칙을 깨트린 자'(破戒者)에게 [음탕한 짓을] 하는 경우도 또한 이러하다.[757]

---

756 업도業道: 업도(karma-mārga)는 업의 작용이 '일어나는 장소'(所行)라는 뜻과 고락苦樂의 과보와 '통하게 하는 것'(能通)이라는 뜻이 있다 또한 일반적으로 십선업도十善業道와 십악업도十惡業道 두 부류의 길을 의미하기도 한다. 소승의 설일체유부說一切有部에서는 소행지의所行之義로 업도를 해석하며 십선十善 및 십악十惡 가운데 몸과 입으로 지은 두 가지 업을 말하며 각각 일곱 종류가 있다.(『불광대사전』, p.6898) 또한 업도는 선악善惡의 일을 막론하고 매번 하나의 업業이 균등히 ① 가행加行, ② 근본업도根本業道, ③ 후기後起 세 부분으로 나누어지는 것 가운데 ② 근본업도를 말한다. ① 가행은 업을 일으키는 방편이고, ② 근본업도는 일이 완성되는 순간의 표업表業과 무표업無表業이며, ③ 후기는 일이 끝난 후 다시 짓는 것이다. 예를 들어 살생의 순간 소작所作과 소유작所由作은 몸의 무표업을 '거듭 영향을 끼쳐 발생시키는데'(薰發) 이를 근본업도라고 한다.(『불광대사전』, p.5210)

757 이와 관련하여 『사분율산번보궐행사초』 중권(T40, 92c18~21)에서는 다섯 단계로 구분하였다. ① 축생과 사람, ② 사람 가운데 재가자와 출가자, ③ 재가자 중에서 지계자와 파계자, ④ 출가자 가운데 지계자와 출가자, ⑤ 성인聖人이다. 그리고 이러한 대상이 비록 다를지라도 모두 중죄이지만 그 과보는 다르다고 하였다. "淫中自有輕重. 畜生及人, 人中有在家出家, 在家中持戒破戒, 出家五衆持戒破戒, 乃至聖人, 重同報異." 또한 『사분율초비四分律鈔批』 권11에서는 다음과 같이 설명한다. 축생일 경우가 사람일 경우보다 더 무거울 수도 있는데, 이는 욕망의 차원에서 축생에 대하여 음탕한 마음을 가졌기 때문이다. 하지만 과보의 차원에서는 사람에게 저지른 짓이 중죄가 된다. 왜냐하면 사람이 축생보다 더 수승하기 때문이다. "婬中自有輕重者. 立謂, 畜重人輕, 以欲心甚故, 不妨約報人重畜輕, 以人報勝污辱罪重故也. 此言輕重, 非約夷蘭. 此望來報業道輕重. … 重同報異者. 謂強同得夷, 來報

나) [범할 때 허물의 무게가] 가벼운 잘못[된 행동을 열거함]([列]輕非)

『범망경梵網經』[T24, 1004b27~28]

乃至畜生女, 諸天鬼神女, 及非道行婬.

'짐승 가운데 암컷'(畜生女) [또는] '모든 천신과 귀신 가운데 여성'(諸天鬼神女)에 이르기까지 또한 [그들에게] '[성관계의] 비중심적 기관'(非道)으로 음탕한 행위를 하는 것이다.

下言"乃至畜生女, 及非道行婬者", 約在家菩薩故, 作是說. 謂若在家菩薩者, 不斷正婬, 雖然非道行者, 同邪婬故.

[H1, 598c20~22; X38, 283c10~12]

아래에서 말한 "'짐승 가운데 암컷'(畜生女) [또는 모든 천신과 귀신 가운데 여성'(諸天鬼神女)에 이르기까지] 또한 [그들에게] '[성관계의] 비중심적 기관'(非道)으로 음탕한 행위를 하는 것이다"(乃至畜生女, 及非道行婬者)라는 것은, '재가 수행자'(在家菩薩)에 의거하였기 때문에 이렇게 설명한 것이다. 만약 '재가 수행자'(在家菩薩)라면 '정상적인 성관계로 하는 음행'(正婬)은 끊지 않는데,[758] 비록 그렇더라도 '[성관계의] 비중심적 기관'(非道)으로 행하는 것은 '잘못된 성관계로 하는 음행'(邪婬)과 같기 때문이다.

然而邪婬, 有二種. 一者, 非道[759]故, 邪婬, 二者, 非分故, 邪婬.

[H1, 599a1~2; X38, 283c12~13]

則重, 故云報異. 謂婬畜罪輕, 乃至聖人最重等也."(X42, 936a11~18)

758 재가보살에게 부단정음不斷正婬이 허용되는 것은 세속에서 부부의 연연을 맺고 자식을 낳아 기르기 때문에, 이에 관한 성행위는 인정되는 것이다.

759 서본에는 '非道'이지만, 아래의 문장을 참고하여 '自分'으로 교감하고 번역한다. 한명숙도 동일하다.(한명숙, 앞의 책, p.194 교감주)

그런데 '잘못된 성관계로 하는 음행'(邪婬)에는 두 가지가 있다. 첫 번째는 '자신에게 속한 대상'(自分)[에게 음행을 한 것]이기 때문에 '잘못된 성관계로 하는 음행'(邪婬)인 경우이고, 두 번째는 '[자신에게] 속하지 않은 대상'(非[自]分)[에게 음행을 한 것]이기 때문에 '잘못된 성관계로 하는 음행'(邪婬)인 경우이다.

先中, 亦有曰.[760] 謂雖犯自分, 而以非理行婬者, 不應理故. 二[761]者, 非處故. 謂若塔寺有三寶處, 若父母側中, 若日月光中, 師僧側中等類. 二者, 非時故. 謂月六齋, 年三中,[762] 有胎時, 兒生以後一月以還, 月血出時等. 三者, 法護故. 謂犯受一日戒時. 四者, 非道故. 謂除常小道, 犯於四[763]大行[764]道等. 『優婆塞戒經』云, "未雖出夫家,[765] 其婢中, 非道中, 行婬故, 犯邪婬等." 此四, 雖皆犯非輕,[766] 而犯自分, 非他分故, 輕垢罪重.[767]

[H1, 599a2~12; X38, 283c13~21]

---

760 저본에는 '曰'이라고 되어 있지만, 문맥상 '四'로 교감하고 번역한다. 한명숙도 동일하다.(한명숙, 앞의 책, p.195 교감주)

761 저본에는 '二'라고 되어 있지만, 문맥상 '一'로 교감하고 번역한다. 한명숙도 동일하다.(한명숙, 앞의 책, p.195 교감주)

762 한명숙은 '中'을 '月'로 교감하고 번역하였지만(한명숙, 앞의 책, p.195 교감주) '中'으로 보아도 무방하다. 따라서 본 번역에서는 저본대로 '中'으로 번역한다.

763 저본의 '四'는 문맥상 'ㅁ'로 교감하고 번역한다. 한명숙은 '四'를 삭제하였다.(한명숙, 앞의 책, p.195 교감주)

764 저본에는 '行'이라고 되어 있지만, 문맥상 '便'으로 교감하고 번역한다. 한명숙도 동일하다.(한명숙, 앞의 책, p.195 교감주)

765 한명숙은 '夫家'를 '配嫁'로 교감하고 번역하였지만(한명숙, 앞의 책, p.195 교감주) '夫家'로 보아도 무방하다. 따라서 본 번역에서는 저본대로 '夫家'로 번역한다.

766 한명숙은 '輕'을 '重'으로 교감하고 번역하였지만(한명숙, 앞의 책, p.195 교감주) 본 번역에서는 저본대로 '輕'으로 번역한다.

767 저본의 교감주에 "중重은 잉자剩字로 의심된다(「重」疑剩)"라고 하였다.(H1, 599, 교감주①) 본 번역도 이에 따라 '重'을 삭제하고 번역한다. 하지만 '重'을 삭제하지 않아도 번역이 가능하다. 아래의 역주 참조.

앞의 ['자신에게 속한 대상'(自分)에게 음행을 한 것] 가운데도 네 가지 [경우]가 있다. 비록 '자신에게 속한 대상'(自分)에게 [음행을] 저질렀다고 하여도 '[성 행위의] 잘못된 도리'(非理)로 음행을 하는 것은 [성 행위의] 이치에 맞지 않기 때문이다. 첫 번째는 '적절치 않은 곳'(非處)[에서 하는 음행]이다. '탑을 모시는 절로 [부처(佛) · 진리(法) · 수행공동체(僧)의] 세 가지 보배가 있는 곳'(塔寺有三寶處)이거나, '부모님이 계신 옆자리'(父母側中)이거나, '해와 달이 환히 비추는 곳'(日月光中)이거나, '[수계식受戒式을 맡아 준 세 분의] 스승과 [일곱 분의] 승려'(師僧)가 계신 옆자리'(師僧側中)[에서 하는 음행]과 같은 사례가 그것이다. 두 번째는 '적절치 않은 시간'(非時)[에 하는 음행]이다. '매달 여섯 번의 [계율을 지키며] 삼가는 날'(月六齋[日])[768]이나, '매해 오래도록 [계율을 지키는] 세 번의 달'(三長齋月)[769]에 해당하는 기간'이거나, '아기를 가졌을 때'(有胎時)이거나, '아기를 낳은 후 한 달 이전'(兒生以後一月以還)이거나, '매달 생리를 할 때'(月血出時)[의 음행]과 같

768 육재일六齋日: 매달 청정하게 계율을 지녀야 하는 6일이다. [달이 차오르는] 백월白月 기간 가운데 매달 8일 · 14일 · 15일과 [달이 지는] 흑월黑月 기간 가운데 23일 · 29일 · 30일에 승려공동체는 반드시 한곳에 모여서 포살설계布薩說戒를 해야 한다. 재가 신자는 만 하루 동안 팔재계八齋戒를 수지해야 한다. 인도 전통에서는 이 날 귀신들이 인간 세상에 나와 근기를 살펴 사람을 해치므로 이날은 목욕을 하고 단식을 하는 풍속이 있었다. 불교가 성립한 이후에도 이 6일에는 사천왕이 반드시 인간 세상에 내려와 인간의 선악을 조사한다고 믿었다.(『불광대사전』, p.1311 참고)

769 삼장재월三長齋月: 매해 정월 · 5월 · 9월의 세 달 동안 계율을 지키며 음식 등을 삼가는 기간이다. 정오 이후에는 음식을 먹지 않는 것을 재齋라고 한다. 외도들은 종일 금식하는 것을 계율로 삼기도 한다. 세간 사람들이 음식에 절도가 없고 방일하며 게으르게 지내며 중도를 지니지 못하자, 부처님은 비구 등에게 매일 한 번만 밥을 먹게 하였다고 한다. 그리고 이를 통해 출가자 스스로 청정하게 생활하며 몸과 마음을 단정하고 정숙하게 하고 편안히 선정에 들어 도를 깨닫게 하는 수행의 규칙으로 삼았다. 이러한 삼장재월은 중국 당唐나라에서 매우 성행하여, 이 3개월 동안은 국가에서 형벌을 집행하지 않고, 축생 등을 죽이지 않았다고 한다.(『불광대사전』, p.575) 따라서 당나라의 영향을 많이 받았던 신라에서도 이러한 문화가 성행했을 것으로 생각된다.

은 사례가 그것이다. 세 번째는 '[계율로 정해진] 규칙을 지키는 때'(法護)[의 음행]이다. '[매달 여섯 번의 [계율을 지키며] 삼가는 날'(六齋日)] 하루 동안 지켜야 하는 계율[770]을 받아 지닐 때'(受一日戒時) [음행을] 저지르는 일이 그것이다. 네 번째는 '[성관계의] 비중심적 기관'(非道)[으로 행하는 음행]이다. '일반적인 ['성관계의 중심적 기관'(正道)인] 소변을 보는 기관'(常小道)을 제외하고, '[성관계의 비중심적 기관'(非道)인] 입(口)과 대변을 보는 기관'(口大便道) 등에 [음행을] 저지르는 일이 그것이다. 『우바새계경優婆塞戒經』에서는 [다음과 같이] 말한다. "비록 아직 [결혼을 하지 않아서] 남편 집으로 가지 않았지만 그 여종에게 '[성관계의] 비중심적 기관'(非道)에 음행을 저지르기 때문에 '잘못된 성관계로 하는 음행'(邪婬)을 저지른 것이 된다."[771] 이 네 가지는 비록 모두 '[허물이] 가벼운 [죄업]'(輕[罪])을 저지른 것은 아니지만, '자신에게 속한 대상'(自分)에게 [음행을] 저지른 것이지 '다른 사람에게 속한 대상'(他分)[에 음행을 저지른 것이] 아니기 때문에 '[범할 때 허물의 무게가] 가벼운 허물이 되는 죄'(輕垢罪)가 된다.[772]

---

770 일일계一日戒: 매달 육재일六齋日에 만 하루 동안 받아 지니는 계율로, 팔재계八齋戒라고도 부른다. 팔재계의 여덟 가지 조목은 다음과 같다. ① '살아 있는 것을 죽이지 않음'(不殺生), ② '주지 않은 것을 빼앗지 않음'(不偷盜), ③ '음탕한 행위를 하지 않음'(不婬), ④ '거짓말을 하지 않음'(不妄語), ⑤ '술을 마시지 않음'(不飮酒), ⑥ '자신의 몸에 꽃다발로 장식하지 않고, 춤추고 노래하는 것을 보고 듣지 않음'(不以華鬘裝飾自身, 不歌舞觀聽), ⑦ '높고 넓으며 화려하게 꾸민 평상이나 자리를 만들어 앉고 눕지 않음'(不坐臥高廣華麗床座), ⑧ '정해진 때가 아닌 시간에 음식을 먹지 않음'(不非時食). 이러한 팔재계는 하루 낮·하루 밤 동안 계속해서 지켜야 하며, 재가 가정에서 벗어나 출가 승가의 아라한이 있는 곳에서 보내는 것으로 근주율의近住律儀라고도 부른다.(『불광대사전』, p.317)

771 『우바새계경』에서 위의 내용과 일치하는 문장을 찾을 수 없지만, 『우바새계경』 권6의 다음 문장은 참고할 만하다. "若於非時, 非處, 非女, 處女, 他婦, 若屬自身, 是名邪婬."(T24, 1069a4~5) 또한 『우바새오계상경優婆塞五戒相經』 권1(T24, 943a9~10)에서는 재가자가 처녀와 그 여종 등에게 비도非道에 음행을 하면 참회가 가능한 죄가 되지만, 후생에 받는 과보의 죄는 무겁다고 하였다. "若優婆塞, 婢使, 未配嫁, 於中非道, 行婬者, 犯可悔罪. 後生受報, 罪重."

後中, 亦有三. 一者, 法護故. 謂犯於出家五衆及受出家戒等.[773] 二者, 人護故. 謂母夫與[774]所護故. 三,[775] 非類故. 謂犯非人畜生等故. 故『方等陀羅尼經』云, "犯禽獸者, 是邪婬故." 此三莫問正道非道, 皆犯重戒, 是非分故.

[H1, 599a12~18; X38, 283c21~284a1]

뒤의 ['다른 사람에게 속한 대상'(他分)에게 음행을 한 것] 가운데도 세 가지 [경우]가 있다. 첫 번째는 '[계율로 정해진] 규칙을 지키는 자'(法護)[에 대한 음행]이다. '출가한 다섯 부류의 수행자'(出家五衆)와 '출가자의 계율을 받은 자'(受出家戒)[에 대한 음행]과 같은 사례가 그것이다. 두 번째는 '[다른] 사람이 지켜 주는 자'(人護)[에 대한 음행]이다. 어머니나 남편 등이 지켜 주는 대상[에 대한 음행]이 그것이다. 세 번째는 '[사람] 부류가 아닌 것'(非類)[에 대한 음행]이다. '사람이 아닌 것'(非人)과 짐승(畜生) 등[에게 음행을] 저지르는 것이 그것이다. 따라서 『방등다라니경方等陀羅尼經』에서는 [다음과 같이] 말한다. "'날짐승과 들짐승'(禽獸)에 [음행을] 저지르는 것은 '잘못된 성관계로 하는 음행'(邪婬)이다."[776] 이 세 가지는 '[성관계의] 중심

772 앞의 교감주에서 언급한 대로 '重'을 삭제하지 않고 번역도 가능하다. 즉 위의 각주에서 밝힌 『우바새오계상경優婆塞五戒相經』의 문장(若優婆塞, 婢使, 未配嫁, 於中非道, 行婬者, 犯可悔罪. 後生受報, 罪重)을 참고하면, '輕垢罪重'을 "현생에서는 가벼운 허물(可悔罪)이 되지만, 내생의 과보에서는 죄가 무겁다(罪重)"라고 번역할 수도 있다.

773 저본에는 '等'으로 되어 있지만 한명숙은 '時'로 교감하고 있다.(한명숙, 앞의 책, p.196 교감주) 그러나 원문대로 '等'으로 보고 번역하여도 문제가 없기에 그대로 둔다.

774 저본에는 '與'로 되어 있지만, 문맥상 '等'으로 교감하고 번역한다. 한명숙도 동일하다.(한명숙, 앞의 책, p.196 교감주)

775 저본에는 '者'가 없지만, 문맥상 추가하여 번역한다.

776 위의 경문 인용은 『대방등다라니경大方等陀羅尼經』 권1의 다음 문장을 참고할 만

적 기관'(正道)과 '[성관계의] 비중심적 기관'(非道)을 따지지 않고 모두 '[범할 때 허물의 무게가] 무거운 계율'(重戒)을 범한 것이니, '[자신에게] 속하지 않은 대상'(非[自]分)[에 대한 음행]이기 때문이다.

問. 何故, 在家菩薩, 不斷正婬?

答. 『優婆塞戒經』云, "若得物者, 四分, 以一分與父母妻子, 以一[777]分販賣, 以二[778]分畜積." 故知, 有自妻. 亦『仁王經』云, "輪王有百子及千子故. 輪王者, 從地前, 至於第十地[779]菩薩." 故知, 在家僧[780]菩薩者, 不斷正婬.

[H1, 599a18~23; X38, 284a1~5]

묻는다. 어찌하여 '재가 수행자'(在家菩薩)는 '정상적인 성관계'(正婬)를 끊지 않는가?

답한다. 『우바새계경優婆塞戒經』에서는 [이렇게] 말한다. "만약 재물을 얻으면 넷으로 나누어 [그중] '한 부분'(一分)은 '부모와 아내와 자식'(父母妻子)에게 주고, [그중] '두 부분'(二分)은 판매하며, [나머지] '한 부분'(一分)

하다. "若有菩薩, 婬欲無度, 不擇禽獸者, 是名犯第二重戒."(T21, 645c10~11)

777 저본에는 '一'이라고 되어 있지만, 『우바새계경』에 따라 '二'로 교감하고 번역한다. 한명숙도 동일하다.(한명숙, 앞의 책, p.197 교감주) 『우바새계경』 권3, "若得財物, 應作四分. 一分, 應供養父母己身妻子眷屬. 二分, 應作如法販博. 留餘一分, 藏積擬用."(T24, 1048c22~24)

778 저본에는 '二'라고 되어 있지만, 『우바새계경』에 따라 '一'로 교감하고 번역한다. 한명숙도 동일하다.(한명숙, 앞의 책, p.197 교감주) 『우바새계경』 권3, "若得財物, 應作四分. 一分, 應供養父母己身妻子眷屬. 二分, 應作如法販博. 留餘一分, 藏積擬用."(T24, 1048c22~24)

779 저본의 '地'에 대하여 한명숙은 '迴向'으로 교감하였으나(한명숙, 앞의 책, p.197 교감주) 본 번역에서는 저본대로 '地'로 번역한다.

780 저본에는 '僧'이 있지만, 문맥상 삭제하고 번역한다. 한명숙도 동일하다.(한명숙, 앞의 책, p.197 교감주)

은 모아 둔다."[781] 그러므로 ['재가 수행자'(在家菩薩)에게] '자신의 아내'(自妻)가 있음을 알 수 있다. 또한 『인왕경』에서는 [이렇게] 말한다. "'[진리의] 수레바퀴를 굴리는 성스러운 임금'(轉輪聖王)은 백 명 아들 또는 천 명의 아들이 있다.[782] '[진리의 수레바퀴를] 굴리는 [성스러운] 임금'([轉]輪[聖]王)이라는 것은 '[열 가지] 본격적인 수행경지 이전'([十]地前)에서부터 '[열 가지 본격적인 수행경지 가운데] 열 번째 경지'(第十地)에 이르기까지의 보살이다."[783] 그러므로 '재가 수행자'(在家菩薩)는 '정상적인 성관계'(正婬)를 끊지 않음을 알 수 있다.

非道二種. 第一, 以小道爲正道, 口大行[784]二道爲非道. 二者, 以三

---

781 『우바새계경』의 다음 문장을 인용한 것이다. 다만 위의 본문과는 내용이 다르다. 즉 절반은 판매하고, 나머지 한 부분은 모은다고 하였다. 『우바새계경』 권3(T24, 1048c22~24). "若得財物, 應作四分. 一分, 應供養父母己身妻子眷屬. 二分, 應作如法販博. 留餘一分, 藏積擬用." 본 번역은 경문의 문장을 따라 번역하였다.

782 『불설인왕반야바라밀경佛說仁王般若波羅蜜經』에는 일치하는 문장이 없다. 다만 『보살영락본업경』 상권의 다음 문장을 참고할 만하다. "銅寶瓔珞銅輪王, 百福子爲眷屬, 生一佛土, 受佛學行, 敎二天下. 銀寶瓔珞銀輪王, 五百福子爲眷屬, 生二佛國中, 受佛敎行, 化三天下. 金剛寶瓔珞金輪王, 千福子爲眷屬, 入十方佛國中, 化一切衆生, 處四天下."(T24, 1016a22~27)

783 전륜성왕에 대하여 일반적으로 다음과 같이 수행계위를 짝 맞춘다. 동륜銅輪은 십주十住인 습종성習種性, 은륜銀輪은 십행十行인 성종성性種性, 전륜성왕은 도종성道種性인 십회향十迴向이 그것이다. 『인왕경』 상권(T8, 827b16~17). "習種銅輪二天下, 銀輪三天性種性. 道種堅德轉輪王, 七寶金光四天下." 하지만 천태 지의의 『인왕호국반야경소仁王護國般若經疏』에서는 『인왕경』과 『본업경』은 원교圓敎의 측면에서 지전地前의 단계에서 전륜성왕에 대하여 설명하였고, 『십지경』에서는 별교別敎의 측면에서 십지十地 단계의 전륜성왕에 대하여 설명한 것이라고 하였다. 『인왕호국반야경소』 권4(T33, 272b19~22). "十住銅輪王, 十行銀輪王, 十向金輪王, 初地已上琉璃輪王. 十地經初地作鐵輪王, 此別敎意也. 瓔珞及此經, 十善作鐵輪王圓敎意也." 따라서 위의 본문 "輪王者, 從地前, 至於第十地菩薩"은 위의 설명을 종합한 것으로 볼 수 있다. 즉 천태의 설명으로 말하자면, 원교와 별교의 측면을 아울러 설명한 것으로 판단된다.

道爲正道, 以餘身分爲非道. 犯婬, 不正道故也. 若約出家菩薩及比丘等中, 皆以三道正道故, 犯重, 餘身分者, 犯輕. 若在家菩薩, 所言行於非道故爲邪者, 非謂以餘身分爲非道, 口大行[785]二道, 皆爲非道, 故言邪婬也.

[H1, 599a23~b6; X38, 284a5~10]

'[성관계의] 비중심적 기관'(非道)은 두 가지 [경우]로 구분된다. 첫 번째는 '소변을 보는 기관'(小[便]道)을 '[성관계의] 중심적 기관'(正道)으로 삼고 '입'과 '대변을 보는 기관' 두 가지를 '[성관계의] 비중심적 기관'(非道)으로 삼는 경우이다. 두 번째는 '[입과 대변과 소변을 보는 기관, 이] 세 가지 기관'(三道)을 '[성관계의] 중심적 기관'(正道)으로 삼고 나머지 부분의 신체들을 '[성관계의] 비중심적 기관'(非道)으로 삼는 경우이다. [재가 보살이] 음행[을 하지 말라는 계율]을 범하는 경우는 '[성관계의] 중심적 기관'(正道)[으로 성관계를 하는 것]이 아니기 때문이다. 만약 '출가한 수행자'(出家菩薩)와 비구比丘 등에 의거한다면, [이들에게는] '[입과 대변과 소변을 보는 기관, 이] 세 가지 기관'(三道) 모두가 '[성관계의] 중심적 기관'(正道)이 되기 때문에 [이 기관들로 음행을 하면] '[범할 때 허물의 무게가] 무거운 [죄업]'(重[罪])을 범한 것이 되고, 나머지 부분의 신체[로 음행을 한 것]이라면 '[범할 때 허물의 무게가] 가벼운 [허물이 되는 죄]'(輕[垢罪])를 범한 것이 된다. '재가 수행자'(在家菩薩)의 경우, 〈'[성관계의] 비중심적 기관'(非道)으로 [음행을] 했기 때문에 '잘못된 성관계'(邪[婬])〉라고 말하는 것은, 나머지 부분의 신체들을 '[성관계의] 비중심적 기관'(非道)으로 간주한 것이 아니고 '입'과 '대변을 보는 기관' 두 가지를 모두 '[성관계의] 비중심적 기관'(非道)으로 간주하기 때문에

784 저본에는 '行'이라고 되어 있지만, 문맥상 '便'으로 교감하고 번역한다. 한명숙도 동일하다.(한명숙, 앞의 책, p.198 교감주)

785 저본에는 '行'이라고 되어 있지만, 문맥상 '便'으로 교감하고 번역한다. 한명숙도 동일하다.(한명숙, 앞의 책, p.198 교감주)

‘잘못된 성관계’(邪婬)라고 말하는 것이다.

나. [잘못된 행동을] 치유하는 바른 행위(對治正行)

> 『범망경梵網經』[T24, 1004b28~29]
>
> 而菩薩, 應生孝順心, 救度一切衆生, 淨法與人.
>
> 보살은 마땅히 ‘[행위를] 단속하면서 따르는 마음’(孝順心)을 내어 모든 중생을 구제하고 ‘온전한 가르침’(淨法)을 사람들에게 주어야 한다.

③ 잘못을 짚어서 허물을 확인시킴(擧非結過)

> 『범망경梵網經』[T24, 1004b29~c2]
>
> 而反更起一切人婬, 不擇畜生乃至母女姊妹六親行婬, 無慈悲心者, 是菩薩波羅夷罪.
>
> 그러나 도리어 반대로 모든 사람에 대해 음행을 일으켜 짐승(畜生)에서 ‘어머니와 딸’(母女)과 ‘누나와 여동생’(姊妹), ‘여섯 부류의 친척’(六親)에 이르기까지 가리지 않고 음행을 저질러 ‘자비로운 마음’(慈悲心)이 없어진 것이라면, 이는 ‘보살의 가장 심한 계율위반’(菩薩波羅夷罪)이 된다.

六親者, 高祖等, 第四父, 亦子子故, 爲六. 母中亦爾. 若第四父母以後技[786]出者, 皆爲六親也.

[H1, 599b6~9; X38, 284a10~12]

“여섯 [부류의] 친척”(六親)이라는 것은 [첫 번째인] 고조高祖, [두 번째인 증

786 저본에는 ‘技’라고 되어 있지만, 문맥상 ‘枝’라고 교감하고 번역한다. 한명숙도 동일하다.(한명숙, 앞의 책, p.199 교감주)

조曾祖, 세 번째인 조부祖父] 등에서부터 네 번째인 아버지(父), 또한 [다섯 번째인 그] 자식(子)과 [여섯 번째인] '[그 자식의] 자식'(孫子)이기 때문에 '여섯 [부류]'(六)가 된다. '어머니 [계통의 '여섯 부류의 친척'(六親)]'(母)도 또한 이러하다. 그리고 네 번째인 부모 이후 갈라져 나와 태어난 사람을 모두 '여섯 [부류의] 친척'(六親)으로 삼기도 한다.787

此中作四句, 簡持犯. 一者, 有雖犯婬, 而一向福非罪. 謂如文殊等, 達機菩薩故, 應現婬男身得度者, 卽現婬男婬女身, 能令之度故. 如『文殊師利巡行經』中廣說. 大菩薩者, 無然故, 亦無不然故. 『淨名經』「佛道品」中云, "若菩薩行非道, 是菩薩通達佛道故." 二者, 亦有犯婬而非罪福. 謂狂心亂心傷788心等, 及不去789時, 他人所犯, 怨家所逼,

---

787 본문에서 육친六親을 아버지와 어머니 각각의 혈통에서 자신의 고조에서 손자까지로 설명하였는데, 이는 일반적인 육친 설명과는 다르다. 즉 일반적 육친은 위의 본문 중 '第四父母以後技出者'라는 설명대로 부모와 형제·자매 그리고 배우자와 자녀를 의미하는 경우가 많다. 예를 들면 법장의 『화엄경탐현기』 권6(T35, 234a3~4) "六親者, 謂父母兄弟妻子爲六"과 『사분율행사초자지기四分律行事鈔資持記』 상권(T40, 214a6) "六親, 謂父母兄弟妻子" 등이 그것이다. 또 이를 확대하여 설명하는 경우도 있다. 『천태보살계소天台菩薩戒疏』 상권(T40, 588c5~8)에서는 아버지와 어머니 계통의 친척 모두와 자신의 부모·형제자매·배우자와 자녀 및 자녀와 형제에 관련된 친족 모두를 설명하기도 한다. "一父之親, 謂祖父母及姑叔等. 二母之親, 卽姨[女*舅]等. 三己之親, 卽父母兄弟及本時妻子等, 四妻之親, 卽妻姊妹等. 五男女之親, 謂新婦等. 六兄弟之親, 所謂嫂等." 한편 신라의 의적은 『보살계본소』 하권(T40, 677c4~5)에서 '배우자와 자녀'(妻子)를 빼고 '큰아버지와 작은아버지'(伯叔)을 넣기도 하였다.("父母伯叔兄弟爲六親.") 그런데 원효가 이러한 일반적인 설명 대신 부모 각각 계통의 혈통으로 제한하여 육친六親을 설명한 부분은 배우자에 대한 음행을 배제하려는 의도가 엿보인다. 즉 앞의 내용에서 "재가 보살의 경우 정도正道로 음행하는 것을 끊지 않는다(在家菩薩者, 不斷正婬)"라고 하였기 때문이다. 그러므로 배우자를 제외한 육친을 설명하기 위해 위와 같이 설명하였을 가능성이 있다.

788 한명숙은 '傷'을 '散'으로 교감하였으나(한명숙, 앞의 책, p.200 교감주) 본 번역은 저본의 원문대로 '傷'으로 번역한다.

而三時不受樂等, 亦任母亂,[790] 阿難犯婬等類. 三,[791] 一向輕罪故[792]非重. 謂出家菩薩, 犯輕身分等, 在家菩薩, 雖自分故, 而非理故, 犯輕罪等. 四者, 唯重非輕. 謂此戒正所立重戒也.

[H1, 599b9~22; X38, 284a12~22]

여기서는 '네 가지 판단'(四句)을 하여 '[보살의 계율을] 지킴과 범함'(持犯)을 구분해 보겠다. 첫 번째는 〈비록 '음행을 범함'(犯婬)이 있으나 '한결같이 좋은 행위이지 나쁜 행위가 아닌 경우'(一向福非罪)〉이다. 마치 문수[보살]文殊[菩薩] 등과 같은 〈'[중생의] 상황에 밝아'(達機) '[그 상황에 맞는 수단과 방법을] 적절히 쓰는'(輪機) 능력을 지닌 보살〉(達[輪]機菩薩)이기 때문에 〈'성행위를 하는 남자의 몸'(婬男身)으로 '[세상에] 응하여 나타나'(應現) '깨달음을 이루게 하는 자'(得度者)〉라면, '성행위를 하는 남자나 여자의 몸'(婬男婬女身)으로 나타나 스스로 깨달음을 이루게 할 수 있는 것이다. 『문수사리순행경文殊師利巡行經』[793]에서 자세히 설한 것과 같다.

---

789 한명숙은 '不去'를 '睡眠'으로 교감하였으나(한명숙, 앞의 책, p.200 교감주) 본 번역은 저본의 원문대로 '不去'로 번역한다.

790 한명숙은 '任母亂'을 '有呪婬'으로 교감하였으나(한명숙, 앞의 책, p.200 교감주) 본 번역은 저본의 원문대로 '任母亂'으로 번역한다. 후대의 중국 명나라의 『범망경심지품보살계의소발은梵網經心地品菩薩戒義疏發隱』 3권의 문장에서 "問. 亦有呪婬. 如摩登伽先梵天呪是也."(X38, 170b14~15)라고 한 것이나, 청나라의 『불설범망경초진佛說梵網經初津』 3권의 "問. 亦有呪婬, 如摩登伽, 先梵天呪, 今何不制?"(X39, 102b2~4)의 문장에서 '有呪婬'이라고 한 경우가 있지만, 저본의 원문대로 '任母亂'이라고 하여도 무방하다.

791 저본에는 '者'가 없지만, 문맥상 '者'를 추가하여 번역한다.

792 한명숙은 '故'를 연자로 보고 교감하였지만(한명숙, 앞의 책, p.200 교감주) 본 번역에서는 저본의 원문대로 번역한다.

793 문수사리순행경文殊師利巡行經: 『문수사리순행경』에 정확히 해당되는 문장은 없지만, 논리적 구조로 참고할 만한 문장은 다음과 같다. "文殊師利言, 大德舍利弗! 眞如不減, 眞如不增, 法界不減, 法界不增, 諸衆生界不減 不增. 何以故? 彼唯言語, 無人可依, 無處可依, 非依不依. 大德舍利弗! 如是不依卽是菩提, 如是菩提卽是解脫. 若依法者

[달륜기보살達輪機菩薩과 같이 '중생의 상황에 밝아'(達機) '그 상황에 맞는 수단과 방법을 적절히 쓰는'(輪機) 능력을 지닌] '위대한 보살'(大菩薩)은 '[음행 등을 하는] 그러함'(然)이 없지만 또한 '[음행 등을 안 하는] 그러하지 않음'(不然)도 없기 때문이다. 『정명경淨名經』「불도품佛道品」에서는 [이렇게] 말한다. "만약 보살이 '부처의 가르침이 아닌 것'(非道)을 행했다면, 이 보살은 부처님의 가르침을 통달했기 때문이다."[794]

두 번째는 〈또한 '음행을 범함'(犯婬)이 있으나 '나쁜 행위도 좋은 행위도 아닌 경우'(非罪福)〉이다. '제정신이 아닌 상태의 마음'(狂心)·'갈피를 못 잡는 마음'(亂心)·'[고통으로] 상처받은 마음'(傷心) 등이거나, 또

是則分別, 若知非作亦非非作, 卽是涅槃."(T14, 511b28~c4) 특히 '無人可依, 無處可依, 非依不依'나 '若知非作亦非非作, 卽是涅槃'은 원효 사상의 핵심과도 잘 통한다. 즉 '불이이불수일不二而不守一'의 측면에서 진속불이眞俗不二를 강조하는 원효사상은 위 본문의 내용인 "大菩薩者, 無然故, 亦無不然故."와 같은 의미맥락을 보여 준다. 이에 대하여 한명숙은 다음과 같이 설명한다. "『문수사리순행경』(T14, 510a9)은, 문수가 5백 명의 성문 비구의 수행처를 순행하면서 진여·여래 등이 모두 실체가 없다는 것을 설하여 깨우침을 얻도록 한 것이어서 본문의 내용과 직접적인 연관성은 보이지 않는다. 혹은 보살은 일체개공의 이치를 깨달았기 때문에 일체의 대상에 자유자재하게 응하니, 그러한 형태로 응하는 것은 공한 것이므로 죄가 되지 않음을 보이는 것이라고 하여 연관 지을 수도 있다."(한명숙, 앞의 책, p.199 각주 279번)

794 정명경淨名經: 『정명경』은 『유마힐소설경維摩詰所說經』의 다른 명칭이다. 위의 문장은 『유마힐소설경』 중권의 다음 문장을 인용한 것이다. "維摩詰言, 若菩薩行於非道, 是爲通達佛道. 又問. 云何菩薩行於非道? 答曰. 若菩薩行五無間, 而無惱恚, 至于地獄, 無諸罪垢, 至于畜生, 無有無明憍慢等過."(T14, 549a1~4) 〈산스크리트본의 해당 내용: VKN., p.76. atha khalu mañjuśrīḥ kumārabhūto vimalakīrtiṃ licchavim evam āha: kathaṃ kulaputra bodhisatvo gatiṃgato bhavati buddhadharmeṣu / āha: yadā mañjuśrīḥ bodhisatvo 'gatigamanaṃ gacchati, tadā bodhisatvo gatiṃgato bhavati buddhadharmeṣu /; 그때 실로 문수동자가 리차비족 비말라키르티에게 다음과 같이 말했다. "양가집의 아들이여, 보살은 어떻게 붓다의 가르침으로 가는 자가 됩니까?" 대답한다. "문수여, 보살이 [붓다의 가르침으로] 가지 않을 때, 그때 보살은 붓다의 가르침으로 가는 자가 됩니다."〉

는 '[잠이 들거나 하여] 움직일 수 없을 때'(不去時) '다른 사람에 의하여 성폭행을 당한 것'(他人所犯)이거나, '원한을 품은 나쁜 사람들'(怨家)에 의하여 강제로 성행위를 하게 되었지만 '처음부터 끝까지'(三時) 즐거움을 느끼지 않는 것 등이나, 또한 '[마등가] 어머니에게 [주문이 걸려 마음이] 어지럽혀져서'(任母亂) 아난阿難이 음행을 범하는 것 등의[795] 부류가 그것이다.

세 번째는 〈한결같이 '[범할 때 허물의 무게가] 가벼운 [허물이 되는] 죄'(輕[垢]罪)만 되므로 '[허물이] 무거운 [죄업]'(重[罪])은 아닌 경우〉이다. '출가 수행자'(出家菩薩)가 '신체의 일부분'(身分)에 가벼운 음행을 하는 것 등이나, '재가 수행자'(在家菩薩)가 비록 '자신에게 속한 대상'(自分)이라고 할지라도 '[성행위의] 잘못된 도리'(非理)로 [음행을 하기] 때문에 '[범할 때 허물의 무게가] 가벼운 [허물이 되는] 죄'(輕[垢]罪)를 범하는 것 등을 말한다.

네 번째는 〈'오직 [허물이] 무거운 [죄업]이 되고 [범할 때 허물의 무게가] 가벼운 [허물이 되는 죄](輕[垢]罪)는 아닌 경우'(唯重非輕)〉이다. [경전에서 설하

795 아난阿難과 마등가녀摩登伽女(또는 마등녀摩鄧女)에 관한 유명한 이야기이다. 마등가(Mātaṅgī)는 고대 인도에서 여성의 신분을 가리키는 말이다. 천민에 속하며 이 부류에 속하는 여자는 길거리 청소를 업으로 하였다고 한다.(『불광대사전』, p.6076) 그러므로 마등가녀는 마등가 신분의 여자 또는 그 딸을 의미하는 말이다. 이에 관한 이야기는 안세고安世高가 번역한 『불설마등녀경佛說摩鄧女經』(T14, 895a3~c13)이 원형으로 보인다. 그 줄거리를 요약하면 다음과 같다. 아난이 걸식을 하던 중 물가에서 물을 길어 올리던 여인을 만나게 되고, 그 여인이 아난에게 반하여 그의 어머니인 마등가에게 울면서 아난과 결혼을 시켜 달라고 말한다. 마등가는 아난을 만나 자신의 딸과 결혼할 것을 요구하였지만, 아난은 자신이 출가 수행자이므로 결혼을 할 수 없다고 거절하였다. 이에 마등가는 주술(蠱道)로 아난을 유혹하지만, 석가모니 부처님이 신통으로 아난을 구해 준다. 이후 부처는 아난을 좇아온 마등가의 딸을 출가시키면서 경전의 내용을 맺는다. 부처는 아난과 마등녀의 딸이 전생의 부부였다고 하였다. 이 이야기는 후대에 『마등가경摩登伽經』(T21, 399c24)·『수능엄경首楞嚴經』 1권(T19, 122a2)에 변형되어 나온다. 또한 『아비달마대비바사론阿毘達磨大毘婆沙論』 18권(T27, 90b17)·『대승유식론大乘唯識論』(T31, 73b24)에도 관련된 언급이 보인다.

는] 이 계율이 곧바로 세운 '[범할 때 허물이] 심한 계율'(重戒)이 그것이다.

四 헛된 말을 하는 것에 대한 계율(妄語戒)

① 사람을 들어 [계율을 받는] 주체를 나타냄(擧人表體)

『범망경梵網經』[T24, 1004c3]

若佛子!
만약 '부처님의 제자'(佛子)라면,

第四妄語戒, 亦名不妄語戒. 大小同制, 七衆共學. 三段同前戒. 若說過人法, 作大妄語者, 正犯重. 若小妄語者, 輕罪. 故此戒中兼所立.
[H1, 599b23~c2; X38, 284a23~b1]

네 번째는 '사실에 맞지 않는 말을 하는 것에 대한 계율'(妄語戒)이며, 또는 '사실에 맞지 않는 말을 해서는 안 되는 [이유를 밝힌] 계율'(不妄語戒)이라고도 한다. '대승과 소승에서 같은 내용으로 [계율을] 제정'(大小同制)하였으며, '[불교 공동체를 구성하는] 7가지 무리'(七衆)[796]가 함께 배운다. 세 단락으로 나뉘는 것은 앞의 계율과 동일하다.[797] 만약 '인간을 넘어

796 칠중七衆: 불교를 따르는 공동체 구성원을 통틀어서 일컫는 말이다. 그 중 승가공동체의 구성원은 5가지로, 비구比丘 · 비구니比丘尼 · 사미沙彌 · 사미니沙彌尼 · 식차마나式叉摩那이다. 이에 재가수행자인 우바새優婆塞 · 우바이優婆夷를 추가하여 '7가지 무리'(七衆)가 된다.

797 삼단동전계三段同前戒: 이는 앞에서 나온 계율을 해석할 때 과문 가운데 동일한 세 가지 단락을 의미하는데, 다음과 같다. ① 사람을 들어 [계율을 받는] 주체를 나타냄(擧人表體), ② 잘못된 사례를 들어 [계율대로] 따라야 할 행위를 밝힘(擧非明隨), ③ 잘못을 짚어서 허물을 확인시킴(擧非結過).

서는 도리'(過人法)[798]를 [알지 못하면서도 안다고] 말하면, 〈[중죄에 해당하는 허물이] 큰 '사실에 맞지 않는 말'〉(大妄語)[799]을 하는 것이니, 곧바로 '[범할 때 허물의 무게가] 무거운 [죄업]'(重[罪])을 저지른 것이 된다. 만약 〈[허물이] 작은 '사실에 맞지 않는 말'〉(小妄語)을 한다면 '[범할 때 허물의 무게가]

---

798 과인법過人法: 과인법(Uttarimanussadhamma)은 일반적인 사람의 경지를 넘어선 법으로 무루無漏의 도리道理이다. 하지만 계율에서는 이러한 과인법을 증득하지 못했으면서, 얻었다고 말하거나 행세를 하면 승단추방죄인 바라이죄에 해당한다고 하였다. 이에 대하여 『마하승기율摩訶僧祇律』 3권을 참고하면 다음과 같다. "若比丘不實得過人法, 自言我得阿羅漢. 是知而妄語非波夜提, 是波羅夷."(T22, 248a14~15) 또한 『대반열반경大般涅槃經』 7권에도 이에 대한 자세한 묘사가 나온다. "迦葉菩薩白佛言, 世尊! 有王問言, 云何比丘墮過人法? 佛告迦葉, 若有比丘爲利養故, 爲飮食故, 作諸諛諂, 姦僞, 欺詐. 云何當令諸世間人定實知我是眞乞士? 以是因緣, 令我大得利養, 名譽. 如是比丘多愚癡故, 長夜常念, 我實未得四沙門果, 云何當令諸世間人謂我已得? 復當云何令諸優婆塞, 優婆夷等咸共指我, 作如是言, 是人福德, 眞是聖人. 如是思惟專爲求利, 非爲求法. 行來出入進止安詳, 執持衣鉢不失威儀, 獨坐空處如阿羅漢, 令世間人咸作是言, 如是比丘善好第一, 精勤苦行修寂滅法. 以是因緣, 我當大得門徒弟子, 諸人亦當大致供養衣服, 飮食, 臥具, 醫藥, 令多女人敬念愛重. 若有比丘及比丘尼作如是事, 墮過人法."(T12, 646b1~17) 또한 아래의 본문에는 다음과 같은 경론의 내용을 인용하였다. "如檀越造寺言, 阿(羅)難者入我寺, 若不者莫入. 時中, 不得阿羅漢, 而入去耶. 又問, 汝得聖法耶? 時中, 現首身相故, 犯大妄語重也."(『범망경보살계본사기梵網經菩薩戒本私記』, H1, 600a8~12)

799 대망어大妄語: 대망어는 과인법을 체득하지 못하고도 명예와 이익을 위하여 체득했다고 거짓말을 하는 것이다. 반대는 소망어小妄語인데, 이는 보지 못한 것을 보았다고 말하는 등의 거짓말이다. 아래에서는 8가지의 소망어를 예로 들면서, 이를 경죄라고 하였다. "不見言見者, 見聞覺知者中, 且取見者, 八種小妄者, 犯輕罪."(『범망경보살계본사기梵網經菩薩戒本私記』, H1, 600a5~7) 이에 대하여 『범망경심지품보살계의소발은梵網經心地品菩薩戒義疏發隱』 권3에서는 다음과 같이 말한다. (X38, 172a2)에서 "不見言見等, 小妄語也. 妄言證聖, 名大妄語."라고 했다. 또한 한명숙은 다음과 같이 설명한다. "소망어小妄語는 세속인이 일반적으로 행하는 거짓말을 가리킨다. 비구가 다른 사람을 속여서 거짓말을 하면 바일제이다. 중망어中妄語는 비구가 청정한 비구를 바라이죄를 지었다고 비방하는 것이니, 승잔죄이다. 승망어는 일반적인 거짓말보다 죄가 무겁다."(한명숙, 앞의 책, p.201 각주 284)

가벼운 [허물이 되는 죄]'(輕[垢罪])가 된다. 그러므로 이 계율에서는 [두 가지를] 모두 세운 것이다.

② 잘못된 사례를 들어 [계율대로] 따라야 할 행위를 밝힘(擧非明隨)

가. 잘못[된 행동]을 열거함(列非)

가) [범할 때 허물의 무게가] 무거운 잘못[된 행동]을 열거함(列重非)

(개) 잘못[된 행동을] 곧장 열거함(正列非)

『범망경梵網經』[T24, 1004c3]

自妄語, 敎人妄語, 方便妄語,

'스스로 사실에 맞지 않는 말을 하거나'(自妄語), '다른 사람으로 하여금 사실에 맞지 않는 말을 하게 하거나'(敎人妄語), '방편으로 사실에 맞지 않는 말을 하거나'(方便妄語) 하면서,

自妄語者, 應作五句. 一者, 大妄語妄[800]語想. 大小同重, 心境相當故. 二者, 大妄語小妄語[801]疑. 小無[802]『僧祇』, "犯重", 『心[803]分』, "者[804]

800 저본에는 '妄' 앞에 '大'가 없지만, 문맥상 '大'를 추가하여 '大妄'으로 교감하고 번역한다. 한명숙도 동일하다.(한명숙, 앞의 책, p.203 교감주)

801 저본의 교감주에 '語'를 삽입하였고 하였다. "「語」揷入."(H1, 599, 교감주②) 본 번역도 이에 따라 번역한다.

802 저본에는 '無'라고 되어 있지만, 문맥상 '乘'으로 교감하고 번역한다. 한명숙도 동일하다.(한명숙, 앞의 책, p.203 교감주)

803 저본에는 '心'이라고 되어 있지만, 문맥상 '四'로 교감하고 번역한다. 한명숙도 동일하다.(한명숙, 앞의 책, p.203 교감주)

804 저본에는 '者'라고 되어 있지만, 문맥상 '犯'으로 교감하고 번역한다. 한명숙도 동

蘭”. 大乘亦重. 三者, 大妄語小妄語想. 小乘第三聚, 大乘輕罪. 四者, 小妄語大妄語想. 小乘第三聚, 大乘輕罪. 五者, 小妄語爲大妄語疑. 小乘第三聚, 大乘輕罪.

[H1, 599c2~9; X38, 284b1~4]

"스스로 사실에 맞지 않는 말을 하거나"(自妄語)라는 것에 대해서는 마땅히 '[구분되는] 다섯 가지 [경우의] 판단'(五句)을 지어야 한다. 첫 번째는 〈[허물이] 큰 '사실에 맞지 않는 말'을 [허물이] 큰 '사실에 맞지 않는 말'이라고 생각하면서 행하는 것〉(大妄語大妄語想)이다. 대승과 소승에서 동일하게 '[허물이] 무거운 죄업'(重[罪])이 되니, '마음과 대상이 서로 들어맞기'(心境相當) 때문이다. 두 번째는 〈[허물이] 큰 '사실에 맞지 않는 말'을 [허물이] 작은 '사실에 맞지 않는 말'이라고 미심쩍어 하면서 행하는 것〉(大妄語小妄語疑)이다. 소승의 『마하승기율摩訶僧祇律』에서는 "'[허물이] 무거운 죄업'(重[罪])을 저지른 것이다"[805]라고 말하였고, 『사분율四分律』에서는 "[허물이] 무거운 죄를 실행하지는 않은 죄'([偸]蘭[遮])를 저지른 것이다"[806]라고 하였다. 대승에서도 또한 '[허물이] 무거운 죄업'(重[罪])이 된다. 세 번째는 〈[허물이] 큰 '사실에 맞지 않는 말'을 [허물이] 작은 '사실에 맞지 않는 말'이라고 생각하면서 행하는 것〉(大妄語小妄語想)이다. 소승에서는 '['일곱 가지 계율'(七聚戒) 가운데] 세 번째 계율'(第三聚)[807][을 범한 것]이 되고, 대승에서는 '[범할 때 허물의 무게가] 가벼운 [허물이 되는 죄]'(輕[垢罪])가 된다. 네 번째는 〈[허물이] 작은 '사실에 맞지 않는 말'을 [허물이] 큰 '사실에 맞지 않는 말'이라고 생각하면서 행하는 것〉(小妄語大妄語想)

일하다.(한명숙, 앞의 책, p.203 교감주)

805 『마하승기율摩訶僧祇律』에서 해당 원문을 찾을 수 없다.

806 『사분율四分律』에서 해당 원문을 찾을 수 없다.

807 제삼취第三聚: 제삼취는 앞에서 나온 '허물이 무거운 죄를 실행하지는 않은 죄'라는 뜻을 가진 투란차偸蘭遮와 같다.

이다. 소승에서는 '['일곱 가지 계율'(七聚戒) 가운데] 세 번째 계율'(第三聚)[을 범한 것]이 되고, 대승에서는 '[범할 때 허물의 무게가] 가벼운 [허물이 되는 죄]'(輕[垢罪])가 된다. 다섯 번째는 〈[허물이] 작은 '사실에 맞지 않는 말'을 [허물이] 큰 '사실에 맞지 않는 말'이라고 미심쩍어 하면서 행하는 것〉(小妄語大妄語疑)이다. 소승에서는 '['일곱 가지 계율'(七聚戒) 가운데] 세 번째 계율'(第三聚)[을 범한 것]이 되고, 대승에서는 '[범할 때 허물의 무게가] 가벼운 [허물이 되는 죄]'(輕[垢罪])가 된다.

"敎人妄語", 小乘, 望自利故, 若爲吾汝妄語者, 一向重. 若不望自利, 而爲汝妄語者, 敎大比丘妄語者, 得重, 下沙彌等, 令敎妄語者, 第三聚. 若大乘者, 爲汝及爲吾, 皆一向重.

[H1, 599c9~13; X38, 284b6~9]

"다른 사람으로 하여금 사실에 맞지 않는 말을 하게 하거나"(敎人妄語)[라는 것은 다음과 같다.] 소승의 경우에, '자신의 이익'(自利)을 바라기에 만약 자신을 위해 상대로 하여금 '사실에 맞지 않는 말'(妄語)을 하게 한 것이라면, 한결같이 '[허물이] 무거운 죄업'(重[罪])이 된다. 만약 '자신의 이익'(自利)을 바라지 않으면서 상대를 위하여 '사실에 맞지 않는 말'(妄語)을 하게 한 경우, '훌륭한 출가수행자'(大比丘)로 하여금 '사실에 맞지 않는 말'(妄語)을 하게 했다면 '[허물이] 무거운 죄업'(重[罪])을 얻게 되고, 그 아래의 사미沙彌 등으로 하여금 '사실에 맞지 않는 말'(妄語)을 하게 했다면 '['일곱 가지 계율'(七聚戒) 가운데] 세 번째 계율'(第三聚)[을 저지른 것이 된다.] 만약 대승의 경우라면, 상대를 위하여서거나 자신을 위하여 [다른 사람으로 하여금 '사실에 맞지 않는 말'(妄語)을 하게] 하면 모두 한결같이 '[허물이] 무거운 죄업'(重[罪])을 저지른 것이 된다.

"方便妄語"者, 雖不口說大妄語, 而現種種事, 餘人令解是得聖法, 故言[808]存於得名利也, 言"方便妄語"也. 如『律』中說, "龍來, 天來, 供養我等也." 緣起, 如『律』中廣說. 此比丘者, 大妄語時, 卽犯妄語重, 以後得物時, 卽犯方便盜重也.

[H1, 599c13~19; X38, 284b9~14]

"방편으로 사실에 맞지 않는 말을 하거나"(方便妄語)라는 것은, 비록 입으로 〈[중죄에 해당하는 허물이] 큰 '사실에 맞지 않는 말'〉(大妄語)을 하지는 않지만 갖가지 [다른] 것들을 알려 주면서 다른 사람들로 하여금 [자신이 '인간을 넘어서는 도리'(過人法)와 같은] '성스러운 도리'(聖法)를 얻은 것으로 알게 하고 [그] 말의 속내는 '명예와 이익'(名利)을 얻는 것에 두는 것이니, [이런 것을] "방편으로 사실에 맞지 않는 말을 한다"(方便妄語)라고 한 것이다. 마치 『[사분]율[四分]律』에서 말하는 "용이 오고 하늘 [세상에 존재하는 천신]이 와서 나를 공양했다"[809]라는 것과 같다. [이와 관련된] 이야기(緣起)는 『[사분]율[四分]律』에서 자세히 설한 것과 같다.[810] 이러한 비구는 〈[중죄에 해당하는 허물이] 큰 '사실에 맞지 않는 말'〉(大妄語)을 할 때 곧 '사실에 맞지 않는 말로 짓는 [허물이] 무거운 죄업'(妄語重[罪])을 범한 것이 되고, 이후 ['사실에 맞지 않는 말'(妄語)로 인하여] 물건을 얻었을 때는 곧 '방편으로 ['사실에 맞지 않는 말'(妄語)을 하여] 훔치는 것으로 짓는 [허

808 한명숙은 '故言'을 '意'로 교감하였다.(한명숙, 앞의 책, p.204 교감주) 그러나 원문대로 '故言'으로 두고 번역한다.

809 위의 문장은 『사분율』 권28의 다음 문장을 인용한 것이다. "天來龍來鬼神來, 供養我. 此非比丘尼非釋種女."(T22, 758a22~23)

810 관련된 문장은 『사분율』 권28의 다음 문장을 참고할 수 있다. "若比丘尼, 不眞實非己有, 自稱言我得上人法, 我得禪得解脫, 得三昧正受, 得須陀洹果, 斯陀含果, 阿那含果, 阿羅漢果, 天來, 龍來, 鬼神來, 供養我. 此非比丘尼, 非釋種女."(T22, 758a19~23)

물이] 무거운 죄업'(方便盜重[罪])을 범한 것이 된다.

(나) 조건을 갖추어 행위를 이루는 것을 밝힘(明具緣成業)

『범망경梵網經』[T24, 1004c3~4]

妄語因, 妄語緣, 妄語法, 妄語業,[811]

'사실에 맞지 않는 말의 원인'(妄語因)과 '사실에 맞지 않는 말의 행위'(妄語業)와 '사실에 맞지 않는 말의 현상'(妄語法)과 '사실에 맞지 않는 말이 되는 조건'(妄語緣)[을 갖추면 중죄重罪]이다.

具緣中, 滿七緣, 成重. 一,[812] 對成[813]人, 對成非人等者, 輕罪故. 二者, 人想, 作非人想者, 輕罪故. 三者, 自知未得, 若旣得想者, 亦輕垢故. 四者, 起顚[814]誑心, 若始終迷心, 全無罪故. 五者, 說得得[815]人法. 六者, 言業[816]了了. 七者, 前人已[817]解. 於中, 初二第七一爲緣,

811 '妄語因, 妄語緣, 妄語法, 妄語業'에 대하여 저본의 교감주에는 고본인【宋】·【元】·【宮】본에는 '妄語因, 妄語業, 妄語法, 妄語緣'으로 되어 있다고 밝혔다.(T24, 1004, 교감주 [30]) 본 번역은 원효가 참고한 것으로 추정되는 고본에 따라 번역한다. 한명숙도 동일하다.(한명숙, 앞의 책, p.204) 한편 아래 원효의 주석에는 '妄語緣, 妄語法, 妄語因, 妄語業'의 순서로 되어 있다. "初二第七一爲緣, 第三爲法, 第四因, 第五第六爲業."(H1, 600a2~3)

812 저본에는 '者'가 없지만, 문맥상 '者'를 추가하고 번역한다.

813 한명숙은 '成'을 연자衍字로 보고 삭제하고 번역하였으나(한명숙, 앞의 책, p.205 교감주) 본 번역은 저본대로 '成'으로 번역한다.

814 한명숙은 '顚'을 '欺'로 교감하고 번역하였으나(한명숙, 앞의 책, p.205 교감주) 본 번역은 저본대로 '顚'으로 번역한다.

815 저본에는 '得'으로 되어 있지만, 문맥상 '過'로 교감하고 번역한다. 한명숙도 동일하다.(한명숙, 앞의 책, p.205 교감주)

816 한명숙은 '業'을 '詞'로 교감하고 번역하였으나(한명숙, 앞의 책, p.205 교감주) 본 번역은 저본대로 '業'으로 번역한다.

817 한명숙은 '已'를 '知'로 교감하고 번역하였으나(한명숙, 앞의 책, p.205 교감주) 본

第三爲法，第四因，第五第六爲業．若闕因，全無罪，闕緣亦有無，[818] 有輕罪也．

[H1, 599c19~600a4; X38, 284b14~20]

'조건을 갖춤'(具緣)에서는 일곱 가지 조건을 [모두] 채워야 '[허물이] 무거운 죄업'(重[罪])이 된다. 첫 번째는 ['사실에 맞지 않는 말'(妄語)을] 사람을 대상으로 하는 것이니, ['사실에 맞지 않는 말'(妄語)을] '사람이 아닌 것'(非人) 등을 대상으로 하는 것은 '[범할 때 허물의 무게가] 가벼운 [허물이 되는] 죄'(輕[垢]罪)이기 때문이다. 두 번째는 ['사실에 맞지 않는 말'(妄語)을 하면서 상대가] '사람이라고 생각하는 것'(人想)이니, [상대가] '사람이 아니라고 생각하면서 ['사실에 맞지 않는 말'(妄語)을] 하는 경우'(作非人想者)라면 '[범할 때 허물의 무게가] 가벼운 [허물이 되는] 죄'(輕[垢]罪)이기 때문이다. 세 번째는 스스로 아직 [자신이 '인간을 넘어서는 도리'(過人法)를] 증득하지 못했음을 아는 것이니, 만약 이미 증득했다고 생각했다면 또한 '[범할 때 허물의 무게가] 가벼운 [허물이 되는] 죄'(輕[垢]罪)이기 때문이다. 네 번째는 '왜곡시켜 속이려는 마음'(顚誑心)을 일으키는 것이니, 만약 처음부터 끝까지 '모르는 마음'(迷心)[에서 '사실에 맞지 않는 말'(妄語)을 한 것]이라면 완전히 죄가 되지 않기 때문이다. 다섯 번째는 '인간을 넘어서는 도리'(過人法)를 증득했다고 말하는 것이다. 여섯 번째는 '[사실에 맞지 않는] 말의 행위'(言業)를 '분명히 하는 것'(了了)이다. 일곱 번째는 ['사실에 맞지 않는 말'(妄語)을 하는 사람] 앞에 있는 사람이 ['사실에 맞지 않는 말'(妄語)의 내용을] 완전히 이

번역은 저본대로 '已'로 번역한다.

818 한명숙은 '亦有'를 '無犯'으로 교감하고 번역하였고, 또 바로 뒤의 '無'는 '唯'로 교감하고 번역하였다. 즉 '闕緣亦有無, 有輕罪也'를 '闕緣無犯, 唯有輕罪也'로 교감하고 번역한 것이다.(한명숙, 앞의 책, p.205 교감주) 그러나 본 번역에서는 '無'만을 삭제하고 번역한다.

해하는 것이다.

이 가운데 처음의 두 가지와 일곱 번째 한 가지는 '[사실에 맞지 않는 말이 되는] 조건'([妄語]緣)이 되고, 세 번째는 '[사실에 맞지 않는 말의] 현상'([妄語]法)이 되며, 네 번째는 '[사실에 맞지 않는 말의] 원인'([妄語]因)이 되고, 다섯 번째와 여섯 번째는 '[사실에 맞지 않는 말의] 행위'([妄語]業)가 된다. '[사실에 맞지 않는 말의] 원인'([妄語]因)이 없으면 완전히 죄가 없으며, '[사실에 맞지 않는 말을 하는] 조건'([妄語]緣)[의 어느 하나라도] 또한 없게 되면 '[범할 때 허물의 무게가] 가벼운 [허물이 되는] 죄'(輕[垢]罪)가 된다.

나) [범할 때 허물의 무게가] 가벼운 잘못[된 행동을 열거함]([列]輕非)

『범망경梵網經』[T24, 1004c4~5]

乃至不見言見, 見言不見, 身心妄語.

내지 '보지 못한 것을 보았다고 말하고'(不見言見) '본 것을 보지 않았다고 말하면서'(見言不見) 몸과 마음으로 사실에 맞지 않는 말을 한다.

"乃至"者, 大妄語至小妄語, 故言"乃至". "不見言見"者, 見聞覺知者中, 且[819]取見者. 八種小妄[820]者, 犯輕罪, 亦綺語·兩舌·麤語, 皆得輕罪也. 又身口互造, 得罪也. 如檀越造寺言, "阿難[821]漢者入我寺, 若不者莫入", 時中, 不得阿羅漢, 而入去耶,[822] 又問, "汝得聖法耶?", 時

819 저본에는 '且'로 되어 있지만, 문맥상 '但'으로 교감하고 번역한다. 한명숙도 동일하다.(한명숙, 앞의 책, p.207 교감주)

820 저본에는 '小妄'으로 되어 있지만, 문맥상 '小妄語'로 교감하고 번역한다. 한명숙도 동일하다.(한명숙, 앞의 책, p.207 교감주)

821 저본의 교감주에 '難'은 '羅'로 의심된다고 하였다. "「難」疑「羅」."(H1, 600a, 교감주①) 한명숙도 동일하다.(한명숙, 앞의 책, p.207 교감주) 본 번역도 저본의 교감주에 따라 '羅'로 교감하고 번역한다.

中, 現[823]首身相故, 犯大妄語重也.

[H1, 600a4~12; X38, 284b20~c1]

"내지"(乃至)라는 것은 〈[허물이] 큰 '사실에 맞지 않는 말'〉(大妄語)부터 〈[허물이] 작은 '사실에 맞지 않는 말'〉(小妄語)에까지 이르기 때문에 "내지"(乃至)라고 말하였다.

"보지 못한 것을 보았다고 말한다"(不見言見)라는 것은 '[안식眼識에 의한] 봄과 [이식耳識에 의한] 들음과 [비식鼻識 · 설식舌識 · 신식身識에 의한] 느낌과 [의식意識에 의한] 앎'(見聞覺知) 가운데 단지 '[안식眼識으로] 보는 것'만 취한 것이다. 〈여덟 가지의 [허물이] 작은 '사실에 맞지 않는 말'〉(八種小妄語)[824][을 말하는] 것은 '[범할 때 허물의 무게가] 가벼운 [허물이 되는] 죄'(輕[垢]罪)를 범하는 것이고, 또한 '[상대에게 나쁜 의도로] 꾸며 대는 말'(綺語)[825] · '이간

822 저본에는 '去耶'라고 되어 있지만, 『선견율비바사善見律毘婆沙』에 따라 '寺者'로 교감하고 번역한다. 한명숙도 동일하다.(한명숙, 앞의 책, p.207 교감주)

823 한명숙은 『범망경합주梵網經合註』에 따라 "'現' 뒤에 '點'이 들어가야 할 것 같다"라고 하였지만(한명숙, 앞의 책, p.207 교감주) 본 번역은 저본대로 '現'으로 번역한다.

824 팔종소망어八種小妄語: 팔종소망어는 견문각지見聞覺知에 각각 해당하는 지각에서 지각된 사실과 반대로 말하는 것이다. 즉 ① [안식眼識으로] 보지 못한 것을 보았다고 말하는 것, ② [안식眼識으로] 본 것을 보지 않았다고 말하는 것, ③ [이식耳識으로] 듣지 못한 것을 들었다고 말하는 것, ④ [이식耳識으로] 들은 것을 듣지 않았다고 말하는 것, ⑤ [비식鼻識 · 설식舌識 · 신식身識으로] 느낀 것을 느끼지 않았다고 말하는 것, ⑥ [비식鼻識 · 설식舌識 · 신식身識으로] 느끼지 않은 것을 느꼈다고 말하는 것, ⑦ [의식意識으로] 아는 것을 알지 못한다고 말하는 것, ⑧ [의식意識으로] 알지 못하는 것을 알았다고 말하는 것이다. 이와 관련된 경문은 다음을 참고할 만하다. "云何八非聖語? 不見言見, 見言不見, 不聞言聞, 聞言不聞, 不覺言覺, 覺言不覺, 不識言識, 識言不識, 是名八非聖語." 『사리불아비담론舍利弗阿毘曇論』 권7(T28, 583c20~22). 다만 이 논서에서는 망어妄語를 비성어非聖語라고 하였다.

825 기어綺語: 기어(bhinna-pral)는 꾸며 대는 말로 '아무 의미 없는 말'(無義語) 또는

질하는 말'(兩舌)[826] · '난폭한 말'(麤語)[827] 등도 모두 '[범할 때 허물의 무게가] 가벼운 [허물이 되는] 죄'(輕[垢]罪)가 된다. 또한 '몸과 입이 서로 연관되어 ['사실에 맞지 않는 말'(妄語)을] 짓는 것'(身口互造)[828]도 죄가 된다. 예컨대 '보시를 한 사람'(檀越)[829]이 절을 짓고 말하길, "'성인의 경지'(阿羅漢)[에 도달한 수행자라면] 절에 들어오고, '성인의 경지'(阿羅漢)[에 도달한 수행자]가 아니라면 들어오지 마시오"라고 하였는데 그때 [어떤 승려가] '성인의 경지'(阿羅漢果)를 얻지 못했으면서도 절에 들어오는 것이나,[830] 또 "그대는 '고귀한 진리'(聖法)를 얻었는가?"라고 물었을 때 '머리와 몸으로 [그렇다고 긍정하는] 모습'(首身相)을 나타내는 경우와 같으니,[831] [이런 경우] 〈[허

'나쁜 뜻이 섞인 말'(雜穢語)이라고도 한다. 모든 좋지 못한 마음으로 말한 바르지 못한 말을 의미하며, 십악업十惡業 중 하나이다. 『불광대사전』, p.5888.

826 양설兩舌: 양설(unya)은 두 사람에게 시비로 서로 도발하게 하여 사이를 멀어지게 하여 결국 두 사람의 화합을 파괴하는 것을 말한다. 이간어離間語라고도 하며, 십악업十惡業 중 하나이다. 『불광대사전』, p.3070.

827 추어麤語: 추어는 일반적으로 악구惡口라고도 한다. 십악업十惡業 중 하나이며, 신역어로는 조악어粗惡語라고 한다. 입으로 거칠고 나쁜 말로 타인을 헐뜯고 비난하는 것이다. 『불광대사전』, p.4946.

828 신구호조身口互造: 몸과 입이 서로 연관되어 짓는 것이다. 여기서는 망어妄語를 논의하는 부분이므로 몸으로 자신의 의사를 표현한 것을 구업口業으로 간주하는 것으로 볼 수 있다. 즉 '바디랭귀지'라고 할 수 있는데, 비록 입으로 말하지 않고 몸으로 표현한 것이라도 구업口業에 해당한 것으로 본 것이다. 아래 본문에 구체적 사례를 제시하였다.

829 단월檀越: 단월(dana-pati)은 시주施主와 같은 말로 승단이나 승려에게 보시를 한 사람을 말한다.

830 위의 본문은 『선견율비바사善見律毘婆沙』 권12의 다음 문장을 인용한 것이다. "若有白衣作寺, 若比丘, 入我寺者, 是阿羅漢. 若有惡比丘, 入此寺者, 犯波羅夷罪." (T24, 758a17~19)

831 위의 본문에 해당하는 경론을 찾을 수 없으나, 원효 후대의 주석서에는 해당하는 설명이 있다. 즉 중국 후당後唐의 경소景霄의 『사분율초간정기四分律鈔簡正記』 권10에서는 이에 대하여 다음과 같이 설명한다. "如文現身相者, 謂衆僧並坐, 有人唱云. 衆中, 誰是四果人, 若是卽起, 彼比丘, 自知是凡, 欺誑衆人, 便卽起立, 意表我是

물이] 큰 '사실에 맞지 않는 말'〉(大妄語)로 [생겨나는] '허물이 무거운 죄업'(重罪)을 범하는 것이다.

나. [잘못된 행동을] 치유하는 바른 행위(對治正行)

『범망경梵網經』[T24, 1004c5~6]

而菩薩, 常生正語正見,[832] 亦生一切衆生正語正見,

그러므로 보살은 항상 '[사실에 맞는 말을 하는] 진리다운 말'(正語)을 해야 하고 또한 모든 중생으로 하여금 '[사실에 맞는 말을 하는] 진리다운 말'(正語)과 '[사실에 맞는] 진리다운 견해'(正見)를 내도록 해야 하거늘,

文言"正語"者, 取八種正言也. "正見"者, 通者, 取無貪等三善根也.

[H1, 600a12~13; X38, 284c1~2]

본문에서 "[사실에 맞는 말을 하는] 진리다운 말"(正語)이라고 말한 것은 '여덟 가지의 [사실에 맞는 말을 하는] 진리다운 말'(八種正言)[833]을 지시하는 것이다. "[사실에 맞는] 진리다운 견해"(正見)라는 것도 '['[사실에 맞는 말을 하

四果也. 前人信卽重, 疑卽蘭."(X43, 275a2~5) 또한 중국 명明나라 지욱智旭의 『범망경합주梵網經合註』 권4에서는 다음과 같이 설명하였다. "若人問汝得果得道否? 若點首自肯者, 結重. 默然不言非者, 結輕."(X38, 655b23~24) 한명숙은 『범망경합주梵網經合註』 권4를 참고하여 '現首身相'을 '現點首身相'으로 교감하였으나, '點首'는 선어록 등에서 많이 쓰는 용어이며, '點首身'으로 해석하기에는 어려움이 많다.

832 저본의 교감주에는 고본인 【宋】·【元】·【明】·【宮】본에는 '正見'이 없다고 하였다.(T24, 1004, 교감주[31]) 본 번역은 고본에 따라 '正見'을 삭제하고 번역한다.

833 팔종정언八種正言: 팔종정언은 팔성어八聖語라고도 한다. 이는 앞의 팔종소망어八種小妄語에 반대되는 경우이다. 『사리불아비담론舍利弗阿毘曇論』 권7(T28, 583c22~25). "云何八聖語? 不見言不見, 見言見, 不聞言不聞, 聞言聞, 不覺言不覺, 覺言覺, 不識言不識, 識言識, 是名八聖語."

는] 진리다운 말'(正語)과] 통하는 것'(通)이니, '탐욕 없음'(無貪) 등의 '세 가지 이로운 능력'(三善根)[834]을 지시하는 것이다.

③ 잘못을 짚어서 허물을 확인시킴(擧非結過)

『범망경梵網經』[T24, 1004c6~7]

而反更起一切衆生邪語・邪見・邪業者,[835] 是菩薩波羅夷罪.

도리어 모든 중생으로 하여금 '[사실에 맞지 않는 말을 하는] 진리답지 않은 말'(邪語)과 '[사실에 맞지 않는] 진리답지 않은 견해'(邪見)라는 행위(業)를 일으키게 한다면 이는 '보살의 가장 심한 계율위반'(菩薩波羅夷罪)이다.

亦作四句. 一者, 唯福非罪. 謂達機菩薩, 以妄語, 度衆生等. 二者, 非罪非福. 謂狂・亂心中說等. 三者, 唯輕非重. 謂此戒兼立小妄語等. 四者, 唯重非輕. 謂此戒中所正立大妄語也. 以此上四戒者, 大小同學, 七衆共制.

[H1, 600a13~19; X38, 284c2~6]

또한 [이 계율에 대하여] '네 가지 판단'(四句)을 한다. 첫 번째는 '오직 좋은 행위이지 나쁜 행위가 아닌 경우'(唯福非罪)이다. 〈'[중생의] 상황에 밝아'(達機) '[그 상황에 맞는 수단과 방법을] 적절히 쓰는'(輪機) 능력을 지닌 보살〉(達[輪]機菩薩)이 '사실에 맞지 않는 말'(妄語)로 '중생으로 하여금 깨달음을 이루게 하는 것'(度衆生) 등이 그것이다.

---

834 삼선근三善根: 삼선근은 세 가지 이로운 능력으로 탐진치貪瞋癡 삼독심三毒心의 반대말이다. 즉 '분노 없음'(無瞋)・'어리석음 없음'(無癡)・'탐욕 없음'(無貪)이 그것이다.

835 저본의 교감주에는 고본인【宋】・【元】・【宮】에는 '邪'와 '者'가 없다고 하였다.(T24, 1004, 교감주[31] 및 [21-3]) 즉 '邪業者'를 '業'으로 교감한 것이다. 본 번역은 고본에 따라 '業'으로 교감하고 번역한다.

두 번째는 '나쁜 행위도 아니고 좋은 행위도 아닌 경우'(非罪非福)이다. '제정신이 아닌 상태의 마음'(狂心)이나 '갈피를 못 잡는 마음'(亂心)으로 '['사실에 맞지 않는 말'(妄語)을] 하는 것 등이 그것이다.

세 번째는 '오직 [범할 때 허물의 무게가] 가벼운 [죄](輕[垢罪])만 있고 [허물이] 무거운 [죄업](重[罪])은 아닌 경우'(唯輕非重)이다. 이 계율에서 아울러 세운 〈[허물이] 작은 '사실에 맞지 않는 말'〉(小妄語) 등이 그것이다.

네 번째는 '오직 [허물이] 무거운 [죄업]이 되고 [범할 때 허물의 무게가] 가벼운 [죄](輕[垢罪])는 아닌 경우'(唯重非輕)이다. 이 계율에서 곧바로 세운 〈[허물이] 큰 '사실에 맞지 않는 말'〉(大妄語)이 그것이다.

이 앞의 네 가지 계율[836]은 대승과 소승에서 함께 배우고, '[불교 공동체를 구성하는] 7가지 무리를 모두 [대상으로 삼아 계율을] 제정'(七衆共制)한다.

五 술을 파는 것에 대한 계율(酤酒戒)

① 사람을 들어 [계율을 받는] 주체를 나타냄(擧人表體)

『범망경梵網經』[T24, 1004c8]

若佛子,

만약 '부처님의 제자'(佛子)이면서

第五酤酒戒, 亦名不酤酒戒. 大小同制. 小乘, 上二衆, 同一切販賣, 犯第三篇, 下三衆者, 犯第五篇. 大乘中, 酤酒, 七衆同犯重. 若尸遺

---

836 앞의 네 가지 계율은 다음과 같다. ① '첫 번째 [살아 있는 생명을] 죽이지 않는 계율'(第一不殺戒), ② '[정당하게 주어지지 않는 것을] 훔쳐서 가지려는 것에 관한 계율'(偸盜戒), ③ '음란한 행위를 해서는 안 되는 [이유를 밝힌] 계율'(不婬戒), ④ '사실에 맞지 않는 말을 하는 것에 대한 계율'(妄語戒)이 그것이다.

等,[837] 殺生具等, 犯輕垢. 若如法物販賣者, 在家菩薩, 不制, 未離生活業故. 『優婆塞戒經』云, "所得物, 一[838]分販賣"故. 酒量者, 小乘, 若『四分』者, 能醉人, 以爲限, 若『十誦』者, 若作爲酒者, 醉不醉, 皆爲犯限. 『地持論』[839]者, 〈[840]有三種. 謂穀酒 · 藥[841]酒 · 草[842]酒. 草[843]酒者, 蒲桃作而醉人[844]等. 藥酒[845]者, 獨活等[846]草以作等.〉 此名爲眞

---

837 한명숙은 '尸遺等'을 '販賣'로 교감하였으나(한명숙, 앞의 책, p.210 교감주) 본 번역은 원문대로 번역한다.

838 저본에는 '一'이라고 되어 있지만, 『우바새계경』 원문에 따라 '二'로 교감하고 번역한다. 『우바새계경』 3권 "若得財物, 應作四分. 一分, 應供養父母己身妻子眷屬. 二分, 應作如法販博. 留餘一分, 藏積擬用."(T24, 1048c22~24)

839 위의 원문의 『지지론地持論』은 『보살지지경菩薩地持經』이다. 하지만 『보살지지경菩薩地持經』에는 해당 원문을 찾을 수 없고, 『대지도론大智度論』 13권에 관련된 원문이 보인다. "酒有三種, 一者, 穀酒, 二者, 果酒, 三者, 藥草酒."(T25, 158a27~28) 또한 원효보다 후대의 중국 당나라의 법장의 『범망경보살계본소梵網經菩薩戒本疏』 권3에서 『대지도론』을 인용하고 있다. "依智論十五(三), 酒有三種. 一穀酒, 二菓酒, 三藥草木等酒."(T40, 626b9~11) 따라서 본 번역은 '『지지론』'을 '『대지도론』'으로 교감하고 번역한다. 한명숙도 동일하다.(한명숙, 앞의 책, p.210 교감주) 다만 한명숙은 위의 인용 원문을 『대지도론』에 맞춰 교감하고 번역하였으나, 본 번역은 인용 전거로 제시된 경론명만 『대지도론』으로 제시하고, 내용은 다른 경론을 취합하여 서술한 것으로 보고 원문을 크게 교감하지 않고 번역한다.

840 저본에는 '酒'가 없지만, 『대지도론』 원문에 따라 '酒'를 추가하여 번역한다. 『대지도론』 13권, "酒有三種, 一者, 穀酒, 二者, 果酒, 三者, 藥草酒."(T25, 158a27~28)

841 『대지도론』에는 '果'로 되어 있지만, 위의 원문 내용에 따라 '藥'으로 번역한다. 한명숙은 '果'로 교감하였다.(한명숙, 앞의 책, p.210 교감주) 『대지도론』 13권, "二者, 果酒."(T25, 158a28)

842 저본에는 '草'로 되어 있지만, 문맥상 '果'로 교감하고 번역한다. 한명숙도 동일하다.(한명숙, 앞의 책, p.210 교감주)

843 저본에는 '草'로 되어 있지만, 문맥상 '果'로 교감하고 번역한다. 한명숙도 동일하다.(한명숙, 앞의 책, p.210 교감주)

844 저본의 '作而醉人'은 『대지도론』에는 '阿梨咤樹果'로 되어 있지만, 본 번역은 위의 원문대로 '作而醉人'으로 번역한다.

845 『대지도론』에는 '藥草酒'로 되어 있지만, 본 번역에서는 원문대로 '藥酒'로 번역한다. 한명숙은 '藥草酒'로 교감하였다.(한명숙, 앞의 책, p.210 교감주)

酒者.

[H1, 600a20~b6 X38, 284c7~15]

다섯 번째는 '술을 파는 것에 대한 계율'(酤酒戒)이니, '술을 팔아서는 안 되는 [이유를 밝힌] 계율'(不酤酒戒)이라고도 한다. '대승과 소승에서 같은 내용으로 [계율을] 제정'(大小同制)한다. 소승의 경우에는 '[불교 공동체를 구성하는 7가지 무리(七衆) 가운데] 위의 두 무리인 [비구와 비구니는] 모든 [종류의 술을] 팔면 동일하게 '['일곱 가지 계율'(七聚戒) 가운데] 세 번째 계율'(第三聚)을 어긴 것이 되고, 아래의 세 무리인 [사미 · 사미니 · 식차마나]는 '['일곱 가지 계율'(七聚戒) 가운데] 다섯 번째 계율'(第五聚)[847]을 어긴 것이 된다. 대승의 경우에는 술을 팔면 [불교 공동체를 구성하는] '7가지 무리'(七衆)가 동일하게 '[범할 때 허물의 무게가] 무거운 [죄업]'(重[罪])을 저지른 것이 된다. 만약 '시신과 장례에 쓰는 물건'(尸遺) 등을 [시장에서 사고팔거나][848] '생명을 죽이는 도구'(殺生具) 등을 [가지고 있으면][849] '[범할 때 허물의 무게가]

---

846 저본의 '獨活等'은 『대지도론』에는 '種種藥'으로 되어 있지만, 본 번역은 위의 원문대로 '獨活等'으로 번역한다. 한명숙은 '種種藥'으로 교감하였다.(한명숙, 앞의 책, p.210 교감주)

847 제오취第五聚: 제오취는 부처님이 제정한 '일곱 가지 계율'(七聚戒) 가운데 다섯 번째인 바라제제사니波羅提提舍尼(pratideśanīya)인데 걸식 때와 식사 때의 규칙을 어긴 가벼운 죄로, 청정한 비구에게 참회하면 죄가 소멸된다. 칠취계七聚戒에 대하여 자세한 것은 앞의 투란차 각주 참고.

848 '시신과 장례에 등에 쓰는 물건'에 해당하는 원문은 '尸遺'인데, 정확한 전거를 찾을 수 없다. 다만 뒤의 '殺生具'를 참고하면 『범망경』 48경계輕戒 가운데 12번째 경계와 연관된 것을 볼 수 있다. 『범망경』 권2의 원문을 참고하면 다음과 같다. "若佛子! 故販賣良人奴婢六畜, 市易棺材板木盛死之具, 尚不自作況教人作. 若故作者, 犯輕垢罪."(T24, 1005c24~1006a1) '尸遺'를 '시신과 장례에 등에 쓰는 물건'으로 번역한 것은 '棺材板木盛死之具'라는 말에 의거한 것이다. 원효의 『범망경보살계본사기』 하권이 남아 있지 않아서 관련된 내용을 확인할 수 없다.

849 살생구殺生具: 생명을 죽이는 도구'(殺生具)와 관련된 것은 『범망경』 48경계 중 10번째 경계와 관련된 것으로 볼 수 있다. 『범망경』 권2(T24, 1005c14~17)의 원문을 참

가벼운 허물이 되는 [죄업]'(輕垢[罪])을 저지른 것이 된다. 만약 '승가 공동체에서 소유가 인정되는 물건'(如法物)을 판매하는 경우라면 '재가 수행자'(在家菩薩)는 제지하지 않으니, 아직 '생활을 위한 행위'(生活業)에서 벗어나지 못하였기 때문이다. 『우바새계경』에서 "얻은 물건은 [넷으로 나누어 그 가운데] '두 부분'(二分)은 판매한다"[850]라고 말하는 것이다. '술에 [관련되어 허용된] 양'(酒量)에 대하여 소승의 경우, 『사분율』의 경우에는 '사람을 취하게 하는 것'(能醉人)을 한도로 삼았지만,[851] 『십송률』의 경우에는 [술을 마시는 것뿐 만아니라] '[본래 다른 음식을] 만들었지만 [변화되어] 술이 된 것'(作爲酒者)이라도 [그것을 마시고] 취하든지 취하지 않든지 [상관없이 마신 것만으로도] 모두 계율을 위반하게 되는 한계로 삼았다.[852] 『대지도론』에서

고하면 다음과 같다. "若佛子! 不得畜一切刀杖弓箭鉾斧鬪戰之具, 及惡網羅殺生之器, 一切不得畜. 而菩薩乃至殺父母尚不加報, 況餘一切衆生, 若故畜一切刀杖者, 犯輕垢罪."

850 이 문장은 다음 『우바새계경』 권3의 내용을 인용한 것인데, 경문에서는 네 부분 가운데 두 부분, 즉 절반을 판다고 하였다. "若得財物, 應作四分. 一分, 應供養父母己身妻子眷屬. 二分, 應作如法販博. 留餘一分, 藏積擬用."(T24, 1048c22~24)

851 이 문장에 해당하는 『사분율』의 경문은 찾을 수 없지만, 『사분율』의 다음 문장을 참고하면 술을 병으로 인하여 약으로 마시거나 피부에 바르는 것은 허용된 것으로 보인다. "不犯者, 若有如是如是病, 餘藥治不差以酒爲藥. 若以酒塗瘡, 一切無犯."(T22, 672b16~17)

852 음주와 관련하여 『십송률』은 『사분율』보다 음주에 대하여 보다 엄격한 입장을 보인다. 즉 위에서 살펴보았듯 『사분율』에서는 술을 약으로 쓰는 경우는 허용하지만, 『십송률』에서는 한 방울의 술도 허용하지 않는다. 게다가 '술과 비슷하여 술 빛깔 · 술 냄새 · 술 맛'(似酒色酒香酒味)이 나서 사람을 취하게 한다면, 그것을 마시면 계율을 위반한 것으로 판단하였다. 다만 술 빛깔만 날 뿐, 술 냄새 · 술맛은 나지 않는 음식을 마셨을 경우에는 계율을 위반하지 않은 것으로 보았다. 『십송률』의 관련 원문은 다음과 같다. "佛言, 如是過罪, 若過是罪, 皆由飮酒故, 從今日若言, 我是佛弟子者, 不得飮酒, 乃至小草頭一滴亦不得飮. 佛種種因緣訶責飮酒已, 語諸比丘, 以十利故與比丘結戒. 從今是戒應如是說, 若比丘飮酒者, 波逸提. … 若飮似酒色酒香酒味, 能令人醉者, 隨咽咽, 波逸提. 若酒色酒香酒味, 若酒色酒香, 若酒色酒味, 若酒香酒味, 飮者, 隨咽咽, 波逸提. 不犯者, 若但作酒色, 無酒香無酒味, 不能醉人, 飮者不犯."(T23, 121b5~29)

는 [다음과 같이 말하였다.] 〈술에는 세 가지 종류가 있다. '곡식으로 빚은 술'(穀酒)과 '과일로 빚은 술'(果酒)과 '약초로 빚은 술'(藥[草]酒)이 그것이다. '과일로 빚은 술'(果酒)은 포도와 복숭아로 만들어 사람을 취하게 하는 것 등이다. '약초로 빚은 술'(藥[草]酒)은 땅두릅(獨活) 등의 풀로 만든 것 등이다.〉[853] 이것을 '[사람을 취하게 만드는] 진짜 술'(眞酒)이라고 부른다.

② 잘못된 사례를 들어 [계율대로] 따라야 할 행위를 밝힘(擧非明隨)

가. 잘못[된 행동을] 열거함(列非)

『범망경梵網經』[T24, 1004c8~10]

自酤酒, 敎人酤酒, 酤酒因, 酤酒緣, 酤酒法, 酤酒業.[854] 一切酒不得酤, 是酒起罪因緣.

'스스로 술을 팔거나'(自酤酒) '다른 사람으로 하여금 술을 팔게 시키거나'(敎人酤酒) 하면, '술을 팔아서 계율을 어기게 되는 원인'(酤酒因)과 '술을 팔아서 계율을 어기게 되는 행위'(酤酒業)와 '술을 팔아서 계율을 어기게 되는 현상'(酤酒法)과 '술을 팔아서 계율을 어기게 되는 조건'(酤酒緣)이 된다. [그러므로] 모든 술을 팔아서는 안 되니, 술은 죄업을 일으키는 '원인과 조건'(因緣)이 되기 [때문이다.]

衆罪起之緣者, 以後飮酒戒說也. 所言"一切酒"者, 取似酒, 謂甘

853 관련된 부분을 『대지도론』 권13을 참고하면 다음과 같다. "酒有三種, 一者穀酒, 二者果酒, 三者藥草酒. 果酒者, 蒱桃(蒲萄)·阿梨咤樹果, 如是等種種, 名爲果酒. 藥草酒者, 種種藥草, 合和米麴, 甘蔗汁中, 能變成酒."(T25, 158a27~b2)

854 '酤酒因·酤酒緣·酤酒法·酤酒業'에 대하여 저본의 교감주에는 고본인【宋】·【元】·【宮】본에는 '妄語因·妄語業·妄語法·妄語緣'으로 되어 있다고 밝혔다(T24, 1004, 교감주 [33]) 본 번역은 원효가 참고한 것으로 추정되는 고본에 따라 번역한다. 한명숙도 동일하다.(한명숙, 앞의 책, p.211)

酒酢糟酒等類. 仲[855]云, "甘[856]酢糟麵[857]酒." 謂麵粉以酒漬, 干[858]能醉人也.

[H1, 600b7~10; X38, 284c15~17]

'온갖 죄업이 일어나게 하는 조건'(衆罪起之緣)은 뒷부분의 '술을 마시는 것에 대한 계율'(飮酒戒)[859]에서 설한다. "모든 술"(一切酒)이라고 말한 것은 '술과 유사한 것'(似酒)까지 포함한 것이니, '단맛이 나는 술'(甘酒) · '신맛이 나는 술'(酢酒) · '술지게미로 만든 술'(糟酒) 등의 부류를 말한다. 『[십송]률』에서는 [다음과 같이 말한다.] "'단맛이 나는 술'(甜酒) · '신맛이 나는 술'(酢酒) · '술지게미로 만든 술'(糟酒) · '누룩으로 [발효시켜] 만든 술'(麴酒) [등을 마시면 술 한 모금씩을 목구멍으로 넘길 때마다 바일제波逸

---

855 저본에는 '仲'이라고 되어 있지만, 문맥상 '律'로 교감하고 번역한다. 한명숙도 동일하다.(한명숙, 앞의 책, p.212 교감주)

856 저본에는 '甘'으로 되어 있지만, 『십송률』 원문에 따라 '甜'으로 교감하고 번역한다. 한명숙도 동일하다.(한명숙, 앞의 책, p.212 교감주) 『십송률』 17권, "若飮甜酒, 隨咽咽, 波逸提."(T23, 121b23)

857 저본에는 '麵'으로 되어 있지만, 『십송률』 원문에 따라 '麴'으로 교감하고 번역한다. 한명숙도 동일하다.(한명숙, 앞의 책, p.212 교감주) 『십송률』 17권, "若噉麴能醉者, 隨咽咽, 波逸提."(T23, 121b23~24)

858 저본에는 '干'이라고 되어 있지만, 문맥상 '飮'으로 교감하고 번역한다. 『십송률』을 참고하면 '飮能醉人'이 자주 나온다. 원문을 참고하면 다음과 같다. "若比丘飮酒者, 波逸提. 酒者, 有二種. 穀酒, 木酒. 穀酒者, 用食 · 用麴 · 用米 · 或用根莖華葉果 · 用種種子 · 用諸藥草雜作酒, 酒色 · 酒香 · 酒味 · **飮能醉**人者, 是名穀酒. 木酒者, 不用食 · 不用麴米 · 但用根莖葉華果. 若用種種子作酒 · 酒色 · 酒香 · 酒味 · **飮能醉人**, 是名木酒. 復有木酒, 不用食 · 不用麴米根莖葉華果, 但用諸種子, 諸藥和合作酒, 酒色 · 酒香 · 酒味, **飮能醉人**, 是名木酒."(T23, 121b9~18)

859 음주계飮酒戒: 본문에서 말한 음주계는 『범망경』 48경계輕戒 중 두 번째 경계를 가리킨다. 『범망경보살계본사기梵網經菩薩戒本私記』의 하권이 남아 있지 않기 때문에 정확한 내용은 알 수 없다. 관련 『범망경』 원문은 다음과 같다. "若佛子! 故飮酒而生酒過失無量. 若自身手過酒器與人飮酒者, 五百世無手, 何況自飮. 不得教一切人飮, 及一切衆生飮酒, 況自飮酒. 若故自飮, 教人飮者, 犯輕垢罪."(T24, 1005b6~9)

提[860]를 범한 것이 된다.]"[861] [이러한 술은] '[밀이나 보리 등의] 곡물 가루'(麵粉)로 써 술을 빚은 것이니, 마시면 사람을 취하게 할 수 있는 것이다.[862]

"自酤酒"中, 作五句. 一者, 眞酒眞酒想, 犯重. 二者, 眞酒眞酒疑, 亦重. 三者, 眞酒非眞酒想, 若轉想想,[863] 犯輕. 若起於非酒境本迷, 全無罪, 若起於似酒境[864]迷者, 犯輕垢罪. 四,[865] 非酒眞酒想, 輕. 五,[866] 非眞酒眞酒疑, 輕. "教人", 大乘中, 爲吾爲汝, 皆重, 小乘, 二皆販賣戒.

[H1, 600b10~16; X38, 284c17~22]

---

860 바일제波逸提: 바일제는 제3편篇의 음역어이다. 즉 '다섯 가지로 나눈 계율'(五篇) 가운데 세 번째 계율인 〈참회하지 않으면 '세 가지 나쁜 세계'(三惡道)에 떨어지는 계율〉이다.

861 위의 문장은 원효가 다음 『십송률』 권17의 문장을 요약한 것이다. "若比丘, 飮酢酒, 隨咽咽, 波逸提. 若飮甜酒, 隨咽咽, 波逸提. 若噉麴能醉者, 隨咽咽, 波逸提. 若噉酒糟, 隨咽咽, 波逸提."(T23, 121b22~24)

862 위의 문단은 앞의 계율의 과문에 따르면 "b) '조건을 갖추어 행위를 이루는 것을 밝힘'(明具緣成業)" 마지막 부분에 해당한다고 볼 수 있다. 또한 '所言"一切酒"者' 이하 부분은 바일제 즉 경죄에 해당하는 설명이므로 앞의 과문에 따르면 "ㄴ) [범할 때 허물의 무게가] 가벼운 잘못[된 행동을 열거함]([列]輕非)"에 해당한다고 볼 수 있다. 즉 『범망경보살계본사기梵網經菩薩戒本私記』 원문의 다음에 위치하는 것이 일반적 형태이다. "具緣者, 七緣成重. … 初二第七一爲緣, 第四一爲因, 第三一爲法, 第五六爲業."(H1, 600b16~22) 그런데 위의 본문이 일반적 형태보다 앞부분에 삽입된 것은 편집상 오류일 가능성이 높다. 이에 대하여 한명숙은 다음과 같이 설명하였다. "'일체의 술'로 확장한 것은 앞의 계와의 일관성을 고려할 때, "경죄에 해당하는 그릇된 것"을 제시한 부분으로 독립시켜야 하지만, 뒤의 주석에서 뒤의 문장을 앞으로 끌어왔기 때문에 분과하지 않았다. 뒤의 주석을 보면 원효는 이 부분을 경죄를 겸해서 설한 것으로 파악된다."(한명숙, 앞의 책 각주 302번, pp.211~212)

863 저본에는 '想'이 있지만, 문맥상 '想'을 삭제하고 번역한다. 한명숙도 동일하다.(한명숙, 앞의 책, p.212 교감주)

864 저본에는 '本'이 없지만, 문맥상 '本'을 추가하여 '本迷'로 교감하고 번역한다.

865 저본에는 '者'가 없지만, 문맥상 '者'를 추가하여 '四者'로 교감하고 번역한다.

866 저본에는 '者'가 없지만, 문맥상 '者'를 추가하여 '五者'로 교감하고 번역한다.

"스스로 술을 팔거나"(自酤酒)라고 한 것에 대하여 '다섯 가지 판단'(五句)을 한다. 첫 번째는 '진짜 술을 진짜 술이라고 생각[하면서 마신] 경우'(眞酒眞酒想)이니, '[허물이] 무거운 [죄업]'(重[罪])을 저지른 것이 된다. 두 번째는 '진짜 술을 진짜 술인지 의심[하면서 마신] 경우'(眞酒眞酒疑)이니, 또한 '[허물이] 무거운 [죄업]'(重[罪])[을 저지른 것이 된다.] 세 번째는 '진짜 술을 진짜 술이 아니라고 생각[하면서 마신] 경우'(眞酒非眞酒想)이니, 만약 [이처럼] '[진짜 술을 진짜 술이 아니라고] 생각을 바꾸어 [마신] 경우'(轉想)라면 '[허물이] 가벼운 [죄업]'(輕[罪])을 저지른 것이 된다. 만약 〈'술이 아닌 대상'(非酒境)이라고 '처음부터 잘못 알고 있는 착각'(本迷)〉(非酒境本迷)을 일으켰다면 완전히 죄[업]罪[業]이 없고, 만약 〈'술과 비슷한 대상'(似酒境)이라고 '처음부터 잘못 알고 있는 착각'(本迷)〉(似酒境本迷)을 일으켰으면 '[범할 때 허물의 무게가] 가벼운 허물이 되는 죄업'(輕垢罪)을 저지른 것이 된다. 네 번째는 '술이 아닌 것을 진짜 술이라고 생각[하면서 마신] 경우'(非酒眞酒想)이니, '[허물이] 가벼운 [죄업]'(輕[罪])이 된다. 다섯 번째는 '진짜 술이 아닌 것을 진짜 술일 것이라고 의심[하면서 마신] 경우'(非眞酒眞酒疑)이니, '[허물이] 가벼운 [죄업]'(輕[罪])이 된다.

"다른 사람으로 하여금 [술을 팔게 시키거나]"(教人[酤酒])라는 것은, 대승의 경우에는 자신을 위해서든 상대방을 위해서든 [상관없이] 모두 '[허물이] 무거운 [죄업]'(重[罪])이 되고, 소승의 경우에는 두 가지 모두 '판매하는 것과 관련된 계율'(販賣戒)[을 어긴 것이다.][867]

867 이와 관련된 소승의 계율은 『사분율』 8권에서 설하는 판매계와 관련 있는 것으로 보인다. 이 판매계는 30가지 니살기바일제尼薩耆波逸提 가운데 20번째로 물건의 매매賣買와 교역交易에 관한 계율이다.(T22, 620b23~621b23) 니살기바일제尼薩耆波逸提는 구족계 중 일부로 만약 탐심으로 이 계율을 어겼을 경우 부정하게 모은 재물을 내놓고 대중들 앞에서 참회해야 한다. 그렇지 않으면 지옥에 떨어진다고 한다.

具緣者, 七緣成重. 一,[868] 所與人, 與非人者, 輕故. 二,[869] 人想, 爲非人想, 輕故. 三者, 眞酒, 似酒者, 輕故. 四者, 發酤酒想, 不發酤意者, 無罪故. 五者, 與彼人. 六者, 取價. 七,[870] 彼人飮. 於中, 初二第七一爲緣, 第四一爲因, 第三一爲法, 第五六爲業.

[H1, 600b16~22; X38, 284c22~285a2]

'[술을 팔아서 계율을 어기게 되는] 조건을 갖추는 것'(具緣者)이란 일곱 가지 조건[이 모두 갖추어지면] '[허물이] 무거운 [죄업]'(重[罪])을 이룬다. 첫 번째는 [술을 판매하여] 주는 대상이 사람인 것이니, '사람이 아닌 것'(非人)에 [술을 판매하여] 주는 것이면 '[허물이] 가벼운 [죄업]'(輕[罪])을 저지른 것이 되기 때문이다. 두 번째는 [술을 구매하는 대상이] '사람이라고 생각하는 것'(人想)이니, '사람이 아니라고 생각한 것'(非人想)이라면 '[허물이] 가벼운 [죄업]'(輕[罪])을 저지른 것이 되기 때문이다. 세 번째는 '진짜 술'(眞酒)[을 판매하는 것이니], '술과 비슷한 것'(似酒)[을 판매하는 것은] '[허물이] 가벼운 [죄업]'(輕[罪])을 저지른 것이 되기 때문이다. 네 번째는 '술을 팔려는 생각을 일으키는 것'(發酤酒想)이니, [술을] 팔려는 뜻을 일으키지 않았다면 죄[업]罪[業]이 없기 때문이다. 다섯 번째는 [실제로 술을 판매하여 구매자인] 상대방에게 주는 것이다. 여섯 번째는 [실제로 술을 판매하여 구매자로부터 술]값을 받아 가지는 것이다. 일곱 번째는 [술을 구매한] 상대방이 마시는 것이다.

이 가운데 처음의 두 가지와 일곱째 한 가지는 '[술을 팔아서 계율을 어기게 되는] 조건'([酤酒]緣)이 되고, 네 번째 한 가지는 '[술을 팔아서 계율을 어기게 되는] 원인'([酤酒]因)이 되며, 세 번째 한 가지는 '[술을 팔아서 계율을 어기

868 저본에는 '者'가 없지만, 문맥상 '者'를 추가하여 '一者'로 교감하고 번역한다

869 저본에는 '者'가 없지만, 문맥상 '者'를 추가하여 '二者'로 교감하고 번역한다.

870 저본에는 '者'가 없지만, 문맥상 '者'를 추가하여 '七者'로 교감하고 번역한다.

게 되는] 현상'([酤酒]法)이 되고, 다섯 번째와 여섯 번째는 '[술을 팔아서 계율을 어기게 되는] 행위'([酤酒]業)가 된다.

나. [잘못된 행동을] 치유하는 바른 행위(對治正行)

『범망경梵網經』[T24, 1004c10]

而菩薩, 應生一切衆生明達之慧,

그러므로 보살은 모든 중생으로 하여금 '밝게 [이치를 비추어 사실 그대로] 아는 지혜'(明達之慧)[871]를 내도록 해야 하는데,

"明達"者, 照理爲明, 知事者爲達. 亦通門言, 一云, "以三達爲達."

[H1, 600b22~24; X38, 285a2~3]

"밝게 [이치를 비추어 사실 그대로] 아는 것"(明達)이란 [다음과 같은 뜻이다.] '이치를 비추는 것'(照理)을 밝음明이라 하고, '[사실 그대로] 사실을 아는 것'(知事)을 통달함達이라 한다. 또한 '통하는 측면'(通門)에서 말하면, 어떤 사람은 [다음과 같이] 말한다. "세 가지 [밝은 지혜에] 통달함(三達)[872]을

871 명달지혜明達之慧: 명달지혜를 '[이치를] 밝게 비추어 [참 그대로 사실을] 아는 지혜'로 번역한 것은 아래의 원효 주석을 참고한 것이다.

872 삼달三達釋: 삼달은 삼명三明(tri-vidya)이라고도 한다. 세 가지 일에 대해 막힘없는 지혜를 통달한 것이다. 세 가지 밝은 지혜는 다음과 같다. ① 숙명지증명宿命智證明은 과거의 삶을 아는 지혜가 밝아진 것이고, ② 생사지증명生死智證明은 삶의 인과적 전개양상을 아는 지혜가 밝아진 것이며, ③ 누진지증명漏盡智證明은 번뇌를 남김없이 제거하는 지혜가 밝아진 것이다. 『잡아함경雜阿含經』卷31에 다음과 같이 설명한다. "觀察知宿命, 見天惡趣生, 生死諸漏盡, 是則牟尼明, 知心得解脫, 一切諸貪愛, 三處悉通達, 故說爲三明."(T2, 223c8~11) 또한 『대비바사론大毘婆沙論』 권102에서도 다음과 같이 말했다. "契經所說當云何通? 如說有三明. 一宿住隨念智證明, 二死生智證明, 三漏盡智證明."(T27, 529c24~26) 이는 또한 ① 상견常見을 끊을 수 있는 숙명명宿命明, ② 단견斷見을 끊을 수 있는 천안명天眼明 ③ 이변二邊에서

통달함達이라고 한다."

③ 잘못을 짚어서 허물을 확인시킴(擧非結過)

『범망경梵網經』[T24, 1004c10~12]

而反更生一切[873]衆生, 顚倒之[874]心者,[875] 是菩薩波羅夷罪.

도리어 중생으로 하여금 '[깨달음을 등지는] 뒤집힌 마음'(顚倒心)을 생기게 한다면, 이는 '보살의 가장 심한 계율위반'(菩薩波羅夷罪)이다.

亦有四句. 一,[876] 唯福非罪, 達機菩薩. 二,[877] 非罪非福. 謂爲藥作酒, 與他人取價, 取價故非福, 藥酒故非罪. 三者, 唯輕非重. 此我[878]中兼立似酒等, 四者, 唯婬[879]非輕, 此戒中正所立酤眞酒等.

[H1, 600b24~c4; X38, 285a3~7]

벗어나 중도에 편안히 머무르는 누진명漏盡明으로 나누기도 한다. 한편 북본北本『대반열반경大般涅槃經』에서는 ① 보살명菩薩明(般若波羅蜜), ② 제불명諸佛明(佛眼), ③ 무명명無明明(畢竟空)으로 나누기도 한다. "又復明者, 名爲三明. 一菩薩明, 二諸佛明, 三無明明. 菩薩明者, 卽是般若波羅蜜, 諸佛明者, 卽是佛眼, 無明明者, 卽畢竟空."(T12, 468c7~10)『불광대사전』, p.569 참고.

873 저본인 대정장의 교감주에는 고본인【宋】·【元】·【宮】본에는 '一切'가 없다고 밝혔다(T24, 1004, [34]). 본 번역은 고본에 따라 '一切'를 삭제하고 번역한다.

874 저본인 대정장의 교감주에는 고본인【宋】·【宮】본에는 '之'가 없다고 밝혔다(T24, 1004, [35]). 본 번역은 고본에 따라 '之'를 삭제하고 번역한다.

875 저본인 대정장의 교감주에는 고본인【宋】·【元】·【宮】본에는 '者'가 없다고 밝혔다(T24, 1004, [21-4]). 본 번역은 고본에 따라 '者'를 삭제하고 번역한다.

876 저본에는 '者'가 없지만, 문맥상 추가하여 번역한다.

877 저본에는 '者'가 없지만, 문맥상 추가하여 번역한다.

878 저본에는 '我'로 되어 있지만, 문맥상 '戒'로 교감하고 번역한다. 한명숙도 동일하다.(한명숙, 앞의 책, p.215 교감주)

879 저본에는 '婬'으로 되어 있지만, 문맥상 '重'으로 교감하고 번역한다. 한명숙도 동일하다.(한명숙, 앞의 책, p.215 교감주)

또한 [이 계율에 대하여] '네 가지 판단'(四句)을 한다. 첫 번째는 '오직 좋은 행위이지 나쁜 행위가 아닌 경우'(唯福非罪)이니, 〈'[중생의] 상황에 밝아'(達機) '[그 상황에 맞는 수단과 방법을] 적절히 쓰는'(輪機) 능력을 지닌 보살〉(達[輪]機菩薩)[의 경우가 그것이다.] 두 번째는 '나쁜 행위도 아니고 좋은 행위도 아닌 경우'(非罪非福)이다. 약으로 [쓰기] 위해 술을 만들었다가 다른 사람에게 팔아서 [그] 값을 받아 가졌다면, [그] 값을 받아 가졌기 때문에 '좋은 행위'(福)는 아니지만 '약으로 [쓰기] 위해 [만든] 술'(藥酒)이기 때문에 '나쁜 행위'(罪)도 아닌 것이다. 세 번째는 '오직 [어길 때 허물의 무게가] 가벼운 [죄](輕[垢罪])만 있고 [허물이] 무거운 [죄업](重[罪])은 아닌 경우'(唯輕非重)이다. 이 계율에서 아울러 같이 세운 ["모든 술"(一切酒)에 포함되는] '술과 비슷한 것'(似酒) 등을 [파는 것이다.] 네 번째는 '오직 [어길 때 허물의 무게가] 무거운 [죄업]이 되고 [허물의 무게가] 가벼운 [죄](輕[垢罪])는 아닌 경우'(唯重非輕)이다. 이 계율에서 곧바로 세운 '[사람을 취하게 만드는] 진짜 술'(眞酒) 등을 파는 것이다.

六 의도를 가진 마음으로 [부처님의] 가르침을 함께 배우는 사람의 허물을 말하는 [것에 관한] 계율(意心說同法人過戒)

① 사람을 들어 [계율을 받는] 주체를 나타냄(擧人表體)

『범망경梵網經』[T24, 1004c13]

若佛子,
만약 '부처님의 제자'(佛子)이면서

第六意心說同法人過戒, 大小不同. 若小乘者, 以自利爲先故, 以無根重罪誹謗者, 爲[880]第二篇, 擧虛事謗他, 心過重故. 若以有根過[881]傍[882]他者, 擧意[883]事謗故, 心過輕. 故犯第三篇. 若大乘者, 以利他爲先故. 若擧實事謗他者, 破他事得成故, 損他義過重故, 以有根重, 爲此重戒. 若擧無根者, 雖傍[884]他而破他事不成故, 損他義過輕. 故爲第十三輕垢罪. 若小乘者, 以無根重罪謗者, 犯第二篇, 擧有根重及無根第二篇[885]謗者, 犯第三篇.

[H1, 600c4~16; X38, 285a8~16]

여섯 번째[886]는 '의도를 가진 마음으로 [부처님의] 가르침을 함께 배우는 사람의 허물을 말하는 [것에 관한] 계율'(意心說同法人過戒)이니, 대승과 소승이 [계율을 제정함이] 같지 않다. 만약 소승의 경우라면 '자신의 이로움'(自利)을 우선시하기 때문에, 근거[887]없이 '[허물이] 무거운 죄업'(重罪)

---

880 저본에는 '爲'로 되어 있지만, 문맥상 '犯'으로 교감하고 번역한다. 한명숙도 동일하다.(한명숙, 앞의 책, p.217 교감주)

881 한명숙은 '過'를 '誹'로 교감하여 번역하였지만(한명숙, 앞의 책, p.217 교감주) 본 번역에서는 원문대로 '過'로 번역한다.

882 저본에는 '傍'으로 되어 있지만, 문맥상 '謗'으로 교감하고 번역한다.

883 저본에는 '意'로 되어 있지만, 문맥상 '實'로 교감하고 번역한다. 한명숙도 동일하다.(한명숙, 앞의 책, p.217 교감주)

884 저본에는 '傍'으로 되어 있지만, 문맥상 '謗'으로 교감하고 번역한다.

885 저본의 교감주에는 "제2편을 다시 교감한다(「第二編」更勘)"라고 하였지만(H1, 600, 교감주②) 본 번역에서는 저본의 원문대로 번역한다. 한명숙도 교감하지 않고 번역하였다.(한명숙, 앞의 책, p.217 교감주)

886 앞의 다섯 가지 계율을 순서대로 살펴보면 다음 같다. ① '[살아 있는 생명을] 죽이지 않는 계율'(第一不殺戒), ② '[정당하게 주어지지 않는 것을] 훔쳐서 가지려는 것에 관한 계율'(偸盜戒), ③ '음란한 행위를 해서는 안 되는 [이유를 밝힌] 계율'(不婬戒), ④ '사실에 맞지 않는 말을 하는 것에 대한 계율'(妄語戒), ⑤ '술을 파는 것에 대한 계율'(酤酒戒)이 그것이다.

887 무근無根: 『사분율』 권4의 다음 문장을 참고할 수 있다. "根者, 有三根. 見根, 聞根, 疑根."(T22, 588b28) 즉 근거는 세 가지 종류가 있는데, ① [계율을 어기는 것을 직접] 본 것, ② [계율을 어기는 것을 직접] 들은 것, ③ [계율을 어긴 것이] 의심스러운 것이 그것이다. 따라서 무근無根은 '[계율을 어기는 것을 직접] 보거나 듣지 못하였거나 또는 [계율을 어긴 것이] 의심스럽지 않은 것'을 의미한다.

를 지었다고 비방하면 '죄를 저질렀으나 참회하면 승가에 남을 수 있는 죄'(第二篇saṃghāvaśeṣa)[888]를 저지른 것이 된다.[889] '사실이 아닌 일'(虛事)에 의거하여 다른 사람을 비방하면 [자기] '마음의 허물'(心過)이 무겁기 때문이다. 만약 '근거가 있는 허물'(有根過)로 다른 사람을 비방하면, 사실에 의거하여 비방한 것이기 때문에 [자기] '마음의 허물'(心過)이 가볍다. 따라서 '죄를 짓고 참회하지 않으면 지옥에 떨어지는 죄'(第三篇pāyattika)[890]를 저지른 것이 된다. 만약 대승의 경우라면 '다른 사람을 이롭게 함'(利他)을 우선시하는 것이다. [따라서] 사실에 의거하여 다른 사람을 비방한 것이라면 '다른 사람이 [수행한] 일'(他事)을 파괴하는 것

888 제2편第二篇: 제2편은 부처님이 제정한 '여섯 가지 계율'(六聚戒) 또는 '일곱 가지 계율'(七聚戒) 가운데 두 번째인 승잔죄僧殘罪이다. 또는 승가파시사僧伽婆尸沙(梵 saṃghāvaśeṣa)라고도 부른다. 이 승가파시사(梵 saṃghāvaśeṣa)는 일시적으로 비구와 비구니의 그 자격이 상실되지만, 정해진 벌칙을 받고 참회하면 자격이 회복되는 죄이다. 즉 중죄이지만 참회하면 승가에 남을 수 있는 죄이다. 이에 대하여 한명숙은 구체적으로 다음과 같이 설명한다. "이 죄를 지었을 경우, 승가에서 재판을 행하여 승잔죄임이 확정되면, 일주일 간 참회하고 근신하는 벌이 부여된다. 이 기간에 비구로서의 여러 가지 자격은 정지된다. 일주일간 여법하게 근신하고 참회하면 승가는 출죄갈마出罪羯磨를 행하여 그 비구의 근신을 해제하고 정지했던 자격을 회복시켜 준다. 죄를 부여하는 것도, 벗어나게 하는 것도 모두 승가의 권한에 의해 행해지기 때문에 승잔僧殘이라 한다."(한명숙, 앞의 책, 각주 309, p.216)

889 이에 해당하는 소승율전은 『사분율』 권4의 다음 문장을 참고할 수 있다. "若比丘, 不犯彼羅夷, 言見犯波羅夷, 以異分無根法謗, 僧伽婆尸沙."(T22, 589c17~19)

890 제3편第三篇: 제3편은 바일제波逸提(pāyattika)이다. 이는 '다섯 가지로 나눈 계율'(五篇) 가운데 세 번째이다. 다섯 가지는 다음과 같다. 제일편第一篇은 바라이波羅夷(pārājika), 제이편第二篇은 승잔僧殘(saṃghāvaśeṣa), 제삼편은 바일제(pāyattika), 제사편第四篇은 바라제제사니波羅提提舍尼(pratideśanīya), 제5편은 돌길라突吉羅(duṣkṛta)이다. 이 중에서 제삼편인 바일제(pāyattika)는 떨어짐(墮)이라고 의역한다. 이 죄를 짓고 참회하지 않으면 삼악도三惡道에 떨어진다는 뜻이다. 이 죄를 지은 비구는 2~3명의 비구 앞에서 참회하면 죄가 없는 것으로 간주된다.

이 성립될 수 있는 것이고, [그리하여] '다른 사람을 훼손하는 측면에서의 허물'(損他義過)이 무겁기 때문에 [해치려는 의도를 달성하기 위해] 근거를 마련하여 [만약 다른 사람에 대해 그가] '[허물이] 무거운 죄업'(重罪)[을 지었다고 말하면] 이 '[어길 때 허물의 무게가] 무거운 계율'(重戒)을 [위배한 것이 된다.] 만약 '근거가 없는 것'(無根)에 의거하여 [비방한] 경우라면, 비록 다른 사람을 비방했더라도 '다른 사람이 [수행한] 일'(他事)을 파괴하는 것은 성립하지 않기 때문에 '다른 사람을 훼손하는 측면에서의 허물'(損他義過)이 가볍다. 그러므로 [『범망경』에서 제시한 48가지 가벼운 죄 가운데] 열세 번째인 [어길 때 허물의 무게가] 가벼운 허물이 되는 죄(第十三輕垢罪)[891][를 저지른 것이] 된다. 만약 소승의 경우라면, 근거 없이 [허물이] 무거운 죄업을 저질렀다고 비방한 것이면 '죄를 저질렀으나 참회하면 승가에 남을 수 있는 죄'(第二篇saṃghāvaśeṣa)를 저지른 것이 되고, '[해치려는 의도를 달성하기 위해] 근거를 마련하여 [허물이] 무거운 죄업[을 저질렀다고 비방하는 것]'(擧有根重)과 〈근거 없이 '죄를 저질렀으나 참회하면 승가에 남을 수 있는 죄'(第二篇saṃghāvaśeṣa)를 저질렀다고 비방하는 것〉(無根二篇謗)은 '죄를 짓고 참회하지 않으면 지옥에 떨어지는 죄'(第三篇pāyattika)를 저지른 것이 된다.[892]

於中, 段有三. 第一擧人表體, 二者列事明理, 三擧非結過.

[H1, 600c16~17; X38, 285a16~17]

이 ['의도를 가진 마음으로 [부처님의] 가르침을 함께 배우는 사람의 허물을 말하

---

891 이와 관련된 대승경문은 『범망경』 하권의 다음 문장에 해당된다. "若佛子, 以惡心故, 無事, 謗他良人善人法師師僧國王貴人, 言犯七逆十重. 於父母兄弟六親中, 應生孝順心慈悲心, 而反更加於逆害, 墮不如意處者, 犯輕垢罪."(T24, 1006a2~5)

892 이와 관련된 소승율선은 『사분율』 권18의 다음 문장을 참고할 만하다. "若比丘, 瞋恚故, 以無根, 僧伽婆尸沙謗者, 波逸提."(T22, 689a21~22)

는 [것에 관한] 계율'(意心說同法人過戒)에 관한 설명] 가운데 단락은 세 개가 있다. 첫 번째는 '사람을 들어 [계율을 받는] 주체를 나타냄'(擧人表體)이고, 두 번째는 '[이 계율을 어기는] 일을 열거하여 [수행의] 이치를 밝힘'(列事明理)[893]이며, 세 번째는 '잘못을 짚어서 허물을 확인시킴'(擧非結過)이다.

② [계율을 어기는] 일을 열거하여 [수행의] 이치를 밝힘(列事明理)

『범망경梵網經』[T24, 1004c13~14]

自說出家・在家菩薩, 比丘比丘尼罪過, 敎人說罪過,

스스로 '출가 [수행자]와 재가 수행자'(出家・在家菩薩) 및 비구와 비구니의 허물(罪過)을 말하거나, 다른 사람으로 하여금 [출가 수행자와 재가 수행자 및 비구와 비구니의] 허물(罪過)을 말하도록 하면,

仲中有二. 先正列非, 後示對治正行.

[H1, 600c17~18; X38, 285a17]

가운데 단락에는 두 가지가 있다. 앞은 '잘못[된 행동을] 곧장 열거함'(正列非)이고, 뒤에서는 '[잘못된 행동을] 치유하는 바른 행위'(對治正行)를 보였다.

893 다른 계율의 과문에서는 '잘못된 사례를 들어 [계율대로] 따라야 할 행위를 밝힘'(擧非明隨)으로 제시하였다. 아래 원효 주석에서도 '列事'는 '列非'로 되어 있다. 그러나 이 계율의 과문은 다른 계율의 과목에서 나누어 설명하는 것처럼 중죄重罪와 경죄輕罪를 나누고 있지 않다.

가. 잘못[된 행동을] 열거함(列非)

가) 잘못[된 행동을] 곧장 열거함(正列非)

先中, 亦有二. 先正列非, 後明略具緣成業.

[H1, 600c18~19; X38, 285a17~18]

앞의 것에도 두 가지가 있다. 먼저는 '잘못[된 행동을] 곧장 열거함'(正列非)이고, 나중은 '조건을 갖추어 행위를 이루는 것을 간략히 드러냄을 밝히는 것'(明略具緣成業)이다.

若簡所謗人者, 受菩薩戒四衆. 重過, 謂以出家比丘及比丘尼, 在家二衆, 有根十重七逆等謗, 正犯此重戒. 若擧輕罪謗者, 犯輕罪. 若謗聲聞者, 擧上二衆, 有根初篇過謗者, 同犯此重戒. 擧上二衆輕罪, 或及下衆有根重及輕罪謗者, 皆犯兼立輕垢罪也.

[H1, 600c19~601a3; X38, 285a18~23]

['의도를 가진 마음으로 [부처님의] 가르침을 함께 배우는 사람의 허물을 말하는 [것에 관한] 계율'(意心說同法人過戒)과 관련하여] 만약 '비방을 받는 사람'(所謗人)을 구분한다면 [다음과 같다.] [먼저는] '보살이 실천해야 할 윤리적 행위에 관한 규범'(菩薩戒)을 받은 '[비구 · 비구니 · 우바새 · 우바이, 이] 네 부류의 대중'(四衆)[이 비방을 받는 사람이 되는 경우]이다. [이때] '무거운 잘못'(重過)이 되는 경우는, 출가 [수행자인] 비구와 비구니, '재가 [수행자인 우바새와 우바이] 두 부류의 대중'(在家二衆)을, [해치려는 의도를 달성하기 위해] 근거를 마련하여 '열 가지 [허물이] 무거운 죄업'(十重[罪])[894]과 '어기면 [무간지옥無

894 십중죄十重罪: 열 가지 중죄는 『범망경』에서 제시하는 중죄라고 볼 수 있다. 즉

間地獄에 떨어지는] 일곱 가지 죄'(七逆[罪])[895] 등을 지었다고 비방하면 곧 바로 이 '[어길 때 허물의 무게가] 무거운 계율'(重戒)을 위배한 것이 되는 것을 일컫는다. 만약 '[범할 때 허물의 무게가] 가벼운 죄'(輕[垢]罪)를 들어 비방하면 '[범할 때 허물의 무게가] 가벼운 죄'(輕[垢]罪)를 저지르게 된다. 만약 [소승小乘인] '가르침을 들어서 혼자 깨달으려는 수행자'(聲聞)를 비방하는 경우에, 위의 두 대중[인 비구와 비구니]를 [해치려는 의도를 달성하기 위해] 근거를 마련하여 [출가 수행자의 자격을 잃고 승가공동체에서 추방되는 죄인] 초편初篇[896]의 허물을 지었다고 비방하는 경우라면, 모두 이 '[어길 때 허물

---

① 불살계不殺戒, ② 투도계偸盜戒, ③ 불음계不婬戒, ④ 불망어계不妄語戒, ⑤ 불고주계不酤酒戒, ⑥ 불의심설동법인과계不意心說同法人過戒, ⑦ 불자찬훼타계不自讚毁他戒, ⑧ 불간계不慳戒, ⑨ 불진계不瞋戒, ⑩ 불방삼보계不謗三寶戒를 위배하면 저지르게 되는 죄이다. 또한 『보살영락본업경菩薩瓔珞本業經』에서는 ① 살殺, ② 도盜, ③ 음淫, ④ 망妄, ⑤ 고주酤酒, ⑥ 설사중과說四衆過, ⑦ 자찬훼타自讚毁他, ⑧ 견석가훼慳惜加毁, ⑨ 진불수회瞋不受悔, ⑩ 방란삼보謗亂三寶를 저지르면 중죄인 바라이죄가 된다.

895 칠역죄七逆罪: 역죄逆罪는 과보로 인하여 무간지옥無間地獄의 고통을 받게 되는 죄이다. 무간업無間業이라고도 한다. 일반적으로 오역죄五逆罪로 설명하는데, 오역죄에 아사리阿闍梨와 화상和尚을 죽인 죄가 추가되어 칠역죄가 된다. 이러한 칠역죄를 범한 자는 계율을 받을 수 없으므로 칠차역죄七遮逆罪가 된다. 칠차역죄는 다음과 같다. ① '부처님의 몸에 피를 냄'(出佛身血), ② '아버지를 살해함'(殺父), ③ '어머니를 살해함'(殺母)이고, ④ '화상을 살해함'(殺和尚), ⑤ '아사리를 살해함'(殺阿闍梨), ⑥ '[부당한 말과 논의로] 갈마승羯磨僧과 전법륜승轉法輪僧을 파괴함'(破羯磨轉法輪僧), ⑦ '성인을 살해함'(殺聖人)이다.(『불광대사전』, p.5466.) 그런데 오역죄에 관하여 문헌마다 제시하는 다섯의 내용이나 순서에는 차이가 나타난다. 인도 찬술 문헌에서 어머니를 살해하는 죄를 그 첫 번째로 삼은 데 비해, 동아시아 문헌에서 아버지를 살해하는 죄를 첫 번째로 삼은 것 등이 대표적이다. (『불광대사전』, p.1142)

896 초편初篇: 이는 '다섯 가지로 나눈 계율'(五篇) 가운데 첫 번째이다. 다섯 가지는 다음과 같다. 제1편第一篇은 바라이波羅夷(pārājika), 제2편第二篇은 승잔僧殘(saṃghāvaśeṣa), 제3편第三篇은 바일제波逸提(pāyattika), 제4편第四篇은 바라제제사니波羅提提舍尼(pratideśanīya), 제5편은 돌길라突吉羅(duṣkṛta)이다. 바라이죄는 중죄重罪로 비구와 비구니가 반드시 지켜야 하는 기본계율이다. 바라이죄

의 무게가] 무거운 계율'(重戒)을 위배한 것이 된다. 위의 두 대중[인 비구와 비구니]를 '[허물이] 가벼운 죄'(輕[垢]罪)를 저질렀다고 비방하거나, 혹은 아래의 대중[인 우바새와 우바이]를 [해치려는 의도를 달성하기 위해] 근거를 마련하여 '[허물이] 무거운 [죄업]'(重[罪])이나 '[허물이] 가벼운 죄'(輕[垢]罪)를 저질렀다고 비방하는 경우라면 모두 '[허물의 무게가] 가벼운 허물이 되는 죄'(輕垢罪)를 저지른 것이 된다.

"自說"中, 有五句. 一,[897] 麤罪麤罪想, 犯重. 二,[898] 麤罪麤罪疑, 犯重. 三者, 麤罪非麤罪想. 若約轉想者, 犯輕垢罪, 若本迷者, 超[899]於非境, 全無罪. 若超[900]於小罪境迷者, 犯輕罪. 四者, 非麤罪爲[901]麤罪想, 犯輕. 五者, 於[902]罪爲[903]麤罪疑, 犯輕罪.

[H1, 601a3~8; X38, 285a23~b3]

"스스로 ['출가 [수행자]와 재가 수행자'(出家 · 在家菩薩) 및 비구와 비구니의 허

는 사중금四重禁 또는 사바라이四波羅夷이라고도 하는데 살생殺生 · 투도偸盜 · 사음邪淫 · 망어妄語가 이에 해당한다.

897 저본에는 '者'가 없지만, 문맥상 '者'를 추가하여 번역한다.

898 저본에는 '者'가 없지만, 문맥상 '者'를 추가하여 번역한다.

899 저본에는 '超'라고 되어 있지만, 문맥상 '起'로 교감하고 번역한다. 한명숙은 '迷'로 교감하였다.(한명숙, 앞의 책, p.220 교감주)

900 저본에는 '超'라고 되어 있지만, 문맥상 '起'로 교감하고 번역한다. 한명숙은 '迷'로 교감하였다.(한명숙, 앞의 책, p.220 교감주)

901 저본의 교감주에는 「爲」를 「非」라고 의심하였고(H1, 601, 교감주 1번), 한명숙은 앞의 계에서 시설한 다섯 구절을 참조하여 '爲'를 연자라고 보았다.(한명숙, 앞의 책, p.220 교감주) 본 번역에서도 '爲'를 연자로 보아 '非麤罪麤罪想'으로 교감한다.

902 한명숙은 '於'를 앞의 계에서 시설한 다섯 구절을 참조하여 '非麤'로 교감하였지만(한명숙, 앞의 책, p.220 교감주) 본 번역은 원문대로 '於'로 번역한다.

903 한명숙은 '爲'를 앞의 계에서 시설한 다섯 구절을 참조하여 연자로 추정하고 삭제하였지만(한명숙, 앞의 책, p.220 교감주) 본 번역은 원문대로 '爲'로 번역한다.

물(罪過)을] 말한다"(自說)라는 것에는 '다섯 가지 판단'(五句)이 있다. 첫 번째는 〈'[바라이죄나 승가비사사와 같은] 무거운 죄업'(麤罪)[904]을 '[바라이죄나 승가비사사와 같은] 무거운 죄업'(麤罪)이라고 생각[하면서 허물을 비방]하는 것〉(麤罪麤罪想)이니, '[허물이] 무거운 [죄업]'(重[罪])을 저지른 것이 된다. 두 번째는 〈'[바라이죄나 승가비사사와 같은] 무거운 죄업'(麤罪)을 '[바라이죄나 승가비사사와 같은] 무거운 죄업'(麤罪)이 아닌가 의심[하면서 허물을 비방]하는 것〉(麤罪麤罪疑)이니, '[허물이] 무거운 [죄업]'(重[罪])을 저지른 것이 된다. 세 번째는 〈'[바라이죄나 승가비사사와 같은] 무거운 죄업'(麤罪)을 '[바라이죄나 승가비사사와 같은] 무거운 죄업'(麤罪)이 아니라고 생각[하면서 허물을 비방]하는 것〉(麤罪非麤罪想)이다. 만약 '생각을 바꾼 경우'(轉想)라면 '[범할 때 허물의 무게가] 가벼운 죄'(輕[垢]罪)를 저지른 것이 되고, 만약 '[비방하는 사람의 죄업에 대하여] 처음부터 잘못 알고 있는 경우'(本迷)라면 ['무거운 죄업'(麤罪)에 대해] '[사실이] 아닌 것'(非境)이라는 [미혹을] 일으킨 것이니, 완전히 죄업이 없다. 만약 ['무거운 죄업'(麤罪)에 대해] '사소한 죄'(小罪境)라고 '잘못 아는 미혹'(迷)을 일으킨 것이라면, '[범할 때 허물의 무게가] 가벼운 죄'(輕[垢]罪)를 저지른 것이 된다. 네 번째는 〈'[바라이죄나 승가비사사와 같은] 무거운 죄업'(麤罪)이 아닌 것을 '[바라이죄나 승가비사사와 같은] 무거운 죄업'(麤罪)이라고 생각[하면서 허물을 비방]하는 것〉(非麤罪爲麤罪想)이니, '[범할 때 허물의 무게가] 가벼운 죄'(輕[垢]罪)를 저지른 것이 된다. 다섯 번째는 ['무거운 죄업이 아닌'(非麤)] 죄업(罪)에 대해 '[바라이죄나 승가비

---

904 추죄麤罪: 추죄는 계율관련 논서에서 제1편인 바라이죄와 제2편인 승가비사사를 합쳐서 부르는 것으로 가장 무거운 죄업 두 가지를 의미한다. 관련 원문은 다음과 같다. 『오분율』 권6(T22, 41a18~19) "麁罪者, 若波羅夷, 若僧伽婆尸沙."; 『마하승기율』 권14(T22, 338a11). "麁罪者, 四事, 十三事"라고 하였는데, '4사四事'는 사바라이四波羅夷이고, '13사十三事'는 13승가바시사僧伽婆尸沙이다. 이 밖에 『사분율』 권17(T22, 679a6~7)에서도 같은 설명이 있다. "麁罪者, 四波羅夷, 僧伽婆尸沙."라고 하였다.

사사와 같은] 무거운 죄업'(麤罪)이 아닌가 의심[하면서 허물을 비방]하는 것〉(於罪爲麤罪疑)이니, '[범할 때 허물의 무게가] 가벼운 죄'(輕[垢]罪)를 저지른 것이 된다.

"教人說過"中, 教他爲我謗他, 及爲汝謗他, 皆犯重罪.

[H1, 601a8~10; X38, 285b3~4]

"다른 사람으로 하여금 [출가 수행자와 재가 수행자 및 비구와 비구니의] 허물(罪過)을 말하도록 하면"(教人說過)이라고 말한 것 가운데는 [다음과 같은 뜻이 있다.] 다른 사람으로 하여금 '[교사자인] 자기를 위해 타인을 비방'(爲我謗他)하게 하는 것과 '[교사를 받는] 상대를 위해 타인을 비방'(爲汝謗他)하게 하는 것은 모두 '[허물이] 무거운 죄업'(重罪)을 저지른 것이 된다.

나) 조건을 갖추어 행위를 이루는 것을 밝힘(明具緣成業)

『범망경梵網經』[T24, 1004c14~15]

罪過因, 罪過緣, 罪過法, 罪過業.[905]

〈'['의도를 가진 마음으로 부처님의 가르침을 함께 배우는 사람의 허물을 말하는 것에 관한 계율'을 위배하는] 죄업의 허물을 짓는 원인'〉(罪過因)과 〈'['의도를 가진 마음으로 부처님의 가르침을 함께 배우는 사람의 허물을 말하는 것에 관한 계율'을 위배하는] 죄업의 허물을 짓는 행위'〉(罪過業)와

905 '罪過因 · 罪過緣 · 罪過法 · 罪過業'에 대하여 저본의 교감주에는 고본인【宋】·【元】·【宮】본은 '罪過因 · 罪過業 · 罪過法 · 罪過緣'의 순서로 되어 있다고 밝혔다.(T24,1004, 교감주 [37]) 본 번역은 원효가 참고한 것으로 추정되는 고본에 따라 번역하였다. 한명숙은 저본인 대정장의 순서로 번역하였다.(한명숙, 앞의 책, p.220)

〈'['의도를 가진 마음으로 부처님의 가르침을 함께 배우는 사람의 허물을 말하는 것에 관한 계율'을 위배하는] 죄업의 허물을 짓는 현상'〉(罪過法)과 〈'['의도를 가진 마음으로 부처님의 가르침을 함께 배우는 사람의 허물을 말하는 것에 관한 계율'을 위배하는] 죄업의 허물을 짓는 조건'〉(罪過緣)이 된다.

滿八緣, 成重. 一,[906] 同戒七衆,[907] 同法上二衆謗. 此以外道, 及同法下三衆等[908]者, 犯輕罪故. 二者, 同戒同法者想. 三,[909] 有嗔垢心. 若無犯心等說者, 犯輕罪故. 四者, 意是有想.[910] 五,[911] 七逆十重重過. 若輕罪謗者, 犯輕罪故. 六者, 向人說. 若向非人說, 是輕罪故, 七,[912] 言詞了了. 八者, 所[913]人已[914]解也. 初二及第四第六, 並四爲緣, 第三一爲

906 저본에는 '者'가 없지만, 문맥상 '者'를 추가하여 번역한다.

907 한명숙은 '七衆'을 '同行'으로 교감하고 번역하였으나(한명숙, 앞의 책, p.221 교감주) 본 번역은 원문대로 '七衆'으로 번역한다.

908 한명숙은 '等'을 '謗'으로 교감하고 번역하였으나(한명숙, 앞의 책, p.221 교감주) 본 번역은 원문대로 '等'으로 번역한다.

909 저본에는 '者'가 없지만, 문맥상 '者'를 추가하여 번역한다.

910 한명숙은 『보살계의소』 하권(T40, 573b6~13)에서 '三有說罪心'이라고 한 것을 참조하여 '意是有想'을 '有說罪心'으로 교감하고 번역하였다.(한명숙, 앞의 책, p.221 교감주) 그러나 본 번역은 원문대로 '意是有想'으로 번역한다. 『보살계의소』 하권(T40, 573b12)에서 말한 '三有說罪心'의 문맥은 위의 본문과는 차이가 있다. 즉 원효는 팔연八緣을 설명하지만, 『보살계의소』에서는 육연六緣만 설명하고, 또한 내용도 다르다. "第六說四衆過戒, 說是談道之名, 衆謂同法四衆, 過者七逆十重也. 一以抑沒前人, 損正法故得罪也. 此戒七衆同犯, 大小乘俱制. 大士掩惡揚善爲心, 故罪重也. 上者第二篇, 中者第三篇, 下者第七聚. 聲聞法如此, 與菩薩有異也. 文句同前. 此戒備六緣成重. 一是衆生, 二衆生想, 三有說罪心, 四所說罪, 五所向人說, 六前人領解." 따라서 본 번역은 원문대로 번역한다.

911 저본에는 '者'가 없지만, 문맥상 '者'를 추가하여 번역한다.

912 저본에는 '者'가 없지만, 문맥상 '者'를 추가하여 번역한다.

913 한명숙은 '所'를 '前'으로 교감하고 번역하였으나(한명숙, 앞의 책, p.221 교감주) 본 번역은 원문대로 '所'로 번역한다.

914 한명숙은 '已'를 '知'로 교감하고 번역하였으나(한명숙, 앞의 책, p.221 교감주) 본 번역은 원문대로 '已'로 번역한다.

因, 第五爲法, 後二爲業.

[H1, 601a10~18; X38, 285b4~11]

[다음의] 여덟 가지 조건을 채워야 [〈'의도를 가진 마음으로 부처님의 가르침을 함께 배우는 사람의 허물을 말하는 것에 관한 계율〉(意心說同法人過戒)을 위배한] '[허물이] 무거운 죄업'(重[罪])이 된다. 첫 번째는 '계율을 함께 [지키는 불교 공동체를 구성]하는 7가지 무리'(同戒七衆)[915] [가운데] '[부처님의] 가르침을 함께 배우는 위의 두 대중[인 비구와 비구니]'(同法上二衆)를 비방하는 것이다. 이 [계율]에서 '[불교와는] 다른 가르침[을 따르는 사람들]'(外道)과 '[부처님의] 가르침을 함께 배우는 아래의 세 대중'(同法下三衆)[인 식차마나式叉摩那와 우바새優婆塞·우바이優婆夷] 등을 [비방하는] 것이라면, '[범할 때 허물의 무게가] 가벼운 죄업'(輕[垢]罪)을 저지르기 때문이다. 두 번째는 '[비방의 대상이 되는 사람이] 계율을 함께하면서 [부처님의] 가르침도 함께 배우는 사람이라고 생각하는 것'(同戒同法者想)이다. 세 번째는 '분노에 오염된 마음'(嗔垢心)이 있어야 한다. 만약 [분노로 이 계율을] 범하려는 마음 등이 없이 [비방하여] 말한 것이라면 '[범할 때 허물의 무게가] 가벼운 죄업'(輕[垢]罪)을 저지르는 것이 되기 때문이다. 네 번째는 '[비방하려는] 의도에 옳음이 있다고 생각하는 것'(意是有想)이다. 다섯 번째는 '어기면 [무간지옥無間地獄에 떨어지는] 일곱 가지 죄'(七逆[罪])와 '열 가지 [허물이] 무거운 죄업'(十重[罪])[을 저질렀다고 비방한 것]이면 '무거운 잘못'(重過)이 된다. 만약 '[범할 때 허물의 무게가] 가벼운 죄업'(輕[垢]罪)[을 저질렀다고] 비방하면 '[범할 때 허물의 무게가] 가벼운 죄업'(輕[垢]罪)이 되기 때문이다. 여섯 번째는

915 칠중七衆: 불교를 따르는 공동체 구성원을 통틀어서 일컫는 말이다. 그중 승가공동체의 구성원은 5가지로, 비구比丘·비구니比丘尼·사미沙彌·사미니沙彌尼·식차마나式叉摩那이다. 이에 재가수행자인 우바새優婆塞·우바이優婆夷를 추가하여 '7가지 무리'(七衆)가 된다.

'사람을 향해 비방하는 것'(向人說)이다. 만약 '사람이 아닌 것에 대하여 비방'(向非人說)하였다면, '[범할 때 허물의 무게가] 가벼운 죄업'(輕[垢]罪)이 되기 때문이다. 일곱 번째는 '[비방하는] 말이 분명한 것'(言詞了了)이다. 여덟 번째는 '비방을 받는 사람이 [비방하는 내용을] 이해하고 있는 것'(所人已解)이다.

처음의 두 가지 및 네 번째와 여섯 번째를 합한 네 가지 모두는 〈['의도를 가진 마음으로 부처님의 가르침을 함께 배우는 사람의 허물을 말하는 것에 관한 계율'을 위배하는 죄업의 허물을 짓는] 조건〉([罪過]緣)이 되고, 세 번째 한 가지는 〈['의도를 가진 마음으로 부처님의 가르침을 함께 배우는 사람의 허물을 말하는 것에 관한 계율'을 위배하는 죄업의 허물을 짓는] 원인〉([罪過]因)이 되며, 다섯 번째는 〈['의도를 가진 마음으로 부처님의 가르침을 함께 배우는 사람의 허물을 말하는 것에 관한 계율'을 위배하는 죄업의 허물을 짓는] 현상〉([罪過]法)이 되고, 뒤의 두 가지는 〈['의도를 가진 마음으로 부처님의 가르침을 함께 배우는 사람의 허물을 말하는 것에 관한 계율'을 위배하는 죄업의 허물을 짓는] 행위([罪過]業)가 된다.

나. [잘못된 행동을] 치유하는 바른 행위(對治正行)

『범망경梵網經』[T24, 1004c15~17]

而菩薩, 聞外道惡人及二乘惡人, 說佛法中, 非法非律, 常生悲心, 教化是惡人輩, 令生大乘善信,

그러므로 보살은 〈'[불교와는] 다른 가르침[을 따르는 사람들 가운데] 나쁜 사람〉(外道惡人)과 〈[성문聲聞, 연각緣覺] 두 부류의 수행자 [가운데] 나쁜 사람〉(二乘惡人)[916]이 '부처님의 가르침'(佛法)이라고 하면서 '[부처님이 설한]

916 악인惡人: 악인은 몸과 입과 마음으로 타인에게 해로운 행위를 짓는 사람이라고 할 수 있다. 하지만 여기서는 악인을 외도악인外道惡人과 이승악인二乘惡人으로

진리가 아닌 것'(非法)과 '계율이 아닌 것'(非律)을 설하는 것을 들어도 항상 '연민의 마음'(悲心)을 내어 이러한 '나쁜 사람들'(惡人輩)을 교화하여 대승에 대한 '이로운 믿음'(善信)을 내도록 해야 하거늘,

"外道惡人", 謂以四空定爲涅槃故, 非勝爲勝, 亦持牛戒等非道故. 由此見, 於自他, 增長惡見故, 墮惡趣故, 言惡人也. "二乘惡人"者, 如來依非無門, 爲有說言, 由妄執故, 計爲惡有, 傍[917]大乘聖典. 由此見故, 自及他人, 令墮惡趣故, 爲惡人. 若非執小爲實謗大乘者, 不名惡人. "非法"者, 若外道, 以非勝爲勝. 若二乘者, 以非究竟教, 執爲究竟, 違於大乘修多羅, 離邊現[918]故. "非仲"[919]者, 跋闍子, 十種非

나누어 설명하였다. 외도악인은 불법을 믿고 따르지 않으면서 자신과 타인을 해치는 사람이고, 이승악인은 대승의 계율을 받지도 않고 대승불교의 가르침을 부인하여 믿지 않으면서 대승의 가르침을 비방하며 대승의 가르침을 믿고 따르는 사람을 괴롭히는 수행자를 말한다고 볼 수 있다. 『법화경法華經』 권1의 「방편품方便品」(T9, 10b11~12)에서 다음과 같이 설명한다. "當來世惡人, 聞佛說一乘, 迷惑不信受, 破法墮惡道." 또한 『관념아미타불상해삼매공덕법문觀念阿彌陀佛相海三昧功德法門』 권1(T47, 27c12~16)에서는 악인을 다섯 종류로 나누어 설명하였다. "一卽謗眞行僞惡人, 二者謗正行邪惡人, 三者謗是行非惡人, 四者謗實行虛惡人, 五者謗善行惡惡人, 又此五種人, 若欲願歸佛, 不能自利, 亦不利他人." 또한 『범망경梵網經』 하권(T24, 1009a8~12)에서는 불계佛戒를 받지 않아서 축생이나 목석 따위와 같은 것을 말한다. "是惡人輩不受佛戒, 名爲畜生. 生生不見三寶, 如木石無心, 名爲外道邪見人輩. 木頭無異, 而菩薩於是惡人前說七佛教戒者, 犯輕垢罪."(『불광대사전』, p.4945) 그러나 아래의 원효 주석에서는 이러한 일반적인 설명보다 더욱 구체적으로 논하고 있다. 아래 주석 참고.

917 저본에는 '傍'으로 되어 있지만, 문맥상 '謗'으로 교감하고 번역한다. 한명숙도 동일하다.(한명숙, 앞의 책, p.222 교감주)

918 저본에는 '現'으로 되어 있지만, 문맥상 '見'으로 교감하고 번역한다. 한명숙도 동일하다.(한명숙, 앞의 책, p.222 교감주)

919 저본의 교감주에는 '仲'을 '律'로 교감하였다 "「仲」疑「律」次同."(H1, 601, 교감주 2) 본 번역도 저본의 교감대로 '律'로 번역한다. 한명숙도 동일하다.(한명숙, 앞의 책, p.222 교감주)

仲[920]事等.

[H1, 601a18~b5; X38, 285b11~18]

"〈'[불교와는] 다른 가르침[을 따르는 사람들 가운데] 나쁜 사람〉"(外道惡人)이라는 [이유]는 '네 가지 비어 있는 선정'(四空定)[921]을 열반涅槃으로 삼기 때문에 '뛰어나지 않은 것'(非勝)을 '뛰어난 것'(勝)이라고 여기고, 또한 '소[를 모방하면 하늘나라에 태어난다는 잘못된] 계율'(牛戒)[922] 등의 '진리답지 않은 것'(非道)을 간직하기 때문이다. 이러한 [잘못된] 견해로 말미암아 자신과 타인에게 '해로운 견해'(惡見)를 더욱 늘어나게 하여 [자신과 타인을] '해로운 세계'(惡趣)에 떨어지게 하므로 〈'[불교와는] 다른 가르침[을 따르는 사람들 가운데] 나쁜 사람'〉([外道]惡人)이라고 부른다.

---

920 저본의 교감주에는 '仲'을 '律'로 교감하였다. "「仲」疑「律」次同."(H1, 601, 교감주 2) 본 번역도 저본의 교감대로 '律'로 번역한다. 한명숙도 동일하다.(한명숙, 앞의 책, p.222 교감주)

921 사공정四空定: 초기불교의 니까야/아함에서부터 등장하는 선정禪定의 방법으로 '무형 세계'(無色界)에 속하는 네 가지 선정으로 사무색정四無色定이라고도 한다. 즉 '허공[처럼 한계가 없어지는 선정]'(空無邊處定), '[허공에 한계가 없는 것처럼] 의식[의 면모 또한] 한계가 없어지는 선정'(識無邊處定), '[허공이나 의식 등 존재하는] 그 어떤 것에 의거하지 않고도 제한되지 않는 선정'(無所有處定), '지각도 아니고 지각 아닌 것도 아닌 경지를 증득한 선정'(非想非非想處定)의 넷을 가리킨다. 이러한 선정의 분류법은 초기불교에서 아비달마 시대를 거치면서 갖가지 체계적 분류가 시도되는데, 그중에 하나의 방법이 '욕망 세계'(欲界), '유형 세계'(色界), '무형 세계'(無色界)의 각 영역에 갖가지 선정법을 배당하는 것이다. 곧, '유형 세계'(色界)에 속하는 대표적인 선정법을 사선四禪으로 삼은 것처럼, '무형 세계'(無色界)에 속하는 선정법으로는 사무색정을 해당시킨 것이다.

922 우계牛戒: 계금취견戒禁取見 가운데 하나이다. 고대 인도의 외도外道 가운데 소의 행동을 하는 것이 하늘나라에 태어나는 업의 원인이 된다고 잘못 집착하였기 때문에 우계를 지키는 사람들이 있었다. 마치 소의 눈이 모인 것이나 머리를 숙이고 풀을 먹는 것 등을 모방하면 다음 생에 하늘나라에 태어난다고 여겼다. 『불광대사전』, p.1504.

"〈[성문聲聞, 연각緣覺] 두 부류의 수행자 [가운데] 나쁜 사람〉"(二乘惡人)이라는 것은 [다음과 같은 것이다.] 여래께서는 '없지 않은 측면'(非無門)에 의거하여 있음(有)을 설정하여 가르침을 설하였는데, [이들은] '잘못된 집착'(妄執) 때문에 ['없지 않은 측면'(非無門)에 의거하여 여래께서 설정한 있음(有)을] '〈[불변/독자의 실체로서의 있음(有)이라고] 잘못 [이해한] 있음〉'(惡有)[923]으로 생각하여 '대승의 고귀한 경전'(大乘聖典)을 비방한다. 이러한 [잘못된] 견해로 말미암아 자신과 타인을 '해로운 세계'(惡趣)에 떨어지게 하므로 '[성문聲聞, 연각緣覺 두 부류의 수행자 가운데] 나쁜 사람'([二乘]惡人)으로 삼는다. 만약 소승[의 잘못된 견해]에 집착하지만 실제로 대승을 비방하지 않는 자라면 '[성문聲聞, 연각緣覺 두 부류의 수행자 가운데] 나쁜 사람'([二乘]惡人)이라고 부르지 않는다.

"[부처님이 설한] 진리가 아닌 것"(非法)에 대하여, 만약 '[불교와는] 다른 가르침[을 따르는 사람들]'(外道)의 경우라면, '뛰어나지 않은 것'(非勝)을 '뛰어난 것'(勝)이라고 여기는 것이다. [그리고] 만약 '[성문聲聞, 연각緣覺] 두 부류의 수행자'(二乘)의 경우라면 '[불교의] 궁극적인 가르침이 아닌 것'(非究竟教)을 '[불교의] 궁극적인 [가르침]'(究竟[教])이라고 집착하는 것이니, 대승의 경전(修多羅)[924]에서 [설한] '[항상 있다거나 아무것도 없다는] 치우친 견해'(邊見)[925]에서 벗어나는 것에 어긋나기 때문이다. "[부처님이

---

923 악유惡有: 소승에서 불변/독자의 실체가 있다는 잘못된 견해로 있음(有)을 집착하는 경우는 아비달마불교의 부파에서 주장하였는데, 그 가운데 설일체유부說一切有部가 대표적이다. 설일체유부에서는 과거·현재·미래에 걸친 유위제법有爲諸法의 실유實有를 의미하는 삼세실유三世實有·법체항유法體恒有의 명제를 교설의 중심으로 삼았다.

924 수다라修多羅: 계경契經으로 의역하는데, 장행長行이라고도 한다. 산문 형식으로 기술된 경전이다.

925 변견邊見: 모두 '없음'과 '있음'에 관한 치우친 오해이다, 구체적으로, '無/有'와 '斷/常'이 대표적이다. 즉 '無/有'가 공간 범주에서의 '없음/있음'에 관한 오해라면, '斷/常'은 시간 범주에서의 '없음/있음'에 관한 오해를 지칭하는 것으로 보인다.

설한] 계율이 아닌 것"(非律)이라는 것은 '[바이샬리(Vaisali)의] 밧지뿟따카(Vajjiputtaka) 지방의 수행자들'(跋闍子)(跋闍子)이 행하던 '계율에 어긋나는 열 가지 일'(十種非律事)[926] 등이다.

③ 잘못을 짚어서 허물을 확인시킴(擧非結過)

> 『범망경梵網經』[T24, 1004c17~18]
>
> 而菩薩, 反更自說佛法中罪過者, 是菩薩波羅夷罪.
>
> 보살이 도리어 다시 '부처님의 가르침'(佛法)이라고 하면서 '죄업의 허물'(罪過)이 되는 것을 스스로 말한다면, '보살의 가장 심한 계율위반'(菩薩波羅夷罪)이 된다.

亦有四句. 一,[927] 唯福非罪, 違[928]機菩薩. 二者, 非福非罪, 狂心等說

926 발도자십종비율사跋闍子十種非律事: 이는 바이샬리(Vaisali)의 밧지뿟따카(Vajji-puttaka) 지방의 수행자들(跋闍子)의 계율이 당시 전통적 승가 공동체의 계율에 어긋나면서 새로운 결집이 생겨난 사건을 의미한다. 700명의 율장 결집 또는 2차 결집이라고도 하는데, 석가모니 부처님 열반 후 110년에 일어난 일이다. 당시 '밧지뿟따가 지방의 수행자들'(跋闍子)이 행하던 일이 전통 계율에 어긋난 것이 10가지였으므로 십종비율사十種非律事라고 부른다. 이러한 비율非律을 전통 교단에서 확정하기 위해 2차 결집이 일어났다. 이 사건을 통하여 당시 인도 불교의 교단 중 동쪽나라를 대표하던 기존의 전통 교단은 보수적 상좌부가 되고, 서쪽 나라를 대표하던 바이샬리(Vaisali)의 밧지뿟따가 지방의 수행자들(跋闍子)은 대중부가 된다. 이에 대한 자세한 기록은 『십송률』 60권 「칠백비구집멸악법품七百比丘集滅惡法品」(T23, 450a27~453b11)에 나온다. 하지만 이는 소승 율전의 기록이므로 전통 상좌부가 단죄한 형식으로 기록되어 있다. 한편 『십송률』에 제시된 십사十事는 다음과 같다. "一者鹽淨, 二者指淨, 三者近聚落淨, 四者生和合淨, 五者如是淨, 六者證知淨, 七者貧住處淨, 八者行法淨, 九者縷邊不益尼師檀淨, 十者金銀寶物淨." 이에 관련된 제시한 설명은 에띠엔 라모뜨 지음, 호진 옮김, 『인도불교사』 1, 시공사, 2008, pp.252~277 참고.

927 저본에는 '者'가 없지만, 문맥상 '者'를 추가하여 번역한다.

也. 三者, 唯輕非量.[929] 謂此戒兼所立, 擧有招[930]輕罪等謗. 四,[931] 唯重非輕, 正此戒所立重戒等也.

[H1, 601b5~8; X38, 285b18~21]

[이 계율에 대해서도] 역시 '네 가지 판단'(四句)을 한다. 첫 번째는 '오직 좋은 행위이지 나쁜 행위가 아닌 경우'(唯福非罪)이니, 〈'[중생의] 상황에 밝아'(達機) '[그 상황에 맞는 수단과 방법을] 적절히 쓰는'(輪機) 능력을 지닌 보살〉(達[輪]機菩薩)[의 경우가 그것이다.] 두 번째는 '나쁜 행위도 아니고 좋은 행위도 아닌 경우'(非罪非福)이니, '제정신이 아닌 상태의 마음'(狂心) 등으로 말한 경우이다. 세 번째는 〈'오직 [어길 때 허물의 무게가] 가벼운 [죄](輕[垢罪])만 있고 [허물이] 무거운 [죄업](重[罪])은 아닌 경우'〉(唯輕非重)이다. 이 계율에서 아울러 같이 세운 것으로, [해치려는 의도를 달성하기 위해] 근거를 마련하여 '[허물이] 가벼운 죄'(輕[垢]罪) 등을 저질렀다고 비방한 경우이다.[932] 네 번째는 '오직 [어길 때 허물의 무게가] 무거운 [죄업]이 되고 [허물의 무게가] 가벼운 [죄](輕[垢罪])는 아닌 경우'(唯重非輕)이다. 이 계율에서 곧바로 세운 '[범할 때 허물의 무게가] 무거운 계율'(重戒)들이다.

---

928 저본의 교감주에 '違'는 '達'로 의심된다고 하였다.(H1, 601, 교감주③) 본 번역도 '違'를 '達'로 교감하여 번역한다. 한명숙도 동일하다.(한명숙, 앞의 책, p.223 교감주)

929 저본의 교감주에 '量'은 '重'으로 의심된다고 하였다.(H1, 601, 교감주④) 본 번역도 '量'을 '重'으로 교감하여 번역한다. 한명숙도 동일하다.(한명숙, 앞의 책, p.223 교감주)

930 저본에는 '招'로 되어 있지만, 문맥상 '根'으로 교감하고 번역한다. 한명숙도 동일하다.(한명숙, 앞의 책, p.223 교감주)

931 저본에는 '者'가 없지만, 문맥상 '者'를 추가하여 번역한다.

932 이에 대하여 앞에서 다음과 같은 경우라고 설명하였다. "擧上二衆輕罪, 或及下衆有根重及輕罪謗者, 皆犯兼立輕垢罪也."(X38, 285a22~23) 그리고 소승의 경우는 다음과 같다고 하였다. "若小乘者, … 擧有根重及無根第二篇謗者, 犯第三篇."(X38, 285a14~16)

㉦ 자기를 칭찬하고 남을 비난하는 [것을 금하는] 계율(自讚毁他戒)

① 사람을 들어 [계율을 받는] 주체를 나타냄(擧人表體)

『범망경梵網經』[T24, 1004c19]

若佛子[933]

만약 부처님의 제자가 입으로

第七自讚毁他戒, 亦名爲利讚毁戒. 此戒七衆同制, 大小共學. 段同前戒.

[H1, 601b9~10; X38, 285b22~23]

일곱 번째는 '자기를 칭찬하고 남을 비난하는 [것을 금하는] 계율'(自讚毁他戒)이니, 또한 '이익을 위하여 [자기를] 칭찬하고 [남을] 비난하는 [것을 금하는] 계율'(爲利讚毁戒)이라고도 부른다. 이 계율은 '[불교 공동체를 구성하는] 7가지 무리'(七衆)[934]에 같은 내용으로 제정되었으며, 대승과 소승에서 함께 배운다. 단락은 앞의 계율과 동일하다.

於中, 五句現意. 一者, 不望利, 唯自讚非毁他, 唯犯輕. 二,[935] 不望

933 고본인 【宋】·【元】·【明】·【宮】본에는 '子' 뒤에 '口'가 있다고 저본의 교감주에서는 밝히고 있다.(T24, 1004, [36-1]) 따라서 본 번역은 원효가 당시 참고하였을 것으로 판단되는 고본에 따라 '口'를 추가하여 번역한다.

934 칠중七衆: 불교를 따르는 공동체 구성원을 통틀어서 일컫는 말이다. 그중 승가공동체의 구성원은 5가지로, 비구比丘·비구니比丘尼·사미沙彌·사미니沙彌尼·식차마나式叉摩那이다. 이에 재가수행자인 우바새優婆塞·우바이優婆夷를 추가하여 '7가지 무리'(七衆)가 된다.

935 저본에는 '者'가 없지만, 문맥상 '者'를 추가하고 번역한다.

利, 唯毁他非自讚,犯輕. 三,[936] 望五錢以下利, 自讚毁他, 犯輕. 四者, 望五錢以上利, 自讚毁他, 正犯此戒. 五者, 發望五錢以上利意, 擧重意過,[937] 自讚毁他, 犯此戒及前戒二重.

[H1, 601b10~16; X38, 285b23~c3]

여기서는 '다섯 가지 판단'(五句)으로 뜻을 나타낸다. 첫 번째는 〈이익을 바라지 않으면서 오직 자기를 칭찬하고 남을 비난하지 않는 경우〉(不望利, 唯自讚非毁他)이니, 오직 [허물의 무게가] 가벼운 [죄](輕[垢罪])를 저지른 것이 된다. 두 번째는 〈이익을 바라지 않으면서 오직 남을 비난하고 자신을 칭찬하지는 않는 경우〉(不望利, 唯毁他非自讚)이니, [허물의 무게가] 가벼운 [죄](輕[垢罪])를 저지른 것이 된다. 세 번째는 〈5전(五錢)[938] 이하의 이익을 바라면서 자신을 칭찬하고 남을 비난하는 경우〉(望五錢以下利, 自讚毁他)이니, [허물의 무게가] 가벼운 [죄](輕[垢罪])를 저지른 것이 된다. 네 번째는 〈5전(五錢) 이상의 이익을 바라면서 자신을 칭찬하고

936 저본에는 '者'가 없지만, 문맥상 '者'를 추가하고 번역한다.

937 저본의 '意'를 한명숙은 '罪'로 교감하였다.(한명숙, 앞의 책, p.224 교감주) 그러나 본 번역은 원문대로 '意'로 번역한다. '意過'는 앞서 거론된 '의도를 가진 마음으로 [부처님의] 가르침을 함께 배우는 사람의 허물을 말하는 [것에 관한] 계율'(意心說同法人過戒)에서의 '意心說同法人過'를 압축시킨 용어로 보인다. 이렇게 보아 '意過'를 '[부처님의 가르침을 함께 배우는 사람의] 허물[을 말하려는] 의도'로 번역하였다.

938 5전五錢: 전錢은 마쇄磨灑 · 마사가摩娑迦의 의역어이다. 고대 인도에서 통용되던 화폐 가운데 하나이다. 80패치貝齒(kaparda)를 1마쇄로 삼기도 하고, 20(혹은 12 · 16 · 40)마쇄로 삼기도 한다. 율전에는 5(혹은 3 · 4 · 10)마쇄 이상을 훔치면 바라이죄를 범한 것으로 처리하여 승단에서 추방한다. 마쇄는 원래 숙두菽豆를 가리키는 말이며, 이에 해당하는 학명은 Phaseolus radiatus이다. 1마쇄는 숙두 한 개 크기의 금에 해당 값어치를 지닌 것으로 추정한다.(『불광대사전』, p.7870) 불교의 율전에서 타인에게 경제적 손해를 끼치거나, 자신이 부당한 이익을 취하는 것에 대해서 중죄와 경죄를 판단하는 기준은 여러 가지가 있는데, 『梵網經菩薩戒本私記』에서는 5전錢을 기준으로 삼았다.

남을 비난하는 경우〉(望五錢以上利, 自讚毁他)이니, 곧바로 이 '[자기를 칭찬하고 남을 비난하는 것을 금하는] 계율'([自讚毁他]戒)을 위반하게 된다. 다섯 번째는 〈5전(五錢) 이상의 이익을 바라는 뜻을 일으키고 [부처님의 가르침을 함께 배우는 사람의] 허물[을 말하려는] 의도를 덧붙여 자신을 칭찬하고 남을 비난하는 경우〉(發望五錢以上利意, 擧重意過, 自讚毁他)인데, 이 계율과 앞 계율[939]의 두 가지 '[범할 때 허물의 무게가] 무거운 계율'(重戒)을 [모두] 위반하게 된다.

問. 不望利, 而具作自讚毁他二種, 何耶? 答. 但犯輕垢罪.
亦問. 雖望五錢以上利, 而自讚毁他, 互闕, 何耶? 答. 應重.
[H1, 601b17~19; X38, 285c3~5]

묻는다. 이익을 바라지 않으면서 '자신을 칭찬하는 것'(自讚)과 '남을 비난하는 것'(毁他) 두 가지를 모두 실행하면 어떻게 되는가?

답한다. 단지 '가벼운 허물이 되는 죄'(輕垢罪)를 저지르는 것이 된다.

또 묻는다. 비록 5전(五錢) 이상의 이익을 바라지만 '자신을 칭찬하는 것'(自讚)과 '다른 남을 비난하는 것'(毁他) 가운데 서로 [하나씩] 빠지는 경우라면 어떻게 되는가?

답한다. 마땅히 '[허물이] 무거운 죄업'(重[罪])이 된다.

問. 何以得知, 望五錢以上利, 方犯此戒也? 答. 『持地論[940]』云, "望

939 '이 계율과 앞의 계율'(此戒及前戒): 이 계율은 〈七 자기를 칭찬하고 남을 비난하는 [것을 금하는] 계율(自讚毁他戒)〉이고, 앞 계율은 〈六 의도를 가진 마음으로 [부처님의] 가르침을 함께 배우는 사람의 허물을 말하는 [것에 관한] 계율(意心說同法人過戒)〉이다.

940 저본의 '持地論'는 원전에 따라 '地持論'으로 교감하고 번역한다. 한명숙도 동일하다.(한명숙, 앞의 책, p.225 교감주)

利意, 自讚毀他, 犯衆多犯.” 故知, 五[941]以下者, 犯輕罪, 五錢以上, 方犯重.

[H1, 601b19~23; X38, 285c5~8]

묻는다. 5전(五錢) 이상의 이익을 바라야 비로소 이 '[자기를 칭찬하고 남을 비난하는 것을 금하는] 계율'([自讚毁他]戒)을 위반하게 되는 것임을 어떻게 알 수 있는가?

답한다. 『보살지지경菩薩地持經』에서 말하길, "이익을 바라는 뜻으로 자신을 칭찬하고 남을 비난하면, '[가벼운 허물이 되는] 갖가지 죄'(衆多犯)[942]를 저지르게 된다"[943]라고 하였다. 그러므로 5전(五錢) 이하의 이익

941 저본에는 '五'로 되어 있지만, 문맥상 '錢'을 추가하여 '五錢'으로 교감하고 번역한다.

942 중다범衆多犯: 담무참이 번역한 『보살지지경』에서 설하는 4중죄重罪 42경죄輕罪 가운데, 경죄를 중다범 또는 범사犯事라고 한다. 『보살지지경』은 유가사상 계통의 대승보살계율을 대표하는 저술인데, 경經이라는 이름이 붙어 있으나 본래는 논論이다. 원명은 'Bodhisattva-bhūmi'로 『보살지지론』·『지지론』·『보살계경』이라고도 한다. 티베트본에는 무착이 지었다고 되어 있으나 한역본에는 미륵의 저술이라고 적혀 있다. 5세기 초에 북량의 담무참曇無讖이 한역하였으며, 구나발마求那跋摩의 역본도 있다. 또 『유가사지론』의 「본지분本地分」도 이 책과 내용이 같다.

943 여기에서 인용한 내용은 『보살지지경菩薩地持經』의 원문과 완전히 일치하지 않는다. 즉 『보살지지경』에서는 분노에 의하여 자찬훼타自讚毁他를 할 경우는 경죄輕罪가 되고, 이익을 위하여 자찬훼타를 경우에는 중죄重罪가 된다고 보았다. 이익을 위하여 자찬훼타를 경우에는 중죄가 된다고 하는 『보살지지경』의 내용을 『범망경사기』에서는 5전을 기준 삼아 다시 경죄와 중죄로 나누고 있는 것이다. 경죄 및 중죄를 논하는 『보살지지경』의 내용은 다음과 같다. 『보살지지경』 권5(T30, 915c15~16). "若菩薩, 以貪恚心, 自歎己德, 毁呰他人, 是名爲犯衆多犯."; 권5(T30, 913b2~3). "菩薩爲貪利故, 自歎己德, 毁呰他人, 是名第一波羅夷處法." 〈산스크리트본의 해당 내용: BoBh., p.170 bodhisattvo yena kaṭukaprayogeṇa tīkṣṇaprayogeṇa sattvānām arthaṃ paśyati. taṃ prayogaṃ daurmanasy'ārakṣayā na samudācarati. s'āpattiko bhavati. sātisāraḥ. aklistām

[을 바라면서 자신을 칭찬하고 남을 비난하는 경우]라면 '가벼운 허물이 되는 죄'(輕垢罪)를 저지르는 것이고 5전(五錢) 이상[을 바라면서 자신을 칭찬하고 남을 비난하는 경우]라야 비로소 '[허물이] 무거운 죄업'(重[罪])을 저지르게 되는 것임을 알 수 있다.

若有望五錢以上意, 自讚毁他者, 錢得不得, 此重戒耶? 潤法師之,[944] "得五錢, 方犯此重戒." 若得錢者重, 犯此及盜戒二重.

[H1, 601b23~c2; X38, 285c8~10]

만약 5전(五錢) 이상의 [이익을] 바라는 뜻을 가지고 '자신을 칭찬하고 남을 비난하는 것'(自讚毁他)은 [그] 돈을 얻든 얻지 못하든 이 '[범할 때 허물의 무게가] 무거운 계율'(重戒)'[을 어긴 것]인가? 윤법사潤法師[945]가 말하기를, "5전(五錢)을 얻어야 비로소 이 '[범할 때 허물의 무게가] 무거운 계율'(重戒)을 어기게 된다"라고 하였다. 만약 돈을 얻으면 '[범할 때 허물의 무게가] 무거운 [계율]'(重[戒])'[을 어긴 것]이니, 이 '[자기를 칭찬하고 남을 비난하는 것을 금하는 계율]'([自讚毁他戒])과 '[정당하게 주어지지 않는 것을] 훔쳐서 가지려는 것에 관한 계율'([偸]盜戒)[이라는] 두 가지 '[범할 때 허물의 무게가] 무거운 계율'(重戒)'을 어기게 된다.

āpattim āpadyate.; 보살이 맹렬한 노력과 예리한 노력으로 중생의 이익을 보[지만 만약 자신이] 근심하지 않기 위해 그 노력을 드러내지 않는다면 그는 [계율을] 범한 것이고 그는 [계율을] 위반한 자이며 염오되지 않는 범계에 떨어진다.〉

944 저본에는 '之'로 되어 있지만, 문맥상 '云'으로 교감하고 번역한다. 한명숙도 동일하다.(한명숙, 앞의 책, p.226 교감주)

945 윤법사潤法師: 윤법사를 비롯하여 실명으로 언급되는 법원율사法源律師·융경사隆鏡師·원교사員敎師에 대해서 아직 확인되지 않는다.(앞의 남동신, 「원효의 계율사상」, 『한국사상사학』 17집, 한국사상사학회, 2001, p.262 참고) 다만 앞서 나온 '교사敎師'는 원효가 원측의 『해심밀경소解深密經疏』의 내용을 직접 인용하기 때문에 '교사敎師'가 원측임을 알 수 있다.

② [계율에 어긋나는] 일을 열거하여 [수행의] 이치를 밝힘(列事明理)

가. 잘못[된 행동]을 열거함(列非)

가) 잘못[된 행동]을 곧장 열거함(正列非)

『범망경梵網經』[T24, 1004c19]

自讚毁他, 亦敎人自讚毁他,

'자신을 칭찬하고 남을 비난'(自讚毁他)하거나, 또한 남으로 하여금 '자신을 칭찬하고 남을 비난'(自讚毁他)하도록 시키면서,

"自讚毁他",『四分律』中, 有六種. 一者, "卑姓家生." 二者, "行業亦卑." 三者, "伎術工功[946]亦卑." 四者, "汝是犯過." 五,[947] "汝多結使." 六者, "若盲若禿瞎人也." 自讚中, 及[948]此六讚自言"我勝於彼"者, 可解.

[H1, 601c3~7; X38, 285c11~14]

"자신을 칭찬하고 남을 비난하거나"(自讚毁他)라는 것은 [다음과 같은 뜻이다.]『사분율』에는 ['자신을 칭찬하고 남을 비난하는 것'(自讚毁他)에 대하여] 여섯 가지가 있다[고 설명하였다.] 첫 번째는 [상대방에게] "'낮은 계급의 성씨를 가진 가문 출신'(卑姓家生)이다"[라고 말하는 것이다]. 두 번째는 [상대

946 저본에는 '功'으로 되어 있지만,『사분율』원문에 따라 '巧'로 교감하고 번역한다. 한명숙도 동일하다.(한명숙, 앞의 책, p.227 교감주)

947 저본에는 '者'가 없지만, 문맥상 '者'를 추가하여 번역한다.

948 저본에는 '及'으로 되어 있지만, 문맥상 '擧'로 교감하고 번역한다.(한명숙, 앞의 책, p.227 교감주)

방에게] "직업(行業)도 비루하다"[고 말하는 것이다]. 세 번째는 [상대방에게] "'기술 수준'(伎術工巧)도 하잘것없다"[고 말하는 것이다]. 네 번째는 [상대방에게] "너는 허물을 저지른 사람이다"[라고 말하는 것이다]. 다섯째는 [상대방에게] "너는 '번뇌에 묶임'(結使)[949]이 많다"[라고 말하는 것이다]. 여섯 번째

949 결사結使: 결사는 번뇌로 속박된 것을 의미한다. 구체적으로 결結과 사使가 합쳐진 말이다. 결結의 범어인 'bandhana'는 '묶음'(tying), '포박함'(binding), '현혹시킴'(captivating) 등의 뜻이다. *Sanskrit English Dictionary*, p.721 참조. 결사結使라고도 의역된다. 계박繫縛의 뜻으로서, 번뇌는 중생을 미혹의 대상세계에 묶어 생사의 고통에서 벗어나지 못하게 하기 때문에 번뇌의 다른 이름으로 쓰인다. 『불광대사전』, p.5179 참조. 『중변분별론』 권1에서는 "煩惱相九種. 九結名惑障"(T31, 453b17~18)이라고 하여 혹장惑障인 구결九結에 대해 논의하는데, 전개되는 내용과 관련하여 이역본인 『변중변론』 권1에 같은 곳의 문장이 좀 더 명료하므로 이를 인용하면 다음과 같다. "煩惱障相略有九種, 謂愛等九種結. ① 愛結障厭, 由此於順境, 不能厭離故. ② 恚結障捨, 由此於違境, 不能棄捨故. 餘七結障眞見. 於七遍知, 如次障故. 謂 ③ 慢結能障僞身見遍知, 修現觀時, 有間無間我慢現起, 由此勢力, 彼不斷故. ④ 無明結能障身見事遍知, 由此不知諸取蘊故. ⑤ 見結能障滅諦遍知, 由薩迦耶及邊執見怖畏滅故, 由邪見謗滅故. ⑥ 取結能障道諦遍知, 取餘法爲淨故. ⑦ 疑結能障三寶遍知, 由此不信受三寶功德故. ⑧ 嫉結能障利養恭敬等遍知, 由此不見彼過失故. ⑨ 慳結能障遠離遍知, 由此貪著資生具故."(T31, 466c9~20. 번호는 역자 보충) 이에 따르면 첫 번째인 애결愛結은 '대상에 따라'(順境) 애착하는 것에 의존함으로써 그 애착의 대상을 싫어하여 벗어날 수 없게 하는 것이고, 두 번째인 에결恚結은 '대상에 거슬러'(違境) 분노하는 것에 의존하여 그 분노의 대상을 버릴 수 없게 하는 것이며, 나머지 칠결七結은 대체로 진견眞見(七遍知)을 가로막는 것으로서 설명된다. 구결을 모두 나열하면 애결愛結·에결恚結·만결慢結·무명결無明結·견결見結·취결取結·의결疑結·질결嫉結·간결慳結이다. 근본번뇌인 탐貪·진瞋·치癡·만慢·의疑·오악견五惡見(유신견有身見·변집견邊執見·사견邪見·견취見取·계금취戒禁取)과 비교해 볼 때 구결에 질투(嫉)와 인색(慳)이 추가된 것 이외에는 근본번뇌의 항목과 거의 동일함을 살펴볼 수 있다. 또한 사使는 번뇌라는 뜻이므로, 일반적으로 열 가지 번뇌로 묶어서 설명한다. 『신화엄경론新華嚴經論』 권26(T36, 900c1~3)과 같은 주석문헌에서는 "明十使煩惱也. 十使者, 一貪, 二瞋, 三癡, 四慢, 五疑, 六身見, 七邊見, 八見取, 九戒禁取, 十邪見" 등으로 열 가지 번뇌를 제시하고 있다. 원효가 이 개념을 거론하면서 번뇌장煩惱障에 대해 논의한 맥락에 따르면, 『주대승입능가경注大乘入楞伽經』 권10(T39, 502c14~18)에

는 [상대방에게] "'맹인 같다'(若盲)라거나 '대머리 애꾸눈 같다'(若禿瞎人) [라고 말하는 것이다]."[950] '스스로를 칭찬'(自讚)하는 가운데, 이 여섯 가지를 거론하면서 자신을 칭찬하여 "나는 그 사람보다 뛰어나다"라고 말하는 것이니, [어렵지 않게] 알 수 있을 것이다.

此六種中, 若小乘, 皆第三篇, 大乘, 此六中, 若貪故, 自讚毁他, 皆正犯此重戒. 於中分別, 第四擧過者, 若擧重有根者, 犯前戒及此戒二重. 若不望利者, 第四擧過者, 有根重者, 犯前戒, 不犯此戒也. 若擧無根重過, 有根輕過, 及餘五種者, 皆輕垢罪, 非重. 亦有以善法, 唯酉[951]罵, 汝練若, 乃至坐禪等. 小乘, 吉, 大乘, 不望利, 犯輕垢. "敎人讚毁", 同犯重.

[H1, 601c7~16; X38, 285c14~20]

이 여섯 가지 가운데, 소승이라면 모두 '['다섯 가지로 나눈 계율'(五篇) 가운데] 세 번째[인 '참회하지 않으면 세 가지 나쁜 세계(三惡道)에 떨어지는 계율]'(第三篇)[952]이고, 만약 대승에서 이 여섯 가지 가운데 탐욕 때문에 '자신을

서 "通三乘說者略有十種. 一貪, 二瞋, 三癡, 四慢, 五疑, 六身見, 七邊見, 八邪見, 九見取, 十戒禁取. 如是總別十使煩惱中, 疑及邪見二取四種. 唯分別起, 卽見所斷煩惱. 餘貪等六, 通分別俱生兼二所斷, 謂見所斷, 及修所斷也."라고 설명한 내용에 주목할 필요가 있을 것이다

950 이와 관련된 『사분율』 권11의 원문은 다음과 같다. "若比丘, 種類毁呰語者, 波逸提. 比丘義, 如上說, 種類毁呰人者, 卑姓家生, 行業亦卑, 伎術工巧亦卑, 或言汝是犯過人, 或言汝多結使人, 或言汝盲人, 或言汝禿瞎人."(T22, 635b10~13)

951 저본에는 '酉'로 되어 있지만, 『사분율』 원문에 따라 '面'으로 교감하고 번역한다. 『사분율』 권11(T22, 635c27~28). "若以說善法, 而面罵." 한명숙은 '唯酉'를 '而面'으로 교감하였다.(한명숙, 앞의 책, p.229 교감주)

952 제삼편第三篇: 바일제波逸提(pāyattika)라고도 하는데, 이는 '다섯 가지로 나눈 계율'(五篇) 가운데 세 번째이다. 이 죄를 짓고 참회하지 않으면 삼악도三惡道에 떨어진다는 뜻이다. 이 죄를 지은 비구는 2~3명의 비구 앞에서 참회하면 죄가 없는

칭찬하고 남을 비난하는 것'(自讚毁他)이라면 모두 곧바로 이 '[자기를 칭찬하고 남을 비난하는 것을 금하는 계율'(自讚毁他戒)이라는 범할 때 허물의 무게가] 무거운 계율'(重戒)을 어기게 된다.

이 [여섯 가지] 가운데 [다시 자세히] 구분하면 [다음과 같다.] [먼저] '네 번째인 [상대방의] 허물을 거론하는 것'(第四擧過)[953]일 경우, 만약 '[허물이] 무거운 죄업을 [저질렀다고 비방하려고] 근거까지 마련한 자'(重[罪]有根者)라면, 앞의 '[의도를 가진 마음으로 부처님의 가르침을 함께 배우는 사람의 허물을 말하는 것에 관한] 계율([意心說同法人過]戒)과 이 '[자기를 칭찬하고 남을 비난하는 것을 금하는] 계율'([自讚毁他]戒)이라는 두 가지 '[범할 때 허물의 무게가] 무거운 계율'(重戒)을 어기게 된다. [다음으로] 만약 이익을 바라지 않는 자가 '네 번째인 [상대방의] 허물을 거론하는 것'(第四擧過)일 경우, [상대방의 허물이] '근거가 있는 무거운 죄업'(有根重[罪])이라면 앞의 '[의도를 가진 마음으로 부처님의 가르침을 함께 배우는 사람의 허물을 말하는 것에 관한] 계율([意心說同法人過]戒)을 어긴 것이 되고, 이 '[자기를 칭찬하고 남을 비난하는 것을 금하는] 계율'([自讚毁他]戒)을 어긴 것은 아니다. 만약 '근거 없는 무거운 죄업의 허물'(無根重[罪]過)이나 '근거 있는 가벼운 죄업의 허물'(有根輕[罪]過)을 드는 것과 나머지 다섯 가지 경우는 모두 '[허물의 무게가] 가벼운 허물이 되는 죄'(輕垢罪)이고 '[허물이] 무거운 죄업'(重[罪])은 아니다.

또한 '좋은 것'(善法)으로 말하되 오로지 '[상대방의] 얼굴 앞에서 모욕하는 것'(面罵)[954]이니, "당신이 수행처(阿練若)[955]에 있구나"라거나 "당신

것으로 간주된다.

953 이것은 여섯 가지 가운데, 〈네 번째인 [상대방에게] 너는 허물을 저지른 사람이다"[라고 말하는 것이다].〉를 가리킨다. "四者, "汝是犯過."(H1, 601c5).

954 『사분율』 권11(T22, 635c27~28)에 따르면, 좋은 것을 말하면서 모욕하는 것에는 세 종류가 있다. 즉 첫 번째는 상대방의 얼굴 앞에서 좋은 말로 모욕하는 면매面罵이고, 두 번째는 상대방에게 좋은 비유로 모욕하는 유매喩罵이며, 세 번째는 자신과 비교하며 모욕하는 자비매自比罵가 그것이다. "若以說善法, 而面罵, 若喩罵,

이 좌선坐禪을 하는구나"라고 하는 것들[956]이다. 소승에서는 '행위와 말로 저지른 가벼운 죄'([突]吉[羅])이고, 대승에서는 [자신의] 이익을 바라지 않았으면 '[범할 때 허물의 무게가] 가벼운 허물이 되는 죄'(輕垢罪)를 저지른 것이다.

"남으로 하여금 [자신을] 칭찬하고 [남을] 비난하도록 하는 것"(教人[自]讚毁[他])은 [소승과 대승이] 동일하게 '[허물이] 무거운 죄업'(重[罪])을 저지른 것이 된다.

나) 조건을 갖추어 행위를 이루는 것을 밝힘(明具緣成業)

> 『범망경梵網經』[T24, 1004c19~20]
>
> 毁他因, 毁他緣, 毁他法, 毁他業.[957]

自比罵." 이를 『사분율산번보궐행사초四分律刪繁補闕行事鈔』 卷中에서는 선법매善法罵라고 하였는데, 원효가 이 책을 많이 인용하였으므로, 이에 근거하여 서술하였을 가능성이 크다. 이에 대하여 『불광대사전』(p.4884)에서는 다음 같이 설명하였다. "이로운 일에 의거하여 타인을 모욕 주거나 남을 풍자하는 것을 선법매라고 부른다. 마치 〈[좋지 못한 사람에게] 당신은 아주 좋은 사람이야〉라고 말하는 것과 같다. 이와 반대로 나쁜 일에 의거하여 남을 매도하는 것을 악법매惡法罵라고 부른다. 마치 〈너는 짐승이다〉라고 말하는 것과 같다."

955 아련야阿練若: 산스크리트어 'araṇya'의 음사이며, 아란야阿蘭若 또는 줄여서 연야練若라고도 한다. 의역어에는 산림山林·황야荒野·적정처寂靜處 등이 있다. 출가인이 마을에서 멀리 떨어져 수행하기에 적합한 조용한 장소를 가리킨다. 『불광대사전』, p.3697.

956 이에 대하여 『사분율』 권11(T22, 635c27~636a4)의 다음 문장을 참고할 만하다. "若以說善法, 而面罵, 若喩罵, 自比罵. 說善法者, 阿蘭若, 乞食, 補納衣, 乃至坐禪人. 說善法面罵者, 汝是阿蘭若, 乃至坐禪人. 喩罵者, 汝似阿練若, 乃至坐禪人. 自比罵者, 我非是阿練若, 乃至我非坐禪人. 若比丘, 說善法, 面罵人, 喩罵, 自比罵, 說而了了者, 突吉羅."

957 '毁他因·毁他緣·毁他法·毁他業'에 대하여 저본의 교감주에는 고본인 【宋】·【元】·【宮】본은 '毁他因·毁他業毁他法毁他緣'의 순서로 되어 있다고 밝혔다.(T24,

'남을 비난하는 원인'(毁他因)과 '남을 비난하는 행위'(毁他業)와 '남을 비난하는 현상'(毁他法)과 '남을 비난하는 조건'(毁他緣)이 된다.

具滿六緣者, 成重. 一是同前七衆,[958] 同法上二衆. 二同喩[959]同法人想. 三共淨[960]利. 四喩酉[961]自說. 五言詞了了. 六前人聞知. 於中, 初二爲緣, 第三爲因, 第四爲法, 後二爲業.

[H1, 601c16~20; X38, 285c20~23]

[아래의] 여섯 가지 조건을 모두 채우면 ['자기를 칭찬하고 남을 비난하는 것을 금하는 계율'(自讚毁他戒)을 어기게 되어] '[허물이] 무거운 죄업'(重[罪])을 저지른 것이 된다. 첫 번째는 '계율을 함께 [지키는 불교 공동체를 구성]하는 7가지 무리'(同戒七衆) [가운데] '[부처님의] 가르침을 함께 배우는 위의 두 대중[인 비구와 비구니]'(同法上二衆)[를 대상으로 '자기를 칭찬하고 남을 비난하는 것을 금하는 계율'(自讚毁他戒)을 어기는 것]이다. 두 번째는 [비난받는 대상이] '계율을 함께 지키고 [부처님의] 가르침을 함께 배우는 사람이라고 생각'(同戒同法人想)[하면서 '자기를 칭찬하고 남을 비난하는 것을 금하는 계율'(自讚毁他戒)을 어기는 것]이다. 세 번째는 '함께 이익을 다투면서'(共爭利) ['자기를 칭찬

1004, 교감주 [39]) 본 번역은 원효가 참고한 것으로 추정되는 고본에 따라 번역한다.

958 한명숙은 '前七衆'을 '戒同行'으로 교감하였지만(한명숙, 앞의 책, p.229 교감주) 본고는 앞의 원문을 참고하여 '同戒七衆'으로 번역한다. "滿八緣, 成重. 一同戒七衆, 同法上二衆謗."(H1, 601a10~11)

959 저본에는 '喩'로 되어 있지만, 문맥상 '戒'로 교감하고 번역한다. 한명숙도 동일하다.(한명숙, 앞의 책, p.229 교감주)

960 저본에는 '淨'으로 되어 있지만, 문맥상 '爭'으로 교감하고 번역한다. 한명숙은 '共淨'을 '爲貪'으로 교감하고 번역하였다.(한명숙, 앞의 책, p.229 교감주)

961 저본에는 '喩酉'로 되어 있지만, 문맥상 '唯面'으로 교감하고 번역한다. 한명숙은 '讚毁'로 교감하고 번역하였다.(한명숙, 앞의 책, p.229 교감주)

하고 남을 비난하는 것을 금하는 계율'(自讚毁他戒)을 어기는 것]이다. 네 번째는 '얼굴을 맞대고서 자신이 [직접] 말하면서'(唯面自說) ['자기를 칭찬하고 남을 비난하는 것을 금하는 계율'(自讚毁他戒)을 어기는 것]이다. 다섯 번째는 '말을 분명히 하면서'(言詞了了) ['자기를 칭찬하고 남을 비난하는 것을 금하는 계율'(自讚毁他戒)을 어기는 것]이다. 여섯 번째는 '면전의 사람이 ['자기를 칭찬하고 남을 비난하는 것'(自讚毁他)을] 듣고 아는 것'(前人聞知)이다. 이 가운데 처음의 두 가지는 '[자기를 칭찬하고 남을 비난하는 것을 금하는 계율(自讚毁他戒)을 어기게 되는] 조건이 되고, 세 번째는 [자기를 칭찬하고 남을 비난하는 것을 금하는 계율(自讚毁他戒)을 어기게 되는] 원인이 되며, 네 번째는 [자기를 칭찬하고 남을 비난하는 것을 금하는 계율(自讚毁他戒)을 어기게 되는] 현상이 되고, 뒤의 두 가지는 [자기를 칭찬하고 남을 비난하는 것을 금하는 계율(自讚毁他戒)을 어기게 되는] 행위가 된다.

應作五句. 一由慈心故, 爲彼人令生信心及菩提心故, 自讚毁他者, 全無罪. 二廩[962]生愚癡口矗人故, 無記心中, 自讚毁他者, 犯輕罪. 此名不染汙犯. 三由等之增恒隱[963]故, 恨彼人故, 自讚毁他者, 亦犯輕垢罪. 此名染汗[964]犯. 四者, 貪五錢以上利益故, 讚毁者, 犯重. 五者, 由狂亂散心等故, 自讚毁他者, 全無罪.

[H1, 601c20~602a6; X38, 285c23~286a5]

---

962 저본에는 '廩'이라고 되어 있지만, 문맥상 '稟'으로 교감하고 번역한다. 한명숙도 동일하다.(한명숙, 앞의 책, p.229 교감주)

963 저본에는 '等之增恒隱'이라고 되어 있으나, 해석하기에 분명하지 않다. 이에 한명숙은 문맥이 맞지 않아 오자가 있을 것으로 추정하였다.(한명숙, 앞의 책, p.230 교감주) 그러나 본 번역은 '增恒'을 '憎恨'으로 교감하고 번역한다.

964 앞 구절("此名不染汙犯")에 의거하여 '汙'로 교감하여 번역한다. 한불전 교감주에도 '汗'은 '汙'로 의심된다고 하였다. "汗疑汙."(H1, 602, 교감주[1])

[이에 대해서는] '다섯 가지 판단'(五句)으로 [구분해] 보아야 한다. 첫 번째는 '자애의 마음'(慈心)으로 말미암아 상대방으로 하여금 [부처님 가르침을] '믿는 마음'(信心)과 '깨달음을 구하는 마음'(菩提心)을 생겨나게 하기 위하여 '자기를 칭찬하고 남을 비난하는 것'(自讚毁他)은 완전히 죄가 없다. 두 번째는 '태어날 때부터 어리석어 [타인에게 하는] 말이 거친 사람'(稟生愚癡口麤人)이기 때문에 '이롭지도 않고 해롭지도 않은 마음'(無記心)에서 '자기를 칭찬하고 남을 비난하는 것'(自讚毁他)은 '[허물의 무게가] 가벼운 죄'(輕罪)를 저지른 것이 된다. 이를 '[번뇌에] 오염되지 않고 [계율을] 어긴 것'(不染汙犯)이라고 부른다. 세 번째는 '[상대방이] 같은 미움과 원망을 품음'(等之憎恨隱)으로 말미암아 상대방을 원망하기 때문에 '자기를 칭찬하고 남을 비난하는 것'(自讚毁他)은 또한 '[무게가] 가벼운 허물이 되는 죄'(輕垢罪)를 저지른 것이 된다. 이를 [또한] '[번뇌에] 오염되지 않고 [계율을] 어긴 것'(不染汙犯)이라고 부른다. 네 번째는 5전五錢 이상의 이익을 탐내어서 '[자기를] 칭찬하고 [남을] 비난하는 것'([自]讚毁[他])은 '[허물이] 무거운 죄업'(重[罪])을 저지른 것이 된다. 다섯 번째는 '제정신이 아닌 상태의 마음'(狂心)·'갈피를 못 잡는 마음'(亂心)·'산만한 마음'(散心) 등으로 말미암아 '자기를 칭찬하고 남을 비난하는 것'(自讚毁他)은 완전히 죄가 없다.

나. [잘못된 행동을] 치유하는 바른 행위(對治正行)

> 『범망경梵網經』[T24, 1004c20~22]
>
> 而菩薩, 應代一切衆生受加毁辱, 惡事自向己, 好事與他人,
>
> 보살은 마땅히 모든 중생이 받는 '비난과 치욕'(毁辱)을 대신하여 '나쁜 일'(惡事)은 자기에게 돌리고 '좋은 일'(好事)은 타인에게 주어야 하거늘,

文云"惡事自向己,[965] 好事與他[966]"者, 五句, 不論上句, 唯論下四句故, 作是說也.

[H1, 602a6~8; X38, 286a5~7]

[『범망경』] 경문에서 말한 "'나쁜 일'(惡事)은 자기에게 돌리고 '좋은 일'(好事)은 타인에게 주어야 한다"(惡事自向己, 好事與他人)라는 것은, '다섯 가지 판단'(五句)에서 '앞의 [첫 번째] 판단'(上句)[967]은 논하지 않고 오직 '뒤의 네 가지 판단'(下四句)[968]만을 논했기 때문에 이러한 말을 한 것이다.[969]

③ 잘못을 짚어서 허물을 확인시킴(擧非結過)

『범망경梵網經』[T24, 1004c22~23]

若自揚己德, 隱他人好事, 令他人受毁者, 是菩薩波羅夷罪.

만약 스스로 '자신의 [뛰어난] 능력'(己德)을 드러내고, 다른 사람의 '좋은 일'(好事)을 숨기며, 다른 사람으로 하여금 비난을 당하도록 한다면, 이는 '보

965 저본에는 '己'로 되어 있지만, 『범망경』 원문에 따라 '己'로 교감하고 번역한다. "惡事自向己."(T24, 1004c21)

966 저본에는 '人'이 없지만, 『범망경』 원문에 따라 '人'을 추가하여 번역한다. "好事與他人."(T24, 1004c21~22)

967 '앞의 [첫 번째] 판단'(上句)은 위의 '다섯 가지 판단'(五句) 가운데 첫 번째인 '자애의 마음'(慈心)이다. "一由慈心故."(H1, 601c21)

968 하사구下四句: '뒤의 네 가지 판단'(下四句)은 위의 '다섯 가지 판단'(五句) 가운데 두 번째에서 다섯 번째 판단이다. "二麇生愚癡口纔人故, … 三由等之增恒隱故, … 四者, 貪五錢以上利益故, … 五者, 由狂亂散心等故."(H1, 601c22~602a6)

969 '앞의 [첫 번째] 판단'(上句)은 '자애의 마음'(慈心)으로 중생이 신심과 보리심을 일으키게 하기 위하여 자찬훼타自讚毁他를 한 경우이므로, 계율을 어기는 다른 경우와 다르므로 여기에서 논하지 않은 것이다.

살의 가장 심한 계율위반'(菩薩波羅夷罪)이다.

亦有四句. 一者, 一向福非罪. 謂達機菩薩, 及邪學菩薩,[970] 而前五句上初句, 由善心故, 讚毁小.[971] 二, 非福非罪. 謂亂心等類. 三, 唯輕非重. 謂望五錢以下利養, 讚毁等類. 四, 唯重非輕, 此戒正立. 望五錢以上利, 讚毁等也.

[H1, 602a8~14; X38, 286a7~11]

[이에 대해서도] 또한 '네 가지 판단'(四句)이 있다. 첫 번째는 '한결같이 좋은 행위이지 나쁜 행위가 아닌 경우'(一向福非罪)이다. '[중생의] 사정에 통달하여 [그 사정에 적절한 수단과 방법을] 적절히 쓰는 능력을 지닌 보살'(達[輪]機菩薩)이거나 [또는] '처음 배우는 보살'(初學菩薩)[972]이 앞의 '다섯 가지 판단' 가운데 '첫 번째 판단'(初句)처럼 '[남을] 이롭게 하려는 마음'(善心)으로 말미암아 '[자기를] 칭찬하고 [남을] 비난하는 것'([自]讚毁[他]) 등을 말한다. 두 번째는 '좋은 행위도 아니고 나쁜 행위도 아닌 경우'(非福非罪)이다. '갈피를 못 잡는 마음'(亂心) 등의 부류[로 '자기를 칭찬하고 남을 비난하는 것'(自讚毁他)]을 말한다. 세 번째는 '오직 [무게가] 가벼운 [허물이 되는 죄](輕[垢罪])이고 [허물이] 무거운 [죄업](重[罪])은 아닌 경우'(唯輕非重)이다. 5전五錢 이하의 이익을 바라면서 '[자기를] 칭찬하고 [남을] 비난하

970 저본의 '邪學菩薩'에 대하여 한명숙은 '以讚毁度衆生'으로 교감하고 번역하였고(한명숙, 앞의 책, p.232 교감주) 심재열은 '逆行邪學菩薩'로 교감하고 번역하였다.(심재열, 앞의 책, p.358) 그러나 본 번역은 '初學菩薩'로 교감하고 번역한다.

971 저본에는 '小'라고 되어 있지만, 문맥상 '等'으로 교감하고 번역한다. 한명숙도 동일하다.(한명숙, 앞의 책, p.232 교감주)

972 초학보살初學菩薩: 이는 '처음 배우는 보살'(初學菩薩)이 순수하게 계율을 지키는 자신을 칭찬하고, 계율을 어긴 타인을 비난하는 것이라고 할 수 있다. 또는 원문대로 '邪學菩薩'이라고도 볼 수 있다. 이때는 계율을 잘못 배웠지만 배운 대로 실천하는 경우라고 할 수 있다.

는 것'([自]讚毁[他]) 등을 말한다. 네 번째는 '오직 [허물이] 무거운 [죄업]이고 [범할 때 허물의 무게가] 가벼운 [죄](輕[垢罪])는 아닌 경우'(唯重非輕)이니, 이 [자기를 칭찬하고 남을 비난하는 것을 금하는] 계율에서 곧바로 세운 것이다. 5전五錢 이상의 이익을 바라면서 '[자기를] 칭찬하고 [남을] 비난하는 것'([自]讚毁[他]) 등을 말한다.

八 [타인에게 베푸는 것을] 아까워하며 비난까지 더하는 [것을 금하는] 계율(慳惜加毁戒)

① 사람을 들어 [계율을 받는] 주체를 나타냄(擧人表體)

『범망경梵網經』[T24, 1004c24]

若佛子,

만약 불자가

第八慳惜加毁戒. 此戒七衆同制, 大小不同學. 段同於前.

[H1, 602a15~16; X38, 286a12~13]

여덟 번째는 '[타인에게 베푸는 것을] 아까워하며 비난까지 더하는 [것을 금하는] 계율'(慳惜加毁戒)이다. 이 계율은 '[불교공동체를 구성]하는 7가지 무리'(七衆)에게 동일하게 제정된 것이지만 대승과 소승에서 같은 내용으로 배우지 않는다. 단락은 앞에서 나눈 것과 동일하다.

② [계율에 어긋나는] 사례를 열거하여 [계율의] 이치를 밝힘(列事明理)

가. 잘못[된 행동을] 열거함(列非)

가) 잘못[된 행동을] 곧장 열거함(正列非)

『범망경梵網經』[T24, 1004c24]

自慳, 敎人慳,

스스로 [타인에게 베푸는 것을] 아까워하거나, 다른 사람으로 하여금 [타인에게 베푸는 것을] 아까워하게 하거나 하면,

"自慳"中, 有五句. 一, 貧人人[973]人想, 犯重. 二者, 貧人富人疑, 犯重. 三者, 貧人富人想者, 若約轉想者, 約前心, 爲輕垢罪. 若本迷者, 始終中, 唯富人迷者, 全無罪. 四, 富人而貧人想, 輕. 五, 富人而貧人疑, 亦犯輕垢. "敎人"中, 爲我慳及爲汝慳, 皆犯重.

[H1, 602a16~22; X38, 286a13~17]

"스스로 [타인에게 베푸는 것을] 아까워한다"(自慳)라는 것에는 '다섯 가지 판단'(五句)이 있다. 첫 번째는 '가난한 사람을 가난한 사람이라고 생각[하면서 베푸는 것을 아까워하는 것]'(貧人貧人想)이니, '[허물이] 무거운 [죄업]'(重[罪])을 저지른 것이 된다. 두 번째는 '가난한 사람을 부유한 사람이라고 의심[하면서 베푸는 것을 아까워하는 것]'(貧人富人疑)이니, '[허물이] 무거운 [죄업]'(重[罪])을 저지른 것이 된다. 세 번째는 '가난한 사람을 부유한 사람이라고 생각[하면서 베푸는 것을 아까워하는 것]'(貧人富人想)이니, 만약 '생각

973 저본에는 '人'이라고 되어 있지만, 문맥상 '貧'으로 교감하고 번역한다. 한명숙도 동일하다.(한명숙, 앞의 책, p.234 교감주)

을 바꾼 경우'(轉想)에 의거하는 것이라면 '앞에서 일으킨 마음'(前心)[974]에 의거하여 '[무게가] 가벼운 허물이 되는 죄업'(輕垢罪)을 저지른 것이 된다. 만약 '[대상에 대하여] 처음부터 잘못 알고 있는 것'(本迷)이라면, 처음부터 끝까지 '오직 부유한 사람이라고 잘못 안 것'(唯富人迷者)이니, 완전히 죄업이 없다. 네 번째는 '부유한 사람을 가난한 사람이라고 생각[하면서 베푸는 것을 아까워하는 것]'(富人而貧人想)이니, '[무게가] 가벼운 [허물이 되는 죄업]'(輕[垢罪])을 저지른 것이 된다. 다섯 번째는 '부유한 사람을 가난한 사람이라고 의심[하면서 베푸는 것을 아까워하는 것]'(富人而貧人疑)이니, 또한 '[무게가] 가벼운 허물이 되는 [죄업]'(輕垢[罪])을 저지른 것이 된다.

"다른 사람으로 하여금 [타인에게 베푸는 것을 아까워하게 한다]"(教人[慳])라고 한 것에서는, '[상대방으로 하여금] 나를 위해 [타인에게 베푸는 것을] 아까워하게 하는 것'(爲我慳)과 '[상대방으로 하여금] 그를 위해 [타인에게 베푸는 것을] 아까워하게 하는 것'(爲汝慳)은 모두 '[허물이] 무거운 [죄업]'(重[罪])을 저지른 것이 된다.

나) 조건을 갖추어 행위를 이루는 것을 밝힘(明具緣成業)

『범망경梵網經』[T24, 1004c24]

慳因, 慳緣, 慳法, 慳業.[975]

'[타인에게 베푸는 것을] 아까워하는 원인'(慳因), '[타인에게 베푸는 것을] 아까워하는 행동'(慳業), '[타인에게 베푸는 것을] 아까워하는 현상'(慳法), '[타인에게 베푸는 것을] 아까워하는 조건'(慳緣)이 된다.

---

974 '앞에서 일으킨 마음'(前心)은 첫 번째인 '가난한 사람을 가난한 사람이라고 생각하는 것'(貧人貧人想)을 가리킨다.

975 '慳因, 慳緣, 慳法, 慳業'에 대하여 저본의 교감주에는 고본인 【宋】·【元】·【宮】본은 '慳因, 慳業, 慳法, 慳緣'의 순서로 되어 있다고 밝혔다.(T24, 1004, 교감주 [41]) 본 번역은 원효가 참고한 것으로 추정되는 고본에 따라 번역한다.

具緣, 具六緣成重. 一是貧苦衆生. 二貧苦想. 三自有財珍.[976] 四者, 慳惜心, 若無此心, 全無罪故. 五不與財法, 乃至一錢一句. 六毁[977]辱. 於中, 初二爲緣, 第三一爲法, 第四一爲因, 第五第六二爲業.

[H1, 602a22~b3; X38, 286a17~21]

'조건을 갖추는 것'(具緣)에 있어서 [다음과 같은] '여섯 가지 조건'(六緣)을 갖추면 '[허물이] 무거운 [죄업]'(重[罪])을 저지른 것이 된다. 첫 번째는 [상대방이 실제로] '가난으로 고통 받는 중생'(貧苦衆生)인 경우이다. 두 번째는 [자신이 상대방을] '가난으로 고통 받는 [중생이라고] 생각하는 경우'(貧苦想)이다. 세 번째는 '자신에게 재물과 [부처님의] 가르침이 있는 경우'(自有財法)이다. 네 번째는 '[타인에게 베푸는 것을] 아까워하는 마음'(慳惜心)[이 있는 경우]이니, 만약 이 마음이 없으면 완전히 죄가 없기 때문이다. 다섯 번째는 '동전 하나나 [부처님의 가르침] 한 구절'(一錢一句)이라도 '재물과 [부처님의] 가르침'(財法)을 주지 않는 경우이다. 여섯 번째는 [상대방이 가난하거나 부처님의 가르침을 모른다고] '비난하며 모욕'(毁辱)하는 경우이다. 이 가운데 처음의 두 가지는 '[타인에게 베푸는 것을 아까워하는] 조건'([慳]緣)이 되고, 세 번째의 한 가지는 '[타인에게 베푸는 것을 아까워하는] 현상'([慳]法)이 되며, 네 번째의 한 가지는 '[타인에게 베푸는 것을 아까워하는] 원인'([慳]因)이 되고, 다섯 번째와 여섯 번째의 두 가지는 '[타인에게 베푸는 것을 아까워하는] 행동'([慳]業)이 된다.

976 저본에는 '珍'으로 되어 있지만, 문맥에 따라 '法'으로 교감하고 번역한다. 한명숙도 동일하다.(한명숙, 앞의 책, p.234 교감주)

977 한명숙은 '毁'를 '罵'로 교감하였으나(한명숙, 앞의 책, p.234 교감주) 본 번역은 원문대로 '毁'로 번역한다.

나. [잘못된 행동을] 치유하는 바른 행위(對治正行)

『범망경梵網經』[T24, 1004c25~1005a1]

而菩薩, 見一切貧窮人來乞者, 隨前人所須, 一切給與,

보살은 '모든 가난하고 힘든 사람들'(一切貧窮人)이 찾아와 도움을 청하는 것을 본다면, '[자신의] 면전에 있는 사람이 필요로 하는 것'(前人所須)에 맞추어 모든 것을 공급해 주어야 하거늘,

③ 잘못을 짚어서 허물을 확인시킴(擧非結過)

『범망경梵網經』[T24, 1005a1~4]

而菩薩, 以惡心瞋心, 乃至不施一錢一針一草, 有求法者, 不爲說一句一偈一微塵許法, 而反更罵辱者, 是菩薩波羅夷罪.

보살이 '해치려는 마음'(惡心)이나 '성내는 마음'(瞋心)으로 '동전 한 개'(一錢)·'바늘 한 개'(一針)·'풀 한 포기'(一草)까지도 [필요로 하는 사람에게] 베풀지 않고, '[부처님의] 가르침을 구하는 사람'(求法者)이 있어도, [부처님의 가르침 가운데] '한 구절'(一句), '한 게송'(一偈), '작은 티끌 하나'(一微塵)만큼의 '[부처님의] 가르침'(法)도 [부처님의 가르침을 구하는 사람에게] 설해 주지 않으며, 오히려 다시 '비난하며 모욕'(罵辱)을 한다면, 이는 '보살의 가장 심한 계율위반'(菩薩波羅夷罪)이다.

"一微塵法"者, 最小一句. 色中, 最小微塵, 以色中最小, 以譬於法中最小也. 亦有四句. 一, 慳與, 唯福非罪, 達機菩薩. 二, 非罪非福, 本迷中, 一向爲富人也. 謂不與故非福, 爲富人故非罪. 三者, 唯輕非重. 謂前五句, 第三句中, 前心中, 作爲貧人, 而釋[978]富人想等. 亦趣於富

978 한명숙은 '釋'을 '後'로 교감하고 번역하였지만(한명숙, 앞의 책, p.236 교감주) 본

境，而爲貧人想及疑等. 四者，唯重非輕，正此戒中所立重也.
[H1, 602b3~11; X38, 286a21~b3]

"작은 티끌 하나[만큼의 부처님] 가르침"(一微塵法)이라는 것은 '가장 짧은 한 구절'(最小一句)이다. '색깔이나 모양 있는 것'(色) 가운데 가장 작은 것을 '작은 티끌'(微塵)이라고 하니, '색깔이나 모양 있는 것 가운데 가장 작은 것'(色中最小)으로 '[부처님의] 가르침 가운데 가장 짧은 것'(法中最小)을 비유했다.

또한 '네 가지 판단'(四句)이 있다. 첫 번째는 [타인에게] 베푸는 것을 아까워하지만 '오직 좋은 행위이지 나쁜 행위가 아닌 경우'(唯福非罪)이니, 〈'[중생의] 상황에 밝아'(達機) '[그 상황에 맞는 수단과 방법을] 적절히 쓰는'(輪機) 능력을 지닌 보살〉(達[輪]機菩薩)이 [그러할 때가] 그 경우이다. 두 번째는 '나쁜 행위도 아니고 좋은 행위도 아닌 경우'(非罪非福)이니, [대상에 대하여] '처음부터 잘못 알고 있는 것'(本迷) 가운데 [처음부터 끝까지] 한결같이 '부유한 사람'(富人)이라고 생각한 것이다. 베풀지 않았기 때문에 '좋은 행위'(福)도 아니고, '부유한 사람'(富人)이라고 생각했기 때문에 '나쁜 행위'(罪)도 아니다. 세 번째는 '오직 [허물의 무게가] 가벼운 [죄](輕[垢罪])만 있고 [허물이] 무거운 [죄업](重[罪])은 아닌 경우'(唯輕非重)이다. 앞의 '다섯 가지 판단'(五句)의 '세 번째 판단'(三句) 가운데 [가난한 사람을 가난한 사람이라고 생각하는] '앞에서 일으킨 마음'(前心)[979]에서 ['생각을 바꾸어'(轉想)] '가난한 사람'(貧人)을 '부유한 사람'(富人)이라고 [바꾸어] 생각한 것과 같은 경우이다. 또한 '부유한 환경'(富境)에 [있는 사람을] '가난한 사람'(貧人)이라고 생각하는 것[980]이거나 [그러한 사람일 것이라고] 의심하는

번역은 원문대로 '釋'으로 번역한다.

979 '앞에서 일으킨 마음'(前心)은 첫 번째인 '가난한 사람을 가난한 사람이라고 생각하는 것'(貧人貧人想)을 가리킨다.

것[981]과 같은 경우이다. 네 번째는 '오직 [허물이] 무거운 [죄업]이 되고 [허물의 무게가] 가벼운 [죄](輕[垢罪])는 아닌 경우'(唯重非輕)이니, 바로 이 [타인에게 베푸는 것을 아까워하며 비난까지 더하는 것을 금하는] 계율에서 세운 '[허물이] 무거운 죄업'(重[罪])이다.

九 화가 난 마음으로 때리고 [화가 사라지지 않아] 원망하는 마음을 맺는 일을 [금하는] 계율(瞋打結恨戒)

① 사람을 들어 [계율을 받는] 주체를 나타냄(擧人表體)

『범망경梵網經』[T24, 1005a5]

若佛子,

만약 '부처님의 제자'(佛子)가

第九, 瞋打結恨戒. 亦名瞋不受悔戒. 七衆同制, 大小不同. 段同於前戒.

[H1, 602b12~13; X38, 286b4~5]

아홉 번째는 '화가 난 마음으로 때리고 [화가 사라지지 않아] 원망하는 마음을 맺는 일을 [금하는] 계율'(瞋打結恨戒)이다. '화가 나서 [상대방이 자신에게] 참회하는 것을 받아 주지 않는 [것을 금하는] 계율'(瞋不受悔戒)이라

980 '부유한 환경'(富境)에 [있는 사람을] '가난한 사람(貧人)이라고 생각하는 것'(趣於富境, 而爲貧人想)은 앞의 다섯 가지 판단 가운데 네 번째인 '부유한 사람을 가난한 사람이라고 생각[하면서 베푸는 것을 아까워하는 것]'(富人而貧人想)이다.

981 '부유한 환경'(富境)에 [있는 사람을] '가난한 사람(貧人)이라고 의심하는 것'(趣於富境, 而爲貧人疑)은 앞의 다섯 가지 판단 가운데 다섯 번째인 '부유한 사람을 가난한 사람이라고 의심[하면서 베푸는 것을 아까워하는 것]'(富人而貧人疑)이다.

고도 한다. '[불교공동체를 구성]하는 7가지 무리'(七衆)에게 동일하게 제정된 것이지만, 대승과 소승에서 같은 [내용으로 배우지는] 않는다. 단락은 앞의 계율[에서 나눈 것]과 동일하다.

② [계율에 어긋나는] 사례를 열거하여 [계율의] 이치를 밝힘(列事明理)

가. 잘못[된 행동을] 열거함(列非)

가) 잘못[된 행동을] 곧장 열거함(正列非)

『범망경梵網經』[T24, 1005a5]

自瞋, 敎人瞋,

스스로 화를 내거나 다른 사람으로 하여금 화를 내도록 하여,

初"自瞋"中, 應作五句. 一者, 以自所瞋事, 非[982]理想, 犯重. 二, 非理理疑, 亦犯重. 三者, 非理理想. 若轉想, 犯輕罪, 若本迷, 亦犯輕. 四, 理非理想, 五, 理非理疑, 共犯輕垢罪. 所以者何? 理那[983]? 菩薩起瞋者, 違於大悲故也. "敎人瞋"中, 爲吾瞋及爲汝瞋, 皆同犯重也.

[H1, 602b13~20; X38, 286b5~10]

처음에 "스스로 화를 낸다"(自瞋)라고 한 것에 대하여 '다섯 가지 판단'(五句)으로 [구분해] 보아야 한다. 첫 번째는 〈'자신이 화를 내게 되는

982 저본에는 '非'라고 되어 있지만, 문맥상 '理'로 교감하고 번역한다. 한명숙도 동일하다.(한명숙, 앞의 책, p.238 교감주)

983 한명숙은 '那'를 '者'로 교감하고 번역하였지만(한명숙, 앞의 책, p.238 교감주) 본 번역은 원문대로 '那'로 번역한다.

일'(自所瞋事)이 '이치에 맞는다고 생각'(理理想)하는 것〉이니, '[허물이] 무거운 죄업'(重[罪])을 저지르게 된다. 두 번째는 '이치에 맞지 않는 것을 이치에 맞는 것이 아닌가라고 의심해 보는 것'(非理理疑)이니, 또한 '[허물이] 무거운 죄업'(重[罪])을 저지르게 된다. 세 번째는 '이치에 맞지 않는 것을 이치에 맞는 것이라고 생각하는 것'(非理理想)이다. 만약 '생각을 바꾼 경우'(轉想)라면 '[허물의 무게가] 가벼운 [죄](輕[垢罪])'를 저지르게 되고, 만약 '처음부터 잘못 알고 있는 경우'(本迷)라도 또한 '[허물의 무게가] 가벼운 [죄](輕[垢罪])'를 저지르게 된다. 네 번째는 '이치에 맞는 것을 이치에 맞지 않는 것이라고 생각하는 것'(理非理想)이고, 다섯 번째는 '이치에 맞는 것을 이치에 맞지 않을 것이라고 의심하는 것'(理非理疑)이니, 모두 '[허물의 무게가] 가벼운 죄(輕垢罪)'를 저지르게 된다. 그 까닭은 무엇인가? 이치 [때문에] 그러한가? 보살이 분노를 일으키는 것은 '크나큰 연민'(大悲)에 어긋나기 때문이다.

"다른 사람으로 하여금 화를 내도록 한다"(教人瞋)라고 한 것 가운데 '자신을 위해 화를 내라고 시키는 것'(爲吾瞋)과 '상대방을 위해 화를 내라고 시키는 것'(爲汝瞋)은 모두 동일하게 '[허물이] 무거운 죄업'(重[罪])을 저지르게 된다.

나) 조건을 갖추어 행위를 이루는 것을 밝힘(明具緣成業)

『범망경梵網經』[T24, 1005a5]

瞋因, 瞋緣, 瞋法, 瞋業,[984]

'[화를 낸 것이 되는] 원인'(瞋因), '[화를 낸 것이 되는] 행동'(瞋業), '[화를

984 '瞋緣, 瞋法, 瞋業'에 대하여 저본의 교감주에는 고본인【宋】·【元】·【宮】본은 '瞋業, 瞋法, 瞋緣'의 순서로 되어 있다고 밝혔다.(T24, 1005, 교감주 [2]) 본 번역은 원효가 참고한 것으로 추정되는 고본에 따라 번역한다.

낸 것이 되는] 현상'(瞋法), '[화를 낸 것이 되는] 조건'(瞋緣)이 된다.

滿七緣成重. 是[985]人. 若瞋非人, 是輕故. 二, 人想. 三, 起瞋恚. 四, 出麤語. 五, 手杖打拍. 六, 不受懺謝. 七, 結恨不捨. 於中, 初二爲緣, 第三一爲因, 第四第五二爲法, 後二爲業.

[H1, 602b20~24; X38, 286b10~13]

'일곱 가지 조건'(七緣)을 모두 갖추면 '[허물이] 무거운 죄업'(重[罪])을 저지르는 것이 이루어진다. 첫 번째는 사람이어야 한다. 만약 '사람이 아닌 것'(非人)에 대하여 화를 내면 '[허물의 무게가] 가벼운 [죄](輕[垢罪])'를 저지르는 것이다. 두 번째는 '사람이라고 생각하는 것'(人想)이다. 세 번째는 '화내고 성내는 마음을 일으키는 것'(起瞋恚)이다. 네 번째는 '난폭한 말'(麤語)을 내뱉는 것이다. 다섯 번째는 '손이나 지팡이로 때리는 것'(手杖打拍)이다. 여섯 번째는 '참회하거나 사과하는 것을 받아 주지 않는 것'(不受懺謝)이다. 일곱 번째는 '[화가 사라지지 않아] 원망하는 마음을 맺는 것을 버리지 않는 것'(結恨不捨)이다. 이 ['일곱 가지 조건'(七緣)] 가운데 처음의 두 가지는 '[화를 낸 것이 되는] 조건'([瞋]緣)이 되고, 세 번째의 한 가지는 '[화를 낸 것이 되는] 원인'([瞋]因)이 되며, 네 번째와 다섯 번째의 두 가지는 '[화를 낸 것이 되는] 현상'([瞋]法)이고, 뒤의 두 가지는 '[화를 낸 것이 되는] 행동'([瞋]業)이 된다.

何知結恨不捨, 方成重者? 『持地[986]論』云, "出惡口, 執木石杖打拍

985 저본에는 '是'라고 되어 있지만, 문맥에 따라 '一'로 교감하고 번역한다. 한명숙도 동일하다.(한명숙, 앞의 책, p.239 교감주)

986 저본에는 '持地'라고 되어 있지만, 『보살지지경菩薩地持經』의 원문에 따라 '地持'로 교감하고 번역한다.

等, 而犯衆多犯." 故知, 若不結恨不捨者, 唯輕垢罪, 非重.

[H1, 602b24~c3; X38, 286b13~15]

[묻는다.] "'[화가 사라지지 않아] 원망하는 마음을 맺는 것을 버리지 않음'(結恨不捨)이 '[허물이] 무거운 죄업'(重[罪])을 이룬다는 것을 어떻게 알 수 있는가?

[답한다.] 『보살지지경菩薩地持經』에서 [다음과 같이 말했다.] "'나쁘고 거친 말'(惡口)을 내뱉거나 '나무와 돌과 지팡이를 잡고 때리는 것'(執木石杖打拍) 등을 하면, '[가벼운 허물이 되는] 갖가지 죄'(衆多犯)를 저지르게 된다."[987] 그러므로 만약 '[화가 사라지지 않아] 원망하는 마음을 맺는 것을 버리지 않음'(結恨不捨)이 아니라면, 오직 '[허물의 무게가] 가벼운 죄(輕垢罪)'일 뿐이고, '[허물이] 무거운 죄업'(重[罪])이 아님을 알 수 있다.

나. [잘못된 행동을] 치유하는 바른 행위(對治正行)

『범망경梵網經』[T24, 1005a6~7]

而菩薩應生一切衆生中, 善根無諍之事, 常生悲[988]心

987 위의 인용 경문은 『보살지지경菩薩地持經』 권5(T30, 913b7~9)의 다음 문장을 요약한 것이다. "菩薩瞋恚, 出麁惡言意猶不息, 復以手打, 或加杖石, 殘害恐怖瞋, 恨增上, 犯者求悔不受其懺, 結恨不捨, 是名第三波羅夷處法." 〈산스크리트본의 해당 내용: BoBh., p.170. bohisattvaḥ parair ākruṣṭaḥ pratyākrośati. roṣitaḥ pratiroṣayati. tāḍitaḥ pratitāḍayati. bhaṇḍitaḥ pratibhaṇḍayati. s'āpattiko bhavati. sātisāraḥ. kliṣṭām āpattim āpadyate.; 보살이 다른 사람에게 모욕을 받으면 맞서 모욕하고, [다른 사람에 의해] 격앙되면 맞서 [다른 사람을] 격앙시키며, 맞으면 맞서 때리고, 조롱받았을 때 맞서 조롱한다면 그는 [계율을] 범한 자이고, 그는 [계율을] 위반한 자이며, 염오된 범계에 떨어진다.〉

988 '悲'에 대하여 저본의 교감주에는 고본인 【宋】·【元】·【明】본은 '慈悲'로 되어 있다고 밝혔다.(T24, 1005, 교감주 [3]) 본 번역은 원효가 참고한 것으로 추정되는

그러므로 보살은 마땅히 모든 중생들 사이에서 '이로운 능력과 다툼이 없는 일'(善根無諍之事)을 내고, [또한] 항상 '자비로운 마음'(慈悲心)을 내어야 하거늘,

③ 잘못을 짚어서 허물을 확인시킴(擧非結過)

『범망경梵網經』[T24, 1005a7~10]

而反更於一切衆生中，乃至於非衆生中，以惡口罵辱，加以手打，及以刀杖，[989] 意猶不息，前人求悔，善言懺謝，猶瞋不解者，[990] 是菩薩波羅夷罪.

오히려 다시 모든 중생들에게나 '중생이 아닌 것'(非衆生)에게 이르기까지 '나쁘고 거친 말로 비난하고 욕하고'(惡口罵辱), 게다가 손으로 때리고 칼과 창으로 [휘두르면서도], 여전히 마음에 [화를] 그치지 않으며, [자신에게 매맞고 비난받는] 면전의 사람이 참회를 [받아들여 줄 것을] 구하면서 좋은 말로 참회하고 사과하여도, 계속 화를 내면서 [그 화난 마음을] 풀지 않으면, 이는 '보살의 가장 심한 계율위반'(菩薩波羅夷罪)이다.

於中，身業中執杖，亦口業中出惡口，故方成重．若唯出惡口，瞋結恨不捨，向[991]身業中，不執杖打等者，唯輕非重．或所向人，作非理事故，具發二業，及結恨不捨者，唯犯輕非重．若能瞋人非理，而所瞋人

고본에 따라 '慈悲'로 번역한다.

989 '杖'에 대하여 저본의 교감주에는 고본인【宋】·【元】·【明】·【宮】본은 '仗'으로 되어 있다고 밝혔다.(T24, 1005, 교감주 [4]) 본 번역은 원효가 참고한 것으로 추정되는 고본에 따라 '仗'으로 번역한다.

990 '瞋不解者'에 대하여 저본의 교감주에는 고본인【宋】·【元】·【宮】본에는 '瞋不解'로 되어 있다고 밝혔다.(T24, 1004, 교감주[21-7]) 본 번역은 원효가 참고한 것으로 추정되는 고본에 따라 '瞋不解'로 번역한다.

991 한명숙을 '向'을 '而'로 교감하고 번역하였으나(한명숙, 앞의 책, p.240 교감주) 본 번역은 원문대로 '向'으로 번역한다.

理方正, 結重業.

[H1, 602c3~9; X38, 286b15~19]

[이 '화가 난 마음으로 때리고 화가 사라지지 않아 원망하는 마음을 맺는 일을 금하는 계율'(瞋打結恨戒)] 중에서 '신체로 짓는 행위'(身業) 가운데 몽둥이를 잡고 [때리거나], 또는 '입으로 짓는 행위'(口業) 가운데 '나쁘고 거친 말'(惡口)을 내뱉는 행위를 하기 때문에 비로소 '[허물이] 무거운 죄업'(重[罪])이 이루어진다. 만약 오로지 '나쁘고 거친 말'(惡口)만 내뱉으며 화내면서 [상대방에 대한] 원망을 맺고 풀지 않을지라도 '신체로 짓는 행위'(身業) 가운데 몽둥이를 잡고 [때리는 것] 등을 하지 않았으면, 오직 '[허물의 무게가] 가벼운 [죄업](輕[垢罪])'일 뿐이고 '[허물이] 무거운 죄업'(重[罪])은 아니다. 혹은 [화풀이의] 대상이 되는 사람이 '이치에 맞지 않은 일'(非理事)을 지었기 때문에 [몽둥이를 잡고 때리거나, '나쁘고 거친 말'(惡口)을 내뱉는 행위, 이] 두 가지 업을 모두 일으키고 또 [화가 사라지지 않아] 원망을 맺고 풀지 않는 것은, 오직 '[허물의 무게가] 가벼운 [죄업](輕[垢罪])'일 뿐이고 '[허물이] 무거운 죄업'(重[罪])은 아니다. 만약 '화를 내는 사람'(能瞋人)은 [자신이 화를 내는 일이] 이치에 맞지 않고, '화풀이의 대상이 되는 사람'(所瞋人)은 이치가 바르다면, '[허물이] 무거운 죄를 저지른 행동'(重[罪]業)을 이루게 된다.

亦作四句. 一者, 唯福非罪, 達機菩薩. 二, 非福非罪, 謂狂心等類. 三, 唯輕非重, 謂此戒中兼立, 諸瞋於非衆生等. 四, 唯重非輕, 正此戒中立重戒也.

[H1, 602c9~13; X38, 286b19~22]

[이에 대해서도] 또한 '네 가지 판단'(四句)이 있다. 첫 번째는 '오직 좋은 행위이지 나쁜 행위가 아닌 경우'(唯福非罪)이니, ⟨'[중생의] 상황에 밝아'

(達機) '[그 상황에 맞는 수단과 방법을] 적절히 쓰는'(輪機) 능력을 지닌 보살〉(達[輪]機菩薩)이 [이와 같은 경우이다.] 두 번째는 '좋은 행위도 아니고 나쁜 행위도 아닌 경우'(非福非罪)이니, '제정신이 아닌 상태의 마음'(狂心) 등의 부류[와 같은 경우]를 말한다. 세 번째는 '오직 [허물의 무게가] 가벼운 [죄업](輕[垢罪])만 있고 [허물이] 무거운 [죄업](重[罪])은 아닌 경우'(唯輕非重)이니, 이 [화가 난 마음으로 때리고 화가 사라지지 않아 원망하는 마음을 맺는 일을 금하는] 계율 가운데 함께 세운 것인데, '중생이 아닌 것'(非衆生)에 대해 갖가지 화를 내는 것 등이다. 네 번째는 '오직 [허물이] 무거운 [죄업]이 되고 [허물의 무게가] 가벼운 [죄업](輕[垢罪])은 아닌 경우'(唯重非輕)이니, 곧바로 이 [화가 난 마음으로 때리고 화가 사라지지 않아 원망하는 마음을 맺는 일을 금하는] 계율 가운데 세운 '[범할 때 허물의 무게가] 무거운 계율'(重戒)이다.

十 [불佛 · 법法 · 승僧] 세 가지 보배를 비방하는 [것을 금하는] 계율(謗三寶戒)

① 사람을 들어 [계율을 받는] 주체를 나타냄(擧人表體)

『범망경梵網經』[T24, 1005a11]

若佛子,
만약 '부처님의 제자'(佛子)가

第十謗三寶戒. 七衆同制, 大小不同, 段前同[992]戒也.
[H1, 602c14~15; X38, 286b23]

992 저본에는 '前同'이라고 되어 있지만, 문맥상 '同前'으로 교감하고 번역한다. 한명숙도 동일하다.(한명숙, 앞의 책, p.241 교감주)

열 번째는 '[불佛 · 법法 · 승僧] 세 가지 보배를 비방하는 [것을 금하는] 계율'(謗三寶戒)이다. '[불교공동체를 구성]하는 7가지 무리'(七衆)에게 동일하게 제정된 것이지만, 대승과 소승에서 같은 [내용으로 배우지는] 않는다. 단락은 앞의 계율[에서 나눈 것]과 동일하다.

② [계율에 어긋나는] 일을 열거하여 [계율의] 이치를 밝힘(列事明理)

가. 잘못[된 행동]을 열거함(列非)

가) 잘못[된 행동]을 곧장 열거함(正列非)

『범망경梵網經』[T24, 1005a11]

自謗三寶, 教人謗三寶,

스스로 '[불佛 · 법法 · 승僧] 세 가지 보배를 비방'(謗三寶)하거나, 다른 사람으로 하여금 '[불佛 · 법法 · 승僧] 세 가지 보배를 비방'(謗三寶)하게 하여,

"謗三寶"故,[993] 擧事現其故,[994] 略有四種. 一者, 一闡提人, 由不信障故, 誹謗三寶, 其故可解. 二者, 外道心, 非道爲道, 非法爲法故, 謗佛法故. 三者, 二乘人, 以非究竟爲究竟, 謗大乘聖典. 現其相者, 其教, 九教[995]經中, 不說佛性等故, 不解佛謂[996]說法,[997] 故執不明佛性教, 謗

993 저본에는 '故'라고 되어 있지만, 문맥상 '者'로 교감하고 번역한다. 한명숙도 동일하다.(한명숙, 앞의 책, p.243 교감주)

994 저본에는 '故'라고 되어 있지만, 문맥상 '相'으로 교감하고 번역한다. 한명숙도 동일하다.(한명숙, 앞의 책, p.243 교감주)

995 한명숙은 '教'를 '分'으로 교감하고 번역하였으나(한명숙, 앞의 책, p.243 교감주) 본 번역은 원문대로 '教'로 번역한다.

996 저본에는 '謂'라고 되어 있지만, 문맥상 '所'로 교감하고 번역한다. 한명숙도 동일

大乘明佛性聖典故. 除[998]義可解.

[H1, 602c15~22; X38, 286b23~c5]

"[불佛 · 법法 · 승僧] 세 가지 보배를 비방한다"(謗三寶)는 것에 대하여 '[구체적인] 사례를 들어서 그 양상을 나타낸다면'(擧事現其相), 대략 네 가지가 있다. 첫 번째는 '좋은 능력이 모두 끊어진 자'(一闡提)가 '[진리의 가르침을] 믿지 못하는 장애'(不信障)로 말미암아서 '[불佛 · 법法 · 승僧] 세 가지 보배를 비방'(謗三寶)하는 것이니, 그 까닭은 [어렵지 않게] 이해할 수 있다. 두 번째는 '[불교와는] 다른 가르침을 [따르는] 마음'(外道心)으로 '[진리의] 길이 아닌 것을 [진리의] 길로 삼고'(非道爲道) '진리가 아닌 것을 진리로 삼기'(非法爲法) 때문에, '부처님의 가르침'(佛法)을 비방하는 것이다. 세 번째는 '[성문聲聞 · 연각緣覺] 두 부류의 수행자'(二乘人)가 '궁극적 경지 아닌 것'(非究竟)을 '궁극적 경지'(究竟)로 삼아서 '대승의 고귀한 경전'(大乘聖典)을 비방하는 것이다. 그 양상을 나타내면 [다음과 같다.] 그 [성문聲聞 · 연각緣覺 두 부류의 수행자들이 의지하는] 가르침(敎)인 '9가지로 분류한 부처님 가르침의 경전'(九敎經)[999]에서는 '부처 면모'(佛性) 등을 설

하다.(한명숙, 앞의 책, p.243 교감주)

997 한명숙은 '法'을 '義'로 교감하고 번역하였으나(한명숙, 앞의 책, p.243 교감주) 본 번역은 원문대로 '法'으로 번역한다.

998 한불전 교감주에 '除'를 '餘'로 교감하였다.(「除」疑「餘」) 본 번역도 '餘'로 교감하고 번역한다. 한명숙도 동일하다.(한명숙, 앞의 책, p.243 교감주)

999 구교경九敎經: 구분경九分經이라고도 한다. 초기 불교에서 전승된 가르침을 형식과 내용에 따라 9가지로 구분한 것이다. 출처에 따라 조금씩 다르지만, 대체로 다음과 같다. ① 계경契經(음역: 수다라修多羅)은 장행長行이라고도 하는데, 산문 형식의 기술이다. ② 시詩(음역: 기야祇夜)는 응송應頌이라고도 하는데, 계경에 해당하는 내용을 반복한 시 형식의 기술이다. ③ 기記(음역: 화가라나和伽羅那)는 기별記別 · 수기授記라고도 하는데, 설법 후 제자에게 미래에 있을 일을 말해 주는 형식의 기술이다. ④ 게偈(음역: 가타伽陀)는 풍송諷頌 · 고기송孤起頌이라고도 하는데, 응송應頌에서 계경의 내용을 반복하는 것과 달리 새로운 설법 내용을 시 형

하지 않았기 때문에, [성문聲聞 · 연각緣覺 두 부류의 수행자들은] '부처님께서 설하신 [대승의] 가르침'(佛所說法)을 이해하지 못하고, 따라서 '부처 면모'(佛性)를 밝히지 않는 가르침에 집착하면서 '부처 면모를 밝힌 대승의 고귀한 경전'(大乘明佛性聖典)을 비방하는 것이다. [성문聲聞 · 연각緣覺 두 부류의 수행자들이 대승경전을 비방하는] 다른 뜻들은 [어렵지 않게] 이해할 수 있을 것이다.

四者, 大乘有空有二執. 謂且擧事現其相者, 今說計師[1000]人, 佛依非無門, 而假說諸[1001]有故, 如言取其義故, 執計爲實有. 亦依非有[1002]故, 假說爲無, 亦如來若眞性者, 俗諦之無.

[H1, 602c22~603a4; X38, 286c5~8]

네 번째는 대승에 '[아무것도] 없음'(空)과 '[항상] 있음'(有)이라는 두 가

식으로만 기술하는 것이다. ⑤ 자설自說(음역: 우다나優陀那)은 대론자의 질문 없이 부처님 스스로 진행하는 설법이다. ⑥ 본말本末(음역: 이제왈다가伊帝曰多伽)은 본사本事라고도 하는데, 본생담本生譚 이외에 부처님과 제자들의 전생에 관한 기술이다. ⑦ 비유譬喩(음역: 아바다나阿波陀那)는 비유로 설법하는 것이다. ⑧ 미증유未曾有(음역: 아부타달마阿浮陀達磨)는 희법希法이라고도 하는데, 부처님과 제자들의 초세간적 사건들에 관한 기술이다. ⑨ 방광方廣(음역: 비불략毗佛略)은 광대하고 심오한 교의를 널리 설법하는 것이다. 여기에 다음 세 가지가 추가되면 12분교가 된다. ⑩ 인연因緣(음역: 니다나尼陀那)은 설법하게 된 인연에 대한 기술로서 경전의 서품序品과 같은 것이다. ⑪ 생生(음역: 사다가闍多伽)은 본생本生이라고도 하는데, 부처님 전생의 대비행大悲行에 관한 기술이다. ⑫ 법의法義(음역: 우바제사優婆提舍)는 논의論議라고도 하는데, 제법諸法의 체성體性을 논의하여 그 뜻을 결택決擇하는 내용에 관한 기술이다.

1000 한명숙은 '師'를 '邪'로 교감하고 번역하였으나(한명숙, 앞의 책, p.243 교감주) 본 번역은 원문대로 '師'로 번역한다.

1001 한명숙은 '諸'를 '爲'로 교감하고 번역하였으나(한명숙, 앞의 책, p.243 교감주) 본 번역은 원문대로 '諸'로 번역한다.

1002 '門'이 빠진 것으로 보인다. '門'을 추가하여 번역한다.

지 집착이 있어 [부처님 가르침을 비방하는 것이다.] '[구체적인] 사례를 들어서 그 양상을 나타낸다면'(擧事現其相) [다음과 같다.] 이제 '[뜻은 모르고 말에 따라서만] 헤아리는 사람'(計師人)[1003][의 경우]를 말해 보자면 [다음과 같다.] 부처님께서 '없지 않은 측면'(非無門)에 의거하여 방편으로 갖가지 '있음'(有)을 설하는데, [이 사람은] 말대로만 그 뜻을 취하기 때문에 [그 말에] 집착하면서 '[항상] 실제로 있음'(實有)이라고 헤아린다. 또한 [부처님은] '있지 않은 측면'(非有門)에 의거하기 때문에 방편으로 '없음'(無)을 설하는데, 역시 [이 사람은] 여래께서 '참된 본연'(眞性)이라 한 것을 세속에서 말하는 '[아무것도] 없음'(無)[이라고 헤아린다.]

若論佛意. 如說俗有, 以不得無相故, 說爲有, 而非得有相, 故說爲有. 是故, 不動實際, 建立諸法. 亦如來說諸法空意者, 不得有相, 故說爲空, 而非得空相, 故說名爲空. 是故, 不壞假名, 而說實相. 彼人, 未解如是離有無中道故, 入眞時, 卽排拔因果故, 壞假名, 方說實相故, 卽成損識[1004]執. 亦出於俗時, 執爲實有故, 卽動實際. 方建立諸法故, 卽成增益執.

[H1, 603a4~13; X38, 286c8~15]

만약 '부처님의 뜻'(佛意)을 논하자면 [다음과 같다.] [부처님이] 만약 '세속의 있음'(俗有)을 설한다면 '[아무것도] 없는 양상'(無相)을 얻을 수 없기 때문에 '있음'(有)이라고 설한 것이고, 그렇다고 '[항상] 있는 양상'(有相)

1003 한명숙은 '計師人'을 '計邪人'으로 교감하고, '사견을 계탁하는 사람'으로 번역하였다. 하지만 '計師'는 『불본행집경佛本行集經』 권13, "時頞誰那大算計師"(T3, 710b10); 『유가론기瑜伽論記』 권4, "有諂詐者計師爲勝"(T42, 382b5) 등으로 나온다. 이 구절에서는 '뜻은 모르고 말에 따라서만 헤아리는 사람'으로 볼 수 있다.

1004 저본에는 '識'이라고 되어 있지만, 문맥상 '減'으로 교감하고 번역한다. 한명숙도 동일하다.(한명숙, 앞의 책, p.243 교감주)

을 얻는 것도 아니기 때문에 '있음'(有)이라고 설한 것이다. 그러므로 [부처님은] 〈'사실 그대로가 온전하게 드러나는 지평'(實際)에서 이탈하지 않고 '모든 현상'(諸法)을 건립한다〉(不動實際, 建立諸法). 또한 여래께서 '모든 현상은 없다(諸法空)고 설하신 뜻은 '[항상] 있는 양상'(有相)을 얻을 수 없기 때문에 '없음'(空)이라고 설한 것이고, 그렇다고 '[아무것도] 없는 양상'(空相)을 얻는 것도 아니기 때문에 '없음'(空)이라고 설한 것이다. 그러므로 [부처님은] 〈'방편으로 세우는 명칭'(假名)을 무너뜨리지 않고 '[모든 현상의] 사실 그대로'([諸法]實相)를 건립한다〉(不壞假名, 而說實相). [뜻은 모르고 말에 따라서만 헤아리는] 저 사람은 아직 이와 같은 '있음과 없음에서 벗어난 중도'(離有無中道)를 이해하지 못하기 때문에, '진리[에 관한 것]으로 들어갈 때'(入眞時)는 곧 '원인과 결과[의 현상]을 부정'(排拔因果)하므로 [인과因果의 현상을 지칭하기 위해] '방편으로 세우는 명칭'(假名)을 무너뜨리고서 '[모든 현상의] 사실 그대로'([諸法]實相)를 설하니 따라서 곧 '[있는 것을] 없다고 하는 집착'(損減執)[1005]을 이루고, 또한 '세속[에 관한 것]으로 나올 때'(出於俗時)는 '[항상] 실제로 있다'(實有)고 집착하기에 곧 〈'사실 그대로가 온전하게 드러나는 지평'(實際)에서 이탈하여 모든 현상을 건립〉(動實際. 方建立諸法)하므로 곧 '[없는 것을] 있다고 하는 집착'(增益執)을 이룬다.

1005 손감집損減執과 증익집增益執: 손감집과 증익집은 『佛性論』 권2(T31, 794c16~795a3)의 다음 문단에 자세히 설명되어 있다. "是三性實相云何? 答曰, 分別性實相者, 人法增益及損減, 由解此性故, 此執不生. 是分別相人法者, 是分別所作. 若依眞諦觀, 此人法爲有, 名增益執. 若依俗諦觀, 此人法是無, 名損減執. 若通達此分別性, 則增益·減損二執不生, 是名分別實性相. 復次依他實性相者, 能執所執增益及損減, 由解此性故, 故此執不生, 是名依他性相. 此能執所執, 若見眞爲有, 則是增益, 名爲常見. 若見俗定無, 則是損減, 名爲斷見. 若通此二性, 斷常二執並不得生, 是名依他實性相. 唯有似塵識故則無能所, 無能所故無增益執, 由有似塵識故無損減執. 復次眞實性相者, 有無及增益損減執, 由解此性故, 執不得生. 所以者何, 若執空爲有, 名增益謗. 若執空爲無, 名損減謗. 若通達此性, 則二執不生, 是名眞實性相."

然而, 執如是相似計,[1006] 謗佛廣大法門言, "此是彼非." 以其遍計所執, 望如來離邊定[1007]者, 此空[1008]與佛違, 猶如天與地. 然而執言, "吾意, 合於如來意", 故卽謗佛寶. 亦諸計[1009]非當於無故, 說爲有. 而此有, 計計[1010]而[1011]無非一如故, 離言絕慮,[1012] 遍計而謗言, "實如我所說", 故卽謗法寶. 亦謗能說人言, "我所說是實, 彼人所說邪", 故卽謗僧行.[1013] 故一詞, 卽通謗三寶, 故犯重戒也.

[H1, 603a13~22; X38, 286c15~21]

그리하여 이와 같은 '[말에 따라서만] 비슷하게 헤아림'(相似計)에 집착하여 '부처님의 광대한 진리의 가르침'(佛廣大法門)을 비방하면서 "이 [나의 이해]는 옳고 저것은 틀리다"(此是彼非)라고 말한다. 그 '[말에 따라서만] 두루 헤아려 집착한 것'(遍計所執)으로써 여래의 〈[항상 있다거나 아무것도

1006 한명숙은 '計'를 '法'으로 교감하고 있지만(한명숙, 앞의 책, p.245 교감주) 앞서 거론한 '[뜻은 모르고 말에 따라서만] 헤아리는 사람'(計師人)의 '말에 따라서만 비슷하게 헤아림'(計)을 지시하는 것으로 보아 그대로 '計'로 번역한다.

1007 한명숙은 '定'을 '見'으로 교감하고 있다.(한명숙, 앞의 책, p.245 교감주) 그러나 본 번역은 '空'으로 교감하여 번역한다.

1008 한명숙은 '空'을 '見'으로 교감하고 번역하였으나(한명숙, 앞의 책, p.245 교감주) 본 번역은 원문대로 '空'으로 번역한다.

1009 저본에는 '計'라고 되어 있지만, 문맥상 '法'으로 교감하고 번역한다.

1010 '計計'는 '計'의 오기로 보인다. '計'자 하나를 삭제하고 번역한다. 저본인 한불전의 교감주에는 "計를 교감해야 한다"라고 하였다. "「計」更勘."(H1, 603, 교감주[1]) 한명숙은 '計計'를 '計實'로 교감하고 번역하였다.(한명숙, 앞의 책, p.245 교감주)

1011 한명숙은 '而'를 '有無'로 교감하고 번역하였으나(한명숙, 앞의 책, p.245 교감주) 본 번역은 원문대로 '而'로 번역한다.

1012 저본인 한불전의 교감주에 "慮를 보입한다"라고 하였다. "「慮」補入."(H1, 603, 교감주[2]) 본 번역도 '慮'를 추가하여 번역한다. 한명숙도 동일하다.(한명숙, 앞의 책, p.245 교감주)

1013 한명숙은 '行'을 '寶'로 교감하고 번역하였으나(한명숙, 앞의 책, p.245 교감주) 본 번역은 원문대로 '行'으로 번역한다.

없다는] 치우침에서 벗어난 '불변 · 독자의 본질/실체가 없음'〉(離邊定)을 이해하는 것이라면, 이 '[말에 따라서만 헤아린] 없음'(空)과 부처님[이 설한 '불변 · 독자의 본질/실체가 없음'(空)]의 어긋나는 차이가 마치 하늘과 땅과도 같다. 그런데도 [자기 견해에] 집착하여 "나의 생각은 여래의 생각에 합치한다"(吾意, 合於如來意)라고 말하니, 그러므로 곧 '부처라는 보배'(佛寶)를 비방하는 것이 된다.

또한 '모든 현상'(諸法)은 '[아무것도] 없음'(無)에 해당하는 것이 아니기 때문에 [부처님은] '있음'(有)이라고 설했다. 그런데 이러한 '있음'(有)을 [말에 따라서만] 헤아려 〈[이 있음(有)이] '진여와 같음'(一如)이 아닌 것이 없기 때문에 '언어적 규정을 벗어나고 분별하는 생각을 끊은 것'(離言絶慮)이다〉라 하고는 '두루 헤아리면서'(遍計) "[부처님이 설한 것이] 실로 내가 설한 것과 같다"(實如我所說)라고 비방하여 말하니, 그러므로 곧 '가르침이라는 보배'(法寶)를 비방하는 것이 된다. 또한 '[부처님 가르침을] 설하는 사람'(能說人)을 비방하여 말하길 "내가 설한 것은 진실이고, 저 사람이 설한 것은 삿된 것이다"(我所說是實, 彼人所說邪)라고 하니, 그러므로 곧 '승려의 행위'(僧行)를 비방하는 것이 된다. 따라서 '이와 같은 말들'(一詞)은 곧 '[부처(佛) · 진리(法) · 수행공동체(僧), 이] 세 가지 보배'(三寶)를 모두 비방하는 것이니, 따라서 '[범할 때 허물의 무게가] 무거운 계율'(重戒)을 어긴 것이다.

所以得知犯重者.『持地論[1014]』云,"謗菩薩藏, 立相似法, 自解若僧地解,[1015] 謗正法, 而建立意[1016]相似法, 故犯重." 故知成重也. "教人謗

1014 저본에는 '持地論'이라고 되어 있지만, 원전은 '菩薩地持經'이다. 본 번역은 원전대로 '菩薩地持經'으로 교감하고 번역한다.

1015 저본에는 '僧地解'라고 되어 있지만,『보살지지경菩薩地持經』원문에 따라 '從他受'로 교감하고 번역한다. 한명숙도 동일하다.(한명숙, 앞의 책, p.246 교감주)

1016 저본에는 '意'라고 되어 있지만,『보살지지경菩薩地持經』원문에 따라 '於'로 교감

三寶", 同犯重.

[H1, 603a22~b2; X38, 286c21~24]

[이러한 부처(佛)·진리(法)·수행공동체(僧) 세 가지 보배를 비방하는 행동이] '[허물이] 무거운 [죄업](重[罪])을 저지르는 것'(犯重)이 된다고 알 수 있는 이유는 [다음과 같다.] 『보살지지경菩薩地持經』에서 말하길, "'대승 보살[의 길을 설한] 경전'(菩薩藏)을 비방하고 '[부처님의 가르침과] 유사하지만 [부처님의 뜻과 어긋나는] 가르침'(相似法)을 건립하고는 [만약 이러한 상사법을] 스스로 이해하거나, [또한 이러한 상사법을] 다른 사람으로부터 받아들인다면, '바른 가르침'(正法)을 비방하고 '[부처님의 가르침과] 유사하지만 [부처님의 뜻과 어긋나는] 가르침'(相似法)을 건립하였기 때문에 '[허물이] 무거운 [죄업]'(重[罪])을 저지르는 것이 된다"[1017]라고 하였다. 그러므로 '[허물이] 무

하고 번역한다. 한명숙은 '說'로 교감하고 번역하였다.(한명숙, 앞의 책, p.246 교감주)

1017 이 문장의 원문은 다음과 같다. 『보살지지경』 권5(T30, 913b9~12), "菩薩, 謗菩薩藏, 說相似法, 熾然, 建立於相似法. 若心自解, 或從他受, 是名第四波羅夷處法." 〈산스크리트본의 해당 내용: BoBh., pp.173~174. bodhisattvo buddhavacane sati buddhavacane akṛtayogyas tīrthikaśāstreṣu bahiḥśāstreṣu yogyāṃ karoti. s'āpattiko bhavati. sātisāraḥ. kliṣṭām āpattim āpadyate. anāpattir adhimātramedhasaḥ āśūdgrahaṇasamarthasya cireṇāpy avismaraṇasamarthasyārthacintanāprativedhasamarthasya buddhavacane yuktyupaparīkṣāsahagatayā avicalayā buddhyā samanvāgatasya taddviguṇena pratyahaṃ buddhavacane yogyāṃ kurvataḥ. evam api ca bodhisattvo vidhim anatikramya tīrthikaśāstreṣu bahiḥśāstreṣu kauśalaṃ kurvann abhirata-rūpaḥ tatra karoti. tena ca prīyate tena ca ramate na tu kaṭubhaiṣajyam iva niṣevamāṇaḥ karoti. s'āpattiko bhavati. sātisāraḥ. kliṣṭām āpattim āpadyate.; 붓다의 말씀이 있음에도 불구하고 보살이 붓다의 말씀을 [배우는 데] 노력하지 않고, 비불교도의 논서와 외부의 논서를 [배우는 데] 노력을 기울인다. 그는 [계율을] 범한 자이고 그는 [계율을] 위반한 자이며 염오된 범계에 떨어진다. [계율을] 범하지 않게 되는 것은 뛰어난 지적 능력을 지니고 신속하게 [가르침의 의미를] 파악할 능력이 있으며 오랫동안 기

거운 [죄업](重[罪])'을 이룬다는 것을 알 수 있다.

"다른 사람으로 하여금 '[부처(佛) · 진리(法) · 수행공동체(僧)] 세 가지 보배를 비방'(謗三寶)하게 한다"(教人謗三寶)는 것도 [위와] 동일하게 '[허물이] 무거운 [죄업](重[罪])'을 저지르는 것이 된다.

滿四緣, 成重業. 一, 有邪解. 二, 起謗故[1018]意. 三, 對人謗. 若對非人等謗者, 犯輕垢罪故. 四, 前人領解, 如上. 然而, 法師云, "說邪計,[1019] 建立滿通,[1020] 方成重. 若謗及說邪法, 而非建立滿通者, 犯輕垢罪故." 謗正法者, 『持地論[1021]』中, "若說邪法, 而不建立滿通者, 輕." 故法師云, "具滿盈緣者"

[H1, 603b2~8; X38, 286c24~287a5]

네 가지 조건을 채우면 '[허물이] 무거운 [죄]업(重[罪]業)'을 이룬다. 첫

억하는 능력을 가지고 [가르침의] 의미를 사유하고 통달할 능력을 가졌으며 붓다의 말씀을 논리로 숙고를 갖춘 흔들리지 않는 지력을 수반한 자가 하루를 양분하여, [반은 비불교도의 논서를 배우고 반은] 붓다의 말씀을 [배우는 데] 노력을 기울이는 경우다. 그리고 마찬가지로 보살이 규칙을 깨지 않고 비불교도의 논서와 외부의 논서에 익숙하면서 그것을 즐기는 모습을 보인다. 그리고 그것으로 만족하고 그것으로 즐기면서 쓴약을 다루듯이 하지 않는다. 그는 [계율을] 범한 자이고 그는 [계율을] 위반한 자이며 염오된 범계에 떨어진다.〉

1018 한명숙은 '故'를 '三寶'로 교감하고 번역하였으나(한명숙, 앞의 책, p.247 교감주) 본 번역은 원문대로 '故'로 번역한다.

1019 저본에는 '計'라고 되어 있지만, 문맥상 '法'으로 교감하고 번역한다. 한명숙도 동일하다.(한명숙, 앞의 책, p.247 교감주)

1020 저본에는 '通'이라고 되어 있지만, 문맥상 '緣'으로 교감하고 번역한다. 아래에서 인용하는 구절에 등장하는 '具滿盈緣'이라는 말에 의거하였다. 이하에 나오는 '滿通'의 경우도 마찬가지이다. 한명숙은 '滿通'을 '邪法'으로 교감하고 번역하였다.(한명숙, 앞의 책, p.247 교감주)

1021 저본에는 '持地論'이라고 되어 있지만, 원전은 '菩薩地持經'이다. 본 번역은 원전대로 '菩薩地持經'으로 교감하고 번역한다.

번째는 '잘못된 이해가'(邪解) 있는 경우이다. 두 번째는 '[부처(佛)·진리(法)·수행공동체(僧)의 세 가지 보배'(三寶)를] 비방하려는 고의故意를 일으키는 경우이다. 세 번째는 사람을 마주 보면서 [부처(佛)·진리(法)·수행공동체(僧)의 세 가지 보배'(三寶)를] 비방하는 경우이다. 만약 '사람이 아닌 것'(非人) 등을 마주하면서 ['부처(佛)·진리(法)·수행공동체(僧)의 세 가지 보배'(三寶)를] 비방하면 '가벼운 허물이 되는 죄'(輕垢罪)를 저지른 것이 되기 때문이다. 네 번째는 '면전의 사람이 [비방하는 내용을] 이해'(前人領解)하는 경우이니, 앞에서 설한 것과 같다.

그런데 법사法師[1022]는 말하기를, "'잘못된 가르침'(邪法)을 설하고 '[네 가지] 조건이 [모두] 채워지는 것'(滿[四]緣)이 이루어져야 비로소 '[허물이] 무거운 [죄](重[罪])'를 이룬다. 만약 [부처(佛)·진리(法)·수행공동체(僧)의 세 가지 보배'(三寶)를] 비방하고 '잘못된 가르침'(邪法)을 설하였지만 '[네 가지] 조건이 [모두] 채워지는 것'(滿[四]緣)이 이루어진 것이 아니라면 '가벼운 허물이 되는 죄'(輕垢罪)를 저지른 것이기 때문이다"라고 하였다.

'['부처님이 설하신] 바른 가르침을 비방하는 것'(謗正法)에 대하여, 『보살지지경菩薩地持經』에서 [다음과 같이 말하였다.] "만약 '잘못된 법'(邪法)을 설하였지만 '[네 가지] 조건이 [모두] 채워지는 것'(滿[四]緣)을 이루지 않았으면, '가벼운 [허물이 되는 죄]'(輕[垢罪])이다."[1023] 그러므로 법사法師는 "조건이 되는 것을 모두 빠짐없이 갖추어야 한다"라고 말하였다.

1022 법사가 정확히 어떤 인물인지 알 수 없으며, 인용한 문장도 찾을 수 없다.

1023 『보살지지경』에서 해당하는 문장을 찾을 수 없다. 다만 앞에서 나온 다음 문장은 참고할 만하다. 『보살지지경』 권5(T30, 913b9~12), "菩薩, 謗菩薩藏, 說相似法, 熾然, 建立於相似法. 若心自解, 或從他受, 是名第四波羅夷處法."

나) 조건을 갖추어 행위를 이루는 것을 밝힘(明具緣成業)

『범망경梵網經』[T24, 1005a11~12]

謗因, 謗緣, 謗法, 謗業.[1024]

'[부처(佛)·진리(法)·수행공동체(僧)라는 세 가지 보배를] 비방하는 원인'(謗因), '[부처(佛)·진리(法)·수행공동체(僧)라는 세 가지 보배를] 비방하는 행동'(謗業), '[부처(佛)·진리(法)·수행공동체(僧)라는 세 가지 보배를] 비방하는 현상'(謗法), '[부처(佛)·진리(法)·수행공동체(僧)라는 세 가지 보배를] 비방하는 조건'(謗緣)이 된다.

七緣成重. 一, 有內邪解. 二, 所向人境. 三, 作人想. 四, 說邪法. 五, 建立滿通.[1025] 六, 言詞了了. 七, 前人領解. 於中, 一爲因, 第二第三爲緣, 第四第五爲法, 後二爲業也. 疏主者無,[1026] "謗三寶人, 但取外道等人", 然而不合於義. 何以故? 此戒者, 受佛戒人師,[1027] 謗三寶故, 外道等, 不受菩薩戒故也.

[H1, 603b8~16; X38, 287a5~10]

'일곱 가지 조건'(七緣)이 [모두 갖추어지면] '[허물이] 무거운 죄업'(重[罪])을 이룬다. 첫 번째는 〈'[비방하는 사람의 마음] 안에 '잘못된 이해'(邪解)가 있는 것'〉(有內邪解)이다. 두 번째는 〈'[부처(佛)·진리(法)·수행공동체(僧)

1024 '謗緣, 謗法, 謗業'에 대하여 저본의 교감주에는 고본인【宋】·【元】·【宮】본은 '謗業, 謗法, 謗緣'의 순서로 되어 있다고 밝혔다.(T24, 1005, 교감주 [5]) 본 번역은 원효가 참고한 것으로 추정되는 고본에 따라 번역한다.

1025 저본에는 '通'이라고 되어 있지만, 문맥상 '緣'으로 교감하고 번역한다.

1026 저본에는 '無'라고 되어 있지만, 문맥상 '云'으로 교감하고 번역한다. 한명숙도 동일하다.(한명숙, 앞의 책, p.248 교감주)

1027 한명숙은 '人師'를 '者'로 교감하고 번역하였지만(한명숙, 위의 책, p.248 교감주) 본 번역은 원문대로 '人師'로 번역한다.

세 가지 보배에 대한 비방을] 사람에게 향한 경우'(所向人境)〉이다. 세 번째는 〈'[부처(佛)·진리(法)·수행공동체(僧) 세 가지 보배에 대한 비방을] 사람에게 했다고 생각하는 것'〉(作人想)이다. 네 번째는 〈'잘못된 가르침을 설하는 것'〉(說邪法)이다. 다섯 번째는 〈'[네 가지] 조건이 [모두] 채워짐이 이루어진 것'〉(建立滿[四]緣)[1028]이다. 여섯 번째는 '[부처(佛)·진리(法)·수행공동체(僧) 세 가지 보배에 대한 비방하는] 말이 분명한 것'(言詞了了)이다. 일곱 번째는 '면전의 사람이 [부처(佛)·진리(法)·수행공동체(僧) 세 가지 보배에 대해 비방하는 내용을] 이해'(前人領解)하는 것이다. 이 가운데 첫 번째 것은 '[부처(佛)·진리(法)·수행공동체(僧)라는 세 가지 보배를 비방하는] 원인'(謗因)이 되고, 두 번째와 세 번째는 '[부처(佛)·진리(法)·수행공동체(僧)라는 세 가지 보배를 비방하는] 조건'(謗緣)이 되며, 네 번째와 다섯 번째는 '[부처(佛)·진리(法)·수행공동체(僧)라는 세 가지 보배를 비방하는] 현상'(謗法)이 되고, 뒤의 두 가지[인 여섯 번째와 일곱 번째는] '[부처(佛)·진리(法)·수행공동체(僧)라는 세 가지 보배를 비방하는] 행동'(謗業)이 된다.

'[『범망경』에] 해설을 지은 사람'(疏主者)이 말하기를, "'[부처(佛)·진리(法)·수행공동체(僧)라는] 세 가지 보배를 비방하는 사람'(謗三寶人)은 단지 '[불교와는] 다른 가르침'(外道) 등의 사람을 [그에 해당하는 것으로] 취한다"라고 하였지만, 이치에 맞지 않다. 어째서인가? 이 계율[이 대상으로 하는] 것은 '부처님 계율'(佛戒)을 받은 사람이 '[부처(佛)·진리(法)·수행공동체(僧), 이] 세 가지 보배를 비방하는 것'(謗三寶)이기 때문이고, '[불교와는] 다른 가르침을 따르는 사람'(外道) 등은 '보살이 지키는 계율'(菩薩戒)을 받지 않았기 때문이다.

1028 건립만사연建立滿四緣: 이때 사연四緣은 앞의 다음 문장에 나온 사연四緣으로 볼 수 있다. "滿四緣, 成重業. 一, 有邪解. 二, 起謗故意. 三, 對人謗. 若對非人等謗者, 犯輕垢罪故. 四, 前人領解."(H1, 603b2~4)

나. [잘못된 행동을] 치유하는 바른 행위(對治正行)

『범망경梵網經』[T24, 1005a12~13]

而菩薩, 見外道及以惡人一言謗佛音聲, 如三百鉾刺心,

보살은 '[불교와는] 다른 가르침을 따르는 사람'(外道)과 '나쁜 사람'(惡人)의 '부처님을 비방하는 음성'(謗佛音聲) 한 마디라도 마치 3백 개의 창이 심장을 찌르는 것처럼 여겨야 하거늘,

③ 잘못을 짚어서 허물을 확인시킴(擧非結過)

『범망경梵網經』[T24, 1005a13~15]

況口自謗, 不生信心孝順心, 而反更助惡人邪見人謗者, 是菩薩波羅夷罪.

하물며 입으로 스스로 [부처(佛)·진리(法)·수행공동체(僧)라는 세 가지 보배(三寶)를] 비방하고 '[진리의 가르침에 대해] 믿는 마음'(信心)과 '[행위를] 단속하면서 따르는 마음'(孝順心)을 내지 않으며, 오히려 '나쁜 사람'(惡人)과 '잘못된 견해를 가진 사람'(邪見人)을 도와 [부처(佛)·진리(法)·수행공동체(僧)라는 세 가지 보배(三寶)를] 비방한다면, 이는 '보살의 가장 심한 계율위반'(菩薩波羅夷罪)이다.

應作四句. 一, 唯福非罪, 謂如『涅槃經』云, "十聖外道等." 達機菩薩而現外道中, 爲上首相, 後與佛論議, 現負相, 將外道衆, 入於佛法等類. 二者, 非罪非福, 狂心等. 三者, 唯輕非重, 謂謗正法, 而不建立法[1029]等. 亦向非人等, 謗正法, 建立相似法等類. 四者, 唯重非輕, 謂此戒中正所立重戒也.

[H1, 603b16~23; X38, 287a10~15]

1029 한명숙은 '法'을 '相似法'으로 교감하고 번역하였지만(한명숙, 위의 책, p.249 교감주) 본 번역은 원문대로 '法'으로 번역한다.

[이에 대하여] 마땅히 '네 가지 판단'(四句)을 해야 한다. 첫 번째는 [삼보三寶를 비방하는 것이] '오직 좋은 행위이지 나쁜 행위가 아닌 경우'(唯福非罪)이니, 마치 『열반경』에서 "〈'[불교와는] 다른 가르침을 따르는 사람'(外道)의 모습을 한 '열 가지 본격적인 수행 단계에 이른 성자'〉(十聖外道) 등이다"[1030]라고 말하는 것과 같은 것이다. 〈[중생의] 상황에 밝아'(達機) '[그 상황에 맞는 수단과 방법을] 적절히 쓰는'(輪機) 능력을 지닌 보살〉(達[輪]機菩薩)이 '[불교와는] 다른 가르침을 따르는 사람들'(外道) 가운데 [모습을] 나타내어 '가장 높은 위치[에 있는 스승]'(上首)의 모습을 이루고, 그 후 부처님과 논의하여 '패배하는 모습'(負相)을 나타내고는, '[불교와는] 다른 가르침을 따르는 무리들'(外道衆)을 이끌고 '부처님 가르침'(佛法)으로 들어가는 것 등과 같은 경우이다. 두 번째는 [삼보三寶를 비방하는 것이] '나쁜 행위도 아니고 좋은 행위도 아닌 경우'(非罪非福)이니, '제정신이 아닌 상태의 마음'(狂心) 등[으로 삼보三寶를 비방하는 경우]이다. 세 번째는 [삼보三寶를 비방하는 것이] 〈'오직 [허물의 무게가] 가벼운 [죄업]'(輕[垢罪])이지 '[허물이] 무거운 [죄업]'(重[罪])은 아닌 경우〉(唯輕非重)이니, 〈'바른 가르침'(正法)을 비방하지만 '[자신의] 가르침'(法)을 건립하지는 않는 것〉(謗正法, 而不建立法) 등을 말한다. 또한 '사람이 아닌 것'(非人)들을 향하여 〈'바른 가르침'(正法)을 비방하고 '[부처님의 가르침과] 유사하지만 [부처님의 뜻과 어긋나는] 가르침'(相似法)을 건립하는 것'(謗正法, 建立相似法) 등의 경우이다. 네 번째는 [삼보三寶를 비방하는 것이] 〈'오직 [허물이] 무거운 [죄업]이고

1030 위의 인용문은 『열반경』에서 찾을 수 없지만, 의미상 해당하는 문장은 『열반경』 권7(T12, 644b23~c4)의 다음 문장을 참고할 수 있다. "若有說言, 菩薩如是示入天祠,外學法中出家修道, 示現知其威儀, 禮節, 能解一切文章, 伎藝, 示入書堂, 伎巧之處, 能善和合僕使鬪諍. 於諸大衆, 童男, 童女, 後宮妃后, 人民, 長者, 婆羅門等王及大臣, 貧窮等中, 最尊, 最上, 復爲是等之所恭敬. 亦能示現如是等事, 雖處諸見, 不生愛心, 猶如蓮花不受塵垢, 爲度一切諸衆生故, 善行如是種種方便, 隨順世法. 如是經律, 當知卽是如來所說, 若有隨順魔所說者, 是魔眷屬. 若能隨順佛所說者, 是大菩薩."

[허물의 무게가] 가벼운 [죄업](輕[垢罪])은 아닌 경우'〉(唯重非輕)이니, 이 [부처(佛)·진리(法)·수행공동체(僧) 세 가지 보배를 비방하는 것을 금하는] 계율에서 곧바로 세운 '[어길 때 허물의 무게가] 무거운 계율'(重戒)이 그것이다.

此十重戒中, 若約業道爲重者, 以殺生爲重, 損他義極重故. 若以過廣爲重者, 以妄語爲重, 誹[1031]聖人而言, "我作是聖." 故所向境, 永苞[1032]十方凡聖人故. 若以過重爲重者, 以婬戒爲重, 起法[1033]罪業本故.
[H1, 603b23~c4; X38, 287a16~19]

이 '[어길 때 허물의 무게가] 무거운 10가지 계율'(十重戒) 가운데, 만약 '행위를 펼치는 길'(業道)에 의거하여 '[허물의 무게가] 무거운 것'(重)으로 삼는다면, '생명을 죽이는 행위'(殺生)가 '[허물의 무게가] 무거운 것'(重)이 되니, '다른 사람을 해치는 측면'(損他義)이 매우 무겁기 때문이다. [또한] 만약 '허물의 넓이'(過廣)로 '[허물의 무게가] 무거운 것'(重)으로 삼는다면, '사실에 맞지 않는 말[을 하는 행위]'(妄語)가 '[허물의 무게가] 무거운 것'(重)이 되니, [참된] 성인을 비방하면서 [거짓말로] "나는 성인이 되었다"(我作是聖)라고 말하는 것이다. 그리하여 [이러한 거짓말이] 향하는 대상이 시방의 모든 '평범한 사람과 성인'(凡聖人)을 모두 포함하기 때문이다. 만약 '허물의 무게'(過重)로 '[허물이] 무거운 것'(重)으로 삼는다면, '음탕한 행위에 대한 계율'(婬戒)[을 어긴 것]이 '[허물의 무게가] 무거운 것'(重)이 되니, '규범을 어기는 행위의 근본'(法罪業本)을 일으키기 때문이다.

1031 한명숙은 '誹'를 '非'로 교감하고 번역하였지만(한명숙, 위의 책, p.250 교감주) 본 번역은 원문대로 '誹'로 번역한다.

1032 저본에는 '苞'로 되어 있지만, 문맥상 '包'로 교감하고 번역한다. 한명숙은 '永苞'를 '永普'로 교감하고 번역하였다.(한명숙, 위의 책, p.250 교감주)

1033 한명숙은 '法'을 '衆'으로 교감하고 번역하였지만(한명숙, 위의 책, p.250 교감주) 본 번역은 원문대로 '法'으로 번역한다.

明十重中, 有三中, 先總釋[1034]勸學, 二者別解制止, 竟在於前.

[H1, 603c4~6; X38, 287a19~20]

[앞의 과문에서] '[어길 때 허물의 무게가] 무거운 10가지 계율을 밝힘(明十重戒)' 가운데 있는 세 가지에서 먼저 '총괄하여 드러내며 배움을 권함'(總標勸學)과 두 번째인 '[잘못된 행위를] 제어하여 그침을 하나씩 풀이함'(別解制止)을 앞에서 마쳤다.

(3) [어길 때 허물의 무게가] 무거운 계율을 제정함에 대하여 총괄하여 결론 맺음(總結重制)

『범망경梵網經』[T24, 1005a16]

善學諸仁[1035]者!

'잘 배우는 사람들'(善學諸人)이여!

此下, 第三總結重制, 於中有三. 第一, 明勸學重制, 二者, "若有犯者"以下, 明勸學觀處, 其第三者, 總結勸學.

[H1, 603c7~9; X38, 287a21~22]

이 아래는 세 번째로 '[어길 때 허물의 무게가] 무거운 계율을 제정함에 대하여 총괄하여 결론 맺음'(總結重制)인데, 이 가운데 세 가지가 있다.

1034 저본에는 '釋'이라고 되어 있지만, 앞의 과문에 의거하여 '標'로 교감하고 번역한다. 한명숙도 동일하다.(한명숙, 앞의 책, p.250 교감주)

1035 '仁'에 대하여 저본의 교감주에는 고본인 【宋】·【宮】본은 '人'으로 되어 있다고 밝혔다.(T24, 1005, 교감주 [6]) 본 번역은 원효가 참고한 것으로 추정되는 고본에 따라 '人'으로 번역한다. 또한 원효의 아래 주석에서도 '人'으로 해석하였다. 한명숙도 동일하다.(한명숙, 앞의 책, p.250 교감주)

첫 번째는 '[어길 때 허물의 무게가] 무거운 계율로 제정한 것을 배우기를 권함'(勸學重制)을 밝혔고, 두 번째인 "만약 [계율을] 어기는 사람이 있다면"(若有犯者) 이하는 〈'[보살계를 어기면 받게 되는] 처지를 이해하는 것'(觀處)을 배우길 권하는 것〉(勸學觀處)을 밝혔으며, 그 세 번째는 '[보살계를] 배우길 권하는 것에 대하여 총괄하여 결론 맺는 것'(總結勸學)이다.

① [어길 때 허물의 무게가] 무거운 계율로 제정한 것을 배우기를 권함(勸學重制)

初中, 亦有二. 先明所勸人, 第二表所勸法.

[H1, 603c9~10; X38, 287a23]

처음 가운데 또한 두 가지가 있다. 첫 번째는 '권하는 대상이 되는 사람을 밝히는 것'(明所勸人)이고, 두 번째는 '권하는 가르침을 보이는 것'(所勸法)이다.

가. 권하는 대상이 되는 사람을 밝힘(明所勸人)

初言"善學"者, 菩薩, 能內有戒德故. 亦外能於諸人, 作解, 全無所非, 全正, 故名名,[1036] "善學"也. 如是人非一, 故言"諸人者".

[H1, 603c10~13; X38, 287a23~b1]

처음에 "잘 배우는"(善學)이라고 말한 것은, 보살은 안으로는 '계율을 지키는 능력'(戒德)을 지닐 수 있기 때문에, 또한 밖으로는 여러 사람보다 이해하는 것이 모두 그릇된 것이 없고 다 바르기 때문에, "잘 배우

1036 저본의 교감주에 '名'은 '曰'이라고 의심하였다.(H1, 603, 교감주 ③) 본 번역도 이에 따라 '曰'로 교감하고 번역한다.

는”(善學)이라고 말했다. [게다가] 이와 같은 사람이 한 명이 아니기 때문에 “사람들”(諸人者)이라고 말하였다.

나. 권하는 가르침을 보임(所勸法)

『범망경梵網經』 [T24, 1005a16~18]

是菩薩十波羅提木叉, 應當學. 於中, 不應一一犯如微塵許, 何況具足犯十戒?

이 ‘보살의 10가지 행위단속의 근본규칙’(菩薩十波羅提木叉)을 배워야만 한다. 이 가운데 [계율] 하나하나를 ‘작은 티끌 하나만큼’(微塵許)이라도 어기는 일이 없어야 하거늘, 어찌 하물며 ‘[보살이 지켜야 하는] 열 가지 계율’(十戒)을 모두 어기겠는가?

言“不應一一犯如是[1037]微塵許, 何況具之[1038]犯十戒?”者, 有二說. 一云, “一微塵許, 方便犯, 不可, 何況具足犯來[1039]重業?” 一一,[1040] “一一戒, 向[1041]不可犯, 何況具犯十戒也?”

[H1, 603c13~17; X38, 287b1~4]

“[계율] 하나하나를 ‘작은 티끌 하나만큼’(微塵許)이라도 어기는 일이

1037 저본에는 ‘是’가 있지만, 『범망경』 원문에 따라 삭제하고 번역한다. “不應一一犯如微塵許.”(T24, 1005a17)

1038 저본에는 ‘之’로 되어 있지만, 『범망경』 원문에 따라 ‘足’으로 교감하고 번역한다. “何況具足犯十戒.”(T24, 1005a17~18)

1039 저본에는 ‘來’로 되어 있지만, 문맥상 ‘十’으로 교감하고 번역한다. 한명숙도 동일하다.(한명숙, 앞의 책, p.253 교감주)

1040 저본에는 ‘一’로 되어 있지만, 문맥상 ‘云’으로 교감하고 번역한다. 한명숙도 동일하다.(위의 책, p.253 교감주)

1041 저본에는 ‘向’으로 되어 있지만, 문맥상 ‘尙’으로 교감하고 번역한다. 한명숙은 ‘中’으로 교감하였다.(위의 책, p.253 교감주)

없어야 하거늘, 어찌 하물며 '[보살이 지켜야 하는] 열 가지 계율'(十戒)을 모두 어기겠는가?"라고 한 것에 대해서는 두 가지 설명이 있다. 어떤 사람은 [다음과 같이] 말하였다. "작은 티끌 하나만큼이라도 방편 삼아 어기는 일도 해서는 안 되는데, 어찌 하물며 '[보살이 지켜야 하는] 열 가지 엄중한 [계율의] 행위'(十重業)를 모두 어기겠는가?"[1042] [또] 어떤 사람은 [다음과 같이] 말하였다. "낱낱의 계율도 오히려 어길 수 없는 것인데, 하물며 '[보살이 지켜야 하는] 열 가지 계율'(十戒)을 모두 어길 수 있겠는가?"[1043]

② [보살계를 어기는] 경우를 이해하는 것을 배우길 권함(勸學觀處)

『범망경梵網經』 [T24, 1005a18~21]

若有犯者, 不得現身發菩提心, 亦失國王位, 轉輪王位, 亦失比丘・比丘尼位, 亦失十發趣・十長養・十金剛・十地・佛性常住妙果.

만약 '[보살계를] 어기는 사람'(犯者)이 있다면, '금생의 몸'(現身)으로 '깨달

1042 위의 본문의 내용은 작은 티끌만큼도 계율을 어겨서는 안 된다는 입장으로 『법구경法句經』과 『법구경』의 내용을 인용한 『대반열반경大般涅槃經』의 주장과 통한다. 즉 『법구경』(T4, 565a2~4)에는 다음과 같은 게송이 보인다. "莫輕小惡, 以爲無殃, 水渧雖微, 漸盈大器." 또한 『대반열반경』에도 동일한 취지의 내용이 보인다.(T12, 693c25~26) 이러한 입장은 원효보다 후대인 신라 승려 의적義寂(681~?)이 『보살계본소菩薩戒本疏』 상권(T40, 669c13~19)에서 계승하여 주장한다. "不一一犯如是微塵許者, 於一一戒中, 不應犯如微塵許, 纔起犯心, 不至身口. 此過輕小故, 喩微塵. 此過雖微積成大惡故, 不可輕. 如經偈云, 〈莫輕小惡, 以爲無殃, 水渧雖微, 漸盈大器.〉 何況具足犯十戒者, 微過尙不應犯, 重罪理在絕言, 具足五緣, 成十根本, 故云具足犯十戒也."

1043 이상 두 가지 해석은 원효보다 후대인 중국 당나라 법장法藏(643~712)도 『범망경보살계본소梵網經菩薩戒本疏』 권4(T40, 634a3~7)에서 동일하게 인용한다. "於中, 有二重意. 一謂一戒中, 尙不應犯微塵許, 況全犯一戒. … 二於十戒, 不應犯一, 況具犯十."

음을 구하는 마음'(菩提心)을 일으킬 수 없고, 또한 '국왕의 지위'(國王位)와 '전륜[성]왕의 지위'(轉輪[聖]王位)를 잃을 것이며, '비구와 비구니의 지위'(比丘·比丘尼位)도 잃을 것이고, '열 가지 마음에 나아감'(十發趣)[1044]·'열 가지 마음을 오래도록 배양함'(十長養)[1045]·'금강석처럼 굳건한 열 가지 마음'(十金剛)[1046]·'열 가지 [본격적인] 수행경지'(十地)·'부처의 면모가 항상 유지되는 오묘한 결실'(佛性常住妙果)도 잃을 것이다.

第二示處中, 亦有二. 一者, 明失位, 第二, 明受苦.

[H1, 603c18~19; X38, 287b5]

두 번째로 '[보살계를 어기면 받게 되는] 처지를 나타냄'(示處) 가운데 또한 두 가지가 있다. 첫 번째는 '[보살계를 어겨서] 지위를 잃는 것'(失位)을 밝

1044 십발취十發趣: 십지十地 이전의 보살이 대승으로 들어가기 위해 일으키는 열 가지 마음으로 사심捨心·계심戒心·인심忍心·진심進心·정심定心·혜심慧心·원심願心·호심護心·희심喜心·정심頂心이 그것이다. 『불광대사전』, p.477.

1045 십장양十長養: 두 가지 의미가 있다. 첫 번째는 52단계(位)의 보살수행 가운데 21단계부터 30단계에 이르기까지 필요한 열 가지 수행을 말한다. 이 열 가지 단계 가운데서는 먼저 '성스러운 능력'(聖胎)을 오랫동안 배양한 후 열 가지 성스러운 지위로 들어간다. 두 번째는 보살이 '이로운 능력'(善根)을 향상시키기 위해 '성스러운 능력'(聖胎)을 오랫동안 배양하면서 닦는 열 가지 마음이다. 즉 오랫동안 배양하는 열 가지 마음으로 자심慈心·비심悲心·희심喜心·사심捨心·시심施心·호어심好語心·익심益心·동심同心·정심定心·혜심慧心이 그것이다. 『불광대사전』, p.451. 여기서는 두 번째 의미로 보인다.

1046 십금강十金剛: 십금강심十金剛心이라고도 하는데, 두 가지가 있다. 첫 번째는 『화엄경』 권55 「이세간품離世間品」에서 설하는 '보살의 열 가지 견고한 원심願心'인데 그 견고하기가 금강과도 같기에 십금강심十金剛心이라 부른다. 두 번째는 『범망경梵網經』 권상卷上에서 설하는 30가지 마음 가운데 최후의 '열 가지 마음'(十心)을 금강심金剛心이라 한다. 신심信心·염심念心·회향심迴向心·달심達心·직심直心·불퇴심不退心·대승심大乘心·무상심無相心·혜심慧心·불괴심不壞心이 그것이다. 이 십금강심十金剛心에 따라 견고한 성인의 경지로 들어간다. 『불광대사전』, p.451. 여기서는 두 번째 의미로 보인다.

혔고, 두 번째는 '[보살계를 어겨서] 괴로움을 받는 것'(受苦)을 밝혔다.

가. [보살계를 어겨서] 지위를 잃는 것을 밝힘(明失位)

> 初中有二, 先明失世間位, 後示[1047]出世間位.
>
> [H1, 603c18~19; X38, 287b5~6]

처음[인 '보살계를 어겨서 지위를 잃음'(失位)] 가운데 두 가지가 있다. 앞에는 '세간의 지위를 잃는 것'(失世間位)을 밝혔고, 뒤에는 '세속을 벗어난 지위를 잃는 것'(失出世間位)을 보였다.

가) 세간의 지위를 잃는 것을 밝힘(明失世間位)

> 所言"國王"者, 謂人中王, 乃粟散王也. "輪王位", 約別門者, 十信位爲鐵輪王, 十解爲銅輪王, 十行爲銀輪王, 十迴向爲金輪王. 若約通門者, 初地百寶輪王, 二地千寶輪王. 此門中, 地前及地上十地, 皆輪王. 如『仁王經』中, 乃至廣說. "失王位"者, 明失在家位.
>
> [H1, 603c20~604a3; X38, 287b6~11]

"국왕"(國王)이라고 한 것은, '[세속의] 사람 가운데 왕'(人中王)이니, 속산왕粟散王[1048]을 말한다. "전륜[성]왕의 지위"(轉輪[聖]王位)는, '구분하는 방식'(別門)에 의거한다면, '믿음을 세우는 열 가지 단계'(十信位)를 '철바

1047 저본에는 '失'이 없지만, 본 번역은 문맥상 '失'을 추가하여 번역한다. 한명숙도 동일하다.(한명숙, 앞의 책, p.253 교감주)

1048 속산왕粟散王: 소국小國의 왕으로 그 왕국의 숫자가 많고 크기가 작은 것이 마치 좁쌀을 뿌려 놓은 것 같기 때문에 '속산粟散'이라고 한다. 『불광대사전』, p.5178.

퀴 수레를 타는 왕'(鐵輪王)으로 삼고, '[이해가] 안착하는 열 가지 단계'(十解[位])를 '구리바퀴 수레를 타는 왕'(銅輪王)으로 삼으며, '[이타적] 수행의 열 가지 단계'(十行[位])를 '은바퀴 수레를 타는 왕'(銀輪王)으로 삼고, '[수행으로 성취한 모든 것을 중생들에게] 돌리는 행위의 열 가지 단계'(十迴向[位])를 '금 바퀴 수레를 타는 왕'(金輪王)으로 삼는다.[1049] 만약 '[서로] 통하게 하는 방식'(通門)에 의거한다면, '[십지十地의] 첫 번째 경지'(初地)는 '백 개의 보배로 장식된 바퀴를 타는 왕'(百寶輪王)이고, '[십지十地의] 두 번째 경지'(二地)는 '천 개의 보배로 장식된 바퀴를 타는 왕'(千寶輪王)이다.[1050] 이 방식(門)에서는 '[열 가지] 본격적인 수행경지[의 초지初地] 이전'(地前)과 '[열 가지] 본격적인 수행경지[의 초지初地] 이상'(地上)의 '[열 가지] 본격적인 수행경지'(十地)가 모두 전륜성왕이다. 『인왕경仁王經』에서 자세하게 설명한 것과 같다. "왕의 지위를 잃는다"(失王位)라는 것은 '재가자의 지위를 잃는 것'(失在家位)을 밝힌 것이다.

나) 세속을 벗어난 지위를 잃는 것을 보임(示失出世間位)

> "失比丘及尼位"者, 明失出家位也.
>
> [H1, 604a3~4; X38, 287b11~12]

"비구와 비구니의 지위도 잃는다"(失比丘及[比丘]尼位)라는 것은 '출가

1049 위의 본문은 『불설인왕반야바라밀경佛說仁王般若波羅蜜經』 상권(T8, 827b14~17)의 다음 문장을 참고할 만하다. "十善菩薩發大心, 長別三界苦輪海, 中下品善粟散王, 上品十善鐵輪王, 習種銅輪二天下, 銀輪三天性種性, 道種堅德轉輪王, 七寶金光四天下."

1050 위의 본문은 『보살영락본업경菩薩瓔珞本業經』 상권(T24, 1016a28~b1)의 다음 문장을 참고할 만하다, "歡喜地, 百寶瓔珞七寶相輪四天王, 萬子爲眷屬, 百法身爲百佛國中化十方天下. 千寶瓔珞八寶相輪忉利王, 二萬子爲眷屬."

자의 지위를 잃는 것'(失出家位)을 밝힌 것이다.

나. [보살계를 어겨서] 괴로움을 받는 것을 밝힘(明受苦)

『범망경梵網經』[T24, 1005a21~22]

一切皆失, 墮三惡道中, 二劫三劫, 不聞父母三寶名字.

[그리고] 일체[의 지위를] 모두 잃고 '[지옥地獄·아귀餓鬼·축생畜生, 이] 세 가지 나쁜 세계'(三惡道)에 떨어져 '2겁劫이나 3겁劫[의 오랜 세월]' 동안 부모나 '[부처(佛)·진리(法)·수행공동체(僧), 이] 세 가지 보배'(三寶)라는 명칭을 듣지 못한다.

第二明受苦中, 言"二三劫"者, 若依『瓔珞經』者, 若犯重人, 於十劫中, 入地獄也. 解云, 彼經者, 約小劫故, 爲十劫. 此文中"二三劫"者, 就大劫故. 彼經云, "犯重, 墮地獄人者, 一日中, 八萬四千生死", 亦[1051]也.[1052]

[H1, 604a4~9; X38, 287b12~15]

두 번째로 '[보살계를 어겨서] 괴로움을 받는 것을 밝힘'(明受苦) 가운데, "2겁이나 3겁[의 오랜 세월]"(二劫三劫)이라고 말한 것은, 만약 『보살영락본업경』에 의거한다면 〈'[허물이] 무거운 죄업을 저지른 사람'(犯重人)이라면 '10겁[의 오랜 세월]'(十劫) 동안 지옥地獄에 들어간다〉[1053][고 하니 『범

1051 저본의 교감주에 '亦' 뒤에 탈자가 있는 것으로 의심하였다. "'亦'下疑有脫字."(H1, 604, 교감주[1])

1052 한명숙은 '也'를 '苦'로 교감하고 번역하였지만, 본 번역은 원문대로 '也'로 번역한다.

1053 본문에 해당하는 『보살영락본업경』 상권(T24, 1012b6~7)의 원문은 다음과 같다. "若破十戒, 不可悔過, 入波羅夷. 十劫中, 一日受罪, 八萬四千滅, 八萬四千生, 故不

망경』의 내용과 다르다.] [그 이유를] 해석해 말하면, 그 경(『보살영락본업경』)에서는 소겁小劫을 기준으로 삼았기 때문에 '10겁[의 오랜 세월]'(十劫)이라 했고, 이 경(『범망경』)의 본문 가운데 "2겁이나 3겁[의 오랜 세월]"(二劫三劫)이라고 한 것은 대겁大劫에 의거한 것이기 때문이다. 그 경(『보살영락본업경』)에서 "'[허물이] 무거운 죄업'(重[罪])을 저질러 지옥에 떨어진 사람은 하루에 8만 4천 번 태어나고 죽으면서 [죄업의 과보를 받는다.]"[1054]라고 하였는데, [이것은] 또한 [『범망경』의 의미]이다.

③ [보살계를] 배우길 권하는 것에 대하여 총괄하여 결론 맺음(總結勸學)

『범망경梵網經』[T24, 1005a22~24]

以是不應一一犯, 汝等一切諸菩薩, 今學・當學・已學. 如[1055]是十戒, 應當, 敬心奉持. 「八萬威儀品」, 當廣明.

이러한 까닭으로 마땅히 [보살계를] 낱낱이 어기지 말아야 하니, 너희들 모든 보살들이 지금 배우고 있고 앞으로 배워야 하며 이미 배운 것이 그것이니라. 이러한 '[보살이 지키는] 열 가지 계율'(十戒)을 마땅히 공경하는 마음으로 받들어 간직해야 한다. [구체적인 내용은] 「팔만위의품八萬威儀品」[1056]에서 자세하게 밝힐 것이다.

「八萬威儀品」中說者, 譬如小乘律中, 二十餘卷中, 說比丘及比丘尼前,[1057] 以後堅敎律, 於更判說. 此經亦然, 後[1058]『梵網經』中, 先總說十

可破."

1054 『보살영락본업경』 상권(T24, 1012b6). 앞의 주석에서 본문을 풀이한 것을 참조.

1055 '如'에 대하여 저본의 교감주에는 고본인 【宋】・【元】・【宮】본에는 '如'가 없다고 밝혔다.(T24, 1005, 교감주 [8]) 본 번역은 원효가 참고한 것으로 추정되는 고본에 따라 번역한다.

1056 「팔만위의품八萬威儀品」: 구체적인 내용을 확인할 수 없으나 『범망경』 대부大部에 있을 것으로 추정되는 품명이다.

重, 後「八萬威儀品」中, 更廣說此十重戒. 是故示文處也.

[H1, 604a9~14; X38, 287b15~19]

「팔만위의품八萬威儀品」 가운데 설한 것은, 비유하자면 마치 '소승의 계율'(小乘律) 가운데 [앞부분의] 20여 권에서 '비구와 비구니의 계율'(比丘及比丘尼戒)을 설하고 그 뒤에 계율을 견고하게 가르치기 위해 다시 판별하여 설하는 것과 같다. 이 『범망경』도 또한 그러하니, 『범망경』을 설하는 가운데 먼저 '열 가지 [허물의 무게가] 무거운 계율'(十重[戒])을 총괄적으로 설하고, 뒤의 「팔만위의품」에서 다시 이 '열 가지 [허물의 무게가] 무거운 계율'(十重[戒])을 자세하게 설했다. 이러한 까닭으로 [『범망경』 본문에서 이에] '해당하는 문장'(文處)을 나타낸 것이다.

去明治四十三年十二月, 『續藏經』編集長, 中野達慧師曰, "此書者, 希代之書, 而於他家, 無所藏, 請謄寫之, 以編入續藏." 辰乃速應請求, 許謄寫, 且記其事實, 以授焉.

[H1, 604a15~18; X38, 287b21~24]

지난해 메이지 43년(1910) 12월에 『속장경續藏經』[1059]의 편집장인 나카노 다치에(中野達慧)[1060] 스님이 "이 책은 세상에 보기 드문 책인데 다

1057 저본에는 '前'이라고 되어 있지만, 문맥상 '戒'로 교감하고 번역한다. 한명숙도 동일하다.(한명숙, 앞의 책, p.257 교감주)

1058 저본에는 '後'라고 되어 있지만, 문맥상 '說'로 교감하고 번역한다. 한명숙도 동일하다.(한명숙, 앞의 책, p.257 교감주)

1059 『속장경續藏經』: 『대일본속장경大日本續藏經』 혹은 『만자속장경卍字續藏經』이라고도 한다. 마에다 에운(前田慧雲)·나카노 다치에(中野達慧) 등이 편집하여 1905~1912년에 일본 교토(京都) 장경서원藏經書院에서 간행하였다.

1060 나카노 다치에(中野達慧, 1871~1934): 일본 진종眞宗 본원사파本願寺派 소속 승려로 『속장경續藏經』 등의 불전 편수에 참여하였다.

른 학파에서 소장하는 곳이 없습니다. 이것을 등사謄寫하여 『속장경續藏經』에 편입시키기를 청합니다"라고 말하였다. 죠쇼 닛싱(靜照日辰)[1061] 이 이에 바로 요청에 응하여 등사하는 것을 허락하고, 또한 그 사실을 기록하여 [그에게] 주었다.

> 于時, 明治四十有四年, 一月, 吉且.
>
> 四海唱道, 五十四傳燈沙門, 靜照日辰, 謹識. 於日蓮宗大本山, 妙顯精舍, 方丈.
>
> [H1, 604a19~21; X38, 287c1~3]

메이지(明治) 44년(1911) 1월 초하루(吉且). 온 세상에 진리를 알리면서 54대째 깨달음의 등불을 이어온 승려' 죠쇼 닛싱(靜照日辰)이 삼가 적다.

니치렌슈(日蓮宗)[1062] 대본산大本山 묘현정사妙顯精舍妙顯寺 방장方丈에서.

1061 죠쇼 닛싱(靜照日辰): 묘현정사의 54대 관주貫主로 일련종의 제22대 관장管長을 역임했다.

1062 일련종日蓮宗: 일본의 니치렌(日蓮, 1222~1282)이 창건한 종파이다.

보살계본지범요기菩薩戒本持犯要記

『보살계본[1]지범요기菩薩戒本持犯要記』

-보살 계율의 조목을 지님과 범함의 요점-

신라국 사문沙門 원효 지음

『菩薩戒本持犯要記』[2]

新羅國沙門 元曉述

菩薩戒者，返流歸源之大津，去邪就正之要門也．然邪正之相易濫，罪福之性難分．何則，或內意實邪，而外迹似正，或表業同染，而中心淳淨，或有作業合少福，而致大患，或有心行順深遠，而違淺近．是以專穢道人，剋私沙門，長專似迹，以亡眞正，每剋深戒，而求淺行．今將遺淺事而全深，去似迹而逐實．爲自忽[3]忘，撮要記別，幸同趣者，詳而取決矣．

[H1, 581a5~14; X61, 365a1~8]

---

1 보살계본菩薩戒本: 보살계본은 대승계大乘戒인 보살계의 조문이다. 계본戒本은 산스크리트의 프라티모크샤prātimokṣa의 한역이며, 바라제목차波羅提木叉라고 음역한다. 별해탈계別解脫戒라고도 한역한다. 율장律藏의 규정에 의하여 비구・비구니가 출가하여 구족계具足戒를 받고 지켜 가야 하는 계율의 조문이 적혀 있다.

2 본 번역문은 『한국불교전서(이하 H)』 제1책(동국대학교출판부, 1979)에 수록(pp.581a1~585c17)된 『보살계본지범요기菩薩戒本持犯要記』를 원문으로 삼았다. 이 원문은 『대정신수대장경(이하 T)』 제45권에 수록된 『보살계본지범요기』를 저본底本으로 하였고. 또한 『卍續藏經』(香港佛書出版公司) 61권에 수록(pp.365a1~371b12)된 『보살계본지범요기菩薩戒本持犯要記』를 갑본甲本으로 삼았다.

3 '忽'은 '勿'의 오기誤記로 보인다. '勿'로 교감하여 번역한다.

Ⅰ. 서 문[4]

4 『보살계본지범요기菩薩戒本持犯要記』의 전체 구성을 과문科文하면 다음과 같다.

<table>
<tr><td>서문</td><td colspan="5"></td></tr>
<tr><td rowspan="26">본문</td><td rowspan="18">경중문
輕重門</td><td rowspan="6">총판
總判</td><td rowspan="3">경구죄
輕垢罪</td><td colspan="2">달마계본</td></tr>
<tr><td colspan="2">다라계본</td></tr>
<tr><td colspan="2">별해탈계경</td></tr>
<tr><td rowspan="3">중계
重戒</td><td colspan="2">共大小乘</td></tr>
<tr><td colspan="2">不共大小乘</td></tr>
<tr><td colspan="2">在家菩薩</td></tr>
<tr><td rowspan="13">별현차별
別顯差別</td><td rowspan="5">유범
有犯</td><td rowspan="3">중重</td><td>상</td></tr>
<tr><td>중</td></tr>
<tr><td>하</td></tr>
<tr><td rowspan="2">경輕</td><td>煩惱・輕慢에 의한
물듦(染)</td></tr>
<tr><td>無知・放逸에 의하지만
물들지 않음(非染)</td></tr>
<tr><td rowspan="2">무범
無犯</td><td colspan="2">일체계一切戒</td></tr>
<tr><td colspan="2">별론別論</td></tr>
<tr><td rowspan="4">상相의 차별
(自讚毁他)</td><td colspan="2">복福</td></tr>
<tr><td colspan="2">범犯</td></tr>
<tr><td colspan="2">염染</td></tr>
<tr><td colspan="2">중重</td></tr>
<tr><td>문답
問答</td><td colspan="3"></td></tr>
<tr><td rowspan="4">심천문
深淺門</td><td rowspan="4">4句</td><td>제1구</td><td rowspan="2" colspan="2"></td></tr>
<tr><td>제2구</td></tr>
<tr><td>제3구</td><td rowspan="2" colspan="2"></td></tr>
<tr><td>제4구</td></tr>
<tr><td rowspan="4">구경지범문
究竟持犯門</td><td>계상
戒相</td><td rowspan="4"></td><td rowspan="4" colspan="2"></td></tr>
<tr><td>죄상
罪相</td></tr>
<tr><td>보살의 수계
修戒</td></tr>
<tr><td>문답
問答</td></tr>
<tr><td>결론</td><td colspan="5">게偈</td></tr>
</table>

'보살이 지키는 윤리적 행위'(菩薩戒)[5]는 [중생 삶의] 흐름을 거슬러 올라가 근원으로 돌아가는 [출발지인] 큰 나루터이며, 잘못됨을 제거하고 바름으로 나아가는 데 필요한 문이다. 그러나 잘못됨과 바름의 양상은 혼동되기 쉽고, '해로움을 짓는 것'(罪)과 '이로움을 만드는 것'(福)의 특성은 구분하기가 어렵다. 왜 그런가 하면, 어떤 경우는 속뜻은 실제 사특하지만 바깥 행적은 올바르기도 하고, 어떤 경우는 겉으로 드러난 행위는 오염되어 있지만 속마음은 순박하고 청정하기도 하며, 어떤 경우는 지은 행위가 작은 복이라도 받아야 마땅하지만 [오히려] 큰 우환에 이르기도 하고, 어떤 경우는 마음 씀씀이가 깊고 멀리 있는 것을 따르면서도 얕고 가까운 것은 [따르지 못하여] 어긴다. 그러므로 세속에 빠져 있는 도인이나 사사로움을 좇는 사문沙門[6]은 늘 겉만 비슷한 행적에 전념하여 '진정한 올바름'(眞正)을 망가뜨리고, 언제나 깊은 계율은 어기면서 얄팍한 행동을 구한다. 이제 앞으로는 얄팍한 짓들을 버려 ['윤리적 행위'(戒)의] 깊이를 온전하게 하고, 겉만 비슷한 행적을 버려 ['윤리적 행위'

---

5 보살계菩薩戒: 보살계는 대승불교 수행자가 지키는 계율을 말한다. 대승계大乘戒 또는 대승보살계大乘菩薩戒라고도 한다. 대표적인 것은 『범망경』의 범망계梵網戒와 『유가사지론』와 유가계瑜伽戒이며, 『보살영락본업경』의 삼취정계三聚淨戒도 다른 계율을 가지고 있지만 보살계로 본다. 이렇게 보살계의 내용을 싣고 있는 책들을 『보살계본菩薩戒本』 또는 『보살계경菩薩戒經』이라고 한다. 원효의 『보살계본지범요기菩薩戒本持犯要記』에는 달마계본[유가계]와 다라계본[범망계]가 둘 다 등장한다. 이에 대해 학자들은 여러 가지 설을 제시한다. ① 이기영, 채인환 등의 달마계본 중심설, ② 木村宣彰, 최원식 등 범망계를 중심으로한 유가계의 종합 및 和會說, ③ 박광연의 달마계 및 유가계 병행설 등이 있다.

6 사문沙門: 사문은 산스크리트어 śramana의 음역으로 사문桑門·상문喪門·사문나沙門那·사라마나舍羅摩拏 등으로 음사하기도 한다. 붓다 당시 바라문 전통을 비판하면서 등장한 사유사상가들은 바라문들과는 달리 결혼생활을 하지 않고 출가하여 구도수행을 하였는데 그들을 사문이라 불렀다. 불전에서는 그 사문들의 대표적 사례를 육사외도(六師外道)로 부르면서 그들의 주장을 전하고 있다 붓다 역시 사문의 출가구도 방식을 선택하였고 제자들에게도 출가수행을 권하였다. 그리하여 '사문'이라는 용어는 불교의 출가수행자를 지칭하는 용어로 정착되었다.

(戒)의] 진실함을 좇게 하려고 한다. 스스로 잊어버리지 않도록 요점을 추려 따로 적어 보니, 뜻을 같이하는 자라면 자세히 살펴 의문을 해결할 수 있기를 바란다.

II. 본 문

1. [범할 때 허물의 무게가] 가벼운 것과 무거운 것을 기준으로 삼는 방식(輕重門)

1) [범할 때 허물의 무게가] 가벼운 것과 무거운 것(輕重)을 '총괄적으로 판별'(總判)

① [범할 때 허물의 무게가] 가벼운 허물이 되는 죄(輕垢罪)

持犯之要, 有[7]三門. 一輕重門, 二淺深門, 三明究竟持犯門也. 初門之內, 有其二句, 先卽總判輕重, 後以別顯差別. 言總判者, 輕重[8]垢罪中, 細論支別, 頭類[9]乃有八萬四千, 括擧其要, 別有三類. 或四十四, 如達摩戒本所說, 或四十八, 如多羅戒本所判, 或有二百四十六輕, 如別解脫戒經所立. 此第二中, 有共不共, 共不共相, 依文可解.

[H1, 581a14~a23; X61, 365a8~15]

[보살계를] 지님과 범함[을 구분하는 기준을 세우는] 요점에는 대략 '세 가

7 '有'를 갑본에 의거하여 '略有'로 교감하여 번역한다.
8 '輕重'을 갑본에 의거하여 '輕'으로 교감하여 번역한다.
9 '頭類'를 갑본에 의거하여 '頭數'로 교감하여 번역한다.

지 방식'(三門)이 있다. 첫째는 '[범할 때 허물의 무게가] 가벼운 것과 무거운 것을 기준으로 삼는 방식'(輕重門)이고, 둘째는 '[지님과 범함에 대한 이해수준의] 얕음과 깊음을 기준으로 삼는 방식'(淺深門)이며, 셋째는 '궁극적 의미에서의 지님과 범함을 밝히는 것을 기준으로 삼는 방식'(明究竟持犯門)이다. '첫 번째 방식'(初門)[을 밝히는 내용]에는 두 구절이 있는데, 앞의 것은 '[범할 때 허물의 무게가] 가벼운 것과 무거운 것'(輕重)을 '총괄적으로 판별'(總判)하였고, 뒤의 것은 [그] 차이를 '하나씩 나타내었다'(別顯). '총괄적으로 판별한다'(總判)는 것은 [다음과 같은 것이다.] '[범할 때 허물의 무게가] 가벼운 허물이 되는 죄'(輕垢罪) 중에서 지말적인 차이를 자세히 거론한다면 항목의 수가 팔만 사천 개가 있는데,[10] 그 중요한 것들만을 묶어서 열거하면 구별하여 세 가지 분류가 있다. [세 가지 분류는 다음과 같다.] [첫째는] 44가지로 묶은 것이니 『달마계본達磨戒本』[11]에서 설한 것과

---

10 가벼운 죄의 항목수와 관련하여 『보살영락본업경菩薩瓔珞本業經』(T24, 1021b16~22) 등에서는 가벼운 계를 팔만 사천 가지라고 하고 있다. "有受一分戒名一分菩薩, 乃至二分三分四分, 十分名具足受戒. 是故菩薩十重, 八萬威儀戒, 十重有犯無悔, 得使重受戒. 八萬威儀戒盡名輕, 有犯得使悔過對首悔滅. 一切菩薩凡聖戒盡心爲體, 是故心亦盡戒亦盡, 心無盡故戒亦無盡. 六道衆生受得戒, 但解語, 得戒不失."

11 달마계본達磨戒本과 다라계본多羅戒本: 달마계본과 다라계본이라는 용어는 원효가 독창적으로 만든 것이다. 이 중 『달마계본達磨戒本』은 『유가사지론』 〈본지분本地分〉 중 「보살지초지유가처계품菩薩地初持瑜伽處戒品」에 해당하는 계본이다. 즉 본문의 '마흔네 가지'라는 항목은 현장이 번역한 『보살계본』의 항목 수와 일치하므로 원효는 현장의 『보살계본』을 참고한 것으로 보인다.(木村宣彰, 「菩薩戒本持犯要記について」, 『印度學佛教學研究』56, 1980) 한편 이 계본의 이역異譯으로는 ① 북량北涼의 담무참曇無讖(385~433)이 번역한 『보살계본』(『보살지지경菩薩地持經』 권4의 별행본), ② 당唐의 현장玄奘(600~664)이 번역한 『보살계본』, ③ 유송劉宋의 구나발마求那跋摩(367~431)가 번역한 『우바새오계위의경優婆塞五戒威儀經』과 『보살선계경菩薩善戒經』이 있는데, 중계重戒와 경계輕戒 항목 수에 차이가 있다. 대체로 경계輕戒의 항목 수에 대하여 법장法藏의 『범망경보살계본소梵網經菩薩戒本疏』 권7(T40, 634b17~18) "一若依瑜伽, 有四十四種輕戒"; 신라 의적義寂의 『보살계본소菩薩戒本疏』 권上(T40, 670a21) "地持四十四輕戒"라는

같고, [두 번째는] 48가지로 묶은 것이니 『다라계본多羅戒本』[12]에서 판별한 것과 같고, [세 번째는] 246가지의 가벼운 것을 묶은 것이니 『별해탈계경別解脫戒經』[13]에서 정한 것과 같다. 이 가운데 두 번째[인 『다라계본多羅戒本』]에는 공통된 것과 공통되지 않은 것이 있으니, 공통된 것과 공통되지 않은 양상은 글에 의거해서 알 수 있다.[14]

구절을 참고하면 원효 당시에 대체로 『달마계본達磨戒本』 즉 유가계본 중 경계輕戒는 44개라는 것을 알 수 있다. 한편 다라계본과 달마계본이라는 용어에 대하여 원효는 첫째 범망계는 경經(sūtra, 修多羅)에 의거한 것이므로 다라계본이라 하고, 유가계는 논論(abhidharma, 阿毘達摩)에 의거한 것이므로 달마계본이라 했고, 둘째 범망계는 일승교이고 유가계는 삼승교라고 하였다. 다라계본과 달마계본에 대해 자세한 것은 木村宣彰(「多羅戒本と達摩戒本」, 『戒律思想の研究』, 樂寺書店, 1981, pp.479-507)을 참조할 수 있다.

12 다라계본多羅戒本: 『다라계본』은 후진後秦의 구마라집鳩摩羅什(344~413)이 번역한 『범망경梵網經』의 하권 중 「범망경노사나불설보살심지계품梵網經盧舍那佛說菩薩心地戒品」이다. 여기에서는 10종의 중계重戒와 48종의 경계輕戒에 대해 설한다.

13 별해탈계경別解脫戒經: 『별해탈계경』은 곧 5계 · 10계 · 구족계具足戒 등의 『계본戒本』을 설한 것으로 율의계를 의미한다. 이에 대하여 『유가사지론』(T30, 511a16~20)에는 다음과 같이 설한다. "律儀戒者, 謂諸菩薩所受七衆別解脫律儀, 卽是苾芻戒, 苾芻尼戒, 正學戒, 勤策男戒, 勤策女戒, 近事男戒, 近事女戒, 如是七種, 依止在家出家二分. 如應當知, 是名菩薩律儀戒."

14 가벼운 죄 중에서 공통된 것과 공통되지 않은 양상이란 『다라계본多羅戒本』을 중심으로 『달마계본達磨戒本』과 『별해탈계경別解脫戒經』의 공통여부를 따지는 것으로 볼 수 있다. 대승보살계인 『다라계본』과 『달마계본』 중 공통적인 것을 비교한다면 대략 다음과 같다.

『다라계본多羅戒本』	『달마계본達磨戒本』
不敬師友	不敬同法
不教悔罪	不教悔罪, 不諫惡人
不供給請法	不受師教
不往聽法	憍慢不聽法
心背大乘	背大向小
不看病	不看病
謗毀	嫌恨他
僻教	毀聲聞法
爲利倒說	倒說菩薩法

② [범할 때 허물의 무게가] 무거운 계율(重戒)

重戒之中，總說有十，論其類別，亦有三種．或有共小之重，謂前四也，或有不共之重，謂後四也，或立在家菩薩六重，謂十重內在前六也，此中合有共與不共．總判輕重義類如是．

[H1, 581a23~b4; X61, 365a15~b1]

'[범할 때 허물의 무게가] 무거운 계율'(重戒)에는 총괄적으로 말하면 열 가지[15]가 있는데, 그 종류의 차이를 논하면 또한 세 가지가 있다. [세 가지는 다음과 같다.] [첫 번째는] 소승과 공통되는 '[범할 때 허물의 무게가] 무거운 계율'(重戒)이 있으니 [열 가지 가운데] 앞의 네 가지[16]를 말하고, [두 번째

恃勢乞求	貪財物
瞋打報讐	嫌恨他, 不報恩
憍慢不聽法	憍慢不聽法, 輕毀法師
不習學佛	不習學佛 (『유가론』에는 3종이 있음)
邪命	住邪命
不供養經典	不供養三寶
不化衆生	不折伏衆生

『달마계본』은 『유가사지론』 〈본지분(本地分)〉 중 「보살지초지유가처계품菩薩地初持瑜伽處戒品」에 해당하는 계본인데, 여기에는 계의 이름이나 목차가 없다. 여기의 계명戒名은 심재열(2002, 339~403)의 표에 의한 것이다.

15 『범망경』의 10중계重戒는 다음과 같다. ① 살생하지 말라는 계(不殺戒), ② 훔치지 말라는 계(不盜戒), ③ 음행하지 말라는 계(不婬戒), ④ 거짓말하지 말라는 계(不妄語戒), ⑤ 술을 마시거나 팔지 말라는 계(不酤酒戒), ⑥ 재가·출가의 보살 및 비구·비구니의 죄과를 말하지 말라는 계(不說過罪戒), ⑦ 자기를 높이고 타인을 비방하지 말라는 계(不自讚毀他戒), ⑧ 인색하지 말라는 계(不慳戒), ⑨ 화내지 말라는 계(不瞋戒), ⑩ 삼보를 비방하지 말라는 계(不謗三寶戒)이다.(T24, 1004b~ 1005a)

16 앞의 네 가지: 열 가지 중계 중에서 ① 不殺戒, ② 不盜戒, ③ 不婬戒, ④ 不妄語戒로서 소승계와 공통되는 무거운 계이다. 원효의 『범망경』 주석서인 『범망경보살계본사기梵網經菩薩戒本私記』에서도 제1계부터 제4계를 소승계와 공통된다고 밝히고 있다. 하지만 『범망경보살계본사기』는 이어서 제5계와 제7계도 소승계와 공

는] [소승과] 공통되지 않는 '[범할 때 허물의 무게가] 무거운 계율'(重戒)이 있으니 [열 가지 가운데] 뒤의 네 가지[17]를 말하며, [세 번째는] 재가보살의 여섯 가지 '[범할 때 허물의 무게가] 무거운 계율'(重戒)을 세우는 것이니 '[범할 때 허물의 무게가] 무거운 열 가지 계율'(十重戒) 가운데 앞에 있는 여섯 가지[18]를 말하는데 여기에는 [소승과] 공통되는 것[19]과 공통되지 않는 것[20]이 합해져 있다. '[범할 때 허물의 무게가] 가벼운 것과 무거운 것의 종류'(輕重義類)를 총괄적으로 판별하면 이와 같다.

통된다고 밝히고 있어서 약간의 상이점이 발견된다.(H1, 600a18~20; 601b9~10) "以此上四戒者, 大小同學, 七衆共制. 第五酤酒戒, 亦名不酤酒戒. 大小同制.; 第七自讚毁他戒, 亦名爲利讚毁戒. 此戒七衆同制, 大小共學." 이러한 상이점으로 인하여『범망경보살계본사기梵網經菩薩戒本私記』가 원효의 진찬이 아니라는 주장의 논거로 쓰이기도 한다. 그러나 '大小共學'이 대승과 소승이 공통으로 배운다는 의미이지 대소승 모두가 중계로 받아들인다고 볼 수 없다. 따라서 앞의 네 가지만 대소승이 모두 중계로 받아들인다고 해석할 수도 있다. 이와 관련된 논의는 한명숙의 「元曉 梵網經菩薩戒本私記의 진찬여부 논쟁에 대한 연구(1)」(『佛敎硏究』 제42집, 韓國佛敎硏究院, 2015, pp.187-220)에 자세히 논의된 바 있다. ① 不殺戒, ② 不盜戒, ③ 不婬戒, ④ 不妄語戒를 '大小同學'이라 하고, ⑦ 自讚毁他戒를 '大小共學'이라 달리 표현한 것은 그 차이의 의미를 충분히 고려할 필요가 있을 것이다.

17 뒤의 네 가지: 소승계와 공통되지 않는 무거운 계로서 앞의 열 가지 중계 중에서 ⑦ 不自讚毁他戒, ⑧ 不慳戒, ⑨ 不瞋戒, ⑩ 不謗三寶戒로 볼 수 있다. 신엔(眞円)이 저술한『보살계본지범요기조람집菩薩戒本持犯要記助覽集』에서도 이와 같이 제7계부터 제10계라고 밝히고 있다.(日本大藏經21, p.75a) 이를 표로 정리하면 다음과 같다.

『범망경』 10중계	대 · 소승 · 재가보살 공통유무
① 不殺戒, ② 不盜戒, ③ 不婬戒, ④ 不妄語戒	앞의 네 가지 대 · 소승 공통
⑦ 不自讚毁他戒, ⑧ 不慳戒, ⑨ 不瞋戒, ⑩ 不謗三寶戒	뒤의 네 가지 대승 중계重戒
① 不殺戒, ② 不盜戒, ③ 不婬戒, ④ 不妄語戒, ⑤ 不酤酒戒, ⑥ 不說過罪戒	재가보살의 6중계重戒

18 여섯 가지는 ① 不殺戒, ② 不盜戒, ③ 不婬戒, ④ 不妄語戒, ⑤ 不酤酒戒, ⑥ 不說過罪戒이다.

19 공통되는 것은 ① 不殺戒, ② 不盜戒, ③ 不婬戒, ④ 不妄語戒이다.

20 공통되지 않는 것은 ⑤ 不酤酒戒, ⑥ 不說過罪戒이다.

2) [범할 때 허물의] 차이를 밝히는 것(明差別, 別顯)

① [계율을] 범함[이 있음]([有]犯)과 '범함이 없음'(無犯)

若明差別者, 今依達摩戒本, 辨其性相差別. 文言, "於有違犯, 是染非染, 耎中上品, 應當了知." 欲悲雖所作業同, 而犯無犯異. 言有犯者, 謂由四因, 所犯諸事, 無違犯者, 謂由三緣, 所作諸事. 三緣是何, 謂若彼心增上誑[21]亂, 若重苦受之所逼切, 若未曾受淨戒律儀, 此三無犯, 通一切戒. 別論無犯, 如文廣說.

[H1, 581b4~13; X61, 365b1~7]

만약 '[범할 때 허물의] 차이를 밝히는 것'(明差別, 別顯)이라면 이제 『달마계본』에 의해서 그 [허물의] 속성(性)과 특징(相)의 차이를 분간한다. [『유가사지론』의] 글에서는 "'어기고 범함'(違犯)이 있음[과 '어기고 범함'(違犯)이 없음], 오염인 것과 오염이 아닌 것, '낮은 정도'(耎品)·'중간 정도'(中品)·'높은 정도'(上品)[22]에 대해 분명하게 이해해야만 한다"[23]고 하였다. 탐욕(欲)과 연민(悲)은 비록 [그것들에 의거해] 지은 행위(業)가 같을지라도 [계율을] '범함[이 있음]([有]犯)과 '범함이 없음'(無犯)으로 다르다. 범함이 있다고 하는 것은 '네 가지 원인'(四因)[24]으로 말미암아 범한 여러 일들이고,

---

21 '誑'을 갑본에 의거하여 '狂'으로 교감하여 번역한다.

22 하품·중품·상품은 계를 어기고 범하는 정도에 따른 분류이며, 상품이 가장 계를 심하게 범한 경우이다. 연품耎品은 하품下品과 같은 뜻이다.

23 『유가사지론』 제41권에는 '어기고 범함이 있음' 다음에 '어기고 범함이 없음'이 함께 열거되어 있다.(T30, 516a8~9). "於有違犯及無違犯, 是染非染, 軟中上品, 應當了知." 〈산스크리트본의 해당 내용: BoBh., p.160. āpattir api veditavyā. anāpattir api kliṣṭā 'py akliṣṭā 'pi mṛdvī madhyā adhimātrā 'pi.; (이와 같이 보살의 계율에 머무는 보살에게는 계율을) 범하는 것이 있다고 알아야 한다. 범하지 않는 것도, 염오된 것도 염오되지 않은 것도, 하급·중급·상급도 [있다고 알아야 한다.]〉

어기고 범함이 없다는 것은 '세 가지 조건'(三緣)으로 말미암아 지은 여러 일들이다. '세 가지 조건(三緣)'이란 무엇인가 하면, 만약 그 마음이 광란 상태를 키우고 있거나, 심한 고통을 받아 쫓기어 절박하거나, 아직 '온전한 계율'(淨戒)과 '계율에 따르는 행위방식'(律儀)[25]을 받은 적이 없는 것이 그것이니, 이 세 가지[가 조건이 되어 지은 일들]은 [계율을] '범함이 없는 것'(無犯)이며 모든 계율에 적용된다.[26] '범함이 없음'(無犯)[의 경우]를 하나씩 거론하는 것은 [『유가사지론』의] 글에서 자세히 설명한 것과 같다.[27]

於有犯中, 有其二聚. 重內應知耎中上品, 輕中當識是染非染. 通而論之, 四因[28]中, 若由無知, 及由放逸, 所犯衆罪, 是不染污, 若煩惱盛,[29] 及由輕慢, 所犯衆罪, 是其染污. 別論染不染者, 亦依本文可知.

[H1, 581b13~18; X61, 365b7~11]

---

24 네 가지 원인(四因): 『유가사지론』의 「섭사분攝事分」에서는 죄를 범하는 인연으로 네 가지를 말한다. 첫째는 알지 못하기 때문이고, 둘째는 게으르기 때문이고, 셋째는 번뇌가 치성하기 때문이고, 넷째는 타인을 경멸하거나 경시하는 것 때문이다. "犯所犯罪, 又彼略由四因緣故. 犯所犯罪, 一無知故, 二放逸故, 三煩惱盛故, 四輕慢故."(T30, 870a11~12).

25 율의律儀: 율의는 팔리어 'saṃvara'에서 유래한 말로 계戒를 받고 몸과 말과 생각으로 짓는 허물이나 악을 방지하고 선행을 행한다는 뜻이다.

26 '세 가지 연'(三緣)에 대한 설명은 『유가사지론』 권41의 구절을 인용한 것이다. "一切處無違犯者, 謂若彼心增上狂亂, 若重苦受之所逼切, 若未曾受淨戒律儀, 當知一切皆無違."(T30, 521a9~11) 〈산스크리트본의 해당 내용: BoBh. p.180. sarvatra cānāpattir adhikacittakṣepato; [다음의] 모든 경우에는 [계율을] 범하지 않는 것이라고 [알아야 한다.] ① 마음이 매우 산란하기 때문인 경우, ….〉

27 글이라고 한 것은 『유가사지론』 권41의 「보살지초지유가처계품菩薩地初持瑜伽處戒品」을 지칭한다.

28 저본과 갑본의 주석에 "고본에는 '因'이 '因之'로 되어 있다"라고 하였지만, 본고에서는 원문대로 '因'으로 해석한다.

29 '煩惱盛'에 '由'가 빠진 것으로 보인다. '由煩惱盛'으로 교감하여 번역한다.

'범함이 있음' 중에는 두 가지 부류가 있다. [범할 때 허물의 무게가] 무거운 것에서는 '낮은 정도'(耎品) · '중간 정도'(中品) · '높은 정도'(上品)[의 구분]을 알아야 하고, [범할 때 허물의 무게가] 가벼운 것에서는 오염인 것과 오염이 아닌 것[의 구분]을 식별해야만 한다. 통틀어서 논하면, '네 가지 원인'(四因) 가운데 만약 '알지 못함'(無知)이나 게으름으로 말미암아서 지은 갖가지 죄업들이라면 오염된 것이 아니고, 만약 번뇌가 왕성하거나 '남을 경멸하는 오만'(輕慢)으로 말미암아 지은 갖가지 죄업들이라면 오염된 것이다. '오염'과 '오염되지 않음'[의 경우]를 개별적으로 거론하는 것도 [『유가사지론』의] 본문에 의거하여 알 수 있다.

② 첫 번째 계율(初戒)[30]에 의거하여 그 특징(相)을 나타냄

凡說雖然, 一二論者, 且就初戒, 以示其相. 於一讚毁, 有四差別. 若爲令彼赴[31]信心故, 自讚毁他, 是福非犯. 若由放逸無記心故, 自讚毁他, 是犯非染. 若於他人, 有愛恚心, 自讚毁他, 是染非重. 若爲貪求利養恭敬, 自讚毁他, 是重非輕.

[H1, 581b18~24; X61, 365b11~15]

['범함이 있음'(有犯)에 대해] 일반적으로 말한다면 그러하지만, 한두 가지씩 [구체적으로] 거론하는 것이라면 우선 [범하면 허물이 특히 무거운 네 가지 계율 가운데] '첫 번째 계율'(初戒)에 의거하여 그 특징(相)을 나타내어 본다. [범하면 허물이 무거운 네 가지 계율 가운데] 첫 번째인 '[자기를] 칭찬하고

30 초계初戒: '처음의 계'(初戒)란 『달마계본』에서 네 가지 무거운 죄 중에 첫 번째인 '자기를 칭찬하고 남을 헐뜯음[自讚毁他]'을 뜻한다. 『유가사지론』 권40 "如是菩薩住戒律儀, 有其四種他勝處法, 何等爲四, 若諸菩薩爲欲貪求利養恭敬, 自讚毁他, 是名第一他勝處法."(T30, 515b21~23)

31 '赴'를 갑본에 의거하여 '起'로 교감하여 번역한다.

[남을] 비난하는 것'([自]讚毁[他])에는 네 가지 구별이 있다. [첫째로] 만약 타인으로 하여금 [진리의 가르침에 대해] '믿는 마음'(信心)을 일으키기 위하여 '자기를 칭찬하고 남을 비난한다면'(自讚毁他) 이것은 '이로움을 만드는 것'(福)이지 [계율을] 범한 것이 아니다. [둘째로] 만약 '방일하여 [이로움과 해로움을] 판단하지 않는 마음'(放逸無記心)으로 말미암아 '자기를 칭찬하고 남을 비난한다면'(自讚毁他), 이것은 [계율은] 범한 것이지만 [번뇌에] 오염된 것은 아니다. [셋째로] 만약 다른 사람에 대해 애증의 마음이 있어서 '자기를 칭찬하고 남을 비난한다면'(自讚毁他) 이것은 [번뇌에] 오염된 것이지만 [허물의 정도가] 무거운 것은 아니다. [넷째로] 만약 이익과 공경을 탐하여 구하려고 '자기를 칭찬하고 남을 비난한다면'(自讚毁他) 이것은 [허물의 정도가] 무거운 것이지 가벼운 것이 아니다.

第四之中, 有其三品, 成三之由, 亦有二途, 謂由事故, 及由纏故. 由纏故者, 若纏現行, 非極猛利, 或發慚愧, 是爲耎品. 雖極猛利, 無慚無愧, 未見爲德, 猶在中品. 都無慚愧, 深生愛樂, 見是功德, 是名上品. 由事故者, 若毁別人, 是爲耎品, 若毁一衆, 卽是中品, 普毁衆多, 乃爲上品. 上品之內, 罪非一端, 隨其難別, 略示三雙. 佛法內人, 多依三學, 起似佛道之魔事故, 猶如師子身內之虫, 乃食師子, 餘無能故.

[H1, 581b24~c11; X61, 365b15~336a5]

[이익과 공경을 탐하여 구하려고 '자기를 칭찬하고 남을 비난하는'] 네 번째에도 세 종류(三品)가 있는데, 세 종류를 이루는 이유에는 또한 두 가지 방식이 있으니 일(事)에서 말미암은 것과 번뇌(纏)에서 말미암은 것이 그것이다. 번뇌(纏)에서 말미암은 것이란 [다음과 같은 것이다.] 만약 번뇌(纏)가 현재 작용하더라도 매우 맹렬하거나 날카롭지 않고 간혹 '자신을 뉘우치고 타인에 대해 부끄러워하는 마음'(慚愧)[32]을 일으킨다면, 이것은 [허물의 수준이] '낮은 정도'(耎品)가 된다. [그리고 번뇌의 작용이] 비록 매우

맹렬하고 날카로우며 '자신을 뉘우침'(慚)과 '타인에 대해 부끄러워함'(愧)이 없지만 아직 [이런 번뇌작용을] '이로운 능력'(德)으로 보지 않는다면 [허물의 수준이] '중간 정도'(中品)에 있게 된다. [또한] '자신을 뉘우치고 타인에 대해 부끄러워하는 마음'(慚愧)이 전혀 없고 [마음 속] 깊이 [번뇌에] 애착하여 즐기는 마음을 일으키면서 이것을 '이로운 능력'(德)으로 본다면, 이것은 [허물의 수준이] '높은 정도'(上品)라고 부른다.

일(事)에서 말미암은 것이란, 만약 개인을 비난하면 [허물의 수준이] '낮은 정도'(耎品)가 되고 한 무리를 비난하면 [허물의 수준이] '중간 정도'(中品)이며 널리 많은 이들을 비난하여 헐뜯으면 [허물의 수준이] '높은 정도'(上品)가 된다.

[허물의 수준이] '높은 정도'(上品) 안에서도 죄업은 한 가지가 아니어서 그것을 따라가며 [일일이] 구분하기가 어렵지만 간략히 세 쌍을 제시하겠다. 부처님 가르침 안에 있는 사람이 흔히 '세 가지 수행'(三學)[33]에 의지하다가도 '부처가 되는 길'(佛道)을 '방해하는 일'(魔事) 같은 것들을 일으키기 때문이니, 마치 사자 몸 안의 벌레라야 사자를 먹어 치우지 [사자 몸 밖의] 다른 것들은 [그렇게] 할 수 없는 것과 같다.[34]

---

32 참괴慚愧: 참괴는 자신을 뉘우치고 타인에 대해 부끄러워하는 마음이다.

33 삼학三學: 삼학(tisrah-śiksā)은 행위와 마음과 이해라는 세 범주에서 해탈로 나아가는 수행으로 해탈의 삶을 구현할 수 있다. 행위범주에서 향상해 가는 수행인 계학戒學, 마음범주에서 향상해 가는 수행인 정학定學, 이해범주에서 향상해 가는 수행인 혜학慧學으로 이루어진다. 행위와 마음과 이해의 향상이 상호 결합하고 상호 지지하면서 해탈지평으로 나아간다.

34 이 사자 비유는 『범망경』 2권에 나온다.(T24, 1009b14~17) "若佛子! 以好心出家, 而爲名聞利養, 於國王百官前說七佛戒, 橫與比丘比丘尼菩薩弟子作繫縛事, 如師子身中蟲自食師子肉, 非外道天魔能破." 사자를 잡아먹는 벌레는 사자 몸에 사는 벌레이지 사자 외부의 것들이 아니라는 것이다. 즉 불법을 망치는 것은 불법을 신봉하는 불제자에 의한 것이라는 비유이다. 이와 비슷한 내용이 『법구경』에는 사자가 아닌 철鐵로 비유하고 있다. 즉 사자 몸속의 벌레가 사자를 먹듯이 철에 생겨난 녹이 철을 먹는다는 것이다.(T26, 37a8) "如鐵自生垢〔銹〕, 生已自蝕鐵, 惡業者亦然, 自業

第一雙者, 依於心學, 有二類虫, 食滅佛法. 一由貪故, 二由慢故. 由貪故者, 如有一類, 閑居靜慮,[35] 離諸散亂, 攝心禪門, 由心澄靜, 髣髴有見, 或由邪神加力令識. 于時由自少聞, 不別邪正, 又欲引致名利恭敬, 隨所見識, 令他聞知, 耀諸世人, 咸疑是聖. 此由獨揚似聖之迹, 普抑諸僧, 爲無可歸, 以破佛法, 故得重罪, 是謂諸僧之大賊也.

[H1, 581c11~20; X61, 366a5~11]

첫째 쌍은 '마음 수행'(心學, 定學)에 의한 것이니, 두 종류의 벌레가 있어서 '부처님 가르침'(佛法)을 먹어 치운다. 첫째는 '탐욕에서 말미암은 것'(由貪故)이고, 둘째는 '교만에서 말미암은 것'(由慢故)이다. '탐욕에서 말미암은 것'(由貪故)이라는 것은 [다음과 같은 것이다.] 어떤 수행자는 고요한 곳에 한가히 머물며 모든 '산란한 마음'(散亂)에서 벗어나 마음을 '선 수행 측면'(禪門)에 두어 마음이 '맑고 고요해지기'(澄靜) 때문에 [어떤 경지를] 봄(見)이 있는 듯하며, 혹은 삿된 귀신이 힘을 보태어 [어떤 경지를] 알게 한다. 이때에 [그 '마음 수행'(心學, 定學)하는 사람이] 스스로 배

導惡趣." 한편 벌레와 관련된 이야기는 이 시에 관련된 법구경 인연담에 비슷한 내용이 있다. 즉 한 장로長老 비구 띳사가 자신의 훌륭한 법복에 애착심이 생겨 죽은 뒤 그 법복 속에 벼룩으로 태어났다. 여러 비구가 그 법복을 나눠 가지려고 하자 벼룩이 소리를 질렀고, 부처님께서 그 소리를 듣고 일주일 간 그 법복을 그냥 두라고 하셨다. 일주일 뒤 그 벼룩은 만족스럽게 생을 마감하고는 도솔천에 태어났다고 한다. 띳사 장노 비구는 그 법복에 대한 애착으로 말미암아 생전의 수행 공덕이 사라져 버렸고, 결국 벼룩으로 태어난 것이다. 부처님은 이에 대하여 다음과 같이 말씀하셨다. "갈애라는 것은 세상의 뭇삶들에게 가혹한 것이다. 쇠에서 나온 녹이 쇠를 갉아먹고 썩게 만들고 쓸모없게 만들 듯, 갈애라고 하는 것은 이 세상의 뭇 삶들에게서 나와 뭇 삶들을 지옥에 태어나게 하고 망쳐 버린다."(DhpA. Ⅲ. pp.341~344-전재성 역주, 『법구경-담마파다』, 한국빠알리성전협회, 2008, p.576)

35 '慮'를 갑본에 의거하여 '處'로 교감하여 번역한다.

운 것이 적기 때문에 삿됨과 바름을 구별하지 못하고, 또 명예 · 이익 · 공경을 끌어들이고자 하여, 보거나 알게 된 것에 따라 다른 사람들로 하여금 [그것을] 듣고 알게 하면서 세상 사람들이 다 알게 하니, 모두들 [그가] 성인이 아닌가 여긴다. 이것은 성인과 비슷한 행적을 혼자 떨쳐 [다른] 모든 수행자들을 널리 억눌러서 [진정] 귀의할 수 있는 것을 없애어 '부처님 가르침'(佛法)을 깨뜨리기 때문에 '[허물이] 무거운 죄업'(重罪)을 얻게 되니, 이것을 모든 수행자의 큰 도적이라고 일컫는다.

由慢故者, 如有一類, 長住深山, 有所得心, 修寂靜業, 魔知彼心可以動壞, 發空中聲, 讚其所行. 其人由是, 起自高心, 普抑諸僧, '住人間者, 誰當稱美爾等所行?' 此人罪過重於前者, 是謂菩薩旃陀羅也.

[H1, 581c20~582a5; X61, 366a8~15]

'교만에서 말미암은 것'(由慢故)이라는 것은 [다음과 같은 것이다.] 어떤 수행자는 깊은 산에 오래 머무르며 '얻은 것이 있다는 마음'(有所得心)으로 '고요한 행위'(寂靜業)를 익히니, [수행을 방해하는] 마귀魔鬼가 그의 마음을 동요시켜 망가뜨릴 수 있음을 알고서 '공중에서 나는 소리'(空中聲)를 내어 그가 행한 일을 찬탄한다. 그 사람은 이로 말미암아 '스스로 높다고 여기는 마음'(自高心)[36]을 일으켜 [다른] 모든 수행자들을 널리 억누르며 "인간 세상에 머무르는 자들 가운데 누가 마땅히 너희들이 행하는 것을 칭찬하고 찬미하겠는가?"라고 한다. 이 사람의 죄업과 허물은 [탐욕에서 말미암은] 앞의 것보다 무거우니, 이것을 '보살이라 할 수 없는 사

36 '스스로 높다고 여기는 마음'(自高心): 자만하는 마음으로 스스로 자신이 높고 대단하다고 여기며 타인을 경시하는 마음이다. 『대보적경大寶積經』 권107의 "彼諸天子傲慢自高心無恭敬, 爾時菩薩作如是念, 彼諸天子有是慢心, 以慢心故長夜墮在三惡道中"(T11, 600c19~21)이나 『십주비바사론十住毘婆沙論』 권4의 "慢心者, 自高其心"(T26, 36b26) 등을 참고할 수 있다.

람'(菩薩旃陀羅)[37]이라 부른다.

第二雙者, 依於戒學, 有二類虫, 食滅佛法. 一坐邪戒, 二坐正戒. 坐邪戒者, 如有一類, 生[38]非質直, 或承邪戒, 或自邪念, 不衣絲麻, 不食五穀, 變[39]欲貪求利養恭敬. 自揚無比, 誑諸癡類, 希望群愚咸仰己德, 普抑一切無異迹者. 由是內以傷眞, 外以亂人, 傷亂之罪, 莫是爲先也.

[H1, 582a5~12; X61, 366a15~b2]

두 번째 쌍은 '계율 수행'(戒學)에 의거하여 ['자기를 칭찬하고 남을 비난하는 허물'(自讚毁他罪)을 일으키는 것]이니, 두 종류의 벌레가 있어서 '부처님 가르침'(佛法)을 먹어 치운다. 첫 번째 [벌레]는 '잘못된 계율'(邪戒) 위에 앉아 있고, 두 번째 [벌레]는 '바른 계율'(正戒) 위에 앉아 있다. '잘못된 계율'(邪戒) 위에 앉아 있다는 것은 [다음과 같은 것이다.] 어떤 부류의 사람은 성품이 진실하거나 올곧지 않아 '잘못된 계율'(邪戒)을 받들거나 스스로 잘못 생각하여 비단옷과 삼베옷을 입지 않고 오곡五穀[40]을 먹지 않지만, 도리어 이익과 공양과 공경을 탐하여 구하고자 한다. [그리고는] 자신을 찬양하여 [자기와] 견줄 사람은 없다고 하면서 모든 어리석은 사람들을 속여서 어리석은 무리들이 모두 자기의 덕을 우러르기를 희망하고, [자기처럼] 남다른 행적이 없는 자들을 모두 억누른다. 이로 인해 안으로는 참됨을 상하게 하고, 밖으로는 사람들을 혼란하게 하니, 상하게 하고 혼란하게 하는 죄가 이보다 앞서는 것은 없다.

---

37 전다라旃陀羅(candāla): 전다라는 인도의 카스트 제도에서 최하위 계급이다. 여기에서 '보살전다라'는 보살이라 할 수 없는 보살을 가리킨다.

38 '生'을 갑본에 의거하여 '性'으로 교감하여 번역한다.

39 '變'을 갑본에 의거하여 '反'으로 교감하여 번역한다.

40 오곡五穀: 오곡은 다섯 가지 중요한 곡식, 즉 쌀 · 보리 · 조 · 콩 · 기장이나 또는 곡식을 통틀어 일컫는 말이다.

坐正戒者, 如有一類, 性是淺近, 於世大運, 多慢[41]緩時, 獨正其身, 威儀無缺, 便起自高湋池[42]之心, 慢毁乘急戒緩之衆. 此人全其不[43]善, 以毁大禁, 轉福爲禍, 莫斯爲甚也.

[H1, 582a12~17; X61, 366b2~5]

'바른 계율'(正戒) 위에 앉아 있다는 것은 [다음과 같은 것이다.] 어떤 부류의 사람들은 성품이 천박하여, 세상의 '큰 흐름'(大運)에 [윤리적] 게으름이 가득할 때 홀로 그 몸을 단정하게 하고 행동거지(威儀)에 결함이 없게 하고는 곧 '자신을 높이고 남을 업신여기는 마음'(自高陵他之心)을 일으켜서, '이치를 탐구하는 데는 적극적이고 계율을 지키는 데는 소극적인'(乘急戒緩)[44] 무리를 오만하게 비난한다. 이 사람은 작은 선善을 전

41 '慢'이 갑본에는 '漫'으로 되어 있으나 저본에 따라 '慢'으로 번역한다.

42 '湋池'를 갑본에 의거하여 '陵他'로 교감하여 번역한다.

43 '不'을 갑본에 의거하여 '小'로 교감하여 번역한다.

44 승급계완乘急戒緩: 승급계완은 계승사구戒乘四句 중 하나이다. 계승사구를 구분하면 다음과 같다. ① 계승구급戒乘俱急: 계율을 지키는 데도 적극적이고, 가르침을 배우고 익히는 데도 적극적임, ② 계완승급戒緩乘急: 계율을 지키는 데는 소극적이고, 가르침을 배우고 익히는 데는 적극적임, ③ 계급승완戒急乘緩: 계율을 지키는 데는 적극적이고, 가르침을 배우고 익히는 데는 소극적임, ④ 계승구완戒乘俱緩: 계율을 지키는 데도 소극적이고, 가르침을 배우고 익히는 데도 소극적임. 이는 『마하지관摩訶止觀』 권4에서 구분한 것이다. 이 중 승급계완乘急戒緩에 대한 설명은 다음과 같다. "二戒緩乘急者, 是人德薄垢重煩惱所使, 是諸事戒, 皆爲羅刹毁食. 專守理戒觀行相續, 如上覺意六蔽中用心, 央掘示爲其相, 以事戒緩命終故, 墮三惡道受於罪報 … 是故佛說漸頓諸經, 龍鬼畜獸悉來會坐, 卽是其事, 破事戒故受三惡身, 持理觀故見佛得道. 大經云, 於戒緩者不名爲緩, 於乘緩者乃名爲緩, 正是此一句也." (T46, 39a24~b9) 이를 참고하면 승급계완의 무리는 마치 앙굴리말라와 같이 무수한 살인으로 삼악도에 떨어지지만 이계理戒를 오롯이 지키고 관행觀行을 쉼 없이 이어 가는 무리와 같다. 『대반열반경』의 원문 또한 이와 관련된 것으로 비록 보살이 파계破戒를 할지라도 본계本戒를 잃지 않고 참회하면 청정해진다고 하였다. 『대반열반경大般涅槃經(40권본)』 권6(T12, 400c15~28). "迦葉菩薩白佛言, 世尊,

부라고 여겨 '범하지 말아야 할 큰 계율'(大禁)을 훼손한 것이니, 복福을 바꾸어 화禍로 만드는 것이 이것보다 심한 것은 없다.

問. 邪戒之罪, 應如所說, 持正戒者, 何必是罪? 所以然者, 如有一類, 內無諸纏, 不觀餘人作與不作, 唯察自心, 獨持正戒, 如是菩薩, 何由成犯?

答. 若無染心, 不在前說, 而於此人, 亦當分別. 若由獨淨, 令諸世人普於諸僧, 謂非福田, 利養尊重偏歸於己者, 雖順聲聞自度心戒, 而逆菩薩廣大心戒. 如似聲聞無常等觀, 雖於淺事, 是無顚倒, 而於法身, 卽是顚倒, 當知此中順逆亦爾. 若由獨淨, 令諸世間未信者,[45] 信者增長, 普於諸僧, 平等供養者, 非直無犯, 乃生多福. 然由獨淨, 居雜染間, 以此望得不抑染衆, 又欲令他生等敬心者, 猶如頭戴日月而行, 而欲不却其暗者矣. 自非知機大聖, 尠能得其然也. 以是之故, 古之大賢, 誡其子云, "愼莫爲善." 其子對曰, "當爲惡乎?" 親言, "善尙莫爲, 況爲惡乎?"

[H1, 582a17~b11; X61, 366b5~18]

질문한다. '잘못된 계율'(邪戒)의 허물(罪)은 말한 것과 같을 것이지만 '바른 계율'(正戒)을 지니는 것을 어떻게 반드시 허물(罪)이라고 하는가?

如是等菩薩摩訶薩, 於戒極緩, 本所受戒爲具在不? 佛言, 善男子! 汝今不應作如是說. 何以故? 本所受戒, 如本不失, 設有所犯, 卽應懺悔, 悔已清淨. 善男子! 如故堤塘, 穿穴有孔, 水則淋漏. 何以故? 無人治故. 若有人治, 水則不出. 菩薩亦爾, 雖與破戒共作布薩, 受戒自恣, 同其僧事. 所有戒律, 不如堤塘穿穴淋漏. 何以故? 若無清淨持戒之人, 僧則損減, 慢緩懈怠日有增長. 若有清淨持戒之人, 卽能具足不失本戒. 善男子! 於乘緩者乃名爲緩, 於戒緩者不名爲緩. 薩摩訶薩於此大乘, 心不懈慢, 是名本戒. 爲護正法, 以大乘水, 而自澡浴, 是故菩薩雖現破戒不名爲緩."

45 '者'를 갑본에 의거하여 '者信'으로 교감하여 번역한다.

왜냐하면, 만약 내면에 온갖 번뇌가 없는 어떤 사람이 있어 다른 사람들이 [계율을] 지키는 것과 지키지 않는 것을 보지 않고 오직 자신의 마음만을 살펴서 홀로 바른 계율을 지닌다면, 이와 같은 보살은 어떤 이유로 [계율을] 범하는 것이 되는가?

대답한다. 만약 [번뇌에] 오염된 마음이 없다면 ['잘못된 계율'(邪戒)에 의거하여 짓는 허물인] 앞에서 말한 것에는 해당되지 않지만, 이 사람에 대해서도 [허물을] 따져 보아야만 한다. 만약 [계율을 지키는] 홀로의 청정을 이유로 삼아 모든 세상 사람들로 하여금 널리 [다른] 모든 수행자들에 대해서는 '복[이 자라는] 밭'(福田)이 아니라고 말하게 하고 이익과 공양과 존중을 오직 자기에게만 돌아오게 하는 사람이라면, 비록 [소승小乘인] '가르침을 들어서 혼자 깨달으려는 수행자'(聲聞)의 '자신을 [고통에서] 건너가게 하는 마음계율'(自度心戒)은 따르지만 [대승大乘] 보살의 '넓고 큰 마음계율'(廣大心戒)은 거스르는 것이다. 마치 '가르침을 들어서 혼자 깨달으려는 수행자'(聲聞)의 '변하지 않는 것은 없음'(無常) 등을 관찰하는 수행(觀)과 같은 것은 비록 [깊이가] 얕은 일에는 '[진실과는] 거꾸로 됨'(顚倒)이 없지만 '진리 몸'(法身)[을 거론하는 수준]에는 곧 '[진실과는] 거꾸로 됨'(顚倒)이니, 여기서 말하는 [계율을] '따르는 것과 어기는 것'(順逆)도 그러함을 알아야 한다.

만약 [계율을 지키는] 자기 청정에 의거하여 아직 [부처님 가르침을] 믿지 않는 모든 세간 사람으로 하여금 믿게 하고, 믿는 사람은 [그 믿음을] 더욱 키워 주며, 널리 모든 수행자들에 대해 평등하게 공양하게 하는 사람이라면, 다만 [계율을] 범한 것이 없을 뿐만 아니라 많은 복福을 일으키는 것이다. 그런데 [계율을 지키는] 자기 청정에 의거하여 '갖가지로 오염된 세간'(雜染間)에 머물면서도 이 ['자기가 청정하다는 것'(獨淨)]을 이유로 삼아 오염된 중생을 억누르지 않기를 바라고, 또 다른 중생으로 하여금 [수행자들에 대해] '평등하게 공경하는 마음'(等敬心)을 내게 하려는 사람이라면, 마치 머리에 해와 달을 이고 다니면서도 그 어두움을 없애지 않으려고 하는 것과 같다. 스스로 '[진리의] 기미를 아는 큰 성인'(知機大聖)이 아니고는 그렇게 할 수 있기가 드물다. 이러한 까닭에 옛날의 '큰 현인'(大賢)이 자신의 아들을 깨우쳐 주면서 [이렇게] 말했다. "선善을 행하려 하지 말아라." 그 아들이 "그렇다면 악惡을 행해야 합니까?"라고 대답하자, 아버지는 "선善도 행하지 말아야 하거늘 하물며 악惡을 행하겠느냐?"라고 말하였다.[46]

第三雙者, 依於慧學, 亦有二輩自讚毁他. 一由增益, 二由損減. 由增益者, 如有一類, 性是斜聽,[47] 爲勝他故, 廣習諸論, 不解諸法皆離言說, 執有如言自性差別. 爲得名利, 作如是言. "我得三世諸佛意說. 若異此者, 皆是漫說."

[H1, 582b11~17; X61, 366b18~367a4]

셋째 쌍은 '지혜 수행'(慧學)에 의거하여 ['자기를 칭찬하고 남을 비난하는 허물'(自讚毁他罪)를 일으키는 것]으로, 또한 두 종류의 '자기를 칭찬하고 남을 비난함'(自讚毁他)이 있다. 첫째는 '[잘못된 이해에 대한 아만을] 키워 가는 것'(增益)에서 말미암은 것이고, 둘째는 '[진실을] 없애 가는 것'(損減)에서 말미암은 것이다. '[잘못된 이해에 대한 아만을] 키워 가는 것'(增益)에서 말미암은 것이란 [다음과 같은 것이다.] 어떤 부류의 사람은 성품이 삿되게 총명하여 다른 사람들을 이기고자 여러 이론을 널리 익히지만, '모든 것[의 본연]은 다 언어적 설명에서 벗어나 있다'(諸法皆離言說)는 것을 이해하지 못하여 [모든 것에는] '언어와 같은 본질적 차이'(如言自性差別)가

46 후대 중국 선종禪宗의 '불사선불사악不思善不思惡'(『六祖大師法寶壇經』, T48, 349b24) 또는 '一切善惡都莫思量'(『頓悟入道要門論』, X63, 19c13~14)을 떠올리게 한다.

47 '斜聽'을 갑본에 의거하여 '邪聰'으로 교감하여 번역한다.

있다고 집착한다. [그리고는] 명예와 이익을 얻고자 이와 같이 말한다. "나는 과거 · 현재 · 미래 모든 부처님의 뜻이 담긴 설명을 얻었다. 만약 이 [나의 설명]과 다른 것이면 모두 잘못된 설명이다."

此人於一讚毁, 具四顚倒, 以亂佛法, 故成重罪. 謂其妄執有所得見, 去佛意遠, 如天與地, 而謂"我近佛意", 是一倒也. 佛意甚深, 絶諸戲論, 於一切法, 都無所得, 而引同己妄見, 是二倒也. 揚此二倒之見, 加於四部之上, 是三倒也. 抑諸離邊說者, 置其偏執之下, 是四倒也.

[H1, 582b17~24; X61, 367a4~9]

이 사람은 하나의 '[자기를] 칭찬하고 [남을] 비난함'([自]讚毁[他])에서 네 가지 '[진실과는] 거꾸로 됨'(顚倒)을 갖추어서 '부처님 가르침'(佛法)을 어지럽히기 때문에 '[허물이] 무거운 죄업'(重罪)을 이룬다. 말하자면 [다음과 같은 것이다.] 그는 '얻은 것이 있다는 견해'(有所得見)에 잘못 집착하여 '부처님의 뜻'(佛意)과는 멀어지는 것이 마치 하늘과 땅[의 차이와도] 같지만 "나[의 설명]은 부처님의 뜻에 가깝다"고 말하니, 이것이 '첫 번째 거꾸로 됨'(一倒)이다. [그리고] '부처님의 뜻'(佛意)은 매우 깊어서 모든 '잘못된 분별망상'(戲論)을 끊어 모든 것에서 도무지 얻을 것이 없지만 [그는 부처님 뜻을] 끌어다 자기의 잘못된 견해와 같게 만드니, 이것이 '두 번째 거꾸로 됨'(二倒)이다. [또] 이 '두 가지 거꾸로 된 견해'(二倒之見)를 드높이어 사부대중에 확산시키니, 이것이 '세 번째 거꾸로 됨'(三倒)이다. [그리고] 모든 '치우침에서 벗어나 설명한 것'(離邊說者)을 억눌러 그의 '치우친 집착'(偏執) 아래에 두니, 이것이 '네 번째 거꾸로 됨'(四倒)이다.

由損減者, 如有一類, 稟性狹劣, 不近善友, 不廣學問, 偏習一分甚深經論, 不解密意, 如言取義, 誹撥諸法依他道理, 起如是見, 作如是言. "三性三諦, 但是敎門, 無所有中, 施設假名. 如是解者, 乃爲眞實,異此說者, 皆是戲論."

[H1, 582b24~c6; X61, 367a9~14]

'[진실을] 없애 가는 것'(損減)에서 말미암은 것이란 [다음과 같은 것이다.] 어떤 부류의 사람은 타고난 품성이 편협하고 저열하여 '이로운 벗'(善友)을 가까이하지 않고 학문을 넓히지 않으며, 일부 심오한 '경전과 논서'(經論)만을 치우쳐서 익히지만 '깊은 뜻'(密意)을 이해하지 못하고 '말대로만 뜻을 취하면서'(如言取義) '모든 현상은 다른 것에 의존하[여 성립한다]는 도리'(諸法依他道理)를 비방하고 없애니, 이와 같은 견해를 일으키고는 다음과 같이 말한다.

"[변계소집성遍計所執性·의타기성依他起性·원성실성圓成實性, 이] '세 면모'(三性)[48]와 ['있다는 관점'(有諦)·'없다는 관점'(無諦)·'중도인 궁극적 관점'(中道第

48 삼성三性: 인도 유식학파에서 말하는 변계소집성遍計所執性(分別性)·의타기성依他起性·원성실성圓成實性(眞實性)을 말한다. 근본무지의 망상에 의해 분별된 면모인 변계소집성遍計所執性, 다른 것에 의존하는 면모인 의타기성依他起性, 참됨이 완전하게 이루어진 면모인 원성실성圓成實性이라는 삼성三性의 있음(有)에 대해 이 삼성三性의 공의空義를 ① 상무성相無性(lakṣaṇa-niḥsvabhāvatā), ② 생무성生無性(utpatti-niḥsvabhāvatā), ③ 승의무성勝義無性(paramārtha-niḥsvabhāvatā)으로 설한다. 변계소집성은 망념으로 두루 분별하고 거기에 집착하는 것이고, 의타기성은 다른 것에 의존하여 발생하는 것이며, 원성실성은 참됨이 완전하게 이루어진 면모인데, 이 세 가지 모두 불변·독자의 본질이 없다는 것이다. 삼무자성三無自性이라고도 하는데, 현상의 '본연의 면모'(性)를 세 가지 측면에서 밝힌 것이다. 변계소집성(分別性)·의타기성·원성실성(眞實性)이라는 삼성三性에 대해서는 유식학파의 근본경전인 『해심밀경解深密經』 권2의 제4 「일체법상품一切法相品」에서 다음과 같이 서술하고 있다. "謂諸法相略有三種, 何等爲三? 一者, 遍計所執相; 二者, 依他起相; 三者, 圓成實相. 云何諸法遍計所執相? 謂一切法名假安立自性差別, 乃至爲令隨起言說. 云何諸法依他起相? 謂一切法緣生自性, 則此有故彼有, 此生故彼生, 謂無明緣行, 乃至招集純大苦蘊. 云何諸法圓成實相? 謂一切法平等眞如. 於此眞如, 諸菩薩衆勇猛精進爲因緣故, 如理作意, 無倒思惟爲因緣故, 乃能通達. 於此通達, 漸漸修集, 乃至無上正等菩提方證圓滿."(T16, 693a16~25) 삼무성에 대한 이해는

一義諦), 이] '세 가지 관점'(三諦)은 단지 '가르침의 방식'(敎門)일 뿐이며, [실체로서] 있는 것이 없는 가운데 '임시방편인 명칭'(假名)을 세운 것이다. 이와 같이 이해하는 것은 진실이 되고, 이 설명과 다른 것은 모두 '잘못된 분별망상'(戱論)이다."

由是, 獨特[49]自見, 不受他言. 設遇鈍根少聞之人, 墮其所破, 從其所言者, 卽云"此人神明正直." 若值聰明解文義者, 巧能立義, 不墮其破

『해심밀경』 권2의 제5「무자성상품無自性相品」에서 제시되고 있는데, 곧 변계소집성(分別性)·의타기성·원성실성(眞實性) 세 가지에 순서대로 상무자성相無自性, 생무자성生無自性, 승의무자성勝義無自性을 대입하여 모두 각자의 본질이 없다는 뜻을 설명하고 있다. 이러한 관점은『유가사지론』권13(T30, 345c1~c3), 『성유식론成唯識論』권9(T31, 48a9~15),『현양성교론』권16(T31, 557b17~23), 『대승아비달마집론大乘阿毘達磨集論』권6(T31, 687c29~ 688a4)으로 계승되고 있다.『성유식론』권9에서 삼무성三無性에 관해 설명하는 내용은 다음과 같다. "云何依此而立彼三? 謂依此初遍計所執, 立相無性. 由此體相畢竟非有, 如空華故. 依次依他, 立生無性. 此如幻事, 託衆緣生. 無如妄執, 自然性故. 假說無性, 非性全無. 依後圓成實, 立勝義無性. 謂卽勝義, 由遠離前遍計所執我法性故. 假說無性, 非性全無. 如太虛空雖遍衆色, 而是衆色無性所顯."(T31, 48a9~16) 이에 따르면 먼저 상무성은 변계소집성에 의거해 성립하는데, 변계소집성의 체상體相이 필경 실체로서의 있음(有)이 아닌 것이 마치 공화空華와 같기 때문이다. 다음으로 생무성은 의타기성에 의거하여 성립하는데, 의타기성은 환사幻事와 같이 중연衆緣에 의탁하여 생겨나는 것이어서 마치 망집妄執에 자연성自然性이 없는 것과 같기 때문이다. 그런데 의타기성은 '실체가 없는 것'(無性)이라고 '언어를 빌려 말하지만'(假說), 그렇다고 아무것도 없는 전무全無는 아니다. 마지막으로 승의무성은 원성실성에 의거하여 성립하는데, 승의勝義라는 것은 앞의 변계소집성으로서의 아성我性과 법성法性에서 멀리 벗어난 것이기 때문이다. 그런데 원성실성도 '실체가 없는 것'(無性)이라고 '언어를 빌려 말하지만'(假說), 그렇다고 아무것도 없는 전무全無는 아니다. 마치 크나큰 허공虛空이 비록 모든 '유형적인 것들'(色)에 두루 펼쳐져 있지만 이 모든 '유형적인 것들'(色)에 나타나는 허공의 실체는 없는 것과 같다. 이러한 설명에 따르면, 3무성은 3성의 뜻이 무자성에 있고 동시에 그 무자성無自性의 뜻이 단견斷見에 떨어지는 것도 아님을 알리는 데 핵심이 있는 것으로 보인다.

49 '特'을 갑본에 의거하여 '恃'로 교감하여 번역한다.

者, 便言“脫失,” 謂“是心惑.” 未識自解昧鈍, 不能逐破意, 謂“彼心不正, 未及我意.” 此猶家狗逐兔,[50] 望不能及, 便謂“已超,” 止而顧見.
[H1, 582c6~12; X61, 367a14~b1]

이로 말미암아 다만 자기의 견해만 믿고 다른 사람의 말을 받아들이지 않는다. 가령 ‘우둔한 자질’(鈍根)을 지녔고 들은 것이 적은 사람이라서 그의 논파 대상이 되어 그가 말한 것을 따르는 자를 만나면 곧 “이 사람은 정신이 밝고 정직한 사람이다”라고 말한다. 만약 총명하여 글의 뜻을 이해하는 자라서 교묘하게 주장을 세워도 그의 논파에 떨어지지 않는 자를 만나면 곧 “[오만하여 내 말을 이해하지 못하여] 벗어나는 실수를 했다”[51]거나 “‘마음이 미혹하다”라고 말한다. 자신의 이해가 어둡고 둔하여 [상대방의] 뜻을 따라가며 논파하지 못함을 알지 못하고 “그의 마음이 바르지 않아 내 뜻에 미치지 못한다”고 말한다. 이것은 마치 집의 개가 토끼를 쫓다가 따라잡을 수 없음을 보고는 곧 “이미 앞섰다”라고 말하면서 멈추어 뒤돌아보는 것과 같다.

此損減人, 略由二愚, 失壞佛法, 故成重罪. 一擧下爲高愚, 二特[52]小

50 ‘兔’를 갑본에 의거하여 ‘兎’으로 교감하여 번역한다.

51 ‘탈실脫失’은 『대승기신론소별기』 중 ‘[선정에서 나타나는] 잘못된 양상’(邪相)을 판별함’(辨邪相)에서도 나타나는데 『대승기신론소기회본大乘起信論疏記會本』 권6에서 확인된다. “혹 〈‘비어 있음’(空)을 체득하여 깨달음을 얻었다〉(證空得果)고 말하면서 ‘남보다 낫다는 교만’(增上慢)을 일으킨다면, 이것은 ‘풀려나는 양상이라는 잘못’(脫失)이다.”(或謂證空得果, 生增上慢, 是爲脫失也)(H1, 786a22-23) 회본會本을 전거로 삼은 이유는 이미 출간된 『대승기신론소 · 별기』(상 · 하, 세창출판사, 2019)의 해당 구절 번역의 역주에 상세히 설명하였다. 그런데 『보살계본지범요기』의 이 구절에서는 문맥상 ‘뜻을 파악하지 못하여 논점에서 벗어나는 실수’를 지칭하는 것이므로 ‘벗어나는 실수’라고 번역하였다.

52 ‘特’을 갑본에 의거하여 ‘恃’로 교감하여 번역한다.

誹多愚. 第一愚者, 此損減見, 於諸見中, 最在底下, 亦復不如外道我見. 其故何耶? 此人服最深藥, 變[53]成重病. 重病之狀, 極似無病. 是故更無醫術能治此病, 亦尠有人自覺是患. 猶如根本無明極闇, 與般若明, 其狀極似同, 無能所故. 俱無能所故, 故彼無明最難可滅. 此病難治, 當知亦爾.

如偈說云.

爲除有執故, 如來說其空.

若人復執空, 諸佛所不化.

[H1, 582c12~583a4; X61, 367b1~9]

이 '[진실을] 없애 가는 사람'(損減人)은 대략 두 가지 어리석음으로 말미암아 '부처님 가르침'(佛法)을 잃어버리고 파괴하는 까닭에 '[허물이] 무거운 죄업'(重罪)을 이룬다. 첫 번째는 '낮은 것을 들어서 높은 것으로 삼는 어리석음'(擧下爲高愚)이고, 두 번째는 '적은 것을 믿어서 많은 것을 비방하는 어리석음'(恃小誹多愚)이다.

첫 번째 어리석음이라는 것은 [다음과 같은 것이다.] 이 '[진실을] 없애 가는 견해'(損減見)는 모든 견해 중에서 가장 아래에 있으며, 또한 '[불교와는] 다른 가르침'(外道)의 '나에 대한 [잘못된] 견해'(我見)만도 못하다. 왜 그런가? 이 사람은 가장 강한 약을 복용하다가 도리어 중병重病에 걸린 것이다. 중병의 상태는 병이 없는 것과 매우 비슷하다. 그러므로 이 병을 고칠 수 있는 의술이 없고 또한 스스로 이 병을 자각하는 사람도 드물다. 마치 '근본무지의 극심한 어둠'(根本無明極闇)이 '지혜의 밝음'(般若明)과 그 상태가 매우 비슷한 것과 같으니, [근본무지나 지혜나 모두] '주관과 객관'(能所)이 없기 때문이다. '주관과 객관'(能所)이 모두 없기 때문

53 '變'을 갑본에 의거하여 '反'으로 교감하여 번역한다.

에 저 '근본무지'(無明)가 가장 없애기 어렵다. 이 병을 치료하기 어려운 것도 또한 그러하다는 것을 알아야 한다.

마치 게송에서 [다음과 같이] 설하는 것과 같다.

"'있음에 대한 집착'(有執)을 제거해 주기 위하여
여래께서는 그것이 공空하다고 설하셨도다.
만약 사람이 다시 공空에 집착한다면
모든 부처님께서도 교화하지 못할 것이다."[54]

又復此見, 由其解昧, 漫起信心. 若依此見, 修心明利, 必撥信心, 墮大邪見, 於無數刧, 受無間苦. 是故菩薩, 深悲餘人有隨彼, 故預誡之言, "一切有智同梵行者, 不應共住." 一切外道所起我見 , 雖有乖理, 而無是患, 如偈說云,

"寧起我見, 如須彌山,
不起空見, 如毫釐許."

由此二緣, 最在底下, 而其不了, 起增上慢, 如似最下沙彌, 謂居和上之上. 是謂擧下爲高愚也.

[H1, 583a4~15; X61, 367b10~18]

또한 이 '[진실을 없애 가는] 견해'([損減]見)는 그 이해가 어리석기 때문에 '[잘못] 믿는 마음'(信心)을 넘치게 일으킨다. 만약 이 견해에 의지하여 마

54 이와 유사한 게송이 『중론中論』 권2(T30, 18c16~17) 제13 「관행품觀行品」에 보인다. "大聖說空法, 爲離諸見故, 若復見有空, 諸佛所不化." 〈산스크리트본의 해당 내용: PrP., p.247. śūnyatā sarvadṛṣṭīnāṃ proktā niḥsaraṇaṃ jinaiḥ | yeṣāṃ tu śūnyatādṛṣṭis tān asādhyān babhāṣire ||8||; 공성은 모든 견해를 벗어난 것이라고 승리자는 설했다. 그러나 공견을 가진 사람들은 교화될 수 없다고도 설했다.〉

음을 닦아 밝고 예리해지면 반드시 '[진리의 가르침을] 믿는 마음'(信心)을 없애고 '크게 잘못된 견해'(大邪見)에 떨어져 '무한히 오랜 시간'(無數劫) 동안 '틈도 없이 이어지는 고통'(無間苦)을 받는다. 이런 까닭에 보살은 다른 사람들이 저 [견해를] 따르는 것을 깊이 연민하여 미리 [다음과 같이] 훈계하여 말한다. "지혜가 있고 '청정한 수행'(梵行)[55]을 같이 행하는 모든 자들은 [그들과] 함께 머물러서는 안 된다."[56] 모든 '[불교와는] 다른 가르침'(外道)이 일으키는 '나에 대한 [잘못된] 견해'(我見)는 비록 진리(理)와는 어긋남이 있지만 이러한 허물은 없으니, 마치 게송에서 [다음과 같이] 설하는 것과 같다.

"차라리 '나에 대한 [잘못된] 견해'(我見)를 일으키기를 수미산須彌山[57]처럼 할지라도, '없다는 견해'(空見)는 털끝만큼도 일으키지 않는다."[58]

---

55 범행梵行: 범행은 원래 바라문이 실행하는 수행을 의미하며, 범梵(brahmā)은 청정淸淨을 뜻한다. 불교에서도 온전한 수행을 의미한다.

56 이와 유사한 게송이 『유가사지론瑜伽師地論』 권36의 「본지분本地分」에 보인다. "如是無者, 一切有智同梵行者, 不應共語, 不應共住."(T30, 488c8~9) 또한 『마하승기율摩訶僧祇律』 권26의 다음 문장도 참고할 만하다. "惡邪比丘, 不應共語, 不應共住, 不應共法食, 不共佛, 不共法, 不共僧, 不共布薩, 不共自恣, 不共羯磨."(T22, 439b7~10) 〈산스크리트본의 해당 내용: BoBh., p.46. sa evaṃ nāstikaḥ sann akathyo bhavaty asaṃvāsyo vijñānāṃ sabrahmacāriṇām.; 이와 같이 그가 허무론자라면 함께 종교적 실천을 행하는 지자는 [그와] 대화하지 말아야 하고 함께 생활하지도 말아야 한다.〉

57 수미산須彌山: 수미산에서 수미는 산스크리트어 'sumeru'의 음역이고 한역漢譯으로는 묘고산妙高山이라고 한다. 불교의 우주관에 의하면 세계의 중심에 있는 높은 산으로 큰 바다 속에 있고, 금륜金輪 위에 있다. 높이는 수면에서 8만 요자나(由旬, yojana)이다.

58 이와 유사한 게송이 『대승입능가경大乘入楞伽經』 권4, 「무상품無常品」에 보인다. "寧起我見如須彌山, 不起空見懷增上慢."(T16, 608c26~27) 또는 『대보적경大寶積經』 "寧起我見, 積若須彌, 非以空見, 起增上慢."(T11, 634a14) 등에 보인다. 〈산스크리트본의 해당 내용: KP., p.26. fol.33r. varaṃ khalu puna kāśyapa sumerumātrā

['고치기 어렵다'는 것과 '크게 잘못된 견해에 떨어진다'는 것] 이 두 가지 까닭(緣)으로 말미암아 ['진실을 없애 가는 사람'(損減人)은] 가장 아래에 있으면서도 그것을 깨닫지 못하고 '최고라는 교만'(增上慢)을 일으키니, 마치 가장 아래인 사미沙彌[59]가 [스스로] [스승인] 화상和上[60] 위에 있다고 말하는 것과 같다. 이것을 '낮은 것을 들어서 높은 것으로 삼는 어리석음'(擧下爲高愚)이라고 한다.

第二愚者, 然佛道廣蕩, 無礙無方, 永無所據, 而無不當. 故曰, 一切他義, 咸是佛義, 百家之說, 無所不是, 八萬法門, 皆可入理. 而彼自少聞, 專其樣[61]狹見, 同其見者, 乃爲是得, 異其見者, 咸謂脫失. 猶如有人葦管窺天, 謂諸不窺其管內者, 皆是不見蒼天者矣. 是謂恃小誹多愚也.

[H1, 583a14~22; X61, 367b18~368a5]

두 번째 어리석음[인 '적은 것을 믿어서 많은 것을 비방하는 어리석음'(恃小誹多愚)]이란 [다음과 같은 것이다.] '부처가 되는 길'(佛道)은 넓고 탁 트여 '걸

pudgaladṛṣṭir āśritā na tv evādhimānikasya śunyatādṛṣṭi-m-ālinā /; 나아가 실로 카샤파여, 아견이 수미산만큼 쌓였더라도 아만을 가진 자에게 공견이 부착된 것보다 낫다.〉

59 사미沙彌: 사미는 산스크리트어 'śrāmanera'의 음역이다. 비구가 되기 전의 견습승見習僧인 입문수행자를 의미한다. 또는 7세 이상 20세 미만의 출가한 남자를 칭하기도 한다. 20세가 되어야 구족계를 받을 수 있다.

60 화상和上: 화상和尙 또는 화상和上은 산스크리트어 'upādhyāya'의 속어형 음역이다. 오파타야鄔波駄耶·화사和闍 등으로 음역하며, 한역으로는 친교사親敎師·역생力生·의학依學 등이 있다. 본래 바라문교에서 친히 가르쳐 주는 스승을 일컫는 말이었으나, 불교에서는 제자를 둘 자격이 있는 스님이나 구족계를 주는 스승을 말한다. 즉 수계사인 스승을 의미하며 유덕有德·유지有智·지계持戒·다문多聞을 갖추어야 한다.

61 갑본에 따라서 '樣'을 삭제한다.

림도 없고 제한도 없으며'(無礙無方) 의지해야 할 것이 하나도 없지만 [진리의 길에] 해당되지 않는 것도 없다. 그러므로 〈모든 다른 뜻[을 말하는 주장]도 다 '부처님 [가르침의] 뜻'(佛義)[과 통하는 것]이고,[62] '온갖 주장들'(百家之說)이 옳지 않은 것이 없으며, [부처님의] 팔만 가지 법문이 모두 진리로 들어갈 수 있다〉라고 말하는 것이다. 하지만 저 '[진실을 없애 가는 견해'(損減見)를 지닌] 사람은 스스로 적게 듣고 그 좁은 소견에만 몰입하니, 그의 견해에 동의하는 자에 대해서는 곧 〈[올바른 이해를] 얻었다〉라고 말하고 그의 견해와 달리하는 자에 대해서는 모두 〈[이해하지 못하여] 벗어났다〉라고 말한다. 마치 어떤 사람이 갈대 대롱으로 하늘을 보면서[63] 〈이 대롱 안으로 [하늘을] 보지 않는 모든 사람은 다 푸른 하늘을 보지 못하는 사람이다〉라고 말하는 것과 같다. 이것이 '적은 것을 믿어서 많은 것을 비방하는 어리석음'(恃小誹多愚)이다.

3) 문답

問. 如經言, "譬如貧乞兒, 日夜數他寶, 不能如說行, 多聞亦如是." 又言, "若有人分別婬[64]癡及道, 是人去佛遠, 猶如天與地." 是知, 多聞有所得見, 與乞兒近, 去佛道遠. 雖曰得意, 而不忘言, 橫求名利, 甚於俗人, 其墮偏執, 事在灼然. 今我學徒, 與彼一殊, 不殉名利, 捐棄俗事, 深信佛法, 專求寂靜, 唯樂隨分修心潔行, 驗知所解非邪是正. 且復執有曰增, 取無曰損, 我所趣宗, 有無俱遣, 簫然無據, 以爲所觀. 觀

---

62 이와 유사한 내용이 『유가사지론瑜伽師地論』 권88 「섭사분攝事分」에 있다. "由諸世間違返他義, 謂爲自義, 故興諍論. 如來乃以一切他義, 卽爲自義, 故無所諍."(T30, 794a10~12)

63 이와 유사한 내용이 『장자莊子』 「추수秋水」에 있다. "是直用管闚天, 用錐指地也, 不亦小乎?"

64 『대지도론』 본문에 의해 '怒'를 추가한다.

狀如是, 何得爲患?

[H1, 583a22~b10; X61, 368a6~13]

(1) 첫 번째 문답

질문한다. 경전에서 [다음과 같이] 말한다. "비유하면 가난한 거지 아이가 밤낮으로 다른 사람의 보물을 헤아리는 것과 같아서, 가르친 대로 행하지 못하면 많이 듣는 것도 이와 같다."[65] 또 [다음과 같이] 말한다. "만약 어떤 사람이 '음탕함'(婬)과 '분노'(怒)와 '어리석음'(癡)과 '진리의 길'(道)을 분별한다면, 이 사람은 부처로부터 멀어지는 것이 마치 하늘과 땅[의 차이]와 같다."[66] 그러므로 많이 들어서 '얻은 것이 있다는 견해'(有所得見)는 거지 아이와 가깝고 '부처가 되는 길'(佛道)로부터는 멀다는 것을 알 수 있다. 비록 〈뜻을 얻었다〉라고 말하지만 말을 잊지 못하고[67] 명예와 이익을 함부로 구하는 것이 세속 사람보다 심하다면 '치우친 집착'(偏執)에 떨어질 것이 분명하다.

지금 우리 배우는 이들은 저 탁월한 사람과 함께 명예와 이익을 구하지 않고 세속의 일을 버리고 '부처님 가르침'(佛法)을 깊게 믿어 오로지 '[번뇌가 그친] 고요함'(寂靜)만을 구하면서 오직 분수껏 마음을 닦고 행위를 깨끗하게 하는 것을 즐기니, 이해한 것이 삿되지 않고 바르다는 것

---

65 이와 유사한 내용이 동진천축삼장불타발타라역東晋天竺三藏佛馱跋陀羅譯(60권본) 『대방광불화엄경大方廣佛華嚴經』 권5 제6 「보살명난품菩薩明難品」에 있다. "譬如貧窮人, 日夜數他寶, 自無半錢分, 多聞亦如是."(T9, 429a3~4)

66 이와 유사한 내용이 『대지도론大智度論』 권6에 있다. "若有人分別, 婬怒癡及道, 是人去佛遠, 譬如天與地."(T25, 107c23~24)

67 득의망언得意忘言: 득의망언은 『장자莊子』 「외물편外物篇」의 다음 문장을 참고할 만하다. "筌者所以在魚, 得魚而忘筌. 蹄者所以在兎, 得兎而忘蹄. 言者所以在意, 得意而忘言, 吾安得夫忘言之人, 而與之言哉!"

을 경험으로 알 수 있다. 그리고 있음(有)에 집착하는 것을 '늘어나게 함'(增)이라 하고 없음(無)에 집착하는 것을 '줄어들게 함'(損)이라 하는데, 우리가 나아가는 도리(宗)는 〈있음(有)과 없음(無)을 모두 없애어 아무것에도 의거하지 않음을 이해의 대상으로 삼는 것〉이다. '이해의 내용'(觀狀)이 이와 같은데 어찌 허물(患)이 될 수 있겠는가?

答. 逐名利者, 背道向俗, 其爲失理, 何足可惜? 堪絶世綱,[68] 將趣道方, 服藥成疾, 甚爲可傷. 且覺自迷者, 非大迷矣, 知自闇者, 非極闇矣. 設使子之心行, 不違法相, 實不誹撥依他道理, 故不執有, 而不墮無者, 子自離邊, 玄會中道, 不在彼類, 那忽跳赴[69]? 雖然, 自是於中, 而非於他者, 還墮邊執, 猶非淨智. 如經偈云,

"不肯受他法, 是名愚癡人,
諸有戲論者, 皆是大愚人.
若依自是見, 而生諸戲論,
設此爲淨智, 無非淨智者."

[H1, 583b10~21; X61, 368a14~b3]

대답한다. 명예와 이익을 좇는 자는 '[진리로 가는] 길'(道)을 등지고 세속을 향하여 진리(理)를 잃어버린 것이 되었으니 무엇이 애석하겠는가? '세속의 그물'(世綱)을 능히 끊고 '진리 쪽'(道方)으로 나아가려다가 약을 복용한 것이 병이 되었으니 매우 안타깝다. 스스로 미혹하다는 것을 깨달은 이는 '크게 미혹한 것'(大迷)이 아니고, 스스로 어둡다는 것을 아는 이는 '극심하게 어두운 것'(極闇)이 아니다. 만약 그대의 '마음과 행동'

68 저본에는 '網'으로 되어 있지만, 갑본에 따라 '綱'으로 고친다.
69 저본과 갑본에는 '赴'으로 되어 있지만, 저본과 갑본의 주석에는 '起'로 표기되어 있다. 본고에서는 '赴'로 해석한다.

(心行)이 '진리의 특징'(法相)을 어기지 않고 '다른 것에 의존하[여 성립한다]는 도리'(依他道理)를 실제로 비방하고 없애지 않기 때문에 있음(有)에도 집착하지 않으면서 없음(無)에도 떨어지지 않는 것이라면, 그대 스스로 '극단[적 견해]에서 벗어나서'(離邊) ['있는 것도 아니고 없는 것도 아닌'(非有非無)] 중도中道를 깊게 이해하여 저 '['진실을 없애 가는 견해'(損減見)를 지닌] 무리에 속하지 않는데 어찌 갑자기 저 무리로 뛰어들겠는가? 비록 그러하지만 스스로 중도中道에 대해서만 옳음으로 여기고 다른 것에 대해서는 잘못으로 여기는 것은 다시금 '치우친 집착'(邊執)에 떨어진 것이니 여전히 '온전한 지혜'(淨智)가 아니다. 마치 경전의 게송에서 [다음과 같이] 말하는 것과 같다.

"다른 사람의 가르침을 받아들이지 않으면 이를 어리석은 사람이라 부르고,
모든 '잘못된 분별망상'(戱論)이 있는 이는 다 크게 어리석은 사람이다.
만약 자기만 옳다는 견해에 의지하면 모든 '잘못된 분별망상'(戱論)이 생겨나니,
만약 이 [자기만 옳다는] 것이 '온전한 지혜'(淨智)가 된다면 '온전한 지혜'(淨智)가 아닌 것이 없을 것이다."[70]

設使子之見解, 墮惡取空, 誹撥緣有, 亦撥其無, 最極損減, 而不自覺者, 唯子最遠於道, 乃還近於乞兒. 如乞兒云, "多寶者富, 少財者貧,

70 이와 비슷한 게송이 『대지도론大智度論』「서품序品」 중 『중의경衆義經』의 게송으로 인용되어 있다. "不肯受他法, 是名愚癡人, 作是論議者, 眞是愚癡人. 若依自是見, 而生諸戱論, 若此是淨智, 無非淨智者." 『중의경衆義經』은 현재 한역으로 전해지지 않는다.(T25, 60c13~61a2)

我無多寶, 亦無少財, 簫然無據, 故我非貧,” 今子所言, 與彼同焉. 是知, 無多無少者, 最極貧窮也, 撥有撥無者, 最極損減也.

[H1, 583b21~c3; X61, 368b3~8]

만약 그대의 견해가 '[아무것도 없다는] 허무주의'(惡取空)에 빠져 '조건에 의거하여 있음'(緣有)을 부정하고 또한 '[조건이 사라져서] 없어짐'(無)도 부정하여 가장 극단적으로 '없애면서도'(損減) 자신은 [그것을] 깨닫지 못한다면, 그대야말로 '진리의 길'(道)에서는 가장 멀리 떨어져 있고 거지 아이와는 오히려 가깝다. 마치 거지 아이가 "보물이 많은 자는 부유하고 재물이 적은 자는 가난한 것인데, 나는 보물이 많지도 않고 또한 적은 재물조차 없어 아무것에도 의거하지 않으므로 나는 가난한 것이 아니다"라고 말하는 것과 같이, 지금 그대가 말한 것이 저 [거지 아이의 말]과도 같다. [보물이] 많음(多)도 없고 [재물이] 적음(少)도 없는 것이 가장 심한 가난(貧窮)이고, 있음(有)도 없애고 없음(無)도 없애 버리는 것이 가장 심한 없앰(損減)이라는 것을 알아야 한다.

然至道昏昏, 是非莫分, 心行蜜蜜,[71] 得失難別. 唯有宿殖善根, 稟性質直, 深伏我慢, 近善知識者, 仰依聖典, 以爲心鏡, 自內審觀, 熟微心行. 若能如是之人, 幸治惡取空病. 向說, "諸佛所不化"者, 爲欲令彼自內驚改. 是故還爲諸佛所化, 以不化言, 使自化故.

[H1, 583c4~10; X61, 368b8~13]

그러나 지극한 '진리의 길'(道)은 아득하고 아득하여 [그 길에서는] '맞거나 틀림'(是非)을 [본질적으로] 나눌 수 없고, [그 길에서의] '마음 작용'(心

71 '蜜蜜'을 갑본에 의거하여 '密密'로 교감하여 번역한다.

行)은 깊고도 깊어 '얻거나 잃음'(得失)을 구분하기가 어렵다. 오직 과거에서부터 키워 온 '이로운 능력'(善根)이 있고 타고난 성품이 '순박하고 올곧으며'(質直) 아만我慢을 깊숙이 제압하고 '이로운 스승'(善知識)을 가까이하는 사람이라야, '고귀한 경전'(聖典)을 우러러 의지하고 그것을 '마음[을 비추는] 거울'(心鏡)로 삼아 자기 내면을 '자세히 관찰하여'(審觀) 미세한 '마음 작용'(心行)에 익숙하게 된다. 만약 이와 같이 할 수 있는 사람이라면 다행스럽게도 '[아무것도 없다는] 허무주의 병'(惡取空病)을 치유할 것이다. 앞서 [악취공자惡取空者를 향해] 말했던 "모든 부처님께서도 교화하지 못할 것이다"[72]라는 것은 저들로 하여금 자기 [마음] 속으로 두려워하게 하여 고쳐 주려는 것이다. 그러므로 도리어 모든 부처님에게 교화되는 것이 되니, '교화하지 못한다'는 말로써 스스로 교화하게 하는 것이다.

(2) 두 번째 문답

問. 若欲於此自察心病, 依何等典, 最爲明鏡?

答. 如『深蜜[73]經』言, "若諸有情,[74] 性非質直, 非質直類, 雖有力能思擇廢立, 而復安住自見取中. 聽聞甚深密意之說, 而無力能如實解了, 於如是法, 雖生信解, 而於其義, 隨言執著, 謂'一切法決定皆無自性, 決定不生不滅, 本來寂靜, 自性涅槃.' 由此因緣, 於一切法, 獲得無見及無相見. 由是見故, 撥一切相皆爲無相, 誹撥諸法三種性相.[75] 何以

72 이는 앞서 나왔던 『중론中論』 권2 제14 「관합품觀合品」의 다음 게송의 구절이다. "大聖說空法, 爲離諸見故, 若復見有空, 諸佛所不化."(T30, 18c16~17)

73 '蜜'을 갑본에 의거하여 '密'로 교감하여 번역한다.

74 『해심밀경解深密經』 「무자성상품無自性相品」 권2(T16, 695c12~13) 원문에는 '若諸有情' 뒤에 '廣說乃至, 未能積集上品福德, 智慧資糧.'이 있으나 위의 인용에는 빠져 있다.

故? 由有依他起相及圓成實相故, 故遍計所執相, 方可施設, 若於二相, 見爲無相, 彼亦誹撥遍計所執相, 是故說彼誹撥三相.[76] 彼雖於法起信解故, 福德增長, 然於非義, 起執著故, 退失智慧, 智慧退故, 退失廣大無量善法."

[H1, 583c10~584a5; X61, 368b13~369a6]

질문한다. 만약 이에 스스로 마음의 병을 살피고자 한다면 어떤 경전經典에 의지해야 가장 밝은 거울이 되는가?

답한다. 『해심밀경解深密經』에서 [다음과 같이] 말한 것[이 가장 밝은 거울]이다. "만약 어떤 중생(有情)들이 성품이 '소박하고 올곧지'(質直) 않거나 '소박하고 올곧지 않은 부류'(非質直類)라면 비록 사유하고 선택하여 없애거나 수립할 수 있는 힘이 있더라도 다시 '자기 견해에 대한 집착'(自見取)에 안주한다. [그리고] '매우 깊고 오묘한 뜻'(甚深密意)을 지닌 가르침을 들어도 '내용대로'(如實) 이해할 수 있는 힘이 없으며 이와 같은 가르침(法)에 대해 비록 '믿음과 이해'(信解)를 일으킬지라도 그 뜻에 대해서는 말에 따라 집착하면서 [이렇게] 말한다. 〈'모든 것'(一切法)이 '자신의 본연'(自性)이 없는 것으로 결정되어 있고 '생겨나지도 않고 없어지지도 않게'(不生不滅) 결정되어 있는 것이 '본래부터 고요함'(本來寂靜)이고 '본연적인 열반'(自性涅槃)이다.〉 이러한 [생각이] '원인과 조건'(因緣)이 되어 '모든 것'(一切法)에 대해 '[아무것도] 없다는 견해'(無見)와 '[어떤] 양상도 없다는 견해'(無相見)를 얻는다. [그리고] 이러한 견해로 말미암아 '모

75 '誹撥諸法三種性相'이 『해심밀경』「무자성상품」 원문에는 "誹撥諸法遍計所執相, 依他起相, 圓成實相."(T16, 695c12~13)으로 되어 있다.

76 『해심밀경』「무자성상품」(T16, 695c25~28) 원문에는 '是故說彼誹撥三相' 뒤에 '**離於我法起於法想, 而非義中起於義想; 由於我法起法想故, 及非義中起義想故, 於是法中持爲是法, 於非義中持爲是義**'가 있으나 위의 인용에는 빠져 있다.

든 양상'(一切相)을 '[어떤] 양상도 없다'(無相)고 부정하여 [변계소집성遍計所執性 · 의타기성依他起性 · 원성실성圓成實性이라는] '모든 현상'(諸法)의 '세 가지 면모와 양상'(三種性相)을 부정한다. 왜 그런가? '다른 것에 의존하여 일어나는 양상'(依他起相)과 '참됨이 완전하게 이루어지는 양상'(圓成實相)이 있기 때문에 '두루 분별하여 집착하는 양상'(遍計所執相)을 비로소 말할 수 있는 것인데, 만약 [의타기상依他起相 · 원성실상圓成實相, 이] 두 가지 양상에 대해서 '[어떤] 양상도 없다'(無相)고 본다면 그들은 또한 '두루 분별하여 집착하는 양상'(遍計所執相)도 부정하는 것이니, 이런 까닭에 〈저들은 [변계소집상遍計所執相 · 의타기상依他起相 · 원성실상圓成實相, 이] '세 양상'(三相)을 부정한다〉라고 말하는 것이다. 저들이 비록 가르침(法)에 대해서 '믿음과 이해'(信解)를 일으키기 때문에 '복을 받는 능력'(福德)은 키우지만 [올바른] 뜻이 아닌 것에 대해서 집착을 일으키기 때문에 지혜를 '퇴행시키거나 잃어버리고'(退失),[77] 지혜가 퇴행하기 때문에 '넓고 크며 헤아릴 수 없는 이로운 가르침'(廣大無量善法)들에서 물러나거나 [그것들을] 잃어버린다."[78]

---

77 퇴실退失: 퇴실에 대한 용례를 『대지도론大智度論』 권90 「석실제품釋實際品」에서 살펴보면 다음과 같다. "行性空法, 亦不著性空, 卽是涅槃. 行餘法, 生著心, 有退失, 若行此法, 則無退失."(T25, 698b28)

78 『해심밀경』 권2 「무자성상품」에 있는 문장을 인용한 것이다. "若諸有情, **廣說乃至, 未能積集上品福德, 智慧資糧,** 性非質直, 非質直類, 雖有力能思擇廢立, 而復安住自見取中. 彼若聽聞如是法已, 於我甚深密意言說不能如實解了. 於如是法雖生信解, 然於其義隨言執著, 謂一切法決定皆無自性, 決定不生不滅, 決定本來寂靜, 決定自性涅槃. 由此因緣, 於一切法獲得無見及無相見. 由得無見無相見故, 撥一切相皆是無相, **誹撥諸法遍計所執相, 依他起相, 圓成實相. 何以故?** 由有依他起相及圓成實相故, 遍計所執相方可施設, 若於依他起相及圓成實相見爲無相, 彼亦誹撥遍計所執相, 是故說彼誹撥三相. **雖於我法起於法想, 而非義中起於義想, 由於我法起法想故, 及非義中起義想故, 於是法中持爲是法, 於非義中持爲是義.** 彼雖於法起信解故, 福德增長, 然於非義起執著故, 退失智慧, 智慧退故, 退失廣大無量善法."(T16, 695c12~696a2)

瑜伽論云, “如有一類, 聞說難解空性相應,[79] 未極顯了密意趣義甚深經典, 不能如實解所說義趣,[80] 起不如理虛妄分別. 由不巧便所引尋思, 起如是見, 立如是論. ‘一切唯假, 是爲眞實, 若作是觀, 名爲正觀.’ 彼於虛假所依所[81]處, 實[82]有唯事, 撥爲非有. 是則一切虛假皆無, 何當得有, ‘一切唯假, 是爲眞實?’ 由此道理, 彼於眞實, 及與虛假, 二種俱謗, 都無所有. 當知, 是名最極無者, 如是無者, 一切有智同梵行者, 不應共住[83]

[H1, 584a5~16; X61, 369a6~14]

『유가사지론瑜伽師地論』에서는 [다음과 같이] 말한다. “만약 어떤 부류[의 사람들]이 〈이해하기가 어렵고 ‘[불변 · 독자의] 실체가 없는 본연’(空性)에 상응하지만 아직 ‘숨겨진 의미’(密意)를 완전하게 드러내지 못하고 있으면서도 ‘나아가는 뜻’(趣義)은 매우 깊은 경전〉을 설하는 것을 듣고는, 설한 뜻을 그대로(如實) 이해할 수 없어서 ‘참 그대로와 같지 않은’(不如理) ‘허구를 지어내는 분별’(虛妄分別)을 일으킨다. 정교하지 못한 방법에 따라 이끌어 낸 ‘사유와 숙고’(尋思)[84]로 말미암아 이와 같은 견

79 『유가사지론』 원문에는 ‘如有一類, 聞說難解空性相應’이 ‘如有一類, 聞說難解, 大乘相應, 空性相應’(T30, 488b28)으로 되어 있다.

80 갑본과 『유가사지론』 원문에 따라 ‘趣’를 삭제한다.

81 『유가사지론』 원문에는 ‘所’가 없다. ‘所依所處’가 아니라 ‘所依處’이다.

82 『유가사지론』 원문은 ‘實’ 앞에 ‘所’가 있다.

83 『유가사지론』 원문에는 ‘不應共住’가 ‘不應共語不應共住’로 되어 있다.

84 심사尋思에 대해서 『유가사지론』 권30에서는 다음 같이 자세한 설명이 있다. 심사를 일으킬 때에는 6가지를 헤아려야 한다. 즉 ① 뜻(義), ② 현상(事), ③ 특징(相), ④ 종류(品), ⑤ 때(時), ⑥ 이치(理)이다. ① 뜻(義)에는 이러저러한 말과 뜻이 있고, ② 현상(事)에는 안과 밖의 두 현상이 있고, ③ 특징(相)에는 자상自相과 공상共相이 있으며, ④ 종류(品)에는 過失의 흑품黑品과 功德의 백품白品이 있고, ⑤ 때(時)에는 과거 · 현재 · 미래의 三時가 있으며, ⑥ 이치(理)에는 4종류인 관대도리觀待道理 · 작용도리作用道理 · 증성도리證成道理 · 법이도리法爾道理가 있다.

해를 일으키고 이와 같은 이론을 수립한다. 〈모든 것은 오직 '허망한 것'(假)일 뿐이며 이것이 진실眞實이다. 만약 이렇게 이해(觀)한다면 '올바른 이해'(正觀)라고 부른다.〉

그들은 '허망한 것'(虛假)이 의지하는 '실제로 있는 현상들'(實有唯事)을 부정하여 '있지 않는 것'(非有)으로 만들어 버린다. 그렇다면 모든 '허망한 것'(虛假)은 다 없는 것인데 어떻게 〈모든 것은 오직 '허망한 것'(假)일 뿐이며 이것이 진실眞實이다〉라고 할 수 있겠는가? 이러한 도리道理로 말미암아 저들은 진실眞實과 '허망한 것'(虛假)에 대해 두 가지를 함께 비방하여 모두 '허용하지 않는다'(無所有). 이[러한 사람]을 '[모든 것을 부정하는] 가장 심한 허무주의자'(最極無者)라고 부른다는 것을 알아야 하니, 이와 같이 '[모든 것을] 부정하는 사람'(無者)과는 지혜가 있고 '청정한

"謂尋思時尋思六事, 一義, 二事, 三相, 四品, 五時, 六理. 既尋思已復審伺察, 云何名爲尋思於義? 謂正尋思如是如是語有如是如是義, 如是名爲尋思於義. 云何名爲尋思於事? 謂正尋思內外二事, 如是名爲尋思於事. 云何名爲尋思於相? 謂正尋思諸法二相, 一者自相, 二者共相, 如是名爲尋思於相. 云何名爲尋思於品? 謂正尋思諸法二品, 一者黑品, 二者白品. 尋思黑品過失過患, 尋思白品功德勝利, 如是名爲尋思於品. 云何名爲尋思於時? 謂正尋思過去未來現在三時, 尋思如是事曾在過去世, 尋思如是事當在未來世, 尋思如是事今在現在世, 如是名爲尋思於時. 云何名爲尋思於理? 謂正尋思四種道理, 一觀待道理, 二作用道理, 三證成道理, 四法爾道理. 當知此中由觀待道理尋思世俗以爲世俗, 尋思勝義以爲勝義, 尋思因緣以爲因緣. 由作用道理尋思諸法所有作用, 謂如是如是法有如是如是作用. 由證成道理尋思三量, 一至教量, 二比度量, 三現證量. 謂正尋思如是如是義, 爲有至教不, 爲現證可得不, 爲應比度不. 由法爾道理, 於如實諸法成立法性, 難思法性安住法性應生信解不應思議不應分別, 如是名爲尋思於理."(T30, 451c5~452a2) 또한 『유가사시론』 권36의 다른 부분에서는 다른 4종심사를 밝힌다. ① 즉명심사名尋思, ② 사심사事尋思, ③ 자성가립심사, ④ 차별가립심사自性假立尋思差別假立尋思가 그것이다. "云何名爲四種尋思? 一者名尋思, 二者事尋思, 三者自性假立尋思, 四者差別假立尋思. 名尋思者, 謂諸菩薩於名唯見名, 是名名尋思. 事尋思者, 謂諸菩薩於事唯見事, 是名事尋思. 自性假立尋思者, 謂諸菩薩於自性假立唯見自性假立, 是名自性假立尋思. 差別假立尋思者, 謂諸菩薩於差別假立唯見差別假立, 是名差別假立尋思."(T30, 490b3~14)

수행'(梵行)을 같이하는 모든 사람이 함께 머물러서는 안 된다.

世尊依此密意說言, 寧如一類起我見者, 不如一類惡取空者.[85] 云何名爲惡取空者? 謂有沙門或婆羅門, 由彼故空亦不信受, 於此而空亦不信受, 如是名爲惡取空者. 何以故? 由彼故空, 彼實是無, 於此而空, 此實是有. 由此道理可說爲空. 若說一切都無所有, 何處何者何故名空? 亦不應言由此於此卽說爲空. 是故名爲惡取空者."[86] 乃至廣說. 且止傍論, 還結本宗. 持犯輕重略相如前.

[H1, 584a16~b2; X61, 369a6~b4]

---

85 『유가사지론』 권36「진실의품眞實義品」 원문에는 '不如一類惡取空者' 뒤에 "何以故? 起我見者, 唯於所知境界迷惑, 不謗一切所知境界, 不由此因墮諸惡趣, 於他求法求苦解脫, 不爲虛誑不作稽留, 於法於諦亦能建立, 於諸學處不生慢緩, 惡取空者亦於所知境界迷惑, 亦謗一切所知境界, 由此因故墮諸惡趣, 於他求法求苦解脫, 能爲虛誑亦作稽留, 於法於諦不能建立, 於諸學處極生慢緩. 如是損減實有事者, 於佛所說法毘奈耶甚爲失壞."(T30, 488c11~21)가 있으나 위의 인용에는 빠져 있다. 간략히 요약하면 다음과 같다. '기아견자起我見者'와 '악취공자惡取空者' 모두 '소지경계所知境界'에 미혹하지만 '기아견자起我見者'는 '소지경계所知境界'를 비방하지 않아 모든 악취惡趣에 떨어지지 않고 법을 건립하고 수행함에 게으름이 없는 반면, '악취공자惡取空者' 그와는 정반대이므로 부처님이 설한 계율을 심하게 파괴하고 만다.

86 『유가사지론』 권36「진실의품」의 문장을 인용한 것인데 인용문 중 앞쪽 밑줄 친 부분이 위의 『보살계본지범요기』 원문에는 빠져 있다. "如有一類, 聞說難解大乘相應空性相應, 未極顯了密意趣義甚深經典, 不能如實解所說義, 起不如理虛妄分別. 由不巧便, 所引尋思, 起如是見, 立如是論. 一切唯假, 是爲眞實, 若作是觀, 名爲正觀. 彼於虛假所依處, 所實有唯事, 撥爲非有. 是則一切虛假皆無, 何當得有, 一切唯假, 是爲眞實? 由此道理, 彼於眞實, 及以虛假, 二種俱謗, 都無所有. 由謗眞實及虛假故. 當知, 是名最極無者, 如是無者, 一切有智同梵行者, 不應共語不應共住. **如是無者能自敗壞, 亦壞世間隨彼見者,** 世尊依此密意說言, 云何名爲惡取空者? 謂有沙門或婆羅門, 由彼故空亦不信受, 於此而空亦不信受, 如是名爲惡取空者. 何以故? 由彼故空, 彼實是無, 於此而空, 此實是有. 由此道理可說爲空. 若說一切都無所有, 何處何者何故名空? 亦不應言由此於此卽說爲空. 是故名爲惡取空者."(T30, 488b28~c28)

'세상에서 가장 존귀한 분'(世尊)께서는 이 '오묘한 뜻'(密意)에 의거하여 [다음과 같이] 말씀하셨다. 〈차라리 '[불변 · 독자의] 자아가 있다는 견해'(我見)를 일으키는 부류들과 같아질지라도, '[아무것도 없다는] 허무주의'(惡取空)[에 빠진] 부류들과 같아져서는 안 된다.〉 [그렇다면] 누구를 '[아무것도 없다는] 허무주의에 빠진 사람'(惡取空者)이라고 부르는가? 어떤 출가수행자(沙門)나 바라문婆羅門이 〈저것(彼)[87][이 '두루 분별하여 집착하는 양상'(遍計所執相)이기] 때문에 '[불변 · 독자의] 실체가 없는 것'(空)[이지 저것 자체가 아예 없는 것이 아니라는 것]〉을 또한 믿고 수용하지 않고, 〈이것(此)[88][인 '다른 것에 의존하여 일어나는 양상'(依他起相)과 '참됨이 완전하게 이루어지는

---

87 '由彼故空'에서 '그것'(彼)은 '변계소집상遍計所執相'을 의미한다. 이는 세친世親(320?~400?)이 짓고 현장玄奘(602?~664)이 번역한 『섭대승론석攝大乘論釋』 권5 「소지상분所知相分」의 다음 문장을 통해 확인할 수 있다. "復次云何應釋彼相? 謂遍計所執相, 於依他起相中實無所有, 圓成實相於中實有. 由此二種, 非有及有, 非得及得, 未見已見, 眞者同時. 謂於依他起自性中, 無遍計所執故, 有圓成實故. 於此轉時, 若得彼卽不得此, 若得此卽不得彼."(T31, 141b15~20). 위의 해석에 의하면 '그것'(彼)은 '변계소집상遍計所執相'을 의미하며 이는 '의타기상依他起相' 중에 있지만 '원성실상圓成實相'과는 함께하지 않는다. 또한 『유가사지론』의 주석가인 규기窺基도 그의 저서 『유가사지론약찬瑜伽師地論略纂』 권10에서 '그것'(彼)을 '변계소집遍計所執'으로 보아서, '변계소집遍計所執'이 없음으로 말미암아 '[불변 · 독자의] 실체가 없음'(空)이라고 부른다'(由遍計所執無故名空)고 해석하였다. "論解惡趣空中, 由彼故空, 亦不信受, 於此而空, 亦不信受者, 謂眞實義. 由遍計所執無故名空, 於此依他圓成上, 遍計所執空, 二俱不信, 此名惡趣空. 何以故? 由遍計所執彼實是無, 由依他圓成此實是有, 若作此理, 汝可說空. 若說一切依他圓成都無所有, 依何處所, 何有此空, 何故名空, 以無依處, 及不分別知, 遍計空故. 汝亦不應言由遍計所執."(T43, 137b27~c5)

88 '於此而空'에서 '이것'(此)에 대하여 두 가지 견해가 있다. 첫째는 규기窺基(632~682) · 신태神泰 등의 견해로 '의타기依他起'와 '원성실圓成實' 모두로 보는 것이다. 둘째는 원측圓測의 견해로 '의타기성'만으로 보는 것이다. 규기窺基의 견해는 『유가사지론약찬瑜伽師地論略纂』 권10에 보인다. "由遍計所執無故名空, 於此依他圓成上, 遍計所執空, 二俱不信, 此名惡趣空."(T43, 137b28~c1) 한편 신태와 원측의 견해는 석둔륜釋遁倫의 『유가론기瑜伽論記』 권9에 보인다. "泰云. 於此依他性上而有圓成實性亦不信受. 又釋. 於此依他起圓成實性上無遍計所執性故而說名空. 測云. 於此依他性上無遍計故空. 何以故? 由彼故空彼實是無等者."(T42, 508c19~23)

양상'(圓成實相)]에서는 '[불변 · 독자의] 실체가 없는 것'[이지만 이것 자체가 아예 없는 것이 아니라는 것]〉(空)을 또한 믿어 수용하지 않으면 이와 같은 사람을 '[아무것도 없다는] 허무주의에 빠진 사람'(惡取空者)이라고 부른다. 왜 그런가? ['두루 분별하여 집착하는 양상'(遍計所執相)인] 저것(彼) 때문에 '[불변 · 독자의] 실체가 없는 것'(空)이니 저것(彼)은 ['두루 분별하여 집착하는 양상'(遍計所執相)이라는 점에서] 실제로 '없는 것'(無)이고, ['다른 것에 의존하여 일어나는 양상'(依他起相)과 '참됨이 완전하게 이루어지는 양상'(圓成實相)인] 이것(此)에서는 '[불변 · 독자의] 실체가 없는 것'(空)이지만 [불변 · 독자의 실체가 없는 존재로서의] 이것(此)은 실제로 '있는 것'(有)이다. 이러한 도리 때문에 '[불변 · 독자의] 실체가 없음'(空)이라고 말할 수 있는 것이다. 만약 ['아무것도 없다는 허무주의에 빠진 사람'(惡取空者)처럼] 모든 것이 전혀 있는 것이 아니라고 말한다면, 어떤 곳에서 어떤 것을 어떤 이유로 '[불변 · 독자의] 실체가 없음'(空)이라고 하겠는가?[89] 또한 [그런 허무주의 견해로] 〈'이것[이 '다른 것에 의존하여 일어나는 양상'(依他起相)과 '참됨이 완전하게 이루어지는 양상'(圓成實相)이기] 때문에' 혹은 '['다른 것에 의존하여 일어나는 양상'(依他起相)과 '참됨이 완전하게 이루어지는 양상'(圓成實相)인] 이것에서도' 곧 '[불변 · 독자의] 실체가 없는 것'(空)이라고 말한다〉고 해서는 안 된다. 이러한 까닭에 '[아무것도 없다는] 허무주의에 빠진 사람'(惡取空者)이라고 부른다"[90]라

---

89 이 부분에 대한 여러 논사의 견해가 『유가론기瑜伽論記』 권9에 보인다. "景云. 謂由遍計所執虛誑故空彼實是無. 於此離言法性依他起等無虛誑說爲空此實是有, 由此道理可說爲空. 若說離言自性亦都無者, 倒情計執必有依託, 依託何處而得起耶? 故云何處. 若有依託, 卽有能依所依, 於此二何者是空, 故云何者. 若言能依所依二俱空者, 能依虛妄可說爲空, 所依眞實何故名空. 亦不應言由此所依故能依虛妄, 能依空故於此所依亦說爲空. 如此等執是卽名爲惡取空者. 泰云. 若說三性都無所有, 何依他圓成處何有智, 云何遍計執性故說爲空? 又釋. 於依他性處是何? 圓成實性者由何? 遍計執性故空. 測云. 何處者嘖無依他, 何等者嘖無遍計, 何故者嘖空所以. 基云. 汝不應言由遍計所執, 此於依他圓成此中卽說爲空."(T42, 508c23~509a9)

90 『유가사지론』 권36 「진실의품」(T30, 488b28~c28). "如有一類, 聞說難解大乘相應

면서 자세히 설명하고 있다. 이제 '지엽적인 논의'(傍論)는 멈추고 본래

空性相應, 未極顯了密意趣義甚深經典, 不能如實解所說義, 起不如理虛妄分別. 由不巧便, 所引尋思, 起如是見, 立如是論. 一切唯假, 是爲眞實, 若作是觀, 名爲正觀. 彼於虛假所依處, 所實有唯事, 撥爲非有. 是則一切虛假皆無, 何當得有, 一切唯假, 是爲眞實? 由此道理, 彼於眞實, 及以虛假, 二種俱謗, 都無所有. 由謗眞實及虛假故. 當知, 是名最極無者, 如是無者, 一切有智同梵行者, 不應共語不應共住. 如是無者能自敗壞, 亦壞世間隨彼見者, 世尊依此密意說言, 云何名爲惡取空者? 謂有沙門或婆羅門, 由彼故空亦不信受, 於此而空亦不信受, 如是名爲惡取空者. 何以故? 由彼故空, 彼實是無, 於此而空, 此實是有. 由此道理可說爲空. 若說一切都無所有, 何處何者何故名空? 亦不應言由此於此卽說爲空. 是故名爲惡取空者." 〈산스크리트본의 해당 내용: BoBh., pp.46-47. ato ya ekatyā durvijñeyān sūtrāntān mahāyānapratisaṃyuktāṃ gambhīrāṃ cchūnyatāpratisaṃyuktān ābhiprāyikārthanirūpitāṃ cchrutvā yathābhūtaṃ bhāṣitasyārtham anabhijñāyāyoniśo vikalpyāyogavihitena tarkamātrakeṇaivaṃ dṛṣṭayo bhavanty evaṃ vādinaḥ. prajñaptimātram eva sarvam etat tattvaṃ. yaś caivaṃ paśyati sa samyak paśyatīti. teṣāṃ prajñaptyadhiṣṭhānasya vastumātrasyābhāvāt saiva prajñaptiḥ sarveṇa sarvaṃ na bhavati. kutaḥ punaḥ prajñaptimātraṃ tattvaṃ bhaviṣyati.

tad anena paryāyeṇa tais tattvam api prajñaptir api tadubhayam apy apavāditaṃ bhavati. prajñaptitattvāpavādāc ca pradhāno nāstiko veditavyaḥ. sa evaṃ nāstikaḥ sann akathyo bhavaty asaṃvāsyo vijñānāṃ sabrahmacāriṇām. sa ātmānam api visaṃpādayati. loko 'pi yo 'sya dṛṣṭyanumata āpādyate.

idaṃ ca saṃdhāyoktaṃ bhagavatā. varam ihaikatyasya pudgaladṛṣṭir na tv evaikatyasya durgṛhīta śūnyateti. tat kasya hetoḥ. pudgaladṛṣṭiko jantur jñeye kevalaṃ muhyan na tu sarvaṃ jñeyam apavadeta. na tato nidānam apāyeṣūpapadyeta. nāpi dharmārthikaṃ duḥkhavimokṣārthikaṃ paraṃ visaṃvadayen na vipralambhayet. dharme satye ca pratiṣṭhāpayet. na ca śaithiliko bhavec chikṣāpadeṣu.

durgṛhītayā punaḥ śūnyatayā jñeye vastuni muhyet. apy apavadeta jñeyaṃ sarvaṃ. tannidānaṃ cāpāyeṣūpapadyate. dhārmikaṃ ca duḥkhavimokṣārthikaṃ paraṃ vipādayet. śaithilikaś ca syāc chikṣāpadeṣu. evaṃ vipādayet. śaithilikaś ca syāc chikṣāpadeṣu. evaṃbhūtaṃ vastu apavadamānaḥ praṇaṣto bhavaty asmād dharmavinayāt.

kathaṃ punar durgṛhītā bhavati śunyatā. yaḥ kaścic chramāṇo vā brāhmaṇo vā tac ca necchati yena śūnyaṃ. tad api necchati yat śūnyaṃ. iyaṃ evaṃrūpā

의 '핵심 내용'(宗)으로 돌아가 말을 맺겠다. '[보살계를] 지님과 범함'(持

---

durgṛhītā śūnyatety ucyate. tat kasya hetoḥ. yena hi śūnyaṃ. tad asadbhāvāt. yac ca śūnyaṃ. tad sadbhāvāc chūnyatā yujyeta. sarvābhāvāc ca kutra kiṃ kena śūnyaṃ bhaviṣyati. na ca tena tasyaiva śūnyata yujyate. tasmād evaṃ durgṛhīta śūnyatā bhavati.;

그러므로 어떤 사람은 이해하기 힘들고 대승과 상응하며 심오하고 공성과 상응하며 숨은 의도를 갖고 설해진 경전을 들은 후, 여실하게 설해진 의미를 이해하지 못하고 불합리하게 분별한 후, 논리적 사변만으로 부적절하게 인도되었기 때문에 다음과 같이 주장하는 견해를 가진 자가 된다. "모든 것은 언어 표현뿐이고 이것이 진실이다. 그리고 이와 같이 보는 자가 올바르게 보는 자이다." 그들은 언어표현의 근거인 사상뿐인 것이 존재하지 않는다고 하기 때문에 그 언어표현[도] 결코 존재할 수 없게 된다. 그런데 어디서 언어표현일 뿐인 진실이 존재할 것인가?

이러한 방식으로 그들은 진실과 언어표현 양자를 부정하게 된다. 언어표현과 진실을 부정하기 때문에 극단적인 허무론자라고 알아야 한다. 이와 같이 그가 허무론자라면 함께 종교적 실천을 행하는 지자는 [그와] 대화하지 말아야 하고 함께 생활하지도 말아야 한다. 그는 이 견해에 동의하는 세간사람도 파괴하고 자기 자신도 파괴한다.

그리고 이것을 염두에 두고 세존이 [『대보적경』에서] 설했다. "이 세상에서 아견을 가진 사람이 공성을 잘못 이해하는 것[惡取空]보다 낫다." 왜 그런가? 아견을 가진 자는 인식대상에 대해 혼란스러울 뿐 모든 인식대상을 부정하지는 않을 것이다. 그로 인해 [세 가지] 나쁜 생존형태에 떨어지지도 않을 것이다. 또 가르침을 구하고 고통에서 벗어나고자 하는 다른 사람을 속이지도 않고 해치지도 않을 것이며, 가르침과 진리에 머물게 할 것이다. 그리고 학문의 영역에서 게으른 자가 되지 않을 것이다.

나아가 잘못 이해한 공성 때문에 인식대상인 사상에 대해 혼란스러워한다. 또 모든 인식대상을 부정한다. 그리고 그로 인해 나쁜 생존 형태에 태어난다. 그리고 가르침을 [구하고] 고통으로부터 벗어나고자 하는 다른 사람을 속이게 될 것이다. 그리고 학문의 영역에서 게으른 자가 될 것이고, 이와 같이 [학문 영역을] 파괴할 것이다. 이와 같이 실재하는 사상을 부정하는 자는 이 가르침과 율에서 벗어난 자가 된다.

나아가 잘못 이해한 공성이란 무엇인가? 어떤 사문이나 바라문이 어떤 것(A)이 공인 것을 인정하지 않고, 어떤 장소(B)가 공인 것도 인정하지 않는다면 이것을 잘못 이해한 공성이라고 한다. 왜 그런가? 어떤 것(A)이 공인 것, 그것(A)은 존재하지 않기 때문이고, 어떤 장소(B)가 공인 것, 그 장소(B)는 존재하기 때문에 공성이 합리적이다. 그리고 모든 것이 비존재한다면 어디에서 무엇이 무엇 때문에

犯)에 있어 '[범할 때 허물의 무게가] 가벼운 것과 무거운 것'(輕重)의 대략적인 양상은 이상과 같다.

2. '[범할 때 허물의 수준이] 얕음과 깊음을 기준으로 삼는 방식'(淺深門)

次第二明持犯淺深者, 乘前所說讃毁之戒, 以顯持犯淺深之相. 如『多羅戒本』云, "常代衆生受加毁辱, 惡事自向己, 好事與他人. 若自讃揚己德, 隱他人好事, 令他受毁辱者, 是爲波羅夷罪."[91] 依此一文, 淺深[92]解, 何者?

下士聞之, 齊言取解, 自毁讃他, 必是福業, 自讃毁他, 定爲犯罪. 如是一向隨言取故, 將修其福, 福行少而罪業多, 欲捨其罪, 却罪一而除福三. 是謂淺識持犯過也. 上士聞之, 掬[93]解意趣, 擧一隅, 便以三隅而變,[94] 就一文, 每用四句而判. 由是審別無所濫故, 無福而遺,[95] 無罪而辨. 是謂深解持犯德也.

[H1, 584b03~b16; X61, 369b05~b14]

다음으로 [보살계의 '지님과 범함'(持犯)의 기준을 밝히는 '세 가지 방식'(三門)

공하게 될 것인가? 그리고 그것이 그 [자신]에 대해 공성이라는 것은 타당하지 않다. 그러므로 이와 같은 것이 잘못 이해한 공성이다.〉

91 위의 『다라계본多羅戒本』 문장은 『범망경』 권2의 다음 문장을 인용한 것이다. "菩薩應代一切衆生, 受加毁辱, 惡事自向己, 好事與他人, 若自揚己德, 隱他人好事, 令他人受毁者, 是菩薩波羅夷罪."(T24, 1004c20~23) 문장 첫 부분인 '常代' 『범망경』 원문에는 '菩薩應代'로 되어 있다.

92 '深'을 갑본에 의거하여 '深異'로 교감하여 번역한다.

93 '掬'을 갑본에 의거하여 '探'으로 교감하여 번역한다.

94 '變'을 갑본과 『논어』 원문에 의거하여 '反'으로 교감하여 번역한다. 『논어』 〈述而〉 "擧一隅, 不以三隅反, 則不復也."

95 '遺'을 갑본에 의거하여 '遣'으로 교감하여 번역한다.

가운데] 두 번째인 '[보살계를] 지님과 범함[에 대한 이해수준]의 얕음과 깊음'(持犯淺深)을 밝힌다는 것은, 앞에서 설한 '자기를 칭찬하고 남을 비난하는 [것을 금하는] 계율'(讚毁之戒)에 의거하여 '[보살계를] 지님과 범함[에 대한 이해수준]의 얕음과 깊음'(持犯淺深)의 양상을 드러내는 것이다. 『다라계본多羅戒本』에서는 [다음과 같이] 말한다.

"항상 중생을 대신하여 비난과 모욕을 받으며 해로운 일은 자기에게 향하게 하고 좋은 일은 남에게 준다. 만약 자기의 공덕을 스스로 칭찬하여 높이고 다른 사람이 잘한 일을 숨겨 다른 사람으로 하여금 비난과 모욕을 받게 한다면, 이것은 '[허물과 그 과보가] 심한 계율위반'(波羅夷罪)[96]이 된다."

이 동일한 문장에 의거하면서도 '[지님과 범함의] 얕음과 깊음'(淺深)에 대해 상이하게 이해하니, 어째서 그러한가? '낮은 수준의 학인'(下士)은 그러한 [문장을] 듣고서 말 그대로 이해하여 [이렇게 생각한다.] 〈자기를 비난하고 남을 칭찬하는 것은 반드시 '이로움을 만드는 행위'(福業)이고, 자기를 칭찬하고 남을 헐뜯는 것은 반드시 '해로움을 짓는 것'(罪)을 범하는 것이 된다.〉 이처럼 한결같이 말만 따라 이해하기 때문에 '이로움을 만드는 것'(福)을 닦으려 하여도 '이로움을 만드는 행위'(福行)는 적고 '해로움을 짓는 행위'(罪業)는 많으니, 그 '해로움을 짓는 것'(罪)을 버리고자 하여 '해로움을 짓는 것'(罪) 하나를 없애지만 '이로움을 만드는

96 바라이(波羅夷, pārājika): 비구와 비구니가 받는 구족계 중에서 가장 무거운 죄이다. 만약 범한 경우에는 ① 승려의 자격을 잃게 되고, ② 승단에서 쫓겨나 다른 승려들과 함께 거주할 수 없으며, ③ 죽어서 반드시 지옥에 떨어지게 되는 무거운 죄를 범하는 것이 된다. 『마하승기율摩訶僧祇律』, 『사분율四分律』에서는 비구의 경우에 살殺, 도盜, 음淫, 망妄 등의 네 가지를 4바라이로 꼽으며, 비구니의 경우에는 4바라이에 다시 네 가지를 더하여 8바라이라고 한다. 『불광대사전』, p. 4214. 여기에서는 대승보살계인 『다라계본』에 의지하여 십중계를 의미한다. 『범망경』 10중계重戒는 다음과 같다. ① 不殺戒, ② 不盜戒, ③ 不婬戒, ④ 不妄語戒, ⑤ 不酤酒戒, ⑥ 不說過罪, ⑦ 不自讚毁他戒, ⑧ 不慳戒, ⑨ 不瞋戒, ⑩ 不謗三寶戒.

것'(福) 셋을 없앤다. 이것을 '[보살계를] 지님과 범함에 대하여 얕게 아는 허물'(淺識持犯過)이라 일컫는다.

'높은 수준의 학인'(上士)은 그러한 [문장을] 듣고서 [말에 담긴] '뜻이 나아가는 곳'(意趣)을 찾아 이해하니, 한 모퉁이를 일러 주면 곧 [나머지] 세 모퉁이마저 알고[97] 한 문장에 나아가면 언제나 '네 가지 판단방식'(四句)을 사용하여 판단한다. 이로 말미암아 [문장의 뜻을] 살펴서 식별함에 넘치는 것이 없으니, '이로움을 만드는 것'(福)이지만 보내 버려 [줄일] 것이 없고 '해로움을 짓는 것'(罪)이지만 따져서 [추가할] 것도 없다. 이것을 '[보살계를] 지님과 범함에 대하여 깊게 이해하는 능력'(深解持犯德)이라 일컫는다.

言四句而判者, 或有自毁讚他是福, 自讚毁他是罪. 或有自毁讚他是罪, 自讚毁他是福. 或有若毁讚若讚毁, 或罪或福. 或有非毁讚非讚毁, 或福或罪.

[H1, 584b16~20; X61, 369b14~17]

'네 가지 판단방식'(四句)으로 판단한다는 것은 [다음과 같이 생각하는 것이다.] 〈어떤 경우에는 '자기를 비난하고 남을 칭찬하는 것'(自毁讚他)은 '이로움을 만드는 것'(福)이고, '자기를 칭찬하고 남을 헐뜯는 것'(自讚毁他)은 '해로움을 짓는 것'(罪)이다. [또] 어떤 경우에는 '자기를 비난하고 남을 칭찬하는 것'(自毁讚他)은 '해로움을 짓는 것'(罪)이고, '자기를 칭찬하고 남을 헐뜯는 것'(自讚毁他)은 '이로움을 만드는 것'(福)이다. [또] 어

97 이는 『논어』 〈述而〉 "擧一隅, 不以三隅反, 則不復也."의 문장을 인용한 것으로 제자를 가르칠 때 하나를 들어 셋을 알지 못하면 다시 일러 주지 않는다는 것을 의미한다. 하지만 위의 문장에서는 하나를 일러 주면 셋을 아는 뛰어난 제자, 즉 상사上士의 능력을 강조한 것이다.

떤 경우에는 '[자기를] 비난하고 [남을] 칭찬하는 것'(毁讚)과 '[자기를] 칭찬하고 [남을] 헐뜯는 것'(讚毁)이 [모두] '해로움을 짓는 것'(罪)이기도 하고 '이로움을 만드는 것'(福)이기도 하다. [또] 어떤 경우에는 '[자기를] 비난하고 [남을] 칭찬하는 것이 아닌 것'(非毁讚)과 '[자기를] 칭찬하고 [남을] 헐뜯는 것이 아닌 것'(非讚毁)이 [모두] '이로움을 만드는 것'(福)이기도 하고 '해로움을 짓는 것'(罪)이기도 하다.〉

第一句者, 如人深愍衆生受辱, 欲引他所受辱向己, 推自所應受榮與他, 此意自毁讚他, 是福. 若欲自受其榮, 令他受辱, 此意自讚毁他, 是罪.

[H1, 584b20~23; X61, 369b17~370a2]

['네 가지 판단방식'(四句) 가운데] '첫 번째 판단방식'(第一句)은 [다음과 같은 것이다.] 만약 어떤 사람이 중생이 모욕을 받는 것을 깊이 연민하여 다른 사람이 받는 모욕을 끌어다가 자기에게 향하게 하고 자기가 마땅히 차지할 영광을 다른 사람에게 주고자 하여, 이러한 뜻에서 '자기를 칭찬하고 남을 비난한다면'(自讚毁他) 이것은 '이로움을 만드는 것'(福)이다. [반면에] 만약 자기가 그 영광을 차지하고 남이 모욕을 당하게 하고자 하여, 이러한 뜻에서 '자기를 칭찬하고 남을 비난한다면'(自讚毁他) 이것은 '해로움을 짓는 것'(罪)이다.

第二句者, 如知時世風俗所習, 多憎自讚毁他之人, 每敬自謙揚他之士, 又知毁彼, 彼必呰我, 我若讚他, 他還美我, 由此知故, 巧求自高, 自毁讚他, 是爲重罪. 若知他人所執非理可捨, 自內所解是道應修, 直欲建立佛法, 饒益有情, 自讚毁他, 是爲大福.

[H1, 584b23~c6; X61, 370a2~7]

['네 가지 판단방식'(四句) 가운데] '두 번째 판단방식'(第二句)은 [다음과 같은 것이다.] 만약 세간 풍속의 관습이 '자기를 칭찬하고 남을 비난하는 사람'(自讚毁他之人)을 매우 미워하고 '자신은 겸손하고 남을 드높이는 사람'(自謙揚他之士)은 언제나 공경한다는 것을 알고, 또 남을 비난하면 그도 반드시 나를 욕하고 내가 만약 남을 칭찬하면 남도 나를 찬미讚美한다는 것을 알아, 이렇게 알기 때문에 자신이 높아지기를 교묘히 구하여 '자기를 비난하고 남을 칭찬한다'(自毁讚他)면, 이것은 '심하게 해로움을 짓는 것'(重罪)이 된다. [그러나] 만약 다른 사람이 집착하는 '잘못된 이치'(非理)가 버리게 할 수 있는 것이고 자신이 이해한 '올바른 도리'(是道)가 마땅히 닦아야 할 것임을 알아, 오로지 '부처님의 가르침'(佛法)을 굳건히 세워 중생(有情)을 크게 이롭게 하려고 '자기를 칭찬하고 남을 비난한다'(自讚毁他)면, 이것은 '크게 이로움을 만드는 것'(大福)이 된다.

第三句者, 如有一類性, 多誑僞, 爲欲誑惑世間諸人, 凌[98]他所長, 覆自所短. 由此意故, 作矯亂言, 毁己小長爲過, 讚他所短爲功, 揚己多短爲德, 抑他所長爲失. 又有一類稟性質直, 爲欲開導世間諸人, 識善別惡捨罪修福, 由斯志故, 直言無僻,[99] 見自惡而必呰, 聞他善而卽歎, 覺己德而還褒, 知彼罪而直貶. 前人毁讚揚抑, 直是誑諂之罪, 後士呰歎褒貶, 並爲忠直之福也.

[H1, 584c6~16; X61, 370a7~14]

['네 가지 판단방식'(四句) 가운데] '세 번째 판단방식'(第三句)은 [다음과 같은 것이다.] 만약 어떤 부류 사람들의 성품이 '기만과 허위'(誑僞)를 많이 좋아하면, 세간의 모든 사람들을 기만하고 미혹시키고자 하여 다른 사람

98 '凌'이 갑본에는 '陵'으로 되어 있으나 저본대로 번역한다.
99 '僻'이 갑본에는 '避'로 되어 있으나 저본대로 번역한다.

의 장점은 업신여기고 자기의 단점은 덮는다. [그리고] 이러한 의도로 말미암아 '속이고 혼란하게 하는 말'(矯亂言)을 지으니, 자기의 작은 장점은 허물이라면서 비난하고 다른 사람의 단점은 '좋은 능력'(功)이라면서 칭찬하며, 자기의 많은 단점은 '훌륭한 능력'(德)이라면서 높이고 다른 사람의 장점은 허물(失)이라면서 억누른다.

또 어떤 부류의 사람은 타고난 성품이 진실하고 올곧아서 세간의 모든 사람들을 '이끌어 주고자'(開導) 선과 악을 식별하고 '해로움을 짓는 것'(罪)을 버리고 '이로움을 만드는 것'(福)을 닦는다. 이러한 의지로 말미암아 직언을 하는데 [그 대상에] 치우침이 없으니, 자기의 '해로운 행위'(惡)를 보면 반드시 [자신을] 꾸짖고 다른 사람의 '이로운 행위'(善)를 들으면 곧바로 찬탄하며, 자기의 '좋은 점'(德)을 알게 되면 그대로 칭찬하고 다른 사람의 '나쁜 점'(罪)을 알게 되면 그대로 비판한다. 앞 [부류] 사람의 '[자기를] 비난하고 [남을] 칭찬하며 [자기를] 높이고 [다른 사람을] 억누름'(毁讚揚抑)은 오로지 '[다른 사람을] 속이는 허물'(誑諂之罪)이지만, 뒷 [부류] 학인(士)의 '[자기를] 꾸짖고 [다른 사람을] 찬탄하며 [자기를] 칭찬하고 [다른 사람을] 비판함'(呰歎褒貶)은 모두 '올곧게 이로움을 만드는 것'(忠直之福)이 된다.

第四句者，如有高士，性是弘懿，放神苞[100]朴，不知端倪，[101] 混禍福而歸一，忘彼我爲無二. 其神常樂，遊是處故，亦不自毁讚他，亦不自揚抑彼. 又有下愚，稟性純[102]朴，莫知是非，難別菽麥，不識善之爲善，不了惡之爲惡. 其意常昏，忘憎愛故，亦無自謙美他，復無自褒貶他. 此爲下愚渾鈍[103]之罪，彼是上智純朴之福也.

---

100 '苞'를 갑본에 의거하여 '抱'로 교감하여 번역한다.
101 '兒'를 갑본에 의거하여 '倪'로 교감하여 번역한다.
102 '純'을 갑본에 의거하여 '鈍'으로 교감하여 번역한다.
103 '鈍'을 갑본에 의거하여 '沌'으로 교감하여 번역한다.

[H1, 584c16~585a3; X61, 370a14~b1]

['네 가지 판단방식'(四句) 가운데] '네 번째 판단방식'(第四句)은 [다음과 같은 것이다.] 만약 '뛰어난 수준의 학인'(高士)이 있어 성품이 넓고 훌륭하며 '매이지 않는 마음을 펼치고'(放神) '순박함을 지니고'(抱朴)[104] 있어 '한계를 알지 못한다면'(不知端倪),[105] '나쁜 것'(禍)과 '좋은 것'(福)을 합하여 '[화禍와 복福이] 하나가 되는 경지로 돌아가고'(歸一) 다른 사람과 자신[의 구별]을 잊어 '둘로 나눔이 없음'(無二)[의 경지]가 된다. 그의 '매이지 않는 마음'(神)은 늘 즐겁고 이러한 경지에서 노닐기 때문에 '자신을 비난하고 다른 사람을 칭찬'(自毁讚他)하지도 않고 '자신을 높이고 다른 사람을 억누르지'(自揚抑彼)도 않는다. 또 '매우 어리석은 사람'(下愚)이 있어 타고난 성품이 '우둔하고 거칠어'(鈍朴) 옳고 그름을 알지 못하고 콩과 보리(菽麥)를 구분하지도 못한다면,[106] 이로움(善)을 이로움이라고 알지 못하고[107] 해로움(惡)을 해로움이라고 알지 못한다. 그의 생각(意)은 항상 혼미하여 '싫음과 좋음'(憎愛)[의 구별]을 잊어버리기 때문에 '스스로 겸손하고 다른 사람을 칭찬함'(自謙美他)도 없고 또 '자신을 칭찬하고 다른 사람을 비판함'(自褒貶他)도 없다. 이는 '매우 어리석은 사람'(下愚)의 '구분할 수 없어 해로움을 짓는 것'(渾沌之罪)[108]이 되고, [앞서의] 저 [뛰어난

---

104 포박抱朴: 포박은 『노자老子』 19장에 나오는 말이다. "見素抱樸(朴), 少私寡欲."

105 '부지단예不知端倪'는 『장자莊子』 「대종사大宗師」에 나오는 말로 처음과 끝, 생生과 사死의 선후先後를 알지 못함을 의미한다. "反覆終始, 不知端倪."

106 '난별숙맥難別菽麥'은 『춘추좌전春秋左傳』 〈성공成公〉 18년의 다음 문장에서 유래하였다. "周子有兄而無慧, 不能辨菽麥, 故不可立."

107 '선지위선善之爲善'은 『노자老子』 2장에 나오는 말이다. "天下皆知, 美之爲美, 斯惡已. 皆知善之爲善, 斯不善已."

108 '혼돈渾沌'은 '혼돈混沌'으로 쓰기도 하는데, 이는 모든 것이 섞여 있는 상태를 의미한다. 이는 『장자莊子』 「응제왕應帝王」편의 다음 문장을 참고할 만하다. "南海之帝爲倏, 北海之帝爲忽, 中央之帝爲渾沌. 倏與忽時相與遇於渾沌之地, 渾沌待之甚

사람의 경우]는 '매우 지혜로운 사람'(上智)의 '순수하고 소박하여 이로움을 만드는 것'(純朴之福)이 된다.

> 是謂四句以判罪福. 依前兩句, 則福業變[109]作重患, 罪行更爲大善. 尋後二句, 則誑語與忠談無隔, 上智共下愚同迹. 是知行者持犯之要, 只應微察自之得失, 不可輒判他之德患. 持犯淺深意趣然矣.
>
> [H1, 585a3~8; X61, 370b2~5]

이것을 '네 가지 판단방식'(四句)으로 '해로움을 짓는 것과 이로움을 만드는 것을 판단함'(判罪福)이라고 일컫는다. 앞의 '두 가지 판단방식'(兩句)에 의거하면 '이로움을 만드는 행위'(福業)가 도리어 '심한 우환'(重患)을 짓게 되고, '해로움을 짓는 행동'(罪行)은 오히려 '큰 이로움'(大善)이 된다. 뒤의 '두 가지 판단방식'(二句)으로 생각하면 '속이는 말'(誑語)과 '충직한 말'(忠談)에는 격리됨이 없으며, '매우 지혜로운 사람'(上智)은 '매우 어리석은 사람'(下愚)과 외형(迹)을 같이한다. 그러므로 '수행자가 [보살계를] 지니거나 범하는 요점'(行者持犯之要)은 다만 '자기의 [좋음과 나쁨을] 얻거나 잃음'(自之得失)을 미세하게 살펴야 하는 것이지 다른 사람의 '좋음이나 나쁨'(德患)을 쉽사리 판단하려 해서는 안 된다는 것을 알 수 있다. '[보살계를] 지님과 범함[에 대한 이해수준]의 얕음과 깊음'(持犯淺深)의 의미는 그러한 것이다.

善. 儵與忽謀報渾沌之德, 曰, '人皆有七竅, 以視聽食息, 此獨無有, 嘗試鑿之.' 日鑿竅, 七日而渾沌死."

109 '變'을 갑본에 의거하여 '反'으로 교감하여 번역한다.

3. 궁극적 의미에서의 지님과 범함을 밝히는 것을 기준으로 삼는 방식(究竟持犯門)

1) 계율의 특성(戒相)

第三明究竟持犯者. 雖依如前所說法門, 能識輕重之性, 兼知淺深之狀, 而於戒相, 不如實解, 於罪非罪未離二邊者, 不究竟持而無犯, 不趣淸淨戒波羅蜜. 其故何耶? 然戒不自生, 必託衆緣, 故決無自相. 卽緣非戒, 離緣無戒, 除卽除離, 不得中間. 如是求戒, 永不是有, 可言自性不成就故. 而託衆緣, 亦不無戒, 非如兎角無因緣故.

[H1, 585a9~17; X61, 370b6~12]

세 번째는 '궁극적 의미에서의 지님과 범함'(究竟持犯)을 밝히는 것이다. 비록 앞에서 말한 것과 같은 도리(法門)에 의거하여 '[범할 때 허물의 무게가] 가볍거나 무거운 면모'(輕重之性)를 알 수 있을 뿐만 아니라 '[보살계를 지님과 범함에 대한 이해수준의] 얕거나 깊은 양상'(淺深之狀)을 아울러 알지라도, '계율의 특성'(戒相)에 대해서 진리답게(如實) 이해하지 못하여 '해로움을 짓는 것'(罪)과 '해로움을 짓는 것이 아닌 것'(非罪)에 대해 '두 가지 치우친 견해'(二邊)에서 아직 벗어나지 못한 자라면, '[보살계를] 궁극적으로 지녀 범함이 없는 것'(究竟持而無犯)은 아니어서 '온전한 계율수행'(淸淨戒波羅蜜)에 나아가지 못한다. 그 이유는 무엇인가? 계율은 '스스로 생겨나지 않고'(不自生) 반드시 '갖가지 조건들'(衆緣)에 기대어 있으니, 그러므로 결정코 '자기 [고유의] 본질'(自相)이 없다. '조건과 하나가 되는 것'(卽緣)도 계율이 아니지만 '조건에서 벗어나도'(離緣) 계율이 없으며, [조건과] '하나가 됨'(卽)도 없애고 벗어남(離)도 없애고 [그] 중간에서도 얻을 수가 없다. 이와 같이 계율을 구하여도 끝내 [계율이] 있지 않으니, [계율의] 본질(自性)은 얻을 수 없는 것이라고 말할 수 있기 때문이다. 그러나 [계율은] '갖가지 조건들'(衆緣)에 기대어 있기에 계율이 없는 것도 아니니, '토끼의 뿔'(兎角)[110]처럼 [애초부터 그것의] '원인과 조건'(因緣)이 없는 것은 아니기 때문이다.

如說戒相, 罪相亦爾, 如戒罪相, 人相亦然. 若於此中, 依不是有, 見都無者, 雖謂無犯, 而永失戒, 誹撥戒之唯事相故. 又於此中, 依其不無, 計是有者, 雖曰能持, 持卽是犯, 違逆戒之如實相故.

[H1, 585a17~22; X61, 370b12~15]

'계율의 특성'(戒相)에 대해 [스스로 생겨난 것이 아니라 조건들에 기대어 있는 것이라고] 설한 것처럼 '허물의 특성'(罪相)도 그러하고, '계율과 허물의 특성'(戒罪相)처럼 '사람의 특성'(人相)도 그러하다. 만약 이러한 가운데서 '있는 것이 아님'(不是有)에 의거하여 [계율에 대해] '아무것도 없다'(都無)고 보는 사람이라면, 비록 [보살계를] 범함은 없다고 말할지라도 계율을 완전히 잃어버리니, 계율의 [존재하는] '현상적 면모'(事相)까지도 비방하고 없애 버리기 때문이다. 또 이러한 가운데서 '그것이 없지 않음'(其不無)에 의거하여 [계율에 대해] '[독자적 본질이] 있는 것이다'(是有)라고 헤아리는 사람이라면, 비록 [보살계를] 〈지니고 있다〉(能持)고 말할지라도 [그] 지님(持)이 바로 범함(犯)이니, 계율의 '참된 면모'(如實相)에 어긋나

110 '토끼의 뿔'(兎角)이나 '거북의 털'(龜毛)은 이름만 있고 실체가 없는 것을 형용한 말이다. 현실 세계에서는 완전히 없는 사물이지만 환상에서 가상으로 있다고 어리석게 집착한 것이다. 토끼는 뿔이 없고, 거북은 털이 없음에도 어리석은 사람들은 위로 곧추선 토끼의 귀를 뿔로 여기고, 거북이 물속에서 다닐 때 수초가 몸에 붙은 것을 털로 여긴 것이다. 이는 이름은 있어도 실체가 없는 것으로 이미 발생이 불가능한 것을 비유한 것이다. 『佛光大辭典』, p.3866. 『대지도론大智度論』 권12에서 살펴볼 수 있다. "名有二種, 有實, 有不實. 不實名, 如兎角, 龜毛, 亦但有名而無實."(T25, 147b20~23)

기 때문이다.

2) 보살이 계를 닦음(菩薩修戒)

> 菩薩修戒, 則不如是. 雖不計有能持所持, 而不誹撥戒之唯事, 是故終無失戒巨過. 雖不見無罪與非罪, 而不違逆戒之實相, 是故永離犯戒細罪. 由是巧便深智方便, 永忘三輪, 不墮二邊, 方趣具足戒波羅蜜. 如經言, "罪非罪不可得故, 應具足戒波羅蜜." 戒本云, "戒光從口出, 有緣非無因. 非色非心, 非有非無, 非因果法, 諸佛之本原, 菩薩之根本."
>
> [H1, 585a23~b8; X61, 370b15~371a4]

보살이 계율을 닦는 것이라면 이와 같지 않다. 비록 '[보살계를] 지니는 주체'(能持)와 '지녀야 할 대상'(所持)[인 보살계]가 [불변의 본질로서] 있다고 생각하지도 않지만 '계율[의 역할을 하는] 현상'(戒之唯事)을 비방하거나 부정하지도 않으니, 그러므로 끝내 '계율을 잃어버리는 큰 허물'(失戒巨過)이 없다. [또한] 비록 [계율을 범하는] 허물(罪)과 '허물이 아닌 것'(非罪)[을 구분하는 것]이 없는 것이라고는 보지 않지만 계율의 '[불변의 본질이 없는] 참된 면모'(實相)와도 어긋나지 않으니, 그러므로 '계율을 범하는 미세한 허물'(犯戒細罪)에서도 완전히 벗어난다. 이러한 ['실체로서 있음'(有)과 '아무것도 없음'(無)이라는 두 가지 극단에서 벗어나게 하는] '교묘한 방법'(巧便)과 ['계율을 잃어버리는 큰 허물'(失戒巨過)과 '계율을 범하는 미세한 허물'(犯戒細罪)에서 벗어나는] '깊은 지혜의 수단과 방법'(深智方便)에 의거하여 '['계율의 특성'(戒相) · '허물의 특성'(罪相) · '사람의 특성'(人相), 이] 세 가지'(三輪)[111][가 실체

---

111 삼륜三輪: 삼륜은 통상 행위(身) · 언어(口) · 생각(意) 세 가지, 또는 '주는 사람'(施者), '받는 사람'(受者), '주고받는 물건'(施物)을 가리킨다. 또는 세계를 떠받치는

라는 생각]을 완전히 잊고 '['항상 있다는 견해'(常見)와 '아무것도 없다는 견해'(斷見), 이] 두 가지 치우친 견해'(二邊)에 떨어지지 않아야, 비로소 계율수행(戒波羅蜜)을 제대로 갖추게 되는 것이다.

마치 경전에서 [다음과 같이] 말하는 것과 같다. "[계율을 범하는] 허물(罪)과 '허물이 아닌 것'(非罪)[의 변하지 않는 본질]을 얻을 수 없기 때문에 계율수행(戒波羅蜜)을 제대로 갖추게 된다."[112] 『다라계본多羅戒本』에서는 [다음과 같이] 말한다. "'[길을 비추어 주는] 빛과도 같은 계율'(戒光)[의 가르침]이 입에서 나오니, 조건(緣)이 있는 것이며 원인(因)이 없는 것이 아니기 때문이다. 물질(色)도 아니고 마음(心)도 아니며, '[물질이나 마음으로서] 있는 것'(有)도 아니고 '[아무것도] 없는 것'(無)도 아니며, '원인만이거나 결과만인 것'(因果法)도 아니니, 모든 부처의 근원(本原)이고 보살[수행]의 뿌리(根本)이다."[113]

세 가지 물질적 토대인 풍륜風輪·수륜水輪·금륜金輪으로 보기도 한다. 『대반야바라밀다경大般若波羅蜜多經』에서는 '주는 사람'(施者), '받는 사람'(受者), '주고받는 물건'(施物)의 청정을 강조한다. 권75(T5, 424c10~19). "彼著三輪而行布施, 一画像者自想, 二者他想, 三者施想, 由著此三輪而行施故, 名世間布施波羅蜜多. … 舍利子言, 云何出世間布施波羅蜜多? 善現答言. 若菩薩摩訶薩行布施時三輪清淨, 一者不執我爲施者, 二者不執彼爲受者, 三者不著施及施果, 是爲菩薩摩訶薩行布施時三輪清淨." 그러나 문맥으로 볼 때 앞에서 거론하였던 '계율의 특성'(戒相), '허물의 특성'(罪相), '사람의 특성'(人相)을 삼륜三輪이라는 용어로 지시하는 것으로 보인다.

112 『마하반야바라밀경摩訶般若波羅蜜經』의 다음 문장 중 밑줄 부분을 인용한 것이다. "佛告舍利弗. 菩薩摩訶薩以不住法住般若波羅蜜中, 以無所捨法應具足檀那波羅蜜, 施者·受者及財物不可得故, **罪不罪不可得故, 應具足尸羅波羅蜜.**"(T8, 218c21~24) 〈산스크리트본의 해당 내용: PvsP.I-1, p.28. śīlapāramitā paripūrayitavyā āpattyanāpattyanadhyāpattitām upādāya; [계를] 범하는 것과 범하지 않는 것, 어기는 것에 근거하여 지계바라밀을 완성해야 한다.〉

113 『범망경』 권2의 다음 문장을 인용한 것이다. "戒光從口出, 有緣非無因**故. 光光非青黃赤白黑,** 非色非心, 非有非無, 非因果法, 是諸佛之本源, 菩薩之根本."(T24, 1004b2~5) 위의 원문에는 '故. 光光非青黃赤白黑'이 빠져 있다.

此中言“戒光”者, 爲顯戒之與光無二無別, 明淨[114]雜染同一味故. 故緣戒光, 顯戒實相. 戒無自性, 必藉他緣, 故曰“有緣”. “有緣”之言, 非據是有, 直顯不無其所從因, 故曰“非無因”. 非無因戒性, 非質礙, 亦非緣慮, 故曰“非色非心”. 雖非色心, 而離色心, 永不可得, 雖不可得, 而非無戒, 故曰“非有非無”. 雖非無戒, 而離果無因, 離因無果, 故曰“非因果法”. 戒爲因性, 雖不可得, 而諸佛果, 必藉戒因, 故言“諸佛之本原”也. 戒爲果性, 雖不可得, 而戒要藉菩提心因, 故言“菩薩之根本”也.

[H1, 585b8~20; X61, 371a4~13]

이 [구절] 가운데 “[길을 비추어 주는] 빛과도 같은 계율”(戒光)이라 말한 것은, 계율과 [길을 비추어 주는] 빛에는 ‘다름도 없고 나누어짐도 없음’(無二無別)을 드러내고 [또한] 온전함(淸淨)과 ‘갖가지 오염’(雜染)이 ‘똑같은 맛’(同一味)[처럼 통하는 것]임을 밝히려 하기 때문이다. 그러므로 ‘빛과도 같은 계율’(戒光)을 기대어 ‘계율의 참된 면모’(戒實相)를 나타낸 것이다. 계율에는 ‘[불변 · 독자의] 자기 본질’(自性)이 없고 반드시 다른 조건(緣)에 기대어야 하니, 그러므로 “조건이 있다”(有緣)고 말하였다. ‘조건이 있다’(有緣)는 말은 ‘[불변 · 독자의 실체로서] 있는 것이다’(是有)[는 생각]에 의거하는 것이 아니고 다만 그 ‘생겨나게 되는 원인’(所從因)이 없지 않음을 나타내는 것이니, 그러므로 “원인이 없는 것이 아니다”(非無因)라고 말하였다. 원인이 없는 것이 아닌 ‘계율의 본연’(戒性)은 물질(質礙)도 아니고 마음(緣慮)도 아니니, 그러므로 “물질도 아니고 마음도 아니다”(非色非心)라고 말하였다. 비록 물질(色)도 마음(心)도 아니어서 [물질이나 마음으로서 있는 것도 아니고] 물질(色)과 마음(心)을 떠날지라도 끝내 얻을 수 없으며, 비록 [물질이나 마음으로서] 얻을 수 없더라도 ‘계율이 없는 것’(無

114 ‘淨’을 갑본에 의거하여 ‘淸淨’으로 교감하여 번역한다.

戒)은 아니니, 그러므로 "'[물질이나 마음으로서] 있는 것'도 아니고 '[아무것도] 없는 것'도 아니다"(非有非無)라고 말하였다. 비록 '계율이 없는 것'(無戒)은 아닐지라도 결과(果)를 떠나서는 원인(因)이 없고 원인(因)을 떠나서는 결과(果)도 없으니, 그러므로 "원인만이거나 결과만인 것도 아니다"(非因果法)라고 말하였다. '계율이 원인이 되는 면모'(戒爲因性)를 비록 얻을 수 없지만 모든 '부처라는 결과'(佛果)는 반드시 '계율이라는 원인'(戒因)에 의거해야 하니, 그러므로 "모든 부처의 근원"(諸佛之本原)이라고 말하였다. '계율이 결과가 되는 면모'(戒爲果性)를 비록 얻을 수는 없지만 계율은 반드시 '깨달으려는 마음이라는 원인'(菩提心因)에 의거해야 하니, 그러므로 "보살[수행]의 뿌리"(菩薩之根本)라고 말하였다.

3) 문답問答

問. 戒相如是, 甚深難解. 解之尙難, 況乎修行. 故知, 如前所說行相, 唯是大地菩薩所修, 不關諸新發意所行.

答. 經中正答如汝問言, "菩薩從初發意已來, 常行無所得法,[115] 因無所得法,[116] 故修布施持戒,[117] 乃至因無所得法,[118] 故修智慧." 此答意者, 若使彼行, 由未曾修, 難可行故, 今不修者, 今不習故, 後亦不修. 如是久久, 彌在其難. 故令從初仰習其難, 習行漸增, 轉成其易. 是謂新行發趣大意. 究竟持犯, 略明如是.

[H1, 585b20~c7; X61, 371a13~b3]

---

115 '常行無所得法'이 『마하반야바라밀경』 원문에는 '應學空無所得法'으로 되어 있다.

116 '因無所得法'이 『마하반야바라밀경』 원문에는 '是菩薩用無所得法'으로 되어 있다.

117 '故修布施持戒'가 『마하반야바라밀경』 원문에는 '故布施持戒忍辱精進禪定'으로 되어 있다.

118 '乃至因無所得法'이 『마하반야바라밀경』 원문에는 '用無所得法'으로 되어 있다.

질문한다. '계율의 특성'(戒相)이 이와 같으니, 매우 깊어서 이해하기가 어렵다. 이해하기도 어려운데 하물며 [어찌] '익히고 실천'(修行)하겠는가? 그러므로 앞에서 말한 것과 같은 '수행하는 양상'(行相)은 오직 '위대한 경지에 있는 보살'(大地菩薩)만이 닦는 것이고 모든 '[보살수행에] 처음 뜻을 일으킨 사람'(新發意)이 실천하는 것과는 관계가 없음을 알 수 있다.

답한다. 경전에서는 그대의 질문과 같은 것에 대하여 곧바로 대답하여 [다음과 같이] 말한다. "보살이 [깨달음의 증득에] 처음 뜻을 일으킨 이래로 항상 '[불변·독자의 실체가 없어] 얻을 것이 없다는 도리'([空]無所得法)를 실천하고, '얻을 것이 없다는 도리'(無所得法)[의 실천]으로 말미암아 '베풀고 나누는 수행'(布施波羅蜜)과 '계율을 지키는 수행'(持戒波羅蜜) 내지 '얻을 것이 없다는 도리'(無所得法)[의 실천]으로 말미암아 '지혜[를 밝히는 수행]'(智慧[波羅蜜])을 닦는다."[119] 이 답의 뜻은 [다음과 같은 것이다.] 〈만약 그 수행을, 아직 닦은 적이 없기 때문에 실천하기가 어렵게 되었다면, 지금 익히지 않는 사람은 지금 익히지 않기 때문에 나중에도 닦지 않는

---

119 『마하반야바라밀경』 권21 「삼혜품三慧品」(T8, 373c21~24)에서 인용하였다. "須菩提! 菩薩從初發意以來, 應學空無所得法. 是菩薩用無所得法, 故布施持戒忍辱精進禪定, 用無所得法, 故修智慧 乃至一切種智亦如是." 〈산스크리트본의 해당 내용: PvsP. V, pp.115-116. bodhisattvena mahāsattvena prathamacittotpādam upādāyānupalambheṣu sarvadharmeṣu śikṣitavyaṃ, tena dānan dadatā anupalambhayogena dānan dātavyaṃ, śīlaṃ rakṣatā anupalambhayogena śīlaṃ rakṣitavyaṃ, kṣāntyā saṃpādayatānupalambhayogena kṣāntiḥ saṃpādayitavyā, vīryam ārabhamāṇenānupalambhayogena vīryam ārabdhavyaṃ, samādhiṃ samāpadyamānenānupalambhayogena samādhiḥ samāpattavyaḥ, prajñāṃ bhāvayatānupalambhayogena prajñā bhāvayitavyā,; 보살은 초발심에 의거하여 지각되지 않는 모든 법을 배워야 한다. 그는 보시를 행할 때 지각되지 않는 방식으로 보시를 해야 한다. 계를 지킬 때 지각되지 않는 방식으로 계를 지켜야 한다. 인욕을 완성할 때 지각되지 않는 방식으로 인욕을 완성해야 한다. 정진을 시작할 때 지각되지 않는 방식으로 정진을 시작해야 한다. 선정에 들어갈 때 지각되지 않는 방식으로 선정에 들어가야 한다. 지혜를 수습할 때 지각되지 않는 방식으로 지혜를 수습해야 한다.〉

다. 이와 같이 오래도록 하면 그 어려움이 더욱 심해진다. 따라서 처음부터 그 어려움을 중요하게 여겨 익히게 하는 것이니, 익히고 실천함이 점차 더해지면 [어려움이] 바뀌어 쉬움을 이루게 된다. 이것을 '처음 수행하는 사람이 뜻을 일으켜 나아가는 요점'(新行發趣大意)이라고 부른다. '궁극적 의미에서의 지님과 범함'(究竟持犯)을 간략히 밝히자면 이와 같다.

III. 게송偈頌

仰依聖典了義文, 粗述戒藏開要門.
普爲法界燃一燈, 願用傳燈周十方.
四句三聚戒圓滿, 六意五修爲成辨[120]
遠離二邊滅諸罪, 等飡一味遊方外.

持犯要記一卷 終

[H1, 585c8~12; X61, 371b4~8]

'고귀한 경전'(聖典)의 '완전한 뜻을 담은 문장'(了義文)을 우러러 의지하여
'계율의 창고를 여는 데 요긴한 방법'(戒藏開要門)을 거칠게나마 서술하였네.
널리 '모든 세계'(法界)를 위하여 등불 하나를 밝히니,
원컨대 등불을 전하여 시방세계를 두루 비추게 하소서.
'네 가지 판단방식'(四句)으로 '[대승의] 세 부류의 계율들(三聚戒)'이 완전하게 되고

120 '辨'을 갑본에 의거하여 '辦'으로 교감하여 번역한다.

'여섯 가지 뜻'(六意)[121]으로 '[육바라밀을] 다섯 가지 방법으로 닦는 일'(五修)[122]이 갖추어지니,

'두 가지 치우친 견해'(二邊)에서 멀리 벗어나 모든 허물(罪)을 없애어 '한 맛[으로 통하는 경지]'(一味)를 똑같이 맛보아 '틀을 벗어 버린 경지'(方外)에서 노니소서.

『지범요기持犯要記』 1권 끝

寬元二甲辰十一月二十四日 摸功畢勸進. 大安寺僧信忍, 般若寺轉法輪藏.

寬永十六之天南京遊學之時, 以東大寺上生院古本書寫旃, 冀令律灯傳諸無窮矣.

寓泉涌小比丘記焉.

[H1, 585c12~16; X61, 371b8~12]

관원寬元 2년(1244) 갑신년甲辰年 11월 24일, 힘을 모아서 '총괄하는

121 '여섯 가지 뜻'(六意): 『보살계본지범요기』의 주제인 '보살계를 지님과 범함'에 있어서 '[보살계를 범할 때 허물의 무게가] 가벼운 것과 무거운 것'(持犯輕重)(二意), '[보살계를] 지님과 범함[에 대한 이해수준]의 얕음과 깊음'(持犯淺深)(二意) '궁극적 의미에서의 지님과 범함'(究竟持犯)(二意)을 의미하는 것으로 보인다. 이에 대하여 『보살계본지범요기조람집』에서는 『섭대승론』 등에서 나오는 여섯 뜻으로 다음과 같이 해설하고 있다. 구체적인 내용은 ① '광대한 뜻'(廣大意), ② '긴 시간의 뜻'(長時意), ③ '환희의 뜻'(歡喜意), ④ '은덕이 있음의 뜻'(有恩德意), ⑤ '큰 마음의 뜻'(大志意), ⑥ '참 좋은 뜻'(善好意)이다.(『日本大藏經』 21, pp.99a~101a)

122 '다섯 가지 방법으로 닦음'(五修): 『보살계본지범요기조람집』에서는 육바라밀을 닦는 다섯 가지 방법을 다음과 같이 설명하고 있다. ① '더욱 발전시키는 방법으로 닦음'(加行方法修), ② '믿고 즐거워하면서 닦음'(信樂修), ③ '성찰하면서 닦음'(思惟修), ④ '방편을 갖춘 수승한 지혜로 닦음'(方便勝智修), ⑤ '남을 이익 되게 하는 수행으로 닦음'(修利益他事修).(『日本大藏經』 21, pp.99a~101a)

작업'(勸進)을 마쳤다. 대안사大安寺 승려 신인信忍이 반야사般若寺 전법륜장轉法輪藏에서.

관영寬永 16년(1639)에 남경南京에서 유학할 때 동대사東大寺 상생원上生院의 고본古本을 베껴 적으니 계율의 등불이 무궁토록 전해지길 바란다.

천용泉涌에 기거하는 보잘것없는 비구가 기록해 둔다.

번역어 색인 〈범망경보살계본사기〉

ㅁ

ㅂ

ㅅ

ㅇ

ㅌ

ㅍ

ㅎ

번역어 색인 〈보살계본지범요기〉

ㄱ

ㅂ

ㅅ

梵網經菩薩戒本私記
菩薩戒本持犯要記